Martin Vahrenhorst

»Ihr sollt überhaupt nicht schwören«

Matthäus im halachischen Diskurs

2002

Neukirchener Verlag

© 2002 Neukirchener Verlag
Verlagsgesellschaft des Erziehungsvereins mbH, Neukirchen-Vluyn
Alle Rechte vorbehalten
Umschlaggestaltung: Kurt Wolff, Düsseldorf
Satz und Druckvorlage: Martin Vahrenhorst
Gesamtherstellung: Breklumer Druckerei Manfred Siegel KG
Printed in Germany
ISBN 3-7887-1889-7

Die Deutsche Bibliothek – CIP-Einheitsaufnahme

Vahrenhorst, Martin:
»Ihr sollt überhaupt nicht schwören«: Matthäus im halachischen Diskurs /
Martin Vahrenhorst. – Neukirchen-Vluyn: Neukirchener Verl., 2002
  (Wissenschaftliche Monographien zum Alten und Neuen Testament; Bd. 95)
  ISBN 3-7887-1889-7

Wissenschaftliche Monographien zum Alten und Neuen Testament

Begründet von
Günther Bornkamm und Gerhard von Rad

Herausgegeben von
Cilliers Breytenbach, Bernd Janowski,
Reinhard G. Kratz und Hermann Lichtenberger

95. Band
Martin Vahrenhorst
»Ihr sollt überhaupt nicht schwören«

Neukirchener Verlag

Petra
zugeeignet

Vorwort

„Kein anderes Evangelium ist so wie Matth. vom Kirchengedanken geprägt, für den kirchlichen Gebrauch gestaltet; es hat darum auch wie kein
anderes in der späteren Kirche maßgebliche Wirkung geübt." Vor dem
Hintergrund dieses beinahe schon klassischen Satzes von Günther Bornkamm ist es verständlich, dass das Matthäusevangelium besonders ins
Blickfeld rücken muss, wenn die Kirchen wie in den letzten beiden Jahrzehnten versuchen, ihr Verhältnis zum Judentum in neuer Weise zu bestimmen. Mit einer positiveren Wahrnehmung des gegenwärtigen Judentums in seiner Vielfalt gewinnt auch das spezielle jüdische Profil dieses „kirchlichsten" aller Evangelien an Konturen. Jüdisches Denken und
jüdische Praxis spiegeln sich in ihm und stellen heutige Leserinnen und
Leser vor die Frage, ob dieses kirchliche Buch nicht noch ganz als jüdisches Buch gelesen werden will – und vor allem, welche Konsequenzen
für kirchliches Leben und Reden heute daraus zu ziehen sein können. Im
Kontext dieser Fragen ist die vorliegende Studie entstanden, die im
Sommersemester 2000 von der Kirchlichen Hochschule Wuppertal als
Dissertation angenommen wurde.

Forschung geschieht nicht im luftleeren Raum. Sie braucht ein wissen-
schaftliches und soziales Umfeld, in dem sie immer wieder Anregungen,
konstruktive Kritik und nicht zuletzt Ermutigung bekommt. Dass ich in
einem solchen Umfeld leben und arbeiten durfte und darf, erfüllt mich
mit Dankbarkeit.
Einige Menschen aus diesem Umfeld möchte ich besonders nennen:
Die Idee zu dieser Arbeit entstand im Gespräch mit *Klaus Wengst*. Er
förderte meine in Jerusalem geweckte Begeisterung für rabbinische
Texte und rabbinisches Denken und gab mir Gelegenheit, als studenti-
sche Hilfskraft sehr selbständig auszuprobieren, was die Quellen des
rabbinischen Judentums und des frühen Christentums einander zu sagen
haben. Auch nach meinem Wechsel von Bochum nach Wuppertal blieb
das Gespräch lebendig und so hat er die Entstehung der Arbeit bis zum
Schluss durch Höhen und Tiefen begleitet.
In *Martin Karrer* habe ich einen „Doktorvater" gefunden, der in das begonnene Gespräch eingestiegen ist und es durch seine kritischen Fragen
und seine unermüdliche Entdeckerfreude immens bereichert hat. Ihm
verdanke ich den Blick über das hebräisch- bzw. aramäischsprachige Judentum hinaus in die griechisch – römische Welt. Wichtiger noch war

die Zusammenarbeit mit ihm in meiner Zeit als Assistent, in der er mir
immer wieder Gelegenheit gegeben hat, Aspekte und Fragestellungen
meiner Arbeit eigenständig in Lehrveranstaltungen einzubringen und in
der Arbeit mit den Studierenden zu klären und zu überprüfen.

Mein Zugang zur rabbinischen Welt und ihren Texten ist ganz wesentlich von *Chana Safrai* geprägt. Unter den vielen Kontakten mit ihr in
Utrecht, Jerusalem oder Wuppertal ragt für mich besonders unser gemeinsames Studium des Traktates „Sh°vuot" im Sommer 1998 heraus.
Ich verdanke ihr eine Fülle von Anregungen vor allem aber eine Haltung
den jüdischen und christlichen Quellen gegenüber, die gleichermaßen
von Liebe und einem kritischen Blick geprägt ist.

Die Reihe der Danksagungen lässt sich mühelos verlängern: *Klaus
Haacker* hat das Zweitgutachten zu meiner Dissertation erstellt und mir
(nicht nur dort) Hinweise gegeben, denen nachzugehen sich in jedem
einzelnen Fall wirklich gelohnt hat, vielen Dank! Die *Mitarbeiterinnen
und Mitarbeiter der Bibliothek der KiHo Wuppertal* haben auch kompli-
zierteste Fernleihen beschafft und mir manche Fristüberschreitung nach-
gesehen, ihre Arbeit hat mir sehr geholfen. *Beate Kaminski, Michael
Guse* und *Rolf Vahrenhorst* danke ich fürs Korrekturlesen. Dass *Cilliers
Breytenbach* und *Hermann Lichtenberger* meine Arbeit in die Reihe
WMANT aufgenommen haben, freut mich vor allem, weil die Beiträge
des allerersten Bandes dieser Reihe mich schon im Proseminar in Göttingen für das Matthäusevangelium begeistert haben. Wenn *Volker
Hampel* mir nicht telefonisch in aller Geduld bei den Tücken der com-
putererstellten Druckvorlage geholfen hätte, wäre ich wohl verzweifelt.
Der *Evangelischen Kirche im Rheinland* habe ich aus zwei Gründen zu
danken: Sie hat mir als Student ermöglicht, ein Studienjahr an der Hebräischen Universität in Jerusalem zu verbringen und mich als Pfarrer
z.A. zur Fertigstellung der Dissertation freigestellt.

Dem Menschen, dem ich viel mehr verdanke, als in einem Vorwort zu
sagen ist, sei dieses Buch gewidmet.

Viersen-Boisheim, im November 2001   Martin Vahrenhorst

Inhalt

I
Der Fragehorizont
der Arbeit

1. Die Frage nach dem Verhältnis des Matthäusevangeliums zum Judentum

Die Bibel legt Zeugnis ab von der Geschichte Gottes mit den Menschen. Wollen wir dieses Zeugnis hören, dann kommen wir nicht umhin, nach den konkreten Menschen zu fragen, die es ablegten. Was war ihr Erfahrungs- und Erwartungshorizont? In welchem Umfeld lebten sie? Welche Fragen ihrer Gegenwart suchten sie von ihrem Glauben her zu beantworten?

Was Paul Celan im Blick auf die Verfasser poetischer Texte formuliert hat, gilt in gleicher Weise für die Menschen, denen wir die Schriften verdanken, die uns als „Heilige Schrift" gelten: Diese wie jene sprechen *„unter dem Neigungswinkel"* ihres *„Daseins"*.[1] Von diesem herkommend suchen sie ihre Leserinnen und Leser auf und sprechen sich ihnen zu.[2]

Uns beschäftigt speziell der „Neigungswinkel", unter dem das Evangelium nach Matthäus sein Zeugnis entfaltet. Dieser erschließt sich - wie der Forschungswandel der jüngsten Zeit mit zunehmender Klarheit zeigt - im Kontext des Judentums. Den aktuellen Stand der Diskussion spiegelt G. Stanton wider, wenn er im Blick auf die Glieder der matthäischen Gemeinde fragt:

„...Who were they? Where and when did they live? What political, cultural and religious assumptions shaped the ways they understood the text? Were they Christians, both Jews and gentiles, who saw themselves as a sect or party within Judaism? Or were they conscious of a recent painful parting from the local synagogues?"[3]

Damit sind die wesentlichen Alternativen benannt, die in der Matthäusforschung der letzten Jahre heftig diskutiert worden sind: Ist die matthäische Gemeinde als eine Gruppe im Judentum zu begreifen, oder sah sie sich als eine vom Judentum getrennte Größe?

1.1 Das Matthäusevangelium als judenchristliches Buch

Die konkrete Formulierung der Frage verdankt sich einem schon erreichten Konsens in der Forschung. Eine Verortung des Matthäusevan-

---

[1] Celan (1986), 197.
[2] Vgl. Celan (1986), 198.
[3] Stanton (1992), 379.

Matthäusevangeliums[4] im engeren oder weiteren Kontext des Judentums
gilt seit langem weitgehend als sicher: Der Verfasser des Evangeliums
war ein Judenchrist. Zu deutlich ist das jüdische Profil des ersten
Evangeliums.[5] Die Argumente, die in der Forschungsgeschichte für
einen *heidenchristlichen* Verfasser zu sprechen schienen, werden zwar
noch diskutiert, wiegen aber geringer. Es sind:

1. vermeintliche Kritik am Gesetz (vor allem in den sog. Antithesen)
2. Abstand zu den Sabbatbestimmungen
3. Androhung des Heilsverlustes an Israel
4. Hinwendung zu den Heiden
5. Abstand zur Synagoge (distanzierende Redeweise)
6. Auslassung semitischer Wörter
7. mangelnde Kenntnis jüdischer Verhältnisse (Mt 22,23)
8. Benutzung der LXX
9. vermeintliches Missverständnis des Parallelismus von Sach 9,9 in Mt 21,2ff[6]

---

[4] Im Folgenden MtEv.

[5] In der Forschung gelten als Indizien für dieses jüdische Profil u.a. das Interesse an
jüdischen Themenbereichen (Sabbat (12,1-14; 24,20), Rein und Unrein (15,1-20;
23,25), Tempelsteuer (17,24-27), Zehntwesen (23,23)). Vergleicht man das MtEv mit
den Inhaltsverzeichnissen neuerer Darstellungen des antiken Judentums (z.B.
Sanders (1990)), so kann man feststellen, dass Matthäus in der Tat eine Vielzahl der
Themen verhandelt, die innerhalb des Judentums der ersten Jahrhunderte unserer
Zeitrechnung von Belang waren. Auf jüdisches Profil des MtEv deuten weiterhin
sein Interesse an der Tora (5,17ff) und seine zuweilen rabbinisch anmutende
Argumentationsweise (vgl. Luz (1992),32). Letztere veranlasste E. von Dobschütz
sogar dazu, in Matthäus einen konvertierten „jüdischen Rabbi" zu sehen (vgl. v.
Dobschütz (1928), 58). Weiteres Material trägt Newport (1995), 62f zusammen. Vgl.
auch Davies / Allison (1988), 133ff und Harrington (1993), 242ff.

[6] Diese Aufstellung orientiert sich an Broer (1998), 105. R. Arguirre hat 1993 einen
Forschungsüberblick zur Diskussion um die heidenchristlich / judenchristlich (extra
muros) / judenchristlich (intra muros) Verortung des MtEv vorgelegt (1993), 233-
249. Mit Hilfe der dort gesammelten Informationen und diese ergänzend (vgl. jüngst
Repschinski (2000), 13-28) läßt sich folgende Autorenübersicht erstellen:

Heidenchristlich	*vor dem Bruch mit dem Judentum*	*nach dem Bruch mit dem Judentum*
Clark (1947)	Kilpatrick (1946)	Bornkamm (1970)
Nepper-Christiansen (1958)	Bornkamm (1960)	Schweizer (1974)
Trilling (1964)	Hummel (1963)	Luz (1992)
Strecker (1966)	Davies (1966)	Brown (1980)
Frankemölle (1974)	Goulder (1974)	Stanton (1992)
Meier (1976)	Mora (1986)	Kingsbury (1991)
	Overman (1990)	Gundry (1991)
	Segal (1991)	Hare (1967)
	Saldarini (1994)	Légasse (1972)
	Gielen (1998)	Marguerat (1981)
	Repschinski (2000)	
	Van Dobbeler (2000)	

Keines dieser Indizien spricht zwingend dafür, dass der Autor des MtEv ein Nichtjude gewesen sein muss.

Auch ein Heidenchrist hätte Schwierigkeiten gehabt, sich vorzustellen, dass Jesus auf zwei Tieren reitend in Jerusalem einzieht. Wenn Matthäus das dennoch niederschreibt, wird er Gründe dafür gehabt haben (ad 9.).[7] Die Benutzung der LXX deutet ebenfalls nicht auf ein nichtjüdisches Millieu hin. Die LXX ist eine jüdische Übersetzung, die in jüdischen Gemeinden in Gebrauch war und im Rahmen jüdischer Auslegungstradition verstanden werden will (ad 8.).[8] Im Blick auf die Auskunft in Mt 22,23 kann keineswegs davon gesprochen werden, dass nur einige und nicht alle Sadduzäer die Auferstehung der Toten leugnen. Es kommen eben auch nur einige Sadduzäer zu Jesus (und nicht alle[9]) und diese sagen, dass es keine Auferstehung der Toten gebe.[10] Selbst wenn sich aus diesem Vers herauslesen ließe, dass nicht alle Sadduzäer den Gedanken an eine Totenauferstehung verworfen hätten, so hieße das nicht, dass Matthäus unzutreffend informiert war. Vielleicht spiegelt er eine Differenzierung innerhalb dieser Gruppe, die sich ja keineswegs nur dadurch auszeichnete, dass sie nicht an eine Auferstehung glaubte (ad 7.).[11] Dass Matthäus im Unterschied zu seinen Vorlagen semitische Wörter ins Griechische übersetzt, spricht für sein Sprachgefühl, nicht aber gegen seine Herkunft aus dem Judentum (ad 6.).[12] Die Argumente 1 bis 5 zwingen allein schon deshalb nicht dazu, Matthäus für einen Nichtjuden zu halten, weil sie auch von den Vertretern einer judenchristlichen Verfasserschaft des Evangeliums als Hinweis auf eine vollzogene Trennung der matthäischen Gemeinde von der Synagoge angeführt werden. Ich werde sie im Zusammenhang mit der Frage nach dem Ort des MtEv innerhalb oder außerhalb des Judentums diskutieren.

Mit Broer kann der aktuelle Stand der Diskussion einer etwaigen heidenchristlichen Verfasserschaft des Evangeliums wie folgt zusammengefasst werden: „Sind so die Argumente, die für einen heidenchristlichen Verfasser sprechen, doch weitgehend nicht durchschlagend, so ist aufgrund des in starkem Maße jüdisch geprägten Materials auf einen judenchristlichen Verfasser zu schließen."[13]

---

[7] Davies / Allison (1997), 120 bieten eine Übersicht über die zu diesem Problem vorgetragenen Lösungen. Besonders überzeugend ist Hengel (1987), 341ff, der auf rabbinische Texte aufmerksam macht, die ebenfalls die Regeln hebräischen Poesie zugunsten einer wörtlichen Interpretation eines Parallelismus ignorieren (BerR 98,11 [Theodor / Albeck 1261f]). Ebenso sieht Matthäus Jesus die Schrift wörtlich erfüllen (vgl. auch Repschinski (2000), 31ff).
[8] Vgl. Rösel (1994), 247ff.
[9] In den bedeutendsten Textzeugen steht kein Artikel.
[10] Vgl. Luz (1997), 262.
[11] Zum Profil dieser Gruppe vgl. Stemberger (1991); Saldarini (1989); Sanders (1992), 317ff und Weiß (1998).
[12] Vgl. Luz (1992), 62.
[13] Broer (1998), 107. So auch Hare (1999), 409.

1.2   Hat Matthäus sich vom Judentum getrennt?

Noch offen ist jedoch die Diskussion um den genauen Standort dieses *judenchristlichen* Evangeliums im bzw. gegenüber dem Judentum. Befinden Matthäus und seine Gemeinde sich in einem *„extra muros"* oder *„intra muros"* Verhältnis zum Judentum?[14] Vergegenwärtigen wir uns die Argumente, die dafür angeführt werden, dass Matthäus trotz seiner jüdischen Herkunft das Judentum verlässt, und überprüfen sie auf ihre Stichhaltigkeit:

1.2.1 Matthäus lässt einen gewissen Abstand zur Synagoge erkennen, indem er distanziert von „ihren Synagogen" (4,23; 10,17; 12,9 u.ö.) spricht.[15] Distanzierende Redeweise muss nun keineswegs ein Indiz dafür sein, diejenigen, die sich ihrer befleißigen, pauschal aus dem Judentum herauszunehmen. Auch in Texten, deren innerjüdischer Ort nicht in Frage steht, finden sich vergleichbare Aussagestrukturen.[16] Distanzierende Redeweise ist in jedem Fall differenziert auszuwerten. Dann wird sie transparent für die Situation derer, die sich ihrer bedienen. Die Synagoge, die in 12,9 als „ihre Synagoge" gekennzeichnet wird, erscheint als Ort, an dem Jesu Sabbatpraxis in Frage gestellt wird und zwar von den Pharisäern. Damit entsteht der Eindruck, es handele sich um eine Synagoge, in der die Pharisäer in autoritativer Funktion tätig sein können. Das Gleiche gilt von 10,17 und 23,34.[17]
Die Erwähnung „ihrer Synagogen" in 4,23 und 9,35 kann noch dazu gänzlich unpolemisch und ohne Distanz gemeint sein: Es handelt sich dann um die Synagogen derer, die in den von Jesus besuchten Orten Galiläas leben. Die Rede von „ihren Synagogen" oder „ihren Schriftgelehrten" (7,29) weist allenfalls auf eine Differenzierung im Judentum hin – nicht auf eine pauschale Abkehr vom Judentum.

---

[14]   Vgl. Hare (1999), 408: „Still one of the most contentious issues in the study of Matthew is [...] the social setting of the Matthean church." Hare führt präzisierend aus, dass es sich dabei um die Frage nach der „'Jewishness' of Matthew" handelt (409). Ein knapper Überblick über die in der Forschung vertretenen Positionen findet sich dort auf den Seiten 408f.

[15]   Vgl. Scheuermann (1996), 250; Luz (1992), 70; ders. (1993a), 26; Stanton (1996), 383; Cuvillier (1993), 45.

[16]   Zum Vergleich wird vor allem auf distanzierende Redeweise in Qumrantexten hingewiesen (vgl. dazu Ingelaere (1995), 58; Kampen (1994), 348). Die Qumrangemeinde distanzierte sich z.B. vom zeitgenössischen Tempelkult in Jerusalem (z.B. CD 6,11f, dazu Stegemann (1993), 242ff), ohne dass sie deswegen aus dem Judentum herausfiele. Auch Josephus kann zuweilen distanziert von „den Juden" sprechen (z.B. Vita 113; 429) - wie nach ihm Bar Kochba (vgl. Meeks (1975), 181 und Saldarini (1994), 247f).

[17]   Vgl. dazu unten (III / 2.2.1.6).

1.2.2 Die matthäische Gemeinde hat das Judentum verlassen, weil sie sich den Heiden geöffnet hat.[18] Die Tragfähigkeit dieses Argumentes kann von zwei Seiten her in Frage gestellt werden: Zum einen gab es innerhalb des Judentums ganz unterschiedliche Einstellungen den Heiden gegenüber. Es gab eine Tendenz, die versuchte, sich weitgehend von den Heiden zu distanzieren[19]. Daneben gab es aber auch eine Offenheit für die Völker bis hin zu Ansätzen einer Mission.[20] Die matthäische Hinwendung zu den Heiden könnte in Entsprechung zu dieser Offenheit verstanden werden.

Zum anderen ist umstritten, wie „heidenfreundlich" Matthäus wirklich ist.[21] Neben Texten wie Mt 5,46f; 6,31f; 10,17-22; 24,4-14 gebührt hier der Aussendungsrede in Mt 10 besondere Aufmerksamkeit. Sie legt den Akzent auf eine exklusive Zuwendung zu Israel. Noch in Mt 21,13 streicht Matthäus - anders als Markus (Mk 11,17) - die Völker und schließt sie so aus dem Kreis derer, die zum Tempel kommen und beten dürfen, aus. Erst Mt 28,19 nimmt diese Exklusivität zurück und bezieht die Heiden in den Adressatenkreis der matthäischen Gemeinde ein.[22] So oder so - eine mögliche Zuwendung zu den Heiden spricht nicht eo ipso gegen eine innerjüdische Verortung des Evangeliums.

1.2.3 Es gibt im Evangelium Texte, die Israel den Verlust des Heils androhen, ja sogar von einem Übergang des Heils auf die Kirche sprechen.[23] Diese These stützt sich vor allem auf Mt 21,43. Für die Interpretation dieses Textes im Sinne einer Enterbung Israels zitiere ich exemplarisch R.E. Menninger: „This insertion clearly indicated that another ἔθνος replaced Israel as the true people of God."[24] Diese Auslegung des Verses ist jedoch von der Fortsetzung des Textes in 23,45 her in Frage zu stellen: „Und als die Hohenpriester und Pharisäer seine Gleichnisse hörten, erkannten sie, dass er von *ihnen* redete". Den Hohenpriestern und Pharisäern - nicht aber ganz Israel - wird demnach das Reich genommen

---

[18] Vgl. Aguirre (1993), 247 und Luz (1992), 67.

[19] Das sogenannte Dekret der achtzehn Bestimmungen (גזרת י"ח דבר) nach mShab 1,4 (Parallelen bei Tomson (1990), 173) - der Tradition nach ein Ergebnis schammaitischer Mehrheit oder Gewaltanwendung - steht für eine absolut heidenfeindliche Haltung (Vgl. Tomson (1990), 173-176). Spuren und Motive der Heidenfeindlichkeit in Qumran hat R. Deines (1994), 59ff untersucht. Aufschlussreich sind auch Notizen des Josephus, z.B. Bell 2,409f.

[20] Hillel wird z.B. eine sehr offene Haltung Heiden gegenüber zugeschrieben (vgl. bShab 31a; weitere Quellen s.u. (III / 2.3.3.2).

[21] Skeptisch Sim (1995), 25ff und (1998), 255f; Saldarini (1995), 249. Vgl. auch Stanton, (1992) 385.

[22] Vgl. Sim (1995), 42ff. Zur Interpretation von 28,19 vgl. in diesem Teil unten (1.1.2.12).

[23] Vgl. Stanton (1992), 384f; Broer (1996), 335ff; Aguirre (1993), 247.

[24] Menninger (1994), 34.

werden.[25] Matthäus differenziert zwischen dem Volk und seinen Führern und hält diese Differenzierung – wie sich zeigen wird - im ganzen Evangelium aufrecht. Im Sinne einer Enterbungslehre darf Mt 21,43 also nicht gedeutet werden: „Le Jésus matthéen annonce ici la disqualification des autorités juives [...] plus qu'une rupture entre l'Église et le Judaïsme." [26]

Problematisch bleibt allerdings das Verständnis von „ἔθνος". U. Luz bemerkt dazu: „Es geht nicht nur um andere Führer; sie könnte man nicht als ἔθνος bezeichnen."[27] Dagegen behauptet A. J. Saldarini: „Ethnos should here be understood as a sub-group, not a nation."[28]

Saldarinis Deutung von ἔθνος ist griechisch durchaus möglich. So kann bei Homer, die in Il 3,32 belegte Wendung „ἑτάρων [...] ἔθνος" kaum anderes als die „Schar der Genossen" meinen. Auch in Il 7,115 und Il 13,495 ist an eine Gruppe und nicht an ein Volk zu denken. Im nachhomerischen Griechisch kann ἔθνος auch eine Klasse oder eine durch ihren Beruf definierte Gruppe von Menschen bezeichnen. So wird bei Plato die Berufsgruppe der Herolde „τὸ κηρυκικὸν ἔθνος" genannt (polit. 290b). Xenophon lässt einen Teilnehmer beim Symposion fragen, ob man ein „ἔθνος [...] ἠλιθιώτερον ῥαψῳδῶν", eine dümmere oder eitlere Berufsgruppe als die Rhapsoden kenne (symp. 3,6). Auch inschriftlich ist dieser Sprachgebrauch belegt: Auf dem berühmten Stein von Rosette aus dem Jahr 196 v. Chr. (OGIS 90,17) werden die Gruppen der Priester „ἱερὰ ἔθνη" genannt.[29] Diese knappe Übersicht zeigt, dass „ἔθνος" tatsächlich im Sinn von Gruppe oder Verband verstanden werden kann.

Damit spricht dieser Vers - wie auch immer man ihn im Einzelnen auslegt[30] - nicht für eine pauschale „Enterbung" Israels und damit auch nicht für eine Trennung der matthäischen Gemeinde von diesem Volk.

1.2.4 Das MtEv vertritt eine kritische Einstellung gegenüber der Tora.[31]
Diese Beobachtung, die sich vor allem auf eine bestimmte Interpretation der sog. Antithesen und der vermeintlich negativen Einstellung zum sog. Ritualgesetz (Mt 15) bezieht, wird dem MtEv allenfalls nur teilweise gerecht. Sie übersieht Passagen wie Mt 5,17-20 und 23,2f.23, die die bleibende Geltung der Tora ganz dezidiert betonen.
Damit ist die äußerst komplexe Frage nach dem Gesetzesverständnis des Matthäus gestellt. Dazu hat W.R.G. Loader jüngst einen umfassenden

---

[25] Vgl. Döpp (1998), 24f.
[26] Ingelaere (1995), 51; van Dobberler (2000), 25; Repschinski (2000), 41.
[27] Luz (1997), 226.
[28] Saldarini (1995), 247. So auch Döpp (1998), 24.
[29] Weitere Belege bei Dittenberger (1903), 151f und Liddell-Scott, 480. Zur Auslegung von ἔθνος vgl. auch Kremers (1979), 40f.
[30] Luz (1997), 227 selbst meint, hier werde nicht die Kirche an die Stelle Israels gesetzt, sondern die, die die geforderten Früchte bringen.
[31] Vgl. Aguirre (1993), 247; Cuvillier (1993), 44.

Forschungsbericht vorgelegt.[32] Ich werde bei der Behandlung von Mt 5,17-20 darauf Bezug nehmen.[33] Hier sei nur angemerkt, dass - wie in anderen jüdischen Texten aus der Zeit des zweiten Tempels (und danach) - auch im MtEv Torainterpretationen enthalten sind, die denen anderer Gruppen widersprechen. Das ist *innerjüdisch* üblich und kann nicht im Sinn einer grundsätzlichen Kritik an der Tora gedeutet werden. Es zeigt sich vielmehr: „The author of Matthew is an informed participant in a number of first-century Jewish legal debates and offers sophisticated arguments to support his position concerning common matters of dispute in the first century [...] the author of Matthew was not rejecting the first-century Jewish framework for understanding Jewish life, but defending Jesus' teaching as the correct resolution of major disagreements."[34]

Auch die Betonung der Rolle, die Jesus im Evangelium gegenüber der Tora spielt, kann nicht als Argument dafür gewertet werden, dass Matthäus das Judentum verlassen habe. Diese Annahme beruht auf einer unzutreffenden Beurteilung des Autoritätsanspruchs z.B. der frühen Rabbinen,[35] die ihre halachischen Auslegungen angeblich immer nur mehrheitlich getroffen und streng vom Text der Tora unterschieden hätten. Dass dieses Bild den Befund zu sehr vereinfacht, werde ich bei der Besprechung von Mt 5,17ff und 23,8ff zu zeigen versuchen.[36]

1.2.5 Matthäus stellt die Gemeinde als eigenständige Institution des Heils der Synagoge gegenüber.[37] Der sich bezüglich dieser These vollziehende Forschungswandel kann an den Arbeiten von G.N. Stanton hervorragend illustriert werden. In einer 1992 erschienenen Studie schreibt er: „The ekklesia founded by Jesus continued to have a firm commitment to torah, but it had accepted gentiles and developed its own patterns of worship and community life. Its self-understanding was quite distinct from that of the synagogue".[38] In einem Beitrag, der 1996 veröffentlicht wurde, heißt es hingegen: „We must not suppose that in Matthew's day συναγωγή stood for Judaism over against Christianity, ἐκκλησία. I am sure that I have occasionally been guilty of that anachronism."[39]

---

[32] Vgl. Loader (1997), 137-154.
[33] Vgl. unten (III / 1.2.1).
[34] Saldarini (1995), 250.
[35] Dieser findet sich u.a. bei Kampen (1994), 352; Hagner (1997), 22; Snodgrass (1992), 374.
[36] Vgl. dazu unten (III / 1.1.3 und 2.2.2.4) und meine Ausführungen Anm. 126 in diesem Teil.
[37] Vgl. Broer (1998), 121; Aguirre (1993), 247
[38] Stanton (1992), 384. Ähnlich auch noch Stanton (1995), 18.
[39] Stanton (1996), 384.

Stanton hat nach eigenem Bekunden zwischen diesen beiden Beiträgen
nicht nur die Arbeiten Saldarinis zur Kenntnis genommen, mit denen er
sich äußerst umsichtig auseinandersetzt. Daneben sind es vor allem Studien zu den frühen Kirchenvätern, die zur Revision seines Urteils geführt
haben. Im Blick auf Justin schreibt er: „Justin also reminds us, that even
three or four generations after Matthew, συναγωγή and ἐκκλησία had
not yet become metonymes for Judaism and Christianity, two distinct religions opposed to one another."[40] Wie aber sollen dann die Hinweise auf
Ekklesia und Synagoge als Bezeichnungen für Gruppen, die ja sicher
nicht identisch sind, ausgewertet werden? Saldarini schlägt vor, sie in
gewisser Weise als Synonyme zu verstehen. Es sind Bezeichnungen für
unterschiedliche Versammlungen *innerhalb* des Hauses Israel.[41] Hinzu
kommt, dass Matthäus die Glieder der Ekklesia in noch genauer zu un-
tersuchender Weise an die verweist, die in der Synagoge halachische
Weisung geben (23,2f).[42] Ekklesia und Synagoge können unterschieden
werden, aber diese Unterscheidung spricht weder für einen Bruch mit Israel noch für den Abbruch des Gespräches zwischen den unterschiede-
nen Größen.[43]

*1.2.6 Matthäus stellt „die Juden" in Mt 28,15 pauschal der Gemeinde
gegenüber.* „Jews who have not accepted Christian claims are set at a di-
stance and referred to as an entity quite distinct from the new people."[44]
Der Textbefund vermag diese Deutung jedoch aus zwei Gründen nicht
zu stützen: In Mt 28,15 ist überhaupt nicht von „den Juden" die Rede,
sondern schlicht von „Juden" (παρὰ Ἰουδαίοις nicht παρὰ τοῖς Ἰουδαίοις).[45] Der Text geht damit von einer unbestimmten Größe aus und
nicht von allen Juden - es gibt, wenn man dem Wortlaut des Textes folgt,
durchaus Raum für *Juden*, die der Botschaft von der Auferstehung Jesu
Glauben schenken. Die aus Mt 28,15 hervorgehende Differenzierung
bleibt eine innerjüdische.[46] Ein weiteres Gegenargument ergibt sich aus
einem Vergleich mit anderen zweifellos als jüdisch zu beurteilenden
Quellen: So spricht auch Josephus von „Juden", ohne dass er deshalb
selbst aus dem Judentum herauszunehmen wäre.[47]

---

[40] Ebd. Zu einer innerjüdischen Verortung des MtEv kann sich Stanton aber dennoch nicht durchringen.
[41] Vgl. Saldarini (1995), 254f.
[42] Vgl. dazu Fiedler (1994), 199ff.
[43] Weiteres unter 1.1.3 in diesem Teil.
[44] Stanton (1992), 385. Vgl. auch Aguirre (1993), 247; Menninger (1994), 34.
[45] Vgl. Karrer (1998), 100.
[46] Vgl. Ingelaere (1995), 52 und Deutsch (1992), 402.
[47] So z.B. Ant 18,373; Bell 1,21; 5,109. Vgl. Davies / Allison (1997), 672 und Saldarini (1995), 258 Anm. 44.

1.2.7 Das Judentum wird im MtEv typisiert, weil es keinen realen Gesprächspartner mehr darstellt.[48] Dieser These widerspricht die Beobachtung, dass Matthäus keineswegs „typisiert", sondern das Judentum sehr differenziert darstellt. So unterscheidet er in seiner Polemik streng zwischen den Volksmassen und den führenden Instanzen.[49] Diesen gilt seine Polemik, jenen seine Sympathie. „It is evident, that Matthew is sympathetic to the crowds and that this has special relevance for the situation of his time."[50] Diese Relevanz wird weiter unten auszuwerten sein.[51]

1.2.8 Matthäus stellt die jüdischen Führungsinstanzen konsequent negativ dar. An der Richtigkeit dieses Befundes kann kein Zweifel bestehen.[52] Fraglich ist nur, ob er für einen Bruch der matthäischen Gemeinde mit dem Judentum spricht, wie z.B. Stanton 1992 meint: „In Matthew, Jewish leaders are always at odds with Jesus and his disciples. [...] The wide gulf between scribes and Pharisees on the one hand and Jesus and his disciples on the other reflects the circumstances of Matthew's day: 'synagogue' and 'church' had parted company".[53]
Die matthäische Polemik kann nun im Gegenteil auch gerade als Hinweis auf eine innerjüdische Verortung des Evangeliums gewertet werden. Polemik einer jüdischen Gruppe gegen die Führungselite einer anderen ist im antiken Judentum nicht ungewöhnlich. Sie kann als Ausdruck eines innerjüdischen Machtkampfes zwischen rivalisierenden Führungsansprüchen verstanden werden: „The author of Matthew directs his own polemics against rival leaders and their competing programs for understanding and living Judaism in the late first century. [...] Matthew remains securely within the boundaries of the Jewish community and directs his polemics where all good polemics are directed, at those who are closest to him."[54]

1.2.9 Die Tempelzerstörung hat für Matthäus - anders als für das sich formierende Judentum - keine Bedeutung mehr. Dieses Argument ge-

---

[48] Vgl. Luz (1992), 71.
[49] Vgl. van Tilborg (1972) 168; Ingelaere (1995), 50ff; Saldarini (1994), 40.
[50] Russell (1989), 39.
[51] Vgl. unten III / 2.2.1.6 und 2.3.3.6.
[52] Freilich ist auch er einzuschränken, denn die matthäische Kritik hat zuweilen positive Implikationen: Matthäus gesteht den Pharisäern und Schriftgelehrten zu, dass sie durchaus Gerechtigkeit vorzuweisen haben (5,20). Mt 21,43 setzt voraus, dass die angesprochenen Führungsinstanzen aktuell das Reich besitzen. Sie verwalten ferner den Zugang zum Gottesreich (23,13) entsprechend ist ihre halachische Weisung von der Gemeinde zu hören (23,2f) (vgl. III / 2.2.2.1).
[53] Stanton (1992), 383.
[54] Saldarini (1995), 246f. Vgl. Overman (1996), 11.

wichtet Passagen wie Mt 23,37-24,2 zu gering.[55] Dieser Abschnitt (wie auch Mt 22,7 und 27,25[56]) nimmt eine Deutung der als leidvoll und beklagenswert[57] erfahrenen Tempelzerstörung vor.[58] Dies verbindet Matthäus mit anderen Juden, die nach der Katastrophe des Jahres 70 ebenfalls um eine Deutung dieses Geschehens ringen.[59] H.M. Döpp und H.-J. Becker haben dies unlängst herausgearbeitet[60] und darauf hingewiesen, dass Matthäus bei seiner Deutung auf Traditionen zurückgreift, die auch in der rabbinischen Literatur begegnen. Matthäus begreift die Tempelzerstörung als Strafe Gottes für das Vergießen des Blutes Jesu, der Propheten und christlicher Israelprediger.[61]

Freilich meint Becker einen fundamentalen Unterschied feststellen zu können, der für die Verortung des MtEv gravierende Konsequenzen hätte. Diese Differenz liege s.E. in der Perspektive, die im MtEv bzw. in anderen jüdischen Schriften eingenommen werde: Die rabbinischen Deutungen sind in der ersten Person Plural gehalten.[62] Das ist bei Matthäus anders: „Die christliche Gemeinde [...] ist nicht beteiligt. Matthäus vertritt damit die Perspektive einer Gemeinschaft, die der Synagoge bereits getrennt gegenübersteht und die selbst für die Untaten der jüdischen Geschichte keine Verantwortung zu übernehmen bereit ist."[63]

Diesem wirklich gewichtigen Argument sind zwei Beobachtungen entgegenzuhalten: 1. Auch der Jude Josephus spricht nicht solidarisch über die Schuld an der Tempelzerstörung.[64]

2. Die rabbinischen Deutungen stehen - so wie sie heute vorliegen - in der Tradition eines bestimmten Programms.[65] Sie erscheinen deshalb so-

---

[55] Vgl. Luz (1992), 71. Mehr Gewicht bekommt diese Passage bei Luz (1997), 387: „Nach Kap. 23 deuten sie (die Leserinnen und Leser, M.V.) ganz selbstverständlich die Zerstörung des Tempels als Strafe Gottes für den Ungehorsam der Führer Israels und dafür, daß Israel sich nicht zu Jesus rufen ließ".

[56] Vgl. dazu 1.1.2.11 in diesem Teil.

[57] Vgl. Mt 23,37.

[58] Dass Matthäus ein durchaus positives Verhältnis zum Tempel und zur Tempeltheologie hat, lässt sich an Texten wie 21,12ff und der matthäischen Argumentation in 5,34f und 23,16ff zeigen (vgl. III / 1.4.3 und 2.4.3). Auch 17,24ff lässt keine kritische Distanz zum Tempel erkennen.

[59] Andere Deutungen nennen Cohen (1982), 18ff; Saldarini (1982), 437ff und Goldenberg (1982), 517ff.

[60] Becker (1998), 59-73. Vgl. auch Dschulnigg (1995), 171-173.

[61] Vgl. Döpp (1998), 21ff.

[62] So Cohens (1990) Zusammenfassung: „Why were the first and second temples destroyed? [...] The standard Jewish response to such questions, 'It was because of our sins'..." . Auf die Bandbreite dieses Schuldbekenntnisses weist Döpp (1998), 295ff hin.

[63] Becker (1998), 69.

[64] Vgl. Döpp (1998), 226ff.

[65] Dieses Programm läßt sich mit S.J.D. Cohen (1984) wie folgt zusammenfassen: Es propagiert eine „grand coalition" (42), die sich bemüht habe, dem exklusivistischen Parteienwesen, das zur Zeit des zweiten Tempels im Judentum vorherrschend

lidarisch, weil die Rabbinen ja gerade eindeutige Schuldzuweisungen an bestimmte Parteien vermeiden wollten. „Die Lehrer von Javne waren auf möglichst breite Integration derer aus, die den Krieg überlebt hatten".[66] Auch in der Retrospektive des Schuldaufweises soll es nur ein Volk aber keine Parteien mehr geben. Die Aussagen des MtEv sind dagegen noch einem älteren Parteiendenken verhaftet. Das rabbinische Programm beginnt sich zu seiner Zeit zu entwickeln, hat sich aber noch nicht durchgesetzt.[67]

1.2.10 Das Evangelium bezeugt eine Verfolgung der Gemeinde durch die Synagoge.[68] Hier ist z.B. an Mt 10,13 und 23,34f zu denken. Dabei ist jedoch zu beachten, dass gerade die Geißelung, die die Glieder der matthäischen Gemeinde über sich ergehen lassen müssen, eine *innerjüdische* Disziplinarmaßnahme ist: „More than any other punishment, flogging is a means of correction...".[69] Die anderen geschilderten Verfolgungsmaßnahmen reagieren ebenfalls auf ein Gruppenprofil, das innerhalb des Judentums von den Verfolgern als problematisch und der Korrektur bedürftig wahrgenommen wird. Die Verfolgung einer Gruppe, die nicht mehr als jüdisch betrachtet wurde, durch jüdische Instanzen ist hingegen nicht belegt.[70]

Damit sprechen die genannten Texte sogar eher für eine Zugehörigkeit der matthäischen Gemeinde zum Judentum als dagegen.

1.2.11 Matthäus weist in 27,25 dem jüdischen Volk pauschal die Verantwortung an Jesu Tod zu.[71] Dass es sich in diesem Vers um eine Schuldübernahme durch das Volk für den Fall eines Justizirrtums handelt, ist unbestritten.[72] Umstritten ist freilich, was dies für die Verhältnisbestimmung von matthäischer Gemeinde und zeitgenössischem Judentum bedeutet. Bedeutet es „ein Ende der Erwählung des Volkes Israel, das nun eben in der Lüge bleibt?"[73]

Auch hier ist wieder eine andere Lektüre möglich. H. Kvalbein hat darauf aufmerksam gemacht, dass das Volk Israel nach der Darstellung des Matthäus keinesfalls allein in Schuld verstrickt ist.

---

gewesen sei, ein Ende zu machen: „Yavneh was a grand coalition of different groups and parties, held together by the belief that sectarian self-identification was a thing of the past..." (50).

[66] Wengst (1998), 99. Weiteres unter 1.1.3 in diesem Teil.
[67] Becker (1998) beruft sich auf yTaan 4,8 (69a.b).
[68] Vgl. Aguirre (1993), 247.
[69] Cohn , EJ 6, 1348.
[70] Zur Verfolgung jüdischer Gruppen durch Juden vgl. Stegner (1995), 30ff und Segal (1991), 6.
[71] Vgl. Becker (1998), 69
[72] Vgl. Luz (1993a), 152 und Karrer (1998), 99.
[73] Luz (1993a), 154f.

Drei Hauptargumente sind hier zu nennen: 1. Neben dem Volk stehen Pilatus und sogar Glieder des Zwölferkreises in der Schuld. Pilatus nun wird nicht dadurch von seiner Schuld gereinigt, dass er seine Hände in Unschuld wäscht.[74] Blutschuld lastet weiterhin auf Judas,[75] und Petrus schwört sogar einen Meineid (26,74).[76] 2. In letzter Konsequenz steht hinter dem Tod Jesu niemand anders als Gott selbst.[77] 3. Schließlich gilt es, den Bogen von 1,21 über 10,6 bis hin zu 26,28 zu berücksichtigen, der Israel angesichts seiner Schuld Vergebung verheißt.

Kvalbein folgert zutreffend: „Daß der Ruf des Volkes in Mt 27,25 etwa bedeuten sollte, daß die ‚Juden‘ von da an mehr Schuld als alle anderen tragen sollten, wird in dieser Perspektive so sinnlos, daß wir einem so reflektierten Theologen wie Matthäus keinen solchen Gedanken unterlegen sollten".[78]

Wie ist Mt 27,25 also zu lesen? A.J. Saldarini schlägt vor, die Schuldübernahme beziehe sich allein auf die vor Pilatus anwesende Menge, nicht aber auf das ganze Volk.[79] Selbst wenn man Saldarinis einschränkende Deutung auf die Gruppe der in Jerusalem vor Pilatus anwesenden Juden nicht unbedingt teilen möchte, enthält seine Deutung einen wichtigen Aspekt: Mt 27,25 hat einen konkreten geschichtlichen Bezug. Diesen hat K. Haacker überzeugend herausgearbeitet. Es handele sich dabei um eine Deutung der Zerstörung Jerusalems: „Mt 27,25 bietet [...] eine christliche Deutung der Katastrophe des Jahres 70 n. Chr. vom gewaltsamen Geschick Jesu her - und nicht eine Prognose oder gar ein Programm für die weitere Geschichte des jüdischen Volkes. Die Logik dieser Deutung ist gut biblisch und jüdisch...".[80]

Des Weiteren läßt sich zeigen, dass diese Deutung nicht mit der Vergangenheit abrechnet, sondern, wie andere Deutungen der Tempelzerstörung auch, mahnende Weisung für die Zukunft aus sich heraussetzt. Diese kann man wie folgt umschreiben: „Ihr habt gesehen, wohin es führt, wenn ihr den anderen Führungsinstanzen folgt und nicht uns." Matthäus

---

[74] Vgl. Kvalbein (1998), 305. Von der Diskussion über das Händewaschen in Mt 15 her gelesen ergibt sich eine besondere Pointe. Der matthäische Jesus stellt dort halachisch fest, dass unreine Hände nicht verunreinigen, weil Unreinheit primär ethisch zu bestimmen ist (vgl. IV / 2.3). Wenn das so ist, dann kann umgekehrt ethische Unreinheit auch nicht mit bloßem Waschen der Hände beseitigt werden (vgl. dazu auch Klawans (1997), 3). Leserinnen und Leser, die der halachischen Argumentation des Matthäus bis hierher gefolgt sind, sehen Pilatus in 27,24 immer noch in seiner Schuld gefangen.

[75] Vgl. Kvalbein (1998), 307.

[76] Vgl. dazu unten (III / 3).

[77] Vgl. Kvalbein (1998), 307f.

[78] Kvalbein (1998), 308.

[79] Vgl. Saldarini (1995), 245f.

[80] Haacker (1986), 48. Haacker weist zugleich darauf hin, dass Mt 27,25 erst nach der konstantinischen Wende in einem pauschal verurteilenden Sinn verstanden worden ist (47). Vgl. auch Ingelaere (1995), 51; Harrington (1993), 244; Repschinski (2000), 46.

wirbt auch im Schuldaufweis um die Herzen und den Zulauf des Volkes.[81]

1.2.12 Matthäus wendet sich nicht mehr an Israel, er hat seinem Volk den Rücken gekehrt, sein Weg führt ihn zu den Heiden. Das MtEv appelliert nicht mehr an Israel - es erklärt seinen Lesern und Leserinnen in der Bewegung von Mt 10,5f zu 28,19f vielmehr, warum dieser Appell nicht mehr ergeht.[82] Das ist die Hauptlinie der Matthäusinterpretation von U. Luz. S.E. spiegelt und verarbeitet die matthäische Jesusgeschichte mit dem Übergang von der exklusiven Konzentration auf die Mission in Israel (10,5) zur Völkermission (28,19f) die Erfahrung des Scheiterns der Gemeinde in ihrer Sendung im jüdischen Volk. Das Evangelium schildere, wie aus dem Gottesvolk „Israel ‚die Juden' werden"[83] und antworte auf diese Erfahrung mit dem Auftrag des Auferstandenen, die Heiden zu Jüngern zu machen.

Dass Matthäus sich schließlich den Heiden zuwendet, ist - wie wir sahen - sicher zutreffend. Wie aber steht es mit seiner Zuwendung zu Israel? Nimmt Mt 28,19f Mt 10,5f wirklich zurück? Sind mit „πάντα τὰ ἔθνη" von Mt 28,19 alle Heiden (= alle Völker außer den Juden) oder aber wirklich alle Völker - die Juden eingeschlossen - gemeint? Die matthäische Verwendung des Wortes ἔθνος ist zu differenziert, um diese Frage aufgrund der Wortbedeutung eindeutig zu beantworten.[84] Die Entscheidung muss dann anhand von Beobachtungen im Kontext fallen.

U. Luz, der den Schluss des Evangeliums dahingehend deutet, dass „die Zeit der Israelmission [...] für das MtEv nun definitiv vorbei"[85] ist, beruft sich vor allem auf den von ihm scharf gesehenen Kontrast zwischen „den Juden" in Vers 15 und „den Heiden" in Vers 19.[86] Dieser Kontrast ist nach dem, was oben zu Vers 15 ausgeführt wurde, nicht gegeben (vgl. 1.1.2.6). Damit spricht im Kontext nichts für eine exklusive Deutung des Missionsbefehls. Mit Kvalbein ist 28,19 vielmehr als „erweiterte Aussendung, die die erste Aussendung nach Israel nicht aufhebt, sondern bestätigt und mit einschließt"[87] zu lesen. In der Tat wird ja hier rein lo-

---

[81] Vgl. die Besprechung von 23,29ff unten (III / 2.3.3.6).

[82] Vgl. z.B. Luz (1992), 67. Zur Beurteilung des Verhältnisses von 10,5f und 28,19f in der Forschung vgl. van Dobbeler (2000), 21ff.

[83] Ebd.

[84] Vgl. Broer (1995), 36; Segal (1991), 24. Eine weitere Bedeutungsnuance wurde bei der Besprechung von Mt 21,43 sichtbar (vgl. oben unter 1.1.2.3).

[85] Luz (1993b), 316.

[86] Vgl. Luz (1993b), 315f.

[87] Kvalbein (1998), 309. Kvalbein stützt sich dabei auf den Befund, dass im Evangelium nirgends von einem Ende oder Ergebnis der Jüngeraussendung in Kap. 10 berichtet wird. Sie bleibt unabgeschlossen bis zur Wiederkunft Jesu (10,23) (Kvalbein (1998), 309). Des Weiteren sei im gesamten Urchristentum niemals die Judenmission strittig gewesen, sondern allein die Heidenmission. Schließlich sieht Kvalbein in die-

gisch nicht die Sendung zu Israel (10,6) zurückgenommen, sondern die
Einschränkung aus 10,5, die die Heiden aus dem Adressatenkreis der
Jünger ausschloss. Israel bleibt weiterhin im Gesichtskreis der matthäi-
schen Gemeinde.

Gibt es im Evangelium noch andere Indizien, die eine positive Perspektive für Israel erkennen lassen? Diese Frage ist im Blick auf Mt 23,39 zu
bejahen. Dieser Vers erwartet oder erhofft, dass die Juden, die sich nicht
zu Jesus bekennen, diesen Jesus begrüßen werden als den, „der da
kommt im Namen des Herrn" (Ps 118,26). Diese Segensformel passt
schlecht als Begrüßung eines Richters, der Israel verdammen wird. Das
letzte Wort in Mt 23 hat nicht die Polemik, sondern die Hoffnung für das
Volk.[88]

Als *Ergebnis* unserer bisherigen Besprechung können wir festhalten: Die
Argumente, die in der Forschung dafür vorgebracht werden, dass die
Gemeinde des MtEv als eine vom Judentum getrennte Größe zu verstehen sei, erweisen sich als wenig tragfähig. Zum Teil sprechen die ihnen
zugrunde liegenden Textbefunde geradezu für eine Verortung des MtEv
in einem differenziert zu sehenden Judentum. Nichts zwingt also zu der
Annahme, dass das Tischtuch zwischen dem matthäischen Kreis und
seinen jüdischen Zeitgenossen zerschnitten wäre.

1.3 Das sich neu formierende Judentum

Bisher nur ansatzweise zur Sprache gekommen sind die Ergebnisse des
Forschungswandels, der sich in den letzten Jahren hinsichtlich der Erforschung des Judentums des ersten Jahrhunderts vollzogen hat.[89] Sie stellen nämlich grundsätzlich in Frage, ob man in den ersten beiden Jahrhunderten n. Chr. überhaupt schon von einem *Judentum* sprechen kann,
dem ein *Christentum* gegenüber zu stellen wäre. Die Frage „innerhalb
des Judentums oder außerhalb des Judentums" könnte also in gewisser
Weise in die Irre führen.

Von einem wie auch immer gearteten „normativen Judentum" ist wohl
erst nach der Durchsetzung der rabbinischen Bewegung im 3. Jahrhun-

---

ser Perikope auf Dan 7,13f angespielt. Demnach ginge es um Erweiterung des
Machtbereiches Jesu. Das kann dann aber „nicht bedeuten, daß er seine Macht über
sein eigenes Volk aufgeben will" (309). Nach van Dobbeler (2000), 27ff entspricht
die Sendung zu den Völkern (28,19f) der zu Israel (10,5f) komplementär.

[88] Ingelaere (1995), 52: „Matthieu laisse peut-être Jésus exprimer un petit espoir
d'être accueilli favorablement lors de sa parousie...". Vgl. auch Davies / Allison
(1988), 24: „There is still hope for the nation as a whole" und Karrer (1998), 100.
Weiteres und Literatur bei Broer (1995), 34ff.

[89] Hier sind vor allem die Studien von Shaye Cohen, Stuart Cohen, L. I. Levine und
C. Heszer zu nennen, auf die ich im Folgenden Bezug nehmen werde.

dert - und das auch nicht überall - auszugehen.[90] Dass das Judentum rabbinischer Prägung sich schließlich durchgesetzt hat, ist das Resultat einer langen und keineswegs geradlinigen Entwicklung, die aus den verschiedenen „Judaisms"[91], die vor der Tempelzerstörung existierten und nach derselben die neue Situation zu bewältigen suchten, *das Judentum* werden lies. Für die Jahrhunderte vor diesem Ergebnis gilt: „In antiquity there was no single 'Jewish community' with a unified leadership, single way of life, and set of established beliefs. [...] Variety was the rule in antiquity"[92]. Insofern ist es anachronistisch, von einem „Synagogenverband" zu sprechen, von dem die matthäische Gemeinde sich getrennt haben könnte, wie es bei allem Forschungswandel immer noch geschieht[93].
Mit diesem Forschungswandel verbindet sich eine veränderte Beurteilung der sog. Synode zu Javne. Nach der rabbinischen Legende (z.B. bGit 56b) hatte sich Jochanan ben Zakkai vom römischen Imperator „Javne und seine Weisen" erbeten, um dort nach der Zerstörung Jerusalems die jüdischen Angelegenheiten neu zu ordnen: „Gib mir Javne, dass ich dort meine Schüler lehre [...] und dort alle Gebote erfülle." (ARN A 4/B 6).
Das Stichwort „Javne" steht in der rabbinischen Literatur für die Erinnerung an das Überleben des Judentums nach der Tempelzerstörung,[94] an die damit einher gehenden Transformationen ehemals an den Tempel gebundener Rituale (z.B. mRHSh 4,1.3.4; bRHSh 31b), sowie die wegweisenden Entscheidungen in der Halacha zugunsten der hillelitischen Richtung[95]. Legendarische Überlieferungen von Versammlungen von 70, 71 oder 72 Rabbinen in Javne[96] bzw. im dortigen Weinberg[97] unterstreichen die Bedeutung, die dieser Ort in der rabbinischen Tradition hat.
Die ältere Forschung neigte dazu, diese Hinweise als historisch präzise Beschreibungen der Ereignisse zu werten und daraus ein Bild der Synode zu Javne - und des dahinterstehenden Judentums - zu konstruieren. S.J.D. Cohen fasst das verbreitete Bild[98] folgendermaßen zusammen:

---

[90] Vgl. Alexander (1992), 3 und Boyarin (1998), 580ff.
[91] Vgl. Overman (1996), 9: „...we speak about Judaisms. In this time and place, there existed a number of competing, even rival Judaisms".
[92] Saldarini (1995), 242f; Repschinski (2000), 56.
[93] So Luz (1992), 70. Dazu kritisch Saldarini (1995), 239 Anm. 2: „There is no proof for this kind of institutionalization in the first century".
[94] Vgl. Rosenfeld (1993), 149, der dem Begriff Javne durch die rabbinische Literatur nachgeht.
[95] Vgl. Safrai (1994), 382ff.
[96] Vgl. yBer 4,1, 7d par yTaan 4,1, 64d.
[97] Vgl. mKet 4,6; mEd 2,4.
[98] Hezser (1997) hat dazu ein profunde Forschungsgeschichte vorgelegt. Ihren Beobachtungen zufolge hat sich das traditionelle Bild der Synode zu Javne in der jüdischen und christlichen Wissenschaft seit Heinrich Graetz (1817-1891) ausgebreitet: „Graetz viewed Yochanan b. Zakkai as the initiator of a Jewish restoration after 70.

„According to the usual view, sectarianism ceased when the Pharisees, gathered at Yavneh, ejected all those who were not members of their own party. Christians were excommunicated, the biblical canon was purged of works written in Greek and apocalyptic in style, and the gates were closed on the outside world, both Jewish and non-Jewish. Functioning in a 'crisis' atmosphere, the rabbis of Yavneh were motivated by an exclusivistic ethic; their goal was to define orthodoxy and to rid Judaism of all those who would not conform to it. In this interpretation the 'synod' of Yavneh becomes a prefiguration of the church council of Nicea (325 C.E.): one party triumphs and ousts its competitors."[99]

Das Judentum von Javne stellt sich hier als monolithischer Block dar. Die Rabbinen – mehr oder weniger identisch mit den Pharisäern, der einzigen Partei, die den jüdischen Krieg relativ unbeschadet überlebt habe -[100] hätten unterstützt vom jüdischen Volk eine konsequent rigide Ausgrenzungspolitik betrieben.

Dieses Bild, das gewichtig in die Matthäusforschung hineinwirkt[101], wird seit einigen Jahren massiv in Frage gestellt. Es gilt als „overly simplistic" und setzt sich aus „disject membra of the Mishnah and later works" zusammen[102]. Es verdankt sich kurz gesagt einem unkritischen Umgang mit den rabbinischen Texten. Diese sind als historische Quellen zwar alles andere als wertlos[103], doch muss man bei ihrer Interpretation zwischen einzelnen historisch durchaus auswertbaren Informationen und ihrer redaktionellen Formung und Bearbeitung unterscheiden:

Auch rabbinische Geschichtsschreibung spiegelt die Ereignisse nicht ungebrochen. Auch sie ist von bestimmten Interessen geleitet („history as propaganda") und entwirft eine entsprechende Vision für die Zukunft („versions of the past: visions of the future").[104] Sie ist somit von unschätzbarem Quellenwert für das Selbstverständnis und den Anspruch der Rabbinen auf die allein gültige, konkurrenzlose, in ungebrochener Kontinuität zur Sinaioffenbarung stehende Ansage des Gotteswillens. Den realen Verlauf stellen die rabbinischen Texte hingegen durch die Brille dieses rabbinischen Selbstverständnisses dar. Der tatsächliche

---

Yochanan b. Zakkai laid the foundation for centralized organisation of Jewish self-government which ensured Jewish national and religious survival" (2). Tatsächlich konzentriert Graetz (1893) den Neuanfang nach der Tempelzerstörung ganz auf die Person Jochanan ben Zakkais. „„...ihm gelang es auch in der That, die gelockerten Bestandtheile zu einem Ganze zusammenzufügen" (12).

[99] Cohen (1984), 28.

[100] Stemberger (1999), 223f kritisiert die häufig vorgenommene Gleichsetzung Pharisäer = Rabbinen mit guten Gründen (vgl. dazu III / 2.2.1.5).

[101] Vgl. z.B. Hendrickx (1990/91), 144; Menninger (1994), 24ff.

[102] Vgl. Cohen (1984), 29.

[103] Vgl. dazu unten I / 1.2.

[104] Die Zitate stammen von Cohen (1990), vvi. Cohen legt mit seiner Arbeit eine methodisch vorbildliche Analyse der rabbinischen Geschichtsschreibung als Zukunftsprogramm vor.

Weg zur Durchsetzung dieses Anspruchs war geprägt von der Auseinandersetzung mit ähnlichen Ansprüchen von nichtrabbinischer Seite und Konkurrenz innerhalb der rabbinischen Bewegung:
So ist in den Quellen zum einen zu beobachten, dass nicht alle Rabbinen der ersten tannaitischen Generation in Javne angesiedelt werden. Neben Javne scheint es ein Zentrum in Lod gegeben zu haben, das nach PesR 8 (ed. Friedmann 29b) sogar als „המשנה לירושלים" - Wiederholung bzw. Kopie Jerusalems – galt. Auch von Emmaus ist die Rede (ARN B 29).
Des Weiteren ist die zentrale Stellung von Jochanan ben Zakkai zu hinterfragen, denn die Quellen bringen nicht alle Rabbinen (darunter so bedeutende wie Rabbi Zadok, Rabbi Tarfon und Rabbi Ischmael) mit ihm in Zusammenhang.[105] Darüber hinaus gilt auch die Existenz eines zentralen Gerichtshofes in Javne[106] oder gar eines Sanhedrin[107] als äußerst zweifelhaft. Soziologischer Betrachtung stellt sich die rabbinische Bewegung heute eher als dezentral dar: „The rabbinic movement as a whole did not form a 'corporate group'"[108]. Sie lässt sich vielmehr als „aggregative collective phenomenenon" oder „personal alliance system" beschreiben.[109] Es gab bis ins vierte Jahrhundert keine festen Strukturen oder eine zentrale Autorität, die rabbinische Ansprüche hätte durchsetzen können.
Entsprechend erscheinen in den Quellen andere Gestalten in Konkurrenz zu den Rabbinen. Da sind zum einen *Priester*[110] zu nennen. S. Schwartz hat herausgearbeitet, dass diese nach 70 n. Chr. immer noch eine bedeutende Rolle beim Ringen um die Neugestaltung des Judentums spielen.[111] Sie können sich auf ihre mit biblischer Dignität versehene Abstammung berufen - mit der Aussicht auf Erfolg, was sich allein schon daran zeigt, dass sie immer noch den Zehnten bekommen.[112] Darüber hinaus gelten sie traditionell als Richter und Experten im jüdischen Ge-

---

[105] Vgl. Hezser (1997), 173.
[106] Vgl. dazu Hezser (1997): „While the hypothesis of a central rabbinic court in tannaitic and amoraic times can no longer be maintained, some rabbis may have been appointed judges in officially recognized public courts, some may have had their private courts, and others, perhaps the majority, may have given legal decisions in various settings, whenever the occasion arose." (190) „Rabbinic courts seem to have been linked to particular rabbis or patriarchs rather than being permanent bodies." (191).
[107] Vgl. Goodblatt (1994), 208.
[108] Hezser (1997), 324.
[109] Hezser (1997), 325.
[110] Goodblatt (1994) vermutet, der Bar-Kochba-Aufstand könnte zum Teil zu verstehen sein als Versuch der Priester, wieder an der Macht Anteil zu erhalten (228).
[111] Vgl. Schwartz (1990), 107ff.
[112] Vgl. mBik 2,3; mSheq 8,8; mHul 10,1 und Oppenheimer (1978), 267ff. Cohen (1990), 159 beurteilt dies als „reflection of the degree to which the kohanim continued to retain much of their ancient aura of sanctity".

setz.[113] Priesterliche Gerichtshöfe sind auch nach 70 n. Chr. belegt (z.B. mSan 7,2; mKet 1,5) und mitunter spiegeln die Quellen priesterliche Schriftauslegung, die mit der der Rabbinen nicht übereinstimmt (mEd 8,3; mShek 1,4; tShevi 5,2). Wer die Vollmacht hatte, den Gotteswillen zu vertreten, war zwischen Priestern und frühen Rabbinen also noch nicht ausgemacht. Dafür spricht auch die große Anzahl für die Priester relevanter Halachot in den rabbinischen Quellen, die als Indiz für den Normgebungsanspruch der Rabbinen gewertet werden können.[114]

Neben den Priestern erscheinen weitere Konkurrenten. Ohne Anspruch auf Vollständigkeit seien hier lediglich nichtrabbinische *Schriftgelehrte*[115] und *Richter*[116] genannt. Auch jüdische *Christen*[117] treten in rabbinischen Texten zuweilen als Rivalen auf.

Dass sich die Rabbinen schließlich durchgesetzt haben, ist angesichts dieser Pluriformität im Judentum der ersten Jahrhunderte alles andere als selbstverständlich. Auch zahlenmäßig dürften die rabbinischen Kreise nicht sehr groß gewesen sein.[118] Mit S. Cohen wird man zusammenfassend sagen können: „As the rabbinic sources themselves indicate, that transformation (die Durchsetzung des rabbinischen Judentums, M.V.) was not accomplished in steady sequential stages. Rather, the process was untidy, erratic and - other than by its most ardent advocates - entirely unpredicted".[119]

1.4 Matthäus im sich neu formierenden Judentum – zum Profil der vorliegenden Arbeit

Mit einem Teil der jüngeren englischsprachigen Matthäusexegese[120] versucht die vorliegende Arbeit, dem beschriebenen Forschungswandel

---

[113] Vgl. Schwartz (1990), 69: „Josephus, Philo and others persistently describe the priests as judges, teachers and experts in Jewish law".

[114] Vgl. dazu Hezser (1997), 486: „In addition to the stories, rabbinic documents contain numerous legal traditions which deal with issues related to the priesthood in general and priestly purity in particular. This may partly be due to the phenomenon that many rabbis were priests. As in the case of rabbinic rules for scribes [...] the existence of rabbinic rules for priests implies, that those rabbis who created these rules considered their own ability to interpret the Torah and to apply it to the situation of priests superior to that of ordinary priests who were not rabbis.".

[115] Vgl. dazu unten (III / 2.2.1.1f) und Hezser (1997), 475.

[116] Vgl. z.B. SifDev §17 (Finkelstein, 27f) weiteres Hezser (1997), 475ff.

[117] Vgl. Hezser (1997), 75ff. Boyarin (1998) wertet die Überlieferungen um Rabbi Elieser (tHul 2,24) dahingehend aus, dass diese bedeutende Gestalt der rabbinischen Welt mindestens mit Jesus sympathisierte, wenn nicht gar mehr (586f).

[118] Insgesamt werden in der rabbinischen Literatur namentlich nur 223 Tannaiten genannt, vgl. Cohen (1990), 172.

[119] Cohen (1990), 147.

[120] Hier sind vor allem die Arbeiten von J.A. Overman (1990 und 1996), A.J. Saldarini (1994 und 1994), D.J. Harrington (1991 und 1993), D.C. Sim (1998) und jüngst

Rechnung zu tragen. Vor seinem Hintergrund stellt sich das MtEv als *jüdisches* Buch dar, hinter dem eine sich zu Jesus bekennende *jüdische* Gruppe steht.[121] Diese gedenkt, in der Krise nach der Tempelzerstörung an der Neugestaltung des Judentums mitzuwirken und bringt ihre Stimme im Konzert derer zu Gehör, die um Einfluss in der Gesellschaft des ausgehenden ersten Jahrhunderts ringen.

Vergegenwärtigen wir den historischen Kontext: Mit dem Verlust des Tempels[122] als dem zentralen religiösen Ort entstand ein Vakuum, das es nun neu zu füllen galt. Verschiedene Gruppen machen dazu unterschiedliche, z.T. aber auch vergleichbare Angebote.

Apokalyptisch-ethische Kreise, denen wir das 4. Esrabuch und 2. Baruch verdanken, hoffen auf die baldige Ankunft des Gesalbten, der das Schicksal Zions wenden werde (4.Esra 13; 2.Bar 29,3; 39,7-40,2 u.ö.). Der beste Weg, sich darauf vorzubereiten, sei das genaue Studium der Tora und ein entsprechendes Leben[123] (4. Esra 9,26-37; 2.Bar 46,1-7; 84,1-9).

Die frühen *Rabbinen* beantworten die Frage, wie nach der Zerstörung des Tempels Gottesdienst und Gottesbegegnung möglich sein können, ebenfalls mit dem Hinweis auf die Tora.[124] Das Studium der Tora ersetzt den Tempelgottesdienst wie die tannaitische Exegese von Dtn 11,13 zeigt: „*Und ihm dienen, das ist das Studium [...] So wie der Dienst am Altar Gottesdienst genannt wurde, so wird das Studium Gottesdienst genannt*" (SifDev §41 [Finkelstein, 87]).[125]

Rabbinisches Torastudium und rabbinisch vermittelte Toraobservanz vermögen ihre Rolle als vollgültiger Ersatz für den Tempelkult deshalb auszufüllen, weil das, was die Rabbinen zu vermitteln haben, nach ihrem eigenen Selbstverständnis göttlichen Ursprungs ist und daher Menschen in Kontakt mit Gott zu bringen vermag (mAv 3,2.6).

B. Repschinski (2000) zu nennen. Für den deutschen Sprachraum ist auf M. Gielen (1998) und A. van Dobbeler (2000) verweisen.

[121] Vgl. Sim (1998), 163: „The religion of the Matthean community was not Christianity but Judaism". Sims Arbeit unterscheidet sich von denen der anderen genannten Autoren insoweit, als er trotz der innerjüdischen Verortung des Evangeliums von einem Bruch zwischen der lokalen Synagoge und der matthäischen Gruppe ausgeht (deutlich 150f). Vgl. dazu Anm. 132 in diesem Teil.

[122] Vgl. Cohen (1990), 148: „With its shrine in ruins, the nation was deprived of the most prominent of its centripetal nexi and the most tangible focus of its cohesive affections".

[123] Vgl. Harrington (1993), 241.

[124] Vgl. Hezser (1997), 457: „According to rabbinic literature, in post-Temple times Torah study, extra temple rites, prayer and righteous conduct gradually replaced the Temple cult as the core values of Jewish religious life. Rabbis needed to emphasize the importance of Torah study over other forms of religious expression because Torah learning was their main asset". Wichtige Quellentexte sind: mAv 5,22; mPea 1,1; yBer 1,2, 3b; yMQ 3,7, 83c.

[125] Vgl. unten (III / 2.2.2.1).

Das gilt für die schriftliche Tora ohnehin. Für die Worte und Lehren der Rabbinen wird es nach und nach formuliert (Sifra zu Lev 26,14; bPes 22b; bEr 13b; bBer 11b).

„They (die Rabbinen, M.V.) tried to convey the notion that the authority of their own teachings equalled that of the written Torah, since it was similarily based on Divine revelation. This concept served to enhance the role of the rabbi: he 'has authority derived from revelation. He himself may participate in the processes of revelation (there is no material difference) [...] the rabbi is like Moses, 'our rabbi', who recieved *torah* and wrote the Torah.' One may even go one step further and say that amoraim propagated the notion that 'in the rabbi the word of God was made flesh', that the rabbi was 'Torah incarnate'."[126]

Das *MtEv* macht nun seinerseits ein vergleichbares Angebot. Auch Matthäus ruft zur Besinnung auf den Gotteswillen auf. Ihn gilt es in der neuen Situation zu tun (Mt 5,17ff; 7,12ff; 7,24ff u.ö.) - und zwar in der Form, in der ihn der eine Lehrer Jesus, der die Tora erfüllt, vertritt (Mt 23,8ff; 28,20).[127] Die durch das Tun des so verstandenen Gotteswillens hergestellte Zugehörigkeit zu Jesus (7,21ff), dem Ort der Präsenz Gottes

---

[126] Hezser (1997), 459 unter Berufung auf J. Neusner (1985), 385f. Dieser theonome Aspekt im rabbinischen Selbstverständnis ist - so weit ich sehe - in der neutestamentlichen Wissenschaft noch nirgends bemerkt worden. Das dort zugrunde gelegte Bild von einem rabbinischen Gelehrten entspricht eher dem Bild eines in christlich-humanistischer Tradition stehenden Exegeten, der sich auf das geschriebene Wort bezieht, es „objektiv" auslegt und seine eigenen Thesen mit Argumenten aus der Schrift untermauert. So z.B. jüngst J. Kampen (1994), 352 „a rabbinic mode of interpretation [...] always maintained a firm distinction between the word and its interpretation". Kampen formuliert dies im Gegenüber zu seinen sehr guten Ausführungen zur Halacha in 11QT und im Jubiläenbuch, die nicht streng zwischen dem Wort Gottes und seiner Auslegung unterscheiden. In dieser exegetischen Tradition stehen s.E. die sog. Antithesen der Bergpredigt. Eben gerade unter Berufung auf diese Antithesen wird in der Forschung häufig das traditionelle Bild eines an die Schrift gebundenen Rabbinen heraufbeschworen. So z.B. M. Hengel (1987): „Es geht bei ihm (Jesus M.V.) nicht um eine eigene schriftgelehrte Meinung in der 'wissenschaftlichen' Diskussion, die dann noch durch die Schriftexegese begründet werden muß, sondern um das autoritative göttliche Offenbarungswort an den Hörer [...] Eben darum ist, wie Strecker mit gutem Recht betont, 'Jesus mit einem jüdischen Rabbi nicht vergleichbar'. D.h. bei einem Vergleich tritt der qualitativ andere Charakter der Verkündigung Jesu zu Tage" (376). Vgl. u.a. auch Hagner (1997), 22; Snodgrass (1992), 374. Die Beobachtungen, auf die die genannten Forscher ihre Urteile stützen, sind natürlich ihrerseits auch nicht ganz ohne Anhalt an den Texten - doch vereinfachen sie den komplexen Befund. Das Verhältnis von Schrift und Rabbinenwort wird nämlich von den Rabbinen selbst kontrovers diskutiert und unterschiedlich bestimmt. So gibt es manchmal eine klare Unterscheidung von beiden, die auch einen qualitativen Unterschied impliziert. Diese wird zuweilen jedoch nur deshalb gemacht, um das Wort der Rabbinen qualitativ mit dem Wort Gottes in der Schrift gleichzusetzen oder sogar höher zu bewerten. Die traditionelle christliche Auffassung vom Selbstverständnis eines Rabbinen in den ersten Jahrhunderten ist in jedem Fall zu einseitig (weiteres dazu unter III / 1.1.3 und 2.2.2.4).

[127] Vgl. dazu unten III / 2.2.2.4.

(1,23), verbürgt den Kontakt mit Gott, einen Kontakt zumal, der die Möglichkeiten des Tempels noch übersteigt (Mt 12,6).[128]

Mit einem Vergleich aus dem Wirtschaftsleben könnte man sagen, dass die „Produkte", die die frühen Rabbinen und das MtEv anzubieten haben, sich äußerst ähnlich sind,[129] sie versuchen, die gleiche Nachfrage zu befriedigen, und werden auf dem gleichen Markt angeboten. Diese Beobachtung der Nähe in der Differenz vermag die scharfe Polemik zu erklären, die sich im MtEv gegenüber der „Konkurrenz" - vornehmlich gegen Pharisäer und Schriftgelehrte[130] - findet.[131] A. J. Saldarini schreibt in einem neueren Beitrag zum Verständnis der matthäischen Polemik: „The scribes, Pharisees, priests and elders in the narrative symbolize Matthew's late-first-century opponents [...] they represent the emerging rabbinic leadership that gradually gained power over the Jewish community during the next few centuries [...]. They and Matthew were rivals for influence and access to power [...]. These reform movements sought not to form new sects, but rather to assemble disparate groups and forms of Judaism into one fold. At this stage, neither group was dominant in the Jewish community as a whole."[132]

---

[128] Auch in der rabbinischen Überlieferung begegnet der Gedanke, dass nach der Tempelzerstörung das Verhältnis von Gott und Israel noch inniger geworden ist: „Rabbi Elieser sagte: Seitdem der Tempel zerstört ist, ist die eiserne Mauer, die Israel von seinem Vater im Himmel trennte, beseitigt" (bBer 32b). Zum Gedanken, dass die Rabbinen den Tempel als Ort der Gegenwart Gottes ersetzen vgl. Rosenfeld (1997), 439ff und bes. 447ff und unten IV.1 / 4.

[129] Diese Ähnlichkeit erspürt U. Luz , wenn er Matthäus und Jochanan ben Zakkai vergleicht: „Sie (die Parallelen, M.V.) sind in der Tat erstaunlich." (Luz (1992), 71f): beide ordnen Barmherzigkeit und Wohltätigkeit dem Kult und den Reinheitsgeboten vor; für beide war Hos 6,6 wohl eine Zentralstelle; beide sind offen für Heiden (bBB 10b; bBer 17a); „beide lassen das Ritualgesetz stehen, obwohl es nicht im Zentrum steht" (BemR 19,8); „beide fragen nach der Norm der Normen" (Ab 2,9); „beide gehörten wohl im jüdischen Krieg zur Friedenspartei"; „für beide ist das künftige Gericht zentral" (bBer 28b); „ein Gleichnis ist bei beiden sehr ähnlich" (bShab 153a); beide legen den Glauben ethisch, „als praktikables Gebot für den Alltag" aus (72).

[130] Zum Problem der unterschiedlichen Benennung „Pharisäer" – „Rabbinen" vgl. Becker (1990), 20ff. Vgl. auch Overman (1996), 20 und unten III / 2.2.1.7.

[131] Vgl. Saldarini (1995), 247; Repschinski (2000), 53 (dort weitere Literatur).

[132] Saldarini (1997), 36f. Saldarini fängt in diesem Zitat sehr schön die offene Situation im sich neu formierenden Judentum ein. Problematisch ist, dass er zuweilen dennoch recht stark mit einem Devianzmodell arbeitet (vgl. Saldarini (1995), 252f). Darin berührt sich seine Arbeit mit der D.C. Sims (z.B. (1998), 154). Sim ist sich zwar wie Saldarini auch dessen bewusst, dass das Judentum zur Zeit des MtEv eine vielschichtige Größe ohne klare normative Instanz ist (115; 162), dennoch spricht er von einem „parent body" (27), von dem die Glieder der matthäischen Gruppe als „deviants" (154) sich getrennt hätten (162). Devianz setzt allerdings eine klare Norm voraus, an der gemessen etwas als abweichend bezeichnet werden kann. Auf der einen Seite davon auszugehen, dass es eine solche Norm in den ersten Jahrhunderten nicht gegeben hat (vgl. Saldarini (1995), 242f und Overman (1996), 9), dann aber auf der anderen Seite von Devianz zu sprechen ist methodisch nicht ganz konsequent.

Damit erscheint das MtEv als Dokument, das seinen Ort *innerhalb des sich neu formierenden Judentums* hat. In diesem Kontext repräsentiert es eine Gruppe, die vor allem den frühen Rabbinen sehr nahe steht - und sich zugleich von ihnen unterscheidet. Wie die frühen Rabbinen auch unterbreitet das MtEv ein Angebot zur Gestaltung jüdischen Lebens nach dem Willen Gottes. Es tut dies anders als die Rabbinen in deutlicher Konzentration auf den einen Lehrer, Jesus Christus, in dessen Namen und Auftrag es spricht und um dessen Gottes Gegenwart garantierenden Beistand es weiß.

1.5 Matthäus im halachischen Diskurs

Um die Konturen des matthäischen Beitrags zur Gestaltung jüdischen Lebens nach der Zerstörung des Tempels genauer nachzuzeichnen, richtet sich mein besonderes Augenmerk auf die Texte im MtEv, die direkt oder indirekt *halachische* Themen - also Fragen der Gestaltung jüdischen Lebens nach dem Willen Gottes - behandeln.

Der Begriff „Halacha" (הלכה)[133] lässt sich wie folgt definieren: „the sum total of rules and laws – derived from the Bible, from religious thought and teaching, from jurisprudence and custom – that govern all aspects of Jewish life".[134] Er entstammt der rabbinischen Welt, wo er zuerst in tannaitischen Texten begegnet (z.B. mPea 2,6; mNaz 7,4). In den übrigen hebräischen Quellen aus der Antike fehlt er.[135] In der judaistischen Forschung hat es sich seit dem letzten Jahrhundert eingebürgert, diesen Begriff auch auf entsprechende Passagen anderer jüdischer Schriften der Antike anzuwenden,[136] denn das Bestreben, den Gotteswillen im Alltag zur Sprache zu bringen - und darum geht es der Halacha - findet sich der Sache nach nicht nur in rabbinischen Quellen. Dieser Sprachregelung folgt die vorliegende Arbeit auch im Blick auf das MtEv.
Dies geschieht möglicherweise nicht ohne Anhalt am Text, wenn man berücksichtigt, welche Rolle die Vokabeln „Weg" (ὁδός) bzw. „den Weg weisen" (ὁδηγέω davon abgeleitet ὁδηγοί) dort spielen. Wenn die Ableitung des Begriffs Halacha von „הלך" (gehen) zutrifft,[137] setzen beide - Halacha und Weg - die Vorstellung des Unterwegs-

---

Aus diesem Grund werde ich in dieser Arbeit auf den Begriff der Devianz ganz verzichten. Ich gehe von einer noch offenen und ungeklärten Situation aus.

[133] Zur philologischen Herleitung vgl. Safrai (1999a), 193.

[134] Safrai (1987b), 121.

[135] Man hat erwogen, ob sich die Wendung דורשי חלקות aus 4QpNah 1,2.7; 2,2.4; 3,3.6f u.ö. als Reflex des Begriffs in Qumran verstehen lasse (vgl. z.B. Maier (1962), 230 und III / 2.2.1.4) doch ändert das nichts daran, dass das Wort Halacha selbst in Qumran nicht bezeugt ist.

[136] Vgl. z.B. Frankel (1851), III u.ö. im Blick auf die Septuaginta. Zur Anwendung des Begriffs „Halacha" auf Qumrantexte vgl. Hempel (1998), 25ff.

[137] Dies ist zumindest nach der ersten uns greifbaren Definition der Fall, die aus dem 11. Jh. n. Chr. stammt. Im Aruch des Natan von Rom heißt es, Halacha sei das, worin Israel gehe (nach Safrai (1987b), 121. Das Originalwerk war mir nicht zugänglich).

seins voraus. In der biblischen Überlieferung finden wir die Wurzeln „הלך" und „דרך" nebeneinander in der Wendung „gehen auf dem Weg / den Wegen Gottes" (z.B. Dtn 5,33; 2 Kön 21,22; Ps 81,14;128,1; Jer 7,23). Damit ist eine Lebensführung gemeint, die sich an den Weisungen Gottes orientiert. Die Begriffe „Weg" und „Halacha" haben also eine gemeinsame biblische Wurzel, wobei zunächst „Weg" auch allein für Lebensweisen bzw. Handlungspläne stehen kann (vgl. Num 22,32; Ps 101,2; 107,17; 119,1 u.ö.). Das sich im rabbinischen Judentum später Halacha als Abstraktbegriff durchsetzt, hängt möglicherweise damit zusammen, dass die Wurzel „הלך" im Esrabuch (4,13 u.ö.) in ein Bedeutungsfeld führt, das dem lateinischen „regula" sehr nahekommt.[138] Von daher vermag der Begriff Halacha also dynamische und statische Aspekte zu vereinen. Damit bietet er sich an, ein im Detail sehr flexibles und adaptionsfähiges Regelsystem wie das rabbinisch geprägte, zu benennen.

Das MtEv steht noch vor der Ausbildung dieser Sprachkonvention und benutzt das Bild des Weges. „ὁδηγέω" ist ihm dabei - wie wir sehen werden - bedeutungsgleich mit dem, was später „halachische Weisung geben" (vgl. zu 15,14; 23,16; 23,24) genannt wird (vgl. III / 2.4.1). Es sieht Johannes auf dem Weg der Gerechtigkeit gekommen (21,32)[139] und orientiert sich an Jesus, der den Weg Gottes in Wahrheit lehrt (22,16 zum Lehren Jesu vgl. unten III / 2.2.2.4). Die Differenz zwischen den jeweils konkreten Wegweisungen Jesu und denen seines Gegenübers erweisen sich als Differenzen in der konkreten Halacha. Sachlich ist es also durchaus gerechtfertigt, im Blick auf das MtEv von Halacha zu sprechen.

Wenn sich bei der Untersuchung dieser „halachischen" Texte herausstellt, dass der erste Evangelist sich als Kenner der zeitgenössischen halachischen Diskussion erweist, der kompetent und gut informiert im - durchaus polemisch - geführten halachischen Diskurs steht, und sich so am Gespräch über die angemessene Gestaltung jüdischen Lebens beteiligt, dann gewinnt die oben angedeutete Lektüre des MtEv als jüdisches Buch, das sich einer jesusgläubigen jüdischen Gruppe verdankt, deutlich an Konturen. Denn jüdisches Leben orientiert sich in der Antike - wie auch in der Gegenwart - ganz wesentlich an der Halacha.[140]

Auch das Feld der halachischen Texte ist insgesamt noch weit genug. Zu ihm gehören z.B. Mt 12,1-14 (Sabbathalacha); Mt 19,1-12 (Scheidungs-

---

[138] Vgl. Safrai (1987b), 121.

[139] Jüdisches Vergleichsmaterial bieten Davies / Allison (1997), 170

[140] Vgl. Schiffman (1993), 16: „Wer das Judentum in all seinen Aspekten verstehen möchte, muss sich zuerst dem zuwenden, was die Rabbinen ‚Halacha' genannt haben, denn dort entscheidet sich, was die Pflichten eines Juden sind – will sagen: die Lebensführung, die den Menschen mit seinem Gott verbindet" (Übersetzung: M.V.). Vgl. auch Safrai (1999a), 194: „Auch wenn die Halacha nicht das einzige religiöse Betätigungsfeld der Rabbinen oder der jüdischen Tradition ist, kann doch kein Zweifel daran bestehen, daß durch die Jahrhunderte hindurch bis zur Säkularisierung, die die Neuzeit bestimmt, die Halacha eines der zentralsten und grundlegendsten Zentren jüdischen Lebens war, Quelle jüdischer Sozialisation für das jüdische Volk wo immer es lebte". Harrington (1993), 242ff sieht die Relevanz des Bereiches der Halacha für unsere Fragestellung - freilich ohne ihr in seinem Kurzbeitrag nachgehen zu können.

halacha); Mt 15,1-20; 23,25f; 23,27f (Reinheitshalacha); Mt 15,5f (Gelübdehalacha); Mt 23,23f (Zehnthalacha); Mt 5,33-37; 23,16-22 (Schwurhalacha). Matthäus nimmt in diesen Texten auf Themen Bezug, die im antiken Judentum in all seinen Facetten Gegenstand des Interesses waren.[141] Dabei zeichnet er sich nicht nur durch eine äußerst genaue Kenntnis der Fragestellungen, die im halachischen Diskurs erörtert wurden, aus, er nimmt darüber hinaus auch mit großem Engagement und großer Ernsthaftigkeit an diesem Diskurs teil und leistet dazu von Jesus her einen konstruktiven Beitrag.[142]

Diese These gilt es in dieser Arbeit zu überprüfen. Sie hebt sich vom breiten Konsens älterer Matthäusexegese signifikant ab. Was die konkrete Auslegung matthäischer Aussagen in halachischen Fragen anbelangt, ging und geht die Forschung oft sehr schnell davon aus, dass Matthäus schriftgelehrte Kasuistik *ad absurdum* führe, sie ironisiere oder persifliere.[143] Demgegenüber lässt sich zeigen, dass gerade dort, wo die neutestamentliche Exegese matthäische Ironie oder kritisch motivierte Übertreibung am Werke sieht, die Berührungen mit der antiken jüdischen Diskussion (vor allem aber mit den Feinheiten tannaitischer Halacha) besonders groß sind.[144]

1.6   Matthäus im halachischen Diskurs über Schwur und Eid

Paradigmatisch soll die matthäische Diskussion der *Schwurhalacha* im Zentrum meiner Arbeit stehen. Um einer gründlichen und methodisch angemessenen Erarbeitung willen, ist die Begrenzung auf einen halachischen Bereich geboten. Dass die Wahl dabei auf die Schwurhalacha fällt, hat im Wesentlichen zwei Gründe: Das Thema ist Matthäus offenbar so wichtig, dass er ihm gleich zweimal seine Aufmerksamkeit schenkt - und

---

[141]   Vgl. oben Anm. 5.

[142]   Vgl. auch Saldarini (1995), 250f: „The author of Matthew joins in these debates as a serious teacher and defender of the group's understanding of how one should live Judaism according to the teachings of Jesus". Eine Analogie zum Charakter der Qumrantexte ließe sich ziehen, wenn man mit Stemberger (1999), 222f davon ausginge, „daß sich die Autoren von Qumran ganz allgemein am halachischen Diskurs der Zeit beteiligten, zumindest am Rande in einem Entscheidungsprozeß mitdiskutierten, der über die jeweiligen ‚Parteigrenzen' hinweg die halachisch Engagierten, die gesamte religiöse Elite bewegt". Matthäus erweist sich ebenfalls als ein in diesem Sinne halachisch engagierter Zeitgenosse, der als Sprecher seiner „Partei" am halachischen Diskurs seiner Zeit teilhat.

[143]   Vgl. z.B. Meier (1976), 156: „The tone is ad hominem, almost mocking. Presupposing the scribal practice, Jesus makes fun of it" ähnlich Hübner (1986), 180; Gnilka (1988), 287; Luz (1997), 328 - aber auch Saldarini (1997), der zu Mt 23,16ff schreibt: „Matthew satirizes distinctions between some valid and invalid oaths and vows" (38).

[144]   Darauf, dass Matthäus „selber mit großer Sorgfalt halachisch argumentiert", weist Becker (1990), 232 andeutungsweise hin. Anders Fiedler (1994), 208.

zwar jeweils in Kontexten, die sowohl für seine Halacha als auch für seine Verortung im Judentum besonders aussagekräftig sind, nämlich zuerst im Rahmen der sog. Antithesen, danach in den Wehrufen über Schriftgelehrte und Pharisäer. Mt 5,33-37 leistet einen Beitrag zu der im antiken Judentum viel diskutierten Frage, ob und wie legitim geschworen werden darf (vgl. z.B. Sir 23,9-11; Philo, Decal 84; MekhY zu Ex 20,7 (Horovitz/Rabin, 227ff). Mt 23,16-22 widmet sich der ebenfalls breit erörterten Frage, welche Formeln einen Schwur verbindlich werden lassen und welche nicht (vgl. z.B. VitAd 19; Philo, SpecLeg 2,2-6 und All 3,207f; CD 15,1ff; mNed 1,1ff).

Die bisherige Exegese dieser matthäischen Texte nimmt zwar einen jüdischen Hintergrund für sie an, tut sich allerdings schwer damit, die Nähe ihrer halachischen Aussagen zu vergleichbaren Aussagen oder Aussagestrukturen in der jüdischen Umwelt des MtEv zu erkennen: Das kategorische Schwurverbot in Mt 5 wird von vielen für „singulär" gehalten[145], zu den Schwurformeln in Mt 23,16ff seien keine genauen Parallelen festzustellen.[146] Beide Urteile sind zu prüfen und - wie sich in der Prüfung zeigen wird - zu revidieren. Ihre Verbreitung hängt mit der unbefriedigenden Forschungslage zusammen – und damit kommen wir zum zweiten Grund für die Konzentration auf die Schwurthematik:

Zu vielen anderen halachischen Themenbereichen liegen brauchbare Studien vor.[147] Eine Studie, die sich dem Thema Schwur und Eid im jüdischen Bereich und im Neuen Testament widmet, fehlt jedoch.[148] Dankbar zu vermerken sind lediglich Einzeluntersuchungen:

Ich nenne zuerst zwei kaum bekannte jüdische Arbeiten, die beide jede auf ihre Weise auf antijüdische Polemik reagieren. Zum Standardrepertoire dieser Polemik gehörte die Behauptung, „daß die Juden es mit dem Eid nicht ernst nehmen, und besonders einem Nichtjuden gegenüber sich nicht scheuten, einen Meineid zu leisten".[149] Auf diesen von ihm selbst

---

[145] Vgl. Luz (1992), 284; Ito (1991), 9.

[146] So Beare (1981), 454; Gundry (1982), 462; Gaechter (1962), 738. Luz (1997), 327f vermutet, dass mNed 1,1ff zu vergleichen ist - verfehlt aber m.E. im Detail den matthäischen Skopus.

[147] Exemplarisch seien einige Arbeiten genannt: Den Themen *Sabbat* und *Ehescheidung* widmet sich P. Sigal (1986). Diese Arbeit ist ihrerseits nicht unproblematisch darin, dass sie das MtEv unreflektiert als Quelle für den historischen Jesus auswertet. Vgl. dazu die Rezensionen von M. Chernick und A.-J. Levine (1989), 530-535 und die Replik darauf von H. Falk (1990) 347-354. Zur Sabbatfrage vgl. außerdem Schaller (1994) und Yang (1997). Das Thema *Reinheit und Unreinheit* erschließen von judaistischer Seite H. K. Harrington (1993a) und J. Klawans (1997 und 1998). Zum *Zehntwesen* liegen Studien von A. Aderet (1990), M. Del Verme (1991 und 1987) und M. Herman (1991) vor.

[148] Für den paganen griechischen Bereich ist auf zwei herausragende Studien von R. Hirzel (1902) und J. Plescia (1970) zu verweisen.

[149] Bernfeld (1924), 3.

so zusammengefassten Vorwurf reagiert J. Bernfeld 1924 mit einer kurzen Studie über den Eid, wie er sich im Talmud und im Schulchan Aruch darstellt.[150] Bernfeld betont bei der Auswertung dieser zeitlich weit nach dem Neuen Testament anzusetzenden Werke, dass im Judentum dem Eid höchste Heiligkeit und Verbindlichkeit zukomme.[151] Zu einem ähnlichen Ergebnis kommt vor ihm Z. Frankel, der auf Anfrage des sächsischen Justizministeriums aus dem Jahre 1838 eine Untersuchung über den Eid anfertigt. Vornehmlich unter Berufung auf Maimonides und den Schulchan Aruch schreibt er: „Ueberblickt man nun die Lehre der Rabbinen über den Eid, so athmet sie allenthalben eine Hochschätzung, eine Heiligung des Eides, die ihn als den innersten Ausdruck der Wahrheit darstellt...".[152] Beide Arbeiten enthalten wertvolles Material vornehmlich aus amoräischer und späterer Zeit, fragen jedoch nicht historisch nach den Diskussionen um Schwur und Eid in der Antike. Sie bereiten - veranlasst von den Fragen und Problemen ihrer Gegenwart - den Stand der für sie aktuellen Halacha auf und sind damit bedeutende Zeitzeugen halachischer Arbeit im deutschsprachigen Judentum.

Mit wissenschaftlichem Anspruch untersuchen I. Heinemann und S. Belkin in ihren Werken die Eidhalacha Philos.[153] Dem Eid in den Qumranschriften widmet L.H. Schiffman einige Seiten in seinem Buch „Law, Custom and Messianism in the Dead Sea Sect"[154] und in einem kleineren Beitrag.[155] E. Qimron erörtert einschlägige Textprobleme in den Qumranschriften.[156] S. Liebermans „Greek in Jewish Palestine"[157] enthält ein Kapitel zum Thema „Oaths and Vows", auf das ich bei der Besprechung der rabbinischen Schwurhalacha eingehen werde. Ebenfalls den rabbinischen Texten wendet sich M. Benovitz zu.[158]

Keine dieser Studien strebt eine umfassende Behandlung des Themas an - systematische Querlinien zwischen den einzelnen jüdischen Textkorpora werden nicht gezogen.[159]

Von neutestamentlicher Seite fehlt eine ausführliche Monographie ebenfalls.[160] Ansätze finden sich auch hier in Einzelbeiträgen. G. Dautzen-

---

[150] Bernfeld (1924).
[151] Vgl. Bernfeld (1924), 7.
[152] Frankel (1847), 66.
[153] Heinemann (1962); Belkin (1940).
[154] Schiffman (1993).
[155] Schiffman (1991), 199-214.
[156] Qimron (1990), 115-118 und (1994), 251-257.
[157] Lieberman (1942).
[158] Benovitz (1995) 203-228 und (1998). Die zuletzt genannte Arbeit legt die zentralen Termini des zur Liturgie des Vorabends zum Yom Kippur gehörenden Gebetes „Kol Nidre" aus.
[159] Was natürlich den einen oder anderen interessanten Querverweis nicht ausschließt.

berg hat auf das jüdische Profil des Schwurverbotes aufmerksam gemacht.[161] A. Ito widerspricht ihm darin.[162] B. Kollmann hat 1996 einen
Beitrag zum neutestamentlichen Schwurverbot im Rahmen antiker Eidkritik vorgelegt. Aus seiner Feder stammt des Weiteren ein unlängst er-
schienener Aufsatz zur Frage nach der jesuanischen Herkunft des
Schwurverbotes und seiner Tragweite in den jeweiligen sozialen Kontexten des Schwörens im Judentum zur Zeit Jesu.[163]   J. Schlosser[164]
richtet sein Augenmerk speziell auf Mt 23,16ff. Ältere Studien zum Eid
im Neuen Testament fragen nicht nach der innerjüdischen Diskussion in
der Antike, sondern nehmen Stellung zu einer aktuellen Debatte ihrer
Zeit, ob Christen schwören dürfen oder nicht.[165]
Eine gründliche Erarbeitung dieses Themas auf dem aktuellen Stand der
Methoden steht also noch aus und lohnt allein schon wegen des zentralen
Ortes, der ihm dem Zeugnis der Quellen nach in der Antike zukam.

Um die Ergebnisse dieser Detailuntersuchung in ihrer Bedeutung für die
Verortung des MtEv auf breiteren Boden zu stellen, werden im Teil III
schlaglichtartig weitere halachische Themenbereiche, die im MtEv angesprochen werden, ausgeleuchtet. Dabei wird danach gefragt, ob Matthäus
auch bei der Behandlung der Fragen um den Sabbat (Mt 12), das Händewaschen vor dem Essen profaner Speisen (Mt 15) und nach legitimen
Scheidungsgründen (Mt 19) „im halachischen Diskurs steht".

---

[160] Die unveröffentlichte Dissertation von T. Haraguchi (1991) vermag diese Lücke
nicht zu schließen. Sie zeichnet zwar die Rezeptionsgeschichte von Mt 5,33ff von
der Antike bis in die Neuzeit hinein gründlich nach (18-68), weist aber im Erarbei-
tungsteil gravierende Schwächen auf. Ihr besonderer Schwachpunkt ist der Umgang
mit dem Vergleichsmaterial aus der Umwelt des NT. Haraguchi nennt auf wenigen
Seiten recht selektiv wahrgenommene Quellentexte (im Bereich der rabbinischen
Literatur berücksichtigt er die halachischen Midraschim nicht), wertet sie aber kaum
aus (Einzeltexte werden nicht besprochen). Das führt dazu, dass er im Judentum eid-
kritische Tendenzen nahezu vollständig übersieht (er findet allein den Meineid problematisiert, nicht aber das Schwören selbst (vgl. 88)) oder in anderen Textbereichen
willkürlich marginalisiert (vgl. 109). Daraus ergibt sich eine stark verzerrte Darstellung der Diskussion (Haraguchi nimmt streng genommen nur eine Eidpraxis, keine
Eiddiskussion wahr) um Schwur und Eid in der Antike. Entsprechend fallen die Je-
susbewegung und die matthäische Gemeinde aus ihrer Umwelt heraus.
[161] Dautzenberg (1981) 47-66.
[162] Ito (1991), 5-13.
[163] Kollmann (1996), 179-193 und (2001), 20-32.
[164] Schlosser (1991), 285-298.
[165] Literatur vgl. Dautzenberg (1982), 381f.

2. Rabbinische Texte und ihre Bedeutung für das Neue Testament

2.1 Die Problemlage

Der Gesamtthese dieser Arbeit entsprechend steht das MtEv in einem besonderen - durch Nähe und Distanz gekennzeichneten - Verhältnis zum sich entwickelnden frührabbinischen Judentum. Im polemisch geführten Diskurs mit diesem entwirft es seine Halacha für das Volk Israel in der neuen Situation nach der Zerstörung des Tempels. Um den besonderen Beitrag des MtEv zu diesem halachischen Diskurs herauszuarbeiten und würdigen zu können, ist es unerlässlich, auf rabbinische Quellen zurückzugreifen. Damit stellt sich die grundsätzliche Frage nach der Verwendung rabbinischer Texte in der Exegese des Neuen Testaments. Sie gilt es im Folgenden zu skizzieren:

„Der Herr hat nach seiner leiblichen Abkunft dem jüdischen Volke angehört [...]. Auch Markus und Matthäus, Johannes, Paulus und Petrus und die anderen Verfasser der neutestamentlichen Schriften (außer Lukas) sind Juden gewesen. Zum rechten Verständnis ihrer Äußerungen muß man also das Judentum jener Zeit nach Leben und Denken kennen. [...] Nicht eine eigentliche Auslegung des Neuen Testaments, sondern das zu seinem Verständnis aus Talmud und Midrasch zu gewinnende Material wollten wir darbieten; den Glauben, die Anschauungen und das Leben der Juden zur *Zeit Jesu* und der ältesten Christenheit wollten wir *objektiv* darlegen.“[166]

So beschrieben H. L. Strack und P. Billerbeck 1922 in ihrem Vorwort zu dem von P. Billerbeck zusammengestellten „Kommentar zum Neuen Testament aus Talmud und Midrasch" das Ziel und die Absicht dieses Werkes. Billerbeck stellt sich in diesem Vorwort in eine Reihe mit J. Lightfoot (gest. 1699), J.J. Wettstein (gest. 1754) und anderen, die Texte aus der rabbinischen Literatur zum Verständnis des Neuen Testamentes herangezogen haben. Rabbinische Texte sollten dazu dienen, ein objektives Bild des Judentums zur Zeit Jesu und des Neuen Testamentes zu gewinnen.

Dieses Vorhaben wurde unternommen, ohne dass die Autoren eine im heutigen Sinne kritisch differenzierende Rechenschaft darüber abgelegt hätten, wie denn beispielsweise eine Äußerung Rab Hunas (gest. 322) oder Jehoschua ben Levis (ca. 250) zur Erklärung eines Ausspruches Je-

---

[166] Billerbeck (1965), IIIf.

su oder eines neutestamentlichen Autors dienen könne - wie der zeitliche Graben von 120 oder 300 Jahren zu überbrücken sei. Billerbeck u.a. teilten die damals gängige, aus dem Selbstzeugnis der rabbinischen Texte stammende Annahme einer stabilen mündlichen Tradition, die es möglich machte, einem Diktum eines babylonischen Amoräers aus dem 4. Jh. n. Chr. eine Tradition zu entnehmen, die schon 400 Jahre früher in Israel bekannt gewesen sei.

Diese Sicht der jüdischen Tradition ist in der Interpretation von Texten wie mAv 1,1ff grundgelegt: „Mose empfing die Tora auf dem Sinai und gab sie weiter an Josua, Josua an die Ältesten, die Ältesten an die Propheten, die Propheten gaben sie weiter an die Männer der großen Versammlung...". Das, was hier „Tora" genannt wird, umfasst nicht nur die fünf Bücher Mose, die „schriftliche Tora" (תורה שבכתב), sondern noch eine weitere Größe - die „mündliche Tora" (תורה שבעל פה). So deutete man zumindest seit der frühen amoräischen Periode diese mündliche Tora als in vollem Umfang auf dem Sinai gegeben: Jehoschua ben Levi führt zu Dtn 9,10 aus: „Schrift, Mischna, Talmud und Aggada - ja sogar das, was ein fortgeschrittener Schüler dermaleinst vor seinem Lehrer lehren wird - all das wurde schon Mose auf dem Sinai gesagt" (yPea 2,6 (17a) parr).[167]

Übernimmt man dieses Traditionsbild[168] unkritisch (und möglicherweise gegen seine ursprüngliche Intention)[169], dann erscheint die unmittelbare Heranziehung auch später rabbinischer Quellen zur Erklärung neutestamentlicher Texte durchaus gerechtfertigt.

Die prägnanteste Gegenposition dazu bildet die Kritik J. Neusners. Neusner hält das Konzept einer „mündlichen Tora" für ein spätes Konstrukt[170], das bestimmte theologische Interessen verfolgt. Rabbinische Schriften gelten ihm nicht mehr als bloße Sammlungen alter Traditionen, sie zeigen ein eigenes theologisches (oder - wie Neusner es auch nennt - „philosophisches") Profil und vertreten die Interessen einer bestimmten sozialen Gruppe zu einer bestimmten Zeit.[171] Möglicher mündlicher Überlieferung traut er so wenig zu, dass er im Blick auf das Verhältnis rabbinischer Texte und solcher des Neuen Testaments sagen muss, dass

---

[167] Vgl. dazu Safrai (1987a), 58.
[168] Umfassend ausgearbeitet liegt es vor im Brief des Sherira Gaon. Dieser ist jetzt in deutscher Übersetzung zugänglich: Schlüter (1993).
[169] Der in yPea 2,6 (17a) im Namen Jehoschua ben Levis überlieferte Ausspruch will nach Safrai (1987b), 58 nicht unbedingt eine Kontinuität im Umfang der Überlieferung zum Ausdruck bringen, sondern eine Kontinuität im Lernprozess.
[170] So Neusner (1987) p.152f. Der Sache nach lässt sich etwas wie mündliche Überlieferung schon in der Mischna nachweisen, das theologische Konzept sei freilich erst in bShab 31a greifbar. Zur Fragestellung vgl. auch Schäfer (1978a), 196f.
[171] Einen Überblick über die einzelnen „Philosophien" der rabbinischen Literaturkorpora bietet Neusner in seiner Einleitung (1994).

„die beiden Quellen - das Neue Testament und die rabbinische Literatur -
sich im Detail gegenseitig wirklich nicht allzuviel zu sagen haben."[172]
Neusners Position hat im Rahmen der neutestamentlichen Wissenschaft
stark gewirkt und die Einschätzung der Relevanz rabbinischer Texte für
die Auslegung des Neuen Testaments nachhaltig bestimmt. Wer „post
Neusner" rabbinische Texte neutestamentlichen gegenüberstellt, setzt
sich in verstärktem Maße dem Verdacht der „Parallelomanie"[173] aus. Ja,
selbst Neusners Kritik gilt manchem als nicht kritisch genug.[174] Karl-
heinz Müllers Position soll als Beispiel dafür genannt werden: Die Tatsache, dass es s. E. heute noch nicht möglich ist, das Netz der späteren
rabbinischen Redaktionen des zweiten und dritten Jahrhunderts abzuhe-
ben, „sollte den Neutestamentler vorsichtig machen. Denn es ist so gut
wie sicher, daß er bei einem durch die Datensperre nicht energisch genug
gehemmten Zugriff auf rabbinische Texte das Judentum des dritten Jahrhunderts an urchristliche Sachverhalte heranbringen und erbarmungslos
vergleichen wird."[175]
Neusners Sicht der rabbinischen Literatur ist aber innerhalb der Judaistik
nicht unumstritten. Besonders die hebräischsprachige Forschung hat ihr
widersprochen.[176] Zuerst sei J. Heinemann genannt, der schon 1974 auf
Neusners These, der zufolge etwas, was sich nur in einer späten Quelle
findet, auch erst zur Zeit der Abfassung dieser Quelle als bekannt vorausgesetzt werden darf, reagiert hat: „Aggadot und Traditionen verän-
dern sich im Prozess der Überlieferung. Aber das besagt noch nicht, dass
ein Gelehrter oder ein Herausgeber im fünften Jahrhundert, der eine Geschichte von Jochanan ben Zakkai oder einen Ausspruch von ihm dar-

---

[172] Neusner (1984), 107.
[173] Der Begriff stammt von S. Sandmel (1962), 1ff.
[174] Vgl. Müller (1989), 586.
[175] Müller (1989), 587.
[176] Die Auseinandersetzung zwischen Neusner und seinen Gegnern trägt alle Züge
einer - von beiden Seiten mit äußerster Vehemenz geführten – „Schlammschlacht",
bis hin zu gegenseitig ausgesprochenen Redeverboten. Neusner selbst stellt die Ge-
nese dieses Streites nebst einzelner Etappen desselben aus seiner Sicht in Neusner
(1993) dar. A. Funkenstein (1995) befragt in einer geistreichen Studie diese Auseinandersetzung auf ihre Hintergründe und sucht nach einem gemeinsamen Nenner in
den auffallend heftigen Auseinandersetzungen um die Arbeiten von Neusner und anderen (er nennt M. Idel, I. Yuval, J. Liebes, T. Segev). Diesen bestimmt er folgendermaßen: Sei es der älteren „Jerusalemer Schule" (I. Beer, B. Z. Dinor, G. Scholem)
um die Aufrechterhaltung einer eindeutigen „masternarrative", die für alle Zeiten und
Perioden der jüdischen Geschichte Geltung haben sollte, gegangen, so zerbrächen die
Arbeiten der zuerst genannten Autoren diese „masternarrative". J. Neusner tue dies,
indem er die Diskontinuität des rabbinischen und des biblischen Judentums behaupte.
Die Empörung über seine Arbeiten werde noch dadurch verstärkt, dass sie großen
Anklang besonders bei protestantischen Theologen fänden. (342). R. Deines (1997),
534ff legt einen interessanten Versuch vor, Neusners Position vor seinem biographi-
schen Hintergrund zu verstehen.

bietet, der in keiner älteren Quelle zu finden ist, diesen nach seiner Phantasie erfunden hätte."[177] Heinemann verweist auf die mündliche Überlieferung anderer Völker, die den Überlieferungsprozess aggadischer Stoffe über Jahrhunderte hinweg verständlich machen könne. Dass eine solche Überlieferung auch für das antike Judentum anzunehmen sei, ergibt sich für Heinemann aus dem Vergleich paralleler Überlieferungen innerhalb der rabbinischen Literatur. Ging z.B. S. Buber noch davon aus, dass solche Berührungen als Ergebnis der Benutzung des einen Werkes durch den Autor des anderen Werkes - also durch direkte schriftliche Abhängigkeit zu beschreiben seien,[178] so erklärt sich für Heinemann das Ineinander von Übereinstimmungen und Veränderungen - auch und gerade bei Überlieferungen, die sowohl in hebräischer als auch in aramäischer Fassung existieren - am ungezwungensten, wenn man nicht einen schriftlichen, sondern einen mündlichen Überlieferungsprozess annimmt.[179]

Besonders die fortschreitende Auswertung der Qumranfunde und ihrer Halacha ist dazu angetan, Neusners Urteile in mancher Hinsicht zu revidieren. Y. Sussman hat in einem Vortrag, den er 1987 gehalten hat[180], auf Berührungen zwischen einzelnen Halachot aus 4QMMT und in rabbinischen Quellen diskutierten Halachot aufmerksam gemacht. Diese Berührungen zeigen, dass rabbinische Texte alte Überlieferungen durchaus sehr zuverlässig bewahren können.[181] Von daher übt er Kritik an Neusner, der u.a. die historische Zuverlässigkeit rabbinischer Zeugnisse über die Auseinandersetzungen zwischen Pharisäern und Sadduzäern mit dem Urteil, diese seien Erfindungen später Tannaim, in Zweifel gezogen hatte: „Jetzt besitzen wir auch ausdrückliche Zeugnisse der Gegenseite"[182] und „in jedem Fall ist klar, dass die tannaitischen Halachot nicht ausschließlich Kunstprodukte der Lehrhäuser und späte rabbinische Spekulationen sind, die als Ersatz für den Tempel und die politische Unabhängigkeit dienen." [183]

Sussman beschränkt sich auf die halachische Überlieferung - aber auch aus dem Bereich der Aggada ließen sich ähnliche Beispiele anführen.[184]

---

[177] Heinemann (1974), 44.
[178] So Buber im Vorwort zu seiner Ausgabe der PRK (1868), IV.
[179] Heinemann (1974), 45. Diese Sicht der Dinge teilt A. Shinan (1992) bezüglich des Verhältnisses von Traditionen, die sich sowohl in der rabbinischen Literatur als auch im Targum Pseudo Jonatan finden (170).
[180] Sussman (1989/90), 11ff.
[181] Sussman vergleicht ausführlich drei Halachot aus 4QMMT mit entsprechenden Überlieferungen, die in rabbinischen Texten als Halachot der Sadduzäer bezeichnet werden.
[182] Sussman (1989/90), 28. Anm. 74.
[183] Sussman, (1989/90), 65.
[184] Ich möchte hier lediglich auf die Datierung der Sintflut in 4Q252 und in SOR 4 und die Bemerkungen bezüglich des Erstgeburtsrechts Rubens in der gleichen Qum-

Dieses Ergebnis neuerer Forschung ruft ältere Forschungsbeiträge ins Gedächtnis, denn dass rabbinische Überlieferungen durchaus historischen Wert für die Rekonstruktion der Geschichte des Judentums zur Zeit des zweiten Tempels - und *a fortiori* natürlich für die Geschichte des Judentums nach der Tempelzerstörung - haben,[185] ist eine Erkenntnis, die nicht erst durch die Auswertung der Qumranschriften hervorgerufen wurde. Vieles aus dem Bereich der „Wissenschaft des Judentums" des 19. und frühen 20. Jh. wäre hier neu bzw. erstmals ernsthaft zur Kenntnis zu nehmen.[186] Exemplarisch seien hier die Studien von Z. Frankel (1851), H. Albeck (1930) und S. Belkin (1940) genannt.

Frankel hat Textvarianten der LXX in Verbindung mit halachischen Diskussionen untersucht, die sich in rabbinischen Texten finden.[187] Albeck veröffentlichte eine Studie über die Halacha im Jubiläenbuch, in der er halachische Passagen dieses Werkes in die halachische Diskussion innerhalb der rabbinischen Literatur einordnete. Belkin schließlich fragte nach Berührungen zwischen Philo und rabbinischem Gedankengut. Auch auf das Werk G. Alons ist hier aufmerksam zu machen, der Vergleiche zwischen Philo oder Josephus mit rabbinischen Texten unternommen hat und dabei zu wichtigen Ergebnissen bezüglich des Alters und der historischen Zuverlässigkeit rabbinischer Halachot gekommen ist.[188] Diese Untersuchungen bieten eine Fülle von Hinweisen, die die Skepsis Neusners und anderer deutlich zu relativieren geeignet sind.

Auf dem Hintergrund dieser Forschungen ist ein Versuch, rabbinische und neutestamentliche Texte in Beziehung zu setzen, mehr und anderes als nur *„Parallelomanie"*. Dennoch gilt es, zugleich die aus der Neusnerschule kommenden Erträge zu würdigen[189] - ein Zurück zur „Methode"

---

ranschrift und in SifDev § 2 (Finkelstein, 10) aufmerksam machen. Leider beschränkt H. Stegemann (1993) seine Ausführungen zum Verhältnis der Qumranessener zu den Trägern der rabbinischen Überlieferung auf wenige Zeilen: „Es bedarf keines Propheten für die Voraussagen, daß die vom verengten Blick auf Dissidentisches und Sektiererhaftes befreite Erforschung der Qumran-Texte in hohem Maße rabbinische Traditionen als mit Essenischem übereinstimmend erweisen [...] wird" (363).

[185] Vgl. Overman (1990), 2. Dies ist eine immer wiederkehrende These in den Arbeiten L.H. Schiffmans (z.B. 1993), A.I. Baumgartens (z.B. 1995, 14-57), S. Safrais (z.B. 1992/93, 121-137) oder H. Maccobys (z.B. 1998, 15ff).

[186] Vgl. Sussman (1989/90), 11ff.

[187] Vgl. dazu auch Prijs (1948).

[188] Vgl. nur die beiden Studien „On Philo's Halakha" und „On the Halakhot of the Early Sages" in Alon (1977). Dass Philos Exegese und die aggadische Tradition der rabbinischen Midraschim gemeinsame Wurzeln haben, macht N.G. Cohen (1995), 196-207 an einigen Beispielen wahrscheinlich.

[189] Neusner ist übrigens möglichen Parallelen gegenüber nicht blind (vgl. Neusner (1987), 135ff). Er warnt lediglich vor voreiligen Schlüssen und vor allem davor, rabbinische Schriften als Steinbruch für Ideen, die ihnen im Grunde fremd sind, zu benutzen. Diese Schriften stellen *ihre eigenen* Fragen, die nicht unbedingt mit denen identisch sind, die in anderen Schriften gestellt werden. Sie wollen zunächst einmal

des Billerbeckschen Kommentars ist weder zu rechtfertigen noch zu wünschen.[190]

2.2 Methodische Hinweise

Was die Arbeit an rabbinischen Texten anbelangt, so gilt es einige typische Probleme zu beachten, auf die P. S. Alexander in einem grundlegenden Aufsatz aufmerksam gemacht hat:

1. Der Zustand der Texte: „Every time we quote a Rabbinic text we should bear in mind that its textual status may be intensely problematic."[191] Rabbinische Texte sind nicht als „heilige Texte" überliefert worden, so dass ihr Wortlaut getreu bewahrt worden wäre. Sie galten (und gelten) vielmehr als Gebrauchstexte. So erklären sich die z. T. gravierenden Unterschiede, die zwischen den existenten Handschriften und den traditionellen Drucken, aber auch innerhalb der handschriftlichen Überlieferung bestehen.[192]

2. Unsicherheiten in der Datierung: „The fact is that totally convincing criteria for the dating of rabbinic texts have not yet been worked out, and possibly never will be."[193]

3. Zuverlässigkeit der Zuschreibung von Aussprüchen an bestimmte Rabbinen: Hier bestehen einige Unsicherheiten.[194] Dies bedeutet, dass solche Zuschreibungen historisch nicht ohne weiteres aussagekräftig sind.

All dies muss berücksichtigt werden, wenn man rabbinische Texte und neutestamentliche Traditionen in Beziehung zueinander setzt. Am Schluss seines Beitrages macht Alexander einige methodische Bemerkungen, die die Forschung weiterführen können.[195]

„synchron" gelesen werden. Neusner selbst hebt sich die Erörterung „diachroner" Fragestellungen für die dritte Phase seines Forscherlebens auf (vgl. Neusner (1993), 18).

[190] Trotzdem ist Hengel (1991) zuzustimmen, der die enorme Leistung P. Billerbecks nicht im Sturm der an ihm geübten Kritik untergehen lassen möchte: „Man sollte seine große Leistung nicht aufgrund des falschen Gebrauchs seines Werkes durch manche unverständigen Theologen herabsetzen und zugleich bedenken, daß er mit den Methoden seiner Zeit arbeitete." (249).

[191] Alexander (1983), 239.

[192] Vgl. Schäfer (1986) 151. Für den Bereich der tannaitischen Literatur, die in dieser Arbeit hauptsächlich berücksichtigt wird, ist die Überlieferungslage überschaubar, da hier zumindest für die halachischen Midraschim und die Tosefta und viele Traktate der Mischna textkritische Ausgaben vorliegen.

[193] Alexander (1983), 241.

[194] Vgl. Alexander (1983), 241f.

[195] Vgl. Alexander (1983), 246: „The conclusion we should draw from this diversity is that the way forward in the study of early judaism lies in isolating the individual systems and in describing them in their own terms. There is little to be gained at the moment from thinking globally about the teachings of early Judaism. The error of

Statt global über *das Judentum* zu sprechen, sind die einzelnen Quellen-korpora (Pseudepigraphen, Qumranschriften, Philo, Josephus, Neues Te-stament, rabbinische Literatur) je für sich zu betrachten. Vor dem Ver-gleich steht also die Untersuchung der Behandlung eines bestimmten Themas in jedem einzelnen Korpus. Erst wenn das je spezifische Profil einer bestimmten Halacha erarbeitet ist, können Querlinien zwischen den Textkorpora gezogen werden.

An diesen Anregungen wird sich meine Arbeit bei der Erörterung der Diskussionen von Schwur und Eid im antiken Judentum orientieren. Es kann also nicht nur darum gehen, Parallelen zu den einzelnen Versen Mt 5,33-37 und 23,16-22 zusammenzutragen. Es wird vielmehr danach ge-fragt, wie und mit welchen Argumenten und Interessen das Thema Schwur und Eid innerhalb der einzelnen Textkorpora oder „systems" je für sich diskutiert wird. Erst nach diesem Arbeitsschritt kann dann nach Berührungen zwischen den einzelnen Bereichen gefragt und schließlich der Ertrag dieser Arbeit bestimmt werden. Dieses Vorgehen vermeidet es, rabbinische Texte (oder auch andere Texte des antiken Judentums) lediglich zu instrumentalisieren - sie werden als eigenständige Textzeug-nisse ernst genommen. Diese Methode trägt für eine Verhältnisbestim-mung von Rabbinica und Neuem Testament mehr aus als eine bloße Zu-sammenstellung einer noch so überwältigenden Anzahl von Parallelen, denn sie ermöglicht eine nachvollziehbare Stellungnahme zu den existie-renden „Globalhypothesen" von J. Neusner bzw. seinen Gegnern und schiebt diese Aufgabe nicht auf, bis dermaleinst die Judaistik alle Ein-leitungsfragen zur rabbinischen Literatur geklärt haben wird. Vielmehr beteiligt sie sich mit den ihr zu Gebote stehenden Mitteln an dieser „ju-daistisch-neutestamentlichen" Aufgabe.

Meine Arbeit untersucht also an einem exemplarisch erschlossenen Bei-spiel die Beziehungen zwischen den einzelnen „systems" und benennt Kontinuitäten und Differenzen. Dabei wird sich zeigen, dass besonders der Bereich der rabbinischen Texte für das Verständnis der matthäischen Aussagen von Belang ist - zugleich wird deutlich, dass Problemstellun-gen und Lösungsvorschläge, die sich in rabbinischen Diskussionsbeiträ-gen finden, nicht einfach vom Himmel gefallen sind. Auch wenn sie erst in um das Jahr 200 redigierten Werken überliefert sind, haben sie im Einzelfall eine Vorgeschichte, die sich in anderen jüdischen Texten aus der Zeit vor der Tempelzerstörung nachweisen lässt.

---

parallelomania is that it extracts elements from different systems and compares them in isolation. [...] The *elements* must be *considered within the systems to which they belong and in which they function"*. In eine ähnliche Richtung weisen die Bemerkun-gen Stembergers (1999), 221f: „...wesentlich ist der Übergang vom punktuellen hala-chischen Vergleich zur Diskussion von halachischen Systemen und ihrer Entwick-lung".

Das eben beschriebene Vorgehen schließt es natürlich nicht aus, dass es notwendig und sinnvoll sein kann, auch einzelne Parallelstellen miteinander in Beziehung zu setzen. Das ergibt sich allein schon aus der oben beschriebenen Forschungslage, die wieder stärker zur Kenntnis nimmt, dass das Alter mancher wesentlich später von den Rabbinen gesammelten Traditionen durch ältere Texte zweifelsfrei erwiesen ist. Nur muss man sich vor Augen halten, dass die Verhältnisbestimmung von neutestamentlichen und rabbinischen Texten nicht unbedingt so ausfallen muss, dass eine rabbinische Tradition den Hintergrund für eine neutestamentliche abgibt. Es kann ebenso gut sein, dass die rabbinische Tradition ein späteres Stadium einer Entwicklung widerspiegelt, die zur Zeit der Abfassung des entsprechenden neutestamentlichen Textes noch weniger weit fortgeschritten oder innerjüdisch umstritten war.[196]

Dies berücksichtigend werde ich in dieser Arbeit manches Mal bei der Besprechung matthäischer Texte auf vornehmlich tannaitische Quellen verweisen. Ich setze dabei nicht unbedingt voraus, dass letztere Traditionen spiegeln, die dem MtEv streng zeitgenössisch oder gar vorausliegend sind. Ich rechne vielmehr damit, dass sie sich einer Entwicklung verdanken oder eine Entwicklung bezeugen, in der auch das MtEv steht und um deren Beeinflussung es auf seine Weise ringt. Wo es möglich ist, ziehe ich dann auch vor- bzw. nebenneutestamenliche Texte hinzu, um den Gang dieser Entwicklung sicherer verfolgen zu können.

Nur wenn man diese - ganz streng genommen nachneutestamentlichen - jüdischen Quellen bei der Auslegung neutestamentlicher Texte berücksichtigt, bekommt man das gesamte Spektrum dessen in den Blick, was in der vielfältigen Welt des antiken Judentums und seiner Glieder *denkmöglich* war und schützt sich so davor, neutestamentliche Sachverhalte vorschnell für „unjüdisch" zu halten.

In jedem Fall ermutigt das Diktum von P.S. Alexander den Neutestamentler zum Umgang mit den rabbinischen Texten: „I believe that we have to do the best we can under the circumstances, and that only good can come from New Testament scholars studying Rabbinic literature, or, for that matter, Rabbanists studying the New Testament."[197]

---

[196] Vgl. Saldarini (1994), 269: „For the most part, the Mishnah and Talmuds are cited to show the developement of Jewish law over several centuries, into which developement Matthew fits".

[197] Alexander (1983), 238.

3. Konsequenzen für Vorgehen und Aufbau der vorliegenden Studie

3.1 Zum Vorgehen

Untersucht man die Schwurhalacha des MtEv im Kontext der antiken jüdischen Diskussion um Schwur und Eid nach der hier vorgestellten Methodik, so ist deutlich, dass es nicht ausreicht, etwaige Paralleltexte direkt mit Mt 5,33-37 und 23,16-22 in Beziehung zu setzen. Es ist vielmehr nötig, den gesamten halachischen Bereich, der mit den Texten angesprochen wird, in jedem einzelnen jüdischen Textkorpus (Apokryphen und Pseudepigraphen; Qumran, Philo, Josephus, rabbinische Literatur) gesondert in den Blick zu nehmen. Folgende Aspekte sind dabei zu beachten:

Halacha reflektiert *Praxis* und versucht diese zu regeln. Deshalb muss auch danach gefragt werden, welchen sozialen Ort ein bestimmtes von der Halacha in den Blick genommenes Phänomen hat. Bei der Textauswahl sind also auch Stellen zu berücksichtigen, die nicht halachischer, sondern eher „aggadischer" (=erzählerischer) Natur sind. Diese spiegeln die Praxis jedoch nur gebrochen durch die Erzählperspektive der jeweiligen Erzähler bzw. Autoren. Ergänzend müssen also direkte Zeugnisse aus der Alltagswelt herangezogen werden. Dies sind vor allem Papyri und ggf. Inschriften.

Sodann muss eruiert werden, welche Probleme sich um ein bestimmtes halachisches Phänomen herum stellen. Tendenzen, die z.T. unterschwellig in der antiken Diskussion existieren, müssen aufgespürt und ausgewertet werden. Erst dann, wenn der gesamte Bereich - in diesem Fall des Schwörens - in jedem Textkorpus ausgelotet ist, können die übergreifenden Linien, die sich ergeben, aufgezeigt werden.

Dieses Vorgehen, das das gesamte Quellenmaterial zu berücksichtigen hat, vermeidet voreilige Schlüsse und fördert z.T. bisher noch nicht gesehene Ergebnisse zu Tage. Es lässt wirkliche Kontinuitäten und Akzentverschiebungen zwischen den einzelnen Textkorpora erkennen und ermöglicht so eine genaue Einordnung der neutestamentlichen Aussagen in ihr jüdisches Umfeld.

Der Preis, den dieses Vorgehen fordert, liegt auf der Hand: Mit dem Anschwellen des jüdischen Quellenmaterials ist unvermeidlich das Anschwellen des diesem Material gewidmetem Teils der Arbeit verbunden, so dass eine sich genuin neutestamentlich verstehende Arbeit über weite Strecken einen rein judaistischen Eindruck macht.[198]

Diese Arbeitsform stellt aber gerade für die neutestamentliche Wissenschaft eine Bereicherung dar,[199] hilft sie uns doch, einen Teil der Schrift, der wir als Christinnen und Christen verpflichtet sind, besser zu verstehen.

3.2 Zum Aufbau

Der weitere Aufbau der Studie ist von den genannten Vorgaben her klar umrissen: Der folgende Teil II der Arbeit untersucht zunächst die Diskussionen um Schwur und Eid im antiken Judentum ausgehend von den einzelnen jüdischen Textkorpora. Vor der Einzelanalyse (II / 2-6) sind die Vorgaben dieser Diskussion zu klären (Begrifflichkeit [II / 1.1]; Impulse der alttestamentlichen Tradition [II / 1.2]; Impulse aus der hellenistisch geprägten Umwelt [II / 1.3]; direkte Zeugnisse über die praktische Relevanz des Eides im Alltag [II / 1.4]).

Im Anschluß an die Einzelanalyse ist eine Zusammenschau der zutage geförderten Ergebnisse zu leisten (II / 7).

Der folgende Teil (III) erarbeitet das Profil der matthäischen Texte zur Diskussion um Schwur und Eid und zwar unter besonderer Berücksichtigung ihrer Kontexte im Evangelium. Schließlich ist nach dem Ort dieser matthäischen Beiträge in der innerjüdischen Diskussion um Schwur und Eid zu fragen (III / 4).

Kurze Ausblicke in die Diskussion anderer halachischer Bereiche ergänzen die Studie und leiten zum Gesamtergebnis über (IV / 1-4).

---

[198] Hinzu kommt, dass die zu untersuchenden Textbereiche sehr unterschiedlicher Natur sind. So kommen eher narrative Passagen aus unterschiedlichen Werken - etwa den unter dem Sammelbegriff „Apokryphen und Pseudepigraphen" zusammengestellten Quellen – neben philosophisch diskursiven Abhandlungen vor allem bei Philo zu stehen. Zu ihnen gesellen sich historische Referate aus der Feder eines Josephus und schließlich halachische Diskussionen und deren Niederschlag in Qumran und in besonders dichter Form in den tannaitischen Quellen. Es versteht sich von selbst, dass Art und Umfang der Untersuchung und ihrer Darstellung sich jeweils am Charakter und den besonderen Schwierigkeiten dieser Quellen orientieren müssen. Erzählende Texte sind anders zu behandeln und darzustellen als halachische Diskussionen, die hochdifferenzierte Sachverhalte in knappster Form besprechen.

[199] Schön formuliert das M. Hengel (1987), 341: „Zugegeben, der Umgang mit rabbinischen Texten bereitet dem im rabbinischen Bereich dilettierenden Neutestamentler [...] Mühe und ist zeitraubend. Aber bei einem Autor, der, wie der unbekannte Verfasser des Matthäusevangeliums, aus diesem Millieu kommt - das hätte man nie bestreiten sollen - lohnt es sich wirklich. Man kann ihn im Grunde ohne das ad fontes der Rabbinica nicht richtig verstehen".

II
Schwur und Eid
im antiken Judentum

1. Vorklärungen und Vorgaben

1.1 Zur Begrifflichkeit

1.1.1 Schwur und Eid

Unter einem *Eid* bzw. einem *Schwur* versteht man im Deutschen die „feierliche Bekräftigung einer Aussage".[1] Dabei kann man diesen Sprechakt zum einen hinsichtlich seiner Aussagerichtung und zum anderen im Blick auf den sozialen Kontext, in dem er abgelegt wird, differenzieren. So ergibt sich einmal eine Unterscheidung von Eiden, die sich auf einen in der Vergangenheit liegenden Sachverhalt beziehen (*assertorischer Eid*) und solchen, die zukünftiges Verhalten versprechen (*promissorischer Eid*). Des Weiteren lassen sich Differenzierungen zwischen Eiden mit juristischer Relevanz[2] und Schwüren, die in der alltäglichen Rede - gegenwärtig vor allem in Teilen der Jugendsprache - begegnen, vornehmen.

Eine solche Systematisierung bewährt sich an den antiken Quellen nur begrenzt. Ihnen fehlen die Fachtermini „assertorisch-promissorisch" - obwohl diese Unterscheidung sich in der Sache auch dort zuweilen findet[3] - und der Übergang des Eides in den Alltag ist nicht ganz identisch mit dem heutigen.

---

[1] Mit diesen Worten wird im Brockhaus (1988), 145 der Eid definiert. Die Etymologie des Wortes „Eid" ist bis heute unklar. „Als Verb dient seit alters schwören, erst seit dem späten Mittelalter ver- und beeidigen" (Duden. Etymologie, 129). Entsprechend begegnet in den gängigen deutschen Lexika kein eigener Artikel „Schwur", es wird jeweils auf den Artikel „Eid" verwiesen. Beide Begriffe werden also zum Teil ohne Unterscheidung gebraucht, wobei in juristisch relevanten Zusammenhängen vom Eid gesprochen wird. An diesem Usus orientiert sich die vorliegende Arbeit.

[2] „In der Rechtsordnung des modernen Staates ist der E[id] eine in einem gesetzlich geordneten Verfahren auf behördl[iche] oder gerichtl[iche] Anordnung in bestimmter Form abgegebene verbindl[iche] Erklärung, die die Versicherung enthält, daß entweder eine Aussage der Wahrheit entspricht (assertorischer E[id] [...]) oder daß der E[id]-Leistende seine in Verfassung oder Gesetz begründeten Pflichten erfüllen wird (promissorischer E[id] [...]). Im modernen Verfassungsstaat ist der politische E[id] in der Regel ein Doppel-E[id], der den Verfassungs-E[id] (Pflicht zur Wahrung und zum Schutz der Verfassung) und den Dienst-E[id] (Pflicht zur Erfüllung der dienstl[ichen] Obliegenheiten) verbindet." (Brockhaus, 145) Das Prozessrecht kennt den Eid, der „der Bekräftigung der Zeugenaussage, des Sachverständigengutachtens oder der Aussage der im Zivilprozeß vernommenen Partei" (ebd.) dient.

[3] In jüdischen Quellen zum ersten Mal in mShevu 3,1.

Die vorliegende Studie setzt daher bei der antiken Begrifflichkeit ein und damit bei solchen Texten, in denen Schwur und Eid explizit erwähnt werden. Im Bereich der griechisch überlieferten Quellen sind dies Texte, in denen sich die Worte ὅρκος oder ὄμνυμι bzw. ὀμνύω und ihre Derivate finden.[4] Im Bereich der hebräisch erhaltenen Quellen dient die Wurzel שבע als Hauptreferent.[5]

Von diesen Begriffen ausgehend lassen sich ergänzend auch solche Texte erschließen, die keinen der entsprechenden Termini expressis verbis nennen, die aber Eide oder Schwurformeln enthalten.[6] Auf diese Weise kann die überwiegende Mehrzahl der einschlägigen Texte in den Blick genommen und ausgewertet werden.

1.1.2 Eide und Gelübde

Schon bei einer oberflächlichen Durchsicht des Materials fällt auf, dass neben den Eid eine weitere Redeform tritt, die wie er Verbindlichkeiten schafft bzw. garantiert, nämlich das *Gelübde* (griechisch: „εὐχή" von „εὔχομαι"; hebräisch „נדר"). Wie ist das Verhältnis dieser beiden Redeformen zu bestimmen?

In seiner Studie „Das israelitisch - jüdische Gelübde" schreibt A. Wendel zum Verhältnis von Eiden und Gelübden: „Ihrer Herkunft und ihrem Wesen nach sind diese beiden Formen heiliger Rede *eigentlich grundverschieden*."[7] Der Eid mache Gott zum Zeugen, der die Wahrheit einer unter Menschen strittigen Aussage garantiere, beim Gelübde sei Gott hingegen der Adressat eines Versprechens.[8] Nach M. Haran stellt ein Gelübde „jede Verpflichtung dar, die ein Mensch aus freiem Willen, ohne dazu verpflichtet zu sein auf sich nimmt, um sie in der näheren oder ferneren Zukunft zu erfüllen [...]. Eine solche Verpflichtung [...] wird ihrem Wesen nach als eine Form des Schwures angesehen".[9]

Damit zeigt sich also bei aller Unterschiedlichkeit der beiden Sprechakte eine gewisse Verwandtschaft: Eid und Gelübde können beide promissorischen Charakter haben. „The basic building block of both vows and oaths is the *promise*: a person's statement of intention that he or she will

---

[4] Vgl. Plescia (1970), 1f.
[5] Vgl. Loewenstam (1976), 483ff und Kreuzer (1993), 180.
[6] Im Griechischen sind das u.a. Texte, in denen Götter zu Zeugen (μάρτυροι) gemacht werden, im Hebräischen u.a. solche, die Schwurformeln wie „...יח" enthalten (weiteres bei Giesen (1981), 33ff.
[7] Wendel (1931), 155.
[8] Dieses Versprechen ist „religiöser, kultischer Art (Weihung von Menschen, Opfern)" (Keller (1984a), 40f).
[9] Haran (1968), 786. Eine Übersicht über die Forschung zu diesem Sprechakt von 1880 bis 1987 legt Cartledge (1992), 36-72 vor.

or will not do something".[10] Diese Verwandtschaft nun macht es möglich, dass die Grenze zwischen Eiden und Gelübden überhaupt verschwimmen kann: In weiten Kreisen des antiken Judentums[11] ersetzt ein Gelübde einen Eid oder wird direkt als Eid verstanden. Mancher Eid trägt im Alltag[12] die formale Gestalt eines Gelübdes. „The popular oath is often referred to in Talmudic literature as נדר."[13] So können klassische Gelübdeformeln wie Qorban und Qonam - ebenso wie deren Ersatzformeln - als Einleitung eines Schwures fungieren.[14]

Daneben erscheint in tannaitischen Quellen zuweilen der Versuch, zwischen Eiden und Gelübden zu differenzieren.[15] Dabei ist den Texten deutlich abzuspüren, wie schwer diese Unterscheidung fällt.[16] Für die Entwicklung der Halacha besonders bedeutsam ist der Versuch, das Gelübde als Ersatz für den Eid auszuweisen. Da es nicht direkt auf Gott zugreift, scheint der Umgang mit ihm weniger gefährlich zu sein.[17]

---

[10] Cartledge (1992), 14. Vgl. Sanders (1990), 52 und Kreuzer (1993), 179.

[11] Philo behandelt Eide und Gelübde im Rahmen seiner Auslegung von Ex 20,7 (SpecLeg 2,1-38) unter einer Überschrift. In Qumrantexten werden beide in 11QT 53,9ff; 4Q 416 Fr.2 4.7ff miteinander verflochten. Josephus paraphrasiert einen sonst nicht erhaltenen Text aus Theophrast, der die Existenz eines Eides „Qorban" (ὅρκον κορβάν) bei den Tyriern erwähnt (vgl. dazu Hommel (1974), 368ff) und bemerkt dazu: „Nirgends aber als bei den Juden allein findet sich dieser Eid, der, aus dem Hebräischen übersetzt, etwa ‚Geschenk an Gott' bedeutet" (Ap 1,167). Qorban ist - wie wir sehen werden - der klassische Terminus für ein Gelübde (II / 6.4.1), doch hat Josephus offenbar keine Schwierigkeiten, ihn nicht nur in der Paraphrase, sondern auch in seiner eigenen Besprechung derselben als Ausdruck für einen Eid zu werten (vgl. auch Ant 6,24). Mt 5,33 lässt ebenfalls erkennen, dass im ersten Jahrhundert die Grenze zwischen Eiden und Gelübden fließend war. Hier spielt der matthäische Jesus auf Bibelstellen an, die sich z.T. auf Gelübde beziehen, obwohl er selbst vom Schwören spricht (III / 1.4.1). Als rabbinische Belege für das gleiche Phänomen lassen sich MekhY zu Ex 13,2 (Horovitz/Rabin, 59) und zu Ex 20,5 (Horovitz/Rabin, 226) und SifDev § 27 (Finkelstein, 41) nennen. Solche Texte haben schon Wendel (1931), 156 zu dem Urteil veranlasst: „Manche Sätze des Traktates Nedarim gehören eigentlich in den Traktat Schebuot" (vgl. Benovitz (1993), 11ff).

[12] Vgl. Lieberman (1942), 128.

[13] Ebd.: „All the commentaries of Nedarim, both mediaeval and modern, lost sight of the important fact that the popular oath is often referred to in Talmudic literature as נדר". (vgl. auch Lieberman (1942), 117, dort weitere Belege).

[14] Vgl. Wendel (1931), 157. Dies ist besonders bedeutsam für die Auslegung von Mt 23,16ff.

[15] Allein schon die Tatsache, dass sich ein Traktat über Gelübde und einer über Schwur und Eid erhalten hat, bezeugt das Bemühen um Differenzierung.

[16] Vgl. z.B. SifBam § 153 (Horovitz, 199). So verzichtet man in mNed 2,2 und 2,3 darauf, Unterschiede, die im Wesen der beiden Sprechakte begründet sind herauszuarbeiten, sondern fragt nach Unterschieden hinsichtlich der bindenden Wirkung der Eide und Gelübde haben. So kann man z.B. geloben, ein Gebot zu übertreten, aber man kann dies nicht mit einem Schwur tun. Ein Gelübde muss sich auf etwas Konkretes beziehen (z.B. Mund, Hand, Fuß). Bei Schwüren besteht diese Einschränkung nicht.

[17] Vgl. II / 6.4.

Somit haben wir in den Quellen einen doppelten Befund. Zum einen wird zwischen Gelübden und Eiden kaum oder gar nicht unterschieden, zum anderen bemüht man sich vornehmlich in rabbinischen Kreisen[18] um eine solche Unterscheidung hinsichtlich der Wirkung und der damit verbundenen Gefahr.

Für unsere Untersuchung bedeutet dies, dass wir auch Aussagen über Gelübde zu berücksichtigen und immer wieder nach dem Verhältnis von Eiden und Gelübden zu fragen haben, wenn wir den ganzen Bereich der halachischen Beschäftigung mit dem Schwören im antiken Judentum überblicken wollen.

1.2 Schwur und Eid in der alttestamentlichen Überlieferung

Wer im antiken Judentum über Schwur und Eid nachdachte, hatte neben den aktuellen Fragestellungen seiner Zeit die Vorgaben der Schrift[19] im Rücken. Aus diesem Grund sei hier vorab kurz angesprochen, in welchen Kontexten Schwur und Eid in der alttestamentlichen Tradition begegnen und wie diese Sprechakte dort verstanden und bewertet werden.[20]

„Eid und Schwur kommen im Alten Testament in vielfältigen Situationen und Zusammenhängen vor. Ihre Verwendung reicht vom eher beiläufigen Gebrauch zur Bekräftigung einer Aussage oder einer Absicht über Situationen des Rechtslebens bis hin zur spezifisch theologischen Verwendung als Bekenntnis zu Jahwe oder auch zur Bekräftigung von Aussagen Jahwes selber.“[21]

---

[18] In früheren Quellen überwiegt eindeutig die Tendenz zur Vermischung der beiden Redeformen.

[19] Ich bin mir bewusst, dass diese Formulierung nicht frei von Anachronismen ist. Der Kanon der hebräischen Bibel kann in weiten Teilen des antiken Judentums nicht als gegeben vorausgesetzt werden. Die Diskussion um die Spätdatierung einzelner Schriften des AT und deren Textgestalt verkompliziert die Lage. Besonders im Bereich der sog. zwischentestamentlichen Literatur überlappen sich die zeitlichen Grenzen zwischen der Redaktion „biblischer" Schriften und der Entstehung „apokrypher" bzw. „pseudepigraphischer" Texte. Zur Problematik vgl. Fabry (1998), 36ff. Ich orientiere mich – wie in den folgenden Teilen auch – am vorliegenden Textkorpus und behandle daher hier die Schriften des hebräischen Kanons. Meine Fragerichtung ist dabei ebenfalls „kanonisch", d.h. ich frage nach Schwur und Eid auf der Ebene des vorfindlichen Kanons. Historische bzw. entwicklungsgeschichtliche Betrachtungen treten dahinter zurück. Sie sind für die Textrezeption im Judentum weniger relevant und werden des Weiteren in der Spezialliteratur zu Schwur und Eid im AT (vgl. dazu die folgende Anmerkung) umfassend erörtert.

[20] Diese Ausführungen können sehr knapp ausfallen, weil Schwur und Eid im Alten Testament zum einen nicht eigener Gegenstand dieser Untersuchung sind, und weil zum anderen in den letzten Jahren über die klassischen Werke von Pedersen (1914) und Horst (1957) hinaus sehr gute Monographien, Beiträge und Überblicksartikel erschienen sind (vgl. die Literaturangaben bei Kreuzer (1993), 179, Anm. 1 und Kottsieper (1993), 974f).

[21] Kreuzer (1993), 179.

S. Kreuzer benennt hier die wesentlichen Kontexte des Schwörens im AT. So wird vom Schwören *Gottes* im Kontext der Vätertradition bezogen auf die Verheißung von Nachkommenschaft und Land (Gen 22,15-18; 24,7 u.ö.) erzählt.[22] Weiter sichert Gottes Eid den Bestand der Davidsdynastie (z.B. Ps 89,4.36.50). Dabei zeigt sich zuweilen eine deutliche Nähe zum Bundesgedanken,[23] so dass Gottes Schwur wie auch seine Bundeszusagen zum Garant der Verlässlichkeit Gottes und daraus folgend zum Grund der Hoffnung für Israel werden können (vgl. Ex 32,13; Mi 7,20). Daneben spielt das Schwören Gottes auch in der prophetischen Rede eine Rolle, wo Gottes Gerichtsurteil mitunter mit einem Schwur bestärkt wird (vgl. u.a. Am 4,2; 6,8; Jes 5,9; 14,24).[24] In der späteren prophetischen Überlieferung erscheint zuweilen auch Gottes Heilsabsicht Gegenstand eines Eides (z.B. Ez 33,11).[25]

Beide Bereiche übertragen Formen *menschlicher Rede* auf Gott. Das gilt für den Bundesschluss, der im zwischenmenschlichen Bereich mit einem Schwur verbunden sein kann (vgl. Gen 21,23f.31; 1 Sam 20, 12-17) und dann idealerweise die absolute Unverbrüchlichkeit der Bundeszusage garantiert (vgl. z.B. Jos 9,15.19-27 und 2 Sam 19,24).[26] Auch das Schwören Gottes in der prophetischen Tradition spiegelt menschliche Lebenswirklichkeit wieder, näherhin die des Rechtslebens: In diesem Bereich begegnet die Schwurformel mitunter als Bekräftigung eines Urteils (vgl. 2 Sam 14,11; 1 Kön 2,23f).[27] Deutlich belegt - und für die Entwicklung der Schwurhalacha besonders relevant - ist der Reinigungseid, mit dem ein Beklagter sich vom Verdacht der Veruntreuung anvertrauten Gutes befreien kann: Nach Ex 22,9f hat derjenige, dem ein vorübergehend in seine Obhut gegebenes Tier abhanden gekommen ist, die Möglichkeit, eine שבועת יהוה abzulegen und so rechtskräftig seine Unschuld zu beweisen. Mit diesem Schwur beruft der, der unter den Verdacht der Veruntreuung geraten ist, Gott zum Garanten für die Wahrheit seiner Aussage. Wie dieser Vorgang genauer vorzustellen ist, wird vom Text selbst offen gelassen. Es könnte sein, dass Gott mit dem Schwur als Zeuge benannt wird, denkbar ist auch, dass er im Fall der Falschaussage das Eintreffen negativer Sanktionen garantiert. Vermutlich gehört beides immer

---

[22] Übersicht bei Kreuzer (1993), 186f und Kottsieper (1993), 987ff. Vgl. auch Broorer (1992), 327ff.

[23] Vgl. Kreuzer (1983), 33; Seebass (1982), 376 und Kottsieper (1993), 981f.

[24] Weiteres Kreuzer (1993), 189ff.

[25] Vgl. Kreuzer (1993), 185.

[26] Dass das Volk Israel den Bundesschluss mit Gott seinerseits mit einem Schwur bekräftigt, wird im chronistischen Geschichtswerk explizit gesagt (2 Chr 15,12 und 14f). Nach Ps 119,106 nimmt der Beter die Gebote mit einem Schwur auf sich.

[27] Diesen Zusammenhang betont Kreuzer (1993), 181f (Diskussion Anm. 9).

zusammen.[28] Wie dem auch sei: Der Rechtsfall ist mit dem Ablegen dieses Eides „für die menschliche Instanz entschieden und ist der Gottheit anvertraut".[29]

Nach dem masoretischen Text ist in Ex 22,6f möglicherweise nicht an einen Eid zur Klärung des Verfahrens gedacht. Dort heißt es bei ganz ähnlicher Sachlage wie in Ex 22,9f lediglich, dass der, dem anvertrautes Gut abhanden gekommen ist, vor Gott treten soll (22,7). Ein Eid wird nicht erwähnt. Der Fortgang des Textes klärt, dass Gott den Täter der Veruntreuung schuldig spricht (22,8: ירשיעון). Damit erscheint Gott in der Rolle des Richters.[30] Der offene hebräische Text erfährt in der LXX wie in der übrigen erhaltenen jüdischen Überlieferung eine Zuspitzung auf den Eid.[31] Ex 22,7f und 22,9f entsprechen sich dort nicht allein im Sachverhalt, sondern auch in der zu seiner Klärung vorgeschlagenen Lösung: Ein Mensch, der der Veruntreuung verdächtigt wird und kein anderes Mittel hat, seine Unschuld zu beweisen, kann zum Eid seine Zuflucht nehmen und ist so von dem gegen ihn gehegten Verdacht gereinigt (vgl. auch Lev 5,21ff).[32] Der Eid dient damit dem Rechtsschutz des Beklagten. Dies bleibt - wie wir sehen werden - seine Hauptfunktion im Laufe der jüdische Rechtsgeschichte.

Das gilt mit gewissen Einschränkungen auch von dem Schwur im Zusammenhang eines Ordalverfahrens, den eine des Ehebruchs verdächtigte Frau nach Num 5,19ff mit Trinken des Fluchwassers und doppeltem Amen auf sich zu nehmen hat.[33] Es ist ihr damit möglich, ihre Unschuld zu beweisen. Zugleich bestätigt sie, dass sie - sollte sie schuldig sein - die negativen Sanktionen, die mit diesem Verfahren verbunden sind, zu

---

[28] Texte, die betonen, dass Gott als Strafgarant über den Eid wacht (2 Sam 3,35; 1 Kön 11,23), setzen implizit voraus, dass er gleichsam als Zeuge die Wirklichkeit sieht. Texte, die den Akzent explizit auf Gottes Zeugenschaft legen (Gen 31,50; 1 Sam 12,5), sind darauf angewiesen, dass dieser Zeuge die Falschaussage nicht ungestraft lassen wird – ansonsten wäre jede Falschaussage unbedenklich und die Zeugenschaft Gottes sinnlos.

[29] Boecker (1970), 39. Vgl. Durham (1987), 326.

[30] Nach Boecker (1970), 38 handelt es sich bei dem hier beschriebenen Vorgang um ein Gottesurteil, ein Ordal (so auch Schabert (1989), 92f). Ein solches hat ähnliche Funktion wie ein Eid, es schafft in Rechtsfällen Klärung, in denen menschliche Instanzen allein dies nicht zu leisten vermögen. Von seinem Wesen ist es aber von Eid zu unterscheiden. Zur Diskussion um Ex 22,6f vgl. Seebass (1993), 22ff.

[31] Die LXX ergänzt in 22,7 „καὶ ὀμεῖται" (vgl. Targum Onkelos z. St.; Philo, SpecLeg 4,34 und MekhY zu Ex 22,7 [Horovitz / Rabin, 300]). Den Ort den die LXX in diesem Zusammenhang in der Entwicklung der Halacha einnimmt, untersuchen eingehend Frankel (1851), 94ff und Prijs (1948), 2ff.

[32] Vgl. dazu Boecker (1984), 27 und 146f und ders. (1970), 37-39.

[33] In diesem Text verbinden sich Ordal und Eid, so dass er für die Schwurhalacha selbst nicht ohne weiteres auswertbar ist. In der jüdischen Tradition spielt das Verfahren selbst eine untergeordnete Rolle, wenngleich man dem Text manche Präzisierung hinsichtlich der Schwurpraxis entnehmen kann (vgl. II / 6.1.2.3). Zum alttestamentlichen Befund vgl. Giesen (1981), 124ff.

tragen hat. Das hier beschriebene Verfahren berührt sich mit dem Reinigungseid insofern, als es die bei einem Reinigungseid implizit mitgedachten - je nach Sachverhalt verschiedenen - göttlichen Strafen konkretisiert.

Außerhalb von Rechtskontexten begegnet der Schwur eher selten als besonders verbürgte Aussage (1 Sam 20,3) häufiger als Versprechen (vgl. Gen 47,31; Jos 14,9; Ri 21,1; 1 Kön 1,17),[34] wobei er in die Nähe des Gelübdes rücken kann (vgl. 2 Sam 3,35; Ps 132,1-5; Num 30).[35]

Die alttestamentliche Überlieferung reflektiert nicht über das *Wesen* des Eides, so dass man wenig mehr darüber aussagen kann, als dass er „die Wirkungssphäre Gottes"[36] aktiviert. Die Gottheit (für Israel ist dies der eine Gott; vgl. Dtn 6,13; 10,20)[37] garantiert die Wahrheit des Gesagten und wacht „über die Einhaltung des Eides".[38] Bei aller Mannigfaltigkeit der Eidkontexte und der damit verbundenen Vorstellungen gehört also die theologische Dimension zu den Grundkomponenten des Eides in der alttestamentlichen Überlieferung.[39]

Diese theologische Dimension des Schwörens ergibt sich aus Formulierungen wie „....בָ נשבע" (schwören bei), die stets auf eine Gottheit Bezug nehmen.[40] Sie zeigt sich weiter an Schwurformeln, die entweder Gott direkt benennen wie „So wahr der Herr lebt (חי ה')" (z.B. Ri 8,19; Rut 3,13; Jer 5,2)[41] oder ihn als Strafinstanz anrufen, falls der Eid nicht der Wahrheit entspricht bzw. das Geschworene nicht in die Tat umgesetzt wird: „So möge mir der Herr tun, wenn..." (z.B. 1 Sam 20,13; 1 Kön 2,23).[42]

Aufgrund dieser theologischen Dimension des Eides ist der nicht erfüllte Schwur bzw. der Meineid niemals nur ein zwischenmenschliches Vergehen[43], sondern vor allem ein Verbrechen, das Gott selbst betrifft.[44] Dies

---

[34] Vgl. Seebass (1982), 376 und Keller (1984), 856f.

[35] Vgl. Kreuzer (1993), 179. Zum Verhältnis von Eiden und Gelübden vgl. II / 1.1. Eine um Vollständigkeit bemühte Übersicht über die Kontexte des Schwörens in der alttestamentlichen Überlieferung bietet Giesen (1981), 377ff.

[36] Seebass (1982), 377; vgl. Kreuzer (1983), 33: „Der Eid ist ein Kraftwort" das seinen besonderen Charakter „aus der im Eid angerufenen Sphäre von Mächtigkeit" erhält.

[37] An der Frage, bei welcher Gottheit ein Schwur abgelegt wird, entscheidet sich das Bekenntnis zum Gott Israels (vgl. Kreuzer (1983), 36).

[38] Kreuzer (1993), 180; vgl. Benovitz (1998), 127-131 (dort Diskussion anderer Deutungsmodelle).

[39] Vgl. Kreuzer (1983), 33ff. Wesentlich für die Struktur des Eides im AT ist, „daß bei der Eidesleistung stets eine Gottheit als Zeuge angerufen wird" (Giesen (1981), 19).

[40] Vgl. Giesen (1981), 17.

[41] Vgl. dazu Kreuzer (1983), 299 u.ö.

[42] Vgl. Lehmann (1969), 80ff.

[43] Als unsozialer Akt wird er neben Diebstahl, Mord und Ehebruch genannt (vgl. Jer 7,9; Sach 3,5; Mal 3,5).

wird z.B. in „Lev 19,12 deutlich, wo er mit der Entweihung des Gottesnamens [...] gleichgesetzt wird".[45] Wer falsch schwört, oder den Schwur
bricht, tastet vielmehr das Wesen Gottes selbst an und verkehrt es in sein
Gegenteil: Der heilige Gott bzw. sein heiliger Name wird profaniert.[46]
Aus diesem theologischen Grund warnt das AT vor dem Meineid bzw.
dem nicht erfüllten Schwur und erklärt ihn zu einem Vergehen, das dem,
der sich seiner schuldig macht, den Hass Gottes einträgt (Sach 8,17).[47]
So deutlich die Warnung vor dem Meineid oder dem gebrochenen
Schwur ergeht, so wenig findet sich in der Überlieferung der hebräischen
Schriften des AT eine Warnung vor dem Schwören. Eine solche liest erst
die LXX in Koh 8,2f.[48] Der Prediger ist gegenüber der übereilten Rede
allgemein und dem voreiligen Gelübde im Besonderen skeptisch (vgl.
Koh 5,1-5), bewertet das Schwören jedoch grundsätzlich positiv, denn er
stellt den, der schwört bzw. ruhig schwören kann, neben den Gerechten,
Guten und Reinen. Der, der den Schwur fürchtet, findet sich hingegen
auf der Seite der Sünder und Unreinen wieder (Koh 9,2).
Schwur und Eid erweisen sich in der Tradition der älteren hebräischen
Schriften Israels also als Redeformen, die direkt die Sphäre des Heiligen
berühren. Diese Berührung begründet ihre Verlässlichkeit und unbedingte Geltung. Der Schwörende kann nicht anders, als die Wahrheit sagen oder seinem Wort entsprechend handeln, will er nicht die Sanktionen
tragen, deren Eintreffen Gott garantiert.[49] Damit sind Schwur und Eid im
AT ein Mittel, das „das Prinzip von Treu und Glauben zwischen den

---

[44] So ist es nur konsequent, wenn er als kultisches Vergehen geahndet wird, wie die
Bestimmungen in Lev 5,20-26 zeigen. Der Aufschlag von 20 % nebst einem zu opfernden Widder entspricht dem, was bei einer direkten Schädigung des Heiligtums zu
entrichten ist (vgl. Lev 5,14-19, Giesen (1981), 175ff und Kottsieper (1993), 985).
[45] Kottsieper (1993), 985.
[46] Gott gilt als der Heilige (קדוש vgl. nur Jes 6,3 und Lev 19,2). Der Wurzel קדש
steht חלל als genaues Gegenteil gegenüber (vgl. Kellermann (1985), 698). Vgl. auch
Dommershausen (1977), 972ff und Brongers (1965), 11, der die Wendung vom Entweihen des Gottesnamens so umschreibt: „dem Namen seine Heiligkeit, die das Wesen des Gottesnamens ausmacht, rauben". Dabei bleibt zu fragen, wie wörtlich dieser
Vorgang verstanden werden will. Ist hier Gottes Wesen wirklich als abhängig vom
Tun des Menschen gedacht? Ist Gott nicht mehr der Heilige, wenn man seinen Namen entweiht? Nach Am 2,7; Jer 34,16 u.a. soll vielleicht lediglich ausgesagt werden, dass der Name Gottes bzw. Gott selbst „in Mitleidenschaft gezogen wird und
bei den anderen Völkern sein Ansehen verliert" (Dommershausen (1977), 973),
wenn man sich in Israel so verhält, als wäre Gott nicht Gott. Die Entweihung wäre
dann eher übertragen und nicht real gedacht.
[47] Auf die theologische Begründung, die hinter der Forderung, den falschen Schwur
zu meiden, steht, weist Hanhart, (1998), 538f hin.
[48] Dass dies dem vorliegenden hebräischen Text entspricht, darf bezweifelt werden
(vgl. Kottsieper (1993), 998). Nach Lauha (1978), 148 werde hier zur Loyalität gegenüber dem König aufgerufen, zu der man durch einen Treueid verpflichtet sei.
[49] Der Eid ist darum prinzipiell unauflöslich, er kann nicht rückgängig gemacht,
„sondern allenfalls umgangen werden" (Kottsieper (1993), 983).

Menschen zu stärken geeignet"[50] ist - und gleiches auch zwischen Gott und Menschen zu leisten vermag. Eine kritische Haltung gegenüber dem Schwören findet sich in den alttestamentlichen Texten nicht. Allerdings fällt auf, dass sich der promissorisch akzentuierte Eid in den späteren Schriften des AT hauptsächlich im Munde Gottes findet. Das könnte seinen Grund darin haben, dass man sich durchaus bewusst ist, dass allein Gott in der Lage ist, zukünftiges Handeln verbindlich anzusagen.[51]

In jedem Fall bleibt es der griechischen Überlieferung der Schriften Israels vorbehalten, den Eid explizit in Frage zu stellen.

1.3 Schwur und Eid in der hellenistischen Umwelt Israels

Die Autoren des antiken Judentums leben in der Diaspora, aber auch im Land Israel im Kontakt mit dem Hellenismus.[52] So ist es nicht verwunderlich, dass sich zahlreiche Berührungen jüdischer Schwurhalacha mit Theorie und Praxis der paganen Umgebung aufzeigen lassen. Darauf wird in dieser Arbeit bei der Untersuchung der einschlägigen jüdischen Quellen wiederholt hingewiesen werden. Schwur und Eid in der griechisch-römischen Welt sind zwar nicht Gegenstand dieser Arbeit – und können es auch nicht sein[53] – der Übersichtlichkeit halber sollen hier in aller Kürze wesentliche Schwurkontexte und Entwicklungen in der Bewertung des Eides genannt werden:

In der griechischen Reflexion über die Zeiten hinweg gilt der Eid im Wesentlichen als Anrufung einer oder mehrerer Gottheiten zum Zeugen:[54] Die Götter Homers sind Zeugen, die über die Eide wachen (Il. 3,278 und 7,76). Diese Definition findet sich wieder bei Pindar (P. 4,165ff) wie auch später im Neuplatonimus („τοῦ μὲν ὁμοτικοῦ τῇ μαρτυρίᾳ τοῦ θείου πλεονάσαντος τῆς ἀποφάνσεως").[55] „Das Leichteste, jedenfalls Gewöhnlichste war es, sich zur Bekräftigung der eigenen Aussage auf das *Zeugniss* anderer Wesen zu berufen. In unzäh-

---

[50] Seebass (1993), 29.

[51] Die Erfahrung, dass der Eid im Rechtsleben durchaus missbraucht werden konnte, steht hinter Texten wie Sach 8,17. Im Kontext geht es um den Einsatz des Eides zur Übervorteilung des Nächsten.

[52] Vgl. dazu Lieberman (1942), 2ff; Hengel (1988), 565ff.

[53] Es bedürfte einer eigenen Untersuchung, wollte man die Fülle des paganen Quellenmaterials (literarische Zeugnisse, Inschriften, Papyri) angemessen (d.h. nach Ort und Zeit differenziert) auswerten.

[54] Alternative Schwurmodelle sind vorauszusetzen, wenn Menschen oder Götter die Wahrheit des Gesagten durch den Einsatz von „Sicherheiten" bekräftigen. Dies können nen Gegenstände wie Bett (Hom. Il. 15,39) oder Waffen (Ov. Pont. 15,39) sein aber auch das eigene Leben oder das der eigenen Kinder (Plin. epist. 2,20,5f; weiteres vgl. Hirzel (1902), 12ff und Benovitz (1998), 137).

[55] Ammonius, In Aristotelis librum de interpretatione commentarius 3,1f. Weiteres bei Plescia (1970), 2ff.

ligen Fällen lag daher dem Eide diese Vorstellung zu Grunde. In der Regel waren es allerdings Götter, die man in dieser Weise als Zeugen anrief", urteilt zusammenfassend Rudolf Hirzel in seiner materialreichen Studie über den Eid in der (griechisch-römschen) Antike.[56]

Diese theologische Dimension[57] garantiert die Verlässlichkeit einer beeideten Aussage oder eines beeideten Versprechens und crklärt die breite Verwendung des Eides im Alltag:

Dort begegnet der Eid im *Rechtsleben*: Vor dem Prozess legen die Richter einen Eid ab (Aischyl. Eum. 482ff; Plat. Kritias 119f; leg. 948f; Aristot. Ath. pol. 55,5 u.ö.),[58] mit dem sie sich zu gerechter Rechtsprechung verpflichten und der sie ferner in die Lage versetzt, ihr – menschliche Möglichkeiten strenggenommen übersteigendes – Amt auszuüben.[59] Auch Prozessparteien können schwören. So heißt es, der sagenhafte Rhadamanthys habe beide Prozessparteien schwören lassen und entsprechend entschieden (Plat. leg. 948bc), weil er voraussetzte, nur der Unschuldige werde es wagen, die Götter als Zeugen anzurufen.[60] Vor allem aber hat der Beklagte das Recht, sich mit einem Reinigungseid von dem gegen ihn vorgebrachten Verdacht zu reinigen (z.B. Aischyl. Eum. 429).[61]

Anders als im biblischen Recht können auch Zeugen einen Eid ablegen. Sie haben zum einen die Möglichkeit, sich von der Pflicht zur Aussage zu entbinden, wenn sie schwören, nichts Sachdienliches aussagen zu können (Demosthenes 19,17; 29,20 u.ö.), zum anderen kennt man die eidlich bekräftigte Zeugenaussage.[62]

Im *öffentlichen Leben* außerhalb des Gerichtshofes begegnet der Eid als sog. Beamteneid, mit dem sich die Inhaber öffentlicher Ämter zu treuer Amtsführung verpflichten (z.B. Xen. mem. 1,1,18; Lys. 31,2).[63] Daneben gibt es den Bürgereid mit dem z.B. die Epheben versprechen, ihre Pflichten gegenüber ihrer Heimat zu erfüllen (Lykurg. 76f)[64] oder Bürger

---

[56] Hirzel (1902), 23.

[57] Lukian fängt sie im 2. Jh. n. Chr. ironisch ein (Ikaromenippos 26).

[58] Vgl. für den römischen Bereich Steinwenter (1918), 1257 und Söllner (1980), 33.

[59] „Everywhere in Greece the existence of judicial function was subordinated to the condition of the oath", fasst J. Plescia (1970), 39 seine Besprechung des Richtereides im griechischen Recht zusammen. „The oath [...] was necessary to create the judge, to seperate him from the people and raise him above them, to give him prestige, to force those whom his decisions would render malcontent to submit to them with unwilling respect" (ders, 34). Vgl. Jones (1956), 133.

[60] Plato selbst hält dies für nicht praktikabel (leg. 948d) und Aristoteles folgt ihm darin, weil der Eid dem Unfrommen einen Vorteil gegenüber dem Frommen verschaffe (rhet. 1377A).

[61] Weiteres (vor allem zum Recht von Gortys, das unter bestimmten Umständen auch den Eid des Klägers kennt) Ziebarth (1905), 2081.

[62] Vgl. Plescia (1970), 54.

[63] Vgl. Ziebarth (1905), 2079.

[64] Vgl. auch Dittenberger, Syll³ 526,527 und Herrmann (1968), 33ff.

einer Polis sich ganz allgemein an die Verfassung derselben (Plut. Lykurg 29, Solon 25) - im Hellenismus auch an den jeweiligen Herrscher
und seine Dynastie[65] - binden. In dieser Tradition dürfte der Treueid zum
römischen Kaiser stehen.[66]
Zum Bereich des öffentlichen Lebens gehören auch solche Eide, die
diejenigen abzulegen haben, die einer bestimmten Berufsgruppe beitre-
ten wollen (vgl. den Eid des Hippokrates).[67]
Schließlich sind hier Verträge sowohl zwischen Privatpersonen als auch
zwischen Städten oder Staaten zu nennen, die von einem Eid begleitet
sein können (vgl. Dem 7,36).[68] Nach Theophrast wird ein Vertrag u.a.
dann gültig, wenn ein Eid abgelegt wird (bei Stob. 44,22; vgl. Plat. leg.
917b).
Diese knappe Übersicht, die keine Vollständigkeit anstrebt, macht deutlich, dass in der griechisch-römischen Welt Eide zu allen Zeiten in fast
allen öffentlichen Lebensbereichen eine Rolle spielen. Dazu kommt die
breite geradezu floskelhafte Verwendung des Eides in der alltäglichen
Rede,[69] so dass sich ein dialektischer Befund ergibt: Auf der einen Seite
zeugen die Quellen von der hohen Dignität, die dem Eid im öffentlichen
Leben zukam, auf der anderen Seite belegen sie seinen inflationären Gebrauch.
Dies gibt den Anstoß zum bedeutenden Strom *kritischer Eidreflektion*:
Wie schon angedeutet hielten Plato und Aristoteles die Verwendung des
Eides im Rechtsleben für problematisch, weil der Eid nur dann Wahrheit
und Verlässlichkeit garantiert, wenn diejenigen, die ihn ablegen, sich
seinem theologisch zu definierenden Wesen entsprechend verhalten. Da
aber nicht alle Menschen die entsprechende Haltung den Göttern gegenüber an den Tag legen, kann der Eid leicht missbraucht werden. Wer an
der gerechten Gestaltung des öffentlichen Leben interessiert ist, muss
darauf reagieren. So zeigt sich beispielsweise in Athen die Tendenz, den
Eid im Rechtsleben zurückzudrängen. War er anfänglich allein für den
Ausgang eines Prozesses entscheidend, so spricht sich Plato dafür aus,
vor Gericht gänzlich auf ihn zu verzichten (leg. 448d).[70]
Doch sind es nicht nur praktische Erwägungen, die zur Ablehnung des
Schwörens führen. Als herausragendste Vertreter theologisch motivierter

---

[65] Vgl. Herrmann (1968), 40.
[66] Hinzu tritt u.a. das römische Sacramentum (vgl. dazu Ziebarth (1905), 2080; Herrmann (1968), 118). Die Entwicklung des römischen Kaisereides und die erhalte-nen Quellen bespricht ausführlich Herrmann (1968) (Quellen dort 122-126). Vgl. unten II / 5.2.6.
[67] Abgedruckt in Capelle (1955), 211; weiteres vgl. Plescia (1970), 77ff. Zum anti-ken Vereinswesen vgl. Klingmüller (1996), 38.
[68] Vgl. Plescia (1970), 58ff; Herrmann (1968), 32ff.
[69] Vgl. Hirzel (1902), 85.
[70] Allein den Eid der Richter will Plato zulassen (leg 948e).

griechischer Eidkritik gelten Phythagoras und die sich auf ihn berufende Schule:[71] Diog. Laert. 8,22 überliefert als Ausspruch des Pythagoras, „dass man bei den Göttern nicht schwören soll" (μηδ' ὀμνύναι θεούς). Damit stimmt das Zeugnis Iamblichs überein (v. P. 9,47), Pythagoras habe es für angemessen gehalten, vor Gericht oder in einer Versammlung (συνέδριον) die Götter nicht zum Eid zu ge- bzw. missbrauchen.[72] Zu dieser überlieferten Lehre fügen sich die Berichte über Schüler des Pythagoras, die sich geweigert haben, in einem Prozess zu schwören, obwohl sie es wahrheitsgemäß hätten tun können. Aus Treue zur Lehre ihres Meisters zogen sie den daraus entstehenden finanziellen Schaden dem Schwur vor (Iambl. v. P. 28,145 und 150).[73]
Neben diesem Verbot, bei den Göttern zu schwören, gibt es Überlieferungen über die Pythagoräer, die lediglich von einem sparsamen Umgang mit dem Eid sprechen (Diod. 10,9) und von der unverbrüchlichen Treue zum einmal geleisteten Eid zu berichten wissen (ebd.). „Im Pythagoreertum ist eine Strömung greifbar, die unter Berufung auf Pythagoras den Eid bei den Göttern entschieden von sich wies. [...] Insgesamt zeigt sich deutlich, daß es bei der pythagoreischen Eidkritik in erster Linie um den genuin theologischen Aspekt eines Schutzes der Götternamen vor Profanierung geht..."[74]
In der Spätantike ist es dann ein Vertreter des Neuplatonismus, der theologische Kritik am Eid übt. Simplikios (1. Hälfte des 6. Jh.)[75] schreibt in seinem Kommentar zu Epiktets Handbuch der Moral:

„Ὁ γὰρ ὅρκος μάρτυρα τὸν θεὸν καλεῖ, καὶ μεσίτην αὐτὸν καὶ ἐγγυητὴν ἐφ' οἷς λέγει προΐσχεται. Τὸ γοῦν ἐπὶ ἀνθρωπίνοις πράγμασι [...] τὸν θεὸν παράγειν, καταφρόνησίν τινα πρὸς αὐτὸν ὑπογράφει. Διὸ χρὴ παραιτεῖσθαι τὸν ὅρκον, εἰ μὲν δυνατόν, τελέως· καὶ πόνον καὶ ζημίαν τὴν δυνατὴν μᾶλλον αἱρούμενον [...] ὀμνύναι" (Der Eid ruft Gott zum Zeugen an und hält ihn als Mittler und Bürgen für das, wovon er spricht, hin. Gott in menschliche Rechtsangelegenheiten [...] einzuführen, deutet freilich eine gewisse Verachtung ihm gegenüber an. Deshalb soll man den Eid gänzlich verweigern, wenn es geht, und die zu erwartende Mühe und den zu erwartenden Schaden lieber ertragen [...].) (114,21-28)

Die theologische Definition des Eides führt bei Pythagoras und seiner Schule und später bei Simplikios zu der Forderung, auf den Eid überhaupt zu verzichten, denn die Verwicklung Gottes in profane Belange verträgt sich nicht mit der Achtung vor Gott.

---

[71] Vgl. Plescia (1970), 87 und Hirzel (1902), 99ff.
[72] Das Wort „καταχράωμαι" hat beide Nuancen, vgl. Liddell-Scott, 921.
[73] Ein analoges Verhalten kennt die tannaitische Literatur (mBM 3,1)(vgl. II / 6.2.3).
[74] Kollmann (1996), 182.
[75] Er war von der Ausweisung der nichtchristlichen Philosophen unter Kaiser Justinian im Jahr 529 n. Chr. betroffen, kehrte aber 533 aus Persien zurück.

Das Bewusstsein für die theologischen Implikationen des Eides führt aber nicht nur zum Verzicht auf das Schwören, sondern bringt daneben weniger radikale Lösungen hervor. So findet sich in den Quellen gelegentlich die Schwureinleitung „μὰ τόν" (wahrlich bei), ohne dass - wie eigentlich üblich[76] - danach eine Gottheit genannt wird (so z.B. Aristoph. Ran. 1374 und Pind. N. 11,24). Die Scholien zu den genannten Stellen führen dazu aus: „Δέον εἰπεῖν μὰ τὸν Δία, μὰ τὸν εἶπε μόνον. καὶ ἔστι τοῦτο εὐλαβείας ἴδιον, τὸ πεφεισμένως καὶ ἐλλειπτικῶς τοῦ ὅρκου ἅπτεσθαι" (Man hätte sagen müssen ‚wahrlich, bei Zeus', er sagt allein ‘wahrlich bei'. Und dies ist der Gottesfurcht eigen, ein schonendes und elliptisches Berühren des Eides) (zu Aristoph. Ran. 1374). Zu Pindar heißt es: „εὐλαβείᾳ τοῦ ὀμνύειν οἱ ἀρχαῖοι παρελίμπανον τὰ ὀνόματα τῶν θεῶν" (Aus Scheu vor dem Schwören ließen die Alten die Namen der Götter aus) (zu Pind. N. 11,24).

Diese „elliptisch" genannte Eideinleitung ist zumindest für die Scholiasten durch „εὐλάβεια" (religiöse Scheu)[77] motiviert. Mit dieser Formulierung wird also versucht, die Gottheit aus dem Schwur herauszuhalten.

Auf der gleichen Ebene setzt eine weitere Schutzmaßnahme ein: Philostrat überliefert ein Gespräch zwischen Thespesion und Apollonius, in dem darauf Bezug genommen wird: „Es war einmal ein alter Athener, Sokrates, unverständig wie wir, der den Hund und die Gans und die Platane für Götter hielt und bei ihnen schwor" (ὃς τὸν κύνα καὶ τὸν χῆνα καὶ τὴν πλάτανον θεούς τε ἡγεῖτο καὶ ὤμνυ). Apollonius widerspricht dem: „Er war nicht unverständig, sondern ein göttlicher und einfacher Weiser, er schwor bei ihnen nicht als Götter, sondern weil er nicht bei den Göttern schwören wollte" (Philostr. Ap. 6,19). Diese Praxis, die mit der sagenhaften Eidreform des Zeussohnes Rhadamanthys in Zusammenhang gebracht wird, zeugt von besonderer Ehrfurcht gegenüber den Göttern, deren Namen man im Schwur nicht nennen wollte.[78]

Religiös motivierte Scheu führt also nicht nur zum Schwurverzicht, sondern auch zu dem Versuch, durch bestimmte Schwurformulierungen die Heiligkeit der Götter beim Schwören zu schützen.

Neben praktisch oder theologisch motivierte Vorbehalte gegen den Eid treten weitere: Ohne seine Mahnung näher zu begründen, schreibt Epiktet: „ὅρκον παραίτησαι, εἰ μὲν οἷόν τε, εἰς ἅπαν, εἰ δὲ μή, ἐκ τῶν ἐνόντων" (Den Eid verweigere, wenn es geht, ganz, wenn nicht, so weit

---

[76] Die vollständige Formel lautet z.B. „μὰ τὸν Δία" (Aristoph. Vesp. 169).
[77] Vgl. dazu Bultmann (1935), 749.
[78] Vgl. Suda, s.v. Λάμπων ὄμνυσι τὸν χῆν'; s.v. Χῆνα ὀμνύναι; Hirzel (1902), 96f und Kollmann (1996), 181.

es geht) (33,5)[79]. Eine Begründung dafür gibt er nicht, doch bezeugen die Quellen neben theologischen noch weitere Gründe, die zur Ablehnung des Eides führen können: Erkenntnistheoretische Skepsis lässt es geraten erscheinen, vom Schwören Abstand zu nehmen: So soll man nicht schwören, weil man die Zukunft nicht kennt, weil „spätere Einsicht den Vorsatz zur Lüge macht", lässt Sophokles den Wächter in der Antigone sagen (388)[80].

Andere hielten das Schwören für unvereinbar mit der Würde des freien Mannes. Jemandem einen Eid abzuverlangen, konnte gar als Beleidigung gewertet werden (Soph. O.C. 650). Plutarch gilt der Eid als „Folter für den Freien" (mor. 275C).[81] Der Stoiker Marc Aurel lässt eine negative Einstellung zum Eid durchschimmern, der dem recht lebenden Menschen nicht entspricht, wenn er mahnt, man solle der inneren Gottheit gemäß leben, so dass man weder einen Eid nötig habe, noch das Zeugnis anderer Menschen (3,5).[82]

Dieser knappe Überblick zeigt, dass es neben der breiten Verwendung des Eides – und z.T. angestoßen von ihr – eine deutliche Tendenz gibt, den Eid möglichst weitgehend oder sogar absolut zu vermeiden oder wenigstens sein religiöses Gefahrenpotenzial durch bestimmte Formulierungen zu entschärfen.

---

[79] Epiktets Äußerung ist nicht ohne Vorläufer. Vgl. z.B. Menander, Sententiae 1,441: „Ὅρκον δὲ φεῦγε καὶ δικαίως κἀδίκως" (Den Eid fliehe, sei er gerecht oder ungerecht).

[80] Ähnlich urteilen Pind. O. 13,83 und Archil. fr. 122.

[81] „Das unbändige Selbstgefühl, das die Zeit durchzog und wovon das laute Pochen auf Wahrhaftigkeit nur eine einzelne Aeusserung war, gab sich nicht mehr her zum Eide; die Menschen, die das Mass der Dinge sein sollten, fühlten sich mündig die Wahrheit selber zu sagen und bedurften nicht erst der Fürsprache eines Gottes. Wie die Lüge das Erzeugnis einer knechtischen Natur oder doch einer knechtischen Stimmung ist, so hatte umgekehrt das bloße Wort des freien Mannes allen Anspruch darauf zu gelten", fasst R. Hirzel (1902), 118, den diesbezüglichen Befund zusammen. Der pauschale Kontrast zwischen einer „demüthigende(n) Religion [...], die dem Menschen die Fähigkeit zum Eide absprach und diesen der Gottheit vorbehielt" (112) und freiem hellenischen Geist und hellenischer Moral, „die ihn stolz darüber hinaushob" (ebd.), den Hirzel aufzuzeigen wünscht, vereinfacht den komplexen Befund sowohl im jüdischen wie im griechischen Bereich und verdankt sich wohl eher dem Zeitgeschmack als der genauen philologischen Arbeit, die Hirzels Werk sonst auszeichnet. Erwähnenswert ist Hirzels Beobachtung, dass die so motivierte Eidesverweigerung ihrerseits einem Streben nach Gottähnlichkeit entspricht: „Ja es traten in ihrem Streben nach Gottähnlichkeit diese Himmelsstürmer (gemeint sind die Kyniker, M.V.) sogar dem Vater Zeus an die Seite, mit dessen Majestät nach altgriechischem Glauben das Schwören sich nicht vertrug..." (121f). Doch bleibt Hirzel sowohl den Beweis, dass die Kyniker den Eid ablehnten, wie auch den, dass Zeus nach altgriechischem Glauben nicht schwor, schuldig. (Vgl. 122 Anm 1).

[82] Weiteres bei Kollmann (1996), 183. Dort auch Literatur.

1.4 Schwur und Eid im Spiegel der jüdischen Papyri

Die Untersuchung dieses für die sozialgeschichtliche Verortung des Eides besonders aussagekräftigen Materials hat mit gewichtigen Schwierigkeiten zu kämpfen. Diese liegen neben den Besonderheiten der Quellen vor allem im Stand ihrer Edition begründet. Neben dem umfangreichen Material der religiösen Quellen, die die soziale Wirklichkeit ja immer nur durch die Perspektive ihrer Autoren gebrochen erkennen lassen, gibt es nur sehr wenige Zeugnisse, die den Ort des Eides im Alltag direkt spiegeln. Dabei handelt es sich um Papyrusfunde aus Ägypten und der Gegend um das Tote Meer.

Zuerst zu nennen sind hier drei Papyri aus einem Archiv mit Eingaben an die Archonten der Juden von Herakleous Polis aus den Jahren 139/8 – 133/2 v. Chr[83].[84] Sie lassen die Eidpraxis im Vertragsrecht von in Ägypten lebenden Juden erkennen. Zwei der drei Eingaben, die einen Eid erwähnen, beziehen sich explizit auf einen schriftlich niedergelegten „väterlichen Eid" (ἐπιστολή ὅρκου πατρίου), mit dem der jeweils Beklagte sich zu einer bestimmten Leistung verpflichtet haben soll. Dabei geht es einmal um die Zahlung eines Kaufpreises bzw. die Entlohnung und Versorgung einer Amme (P.Polit.Iud 9,7f), in der zweiten Eingabe um die Zahlung des vereinbarten Pachtzinses (P.Polit.Iud 12,10). In der dritten stellenweise nur sehr fragmentarisch erhaltenen Eingabe ist lediglich von dem „ὅρκος πάτριος" die Rede (P.Polit.Iud 3,28f), wobei Kontext und Parallelen vermuten lassen, dass auch er schriftlich abgelegt wurde[85] und zur Bekräftigung eines Versprechens des Brautvaters (?) an den Bräutigam diente, zusätzlich zur Mitgift (φερνή) einen Anteil von einem Weinberg im Wert von 3000 Silberdrachmen mit in die Ehe zu geben.

Die Besonderheit der in diesen Papyri erwähnten Praxis liegt in der vorausgesetzten Schriftlichkeit des Eides.[86] Schriftliche Eide sind in den religiösen Quellen des Judentums bisher nicht nachgewiesen.[87] Aber auch von ihrem ägyptischen Umfeld heben sie sich deutlich ab: Zwar ist in Papyri nichtjüdischer Provenienz der schriftliche Eid nicht selten belegt, doch sind es in aller Regel keine privatrechtlichen Sachverhalte, die mit

---

[83] Ich danke Dr. Klaus Maresch vom Institut für Papyruskunde an der Universität Köln für die Möglichkeit, die Texte vor ihrer Veröffentlichung einsehen zu können und darüber hinaus für seine geduldigen Erklärungen zum geschilderten Phänomen im Rahmen der Rechtsgeschichte der Papyri aus ptolemäischer Zeit.

[84] P.Polit.Iud 3 (= P.Köln Inv 20986); P.Polit.Iud 9 (= P.Köln Inv 21031); P.Polit.Iud 12 (= P.Vindob. G 57704).

[85] Vgl. Cowey / Maresch (2001), 47.

[86] Vgl. Cowey / Maresch (2001), 26.

[87] Nach Philo, SpecLeg 4,30ff scheinen sich Schriftlichkeit und Eid geradezu auszuschließen. Vgl. aber die schriftliche Beeidung in den unten genannten Papyri aus dem 1. Jh. n. Chr.

einem Eid bekräftigt werden. Der Eid ist dort dann geläufig, wenn das öffentliche Interesse berührt ist.[88] Auch ist die Formulierung „ὅρκος πάτριος" (Eid nach Vätersitte) sonst absolut unüblich.[89] Es hat den Anschein, als läge hier ein von den betreffenden Parteien als grundjüdisch wahrgenommener Usus vor, der bisher überhaupt noch nicht bekannt ist.[90]

Die übrigen jüdischen Papyri, die einen Eid erwähnen, geleiten ins frühe zweite Jahrhundert n. Chr. Im von Tscherikover und Fuks herausgegebenen „Corpus Papyrorum Judaicarum" findet sich nach meiner Durchsicht lediglich ein Text, der einen von einem Juden abgelegten Eid erwähnt.[91] Dabei handelt es sich um die auf den 10. Februar 101 n. Chr. zu datierende Erklärung eines Vaters gegenüber dem königlichen Schreiber, dass sein Sohn verstorben sei. Der Vater hatte den Tod seines minderjährigen Sohnes angezeigt und wurde danach - vermittelt durch den Dorfschreiber - aufgefordert, die Wahrheit seiner Aussage zu beeiden. Dies tut er mit den Worten: „Ich, Soteles, Sohn des Josepos [...], schwöre beim Alleinherrscher, Kaiser Nerva Trajan Augustus".

Bemerkenswert daran ist neben dem sozialen sonst jüdisch ebenfalls unbekannten Ort des Eides seine Formulierung: Ein Jude schwört beim Kaiser. Ein Eid „by the Emperor presusupposes his superhuman origin, which contradicts the principles of Judaism."[92]

Ein solcher von Juden abgelegter Eid beim römischen Kaiser begegnet außerdem in Quellen, die noch nicht ins Corpus Papyrorum Judaicarum aufgenommen wurden. Es sind Texte von außerhalb Ägyptens, nämlich Steuererklärungen eines N.N. Sohn des Levi[93] aus Rabbath Moab (27. April 127 n. Chr.) und der Babatha, Tochter des Simon (PYadin 16).[94] Mit diesem Eid beteuern die, die ihn ablegen, die Richtigkeit der Aussagen, die sie gegenüber dem Steuerbeamten über ihre Besitzverhältnisse

---

[88] Vgl. die Ausführungen von K. Maresch in Kölner Papyri, Band 8, Papyrologica Coloniensia VII/8, 156f und Cowey / Maresch (2001), 103.
[89] Hinweis von K. Maresch.
[90] Dass die eidlich bekräftigte Verpflichtung, von denen einer der Eingaben die Rede ist, von dem Beklagten nicht eingehalten wurde, gilt als Bruch des „väterlichen Gesetzes" (πάτριος νόμος: 9,28f)
[91] Zwei weitere Texte dieser Sammlung erwähnen den Eid (CPJ Nr. 454 = POxy 100; CPJ 485 = PHamb 60), doch sind beide nicht jüdischer Provenienz und verraten daher auch nichts über jüdische Eidpraxis.
[92] Tscherikover / Fuks (1960), 214.
[93] Der Vorname ist in den Fragmenten nicht erhalten (vgl. Cotton / Yardeni (1997), 174)
[94] Für den Hinweis auf diesen Text und das sog. Babatha Archiv danke ich Dr. Jürgen Zangenberg. Nach seiner Auskunft stehen noch zahlreiche Papyri vom Toten Meer zur Veröffentlichung an.

gemacht haben.[95] Beide schwören bei der „Tyche des Kyrios Kaiser" (τύχην κυρίου καίσαρος).

Ein weiterer Kontext neben der beeideten Todesanzeige und der beeideten Steuererklärung wird in einem im Jahr 127 n. Chr. im arabischen Mahoza abgefassten Text sichtbar. Hierbei handelt es sich um die Erklärung einer Salome, Tochter des Levi, ihrer Mutter gegenüber, dass sie aus dem Erbe ihres verstorbenen Vaters und Bruders keinerlei (weitere?) Ansprüche erheben werde. In diesem Text ist die Rede von einem zuvor abgelegten Eid, mit dem eine nicht näher beschriebene Kontroverse beigelegt worden sei. Interessant ist hier vor allem die Formulierung „παρῳχημέν[ης ἀμφισβ]ητήσεως ὅρκου ἐπ[ιδοθέντος" („the controversy, which has now been solved, an oath having been given").[96]

Diese Dokumente gewähren einen Einblick in die Vielschichtigkeit der Rechtspraxis von Juden unter fremder Herrschaft. Als Eidkontexte erscheinen das Vertragsrecht, die Todesanzeige und die Steuererklärung. Die Papyri aus Herakleous Polis ließen deutliche Besonderheiten erkennen, so schwören die Juden dort einen eigenen, väterlichen Eid (ὅρκος πάτριος). Andernorts folgt man später der in ihrer Umwelt üblichen Eidpraxis bis in die Formulierungen hinein, denn Eide bei der Tyche des Kaisers sind auch sonst breit belegt.[97] Hier zeichnet sich der spätere talmudische Grundsatz „דינא דמלכותא דינא" (das Recht des Reiches ist Recht)[98] in der Praxis schon ab.[99]

Mit dieser knappen Darstellung des Eides in der Überlieferung der alttestamentlichen Tradition, des paganen Umfeldes und den Zeugnissen, die über Kontexte des Eides im Alltag Auskunft geben, sind die Linien skiz-

---

[95] Vgl. Cotton / Yardeni (1997), 175 „The purpose of these land declarations was clearly to determine the rate of taxation". Zur Praxis des Steuerwesens vgl. Isaac (1994), 256ff.

[96] Übersetzung Cotton / Yardeni (1997), 199.

[97] Vgl. aus dem 2. Jh. n. Chr. z.B. BGU 2085, 10f; 2246, 10f; 2249, 7f; PKöln Bd. 5, 229,16f.

[98] Belegt in bNed 28a; bGit 10b; bBQ 113a u.ö. Auch andere Papyri aus dem sog. Babatha Archiv orientieren sich am römischen Provinzialrecht (vgl. Wolff (1980), 774 und 778ff).

[99] Von daher sollte man die Überschreitung der Grenzen des jüdischen Monotheismus, die mit dieser Schwurformel verbunden ist, vielleicht nicht zu hoch bewerten. Festzustellen ist sie allerdings. Vgl. dazu Cotton / Yardeni (1997), 179: „It would seem that the Jews of the period were less conscious – even oblivious – of the religious implications, from the standpoint of a monotheistic Jewish theology, of an oath by the emperor or by his tyche. It is not necessary to assume that they felt coerced into using the formular. Babatha and X son of Levi swore by the tyche of the emperor as a matter of course". Vgl. zum Ganzen auch Rosen (1995), 8, der bemerkt, dass eine Eidvermeidung evtl. möglich gewesen wäre, da z.B. in Ägypten nur ein Teil der Steuerurkunden beeidet sei.

ziert, innerhalb derer sich die antike jüdische Eidpraxis und Eidreflexion vollzieht. Ihr wenden wir uns nun zu.

2. Schwur und Eid in der zwischentestamentlichen Literatur

Unter dem Sammelnamen „Apokryphen und Pseudepigraphen" wird eine Fülle sehr verschiedener Werke unterschiedlicher Provenienz aus ca. drei Jahrhunderten zusammengestellt.[1] In mehr als 70 Textpassagen werden dort Schwur und Eid erwähnt. Ein Teil dieser Texte spiegelt die weite Verbreitung des Schwörens in der Lebenswelt der Jahrhunderte um die Zeitenwende. Einige aber problematisieren das Schwören insgesamt oder bestimmte Aspekte, die damit verbunden sind. Ich versuche die Sachzusammenhänge sichtbar zu machen und dabei eine chronologische Anordnung zu wahren.

2.1 Schwur und Eid als selbstverständliche Phänomene

Beginnen wir bei der Vielfalt: Dem Gefälle der Tora folgend erzählt man vom Schwören Gottes,[2] mit dem er sich verlässlich zu Israels Gunsten bindet. Man erinnert in der Linie von Gen 50,24 oder Ex 33,1 an die Landverheißung (Bar 2,34; AssMos 1,9[3]), die Nachkommensverheißung an Abraham (Sir 44,21; Jub 18,15 nach Gen 22,16), die Dynastieverheißung an David (PsSal 17,4[4]) oder die Herrschaftsverheißung an den Stamm Juda (TestJud 22,3), die entweder schon in der Bibel mit einem Schwur verbunden waren oder um einen solchen erst bei der Nacherzählung ergänzt wurden. An seine eidlichen Zusagen kann Gott erinnert werden, was ihn nach Weish 18,22 (vgl. u.a. Ex 32,13) dazu bringt, Israel nicht zu vernichten. Aufgrund seiner eidlich verbürgten Selbstbindung an Israel straft Gott sein Volk milder als alle anderen Völker (Weish

---

[1] Ich bin mir bewusst, dass es sich dabei um ein Hilfskonstrukt handelt, das dem eigenen Charakter der Texte oft nicht gerecht wird. Wollte man dies vermeiden, so müsste man jedes Buch für sich besprechen - dies ginge zu Lasten der Übersichtlichkeit. Ich versuche einen Mittelweg zu gehen, indem ich solche Texte, die das Schwören lediglich erwähnen, nicht einzeln bespreche. Ich befrage sie nach dem sozialen Ort, der dem Schwören darin zukommt und ordne sie entsprechend. Anders verfahre ich bei Texten, die das Schwören problematisieren. Sie werden ausführlicher untersucht und je für sich besprochen.

[2] Vom Schwören paganer Götter erzählen die Sibyllinen (Sib 3,116.118.129.140).

[3] Vgl. Schalit (1989), 107ff.

[4] Damit wird wohl auf die Natanweissagung 2 Sam 7 angespielt, wo allerdings von einem Schwur Gottes nicht die Rede ist. PsSal 7,14 hat dieses Motiv wohl eingetragen. Dieses Phänomen begegnet auch bei Josephus (vgl. Ant 7, 24; 9,143).

12,21) und zwar in erzieherischer Absicht. Gottes Eid ist so Grundlage des Vertrauens zu ihm (Weish 18,6). Er garantiert Gottes Barmherzigkeit (LibAnt 30,7) und die Verlässlichkeit seines Bundes. Nach 4 Makk 5,34 entspricht dem auf Seite der Menschen der Schwur, die Gesetze zu bewahren.[5]

Zwischen Gott und Mensch garantieren Schwur und Eid also vor allem Gottes Treue und Verlässlichkeit. Die gleiche Funktion kommt dem Schwur zwischen den Menschen zu. So bekräftigen David und Jonatan ihren Freundschaftsbund mit einem Schwur (LibAnt 62,11), und auch in militärisch - politischen Kontexten soll er Verbindlichkeit und Vertrauen schaffen (vgl. 1.Esr 1,46; 1 Makk 6,61; 7,15; 9,71; 2 Makk 13,23). Dabei ist es allerdings nicht selbstverständlich, dass die gegebenen Schwüre auch eingehalten werden. Sowohl 1 Makk 6,62; 7,18 als auch 2 Makk 15,10 zeugen von dem Erschrecken angesichts des Eidbruchs: „Man sagte: Bei ihnen gibt es weder Treue noch Recht; denn sie haben den Vertrag gebrochen trotz des Eides, den sie geschworen haben" (1 Makk 7,18). Der leichtfertige Umgang mit dem Eid erscheint in diesen Quellen, die sich auf die Ereignisse der Jahre 162-161 v. Chr.[6] beziehen, als typisch heidnisches Phänomen (vgl. 2 Makk 15,10: „...wie die Heiden die Verträge nicht gehalten und ihre Schwüre gebrochen hatten"). Das in das 1. Jh. v. Chr. zu datierende[7] Buch der Weisheit verallgemeinert im Blick auf die Heiden, dass sie „leichthin einen Meineid schwören" (Weish 14,28)[8].

Jenseits von militärisch - politischen Kontexten begegnet der Schwur in allen möglichen Zusammenhängen, in denen man sich selbst und andere[9] zu einem bestimmten Verhalten verpflichtet (1.Esra 8,90; Jdt 1,12; Arist 104,2f) oder die Wahrheit seiner Aussage bekräftigt (Bel et Draco 7)[10]. Letzteres kann auch im Rechtsleben von Bedeutung sein, so lässt sich aus TestAss 2,6; TestGad 6,4; und Pseudo-Phokylides 16f erschließen,

---

[5] Das Motiv der eidlichen Verpflichtung auf die Tora findet sich wieder in der rabbinischen Literatur mShevu 3,6 u.ö. und mit eigenen Akzenten auch bei Philo, SpecLeg 2,14.

[6] Vgl. Maier (1989), 36f.

[7] Vgl. dazu unten II / 2.2.4.

[8] Vgl. aber Josephus, Bell 2,451ff. Der falsche Schwur ist ein besonders deutliches Indiz für ein Fehlverhalten, das aus einem verkehrten Gottesverhältnis entspringt. TestAss 2,6 führt aus, dass der falsche Schwur als Ausdruck der Missachtung Gottes zu werten ist. Daneben stehen andere Delikte. Überhaupt begegnet der Meineid häufig in sog. Lasterkatalogen z.B. Pseudo-Phokylides 16f; PsSal 8,10; grBar 13,4.

[9] Solche „Beschwörungen" erwecken den Anschein, als bänden sie den Beschworenen auch gegen seinen (vgl. Tob 9,3f; 10,7; TestHiob 8,2).

[10] Besondere Erwähnung verdienen grHen 98,1.6.; 103,1; 104,1. Henoch bekräftigt hier die Wahrheit seiner Aussage, wobei sich das, was er sagt, auf die Zukunft bezieht und seinem Schwur damit ein promissorisches Gefälle verleiht. Das, was Henoch für die Zukunft sagt, ist im Himmel so fest beschlossen, dass im Grunde nichts mehr versprochen, sondern nur noch bestätigt werden muss.

dass man sich mit einem Reinigungseid vom Verdacht der Veruntreuung befreien kann.[11] Abgesehen von den beiden zuletzt genannten Stellen wird das Schwören in den bisher gesichteten Texten selbst nicht problematisiert. Schwur und Eid garantieren ganz selbstverständlich Verlässlichkeit zwischen Gott und Mensch oder im zwischenmenschlichen Bereich. Auffällig ist, dass der achtlose Umgang mit dem Schwören von den jüdischen Quellen in der Begegnung mit Heiden wahrgenommen wird.

2.2 Schwur und Eid als problematische Phänomene

2.2.1 Jesus Sirach 23,9-11

Mit aller Deutlichkeit warnt das Sirachbuch[12] (Sir 23,9-11[13]) vor dem (häufigen) Schwören. Im Rahmen der Unterweisung über das Reden 23,7-15 steht die Warnung vor dem Schwören gleich an erster Stelle: „Gewöhne deinen Mund nicht ans Schwören". Parallel dazu heißt es: „Den Namen des Heiligen zu nennen, gewöhne dir nicht an". Wenn hier ein synonymer Parallelismus vorliegt, dann expliziert die Wendung „den Namen des Heiligen aussprechen" das, was einen Schwur dem Wesen nach ausmacht. Der Schwur ruft Gott auf den Plan.[14]
23,10 macht auf das Gefälle vom Vielschwören zum Sündigen hin aufmerksam: „Wer alle Zeit (διὰ παντὸς) schwört und ausspricht[15], wird von Sünden nicht gereinigt."[16] Vers 11 setzt diesen Gedanken fort und

---

[11] Vgl. dazu unten II / 2.2.5.
[12] Die hebr. Vorlage des Sirachbuches wird in die Jahre 195-175 v. Chr. zu datieren sein (vgl. Williams (1994), 563ff). Die Übersetzung ins Griechische dürfte dann ca. 132 v. Chr. erfolgt sein. In jedem Fall kam Sirachs Enkel im 38. Jahr der Regierung des Königs Euergetes nach Ägypten, wo er die Übersetzung vornahm (so der Prolog zur Übersetzung). Vgl. Reiterer (1997), 37.
[13] Eine hebräische Vorlage zu diesem Abschnitt hat sich nicht erhalten.
[14] Die Fortsetzung in Vers 11 spitzt diesen Abschnitt ganz eindeutig auf das Schwören zu. Das spricht dafür, dass die Wendungen „den Namen des Heiligen aussprechen" (ὀνομασία τοῦ ἁγίου) in 23,9 und „[Gottes] Namen aussprechen" (ὀνομάζων) in 23,10 als Explikation dessen zu lesen sind, was das Schwören für Sirach seinem Wesen nach ist, nämlich ein Anrufen bzw. Benennen Gottes. So auch Gilbert (1973), 169. Wäre der Parallelismus hingegen synthetisch aufzufassen, was wegen des Kontextes allerdings weniger wahrscheinlich ist, dann wäre der eine Gedanke die Fortsetzung des anderen, ohne dasselbe zu meinen. Das Aussprechen des Namens Gottes und das Schwören wären dann miteinander verwandt, jedoch nicht identisch.
[15] Alexandrinus und eine Korrektur im Sinaiticus ergänzen „den Namen des Herrn".
[16] Diesen Schluss soll ein Vergleich verdeutlichen: „So wie ein Sklave an Striemen keinen Mangel haben wird, wenn er fortdauernd peinlich verhört wird..." - so wie es also beim Verhör nicht ohne Striemen abgeht, so wenig geht es beim Schwören ohne Sündigen ab. Vgl. Skehan / Di Lella (1987), 323: „The Gr verb, exetazō , means 'to

schafft einen Zusammenhang zwischen Schwören und Gesetzlosigkeit: „Ein Mann, der viel schwört, füllt sich mit Gesetzlosigkeiten und die Geißel (Plage) wird von seinem Haus nicht weichen." weisheitlichem Tat-Folge Denken entsprechend setzt die durch das Vielschwören ange-häufte „ἀνομία" negative Folgen aus sich heraus.

Die Fortsetzung in Vers 11b lautet „Wenn er sich irrt (ἐὰν πλημμελήσῃ), dann ist seine Sünde auf ihm - und wenn er übersieht/verachtet (κἂν ὑπερίδῃ), hat er doppelt gesündigt." Der zweite Teil dieses Halbverses stellt eine Steigerung des ersten dar, die in zwei Richtungen interpretiert werden kann. Nach der ersten Interpretation gin-ge es im ersten Satzteil um irgendein versehentlich begangenes Vergehen, ohne dass diesem ein Schwur vorangegangen sein muss. Konsequenz eines solchen Fehlver-haltens ist, dass der Betreffende seine Sünde zu tragen hat. Schlimmer wird es - wie der zweite Teil ausführt -, wenn mit einem Vergehen nicht nur eine Sünde begangen, sondern auch noch ein Schwur übertreten wird, dann ist die Sünde doppelt so groß. Diese Interpretation vertritt G. Sauer in seiner Übersetzung: „wenn er sich vergangen hat, so ruht seine Sünde auf ihm, und wenn er (den Schwur) übersieht, sündigt er doppelt..."[17]. Die zweite Interpretation geht davon aus, dass auch schon im ersten Teil ein Schwur vorliegt, der versehentlich übertreten wird oder der überhaupt irr-tümlich abgelegt wurde. Der zweite Satzteil hat dann ganz dessen bewusste Über-tretung oder den bewusst falsch abgelegten Schwur[18] vor Augen[19].

Der Duktus des Textes verdeutlicht den Zusammenhang von Schwur und Sünde. Das schärft auch der Fortgang in 11c ein: „und wenn er wegen einer nichtigen Sache / grundlos (διὰ κενῆς) geschworen hat, so wird er nicht gerechtfertigt werden können (οὐ δικαιωθήσεται)". Wer so schwört, begibt sich aus dem Schutzbereich der Rechtfertigung durch Gott heraus. Damit präfiguriert dieser Vers die tannaitische Rede vom Nichtigkeitsschwur (שבועת שוא), der in der rabbinischen Tradition als Übertretung gilt, die im Prinzip nicht vergeben werden kann[20]. Für Si-

---

examine well or closely' or 'to scruntinize', and also 'to question, examine by tortu-re; cf. Acts 22:24. It is the latter meaning that is intended here".
[17] Übersetzung nach Sauer (1981).
[18] So offenbar Skehan / Di Lella (1987), 323.
[19] Von der Begrifflichkeit her wäre beides möglich: πλημμελέω bedeutet „einen Fehler machen, sich vergehen" und dient der LXX als Äquivalent für das hebr. שגג (Lev 4,13.22). ὑπεροράω lässt sich zunächst mit „über-sehen" wiedergeben, kann aber auch „verachten" bedeuten und dann einen bewussten Vorgang meinen. Je nachdem für welche der beiden Wortbedeutungen man sich entscheidet, wird man der ersten oder der zweiten Interpretation folgen. Die zweite Interpretation erinnert an die Sprache der Mischna, die bei unwahren Schwüren bzw. Schwurübertretungen zwischen שגגה (Versehen) und זדון (Bosheit) unterscheidet, wobei letzteres schwerer wiegt und härter bestraft wird (mShevu 3,7.8.10.11; 4,2; 5,1).
[20] Gestützt wird diese Querverbindung durch die Tatsache, dass κενός in der LXX eines der Äquivalente des hebr. שוא ist (vgl. z.B. Jes 59,4; Jer 6,29; 18,15; Hi 15,31). In der hebr. Vorlage des Sirachbuches könnte also so etwas wie לשוא gestanden ha-ben. Schon Albeck (1971), 23 zieht Querverbindungen von der Eidhalacha des Si-rachbuches zur rabbinischen Eidhalacha.

rach ist demnach nicht erst der falsche Schwur verwerflich, sondern schon der Schwur, der „διὰ κενῆς" bzw. „אלשוא" abgelegt wird.[21]

Sehr eindringlich zeigt Jesus Sirach den Zusammenhang zwischen Schwören und Sündigen auf. Beides gehört geradezu unvermeidlich zusammen, so wie die beiden Seiten einer Medaille. Damit mahnt Jesus Sirach zu äußerst sparsamem Gebrauch des Schwures.[22] Beachtet man jedoch die quasi zwangsläufige Verbindung von Schwur und Sünde, dann wird man nicht fehlgehen, hier sogar eine Warnung vor dem Schwören überhaupt zu hören. Dies ist besonders dann wahrscheinlich, wenn man den eigentümlich schwebenden Charakter des folgenden Verses 12 beachtet, der sowohl als Abschluss der Redeeinheit 23,9-11 als auch als Eröffnung von 23,13-15 gelesen werden kann[23]: „Es gibt ein Reden, das dem Tod vergleichbar ist, es soll im Erbteil Jakobs nicht gefunden werden". Diese Art der Rede - also der Schwur - soll *gar nicht* gefunden werden (μὴ εὑρεθήτω). Von einer totalen Ablehnung des Schwörens ist dieser Text dann nicht mehr zu unterscheiden.

2.2.2 Testamentum Gad 6,4

Die Testamente der zwölf Patriarchen dürften wohl in der zweiten Hälfte des zweiten vorchristlichen Jahrhunderts verfasst worden sein.[24] Jedes hat ein bestimmtes Thema, beim Testament Gads sind dies die Warnung vor dem Hass (4,1ff; 5,1ff) und die Ermahnung zur Liebe, mit der das 6. Kapitel beginnt (6,1ff). 6,3 konkretisiert das im Blick auf den vergebungsbereiten Umgang mit dem, der sich einer Sünde schuldig gemacht hat: „Wenn sich jemand an dir versündigt, so sage es ihm in Frieden...".[25] Falls das Gegenüber (seine Schuld) leugnet, so soll man nicht hartherzig darauf insistieren, „damit du nicht doppelt sündigst, wenn er seinen Schwur geleistet hat" (μήποτε ὀμόσαντος αὐτοῦ δισσῶς

---

[21] Wobei allerdings - nicht zuletzt wegen der breiten Bedeutung der Worte κενός bzw. שוא - jeder Schwur in der Gefahr steht, ein solcher „Nichtigkeitsschwur" zu sein. Zu κενός vgl. Liddell-Scott, 938 („empty, fruitless, void") zu שוא vgl. unten II / 6.2.1.

[22] Das Vielschwören kritisiert - mit weniger radikalen Konsequenzen für das Schwören überhaupt - auch Sir 27,14: „Das Reden des Vielschwörers (λαλιὰ πολυόρκου) lässt (einem) die Haare zu Berge stehen und ihr Streit ist Verstopfung der Ohren". Vers 13 stellt die διήγησις μωρῶν, die Erörterung der Toren, der der Frommen (V. 11) gegenüber. Sirach warnt davor, den Toren lange zuzuhören, denn was sie sagen, gereicht zum Erzürnen, ihr Lachen geschieht in Schwelgerei der Sünde. Hier wird der in der Weisheit weitverbreitete Topos der Distanz zu den Toren (vgl. Ps 1,1; Spr 4,14 u.ö.) mit dem Schwören in Verbindung gebracht. Vielschwören fügt sich wie schon in Kap 23 nicht zu einem der Weisheit entsprechenden Lebenswandel.

[23] Anders Skehan / Di Lella (1987), 323.

[24] Vgl. Kee (1983), 777f.

[25] Dies erinnert an Mt 18,15, vgl. Scheuermann (1996), 163.

ἁμαρτήσῃς). Jemanden dazu zu bringen, einen Schwur abzulegen, kommt also einer doppelten Sünde gleich.

Der vorgestellte Fall wird ganz allgemein mit den Worten „ἐὰν ἁμάρτῃ εἴς σε" umschrieben, präzisere Hinweise gibt jedoch der Umstand, dass es dem „Sünder", der seine Unschuld behauptet, möglich ist, einen Schwur abzulegen. Dies erinnert an das in Ex 22,8-12 und Lev 5,21f geschilderte Verfahren, bei dem ein der Veruntreuung Verdächtigter einen Reinigungseid leistet und sich so vom Verdacht des Diebstahls entlastet (Lev 5,22).[26] Im Zusammenhang mit diesem biblisch legitimen Vorgang spricht Gad von einer doppelt schweren Sünde: Das Beharren des Klägers auf seinem Recht wiegt schwerer als das ihm zugefügte Unrecht. Gad begründet diesen Schluss nicht. Die vorgestellte Situation ist jedoch klar: Durch das Insistieren auf der Schuld des Beklagten trägt der Kläger letztlich dazu bei, dass der Beklagte einen Meineid leistet und sich damit in noch größere Schuld verstrickt.[27] Das liegt ganz auf der Linie der Paränese TestGad 4,3-7, die den Hass, der am Tod des Sünders interessiert ist, der Liebe gegenüberstellt, die sogar die Toten lebendig machen will und mit dem Gesetz Gottes gemeinsam zum Heil der Menschen wirkt (4,7). Gads Mahnung weiß sich also in „Synergie" (συνεργέω) mit der Tora Gottes, fordert jedoch zugleich *gegen die Tora* letztlich dazu auf, auf das biblisch legitime Rechtsmittel zur Klärung von Eigentumsdeliktes zu verzichten.[28]

2.2.3 Judit 8

Das wohl in der zweiten Hälfte des 2. Jh. n. Chr. verfasste[29] Juditbuch schildert die Bedrohung Israels durch den König Nebukadnezzar. Dieser belagert im Zuge einer Strafaktion die Stadt Betulia, den Hauptschauplatz der Juditerzählung (Kap 7ff). Die vom Wassermangel gepeinigte Bevölkerung bittet das Ältestenkollegium, die Stadt den Feinden zu

---

[26] Lev 5,21 (LXX) leitet ebenfalls allgemein mit „ἐὰν ἁμάρτῃ" ein, schreibt dann aber nicht leugnen (ἀρνέομαι), sondern lügen (ψεύδομαι). Das spricht aber nicht zwingend gegen den Bezug von TestGad 6,4 auf Lev 5,22, denn das dort stehende hebr. שחכ kann auch mit ἀρνέομαι wiedergegeben werden (vgl. Gen 18,15).

[27] Der Meineid ist ja – im Gegensatz zur Veruntreuung im zwischenmenschlichen Bereich - ein sakrales Vergehen (vgl. II / 1.2).

[28] Ähnlich entscheidet Rabbi Ischmael nach mShevu 3,5, wenn er festlegt, dass ein Schwur sich nur auf zukünftige Dinge beziehen darf (also promissorischen Charakter haben muss). Rabbi Ischmael hebt hier *de facto* ein Gebot der Tora auf. Dazu fügt sich hervorragend, dass er es ist, der Toraaufhebung auch *de jure* für möglich erklärt hat (bSot 16a) (vgl. II / 6.1.1 und III / 1.1.3).

[29] Zenger (1981), 431 nimmt als Datum post quem das Jahr 150 v. Chr. an. Vgl. auch Kaiser (1994), 166. Engel (1998b), 264 vermutet, dass die politisch-geographischen Angaben des Buches die Lage am Ausgang des 2. Jh. v. Chr. spiegeln.

übergeben (7,23-19). Einer von ihnen, Usija, reagiert darauf: „Wir wollen noch fünf Tage aushalten. In dieser Zeit wird der Herr, unser Gott, uns sein Erbarmen wieder zuwenden [...]. Sollten aber diese Tage vergehen, ohne dass uns geholfen wird, dann wollen wir tun, was ihr gefordert habt" (7,30f). In dieser Situation tritt Judit auf den Plan. Sie erfährt davon, „wie Usija ihnen geschworen hat (ὤμοσεν), die Stadt nach fünf Tagen den Assyrern zu übergeben" (8,9). Dieser Vers identifiziert das Versprechen des Usija, das in 7,30 schlicht mit „καὶ εἶπεν" eingeleitet wurde, eindeutig als Eid. En passant gewährt der Bogen von 7,28 zu 8,9 damit Aufschluss über das vorausgesetzte Verständnis des Eides: Gott wird damit zum Zeugen angerufen.[30] Diesen Schwur der Presbyteroi von Betulia, den sie auf Betreiben des Volkes abgelegt haben, kritisiert Judit im Folgenden, denn er kommt in ihren Augen einer Versuchung Gottes gleich (ἐπειράσατε τὸν θεὸν), ja mehr noch: Die Schwörenden haben sich selbst an die Stelle Gottes oder sogar über ihn gesetzt (ἵστατε ὑπὲρ τοῦ θεοῦ).[31] Wer so schwört, der beansprucht, den Verstand Gottes und seine Gedanken zu kennen und setzt Gott in unzulässiger Weise Grenzen: „Auch wenn er (Gott, M.V.) nicht gewillt ist, uns in diesen fünf Tagen Hilfe zu schaffen, so hat doch er zu bestimmen, zu welcher Zeit er uns helfen oder uns vor den Augen unserer Feinde vernichten will" (8,15).

Judit meldet gegen diesen Schwur also theologische Bedenken an, denn er stellt einen eindeutigen Übergriff in die Sphäre Gottes dar, indem er die dem Menschen gesetzten Grenzen der Erkenntnis[32] und des Menschseins überschreitet. Gott wird zu einem Objekt menschlicher Manipulation, was Vers 16 mahnend unterstreicht: Der Mensch solle nicht die Beschlüsse Gottes als Pfand nehmen (μὴ ἐνεχυράζετε τὰς βουλὰς κυρίου τοῦ θεοῦ),[33] also über etwas verfügen wollen, was ihm nicht gehört. Zwar kritisiert Judit vorderhand nicht das Schwören überhaupt, sondern diesen konkreten Schwur (τὸν ὅρκον τοῦτον) (8,11), doch spricht aus diesen Zeilen vor dem Hintergrund eines Eidverständnisses, das darum weiß, dass *jeder Schwur* einen Eingriff in die Sphäre Gottes

---

[30] Die Bewohner der Stadt rufen nach 7,28 „Himmel und Erde, unseren Gott und Herrn unserer Väter als Zeugen an" (μαρτυρόμεθα ὑμῖν τὸν οὐρανὸν καὶ τὴν γῆν καὶ τὸν θεὸν ἡμῶν καὶ κύριον τῶν πατέρων ἡμῶν). Im Wortlaut dieser *Beschwörung* schimmert eine Eiddefinition auf, die bei Philo ganz explizit gegeben, aber auch von anderen vorausgesetzt wird: Schwören bedeutet, Gott zum Zeugen anrufen (II / 4.1). Himmel und Erde sind schon in der Bibel (Dtn 31,1; Jes 1,2) als Zeugen bekannt. Sie treten dort an die Stelle der in Israels Umwelt als Eidgaranten geltenden Götter (vgl. dazu Kaiser (1981), 28).

[31] ὑπέρ mit Genitiv kann sowohl „über" als auch „an Stelle von" bedeuten.

[32] Diese Grenzen sind nach den Aussagen des Verses 14 ohnehin eng genug gesteckt, da es schon nicht menschenmöglich ist, Herz und Sinn des Menschen zu ergründen.

[33] Vgl. Moore (1985), 186.

darstellt, eine grundsätzliche Skepsis gegenüber dem Schwören. Eine solche Skepsis überrascht in zeitlicher Nachbarschaft zu Jesus Sirach nicht.

Darüber hinaus ist jedoch noch ein Weiteres interessant: Die Stadtväter von Betulia können nicht anders, als den Ausführungen Judits zuzustimmen (8,28f). Aber obwohl der Eid gegen alle Regeln eines angemessenen Gottesverhältnisses verstößt[34] und obwohl er unter Zwang abgelegt wurde, sehen sich diejenigen, die ihn abgelegt haben, durch ihn gebunden: Das Volk hat sie gezwungen, „einen Eid auf uns zu laden, den wir nicht übertreten werden" (ἐπαγαγεῖν ἐφ' ἡμᾶς ὅρκον, ὃν οὐ παραβησόμεθα) (8,30). Es besteht offenbar keine Möglichkeit, der Verpflichtung, die dieser Eid geschaffen hat, zu entgehen.[35] Der Eid ist - auch wenn er der Frömmigkeit, die Judit repräsentiert (8,31), diametral entgegengesetzt ist - gültig und verbindlich. Der Konflikt zwischen der Treue zum (Gott widerstreitenden) Eid und dem rechten Gottesverhältnis, der im Laufe unserer Untersuchung an verschiedenen Stellen wiederbegegnen wird, wird im Juditbuch zugunsten des Eides entschieden.

Damit ist dieses Kapitel in dreierlei Hinsicht aufschlussreich. Es gewährt zum einen Aufschluss über das Verständnis eines Schwurs (Zeugnis Gottes), lässt zum anderen zumindest implizit eine theologisch motivierte Kritik am Schwören laut werden (Schwur ist ein Übergriff in die Sphäre Gottes) und verdeutlicht drittens die bindende Kraft des Eides im Konflikt zwischen Eid und Ethik.

2.2.4 Weisheit 14,25.28-31

Das Buch der Weisheit gehört sicher zu den am spätesten niedergeschriebenen Büchern der LXX.[36] Die Kapitelgruppe 13-15 beschreibt die Torheit derer, denen die richtige Gotteserkenntnis fehlt (θεοῦ ἀγνωσία), die sich dem Götzendienst verschreiben. An besonders exponierter Stelle[37] wird erwähnt, dass sie leichthin einen Meineid schwören (14,28).

---

[34] Vers 13 impliziert nichts weniger als einen Verstoß gegen das erste Gebot; vgl. Groß (1987), 90f.

[35] Ganz in der Linie der biblischen Tradition kann der Schwur nicht für ungültig erklärt werden, man kann ihn allenfalls umgehen (vgl. Kottsieper (1993), 983 zu Ri 21 und 1 Kön 2,36-46).

[36] In der Regel datiert man es ins Alexandrien des späten ersten vorchristlichen Jahrhunderts. Vgl. dazu Niebuhr (1987), 211. Diskussion bei Schroer (1998), 357ff und Grabbe (1997), 87ff, der für eine Abfassung in der augusteischen Epoche plädiert.

[37] Engel (1998a), 231: „14,27-31 faßt als zweites Rahmenstück sowohl den Absatz 14,22-26 als auch den Abschnitt 14,11-31 zusammen". Vgl. schon Gilbert (1973), 170: „...la péricope de Sg 14,27-31 s'unifie autour du thème du parjure". Insgesamt dienen diese Verse als „conclusion à la fois pour les versets immédiatement précédents et pour la péricope commencée en 14,11" (Gilbert (1973), 134).

Dieses Phänomen ist offenbar in besonderer Weise dazu geeignet, die Torheit der Götzendiener in lebendigen Farben zu schildern. 14,29 lässt das deutlich werden: „Sie erwarten nicht, dass ihnen Schaden / Unrecht zugefügt wird (ἀδικηθῆναι), weil sie leblosen Götzen vertrauen". D. Georgi hält dies für eine „kritisch - ironische Unterstellung, die die allgemein antike Überzeugung bewußt übersieht, daß Götter die in ihrem Namen begangenen falschen Schwüre strafen".[38] J. Fichtner hat vor ihm ähnlich geurteilt: Vers „29 weist an der leichtsinnigen Auffassung vom Schwören den Selbstbetrug der Götzendiener auf: im Vertrauen auf die Leblosigkeit der in allen Nöten anzurufenden (13,17ff) Götzen leisten sie getrost einen Meineid, weil sie von ihnen keine Strafe erwarten"[39].

Vers 30 führt aus, dass solches Verhalten nicht ungestraft bleiben wird: „Für beides wird sie das, was gerecht ist, verfolgen: Weil sie schlecht über Gott gedacht haben, als sie sich Götzen zuwandten, weil sie ungerecht mit List geschworen haben, nachdem sie in ihrer Betrügerei die Frömmigkeit verächtlich gemacht hatten". Die Disposition zum falschen Schwören folgt aus der Verachtung der wahren Frömmigkeit. Zum Begriff „ὁσιότης", den er mit Heiligkeit übersetzt, führt H. Engel aus: „Heiligkeit ist nach 5,19 einerseits eine Eigenschaft Gottes, zum anderen ist sie ein Geschenk an den Menschen (2,22; 9,3), das er sich durch sein Denken und Verhalten zu eigen machen kann - oder aber verachten. Der Meineid und der nicht ernstgemeinte Schwur sind Mißachtung Gottes und der Menschen."[40]

Vers 31 reflektiert über das Woher der Strafe - wenn doch leblose Götzen diese nicht inaugurieren können: „Es ist nicht die Macht derer, bei denen geschworen wird, sondern das ist (nun einmal) das Los (δίκη)[41] der Sünder". Es ist - in juristischer Terminologie - das „schuldaufdeckend - strafende Recht"[42], das Gott selber garantiert, das die Bestrafung

---

[38] Georgi (1980), 454.
[39] Fichtner (1938), 55.
[40] Engel (1998a), 232.
[41] Dieser Begriff, der auch in 1,8; 11,20; 12,24; 18,11 begegnet, bezeichnet zunächst das „rechtmäßig Zugeteilte", das „wie eine naturgesetzliche Notwendigkeit behandelt" wird (vgl. Schrenk (1935), 182f). Davon abgeleitet trägt er jedoch auch juristische Konnotationen. Vgl. Premstaller (1996): Der Begriff verweist ins Justizwesen, doch „können im Einzelnen damit ebenso die verschiedenen Teile eines Prozesses (Klage, Gerichtsverfahren, richterliches Urteil), die dabei zugemessene Strafe sowie das allem übergeordnete Recht gemeint sein" (94) Es ist gut möglich, „daß der Verfasser von Weish bewußt diese Unschärfe und Mehrdeutigkeit von δίκη nutzen wollte, da er so mit einem einzigen Terminus den gesamten Vorgang der Ahndung, Verurteilung und Bestrafung der Frevler ansprechen konnte. Und nicht zuletzt läßt die nachklingende Personifizierung der δίκη ihre Verbundenheit mit dem göttlichen Richter aufleuchten" (95).
[42] Engel (1998a), 232.

der Götzendiener für ihren Meineid und für den Götzendienst insgesamt in Kraft setzt.

Dieser Text beschreibt Fehlverhalten außerhalb Israels. Als zuspitzendes Beispiel wird aus der Fülle der möglichen Aspekte ausgerechnet die Neigung zum Falschschwören herausgegriffen.[43] Das hat seinen Grund darin, dass die *Schwurpraxis als Indikator für den Charakter des Gottesverhältnisses* gelten kann. Der Eid berührt in besonderer Weise die Sphäre Gottes, darum entscheidet sich am Umgang mit ihm die Einstellung, die der Mensch der „ὁσιότης" gegenüber hat. Die mangelnde Scheu vor dem Eid und seiner Heiligkeit ist darum nichts anderes als mangelnde Scheu vor Gott.

Aus jüdischer Perspektive kennzeichnet dies in erster Linie die Heiden. Wie in 1 Makk 7,18 und 2 Makk 15,10 tritt Lässigkeit im Umgang mit dem Eid als typisch paganes Phänomen in den Gesichtskreis Israels.[44]

2.2.5 Pseudo-Phokylides 16f

Bei Phokylides handelt es sich um einen griechischen Dichter des sechsten vorchristlichen Jahrhunderts[45], unter dessen Namen um die Zeitenwende herum eine Sammlung von 230 Hexametern abgefasst wurde.[46] Zu den dort versammelten Ratschlüssen Gottes gehört u.a. die Ermahnung zum gerechten Tun (9ff). Das meint zunächst einmal das rechte Richten, Depositentreue und faires Verhalten in finanziellen Dingen überhaupt.[47] Darin eingebettet findet sich die Warnung vor dem falschen Schwören - sei es bewusst oder unbewusst (μήτ' ἀγνῶς μήτε ἑκοντὶ): „denn der unsterbliche Gott verabscheut den Falschschwörenden, wer auch immer schwöre"[48]. Der Kontext dieser Verse gewährt besonderen Aufschluss über den „Sitz im Leben", der dem Eid zukam. Wie schon in TestGad (6,4) und TestAss (2,6) hat auch hier der Eid eine Funktion im Besitzrecht (vgl. 13.15). Diese kurzen Sätze tragen für unser Thema allerdings noch mehr aus als lediglich eine weitere Erhellung seines sozialen Ortes. Phokylides warnt zunächst einmal vor dem Meineid

---

[43] Vgl. Niebuhr (1987), 214f zur besonderen Stellung dieses Vergehens in der Reihe 14,24-26.

[44] 1 Makk wird nach der communis opinio der Forschung auf ca. 100 v. Chr. oder etwas früher datiert (vgl. Schams (1998), 113); für das 2 Makkabäerbuch schlägt man eine Datierung in das letzte Drittel des zweiten Jh. v. Chr. vor. Das Buch der Weisheit spiegelt klar alexandrinische Verhältnisse (vgl. Schroer (1998), 357).

[45] Vgl. Guarracino (1991), 171.

[46] Vgl. van der Horst (1985), 567f. Ähnlich Walter (1983), 193.

[47] Im Folgenden wird vor dem Diebstahl von Saatgut gewarnt, auch soll man dem Arbeiter seinen Lohn nicht vorenthalten (18f).

[48] In der Forschung wird diskutiert, ob hier eine Anspielung auf das nach jüdischer Zählung dritte Gebot (Ex 20,7) vorliegt. Als biblischer Bezugspunkt wäre aber ebenfalls Lev 19,32 denkbar, vgl. Niebuhr (1987), 19 und 23.

(ἐπιόρκησις). Durch den Zusatz „weder bewusst noch unbewusst" verschiebt sich der Akzent jedoch erheblich, denn wenn nicht nur der bewusste Meineid den Abscheu Gottes erregt, sondern auch der unbewusste, dann ergeht damit eine Warnung vor dem Schwören überhaupt, denn wer kann wissen, ob er nicht *unbewusst* falsch schwört?[49] Eine ausgesprochen hohe Skepsis gegenüber dem Schwören, die sich schon in früheren Schriften zeigte, wird hier erneut sichtbar.

2.2.6 Vita Adae et Evae (Apokalypse des Moses 19)

Der vorliegende Text ist nur in der vermutlich ins 1. Jh. n. Chr. zu datierenden[50] griechisch erhaltenen Fassung überliefert. Dort hat er seinen Ort im Rahmen der Erzählung Evas über den Sündenfall und seine Folgen (Kap 15-30). Der Teufel, der die Schlange als sein Instrument benutzt, versucht Eva mit verschiedenen Mitteln zu überreden, von der verbotenen Frucht zu essen. Nachdem er psychologisch sehr geschickt Evas Verlangen nach der Frucht geweckt hat,[51] fordert er von ihr einen Eid, dass sie auch ihrem Mann von der Frucht zu essen geben werde. Eva antwortet: „Ich weiß nicht mit welchem Eid ich dir schwören soll" (οὐ γιγνώσκω ποίῳ ὅρκῳ ὀμόσω σοι). Sie schwört dann „beim Thron des Herrschers und den Cherubim und dem Baum des Leben (μὰ τὸν θρόνον τοῦ δεσπότου καὶ τὰ χερουβὶμ καὶ τὸ ξύλον τῆς ζωῆς) - ich werde auch meinem Mann geben".

Hier bricht die Frage auf, mit welcher Schwurformel man schwören soll. Es ist demnach nicht gleichgültig, wie man einen Schwur formuliert. Untersucht man die Schwurformel, die Eva dann verwendet, so fällt auf, dass die genannten Instanzen sich in mehr oder weniger offensichtlicher Weise auf Gott beziehen. Das ist beim Thron Gottes deutlich, lässt sich durch den Fortgang der Erzählung aber auch für die beiden übrigen Formeln zeigen: In 22,3 betritt Gott selbst die Szene. Er erscheint auf dem Wagen der Cherubim, die Engel singen ihm Hymnen (22,3). „Und der Thron Gottes wurde dort aufgestellt, wo der Baum des Lebens stand." (22,4). Die Cheruben gehören traditionell zu Gottes Thron[52] oder sind es

---

[49] Vgl. Thomas (1992), 411f: „PseuPhok rät vom Eid grundsätzlich ab, weil die Gefahr des unfreiwilligen, versehentlichen Meineides nicht auszuschließen sei". Thomas schlägt eine Brücke zu Mt 5,33: hier wie dort sei die Ablehnung des Schwörens religiös, nämlich aus der Heiligkeit Gottes heraus begründet (412).

[50] Merk / Meiser (1998), 769 halten nach umsichtigem Abwägen der in der Forschung diskutierten Datierungsvorschläge eine Abfassung zur Zeit der Paulusbriefe für wahrscheinlich.

[51] Er erregt ihre Begierde nach der Frucht, indem er ihr schließlich verbietet, davon zu essen. Vgl. Röm 7,7f.

[52] Die biblischen Motive vom Cherubenthroner (1 Sam 4,4 u.ö.) und dem himmlischen Thronwagen (Ez 1-3) werden hier verbunden. Vgl. Halperin (1988), 100.

selbst und der Baum des Lebens wird zum Ort, an dem Gottes Thron
steht. Alle Elemente aus der Schwurformel Evas erweisen in der Retrospektive jeweils abgestuft einen Bezug zu Gott (Gottes Thron(wagen)
bzw. die Cherubim auf dem bzw. auf denen Gott unmittelbar präsent ist -
Baum des Lebens als Ort für den Thron Gottes). Damit tragen diese
Formeln die beiden notwendigen Charakteristika der sog. Schwurersatzformeln, wie sie bei Besprechung der Schwurhalacha Philos, der Rabbinen und des MtEv begegnen werden: Sie wahren einen Bezug zu Gott,
schaffen aber zugleich Distanz, indem sie Gott nicht direkt benennen.[53]

Dem Inhalt nach handelt es sich bei dem Schwur Evas um einen Schwur,
der darauf zielt, ein Gebot zu übertreten,[54] wenngleich Eva ihn in bester
Absicht ablegt.[55] Diesen Schwur erachtet Eva als bindend, auch als sie
schon erkannt hat, welche Folgen die Übertretung des Gebotes hat: Sie
bemerkt unter Tränen, dass sie der ihr zugeeigneten Herrlichkeit entfremdet ist (20,2). Nach 20,3 reut sie ihr Eid, aber sie erfüllt ihn, indem
sie (oder der Satan durch sie [21,3]) Adam zum Essen der Frucht bewegt. Wie schon im Juditbuch begegnet hier der Konflikt zwischen der
unbedingten Verpflichtung, die mit einem Schwur verbunden ist, und
dem, was ethisch geboten wäre. Gegenüber dem Juditbuch verschärft
sich die Situation, weil hier der Eid von Anfang an darauf zielte, ein Gebot Gottes zu übertreten.[56] Eva verhält sich wie die Ältesten von Betulia,
sie fühlt sich durch den Eid - wider bessere Einsicht - gebunden.

Achtet man auf die Funktion des Schwurthemas im Kontext, so fällt auf,
dass es nicht nur über den biblisch vorgegebenen Befund hinausgeht,
was bei der Gattung der „rewritten Bible", zu der die Apokalypse des
Mose sicherlich zu rechnen ist[57], nicht ungewöhnlich wäre. Es fällt weiter auf, dass das Thema ebenso plötzlich wieder fallen gelassen wird, wie
es aufgegriffen wurde. Im Duktus der Erzählung hat es allenfalls die
Funktion, zu begründen, warum Eva Adam mit ins Verderben gerissen
hat.[58] Dazu hätte es aber genügt, zu erwähnen, dass sie sich dazu mit ei-

---

[53] Vgl. II / 4.3.4.4 und 6.3, III / 1.4.3.
[54] Das Gebot, das den Genuss der Früchte vom Baum der Erkenntnis verbietet, wird
in 17,5 referiert.
[55] Vgl. Levison (1989), 138f.
[56] Es finden sich weitere Texte in der hier zur Besprechung anstehenden Literatur,
die von Schwüren berichten, die darauf abzielen, eine böse Tat zu vollbringen
(grHen 6,3ff (vgl. auch Uhlig (1984), 754); PsSal 8,10). Die Frage, wie damit umzugehen sei, stellt sich auch in Qumran (CD 16,9), für Philo (SpecLeg 2,9) und die
Rabbinen (mShevu 3,6)
[57] D. Dimant ordnet dieses Werk der Untergattung „Pseudepigraphic Biography" zu
(vgl. Dimant (1988), 402).
[58] Diese Frage bewegt auch die Rabbinen, die allerdings zu anderen Ergebnissen
kommen: Für Adam würde es nach Evas Tod keine zweite Frau mehr geben und er
müsste als unvollkommenes Wesen („ateles") sein Dasein fristen. Davor wollte Eva
ihn bewahren (BerR 19,5 Theodor/Albeck, 174). Nach Levison (1989), 139 hat der

nem Schwur verpflichtet hat. Die Frage nach der richtigen Formulierung des Eides hat in der Erzählung hingegen keine Funktion, sie interessierte offenbar an sich. Insofern liegt in gewisser Weise ein narratives Lehrstück über das Schwören vor, das die folgenden Aspekte anspricht: 1. Wie ist ein Eid zu formulieren? 2. Inwieweit bindet ein Eid, der darauf abzielt, Gottes Gebot zu übertreten. Beide Themen werden auch in anderen jüdischen Textkorpora, nämlich bei Philo, in Qumran, und in der rabbinischen Literatur verhandelt. Was VitAd 19 zum ersten Thema zu sagen hat, wurde bereits dargelegt. Wie steht es nun mit dem zweiten Aspekt? Entweder halten die Autoren dieser Schrift auch solche Eide für bindend, die zum Übertreten eines Gebots verpflichten,[59] oder sie erwarten, dass der Leser von sich aus erkennt, dass es das kleinere Übel wäre, einen solchen Eid zu brechen, denn das hätte nicht nur dem Gebot Gottes entsprochen, sondern die Menschheit vor Schlimmerem bewahrt. Deutlich ist in jedem Fall, dass das Problem der Verbindlichkeit solcher Eide im Bewusstsein war. Hält man die erste Interpretation für wahrscheinlich, dann ergeht mit dieser Geschichte implizit die Mahnung zum sorgfältigen Umgang mit dem Schwören: Weil jeder Eid verbindlich ist, muss man vor dem Schwören prüfen, ob sein Inhalt der Tora nicht widerspricht. Zieht man die zweite vorgeschlagene Interpretation vor, dann läge der Akzent darauf, den Leser darauf hinzuweisen, dass die Treue zum Eid ganz klar ihre Grenze an Gottes Gebot findet.

2.3 Zusammenfassung

Der Durchgang durch die zwischentestamentliche Literatur führt zu einem doppelten Ergebnis. Zum einen erscheint das Schwören als selbstverständlicher und angesehener Bestandteil der erzählten Welt: Menschen schwören, um einander ein bestimmtes Verhalten zu versprechen, wobei der Schwur eine solche Dignität hat, dass er selbst zwischen Feinden Vertrauen zu stiften vermag. Mit assertorischer Ausrichtung wirkt er entsprechend, z.B. als Reinigungseid. Im Anschluss an die biblische Tradition schwört auch Gott selbst. Das, was er zusagt, ist unbedingt verlässlich, so dass sein Schwur geradezu zum Grund des Gottvertrauens werden kann.

Zum anderen finden sich aber auch Texte, die das Schwören problematisieren. Den Anfang macht das Sirachbuch, das das Schwören – verstanden als Anrufung von Gottes Namen – in einem geradezu zwangsläufigen Gefälle zur Sünde hin sieht und deshalb zunächst vom nichtigen

---

kleine Abschnitt die Funktion Leserinnen und Leser zur Sympathie mit Eva zu bewegen.

[59] Ähnlich wie Jdt 8,30 allerdings im Unterschied zu Philo, Qumran und den rabbinischen Texten (vgl. CD 16,9; SpecLeg 2,9; mNed 2,2).

Schwören (διὰ κενῆς) und als Konsequenz daraus vom Schwören überhaupt abrät. Für das Testament Gads ist der von der Tora bereitgestellte Reinigungseid zum Problem geworden. Motiviert durch das Liebesgebot, fordert es den Kläger auf, es nicht zum Reinigungseid kommen zu lassen, damit der Beklagte sich durch einen Meineid nicht noch in schwerere Schuld verstrickt, denn der falsche Schwur betrifft anders als der Diebstahl nicht nur die Ebene des Zwischenmenschlichen, sondern das Gottesverhältnis (TestAss 2,6 spricht von einer Missachtung Gottes). Das Juditbuch teilt das theologische Verständnis des Eides: Mit einem Eid wird Gott zum Zeugen angerufen. Implizit kritisiert es von daher jeden Eid als illegitimen Übergriff in den Bereich Gottes. Für die Weisheit Salomos ist der unachtsame Umgang mit dem Schwören – wahrgenommen als Kennzeichen heidnischer Verirrung - Ausdruck eines verkehrten Gottesverhältnisses und gleichbedeutend mit Verachtung der Heiligkeit und Frömmigkeit. Pseudo-Phokylides beschreibt das Phänomen des Falschschwörens aus der Perspektive Gottes, der den verabscheut, der falsch schwört. Dadurch, dass auch der unbewusst abgelegte falsche Schwur diese Konsequenz nach sich zieht, wird das Schwören so gut wie ganz unmöglich. Die späteste der hier konsultierten Schriften spiegelt einen Versuch, wohl durch ein theologisches Verständnis des Eides motiviert, nach einem Weg zu suchen, Gott so weit wie möglich aus dem Geschehen des Schwures herauszuhalten. Sie nimmt damit teil an der in Quellen aus der zweiten Hälfte des 1.Jh. n. Chr. bzw. der frühen tannaitischen Zeit virulenten Diskussion um die Frage, welche Ersatzformeln zu benutzen sind und welche nicht.

Alle diese Texte lassen erkennen, dass der Schwur ein Sprechakt ist, der ganz unmittelbar in den Bereich des Heiligen hinein wirkt. Dies gibt dem Eid seinen unbedingt verpflichtenden Charakter, der den Sprecher im Extremfall in das Dilemma zwischen Treue zum Eid und ethisch richtigem Verhalten hineinbringen kann. Diese theologische Dimension des Schwörens lässt zu einem äußerst behutsamen Umgang damit mahnen und veranlasst einige zu der Konsequenz, dass auf das Schwören überhaupt zu verzichten ist.

3. Schwur und Eid in den Qumrantexten

3.1 Schwur und Eid in erzählenden Texten

Im Korpus der in Qumran gefundenen Texte ist in ca. zwanzig Schriftstücken vom Schwören die Rede.[1] Eine Reihe der Belege erwähnt der biblischen Tradition folgend, dass *Gott* sich mit einem Schwur gebunden hat (CD 8,15 = Dtn 7,8; CD 19,28 = Dtn 7,8; 4Q 176, 11 = Jes 54,9; 4Q 160 1,1,1 = 1 Sam 3,14; 5Q 13 2,1,11; 4Q 226 1,5[2]; 4Q 378 11,3; 4Q216 2,2 = Jub 1,7; 4Q 504 6,18[3]).

Des Weiteren erzählen die Quellen von Eiden *biblischer bzw. apokrypher Personen* (1Q 18,2 = Jub 35,9; 4Q 201 3,3 und 4Q 202 2,7 beide = 1. äthHen 6; 4Q 204 4,9 (eine Variante zu äthHen 89,35); 1QapGen 2,14; 20,30; 22,21).

Zu den Gestalten, von denen ein Schwur berichtet wird, gehört auch das Ich des Psalmbeters 1QH 6, 17f (alte Zählung: 1QH 14, 17f): „Und ich habe erkannt durch die Fülle deiner Güte und durch einen Eidschwur mich dazu verpflichtet, nicht zu sündigen gegen dich (18) und nichts zu

---

[1] Der Befund schwankt, weil bei einigen sehr fragmentarisch erhaltenen Texten שבע auch als Zahlwort gelesen werden bzw. im Plural שבעות auch „Wochen" bedeuten kann. Bei manchen Fragmenten wird erwogen, שבע (sb‘) „satt werden" zu lesen (vgl. die unterschiedliche Wiedergabe des Wurzelbestandes von 4Q 417 1,1,1 bei Maier (1995b), 437 und García Martínez (1994), 385).

[2] Das Wort יובל in Zeile 6 könnte darauf hindeuten, dass hier nicht von einem Schwur, sondern von der Woche die Rede ist. Andernfalls geht es wohl um einen Schwur Gottes, der im Zusammenhang mit seinem Heilshandeln an Israel während des Exodus ergangen ist.

[3] In diesem Textfragment wird Gott daran erinnert, wie er Israel beim Exodus bewahrt und geleitet hat. Anspielend auf Dtn 32,11 wird sein Tun mit dem Verhalten des Adlers seinen Jungen gegenüber verglichen. Zeile 17 spielt auf Lev 18,5 oder Ez 20,11.13.21 an: „von denen gilt, dass der Mensch, der sie (אותם) tut, dadurch lebt". In der vorangehenden Zeile sind die beiden mask. Adjektive קדושים und טהורים zu rekonstruieren, die möglicherweise zur näheren Qualifizierung eines mask. Nomens, auf das auch das אותם rückverweisen könnte, gedient haben. In Frage käme - wie auch in Ez 20,11ff - משפטים (Rechtssatzungen). In Zeile 18 rekonstruieren die Herausgeber השבעתה אשר נשב[ע]ה[ב]נ[הש] (der Schwur, den du geschworen hast). Subjekt wäre dann Gott. Doch käme vom erhaltenen Text her auch die Rekonstruktion נשבענו (1. Pers. Plur.) in Frage. Dann wäre an einen Eid gedacht, mit dem das Volk sich auf die o.g. Rechtssatzungen verpflichtet hätte (vgl. 1QH 4,17f; CD 15,9; 1QS 5,7-10).

tun von all dem, was böse ist in deinen Augen."[4] Keinem der Texte ist somit eine negative Bewertung des Schwörens abzuspüren.

3.2 Schwur und Eid in halachischen Texten

Die halachischen Quellen der Qumrangemeinde lassen Rückschlüsse darauf zu, welchen Ort Schwur und Eid im Leben der Gemeinde hatten und welche Problemstellungen sich ergaben. Von besonderer Bedeutung – und im Rahmen des antiken Judentums ohne Parallelen - ist dabei der sog. Eintrittseid. Auch im Rechtsleben spielen Schwur und Eid eine Rolle. Die Texte lassen weiterhin erkennen, dass die Fragen nach der Formulierung von Eiden und ihrer Geltung im halachischen Diskurs der Gemeinschaft Beachtung fanden.

3.2.1 Der Schwur im Rahmen des Eintrittsrituals

Nach dem Zeugnis der folgenden Texte musste beim Eintritt in die Qumrangemeinschaft ein Schwur abgelegt werden:

3.2.1.1 CD 15,6-13

Und so 7 lautet das Recht in der ganzen Zeit des Frevels für jeden, der von seinem verderbten Weg umkehrt: Am Tag, da er gesprochen 8 mit dem Aufseher der Vollmitglieder, mustere man ihn mit dem Schwur des Bundes, den geschlossen hat 9 Mose mit Israel, bezüglich seines Wortes umzukehren zur Tora des Mose mit ganzem Herzen und mit ganzer 10 Seele, zum Gefundenen, um es zu tun zu jeder Zeit seines Näherkommens. Aber niemand soll ihm kundtun die 11 Gesetze, bis er vor den Aufseher tritt, damit der sich nicht täuscht, wenn er ihn befragt. 12 Und wenn er es auf sich nimmt, umzukehren zur Tora des Mose von ganzem Herzen und von ganzer Seele, 13 sind sie frei von Schuld bezüglich seiner, falls er treulos wird.

Hier wird ein Teil des Aufnahmerituals geschildert, das derjenige, der in die Gemeinschaft aufgenommen werden möchte, zu durchlaufen hat. Dieses beginnt nach dem ersten Gespräch mit dem Aufseher (מבקר) mit dem „Schwur des Bundes" (שבועת הברית). Inhalt desselben muss von der Konstruktion des Textes her die Umkehr zur Tora des Mose sein. Parallel dazu - und ebenfalls als Ziel der Umkehr – wird das „Gefundene" (הנמצא) genannt. J. Maier weist darauf hin, dass „sonst: nglh - ‚Offenbares'"[5] zu lesen ist. Diese Wendung begegnet im gleichen Zusammenhang

---

[4] Wer sich hinter diesem Ich verbirgt ist umstritten. Eine individuelle Deutung auf den Lehrer der Gerechtigkeit wird erwogen (vgl. z.B. Stegemann (1993), 152) und mit guten Gründen in Frage gestellt (Maier (1996b), 7). Möglicherweise spiegelt sich hier der Eid, den eintrittswillige Kandidaten abzulegen hatten (vgl. dazu unten die Besprechung von CD 15,6-13 und 1QS 5,7-10).
[5] Maier (1995a), 31.

in 1QS 5,9 (s.u.) und bezieht sich dort auf das halachische Spezialwissen der Gemeinschaft. Die Mitglieder der Gemeinschaft haben über die Gesetze Außenstehenden gegenüber Stillschweigen zu bewahren (1QS 7,18-19), auch Eintrittswillige gehören streng genommen noch zu diesen Außenstehenden, folglich sind die Mitglieder der Gemeinschaft ihnen gegenüber zum Stillschweigen verpflichtet. Hat der Eintrittswillige es jedoch „auf sich genommen, umzukehren zur Tora des Mose", dann trägt er allein die Verantwortung für seinen Umgang mit dem Wissen, das ihm zuteil wird (vgl. Zeile 13). Liest man Zeile 12 als Rückverweis auf die Zeilen 8-10, dann ist es nicht nötig, von einer „Arkandiziplin" dem Initianten gegenüber und einem zweiten Eid auszugehen.[6]

3.2.1.2 1QS 5,7-10

Jeder, der in den Rat der Gemeinschaft kommt, 8 soll in den Bund Gottes eintreten in Gegenwart aller, die sich willig erwiesen haben. Und er soll sich durch einen bindenden Eid verpflichten, umzukehren zur Tora des Mose gemäß allem, was er befohlen hat, mit ganzem 9 Herzen und mit ganzer Seele, zu allem, das von ihr offenbar wird den Söhnen Zadoks, den Priestern, den Wahrern des Bundes und Erteilern seines Willens und der Mehrheit der Männer des Bundes, 10 die sich gemeinschaftlich als willig erweisen für seine Wahrheit und für einen Lebenswandel in seinem Willen. Und er soll durch den Bundesschluss auf sich nehmen, sich von allen Männern des Frevels abzusondern...

Auch dieser Text behandelt den Eintritt in die Qumrangemeinschaft. Derjenige, der bereit ist, „umzukehren von allem Bösen" (5,1) und sich von der „Versammlung der Männer des Frevels" (5,1f) trennen will, um sich der „Gemeinschaft des ewigen Bundes" (5,5) anzuschließen, soll sich durch einen bindenden Eid (שבועת אסר)[7] verpflichten, „umzukehren zur Tora des Mose, gemäß allem, was er befohlen hat, von ganzem Herzen und von ganzer Seele..." (5,8f). Über die genaue Formulierung dieses Eides erfahren wir nichts - wohl aber über seinen Inhalt: Von der Konstruktion יקים על נפשו בשבועת אסר (und er nimmt durch eidliche Verpflichtung auf sich) hängt der Infinitiv לשוב (umzukehren) ab. Ziel der Umkehr ist die Tora des Mose, wobei diese näher bestimmt wird

---

[6] Anders Schiffman (1994), 101.

[7] Diese Wendung begegnet in Num 30,14. Das Wort אסר („issar") parallel zu Schwur kann mit Verpflichtung wiedergegeben werden, so dass die Wendung mit Verpflichtungseid („oath of obligation", vgl. Benovitz (1998), 45) zu übersetzen ist. In seinem biblischen Kontext ist damit „a self imposed restriction undertaken as an act of worship", also ein Entsagungsgelübde, gemeint (Benovitz (1998), 44). Dies passt nicht unmittelbar zum Kontext 1QS 5,7-10, was die Handschriften B und D veranlasst haben könnte, nur שבועה zu schreiben (vgl. Charlesworth (1994), 21). Es ist jedoch nicht nötig, diese eingeschränkte Bedeutung hier vorauszusetzen. Mit J. Maier kann man die Übersetzung „eidliche Verpflichtung" wählen (Maier (1995a), 178).

durch alles „was von ihr offenbar wird den Söhnen Zadoks, den Priestern, den Bewahrern des Bundes und denen, die seinen Willen erforschen". כל הנגלה (alles, was offenbart ist) umfasst nicht allein die Schrift
oder allein ihre Interpretation, sondern beides, nämlich die offen zutage
liegenden Inhalte der Schrift ebenso wie das der Gemeinschaft offenbarte halachische Sonderwissen.[8] Parallel zu dieser positiven Bestimmung steht im Text eine negative: Der Eintrittswillige יקים בברית על
נפשו (nimmt per Bundesschluss auf sich), sich abzusondern von denjenigen, von denen sich die Qumrangemeinschaft als Ganze distanziert hat.
Bundesschluss und Schwur stehen parallel zueinander und haben wie
schon in der Bibel[9] offenbar ein gemeinsames Bedeutungsfeld, nämlich
eine religiös sanktionierte Bindung. Der Eid, von dem hier die Rede ist,
hat seinen Ort im Rahmen des Aufnahmerituals in die Qumrangemeinschaft und steht nach der Ordnung von 1QS an dessen Anfang. Auf die
positive Verpflichtung zur Umkehr zur Tora des Mose - wie die Qumrangemeinde sie liest und lebt - und die negative Verpflichtung zur
Trennung von „den anderen" (1QS 5,10-20) folgt eine Reihe von Untersuchungen des und Probezeiten für den Kandidaten, so dass der Eintritt
„stufenweise in zwei Etappen innerhalb von zwei Jahren"[10] erfolgt.

3.2.1.3 4Q 258 1,1,12

....und seinen Schwur besiegeln die Vollmitglieder. ....

Bei diesem Text handelt es sich um einen Abschnitt aus den in Höhle 4
gefundenen Fragmenten der Gemeinderegel (1QS). Verhandelt wird das
Aufnahmeritual - parallel zu 1QS 5. Zeile 6 erwähnt die eidliche Verpflichtung, die derjenige übernimmt, der in den Bund eintritt (= 1QS
5,8). In den folgenden Zeilen stellt sich 4Q 258 als Kurzfassung von
1QS dar.[11]
Im Unterschied zu 1QS berichtet 4Q 258 in Zeile 12 ergänzend vom
Fortgang des Aufnahmerituals, demzufolge die „Vollmitglieder" den
Schwur des neuen Mitglieds besiegeln.

---

[8] „The נגלות in turn, are neither simply Scripture nor merely its revealed interpretation; rather [...] they include both the self-evident subjects in the Torah [...] and its
interpretations previously revealed to the sect (as e.g. 1QS 1:9; 5:9; 9:13,19). All of
the Torah must be kept, including both the 'revealed' and the 'hidden' things - and
the non-sectarians have failed on both counts." Bockmuehl, (1990), 44. Vgl. auch
Betz (1960), 6 und Shemesh / Werman (1998), 410 und 418
[9] Vgl. II / 1.2
[10] Maier (1996a), 50; vgl. auch Schiffman (1994), 99f. Nach Stegemann (1993), 274
erfolgte der Eintritt erst nach drei Jahren. Im Rahmen dieser Arbeit ist es nicht nötig,
den genauen Verlauf des Aufnahmeverfahren zu rekonstruieren. Es genügt, festzustellen, dass ein Eid dort eine Rolle spielte. Vgl. zur Sache VanderKam (1998), 110f.
[11] Vgl. Alexander (1996), 444.

Mit dem *Eintrittseid* begibt sich der, der Mitglied der Gemeinschaft wird, hinein in den Raum des Bundes, den Gott seinerseits eidlich besiegelt hat (s.o. II / 3.1). Auf der zwischenmenschlichen Ebene fördert dieser Eid den sozialen Zusammenhalt innerhalb der Gemeinschaft, zumal damit zugleich eine Trennung von „den Anderen" verbunden ist.

3.2.2 Der Eid im Rechtsleben der Gemeinde

Eide begegnen in der Halacha der Qumranliteratur nicht nur im Rahmen des Eintrittsrituals. Sie haben auch im Rechtsleben der Gemeinschaft ihren Ort - näherhin im Verfahren zur Klärung von Eigentumsverhältnissen bzw. Eigentumsdelikten.

3.2.2.1 CD 9, 8-12 (= 5Q 12,1-4)

Über den Eid, wie 9 er gesagt hat: Nicht soll deine Hand dir helfen. Wenn ein Mann jemanden auf dem Felde schwören lässt 10 nicht in Gegenwart von Richtern oder auf Grund ihrer Anweisung, dem hat seine eigene Hand geholfen. Und wenn etwas verloren gegangen ist, 11 ohne dass man weiß, wer es gestohlen hat aus dem Vermögen des Lagers, in dem gestohlen wurde, dann soll der Besitzer 12 mit einem Flucheid beschwören. Und wer es hört und es weiß, es aber nicht anzeigt, der ist schuldig.

Mit den Worten „über den Eid" (על השבועה) wird das Thema dieser Zeilen benannt.[12] Im ersten der beiden besprochenen Fälle wird die Tatsache, dass jemand einen anderen „auf dem Feld"[13] dazu bringt, einen Eid abzulegen (wobei wir nichts über den Grund dafür erfahren), ohne dass Richter anwesend wären oder dies angeordnet hätten, als Form illegitimer Selbsthilfe gewertet („dem hat seine Hand geholfen"[14]). Zur Selbstjustiz soll der Eid also nicht eingesetzt werden. Dies wird begründet mit dem als Zitat gekennzeichneten לא תושיעך לך ידך in Zeile 8. Die Herkunft dieses Zitates ist unklar. Es erinnert an 1 Sam 25,26.31.33; Ri 7,2; Hi 40,14, freilich ohne dass eine wörtliche Übereinstimmung mit einer

---

[12] Die Einführung eines neuen Themas mit על begegnet in der Damaskusschrift häufig (vgl. 10,10.14 und 16,10). Hempel (1998), 92 spricht sich dafür aus, die beiden Abschnitte (8-10 und 10-16a) nicht unter dieser Überschrift zu lesen. 10-16a sei „a separate unit in the Laws".

[13] Diese Wendung dient schon in der Bibel (Dtn 22,25) dazu, die Abwesenheit möglicher Zeugen zu betonen (vgl. Jacob (1934), 140).

[14] Die Hand kann eigentlich nicht Subjekt der Formulierung sein, denn das Verb in Zeile 10 setzt ein maskulines Subjekt voraus. Aus diesem Grund schlägt M. Broshi in seiner kritischen Edition des Damaskusdokumentes vor, die im Manuskript eindeutig maskuline Verbform im Sinne des Femininums הושיעה zu verstehen (vgl. Broshi (1992), 27). Dies ist jedoch im Blick auf das gleiche Phänomen in 1 Sam 25,26 und 33 nicht zwingend. Die Wendung hat Parallelen in 1QS 6,27 und 4Q 280 1,2,4. E.M. Schuller (1986), 256 gibt sie wieder mit „you will avenge yourself/find redress with your own hand".

der Stellen vorhanden wäre.[15] Auch inhaltlich ist ein Zusammenhang zwischen der konkreten Anwendung des Zitates im Text und den biblischen Belegen kaum auszumachen, weshalb L.H. Schiffman im Anschluss an L. Ginzberg eine außerbiblische Quelle für dieses Zitat annimmt.[16] Dieser Frage müssen wir hier nicht weiter nachgehen. Es ist in jedem Fall deutlich, dass nach CD 9,8ff ein Eid nur in Gegenwart von Richtern oder auf ihre Anweisung hin (מאמרם) zulässig ist.[17]

Die folgenden Zeilen behandeln ebenfalls das Thema Eid. Die nun zu besprechende Form des Eides ist der sog. „Flucheid" (שבועת האלה). Von einem solchen Eid ist in Num 5,21 im Zusammenhang des Sota-Rituals die Rede. Mit ihm beschwört der Priester die des Ehebruchs verdächtige Frau. Diese bestätigt mit einem doppelten Amen, dass sie – falls sie entgegen ihrer Beteuerung außereheliches Verkehr hatte – den Fluch zu tragen hat. Der Damaskusschrift geht es jedoch um ein Eigentumsdelikt anderer Art. Ein Gegenstand ist verloren gegangen. Dabei geht das Damaskusdokument davon aus, dass es sich um einen Diebstahl handelt. Um festzustellen, ob jemand im Besitz dieses Gegenstandes ist, beschwört der eigentliche Besitzer[18] die Bewohner des Lagers mit diesem Flucheid. Wer etwas über den Verbleib des gestohlenen oder verschwundenen Gutes weiß, wird so verpflichtet, dies zu sagen - auch, wenn er selbst der Dieb ist.[19] Schweigt er hingegen, so macht er sich schuldig.

Man verfährt hier analog zu Lev 5,1, wobei dort nicht geklärt wird, um welche genauen Umstände oder um was für einen Schwur es sich handelt. Diese Lücke schließt die Damaskusschrift, indem sie einen klaren Fall schildert und die Art des Schwures näher bestimmt. Dazu übernimmt sie den aus Num 5,21 bekannten Schwur - und hat damit zugleich ein Model, wie in einem solchen Fall zu verfahren ist. Der Schwur im Buch Numeri (5,19-22) zerfällt in zwei Teile, der erste enthält die Aussage, dass die Frau sich nicht schuldig gemacht hat, der zweite Teil den Fluch, der sie treffen soll, falls ihre Aussage unwahr ist. Wenn die Damaskusschrift in diesem Fall ein analoges Verfahren voraussetzt, dann wird wohl die Gesamtheit der Lagerbewohner beschworen und nimmt

---

[15]   Hempel (1998), 33 nimmt einen „explicit reference to 1 Sam 25,26.31" an (Lit. dort, Anm. 30).

[16]   Vgl. Schiffman (1993) 157, Anm. 140 und Maier (1995), 21, Anm. 83.

[17]   In der tannaitischen Literatur wird später eine entsprechende Einschränkung vorgenommen bzw. versucht (vgl. II / 6.1.2.1f).

[18]   Es handelt sich zwar um „Vermögen des Lagers", doch schließt dies nicht aus, dass dieses Vermögen einen Eigentümer hat (vgl. Schiffman (1993), 205). Zum Verhältnis von Eigentum und Gütergemeinschaft in Qumran vgl. Klauck (1982) 47-79 (speziell zur Stelle S.65).

[19]   Vgl. Ri 17,2f.

mit einem doppelten „Amen" den Eid auf sich.[20] Wenn jemand schuldig ist, wird er es sagen, um nicht dem Fluch zu verfallen - meldet sich niemand, so kann der Besitzer davon ausgehen, dass kein Glied der Gemeinschaft den Gegenstand entwendet hat.

3.2.2.2 4Q 417 1,1,1

...zu jeder Zeit, damit er dich nicht schwören lässt / beschwört.

Dieses weisheitliche Fragment beginnt in der ersten Zeile mit den Worten פן ישבעכה בכל עת. Bezüglich des ersten Wortes gibt es Unsicherheiten, aber wahrscheinlich wird man übersetzen müssen: „zu jeder Zeit, damit er dich nicht schwören lässt".[21] Demnach scheint das Schwörenlassen für den Verfasser etwas Negatives gewesen zu sein, das nach Möglichkeit zu vermeiden war. Welchen etwaigen Anlass zum Schwören diese Schrift hier vor Augen haben könnte, ist völlig unklar, und auch die folgenden Zeilen gewähren darüber keinen Aufschluss.[22] In jedem Fall soll man sich so verhalten, dass es nicht zum Schwur kommen wird.

3.2.3 Die Formulierung von Eiden

Der folgende Text ist für die Schwurhalacha der Qumrangemeinde besonders aufschlussreich. Er behandelt die Frage, wie ein Schwur formuliert werden soll und lässt Rückschlüsse darauf zu, warum die Qumrangemeinde hier Regelungsbedarf gesehen hat:

---

[20] Letzteres wird in der Damaskusschrift jedoch nicht ausgeführt. Kritisch zu dieser Rekonstruktion, die Schiffman (1983), 111ff vorgeschlagen hat, äußert sich Milikowsky (1986), 245.

[21] So auch Maier (1995b), 437.

[22] Man könnte an den eben besprochen Fall nach CD 9,10-12 denken. Aus TestGad 6,4 wissen wir, dass jemand, der darauf insistiert, dass sein Gegenüber schuldig ist, dieses dazu bringen kann, einen Reinigungseid zu leisten. Wäre dieser Fall hier vorauszusetzen, dann nähme dieser Text die Perspektive des Beklagten ein: Dieser soll sich so verhalten, dass es nicht zum Schwur kommt. Die tannaitische Halacha kennt folgende Situationen, in denen jemand das Recht hat, von einem anderen einen Eid zu verlangen: Der Besitzer eines anvertrauten Gutes kann den, dem er das Gut anvertraut hat, schwören lassen, dass dieser nichts davon veruntreut habe (vgl. mShevu 5,2). Auch potenziellen Zeugen kann ein Eid abverlangt werden (vgl. mShevu 4,3). Ob unser Text an ähnliche Zusammenhänge denkt, muss offen bleiben. Man kann hier kaum mehr sagen, als dass es irgendwie um den Umgang mit einem gleichrangigen Menschen gehen muss (Zeile 5: „Wie du ist er, denn er ist [...] ein Fürst unter Fürsten...").

3.2.3.1 CD 15,1-6

...schwören weder bei Aleph und Lamed, noch bei Aleph und Dalet, sondern im Falle des Eides der Söhne 2 bei den Fluchsprüchen des Bundes. Und das Gesetz des Mose soll man nicht erwähnen, denn [...] 3 Und wenn er schwört und übertritt, entweiht er den Namen. Und wenn ihn bei den Fluchsprüchen des Bundes die 4 Richter beschwören, wenn er übertreten hat und schuldig ist, soll er es bekennen und es zurückgeben, so trägt er keine Schuld und muss nicht 5 sterben. Und für jeden, der in den Bund eingetreten ist, der für ganz Israel bestimmt ist, sei es ewige Satzung, ihren Söhnen, die das Alter erreicht haben, 6 um zu den Gemusterten hinüberzugehen, sollen sie den Eid des Bundes auferlegen.

Der Beginn des Satzes ist nicht erhalten geblieben. Doch wird man einen Satzanfang annehmen dürfen, der das ישבע verneint (etwa לא oder אל „man wird/man soll nicht schwören"). Dies kann zum einen aus dem כי אם geschlossen werden, das eine solche negative Formulierung voraussetzt[23] - wie auch aus dem parallelen אל יזכיר in Zeile 2. Demnach wird untersagt, einen Eid unter Anrufung Gottes mit אל bzw. אלוהים oder אדוני abzulegen, denn dafür stehen die Abkürzungen „Alef Lamed" und „Alef Dalet", wobei Letztere auch in der Mischna bezeugt ist (mShevu 4,13)[24]. Nach Zeile 2 soll auch die Tora des Mose dort keine Erwähnung finden. Welche positive Regelung intendiert die in Zeile 1 auf das כי אם folgende Wendung? Der Text ist nicht ganz klar zu lesen. Deutlich erkennbar sind Spuren des Wortes בשבועת. Das auf diese Konstruktusform folgende Wort ist hingegen schlecht erhalten.[25] Anhand der jetzt vorliegenden Fotoedition des Damaskusdokumentes kann man recht klar das Wort הבנים verifizieren. Die positive Bestimmung, von der in Zeile 1 die Rede ist, steht also im Zusammenhang mit einem „Eid der Söhne" (שבועת הבנים). Wie aber ist sie im Einzelnen zu denken? Sie müsste sich streng genommen auf das Schwören bei Gott oder einem seiner Namen beziehen, denn darum geht es ja im ersten Teil des Satzes, dazu muss eine Alternative genannt werden. Das geschieht in der zweiten Zeile mit der Formulierung „באלות הברית" (bei den Fluchsprüchen des Bundes).

---

[23] Vgl. Qimron (1990), 115.

[24] אל"ף דל"ת gehört dort zu den כינויים - den (Ersatz-) Namen Gottes, die im Rahmen von Schwurformeln vorkommen können. Nach ARN A 34,2 ist אל"ף דל"ת einer den zehn Preisnamen Gottes. Der Traktat Sofrim nennt ihn wie unser Qumrantext neben אל"ף למ"ד in einer Liste der Namen Gottes, die man nicht auslöschen darf (vgl. yMeg 12b 1,9).

[25] Entsprechend gehen die Rekonstruktionen auseinander. Rabin (1958), 71 rekonstruiert an dieser Stelle הסכם, Schechter (1910), 49 liest ברית. Diese Lesart ist hingegen unwahrscheinlich. Unter dem als ר gelesenen Buchstaben finden sich Spuren eines waagerechten Striches, der zu der in der Damaskusschrift üblichen Art das ר zu schreiben nicht passt, auch das, was bisher als ת gelesen wurde, weist Spuren auf, die sich zu diesem Buchstaben nicht recht fügen wollen. Rabins Rekonstruktion entspricht dem Buchstabenbestand schon eher. Qimron (1990), 116 hat vorgeschlagen, an dieser Stelle das Wort בנים (Söhne) zu lesen.

Diese Regelung erfährt eine Präzisierung durch die Wendung שבועת הבנים.[26] Sie gibt den konkreten Fall an, der hier zur Debatte steht: Die Regelung greift anlässlich des „Eides der Söhne", ihn soll man unter Berufung auf die „Fluchsprüche des Bundes" ablegen. Die Worte באלות הברית „actually denote a kind of substitute for the name of God (as באלף ולמד and באלף ודלת - note the preposition ב in all three phrases)."[27] Die positive Regelung wäre dann, dass der „Eid der Söhne" bei der Ersatzformel „Fluchsprüche des Bundes" abzulegen wäre. L.H. Schiffman legt eine andere Interpretation des Textes vor, nach der der einzige überhaupt erlaubte Schwur der bei den „Fluchsprüchen des Bundes" ist. Dieser Terminus sei allerdings nicht als eigentliche Ersatzformel (כינוי)[28] zu verstehen. Die Fluchsprüche sind nämlich identisch mit der Fluchreihe Dtn 28,15ff, deren Bestandteile in Dtn 29,20 אלות הברית genannt werden. Schiffman schreibt weiter: „Nach dem Damaskusdokument entweiht derjenige, der bei einem der Namen Gottes oder bei der Tora des Mose schwört und seinen Schwur nicht hält, den Namen Gottes (denn die Tora enthält diese Namen). Derjenige, der hingegen bei den „Fluchsprüchen des Bundes" schwört und seinen Schwur bricht, ist lediglich ein Meineidiger und wird dafür bestraft. Und selbst wenn der Eidesbruch ein schwerwiegendes Verbrechen ist, so ist dies doch überhaupt nicht mit der Entweihung des Namens Gottes zu vergleichen."[29] Die zur Debatte stehende Schwurformel würde also den Namen Gottes vor der Entweihung bewahren und zugleich denjenigen schützen, der den Schwur bricht, wenn man denn angesichts der Fluchsprüche, die den treffen, der seinen Schwur nicht hält, überhaupt von einem Schutz sprechen kann.

Qimron und Schiffman sind sich darin einig, dass es der Halacha des Damaskusdokumentes darum geht, den Namen Gottes vor der Entweihung zu schützen. Aus diesem Grund soll man nicht bei Gott oder seinem Namen schwören. Für den konkreten *Eid der Söhne* (darin ist Qimron gegenüber Schiffman zuzustimmen) wird eine andere Schwurformel vorgeschlagen. Schiffman interpretiert sie im Sinne einer konditionalen Selbstverfluchung, während Qimron sie offenbar im Sinne einer Ersatzformel für den Gottesnamen versteht. In einem Beitrag aus dem Jahre 1994 schlägt jedoch auch Qimron eine Interpretation der Formel im Sin-

---

[26] Vgl. Qimron (1990), 116: „From the legal point of view, the prevailing interpretation that the only kind of oath permitted is one by the 'curses of the convenant' is hardly acceptable. If this were true, the law would imply that any other oath is forbidden, while it appears that what is forbidden is only an oath by the name of God and its substitutes. It is not an oath 'by the curses of the convenant' that forms an exception but something else...".

[27] Qimron (1990), 115.

[28] Verstanden als Formel, die einen Bezug zu Gott wahrt, Gott selbst aber gleichzeitig vom Schwur distanziert.

[29] Schiffman (1993), 222.

ne einer Selbstverfluchung vor: „They (שבועת האלה und verwandte
Wendungen M.V.) are not substitutes for the name of God [...] but rather
the curses that God will bring upon those who swear falsely.“[30] Diese
Interpretation ist in der Tat die wahrscheinlich zutreffende, denn dass
„Fluchsprüche des Bundes" für den Gottesnamen stehen, wirkt doch etwas befremdlich.[31] Statt Gott oder seinen Namen in den Schwur zu in-
volvieren, soll man den Schwur als konditionale Selbstverfluchung bei
den „Fluchsprüchen des Bundes" ablegen.

Die Motivation zu dieser Regelung ergibt sich aus den Zeilen 2f: Auch
bei der Tora des Mose soll man nicht schwören, heißt es. Die begrün-
dende Fortsetzung des Textes ist wiederum problematisch, da die Buchstaben verwischt sind. M. Broshi rekonstruiert כי בה כל פרוש השם „denn
in ihr ist der ausgeschriebene Gottesname enthalten". Von der Zeilenlänge und den noch zu erahnenden Buchstaben wäre das durchaus möglich.[32] Das Verbot dieser Schwurformel wäre also damit begründet, dass
in der Tora das Tetragramm ausgeschrieben steht. Die nun wieder deutlich lesbare Fortsetzung beschreibt, dass derjenige, der schwört und (den
Schwur) übertritt, den „Namen entweiht" (וחלל את השם).

Als Fortsetzung von Zeile 2 (und 1) gelesen[33] ergibt sich folgender Zusammenhang: Wer beim Gottesnamen oder der Tora, die diesen enthält,
schwört und den Schwur übertritt, der entweiht den Namen Gottes.[34] Um
dies zu vermeiden, muss man auf eine andere Schwurformel ausweichen,

---

[30] Qimron (1994), 256.

[31] Der „Eid der Söhne" ist wohl beim Eintritt in den Bund, den die בנים (Söhne)
nach CD 15,5f im Alter von 20 Jahren vollziehen, abzulegen. Bei diesem Anlass
wird ihnen der „Eid des Bundes" (שבועת הברית) auferlegt. Hempel (1998), 77ff
schlägt vor, die Wendung „את בניהם" im Sinne von „mit ihren Söhnen" zu verstehen.
Sie übersetzt daher: „together with their children who reach the age to pass over to
the mustered, they shall bind themselves with the oath of the convenant" (74). Diese
Lesart ist dadurch motiviert, dass das יקים in Zeile 12 sich reflexiv auf das Subjekt
bezieht (auf sich nehmen). Es ist jedoch keineswegs zwingend, auch hier in diesem
Sinne zu lesen.

[32] Schon Schechter (1910), 55 mahnt allerdings zur Vorsicht: „everything must be
considered as very uncertain".

[33] Der Akt des Schwörens, von dem hier die Rede ist, wird nicht weiter spezifiziert.
Das kann zweierlei bedeuten. Entweder ist tatsächlich jeder mögliche Schwur gemeint: „Thus it is stipulated in the laws on page 15 that whoever swears falsely dese-
crates God and is liable to a death panalty (lines 4-5)" (Qimron (1994), 256). Oder
aber man liest diese Zeilen in ihrem unmittelbaren Kontext, dann ist damit der
Schwur unter Erwähnung der Tora (und des in ihr enthaltenen Gottesnamens) gemeint (Milikowsky (1986), 247: „However, swearing by any Name of God may lead
to the profanation of his Name and is forbidden"). Für diese Lesart spricht außer dem
Kontext die Tatsache, dass ja gerade nicht jeder falsche Schwur eine Entweihung
Gottes darstellt und entsprechende Folgen zeigt.

[34] Der Zusammenhang von Falschschwören und Entweihung des Namens Gottes ist
von Lev 19,12 vorgegeben.

anlässlich des Eintrittseides ist dies wie schon ausgeführt der Schwur bei den Fluchsprüchen des Bundes.

Ein zweiter Schwuranlass, bei dem diese Formel zu benutzen ist, wird in den folgenden Zeilen erwähnt (3ff). Auch hier ist der Text rekonstruktionsbedürftig. Bisher las man in der Regel am Ende der Zeile 3 לפני ישבע (er schwört vor (Zeile 4) den Richtern). Wie man anhand der Fotoedition leicht nachprüfen kann, würde dieser Text den üblichen Zeilenumfang weit übersteigen - für das לפני ist schlichtweg kein Platz in der Zeile. E. Qimron hat auch für dieses Textproblem einen überzeugenden Lösungsvorschlag vorgelegt. Er ergänzt den noch sichtbaren Text יש zu ישביעו, was zur Zeilenlänge genau passt. Die Rede ist nun nicht mehr von demjenigen, der einen Eid bei den Fluchsprüchen des Bundes ablegt, sondern von den Richtern, die jemanden beschwören[35]. Der Anlass wird nicht expressis verbis genannt, kann also nur erschlossen werden. Wie bei CD 9,8-12 könnte es sich um ein Eigentumsdelikt handeln. Dafür spricht das sonst kaum zu deutende Wort השיב (zurückgeben), aber auch die Vokabel התודה (bekennen). Beide begegnen in Num 5,5-8[36], E. Qimron vermutet, dass unser Text hier eine Collage aus Num 5,5-8 und Lev 5,20-26 voraussetzt. Dies kann angesichts der zahlreichen terminologischen und sachlichen Übereinstimmungen zwischen beiden Texten zutreffen.[37] Der Verdächtige wird also von den Richtern bei den Fluchsprüchen des Bundes beschworen. Hat er sich an fremdem Eigentum vergriffen und schwört diesbezüglich falsch, so hat er die Chance dies zu gestehen und das geraubte Gut zurückzugeben. Auf der Ebene Gott - Mensch kann er sich durch das Ritual[38] nach Lev 5,20ff vor den negativen Folgen seines falschen Schwures schützen.[39]

Zusammenfassend nimmt CD 15,1-6 also folgende Klärungen vor: 1. Bei den Namen Gottes (Elohim und Adonaj) und bei der Tora des Mose, die die Namen Gottes enthält, soll man überhaupt nicht schwören, um den Namen Gottes nicht zu entweihen. 2. Den „Eid der Söhne" und den Eid, der im Rahmen eines Rechtsverfahrens zur Klärung von Eigentumsdelikten von den Richtern veranlasst zur Anwendung kommt, soll man bei den „Fluchsprüchen des Bundes" ablegen.[40] Dieser Eid vermeidet die di-

---

[35] Dies entspricht der Halacha von CD 9,8-12 (II / 3.2.2.1).

[36] Num 5,5-8 ist allerdings recht allgemein formuliert, auch von einem Schwur oder einer Beschwörung ist dort nicht die Rede.

[37] Das Bekenntnis der Schuld als Teil des Sühneverfahrens kennen Philo (SpecLeg 1,235ff) und die tannaitische Halacha (mBQ 9,8).

[38] Qimron deutet אשם nicht im Sinne von „ašem", sondern von „ašam", meint also, dass das Ašam-Ritual nach Lev 5,19, hier zur Anwendung kommen müsste.

[39] Qimron (1994), 256: „The suspect who answers 'Amen' falsely when being adjured by the curses of the convenant, must confess and return the property, lest he becomes liable to capital punishment".

[40] Damit sind für die beiden Hauptbereiche, in denen Schwur und Eid im Leben der Qumrangemeinschaft eine Rolle spielen, Regelungen getroffen.

rekte oder indirekte Benennung Gottes und evoziert stattdessen den Fluch, der denjenigen trifft, der den Eid fälschlicherweise ablegt oder bricht.

3.2.4 Geltung und Auflösbarkeit von Eiden und Gelübden

3.2.4.1 11QT 53,9-54,5

9 Nur deine Opfergaben und deine Gelübde sollst du nehmen und (damit) an den Ort kommen, an dem ich meinen 10 Namen wohnen lasse. Und dort sollst du vor meinem Angesicht schlachten, wie du geweiht oder gelobt hast mit deinem Munde. 11 Und wenn du ein Gelübde gelobst, so zögere nicht, es einzulösen, denn wahrhaftig werde ich es von deiner Hand fordern 12 und es wird dir zur Sünde werden. Und wenn du es unterlässt und nicht gelobst, so wird es dir nicht zur Sünde werden, das, 13 was über deine Lippen geht, sollst du bewahren, so wie du eine freiwillige Gabe gelobt hast mit deinem Munde zu tun, 14 wie du gelobt hast. Und ein Mann, der mir ein Gelübde gelobt oder mir einen 15 Schwur schwört, um sich selbst mit einem Verbot zu binden, der möge sein Wort nicht entweihen, gemäß allem, was aus seinem Munde kommt, 16 soll er handeln. Und eine Frau, die mir ein Gelübde gelobt oder sich selbst mit einem Schwur bindet 17 im Haus ihres Vaters in ihrer Jugend - wenn ihr Vater ihr 18 Gelübde hört oder ihr Verbot, mit dem sie sich selbst gebunden hat, und ihr gegenüber schweigt 19 so haben alle ihre Gelübde Bestand und jede Bindung, mit der sie sich selbst gebunden hat, hat Bestand. 20 Und wenn ihr Vater sie zurück hält, am Tag, an dem er alle ihre Gelübde oder Bindungen, 21 mit denen sie sich gebunden hat, hört, so haben sie keinen Bestand. Und ich werde ihr vergeben, denn ihr Vater hat sie zurückgehalten 54 [...][41] 1 er davon hört und wenn er es tatsächlich brechen sollte nach dem Tag, an dem er davon gehört hat, so wird er ihre 2 Schuld tragen. Ihr Mann bricht jedes Gelübde oder jeden bindenden Eid, sich etwas zu versagen, 3 ihr Mann verleiht ihm Bestand und ihr Mann bricht es am Tag, an dem er davon hört. Und ich werde ihr vergeben. 4 Und jedes Gelübde einer Witwe oder einer Geschiedenen, alles, womit sie ihre Seele gebunden hat, 5 hat Bestand gemäß allem, was aus ihrem Munde hervorgegangen ist.

Die Tempelrolle bespricht in diesen Kolumnen Gelübde (נדרים) und Eide (שבועות). Beide Redeformen erscheinen schon in Num 30,3 nebeneinander. Sie sind - wie wir sahen - von ihrem Wesen her grundsätzlich voneinander zu unterscheiden, berühren sich aber darin, dass beide den Charakter eines Versprechens haben können. Diese Verwandtschaft führt dazu, dass beide Redeformen oft nicht unterscheiden bzw. gemeinsam behandelt werden (vgl. II / 1.1) So stellt die Tempelrolle in 11QT 53,9-54,5 folgende für Eide und Gelübde relevante biblische Passagen zusammen[42]: Dtn 12,26; Dtn, 23,22f und Verse aus Num 30

---

[41] Vgl. Yadin (1983 Bd.2), 242.

[42] Weitgehend ist der Text der Tempelrolle hier mit dem des masoretischen Kanons identisch - aber es finden sich auch Ergänzungen bzw. Änderungen. So neigt die Tempelrolle dazu, die einzelnen „Fallbeispiele" mit או („oder") aufeinander folgen

(3.4.5.6.16.14.10).[43] Grundsätzlich gilt, dass ein einmal abgelegtes Gelübde bzw. ein Schwur unbedingt zu erfüllen ist - die Möglichkeit, es bzw. ihn aufzulösen, ist nur dann gegeben, wenn eine in einem Abhängigkeitsverhältnis lebende Frau es oder ihn abgelegt hat. Hier folgt die Tempelrolle ganz dem Gefälle von Num 30: Das Gelübde einer Tochter kann der Vater auflösen, das einer verheirateten Frau der Ehemann, für Witwen und Geschiedene besteht diese Möglichkeit nicht. Diesen Versen voraus geht ein Zitat von bzw. eine Anspielung auf Dtn 23,22f. Hier weist die Tempelrolle gegenüber dem masoretischen Text, der LXX und dem Targum eine interessante Textänderung auf. In allen drei Fassungen findet sich eine Konstruktion, in der wie im „וכי תחדל לנדר" des masoretischen Textes das Verb „geloben" vom vorangestellten Verb abhängig ist - im Sinne von „und wenn du es unterlässt zu geloben" (MT) bzw. „und wenn du nicht geloben willst" - wie die LXX übersetzt. Die Tempelrolle schreibt hingegen: „ואם תחדל ולא תדור" (Und wenn du es unterlässt und nicht gelobst...). Diese Textänderung interpretiert L.H. Schiffman als „halakhic variation. The author sought to emphasize the character of this verse as a negative commandment: *Abstain from vowing, and you will thus avoid transgression.* To his mind, then, we ought never to vow."[44] Ähnlich urteilt auch A. Vivian: „In linea di principio, il RT tende a sconsigliare queste pratiche, prima di regolarle."[45] Wir hätten also gegenüber dem biblischen Befund in Dtn 23 eine andere, nämlich grundsätzlich negative Bewertung des Gelübdewesens in der Tempelrolle. Gelübde betreffende Einzelheiten werden zwar noch geregelt, aber generell wird stark davon abgeraten, überhaupt zu geloben bzw. zu schwören.[46] Eine ähnliche Entwicklung kann man in Mischna Nedarim beobachten (vgl. II / 6.5). Auch hier findet sich eine Fülle von einzelnen Ausführungen zum Thema, aber schon zu Beginn des Traktates wird nicht verschwiegen, dass die Redaktoren im Prinzip völlig gegen das Ablegen von Gelübden sind.

3.2.4.2 CD 16,6-12

6 Und wie er gesagt hat: Das, was über deine Lippen kommt, 7 sollst du bewahren, es zu halten. Jeden bindenden Eid, den jemand auf sich genommen hat, 8 um etwas

---

zu lassen und strafft durch Versauswahl und Umstellungen den Text (besonders in 53,14 - 54,5 also dem Bereich, der Num 30 entspricht).

[43] Das entspricht der Methode, die sich auch sonst in der Tempelrolle feststellen lässt, dass nämlich die Stoffe „nach thematischen Gesichtspunkten" aneinandergereiht werden (Langer (1989), 45.

[44] Schiffman (1991), 208 (Hervorhebung, M.V.); vgl. Davies / Allison (1988), 535.

[45] Vivian (1990), 215: „Generell neigt die Tempelrolle dazu, von diesen Praktiken eher abzuraten, als sie zu regeln".

[46] Die Tatsache, dass die Tempelrolle Eide und Gelübde zusammen behandelt, macht es möglich, dass dieser Rat sich auch auf das Schwören erstreckt.

von der Tora zu tun, soll er selbst um den Preis des Todes nicht lösen. Alles, wofür 9
sich jemand verpflichtet, um vom Gesetz abzuweichen, soll er selbst um den Preis
des Todes nicht ausführen. 10 Über den Eid der Frau - wie er gesagt hat, ihr Mann
soll den Eid ungültig machen. Nicht 11 soll der Mann einen Eid ungültig machen,
von dem er nicht weiß, ob er eingehalten oder ungültig gemacht werden muss. 12
Und wenn er dazu führt, den Bund zu übertreten, so soll er ihn ungültig machen und
ihn nicht einhalten. Und ebenso ist die Bestimmung für ihren Vater.

Die Ausführungen zum Eid schließen sich an ein Zitat aus Dtn 23,24 an.
Dieses biblische Gebot wird dann konkret angewandt auf den sog. bindenden Eid (שבועת אסר)[47]. Macht schon die biblische Wendung deutlich,
dass es nicht statthaft ist, das, was man zugesagt hat, nicht auszuführen,
so verschärft die konkrete Anwendung dies noch - denn nicht einmal um
den Preis des eigenen Todes, also unter Lebensgefahr, darf man diesen
bindenden Eid lösen.[48]
Allerdings ist diese Regel an eine Bedingung geknüpft: Gegenstand des
Eides ist es, etwas von der Tora (דבר מן התורה) zu tun. Ein Eid, der sich
auf etwas Toragemäßes bezieht, darf unter keinen Umständen gebrochen
werden. Anders verhält es sich, wenn diese Bedingung nicht gegeben ist,
der Eid also darauf abzielt, von der Tora abzuweichen (לסור מן התורה).
Dann darf er unter keinen Umständen - auch nicht bei Lebensgefahr -
gehalten werden. Es wird deutlich, dass der Eid eine äußerst hohe
Dignität und Verbindlichkeit besitzt, aber ihm übergeordnet ist die Kategorie der Toragemäßheit. Ähnliche Gewichtungen lassen sich bei Philo
von Alexandrien und in der Mischna ausmachen (vgl. SpecLeg 2,9;
mNed 2,2).[49] Mit L.H. Schiffman ist zu bemerken, dass es diesem Text
nicht darum geht, allgemeine Aussagen darüber zu machen, ob es möglich ist, einen Schwur außer Kraft zu setzen oder nicht. „It proposes that
the one who made the oath should risk or even lose his life to keep it if
the vow concerns observance of a commandment."[50] Mehr steht hier
nicht zur Diskussion.
Auf diese Klarstellung, die den jüdischen Mann betrifft[51], folgt nun die
Diskussion darüber, wie es um den Eid einer verheirateten Frau bzw. einer im Haus ihres Vaters lebenden Tochter bestellt ist. Für diesen Fall
gilt die Regel, dass „ihr Mann ihren Eid ungültig zu machen hat" (אשר
אמר לאישה להניא את שבועתה). Diese Formulierung wird eingeleitet wie
ein biblisches Zitat oder zumindest wie eine Anspielung auf eine biblische Stelle (אשר אמר). Eine entsprechende Aussage *über den Schwur* der

---

[47] Vgl. dazu oben Anm 7.
[48] Mit Broshi (1992) ist יפרחו zu lesen. Vgl. schon Schechter (1910), 56.
[49] Vgl. II / 4.3.4.6; 6.2.1. Dass es zwischen der Treue zum Eid und ethisch geboten-
em Verhalten zu einem Konflikt kommen konnte, belegen mehrere Beispiele aus
der antiken jüdischen Literatur. Vgl. Jdt 8; VitAd 19; Josephus, Ant 5,169f.
[50] Schiffman (1991), 202.
[51] Dass dieser gemeint sein muss, zeigt das maskuline Suffix bei על נפשו.

Frau findet sich jedoch in der Tora streng genommen nirgends[52]. Den biblischen Vorgaben entsprechend ist es der Mann, der den Schwur der Frau aufzulösen hat - allerdings gilt dies nicht uneingeschränkt: Es gibt offenbar Zweifelsfälle, in denen nicht klar ist, ob ein Eid aufzulösen ist oder nicht (Zeile 11). In einem solchen Zweifelsfall soll der Eid bestehen bleiben. Nach Zeile 12 muss sich der Zweifel darauf beziehen, ob der Eid dazu führt, den Bund zu übertreten (לעבור ברית), nur in diesem Fall hat der Mann das Recht - sogar die Pflicht -, den Eid für ungültig zu erklären. Das Gleiche gilt für den Vater, wie zum Abschluss lakonisch bemerkt wird. Das Damaskusdokument verfährt an diesem Punkt rigider, als der biblische Text es fordert. Nach Num 30 hat der Mann bzw. der Vater das Recht, jedes Gelübde aufzuheben, von dem er Kenntnis erhält. Hier wird hingegen genau festgelegt, in welchem Fall ein Eid aufgelöst werden darf und damit auch in welchen Fällen nicht. Das könnte damit zusammenhängen, dass die Eingangsbestimmung *„Und wie er gesagt hat: Das, was über deine Lippen kommt, sollst du bewahren, es zu halten"* auch hier zur Anwendung kommt. Im Licht von Dtn 23,34 darf ein Eid bzw. ein Gelübde nun einmal nicht so einfach aufgelöst werden. Dann aber liegt hier eine deutliche Verschärfung gegenüber dem biblischen Text vor. Eine solche lässt sich auch in der Mischna finden, die in mNed 11 genau definiert, welche Gelübde Mann und Vater brechen dürfen und welche nicht.[53]

3.2.4.3 4Q 416 2,4,7-10

...7 hat er dich zu herrschen gesetzt, um zu verfahren nach deinem Wohlgefallen, und um nicht noch mehr Gelübde zu geloben und freiwillige Gabe [...][54] 8 halte zurück deinen Geist gemäß deinem Wohlgefallen. Und jeden bindenden Eid [...] 9 hat er gebrochen auf Grund der Äußerung deines Mundes und durch deinen Willen hat er [...] 10 deiner Lippen. Er verzeiht ihr wegen dir [...]

Diese weisheitliche Schrift widmet sich nach einigen allgemeinen Lebensregeln (u.a. zu Besitz und Armut) den Verhältnissen in der Familie („family ethics").[55] Sie mahnt, Vater und Mutter zu ehren, indem sie den Vater mit Gott und die Mutter mit anderen Herrschern vergleicht. Als ein Herrschaftsverhältnis mit einem Gefälle von oben und unten stellt sich auch die Beziehung von Mann und Frau dar, um die es in Kolumne 4 geht. Der Ehemann hat allein über seine Frau zu herrschen - gemäß sei-

---

[52] Num 30,14 spricht präzise vom שבועת אסר , der sich auf „self-denial" (לענות נפש) (vgl. Benovitz (1998), 43ff) bezieht, unsere Stelle formuliert allgemeiner. Lohse (1986), 291 verweist auf Num 30,9f, eine Stelle, an der es ausdrücklich um Gelübde geht.

[53] Die Parallelen sind in diesem Fall nicht inhaltlicher, sondern formaler Natur.

[54] Die Zeilenenden sind stark beschädigt.

[55] Elgvin (1995), 579.

nem Willen (Zeile 6 und 7). Die Herrschaft erfährt eine gewisse qualita-
tive Bestimmung dadurch, dass sie dazu dient „Gelübde und freiwillige
Gaben nicht zu vermehren" (ולא להוסיף נדר ונדבה). Im Licht dieses Satzes erscheinen Gelübde als etwas Negatives, das es einzuschränken gilt.
Ein abgelegtes Gelübde oder ein bindender Eid kann - ganz auf der Linie
von Num 30 - vom Mann gebrochen werden, ja es scheint sogar, als sei
Gott das Subjekt, das das Gelübde bricht - auf die Äußerung des Mannes
hin.[56]

3.3 Zusammenfassung

Fassen wir den Befund zusammen, so ergibt sich folgendes Bild:
1. In erzählenden („*aggadischen*") Zusammenhängen sind Schwur und
Eid völlig unproblematisch. Man erzählt mit positiver Tendenz, was geschehen ist und was zwischen Gott und Mensch gilt.
2. In der Qumran*halacha* begegnen Eide vornehmlich in zwei Kontexten. Zum einen hat der Eid seinen Ort im Aufnahmeritual der Qumrangemeinde. Er bindet das zukünftige Mitglied und entlastet zugleich die
Gemeinschaft. Ein zweiter wichtiger Kontext ist das Rechtsverfahren zur
Klärung von Eigentumsdelikten. Dieses wird – anders als in der Bibel -
gebunden an die Anwesenheit von Richtern; der Eid als Mittel zur
Selbstjustiz wird abgelehnt. Dass der Eid als probates Mittel in einem
solchen Verfahren fungieren kann, zeigt, welche Dignität ihm in Qumran
beigemessen wurde.
3. Diese Hochschätzung des Schwures spricht auch aus den Einschränkungen, die bezüglich seiner Auflösbarkeit gemacht werden: Aufzulösen
ist allein das, was der Tora widerspricht. Damit wird dem Eid zugleich
die Größe des sich in der Tora manifestierenden Gotteswillens übergeordnet.
4. Nach CD 15,1ff ist es untersagt, beim Namen Gottes zu schwören.
Stattdessen wird für die genannten konkreten Fälle (dies sind 1. das Aufnahmeritual, 2. das Rechtsverfahren zur Klärung von Eigentumsdelikten[57]) eine Ersatzformel „bei den Fluchsprüchen des Bundes" vorgeschlagen. Statt einer Benennung Gottes im Eid handelt es sich dabei nun
um eine konditionale Selbstverfluchung. Deutlich wird des Weiteren die
Motivation, die zum Nachdenken über die Formulierung von Eiden nötigt, nämlich die Sorge um die Heiligkeit und Unantastbarkeit des Na-

---

[56] Der Mann wird durchweg in der 2. Person Singular angeredet, während הפר als 3.
Person Singular gelesen werden kann (vgl. die Übersetzung von Maier (1995b),
434). Das הפר als Imperativ zu lesen, also als Gebot, die Gelübde der Frau zu brechen, würde der einschränkenden Tendenz von CD 16,10ff widersprechen.
[57] Entsprechend dazu wird nach CD 9,12 bei der Klärung von Eigentumsdelikten
der Flucheid (שבועת האלה) zur Anwendung gebracht.

mens Gottes, die unter allen Umständen zu schützen sind, damit es nicht zum חלול השם, zur Entweihung des Namens Gottes kommt. CD 15,1ff ist zugleich der älteste greifbare jüdische Text, der verhandelt, mit welchen Formeln ein Eid bzw. Schwur abzulegen ist und mit welchen nicht. Diese Frage beschäftigt im ersten Jahrhundert und später Philo, VitAd, Matthäus und die frühen Tannaim.

5. Das Thema „Schwören" wird auch im Zusammenhang mit der Ablegung und Auflösbarkeit von Gelübden erörtert. Zwischen beidem wird in Qumran nicht streng unterschieden.

6. Gelübde und Eide erscheinen beide als etwas, das nach Möglichkeit zu vermeiden ist. Gelübdekritische Traditionen der Schrift werden aufgegriffen und verschärft. Männliche Herrschaft über Frauen soll so auch dazu dienen, deren Gelübde zu vermeiden. Der Eid wird richterlicher Kontrolle unterstellt.

7. Gegenüber den einschlägigen Texten der biblischen Tradition kann man im Blick auf die Verhandlung des Themas in Qumran deutlich eine *toraverschärfende* Tendenz ausmachen: Gelübde sollen nicht abgelegt werden, sie dürfen aber auch nur unter bestimmten Voraussetzungen aufgelöst bzw. gebrochen werden, nämlich dann, wenn sie darauf zielen, die Tora zu übertreten.

Exkurs: Die Essener und der Eid

„There is general scholary agreement, though not unanimity, in identifying Essenism and Qumran."[58] Aufgrund dieses „agreements" legt sich die Frage nahe, ob die antiken Essenerberichte näheren Aufschluss über die Halacha der Qumrangemeinde bezüglich des Schwörens geben können. Einschlägige Aussagen finden sich bei Philo von Alexandrien und Flavius Josephus:

In der beim Kirchenvater Euseb überlieferten Schrift „Quod omnis probus liber sit" beschreibt *Philo* die Gruppe der Essener (Ἐσσαῖοι), deren „über viertausend" Mitglieder er im „palästinischen Syrien" ansiedelt (75). Diese Gruppe dient als Hinweis darauf, dass auch in diesem Landstrich die „Kalokagathie" - das griechische Tugendideal des schönen Guten - nicht unbekannt ist.[59] Die genaue Beschreibung dieser Gruppe muss in unserem Zusammenhang nicht untersucht werden. Wichtig ist die Einstellung zum Eid bzw. zum Schwören, die Philo den Essenern zuschreibt. Kennzeichen ihrer Liebe zu Gott ist nämlich unter anderem „τὸ

---

[58] Goodman (1989),12.
[59] Vgl. Bilde (1998), 62ff.

ἀνώμοτον" die „Schwurlosigkeit"[60], die einhergeht mit Wahrhaftigkeit (84) (vgl. II / 4.3.4.1).

Zu diesem Zeugnis fügen sich entsprechende Aussagen bei *Josephus*. In seiner Essenerbeschreibung (Bell 2,119-161) erwähnt er:

καὶ πᾶν μὲν τὸ ῥηθὲν ὑπ' αὐτῶν ἰσχυρότερον ὅρκου, τὸ δὲ ὀμνύειν αὐτοῖς περιίσταται χεῖρον τῆς ἐπιορκίας ὑπολαμβάνοντες· ἤδη γὰρ κατεγνῶσθαί φασιν τὸν ἀπιστούμενον δίχα θεοῦ.

„Und jedes Wort, das sie sagen, ist stärker als ein Eid. Das Schwören wird von ihnen vermieden, weil sie es für schlimmer als Falschschwören halten. Sie sagen nämlich, dass der, der ohne Gott unglaubwürdig ist, über sich selbst das Urteil gesprochen hat." (135)

Zu den Tugenden der Essener gehört ihre unbedingt verlässliche Wahrhaftigkeit, und zu dieser gehört der Verzicht auf das Schwören. Die Begründung, die Josephus dafür gibt, ist weniger religiös motiviert. Es geht vielmehr um die Glaubwürdigkeit des Menschen: Wer den Eid nötig hat, weil man ihm sonst nicht glaubt, der spricht sich selbst das Urteil.[61]
Ein weiterer Text, der Aufschluss über die Haltung der Essener zum Eid zu geben vermag, schildert Regierungsmaßnahmen des Herodes. Zu ihnen gehörte es, seine Untertanen eidlich zur Treue zu verpflichten (Ant 15,368). Neben den Pharisäern Samaias und Pollion wurden auch die Essener von der Pflicht zur Ablegung dieses Treueides entbunden (Ant 15,371).

Diesen drei Texten entsprechend stehen die Essener dem Eid bzw. dem Schwören ablehnend gegenüber. Doch gilt dies - wiederum nach Josephus - nicht uneingeschränkt. In seinem schon zitierten Essenerbericht aus dem „Bellum" beschreibt er das Aufnahmeritual, das diejenigen zu durchlaufen hatten, die der essenischen Gruppe beizutreten wünschten. Zu diesem Ritual gehörte es auch, dass der Kandidat „schauerliche Eide" (ὅρκους φρικώδεις)[62] abzulegen hatte (Bell 2, 139). Josephus beschreibt ausführlich den Inhalt dieser Eide:

„Bevor er jedoch die gemeinsame Speise anrührt, schwört er ihnen furchtbare Eide, erstlich die Gottheit zu verehren, dann das, was den Menschen gegenüber gerecht ist, zu bewahren und weder aus freiem Entschluß jemandem Schaden zuzufügen noch auf Befehl, immer aber die Ungerechten zu hassen und auf der Seite der Gerechten

---

[60] Liddell-Scott, 170 übersetzt „unsworn; without oath".
[61] Diese Einstellung zum Eid hat Parallelen im griechischen Raum, vgl. Hirzel (1902), 113ff.
[62] Dieser Begriff stammt aus der griechischen Geschichte des Eides. Er findet sich u.a. bei Demosthenes und Plutarch, Alexander 30. Weitere Belege bei Hirzel (1902), 20.

zu kämpfen, stets allen die Treue zu halten, allermeist aber der Obrigkeit, denn ohne Gott erwachse niemandem eine Herrscherstellung. Und falls er selbst zu befehlen habe, so werde er niemals gegen die Vollmacht durch mutwilligen Mißbrauch verstoßen und die Untergebenen auch nicht durch Kleidung oder durch irgendein Mehr an Schmuck überstrahlen. Er werde die Wahrheit immer lieben und es sich zur Aufgabe machen, die Lügner zu überführen. Er werde die Hände vor Diebstahl und die Seele rein von unrechtem Gewinn bewahren und weder vor den Anhängern der Sekte etwas verheimlichen noch anderen etwas von ihnen verraten, sollte man auch bis zum Tode Gewalt anwenden. Außerdem schwört er, niemandem die Satzungen anders mitzuteilen als wie er selbst sie empfing, keinen Raub zu begehen und die Bücher der Sekte in gleicher Weise wie die Namen der Engel sorgfältig zu bewahren. Mit solchen Eiden versichern sie sich der neu Eintretenden." (Bell 2, 139-142)[63]

Das hier geschilderte Verfahren und sein Inhalt berühren sich - ungeachtet aller Unterschiede[64] - in vielen Details mit dem, was die Qumrantexte diesbezüglich berichten. [65] T.S. Beall bemerkt zutreffend: „...the oaths listed by Josephus are not specifically mentioned as oaths in Qumran literature, many are set forth in 1QS 1:1-15. Furthermore, as the preceeding discussion has shown, all the oaths are in harmony with Qumran thought"[66].

Mehr als eine allgemeine „Harmonie" zwischen den Zeugnissen der Textkorpora kann man in der Tat nicht konstatieren - zumal die Parallelen, die sich heranziehen lassen, gerade nicht nur aus den Qumrantexten stammen, in denen es um den Aufnahmeeid geht.[67] Es fällt näherhin auf, dass in der Darstellung des Josephus alle jüdischen „identity markers" fehlen, die der Aufnahmeeid in 1QS 5, 8f nennt (Tora des Mose, Bund). Das hängt sicherlich mit der Leserschaft zusammen, für die er schreibt, zum anderen auch mit den Quellen, die er benutzt.[68] Man wird sich aber

---

[63] Übersetzung Michel / Bauernfeind.
[64] Der Bericht des Josephus und die Qumrantexte gehen auseinander bezüglich des Zeitpunktes, an dem der Eid abzulegen ist. Nach 1QS 5,1-11 steht bereits am Anfang des Rituals ein Eid - nach Josephus scheint er an den Schluss der dreijährigen Probezeit zu gehören (vgl. dazu und weiteren Differenzen Cansdale (1997), 61f). Vgl. dazu Beall (1988), 77. Weiteres und Hinweise auf ältere Literatur findet sich bei Bergmeier (1993), 97-102.
[65] Eine ausführliche Synopse der einschlägigen Quellen findet sich bei Beall (1988), 78-89.
[66] Beall (1988), 89.
[67] Dieses Problem wird dadurch etwas entschärft, dass Josephus nicht den Anspruch erhebt, die Eide der Essener dem Wortlaut nach zu zitieren oder eine Eintritts - „Liturgie" wiederzugeben. Das, was er aufzählt, gibt lediglich die Beschaffenheit dieser Eide wieder: „τοιούτοις μὲν ὅρκοις".
[68] Bergmeier (1993) schreibt diesen Teil des Essenerreferates des Josephus einer „pythagoraisierende(n) Essener-Quelle" zu (104). Ihre Absicht sei es gewesen, „die Essener als einen Zweig des Judentums darzustellen, der wie der thrakische Stamm der Geten wesentlich zum Entwurf der hochberühmten vita Pythagorica beigetragen hat. Was diese Quelle von den Essenern wahrnahm und mitteilte, ist somit durchtränkt vom perspektivischen Schein des Pythagorasideals. Genuin jüdisches Ver-

davor hüten müssen, beide Texte zu schnell miteinander zu harmonisieren.

Deutlich ist in jedem Fall, dass die Essener, wie Josephus sie schildert -
wie auch die Qumrangemeinde - ein Aufnahmeritual kannten, zu dem
das Schwören eines Eides als konstitutives Element dazugehörte.[69]

Die antiken Essenerberichte lassen also kurz zusammengefasst zweierlei
erkennen: Zum einen stehen die Mitglieder dieser Gruppe dem Schwören
ablehnend gegenüber, zum anderen lassen sie Neumitglieder während
des Eintrittsrituals schwören.

Interessanterweise empfindet Josephus es offensichtlich nicht als Widerspruch, einerseits zu berichten, dass die Essener das Schwören überhaupt
meiden und nur wenige Zeilen später von den Eiden zu schreiben, die
beim Eintritt in die Gemeinschaft abzulegen sind. Diese vermeintliche
Spannung mag auf unterschiedliche Quellen zurückzuführen sein[70] - den
Autor Josephus hat sie offensichtlich nicht gestört. Aber wie groß ist die
Spannung wirklich? Belegt Bell 2,135 tatsächlich, dass die Essener
überhaupt nicht schwören, wie man weithin annimmt?[71] Der entschei-
dende Satz „τὸ δὲ ὀμνύειν αὐτοῖς περιίσταται χεῖρον τῆς ἐπιορκίας
ὑπολαμβάνοντες" ist gerade nicht zwingend in diesem Sinn zu übersetz-
zen. Die mediale Form der Verbs περιίστημι bedeutet nicht „etwas
überhaupt nicht tun", sondern: „to go round so as to avoid, shun, sneak
round, circumvent"[72]. Der Eid wird also streng genommen lediglich umgangen, er wird vermieden, ihm wird ausgewichen. Damit reduziert sich
die angesprochene Spannung um einiges: Die Essener vermeiden es, ihre
Aussagen durch Eide - verstanden als Bestätigung ihrer Glaubwürdigkeit
durch Gott - zu bekräftigen, nicht mehr aber auch nicht weniger.[73]

Die Aussage Philos zu diesem Thema ist in ihrer Kürze hingegen wesentlich radikaler. Kennzeichen der Essener ist ihr Nicht-Schwören. Die

---

ständnis essenischer Lehre und Lebensordnung ist ihr völlig fremd". (104) Vgl. auch
Bilde (1998), 62ff.

[69]   Hierzu findet sich eine Analogie in der griechischen Welt. Im griechischen Vereinswesen kannte man ebenfalls den Eid im Rahmen des Aufnahmerituals: „The oath
of membership was sworn in the god's name. It formed a common bond among the
members, since an oath also brougth the associating parties in a common obligation",
schreibt Plescia (1970), 77. Beispiele für einen solchen Eid hat Hirzel zusammengestellt, vgl. Hirzel (1902), 110f. Auch die Zugehörigkeit zu einer bestimmten Berufs-
vereinigung war an einen Eintrittseid gebunden. Der sicherlich bekannteste Eid dieser Art ist der Eid des Hypokrates.

[70]   Vgl. Bergmeier (1993), 69.

[71]   Vgl. Beall (1988), 68; Sanders (1990), 53 u.a.

[72]   Liddell-Scott, s.v.

[73]   Es sei noch angemerkt, dass auch Josephus Bericht in Ant 15,371 nicht unbedingt
so gelesen werden muss, als lehnten die Essener das Schwören grundsätzlich ab. Der
Text sagt nicht, dass Herodes die Essener *aus diesem Grund* von der Ablegung des
Loyalitätseides befreite. Grund dafür ist die Wertschätzung, die der König dieser
Gruppe aufgrund seiner Erfahrung mit dem Essener Manaemus entgegenbrachte.

Frage ist jedoch, inwieweit diese Beschreibung historisch zutreffend ist oder ob sie nicht viel mehr von der Intention Philos beeinflusst ist. Er schildert[74], wie oben angesprochen, die Tugendhaftigkeit der Essener (und damit des Judentums überhaupt). Zu dem, was *er selbst* darunter versteht, gehört ganz wesentlich „τὸ ἀνώμοτον": „Überhaupt nicht zu schwören (τὸ ἀνώμοτον) ist der beste Weg...", schreibt er in seiner Auslegung des dritten Gebots (Decal 84), bevor er das seltene und vor allem wahrheitsgemäße Schwören als zweitbesten Weg empfiehlt. Philos Darstellung der Essener entspricht seinem eigenen Interesse in so signifikanter Weise, dass ihre historische Zuverlässigkeit nicht über jeden Zweifel erhaben ist.

So gelesen belegen die antiken Essenerquellen eine deutliche Zurückhaltung der Essener gegenüber dem Schwören (als Bekräftigung der eigenen Glaubwürdigkeit). Sie berichten weiterhin davon, dass die Essener einen Aufnahmeeid kannten und praktizierten. Dieses Bild widerspricht nun dem, das die Qumrantexte in dieser Hinsicht zeichnen, in keiner Weise.[75] Vielmehr deckt sich das, was Philo und Josephus bzw. ihre Quellen über die Einstellung der Essener zum Eid bzw. zum Schwören zu sagen wissen, mit dem Qumranbefund und fügt diesem nichts wesentlich Neues mehr hinzu.[Exkurs Ende]

---

[74] Nach Bergmeier (1993) tat das schon seine Quelle: „Sie scheint nicht dem Zweck zu dienen, über eine jüdische Sondergemeinschaft präzise Mitteilung zu machen, sondern eher einem hellenistischen Publikum eine nach dem Geschmack der Zeit ideale Gemeinschaft jüdischen Glaubens vorzustellen. Das Enkomium essäischer καλοκἀγαθία , in das die Schrift ausmündete, war wohl dazu gedacht, antijüdische Stimmungen und Bestrebungen zu unterlaufen und damit das Judentum, das eine so vorbildliche Gemeinschaft hervorzubringen in der Lage war, überhaupt seiner hellenistischen Umwelt zu empfehlen". (78)

[75] Einen solchen Widerspruch der Quellen konstatiert ganz pointiert Cansdale (1997), 64. Das Ergebnis, das sich hier abzeichnet, ist selbstverständlich nur für die Texte aussagekräftig, die sich auf das Schwören beziehen. Eine umfassende Verhältnisbestimmung von den Essenern, wie sie die antiken Quellen zeichnen, und der Qumrangemeinde ist damit weder intendiert noch in irgendeiner Weise präjudiziert. Dazu wäre es nötig, zunächst die einschlägigen Texte (und ihre Quellen) tendenzkritisch zu untersuchen. Des weiteren müsste man in Rechnung stellen, dass die essenische Bewegung über die Mitglieder der Qumrangemeinde hinausging und in sich vielschichtiger gewesen sein könnte als die einzelnen Darstellungen vermuten lassen. Vgl. dazu Stegemann (1993), 194ff.

4. Schwur und Eid bei Philo von Alexandrien

Philo lebt und arbeitet wie wohl keine zweite Gestalt der Antike auf der Grenze zwischen Judentum und paganem Denken. Allenthalben finden sich Spuren seiner griechischen *und* jüdischen Bildung: „Religiously and culturally Philo identified himself with Jerusalem and Athens".[1] So nimmt es nicht Wunder, dass Philo jüdische Halacha oftmals im Gewand des ethischen Diskurses seiner hellenistisch geprägten Umwelt, in jedem Fall aber im Gespräch mit ihm, darstellt und entwickelt. Auch Philos Ausführungen zum Schwören weisen immer wieder Berührungen mit griechischen und römischen Parallelen auf.

Philo wendet sich dem Thema Schwören in über 30 Zusammenhängen zu. Einige davon sind sehr umfangreich, so dass es den Rahmen dieses Kapitels sprengen würde, wollte man sie alle ausführlich besprechen oder gar zitieren. Ich wähle daher eine thematische Darstellung. Diese legt sich auch deshalb nahe, weil Philo sich - was dieses Thema anbelangt - als konsequenter und systematischer Denker zeigt.[2]

4.1 Wesen und Funktion von Schwur und Eid

Philo bietet – wohl als erster der uns bekannten jüdische Autoren - an verschiedenen Stellen eine klare Definition von dem, was er unter einem Eid bzw. Schwur versteht:

„ὅρκου γὰρ ἔννοιά ἐστι μαρτυρία θεοῦ περὶ πράγματος ἀμφισβητουμένου." (Der Begriff des Eides ist eine Zeugenschaft Gottes über einen zweifelhaften Sachverhalt.) (Sacr 91)

Auf diese Definition greift Philo oft zurück und setzt sie auch da voraus, wo sie ihm theologisch Schwierigkeiten bereitet (II / 4.2.1)[3]. Wer schwört, ruft nach Philo „Gott zum Zeugen über strittige Sachverhalte an" (ὁ ὀμνὺς τῶν ἀμφισβητουμένων[4] καλεῖ θεὸν μάρτυρα) (Plant

---

[1] Borgen (1997), 282.
[2] Zur Diskussion über den Charakter des philonischen Denkens vgl. die Einleitung bei Borgen (1997), 1-13.
[3] Sie findet sich in All 3, 205; Plant 82; Decal 86; SpecLeg 2,10. 2,252.
[4] ἀμφισβητουμένα sind Dinge, über die eine beide Seiten gleichermaßen überzeugende Aussage nicht zu treffen ist, wobei die rein erkenntnismäßige Dimension („zweifelhaft") nahezu gänzlich hinter dem Aspekt zurücktritt, dass über die zweifelhafte Sache gestritten wird (vgl. Liddell-Scott, 94. Dort wird das zugrunde liegende

82). Mit dieser auch in anderen jüdischen Quellen[5] nicht unbekannten Definition befindet sich Philo zugleich auf dem Boden griechisch - römischen Denkens.[6] Wie wir oben sahen, lässt sich das griechische Verständnis des Eides entsprechend beschreiben: „In its religious meaning, the oath was an invocation to a deity as a witness to the truth of a statement made by the oath-taker...".[7] Philos Definition des Eides als göttliche Zeugenschaft fügt sich harmonisch zum Befund in den paganen Quellen.

Nicht nur über das Wesen des Eides, sondern auch über seine Funktion gibt Philo Auskunft. Durch den Schwur bekräftige man ein Versprechen (ὅρκῳ βεβαιῶσαι τὴν ὑπόσχεσιν) (All 3,203), verleihe ihm Geltung und mache es glaubwürdig. Die Hauptfunktion des Eides ist es Glaubwürdigkeit herzustellen: „Er wird um der Glaubwürdigkeit willen abgelegt" (ὁ ὅρκος γὰρ πίστεως ἕνεκα παραλαμβάνεται) (All 3,204). Das, was unglaublich ist, wird durch ihn glaubwürdig (τὰ ἄπιστα λαμβάνει πίστιν) (Som 1,12). Ein Mensch, dessen Worten man keinen Glauben schenkt, kann zum Eid seine Zuflucht nehmen (τοῦ γε μὴν πιστευθῆναι χάριν ἀπιστούμενοι καταφεύγουσιν ἐφ' ὅρκον ἄνθρωποι)

Verb von ἀμφισ - βαίνω (= go asunder, stand apart: hence disagree with) abgeleitet. Entsprechend sind die Wortbedeutungen disagree, dispute, wrangle, argue). Dieses Wort meint zum einen den (nicht nur) philosophischen Streit der Argumente im Sinne von „ein Gegenargument aufstellen" (Plat. Phil. 13a), „einer These/Behauptung widersprechen" (Plat. Phil. 11b; symp. 215b); „sich über Kategorisierungen, Begriffe und angemessen Benennungen streiten" (Plat. Phil. 15a; Phaidr. 263a; rep. 533d). Zum anderen bezeichnet es die Redekunst allgemein, so dass „τέχνη ἀμφισβητητική" („art of disputing") geradezu ein Oberbegriff für dieselbe werden kann (Plat. soph. 225 b - 226a). Des Weiteren hat der Begriff juristische Implikationen und meint den Rechtsstreit über Besitzverhältnisse von beweglichen Sachen und Grundbesitz (Plat. leg. 954c) ebenso wie den vor Gericht erhobenen Anspruch auf eine Erbschaft (Isokr. or. 19,3; Isaeus, De Pyrro 3, De Philoctemone 4; Lys. 17,5) oder den Streit vor Gericht allgemein (Plat. leg. 948b). Dies ist besonders bemerkenswert, da Philo dem Eid gerade im Rechtsverfahren einen hohen Stellenwert beimisst (vgl. 4.2.1). Dass Philo dort, wo er von ἀμφισβητουμένα spricht, wohl besonders Rechtsstreitigkeiten vor Augen hat, ergibt sich aus der Eiddefinition Sacr 91: Das dort als ἀμφισβητούμενον qualifizierte πρᾶγμα trägt ebenfalls juristische Konnotationen (Rechtssache).

[5] Vgl. Jdt 7,28; Ant 6,229.276.
[6] Heinemann (1962) schreibt dazu: „Diese Definition hat Philo selbstredend nicht aus jüdischer Quelle. Die Rabbinen fühlten nicht das Bedürfnis, Begriffe, die jedermann kennt, wissenschaftlich genau zu definieren." (82). Heinemann verweist auf Cicero, off. 3,104 „Est enim ius iurandum affirmatio religiosa; quod autem affirmate, quasi deo teste promiseris, id tenendum est" (Der Eid ist eine religiöse Versicherung, was man aber bestimmt unter Anrufung Gottes als Zeugen versprochen hat, muss man halten). Weiteres Material aus der römischen Welt bei Steinwenter (1918), 1254.
[7] Plescia (1970), 2. Weiteres oben II / 1.3.

(Sacr 93)[8]. Somit ist der Eid - als Garant der Glaubwürdigkeit und Geltung des Gesagten[9] - letzte Entscheidungsinstanz da, wo alle anderen Instanzen versagen: „Die zweifelhaften Dinge werden mit Hilfe eines Eides entschieden" (τὰ ἐνδοιαζόμενα τῶν πραγμάτων ὅρκῳ διακρίνεται) (Som 1,12).[10]

4.2 Das Schwören Gottes

Dass Gott in der biblischen Überlieferung schwört, beschäftigt den Exegeten Philo. In seinen Ausführungen zu Gen 26,3 klingen in aller Kürze die entscheidenden Aspekte an:

„Ἀδιαφοροῦσιν ὅρκων λόγοι θεοῦ. Καὶ κατὰ τίνος ἂν ὤμοσεν ὁ θεὸς ὅτι μὴ ἑαυτοῦ; Λέγεται δὲ ὀμνύναι διὰ τὴν ἡμετέραν ἀσθένειαν, τῶν ὑπολαμβανόντων ὡς ἐπ' ἀνθρώπου διαφέρειν λόγων ὅρκους, οὕτως ἐπὶ θεοῦ." (Die Worte Gottes unterscheiden sich nicht von Eiden. Und bei wem sollte Gott schwören, wenn nicht bei sich selbst? Dass er schwört, wird aber um unserer Schwachheit willen gesagt, wir nehmen ja an, dass, so wie sich bei dem Menschen Worte von Eiden unterscheiden, dies auch bei Gott so sei.) (Quaest in Gn 4,180)

Wenn die Schrift davon berichtet, dass Gott schwört, dann handelt es sich dabei also nicht um eine eigentliche Rede. Sie tut es, um sich der menschlichen Auffassungsgabe anzupassen.[11] Nur um der menschlichen Schwachheit willen wird von einem Schwur Gottes gesprochen, denn in Wahrheit sind alle seine Worte verlässlich wie Eide. Diesen Topos greift Philo in All 3,204f; Sacr 93; Abr 273 jeweils veranlasst durch eine entsprechende Schriftstelle (neben Gen 26,3 sind dies Gen 22,16 und Ex 13,11) auf. Gottes Worte sind verlässlich, erstens, weil er selbst verlässlich ist (πιστός) (All 3,204; vgl. Sacr 93), und zweitens, weil das, was er sagt, durch die Ausführung der Werke (ἔργων ἀποτελέσμασι) als gültig erwiesen wird (All 3,204f).

---

[8] Vgl. auch SpecLeg 4,40: wer schwört, „meint durch die Herabrufung Gottes bei denen, die ihn hören, Glauben zu bewirken" (οἰόμενος κατακλήσει θεοῦ πίστιν ἐργάζεσθαι τοῖς ἀκούουσιν).
[9] Seine Wirkmächtigkeit verdankt der Eid der Tatsache, dass Gott, der schlechthin glaubwürdige, im Eid als Zeuge involviert ist: „Gott macht den Eid glaubwürdig" (δι' αὐτὸν (ὁ θεός, M.V.) καὶ ὁ ὅρκος βέβαιος) (Sacr 93f).
[10] In diesem Zusammenhang spricht Philo vom Eid als „ἡ ἄτεχνον λεγομένη πίστις", dem „ungekünstelten, einfachen" Beweis (vgl. Aristot. rhet. 1355B und 1377A). Andererseits weiß er darum, dass man mit dem Schwören auch genau die gegenteilige Wirkung erzielen kann: „οὐ γὰρ πίστεως ἡ πολυορκία τεκμήριον ἀλλ' ἀπιστίας ἐστὶ παρὰ τοῖς εὖ φρονοῦσιν" (Das Vielschwören gilt bei denen, die gut denken, nicht als Beweis für Glaubwürdigkeit, sondern für Unglaubwürdigkeit) (SpecLeg 2,8). Auch zu diesem Urteil lassen sich pagane Parallelen aufzeigen (Isokr. or. 1,23; Aristot. rhet. 1377A).
[11] Vgl. Mendelson (1988), 7ff und Röm 6,19.

Wie wir sahen, liegt es nach Philos Definition im Wesen des Eides, Gott zum Zeugen anzurufen. Diese Definition führt zu Problemen, wenn man sie auf das Schwören Gottes anwendet, denn wie kann jemand für sich selbst Zeugnis ablegen? Philo legt nicht näher genannten Diskussionspartnern einen entsprechenden Einwand in den Mund:

„φασί γε μὴν ὅρκον εἶναι μαρτυρίαν θεοῦ περὶ πράγματος ἀμφισβητουμένου· εἰ δὴ ὄμνυσιν ὁ θεός, ἑαυτῷ μαρτυρεῖ, ὅπερ ἐστὶν ἄτοπον, ἕτερον γὰρ δεῖ εἶναι τὸν ποιούμενον τὴν μαρτυρίαν καὶ τὸν ὑπὲρ οὗ γίνεται." (Sie sagen, der Eid sei ein Zeugnis Gottes über strittige Sachverhalte. Wenn nun Gott schwört, so legt er sich selbst Zeugnis ab, was widersinnig ist. Ein anderer muss der sein, der Zeugnis ablegt, als der, für den dies geschieht.) (All 3,205)

Philo versucht diese Einwände auf zweierlei Weise zu entkräften. Er lässt sich zunächst auf die „sophistische"[12] Argumentation seiner Gegner ein[13] und versucht danach auf einer anderen - nämlich theologischen – Ebene, den Sinn des zur Debatte stehenden Phänomens zu entdecken. Der eigentliche Grund dafür, dass die Bibel Gott als bei sich selbst schwörend vorstellt, liegt nach All 3,206f jenseits aller „Sophistereien" darin, den Leser darauf hinzuweisen, dass Menschen nicht in der Lage sind, mit den ihnen zur Verfügung stehenden Mitteln, über Gott Glaubwürdiges auszusagen, „denn niemandem hat er seine Natur gezeigt, sondern dem ganzen Menschengeschlecht unsichtbar hat er diese bereitet" (οὐδενὶ γὰρ ἔδειξεν αὐτοῦ τὴν φύσιν, ἀλλ᾽ ἀόρατον αὐτὴν παντὶ τῷ γένει παρεσκεύασε). Weil dies so ist, ist es auch niemandem außer Gott selbst möglich, Zutreffendes über Gott auszusagen. Daraus folgt erstens, dass niemand außer Gott selbst über Gott Zeugnis ablegen kann. Zweitens zieht Philo daraus eine Konsequenz, die für die menschliche Schwurpraxis von Belang ist (vgl. II / 4.3.4.4): Wenn nämlich streng genommen niemand über Gott etwas Verlässliches aussagen kann, dann kann auch niemand Gott im Eid seinen Zeugen nennen. Für Philo ist es sogar zutiefst gottlos (ἀσεβής), bei Gott selbst zu schwören, denn an den transzendenten Gott - so wie er an sich ist – kann menschliches Erken-

---

[12] Philo charakterisiert die Argumentation seiner „Gegner" als „τῆς ἄγαν σοφιστείας" (Sophisterei treiben) (All 3,206). Dass sie in Wirklichkeit Philos eigener Auffassung entspricht, zeigt Dreyer bei seiner Besprechung von All 3,203-208 und Sacr 89-96 (Dreyer (1970), 118ff).

[13] So gibt es erstens niemanden, der würdig wäre, für Gott Zeugnis abzulegen (All 3,205), denn derjenige, der für jemanden Zeugnis ablegt, ist per definitionem besser als der, für den er Zeugnis ablegt (Sacr 92). Da nun aber nichts und niemand existiert, das oder der besser wäre als Gott, der in allem der Beste ist (All 3,203), gibt es niemanden, bei dem Gott schwören könnte außer bei sich selbst (Quaest in Gn 4,180; All 3,203).

nen und Sprechen nicht heranlangen.[14] „Wir müssen uns damit begnügen, wenn wir es (schwören, M.V.) bei seinem Namen können, d.h. bei
seinem Dolmetscher[15], dem Logos" (ἀλλ᾽ ἀγαπητόν, ἐὰν κατὰ τοῦ
ὀνόματος αὐτοῦ δυνηθῶμεν, ὅπερ ἦν τοῦ ἑρμηνέως λόγου) (All
3,207). Philo unterscheidet hier den streng transzendent gedachten Gott
und den uns zugewandten „Gott für uns Unvollkommene" (οὗτος γὰρ
ἡμῶν τῶν ἀτελῶν ἂν εἴη θεός), den Logos.[16] Die „halachische" Relevanz dieser Überlegungen wird uns weiter unten beschäftigen. Es lohnt
sich allerdings, die theologische Dimension des Gesagten noch weiter
auszuloten. Denn wir stoßen hier auf eine Denkfigur, die für die Gotteslehre des Alexandriners Philo ganz zentral ist:

Dreh- und Angelpunkt seines theologischen Denkens ist Gottes Transzendenz:[17] Von
Gott kann der Mensch nach Philo nur wissen, dass er ist. In seiner Auslegung von Ex
33,13-23 lässt Philo Mose sagen: „Der Kosmos war mein Lehrer und mein Ratgeber
darüber, *dass du bist und existierst* (ὅτι τοῦ μὲν εἶναί σε καὶ ὑπάρχειν). Als Sohn
hat er mich über den Vater, als Werk über den Hersteller belehrt. Aber was du deinem Wesen nach bist, wünsche ich zu erkennen, aber ich vermag im gesamten All
niemanden zu finden, der mich darin unterweist" (SpecLeg 1,41). An anderer Stelle
mahnt Philo: „Nimm nicht an, dass das Sein, das wahrhaft Sein ist (τὸ ὄν, ὅ ἐστι
πρὸς ἀλήθειαν ὄν), von irgend einem Menschen erkannt werden könnte. Wir haben
nämlich kein Organ in uns, mit dem wir es sichtbar machen könnten, denn es ist weder mit den Sinnen noch mit dem Verstand wahrnehmbar" (Mut 7). *Wie* Gott seinem
Wesen nach ist, können wir also nicht wissen.[18]

So stark Philo die Transzendenz und Unerkennbarkeit Gottes betont, so liegt ihm
doch daran, Gott und Welt nicht gänzlich auseinander zu reißen.[19] Nach Philo besteht
ein Unterschied zwischen Gottes Wesen und seinen „Kräften". Während jenes uns

---

[14]   „Philo has God say that no creature is capable of understanding the divine nature:
for it is not within the power of the human intellect to understand God's *ousia*." So
Carabine (1995), 210 zu SpecLeg 1,44.

[15]   Zu diesem Begriff vgl. den Exkurs bei Burkhardt (1992), 156-171.

[16]   Zu dieser Differenzierung vgl. Siegert (1996): „His key to partial and less-than-
perfect truths about God consits in distinguishing the 'Being (one)' from 'god'(Θεός)
- a word that just names his power, but not himself - and from 'the Lord' (Κύριος),
another name for a supreme power. The 'wrath' of God, and evils inflicted by the
Lord (punishing sinners) now becomes just *God's* (or *the Lord's*) acts which do not
necessarily qualify the Being one. Ὁ Ὤν is beyond motion and emotion, beyond
evil, and beyond any contact with matter." (169)

[17]   Montes-Peral (1987), 10 unterstreicht die Bedeutung der Transzendenz Gottes für
Philo: „Die Erforscher der philonischen Werke stimmen darin überein, die göttliche
Transzendenz als den hermeneutischen Schlüssel der Theologie Philos zu betrachten.
Ohne dieses System der Transzendenz ist das ganze System Philos bodenlos. Im
Grunde entwickelt Philo seine ganze Gotteslehre, seine gesamte Ethik und sogar alle
philosophischen Grundgedanken und Unterscheidungen aus diesem Ansatz heraus".

[18]   Weitere Belege für dieses Motiv: Praem 44; Post 15f; Fug 164.

[19]   Vgl. Siegert (1996), 171: „His eclecticism consists in being *a Platonist about
transcendence, and a stoic about immanence*".

verborgen bleibt, können wir diese erkennen. Auf die Bitte des Mose „Lass mich doch deine Herrlichkeit sehen" (Ex 33,18), worunter der philonische Mose „die Gott umgebenden Kräfte" versteht, antwortet Gott, diese seien mit dem Verstand wahrnehmbar - so wie der Abdruck eines Stempels bzw. Siegels sichtbar ist (SpecLeg 1,47). Zu diesen Kräften gehört auch der in All 3,207 angesprochene Logos: „The logos, is the power closest to to on, and it is also endowed with negative attributes [...]. It is the logos, then, which along with the other powers, makes God's existence known. Although the powers themselves in their essence, are beyond understanding, they do present a sort of impression on the mind, and this effect is their work in creation."[20]

D. Winston vermutet, dass Philo den Gedanken der radikalen Transzendenz Gottes aus der mittelplatonischen und neupythagoräischen Tradition übernommen hat, „traditions that had postulated a supranoetic First Principle above a pair of opposites, the Monad, representing Form, and the Dyad, representing Matter".[21] Das heißt aber nicht, dass Philo mit dieser Anleihe aus seiner paganen Umwelt den Boden des Judentums verlassen hätte: „As is often the case with Philo, we have here an example of the convergence of his Jewish inheritance with his Greek philosophical antecedents. The prophetic teaching of the incomparability and unnameability of God reinforced Philo's philosophical convictions and led him to espouse an emphatic doctrine of extreme divine transcendence".[22]

Es ist das Festhalten an dieser Transzendenz, das Philo den Umgang mit den Anthropomorphismen der Bibel erschwert.[23] Grundsätzlich gilt für ihn: „Gott ist nicht ein Mensch" (Num 23,19)[24]. Wo die Schrift diesem Grundsatz nicht entspricht und anthropomorph von Gott redet, hat das

---

[20] Carabine (1995), 215.

[21] Winston (1992), 21.

[22] Winston (1992), 21. Die immer wieder erörterte Frage, ob Philos Denken sich zuerst aus jüdischen oder griechischen Wurzeln speist (Vgl. den Forschungsüberblick bei Cohen (1995a), 1ff), hätte Philo selbst wohl kaum verstanden. „In Philonic scholarship, it is important that we do not draw a too distinct line of demarcation between his philosophical and biblical scources: these cannot in him be seperated without sacrificing some of the richness of his thought. [...] Whether the idea of an 'abstract impersonal principle' versus a loving God was indeed a problem for Philo is a question that I do not believe troubled him. When Philo read Plato, he saw, not a metaphysical absolute, but the Good, the *telos* and end of all humane yearning; he did not find a naked, unadorned entity which he was then compelled to dress up in biblical garments." Carabine (1995), 195. Dass Philo Konventionen der philosophische Schulen, in deren Tradition er steht, auch brechen kann, wenn ihm die biblische Tradition dies nahelegt zeigt sich z.B. darin, dass Philo Gott das Attribut „ἔλεος" (barmherzig) zuschreibt (Sacr 42; Her 112; Fug 95; Mut 133; Som 1,93.112.147, 2,149; Jos 255; VitMos 1,86; SpecLeg 1,308, 4,180; Praem 39.117; LegGai 367). „In describing pity (*eleos*) to God, Philo decisively parts company with the Stoics, who had classified pity as a species of *lype* or distress, one of the four primary passions." (Winston (1992), 31) Stoische Quellen dafür sind: SVF 1,213; 3,394, 413-134, 416; Sen. clem. 2,4ff.

[23] Parallelen zu dieser negativen Einstellung gegenüber anthropomorpher Rede von Gott finden sich in der stoischen Tradition (vgl. z.B. Cic. nat.deor. 2,45, Diog. Laert. 7,147).

[24] Sacr 94; Quod Deus 53; Conf 98 u.ö.

bestimmte Gründe. Der folgende Text nimmt das Schwören Gottes zum Anlass, ganz allgemein diese Gründe zusammenzufassen:

„τί οὖν ἔδοξε τῷ ἱεροφάντῃ παρεισαγαγεῖν αὐτὸν ὀμνύντα; ἵνα τὴν ἀσθένειαν διελέγξῃ τοῦ γενητοῦ καὶ διελέγξας ἅμα παρηγορήσῃ· οὐ γὰρ δυνάμεθα διηνεκῶς τὸ ἄξιον τοῦ αἰτίου κεφάλαιον ἐν ψυχῇ ταμιεύεσθαι τῇ ἑαυτῶν, τὸ οὐχ ὡς ἄνθρωπος ὁ θεός, ἵνα πάντα τὰ ἀνθρωπολογούμενα ὑπερκύψωμεν· ἀλλὰ πλεῖστον μετέχοντες τοῦ θνητοῦ καὶ χωρὶς ἑαυτῶν | ἐπινοῆσαι μηδὲν δυνάμενοι μηδὲ ἐκβῆναι τὰς ἰδίους κῆρας ἰσχύοντες, ἀλλ' εἰς τὸ θνητὸν εἰσδυόμενοι καθάπερ οἱ κοχλίαι καὶ περὶ ἑαυτοὺς ὥσπερ οἱ ἐχῖνοι σφαιρηδὸν εἰλούμενοι, καὶ περὶ τοῦ μακαρίου καὶ ἀφθάρτου τὰ αὐτὰ ἃ καὶ περὶ ἑαυτῶν δοξάζομεν τὴν μὲν ἀτοπίαν τοῦ λόγου, ὅτι ἀνθρωπόμορφον τὸ θεῖον, ἀποδιδράσκοντες, τὴν δὲ ἐν τοῖς ἔργος ἀσέβειαν, ὅτι ἀνθρωποπαθές, ἐπαναιρούμενοι. διὰ τοῦτο χεῖρας πόδας εἰσόδους ἐξόδους ἔχθρας ἀποστροφὰς ἀλλοτριώσεις ὀργὰς προσαναπλάττομεν, ἀνοίκεια καὶ μέρη καὶ πάθη τοῦ αἰτίου· ὧν ἐστι καὶ ὁ ὅρκος τῆς ἡμετέρας ἐπίκουρος ἀσθενείας." (Warum nun scheint es dem Hierophanten[25] angemessen, Gott als schwörend vorzustellen? Damit er die Schwachheit des Gewordenen darlege und, nachdem er sie dargelegt hat, zugleich tröste, denn wir können nicht fortwährend das würdige Hauptstück der Ursache in unserer Seele als Schatz bewahren, dass nämlich Gott nicht wie ein Mensch ist (Num 23,19) und somit alle menschlichen Anschauungen über ihn übersteigen. Sondern zum größten Teil haben wir Anteil am Sterblichen und können ohne dies nichts erkennen, wir können auch aus unserem Los nicht aussteigen, sondern wir kriechen hinein ins Sterbliche, wie die Schnecken oder die Igel sich zusammenrollen, und denken über das Selige und Unvergängliche das Gleiche, das wir über uns selber denken. Der Theorie nach fliehen wir zwar den Wahnsinn, das Göttliche sei menschlicher Gestalt, praktisch aber akzeptieren wir die Gottlosigkeit, dass es menschliche Leidenschaften habe. Deshalb erfinden wir für ihn Hände und Füße, Aus- und Eingänge, Feinde, Abneigungen, Zurückweisungen, Zornesregungen, Teile und Leidenschaften, die zur Ursache nicht passen. Zu diesen gehört auch der Eid - als Helfer für unsere Schwachheit.) (Sacr 94-96)

Die anthropomorphe Redeweise der Schrift kommt also einerseits unserem begrenzten Erkenntnisvermögen entgegen und deckt es andererseits zugleich in seiner Schwachheit auf. Was die philosophische Einsicht als richtig erkennt, nämlich dass Gott nicht Mensch ist und darum streng transzendent gedacht werden muss, kann auf der praktischen Ebene nicht immer durchgehalten werden, weil unser Erkenntnisvermögen aus seiner Bindung an die Sterblichkeit ebenso wenig herauskommt wie eine Schnecke aus ihrem Haus.[26] Diese zentrale theologisch-anthropologische

---

[25] Hierophant ist eine der philonischen Bezeichnungen für Mose als Autor der Schrift. Vgl. dazu Burkhardt (1992), 208.

[26] Philo kann sich aus dieser Regel in gewisser Weise ausnehmen und die anthropomorphe Redeweise der Schrift als Mittel zur Unterweisung der ungebildeten Massen sehen. „The anthropomorphic language used in scripture is for the admonition of the masses, who could not otherwise be brought to their senses." (Winston (1992), 24). Ihren Anhalt an der Schrift findet diese Aussage in Dtn 8,5 „wie ein Mann seinen Sohn erzieht". Vgl. Imm 53-56.60-68; Som 1,237; Quaest in Gn 2,54.

Erkenntnis über die strenge Transzendenz der göttlichen Natur und die Begrenztheit des menschlichen Erkenntnisvermögens ist für Philo das, was die Rede vom Schwören Gottes in der Schrift eigentlich vermitteln soll. Und damit führt dieses Thema geradezu ins Zentrum der philonischen Theologie.

4.3 Schwur und Eid im Munde der Menschen

Wenn Menschen schwören, dann tun sie dies, wie oben ausgeführt, um Glaubwürdigkeit zu gewinnen, indem sie Gott zum Zeugen anrufen. Es soll nun gefragt werden, welche Auskünfte die philonischen Schriften über die Kontexte des Eides geben.

4.3.1 Eide im Kontext der Rechtspflege

Nach Philos Definition führt der Eid „ἀμφισβητούμενα" - also strittige Sachverhalte - einer Entscheidung zu.[27] Der Begriff „ἀμφισβητούμενα" kann dabei durchaus juristische Implikationen haben, indem er nämlich u.a. Erbschaftsansprüche und andere besitzrechtliche Fragen, die vor Gericht ausgefochten werden, bezeichnet. Philo äußert sich zur rechtlichen Relevanz des Eides explizit an vier Stellen: Decal 138-141; SpecLeg 1,235-238; 4,32-38; 4,39-40.

4.3.1.1 Decal 138-141

Decal 138-141 behandelt das neunte Gebot (Ex 20,16). Das in diesem Vers ausgesprochene Verbot des Falschzeugnisses ist nach Philo aus drei Gründen erlassen worden: 1. Die Wahrheit wird durch falsches Zeugnis verdunkelt. 2. Wer eine falsche Zeugenaussage macht, verbündet sich mit dem Sünder wider den Gerechten. Noch schrecklicher (ἀργαλεώτερον) als die ersten beiden ist jedoch der dritte Grund:

„ὅταν γὰρ σπάνις ἀποδείξεων ᾖ διὰ λόγων ἢ διὰ γραμμάτων, ἐπὶ μάρτυρας καταφεύγουσιν οἱ τὰς ἀμφισβητήσεις ἔχοντες, ὧν τὰ ῥήματα κανόνες εἰσὶ τοῖς δικασταῖς περὶ ὧν μέλλουσιν ἀποφαίνεσθαι· μόνοις γὰρ τούτοις ἐπανέχειν ἀνάγκη, μηδενὸς ὄντος ἑτέρου τῶν εἰς ἔλεγχον."
(Wenn es nämlich an schriftlichen oder mündlichen Beweisen mangelt, nehmen diejenigen, die den Prozess führen, zu Zeugen Zuflucht,[28] deren Worte für die Richter

---

27 Vgl. oben Anm. 4.
28 Philos Formulierung berührt sich hier sehr stark mit seinen Ausführungen über den Eid in Sacr 93: „Ein Mensch, dem man nicht glaubt, kann zum Eid seine Zuflucht nehmen". Damit wird wieder einmal deutlich, dass der Eid für Philo die Funktion eines Zeugnisses hat. Dass er an dieser Stelle an eine eidliche Zeugenaussage denkt, ist allerdings eher unwahrscheinlich – zumindest wäre dies der einzige Beleg

Richtschnur sind bezüglich dessen, worüber sie entscheiden werden. Allein auf diese müssen sie sich verlassen, wenn es nichts anderes von denen, die als Beweismittel dienen können, gibt.)

Wenn die Richter bei ihrer Urteilsfindung allein auf die Aussage von Zeugen angewiesen sind, diese Zeugen aber eine falsche Aussage machen, so folgt daraus für Philo, „dass zum einen denjenigen, zu deren Ungunsten ausgesagt wird, Unrecht angetan wird, wo sie hätten gewinnen können, zum anderen die Richter, die (die Aussage) annehmen, ungerechte und widergesetzliche Urteile anstelle von gesetzmäßigen und gerechten fällen". Damit erstrecken sich die Folgen dieser Falschaussage nicht nur auf die zwischenmenschliche Dimension, sie laufen vielmehr auf Gottlosigkeit (ἀσέβεια) hinaus. „Es ist Sitte", schreibt Philo, „nicht ohne Eid Recht zu sprechen" (οὐ γὰρ ἀνωμότοις δικάζειν[29] ἔθος) (Decal 141). Es ist vielmehr üblich, „schrecklichste Eide" abzulegen (φρικωδεστάτων ὅρκων). Diese Eide brechen nun diejenigen, die einen Meineid schwören, und so die Richter ein falschen Urteil sprechen lassen: „Der Irrtum jener geschieht ohne Wissen, diese aber überlisten wissentlich, wobei sie planvoll sündigen und die Abstimmungsberechtigten verleiten, sich mit ihnen zu vergehen, wobei diese nicht wissen, was sie tun - indem sie nämlich jemanden, der keine Strafe verdient hat, bestrafen". Die Falschaussage bringt also die Richter dazu, den Eid, den sie selbst geschworen haben, - wenn auch unwissentlich - zu brechen. Philo kennt den Eid also im Kontext des Gerichtsverfahrens und zwar zunächst als Eid, den die Richter selbst abzulegen haben.

Philos Ausführungen stehen im Kontext seiner Exegese eines Dekaloggebotes (Ex 20,16). Der geschilderte Fall und seine näheren Umstände gehen aber signifikant über das hinaus, was biblische Prozessschilderungen, auf die Philo sonst rekurriert, an Material bereitstellen. So ist der Eid der Richter weder biblisch noch im nachbiblischen Judentum belegt. Die Sitte (ἔθος), auf die Philo hier Bezug nimmt, ist jedoch aus dem griechischen und römischen Recht bekannt.[30] Die Horizonte biblischjüdischer und griechisch-römischer Rechtspraxis verschmelzen in der Darstellung Philos.

4.3.1.2 SpecLeg 1,235-238

Auf biblische Vorgaben und die Rolle, die der Eid dort spielt, rekurriert Philo wiederum in SpecLeg 1,235-238. Dort behandelt er die biblischen

---

in seinem Werk für diese im griechischen Recht (vgl. Plescia (1979), 53ff) bekannte Praxis. In jüdischen Quellen begegnet sie sonst erst im Mittelalter (vgl. Cohen (1966), 710ff).

[29] Liddell-Scott, 428, übersetzt: „judge, sit in judgement".

[30] Vgl. oben II / 1.3.

Ausführungen über willentlich begangene Sünden und nimmt Bezug auf Lev 5,21-26. Zunächst paraphrasiert Philo die Verse 21f, wobei er sich an den Sprachgebrauch der LXX anlehnt: Ein Gegenstand kommt abhanden, der Verdächtige wird unter Eid gestellt und schwört falsch. Es geht also um die Aufklärung eines Eigentumsdeliktes. Der (Mein-) Eid entlastet hierbei den unter Verdacht Geratenen. So „mag er glauben", fährt Philo fort, „er sei dem, was die Ankläger gegen ihn vorbringen, entronnen". Auf der juristischen Ebene bedeutet der Eid somit das Ende des eingeleiteten Verfahrens und zwar zugunsten des Angeklagten. Damit hat der Eid hier prozessentscheidende Qualität. In diesem Sinne ist er aus der Tradition des biblischen Reinigungseides bekannt.[31] Im griechischen Bereich konnte die eidliche Aussage ähnliche Funktion haben.[32] Auch hier erweisen sich biblisch-jüdische und pagane Rechtsprechung als kompatibel.

Orientierte sich Philo bisher primär am Rahmen dessen, was ihm aus der biblischen Überlieferung vorlag,[33] so bewegt er sich nun darüber hinaus und schildert, wie es dazu kommt, dass der Betreffende - wie in Lev 5,23ff erwähnt - in den Schutzbereich des Sühnegeschehens eintritt: „Er wird sich dann selbst zum Ankläger und wird im Innersten vom Gewissen überführt. Er schilt sich selbst bezüglich dessen, was er abgeleugnet und falsch geschworen hat". Diese „Gewissensunruhe"[34] ist nach Philo typisch für den Gemütszustand derjenigen, die falsch schwören (vgl. Decal 87). Sie führt schließlich zum offenen Eingeständnis der Schuld: Dem, der „geradeheraus bekennt, welches Unrecht er getan hat und um Vergebung bittet, dem Amnestie zu gewähren, befiehlt er (der Gesetzgeber, M.V.)". Von diesem Schuldbekenntnis und der Bitte um Vergebung steht ebenfalls nichts im biblischen Text, allerdings ergeben sich Berührungen mit der Halacha der Qumrangemeinde[35] und der Mischna.[36]

---

[31] Vgl. oben II / 1.2.
[32] Vgl. oben II / 1.3. Weiteres bei Plescia (1970), 41 und 49 und Hirzel (1902), 90ff. Die Entwicklung des „exculpatory oath by the accused" im griechischen Recht zeichnet Jones (1956), 136ff nach.
[33] Nicht ohne Transparenz auf griechische Rechtspraxis hin.
[34] Zum Gewissensbegriff bei Philo vgl. Blühdorn (1984), 201-202; Hahn / Karrer (1997), 775; Klauck (1994), 38-58.
[35] Vgl. CD 15,4.
[36] Belkin (1940), 154, findet diese Interpretation in der Mischna (mBQ 9,8): „Wo ist mein Pfand? Er sagt ihm: ‚Gestohlen.' ‚Ich beschwöre dich' und er sagt: ‚Amen'. Wenn die Zeugen bezeugen, dass er es gestohlen hat, so bezahle er doppelt. Wenn er freiwillig bekennt (הודה מעצמו), so erstatte er den Wert plus einem Fünftel." In der Tat gehen Philo, das Damaskusdokument und die Mischna *gemeinsam* über den Bibeltext hinaus.

Auf das Schuldbekenntnis hin ist dem Menschen nach dem Willen des Gesetzgebers Amnestie[37] zu gewähren. Diese hat allerdings zur Bedingung, dass der Schuldige seine Umkehr (μετάνοια) nicht nur mit einem Versprechen, sondern auch mit Taten bewahrheitet. De facto muss der Schuldige das, was er sich unrechtmäßig angeeignet hat, zurückerstatten und dazu ein Fünftel hinzugeben. Damit wäre die zwischenmenschliche Dimension dieses Vorgangs abgeschlossen. Auf der Ebene Gott-Mensch schließt sich wie auch in Lev 5,25f ein Opfer an, um Vergebung für die begangene Sünde zu erlangen. Philo bemerkt, dass, wie bei versehentlichen Vergehen im sakralen Bereich, so auch hier ein Widder zu opfern ist, „denn" - so fährt Philo fort - „die im Bereich des Heiligen versehentlich begangenen Sünden nannte er gleichwertig denen, die im zwischenmenschlichen Bereich absichtlich begangen werden". Philo kann dieser Einteilung nicht uneingeschränkt zustimmen, denn im Grunde handelt es sich - ob des geleisteten Meineids - um eine absichtliche Sünde, die das Heilige betrifft (εἰ μὴ ἄρα καὶ τοῦτ' ἐστί τι ἅγιον). Dies zeigt, dass - wie auch schon in Decal 141 deutlich wurde - Meineid für Philo kein zwischenmenschliches, sondern ein religiöses Vergehen darstellt[38] und entsprechend schwer wiegt. Dass die Tora hier nicht mit in Philos Augen angemessener Strenge zu verfahren vorsieht[39], liegt daran,

---

[37] Dieses Substantiv kommt in der LXX nur zweimal vor und zwar mit negativer Wertung im Sinne von „Vergessen" Weis 14,26; 19,4. Philo verwendet es noch an vierzehn weiteren Stellen im Sinne der Vergebung, die Gott gewährt: Conf 160; Congr 109; Fug 90; Fug 99; Som 2,293; Som 2,299; VitMos 2,24.2,134; SpecLeg 1,161.187.193.229.242.3,128 (nicht Gott als Subjekt des Vergebens haben: Jos 92.213.239.263; VitMos 1,311; Flacc 84).

[38] Vgl. dazu oben II / 1.2.

[39] Philo selbst hält die Todesstrafe für die einzig angemessene Strafe für einen Meineid (SpecLeg 2,252 [nach 253 sogar mit der Tendenz zur Lynchjustiz] vgl. SpecLeg 2,28). Philo folgert dies aus Ex 21,17 und Dtn 27,16: Wenn schon der, der Vater und Mutter nicht ehrt bzw. verflucht den Tod verdient hat, um wieviel mehr müsste dann der, der sich gegenüber Gott so verhält mit dem Tode bestraft werden (SpecLeg 2,254). Für Philo liegt hier mehr als ein Schluss vom Leichteren auf das Schwerere vor, denn zwischen den Eltern und Gott besteht eine abbildliche Beziehung, denn die Eltern bilden Gottes Schöpferkraft ab (vgl. Decal 107-120). Philo kennt nach SpecLeg 2,28 noch eine andere Strafe für den Meineid, nämlich die Geißelung. Belkin vermutet, dass sich in Philos Worten eine Kontroverse zwischen Pharisäern und Sadduzäern spiegelt. Aus den Schriften Josephus' wissen wir, dass die Pharisäer im Bestrafen grundsätzlich als milde gelten (Ant 13,10,6). Als rabbinischer Beleg wird diesem Zeugnis gern mSan 5,1 an die Seite gestellt. Die Sadduzäer hingegen stehen bei Josephus im Ruf, schwere Strafen zu verhängen (Ant 20,9,1). Belkin (1940) folgert ausgehend von diesen Belegen: „Philo, then, would seem to be reflecting the Pharisaic attitude when he says: 'But those who are of milder disposition scourge them with rods publicly in the sight of all men [...]' When he speaks of 'those who are braver and stricter in their character' he most likely has the Sadducees in mind, for they were severe in punishing offenders." (148f). Dies ist in der Tat eine mögliche Auswertung des Befundes - zwingend ist sie nicht. SifDev § 286 (Finkelstein, 304) berichtet davon, dass mittels der Geißelung die von Gott selbst durchge-

dass der Wandel zum Besseren, den der Meineidige vollzieht, nach Philos Interpretation von ihr höher gewichtet wird.

4.3.1.3 SpecLeg 4,30-40

SpecLeg 4,30-40 findet sich im Kontext der Behandlung des Gebotes „Du sollst nicht stehlen" (Ex 20,15). Als eine Form des Diebstahls wertet Philo die Unterschlagung eines anvertrauten Gutes (παρακαταθήκη)[40]. Mit feierlichen Worten leitet er diesen Abschnitt ein, in dem er zunächst die Bedeutung des Depositenwesens herausstreicht. Es ist die heiligste (ἱερώτατον) Form menschlichen Umgangs überhaupt. Sie baut nicht auf Verträge oder die Anwesenheit von Zeugen, sie vollzieht sich vielmehr unsichtbar für alle – Gott ausgenommen. Gott beziehen beide Parteien als Mittler[41] und Zeugen in den Vorgang mit ein. Nach dem, was wir von Philo bisher zur Kenntnis genommen haben, könnte man erwarten, dass Philo im Zusammenhang mit der göttlichen Zeugenschaft von einem Eid spricht. Dass Philo genau dies jedoch im Sinn hat, klärt sich im Fortgang des Textes. Gibt nämlich jemand das anvertraute Gut nicht zurück oder leugnet ab, es bekommen zu haben, so bricht er nicht nur auf der zwischenmenschlichen Ebene das Vertrauen, es bleiben auch „die Eide uneingelöst" (4,32). Folgerichtig führt Philo aus: „Menschliches und Göttliches hat er gering geachtet und zwei Pfänder hat er verleugnet, das eine, dass jemand ihm von seinem Eigentum überlassen hat, das andere des untrüglichen Zeugen nämlich, der alles sieht und alles hört...".[42] Der

---

setzte Ausrottungsstrafe aufgehoben werden konnte. Heinemann (1962), 93 führt dazu aus: „Um so wichtiger ist festzustellen, daß die von Philon innerlich mißbilligte Ansicht die - der Rabbinen ist" (vgl. bShevu 21a). Philo hält den Meineid nach SpecLeg 2,28 in jedem Fall für „a more serious offense than violating any of the other commandments, because other offenses may be pardoned" (Belkin (1940), 149). Als prinzipiell unvergebbar gilt der Meineid übrigens auch TanchB Mattot 1 (אין לו מחילה לעולם). Diese Tendenz tritt schon in der tannaitischen Literatur deutlich zutage (II / 6.2.1).

[40] Das Rechtsinstitut der „Parakatatheke" existierte analog im griechischen Recht. Vgl. dazu Ehrhardt (1958), 32-90.

[41] Zum Begriff μεσίτης vgl. unten II / 5.2.1.

[42] Belkin (1940), 170 und vor ihm andere haben auf eine interessante tannaitische Parallele zu diesem Gedanken hingewiesen. In Sifra zu Lev 5,21 findet sich folgendes Diktum im Namen Rabbi Aqibas: „Warum heißt es ‚und er begeht eine Untreue am Herrn'? Weil Gläubiger und Schuldner bzw. Käufer und Verkäufer nicht Darlehen geben oder nehmen, nicht verkaufen oder kaufen, ohne dass vor Zeugen ein Vertrag gemacht wird, deshalb verleugnet jemand - wenn er ableugnet - den Vertrag und die Zeugen. Wer aber seinem Nächsten etwas zur Aufbewahrung gibt, will nicht, dass jemand davon etwas weiß, außer dem Dritten, der zwischen ihnen (ist) (Gott, M.V.). Wenn er nun verleugnet, so verleugnet er den Dritten, der zwischen ihnen (ist)."

Eid hat nach dem Zeugnis dieses Textes seinen Ort also auch im Kontext der Übergabe eines Pfandes.

Wenn nun das anvertraute Gut - sei es ein Gegenstand oder ein Lebewesen - nicht zurückgegeben werden kann, weil es demjenigen, dem es anvertraut war, abhanden gekommen ist,[43] dann bedarf es, wenn die näheren Umstände nicht aufgeklärt werden können, zur Entlastung des Empfängers des Eides:

„προσίτω γνώμη ἑκουσίῳ ὁ λαβὼν εἰς τὸ θεῖον δικαστήριον καὶ ἀνατείνας τὰς χεῖρας εἰς οὐρανὸν ὀμνύτω κατ' ἐξωλείας ἑαυτοῦ, μήτε τι μέρος τῆς παρακαταθήκης νοσφίσασθαι μήτε ἑτέρῳ κοινοπραγῆσαι μήτε ὅλως συνεπιψεύσασθαι κλοπὴν οὐ γενομένην." (Der Empfänger muss freiwillig zum göttlichen Gerichtshof gehen, seine Hände zum Himmel erheben und dann bei seinem eigenen Verderben schwören, dass er keinen Teil des Pfandes geraubt noch mit jemand anderem gemeinsame Sache gemacht hat oder einen Diebstahl erfunden hat, den es gar nicht gab.) (SpecLeg 4,34)

Der „göttliche Gerichtshof", von dem hier die Rede ist, umschreibt im philonischen Sprachgebrauch das „ἐνώπιον τοῦ θεοῦ" aus dem biblischen Referenztext für diesen Abschnitt (Ex 22,8)[44]. Interessant sind die Details, die Philo im Zusammenhang mit dem zu leistenden Eid schildert: Er wird mit zum Himmel erhobenen Händen[45] und „κατ' ἐξωλείας ἑαυτοῦ" abgelegt. Letzteres hat wiederum Parallelen in der griechischen Welt (vgl. z.B. Demosth. or. 21,119; 40,6; 57,22; 119,8;). Tatsächlich sind Eide, „in denen der Schwörende für den Fall des Eidbruchs sich und die Seinigen dem äussersten Verderben preisgiebt (!)"[46], in der griechischen Literatur nicht selten.[47] Wenn Philo an dieser Stelle auf diese Wendung zurückgreift, dann wohl, um die Bedeutung, die der Eid in dem hier zur Verhandlung stehenden Fall hat, zu unterstreichen: Diesen Eid abzulegen, ist keine leichte Sache, ihn falsch abzulegen, erst recht nicht. Interessant ist weiter, wie auch hier wieder die Welt der Bibel, deren Einzelgesetze Philo auslegt, und die Welt der Griechen, deren Eidformulierung er hier übernimmt, kompatibel sind. Doch zurück zur Funktion des Eides im beschrieben Fall. Ihn ablegen zu müssen ist - wie

---

[43] Philo denkt hier an Diebstahl (4,33) oder Tod des Tieres (4,33).

[44] Der Begriff selbst begegnet u.a. in Virt 171; Praem 69.

[45] Belkin (1940), 172, hält dies im Licht von TanchB Lekh lekha 22 für eine wortlose Ersatzformel. Der Midrasch kennzeichnet diese Geste jedoch nicht als solche. Er versteht lediglich Abrahams Verzichtserklärung (Gen 14,22f) als Schwur. Desweiteren stellt sich für den Vorschlag Belkins das Problem, dass Philo sonst nirgends von einer solchen Ersatzformel berichtet.

[46] Hirzel (1902), 8.

[47] Vgl. Antiph. 5,11; Dion. Hal. ant. 7,50; Aischin. Tim. 114,8, Ctes. 99,4; Cass. Dio. 59.11.4; Lys. 10,1. Es handelt sich hier um eine konditionale Selbstverfluchung. Weiteres Hirzel (1902), 137ff.

wir sahen - schwer, ihn nicht ablegen zu dürfen, ist Unrecht, denn der Eid schützt den Verdächtigten und spricht ihn frei (34).

SpecLeg 4,39-40 ergänzt das Spektrum um einen weitere Aspekt. Angeregt durch Lev 19,11f wendet sich Philo dem zu, der jemanden fälschlich verklagt:

„πᾶς τε συκοφάντης εὐθύς ἐστιν ἐπίορκος, ὀλίγα φροντίζων εὐσεβείας· ἐπειδὴ γὰρ ἐλέγχων ἀπορεῖ δικαίων, ἐπὶ τὴν ἄτεχνον λεγομένην πίστιν καταφεύγει, τὴν δι' ὅρκων, οἰόμενος κατακλήσει θεοῦ πίστιν ἐργάζεσθαι τοῖς ἀκούουσιν."
(Jeder falsche Ankläger ist sogleich auch ein Falschschwörer, der die Frömmigkeit gering achtet. Nachdem er nämlich keine rechtmäßigen Beweismittel hat, nimmt er zu dem kunstlosen Beweis[48] Zuflucht, dem durch Eide, weil er meint, durch Herabrufung Gottes bei denen, die ihn hören, Glauben zu erwecken.) (SpecLeg 4,40)

Offensichtlich ist es hier der Kläger, dem der Eid zur Durchsetzung seiner Ansprüche dient. Diese Funktion des Eides kennt die Bibel[49] nicht, wohl aber das römische Recht[50] und in bestimmten Fällen auch die Mischna.[51] „In this, then, we see that Philo was acquainted with a postbiblical legal innovation, as is recorded in the Mishnah. It is highly probable, however, that both Philo and the Rabbis may have taken over this form of oaths from the Romans".[52]

Die in diesem Unterabschnitt vorgestellten Texte ließen erkennen, dass Philo den Eid in der Rechtspflege verortet: Nach Decal 138-141 werden Richter vereidigt. Philos Auslegung des Gebotes Ex 20,16 konstruiert über den biblischen Text hinaus zu dessen Verdeutlichung einen konkreten Fall, der seinerseits nicht aus der Bibel stammt, vielmehr an griechisch-römische Theorie und Praxis erinnert - ebenso wie die Funktion des Eides als Beweismittel der Anklage (SpecLeg 4,39-40). Zwei weitere Texte (SpecLeg 1,235-238 und 4,32-38) orientieren sich hingegen primär am schon in der Bibel bekannten Reinigungseides, der allerdings auch in Israels griechisch-römischer Umwelt zu finden ist. Hier legt Philo biblische Texte aus, wobei er manche Lücke füllt (z.B. mit Aus-

---

[48] Vgl. oben unter II / 4.3.1.1.
[49] Auch in der außerkanonischen Literatur oder in Qumran hat der Eid diese Funktion nicht.
[50] Zum sog. Kalumnieneid vgl. Kunkel (1963), 756; Schulz (1951), 370. Plescia (1970), 42 verweist auf das Gesetz von Gortis, das in bestimmten Fällen vorsah, dass derjenige, der eine Forderung gerichtlich durchzusetzen hatte, seinen Anspruch beeiden und so den Prozess für sich entscheiden konnte.
[51] Vgl. mShevu 7,1: „Alle, die in der Tora schwören, schwören und bezahlen nicht. Diese aber schwören und erhalten (das, was sie fordern, M.V.): der Lohnarbeiter, der Beraubte, der Verletzte, der, dessen Gegner auch unter Eid unglaubwürdig ist, und der Händler aufgrund seiner Bücher."
[52] Belkin (1940), 178.

führungen über psychische Vorgänge und Motivationen) und Eindeutig-
keiten herstellt, wo der biblische Text sie vermissen lässt. Diese Ergänzungen berühren sich z.T. mit den Bestimmungen, die in Qumran bekannt sind und die auch die Mischna bewahrt.

Dabei fällt auf, dass Philo den Eid in diesen Kontexten keineswegs negativ bewertet. Der Eid ist ein legitimes Mittel zur Wahrheitsfindung,
zur Entlastung eines Verdächtigten oder auch zu dessen Verurteilung.
Ihn zu missbrauchen, ist allerdings ein schweres Vergehen nicht nur im
zwischenmenschlichen, sondern vor allem im sakralen Bereich, das
Philo daher schwerster Strafe für würdig hält (vgl. SpecLeg 1,238).

4.3.2 Eide in der alltäglichen Rede

Philo weiß über den juristischen Raum hinaus noch von anderen Gele-
genheiten zum Schwören.

„εἰσὶ δ' οἳ μηδὲ κερδαίνειν τι μέλλοντες ἔθει πονηρῷ κατακόρως καὶ
ἀνεξετάστως ὀμνύουσιν ἐπὶ τοῖς τυχοῦσιν, οὐδενὸς ἀμφισβητουμένου τὸ
παράπαν, τὰ μὲν αὐτῶν ἐν τῷ λόγῳ προσαναπληροῦντες ὅρκοις, ὡς οὐκ
ἄμεινον ὂν ἀποκοπὴν ῥημάτων μᾶλλον δὲ καὶ ἀφωνίαν ὑποστῆναι παντελῆ."
(Es gibt welche, die, ohne dass sie etwas gewinnen wollten, aus schlechter Gewohn-
heit übertrieben und, ohne den Anlass geprüft zu haben, bezüglich allem Möglichen
schwören, obwohl überhaupt nichts strittig ist. Sie füllen ihre Rede mit Eiden auf, als
wenn es nicht besser wäre, sich kurz zu fassen oder gänzlich zu schweigen.) (Decal
92)

Schwurformeln als bloße „rhetorische Stilmittel" der Umgangssprache
hat Philo hier vor Augen. Und so sehr Philo den Eid als Mittel zur Ent-
scheidungsfindung im Rechtsleben schätzt, so sehr wendet er sich gegen
den unnötigen Gebrauch des Eides. „Es gibt einige", schreibt er in Decal
94, „die an profanen und unreinen Orten schwören, an denen nicht einmal Vater oder Mutter, noch irgendein nicht zur Familie gehörender Äl-
tester, der rechtschaffen gelebt hat, erwähnt werden sollten, und ganze
Reden aus Schwüren zusammensetzen". Diese Angewohnheit tadelt
Philo aus theologischen Gründen: „dabei missbrauchen sie den vielnamigen[53] Namen Gottes [...] und begehen damit eine Missachtung Gottes"
(τῷ τοῦ θεοῦ πολυωνύμῳ καταχρησαμένους ὀνόματι [...] πρὸς
ἀσέβειαν). Hier wird deutlich, worum es Philo mit seiner Kritik geht.
Wird Gott ohne Grund und unter profanen Bedingungen zum Zeugen

---

[53] Philo verwendet mit „πολυώνυμος" ein Gottesprädikat aus der griechischen Tradition (vgl. z.B. Hom. h. an Demeter 18; an Apoll 82; Pseudo Aristot. de mundo
401a 12), das zunächst einmal bedeutet, dass sein Träger unter vielen Namen angerufen und verehrt wird. Es kann aber auch im Sinne von „oft genannt" also berühmt
verstanden werden (vgl. Pind. P. 1,17). In der LXX fehlt es.

angerufen, so wird sein Name missbraucht.[54] Wer schwört, begeht mit seinen Worten eine Handlung, die den heiligen Gott herabruft. Darum soll man nicht unnötigerweise, nicht überall und jederzeit schwören.

Die beiden Unterabschnitte dieses Arbeitsteiles, der nach den Kontexten, in denen Philo den Eid kennt, fragt, ließen erkennen, dass Philo den juristischen Eid mit seinen Nuancen wie auch das alltägliche Schwören „auf der Straße" vor Augen hat. Doch hält er nur Ersteres für legitim. Gott vor Gericht als Zeugen anzurufen, ist nicht problematisch, solange man es wahrheitsgemäß tut. Im Alltag, in der normalen Rede hingegen, soll der Schwur keinen Ort haben, denn wie schon bei Jesus Sirach (Sir 23,10) gibt es ein Gefälle vom Vielschwören hin zur Gottlosigkeit: „aus dem Vielschwören entspringt Falschschwören und Gottlosigkeit" (φύεται γὰρ ἐκ πολυορκίας ψευδορκία καὶ ἀσέβεια) (Decal 92). Damit ist das Stichwort genannt, das im Zentrum des folgenden Abschnitts steht.

4.3.3 Das Falschschwören

Wir sahen, dass Philo das Falschschwören für ein todeswürdiges Verbrechen hält (SpecLeg 2,252). Es soll nun über das schon Gesagte hinaus untersucht werden, was Philo am Meineid (und dem diesem vorausgehenden unnötigen Schwören) eigentlich für problematisch hält. Dabei wird zum einen gleichsam als Kehrseite der Medaille noch einiges über das Verständnis des Eides bei Philo überhaupt zu lernen sein. Zum anderen wird deutlich, warum ihn dieses Thema in solchem Umfang beschäftigt.

Der Meineid bzw. das Falschschwören (ψευδορκία) ist zunächst einmal fester Bestandteil der philonischen „Lasterkataloge". So kommt im Gefolge des Kardinallasters Lust (ἡδονή) auch der Meineid daher. Umgekehrt folgt der Tugend die Treue zum geleisteten Eid. (Sacr 22 und 27).[55]

---

[54] Die gleiche Zielrichtung verfolgt seine Kritik in SpecLeg 2,6-8: „Einige legen eine solche Leichtigkeit und Leichtsinnigkeit an den Tag, dass sie alle Werke der Schöpfung übersteigen und es wagen, mit Worten zum Schöpfer und Vater des Alls hinzueilen, ohne die Orte, ob sie unrein oder heilig sind, oder die Zeiten, ob sie passend sind, oder sich selbst, ob sie rein sind an Körper und Seele, oder die Angelegenheiten, ob sie groß sind, oder die Dinge, ob sie nötig sind, zu prüfen. Sondern, wie man so sagt, ‚mit ungewaschenen Händen' rühren sie alles zusammen." (SpecLeg 2,6) Philo geht es hier (und im Kontext) zunächst einmal um die Frage, mit welcher Formel ein Eid überhaupt abzulegen ist. Darauf und auf die weiteren positiven Bestimmungen zum Schwören werden wir noch zurückkommen (vgl. II / 4.3.4). Hier sei nur so viel gesagt, dass Philo den leichtsinnigen und unnötigen Gebrauch des Eides vor Augen hat und diesen brandmarkt und zwar deshalb, weil so mit dem Heiligen in unheiliger Weise umgegangen wird. Das will Philo unterbinden. Es folgen einige Zeilen zur Sprachethik allgemein (vgl. dazu Baker (1995) und Karrer (1996)), bevor Philo das Schwören „περὶ ὧν ἂν τύχῃ" (worüber auch immer) gottlos und dumm nennt.

[55] Vgl. Conf 43.48.117; Virt 182.

Darin berührt sich Philos Denken mit dem anderer jüdischer (Pseudo-Phokylides 16f; TestAss 2,6; PsSal 8,10; grBar 13,4) bzw. paganer Autoren (z.B. Lukian, Nigrinus 16,7; Calumnia non credere credendem 20,2; Charon 11,16).

Darüber hinaus geht es Philo beim Falschschwören um mehr als um nur irgendein Laster: Es ist Ausdruck besonderer Gottlosigkeit (ἀσέβεια) (Decal 92), ja die unüberbietbare Spitze aller Gottlosigkeit (Decal 91), äußerste Unheiligkeit (SpecLeg 2,11).[56] Wer Gott lügnerisch zu seinem Zeugen macht, macht ihn, „der an allem Bösen unteilhaftig ist" (ὁ πάσης κακίας ἀμέτοχος) (SpecLeg 2,11), zum Komplizen der bösen Tat. Gott wird also durch den falschen Schwur mit etwas in Verbindung gebracht, mit dem er nicht nur nichts zu tun hat, sondern das ihm sogar wesentlich widerspricht: Gott ist allein wahrhaftig (vgl. All 3,204; Sacr 93) und er ist als „Vater und Schöpfer von allem gut" (Op 21[57]). Wer also durch den falschen Schwur Gott zum Lügner und „Mittäter des Bösen" (Decal 91) zu machen sucht, fordert Gott damit faktisch zum Selbstwiderspruch auf und verhält sich Gott gegenüber so, als sei Gott nicht Gott. Gott zeichnet sich dadurch aus, dass er alles sieht und hört (SpecLeg 4,32) - der Meineidige behauptet praktisch, wenn auch nicht mit Worten, das Gegenteil[58].

Das Phänomen des Falschschwörens rüttelt somit an den Grundfesten des philonischen Gottesverständnisses. Das, was für Philo Gott in seinem Wesen (soweit er dies für erkennbar hält) ausmacht, also seine Transzendenz, seine Wahrhaftigkeit, seine Güte, seine „πρόνοια" (seine voraussehende Fürsorge vgl. Decal 91) wird von dem, der einen falschen Eid ablegt, durch die Tat bestritten und ins Gegenteil verkehrt.

Dass es Philo genau um diesen Punkt - nämlich um die Heiligkeit und das Gottsein Gottes - geht, zeigt sich zugespitzt an dem schon angesprochenen Text über die dem Meineid angemessene Strafe (SpecLeg 2,252ff). Wenn schon der, der Vater und Mutter entehrt, den Tod verdient hat, um wie viel mehr dann der, der „den Namen der höchstrühmlichen Hochherrlichkeit selbst entehrt" (ὀνόματι τῷ καὶ αὐτῆς εὐκλεεστέρῳ σεμνότητος [...] ἀτιμουμένῳ) (SpecLeg 2,253)?[59] Wer

---

[56] Eine ähnliche Wertung findet sich in Weish 14,28.

[57] Philo beruft sich hier auf „jemand von den Alten". Gemeint sein dürfte speziell in diesem Kontext Plato, der den Demiurgen gut nennt (Tim. 29a.e), der nichts Schlechtes wollen kann.

[58] Belkin (1940), 149 weist auf einen ähnlichen Gedankengang in TanchB Mattot 1 hin. Gott sagt dort: „Wer einen Schwur bricht (המועל בשבועה) verleugnet mich" und führt dazu aus: „by perjury a person becomes *ipso facto* an atheist". Einen falschen Eid schwören, heißt Gott nicht beachten, wie Philo in SpecLeg 2,27f ausführt.

[59] M.E. ist es nicht nötig, wie Belkin (1940) versucht, Philos Folgerung mit der biblischen Halacha zu harmonisieren, der zufolge jeder Schwur ein Fluch gewesen sein soll, der den Meineidigen zu Tode brachte (145ff). Wenn Philo sich hier auf bibli-

falsch schwört, begeht kein geringeres Vergehen, als dass er den Namen Gottes und damit Gott selbst entehrt. „Ein solcher Mensch soll wissen, dass er unheilig und unrein ist, denn er befleckt den von Natur aus unbefleckten [guten und][60] göttlichen Namen" (ἀνίερος δ' ὁ τοιοῦτος ὢν καὶ βέβηλος ἴστω, μιαίνων τὸ ἀμίαντον φύσει [ἀγαθὸν καὶ] θεῖον ὄνομα) (SpecLeg 4,40). Das, was von sich aus heilig und rein ist, wird durch den falschen Schwur entheiligt und kultisch unrein.[61] Hier liegt der eigentliche Kern nicht nur der philonischen Kritik am Meineid, sondern auch seines Interesses am Phänomen des Schwörens überhaupt.[62] Wer schwört, steht potenziell in der Gefahr, den Namen Gottes und damit Gott selbst zu missbrauchen und zu entweihen[63]. Um dies zu verhindern, um also die Heiligkeit Gottes vor der Entweihung zu schützen, muss mit dem Eid sehr behutsam umgegangen werden. So nimmt es nicht Wunder, dass Philo sich ausführlich mit der verantwortlichen Gestaltung der Schwurpraxis beschäftigt. Seine Ausführungen dazu stehen im Zentrum des Interesses des folgenden Abschnittes.

4.3.4 Praktische Ausführungen zum Schwören

Philos Ausführungen zur Frage, wie man denn nun praktisch mit dem Eid verfahren soll, lassen sich von Decal 157 - der Zusammenfassung der unter das dritte Gebot fallenden Schwurhalacha[64] - her erschließen:

„τῷ δὲ τρίτῳ ὑποστέλλει τά τε ἀνώμοτα πάντα καὶ ἐφ' οἷς ὀμνύναι δεῖ καὶ ὁπότε καὶ ὅπου χρὴ καὶ τίνα καὶ πῶς ἔχοντα κατά τε ψυχὴν καὶ σῶμα καὶ ὅσα ἐπ' εὐόρκοις καὶ τοὐναντίον ἐχρήσθη." (Dem dritten (Gebot, M.V.) ordnet er das unter, was es bezüglich des Nichtschwörens zu sagen gibt, das, bezüglich dessen zu schwören ist und wann und wo man das tun darf und wobei[65] und wie man an

---

sche Halachot hätte berufen können, so hätte er das sicher getan. Seine Schlussfolgerung zeigt, dass er das nicht konnte.

[60] Zum Textbefund vgl. Colson, 428f.

[61] Das in der LXX häufig gebrauchte Verb „μιαίνω" gibt den hebräischen terminus technicus für kultische Unreinheit wieder טמא. Mitunter entspricht es auch dem hebräischen חלל (Gen 49,4; Ex 20,25; Ez 7,24) das in aller Regel jedoch mit einer Form von βεβηλόω übersetzt wird.

[62] Vgl. für die Qumrangemeinde CD 15,1ff (II / 3.2.3.1).

[63] Wobei für Philo das eigentliche Falschschwören und das unnötige Schwören als quasi rhetorisches Stilmittel nicht wesentlich voneinander verschieden sind. In beiden Fällen wird mit dem Namen Gottes nicht angemessen - also heilig - umgegangen, von daher ist für Philo der Unterschied zwischen beiden lediglich der zwischen einer Wurzel und dem, was aus ihr hervorsprießt. Die Pflanze ist die gleiche (so Philos eigener Sprachgebrauch in Decal 92).

[64] Die Zehn Gebote sind nach Philo als eine Art Zusammenfassung der gesamten Gesetzgebung der Tora zu verstehen (Decal 154). Sie enthalten in nuce alles, was zum jeweiligen Thema zu sagen ist. Vgl. Mendelson (1988), 54.

[65] Der von ὄμνυμι abhängige Akkusativ kann nach Liddell-Scott, 1223, angeben, wobei oder bei wem ein Schwur abgelegt wurde. Colson übersetzt hingegen, was

Leib und Seele beschaffen sein soll und was über das richtige Schwören und dessen Gegenteil gesagt wurde.)

Tatsächlich enthält diese Zusammenfassung alle wesentlichen Stichworte, die unter dem Aspekt der philonischen „Schwur-Halacha" zu besprechen sind. Ich folge daher der von Philo selbst vorgegeben Gliederung.

4.3.4.1 „τά τε ἀνώμοτα πάντα..." - der Verzicht auf das Schwören

Der sicherste Weg, die Gefahr, die sich bei jedem Schwur stellt, nämlich den potenziellen Missbrauch des göttlichen Namens bzw. seine Entweihung zu vermeiden, ist selbstverständlich der totale Verzicht auf das Schwören. Entsprechend lautet Philos Empfehlung:

„κάλλιστον δὴ καὶ βιωφελέστατον καὶ ἁρμόττον λογικῇ φύσει τὸ ἀνώμοτον, οὕτως ἀληθεύειν ἐφ' ἑκάστου δεδιδαγμένη, ὡς τοὺς λόγους ὅρκους εἶναι νομίζεσθαι." (Das Nichtschwören ist das Schönste, für das Leben Nützlichste und der vernünftigen Natur Angemessenste, welche dahingehend unterwiesen ist, in jeder Angelegenheit wahrhaftig zu sein, so dass die Worte für Eide gehalten werden können.) (Decal 84)

Diese fast überschwängliche Aneinanderreihung von Superlativen lässt erkennen, wie hoch Philo das Nichtschwören schätzt. Nichts ist so schön[66] und lebensförderlich wie der Verzicht auf diese Form der Rede, und nichts ist der vernünftigen Natur angemessener, als immer die Wahrheit zu sagen, so dass jedem Wort die Verlässlichkeit eines Eides eignet. Die zuletzt genannte Formulierung ist uns im Zusammenhang mit Philos Ausführungen über das Schwören Gottes schon begegnet. Es ist charakteristisch für Gottes Rede, dass alle Worte - ob Gottes unbedingter Wahrhaftigkeit - von Eiden nicht zu unterscheiden sind (Quaest in Gn 4,180; Sacr 93; All 3, 204). Der Maßstab, an dem das menschliche Reden sich orientieren soll, ist damit das Sprechen Gottes selbst. Das, was bei Gott *ist*, *soll* - laut Philo - auch bei den Menschen verwirklicht werden. Es ziemt sich also, Gott zu entsprechen und wie er unbedingt wahrhaftig zu sein, mit der Konsequenz, dass auch menschliche Worte von Eiden nicht zu unterscheiden sind.

Die hier vorliegende Denkfigur der Gottesentsprechung im Handeln führt ins Zentrum philonischer Ethik. Menschen sollen in ihrem Handeln Gott folgen, sagt Philo

---

auch möglich ist, „matters", lässt aber das „ἐφ' οἷς", das ich auf die „matters" - also Dinge, Angelegenheiten, beziehe, unübersetzt.
[66] Hinter dem „κάλλιστον" verbirgt sich selbstverständlich mehr als eine rein ästhetische Kategorie. Nach griechischer Anschauung ist das Schöne zugleich das Gute.

mit dem aus der griechischen Tradition stammenden Satz „ἕπου αἰεὶ θεῷ" (folge allzeit Gott).[67] Sie sollen Gottes Verhaltensweisen zur Darstellung bringen (μιμέο-μαι), wie er auch sagen kann.[68] Sie sollen z.B. wie er barmherzig sein (SpecLeg 4,74), wie er von den Gütern, die sie besitzen, reichlich und freigiebig austeilen (Virt 168f). Menschliche Rechtsprechung soll sich an Gottes Rechtsprechung orientieren und ebenso wie bei Gott soll es beim irdischen Richter in gewisser Weise eine „Option für die Armen" geben (SpecLeg 4,176f).[69] Der „gute Herrscher" soll Gott darin folgen (auch hier greift Philo das „ἕπεσθαι θεῷ" auf), dass er wie dieser allein Gutes will und tut (SpecLeg 4,187). Dieses Denkmuster wendet Philo auch in der Sprachethik an, mit dem Ergebnis, dass menschliche Worte ebenso wahrhaftig und von Eiden nicht zu unterscheiden sein sollen wie die Worte Gottes.

Die intendierte Entsprechung menschlichen Handelns zum Handeln Gottes ist näherhin durch den Logoscharakter der menschlichen Natur begründet. Die vom Logos bestimmte (λογική) Natur des Menschen ist dahingehend unterwiesen, so wie Gott wahrhaftig zu sein. Damit hat der Logos eine ethische Funktion: Der Logos gilt u.a. als Sitz und Quelle aller Tugenden (Post 127f), er ist Führer und Meister zu tugendhaftem Leben (VitMos I, 47f; Post 68).[70] Der Logos zeigt dem Menschen, was er tun soll. Er macht zugleich das Wesen des Menschen aus[71] und ist auf der ontologischen Ebene Ausdruck der Beziehung zwischen Gott und Mensch[72] (die Philo in seiner Auslegung von Gen 1,27 als die zwischen Urbild und Abbild zeichnen kann). In der Ethik fordert er dazu auf, diese ontologische Entsprechung praktisch zu verwirklichen.

Das Ideal unbedingter Wahrhaftigkeit, der völlige Abstinenz in Sachen Schwören korrespondiert, verwirklichen nach Philos Darstellung die Essener.[73] Diese Gruppe stellt Philo seinen Lesern als Beispiel tugendhafter jüdischer Existenz im syro-palästinischen Raum vor (Quod omnis probus

---

[67] Decal 100. Stobaios schreibt diesen Satz dem Pythagoras zu (2,7,3f). Clemens von Alexandrien zitiert ihn unter Berufung auf einen der griechischen Weisen (Strom 2,15,70) weiterer Beleg bei FGrH, Frg. 839.

[68] Die Werke Gottes darzustellen ist wahrhaft fromm (All 1,48), ein höheres Gut als ihn nachzuahmen gibt es nicht (SpecLeg 4,74). Vgl. Betz (1967), 48ff; Lindlars (1973), 394-402; Wild (1985), 127-43. Der Gedanke, sich in seinem Tun an Gott zu orientieren, liegt schon den platonischen Ausführungen zur „ὁμοίωσις θεῷ" zu Grunde (Tht. 176B-C). Diese Homoiosis besteht z.B. darin, dass man durch das eigene gerechte Tun der Gerechtigkeit Gottes entspricht und sich so an Gottes Beispiel „παράδειγμα" (Tht. 176E) orientiert. Diese Formel eignete sich die Stoa an. Vgl. Winston (1992), 25 und Heinemann (1962), 193.

[69] An diesem Textbeispiel zeigt sich sehr deutlich, dass sich in Philos Denken das Motiv der handelnden Gottesentsprechung nicht als pagan - griechischer Fremdkörper ausnimmt. Philo entwickelt es vielmehr aus der Schrift heraus, nämlich aus der Exegese von Dtn 10,17f.

[70] Vgl. Reale / Radice (1987), CI.

[71] „Per Filone le anime immortali sono 'Parole (λόγοι) incorporee', e che l'uomo noetico altro non è che una copia del Logos." (Reale / Radice (1987), Cf).

[72] „Infatti, in senso lato, il Logos attua una mediazione di tipo antropologico, etico-gnoseologico e religioso. In altri termini, esso esprime i rapporti fra Dio e la constitutione ontologica e il comprtamento morale e religioso dell' uomo." (Reale / Radice (1987), C).

[73] Vgl. dazu den Exkurs unter II /3.3.

liber sit 75). Ihre Mitglieder orientieren sich an drei Leitlinien (κανόσι τριττοῖς): Gottesliebe, Tugendliebe, Menschenliebe (83). Ihre Gottesliebe zeigt sich zunächst an der religiösen Reinheit, die die Essener nach Philo ihr Leben lang durchhalten, sodann daran, dass sie nicht schwören und wahrhaftig sind (τὸ ἀνώμοτον, τὸ ἀψευδές) (84). Diese beiden Eigenschaften werden direkt als zweites bzw. drittes Kennzeichen der essenischen Gottesliebe genannt und von Philo offenbar entsprechend hoch gewichtet. Mit der Einordnung des Schwurverzichtes unter dieser Überschrift zeigt Philo wieder einmal sein *theologisches* Interesse[74] an diesem Thema. Es geht beim Schwören bzw. Nichtschwören nicht um Tugend- oder Menschenliebe, sondern um Gott: So wie religiöse Reinheit (ἁγνεία) der Heiligkeit Gottes angemessen ist, so auch der Verzicht darauf, den heiligen Gott als Zeugen in menschliche Belange zu verwickeln und ihn dadurch potenziell zu entheiligen. Der theologischen Bedeutung entspricht die ethische, denn daran, dass für Philo die Liebe zu Gott bzw. das Gott angemessene Verhalten ihm gegenüber Anfang, Ursprung und Prinzip aller Tugendhaftigkeit ist (ἀρχὴ [...] θεός, ἀρετῶν δ' εὐσέβεια)[75] (Decal 52), kann man ermessen, welchen Stellenwert Wahrhaftigkeit und Schwurverzicht auf der philonischen Werteskala haben. Die oben zitierten geradezu hymnischen Charakterisierungen des Schwurverzichtes sind also nicht Ausdruck eines augenblicklichen Überschwangs, sie entsprechen präzise Philos Denken.[76]

4.3.4.2 „ἐφ' οἷς ὀμνύναι δεῖ..." - „Zu welchen Anlässen man schwören soll"

Angesichts der Hochschätzung, die das Nichtschwören bei Philo erfährt, ist es eigentlich überraschend, dass er das Schwören nicht gänzlich ver-

---

[74] Dies verkennt m.E. Heinemann (1962), wenn er schreibt: „Vor allem wird man an die Motive für die Vermeidung des Eides denken müssen. Das Motiv der Rabbinen ist die Besorgnis vor der Entweihung des göttlichen Namens [...]; der Gedanke, den wir bei Philon finden, daß der Weise seiner Würde etwas vergebe, wenn er sein Wort durch einen Schwur bekräftige, kommt ihnen nicht." (84f). Philos Interesse stellt sich dagegen als grundtheologisch dar und seine Sorge trifft sich mit der der Rabbinen, die Heinemann zutreffend beschreibt. Wenige Seiten später urteilt Heinemann (1962) selbst anders: „nicht der Stolz des göttergleichen Weisen sträubt sich gegen ausdrückliche Bestätigung des gegebenen Wortes und gegen Anlehnung an Gott, sondern die Scheu vor Gott wirkt dahin, daß wir uns ‚nicht so leicht unterstehen, den Namen Gottes anzurufen' (§3)." (94).

[75] Decal 52. Reale / Radice (1987) weisen darauf hin, dass die Vorordnung der Gottesliebe vor allen anderen Tugenden Philos Ethik von anderen paganen griechischen Ethiken unterscheidet: „La virtù 'teologale' delle fede in Dio didieve così la 'régine delle virtù', e ad essa, anzi, viene ridotta la stessa 'sapienzia', Quelle 'sapienzia', che, per Aristotele, era suprema virtù 'dianetica'." (CXXXII).

[76] Philos Einstellung hat Parallelen in der theologischen Eidkritik der paganen Grazität. Vgl. dazu II / 1.3.

bietet.[77] Dies ist jedoch nicht der Fall. Wir sahen, dass Philo den Eid in bestimmten Rechtssituationen, in denen es nicht anders geht, als probates Mittel der Entscheidungs- und Urteilsfindung schätzt, und dass er es geradezu für ein Unrecht hält, in diesen Zusammenhängen auf ihn zu verzichten (vgl. SpecLeg 4,34). Der Eid schützt nämlich den fälschlicherweise des Diebstahls Verdächtigten, er ist die einzige Zuflucht für den, dem man anders keinen Glauben schenkt (Sacr 93).

Aus seiner Kritik an der Verwendung von Eiden in der Alltagssprache können wir gleichsam als Umkehrschluss entnehmen, dass bei Vorliegen eines „ἀμφισβητούμενον", also eines strittigen Sachverhaltes, durchaus geschworen werden darf.[78] Ebenso, wenn es darum geht, „etwas zu gewinnen" (Decal 92)[79]. In jedem Fall aber bedarf es vor dem Schwören genauer Prüfung:

„διὸ χρὴ τὸν μέλλοντα ὀμνύναι πάντ' ἐπιμελῶς ἐξητακέναι καὶ σφόδρα περιττῶς, τὸ πρᾶγμα, εἰ εὐμέγεθες καὶ εἰ γέγονεν ὄντως καὶ εἰ πραχθὲν κατείληφε παγίως." (Deshalb soll derjenige, der zu schwören vorhat, alles sorgfältig und genau untersuchen und zwar mit äußerstem Eifer, die Sache, ob sie sehr wichtig ist und sich wirklich so zugetragen hat, ob er das Geschehene sicher wahrgenommen hat.) (Decal 93)

Kriterien sind also die Bedeutsamkeit des Gegenstandes, die Wahrheit der Aussage und die Verlässlichkeit der eigenen Wahrnehmung[80]. Wenn die genaue Prüfung[81] dieser Kriterien zu einem positiven Ergebnis führt, dann liegt ein Fall vor, der zu den „ἐφ' οἷς ὀμνύναι δεῖ..." zählt, in dem also zu schwören ist (δεῖ). Doch ist dies - und das muss deutlich gesagt werden - nicht Philos erste Option. Es ist lediglich der zweitbeste Weg, „die zweite Art (mit dem Schiff) zu reisen", wie er selbst mit einem

---

[77] Heinemann (1962) bemerkt dazu: „Philon ist der inneren Antinomie des religiösen Bewußtseins erlegen, das sowohl das Weltliche zu religiöser Höhe emporheben wie dem Religiösen trotzdem Rang und Sonderart wahren will." (95) Beachtet man hingegen, dass der Eid eine Schutzfunktion hat, dass er Unrecht verhindern und das Recht bewahren hilft, dann zeigt sich, dass es Philo nicht darum geht, das Weltliche religiös zu überhöhen, sondern dem Gefälle der Tora folgend gerechtes Recht aufzurichten.

[78] Nach Decal 92 ist es das Fehlen eines solchen Anlasses, der Philos Kritik provoziert.

[79] Es ist nicht ganz eindeutig, was das „κερδαίνειν" in diesem Kontext meint (vgl. Liddell-Scott, 942). Da Philo dem Eid ansonsten nur im Prozess einen Ort anweist, kann man davon ausgehen, dass es auch hier um einen juristischen Fall geht, bei dem vor Gericht etwas mittels eines Rechtsstreites zu gewinnen ist (so auch Decal 140, wo allerdings von νικᾶν die Rede ist).

[80] Philos Kriterienkatalog ist damit noch nicht erschöpft. Weiteres werden wir bei der Behandlung der folgenden Aspekte kennenlernen.

[81] Von genauer Prüfung aller Umstände spricht Philo auch in Decal 86.

Sprichwort sagt (Decal 84).[82] Diesen Weg soll man nur nach langem Zögern beschreiten,[83] erst, „wenn einen eine zwingende Notwendigkeit gewaltsam zwingen sollte" (εἰ δέ τις ἀνάγκη βιάζοιτο) (Decal 85). Freilich gilt in diesem nach Möglichkeit zu vermeidenden Fall, dass man „gut schwören" soll (εὐορκεῖν) (Decal 85) - also wahrheitsgemäß – bzw. dass man den Schwur auch halten soll.[84]

4.3.4.3 „καὶ ὁπότε καὶ ὅπου χρή „ - Zeit und Ort des Schwörens

Zu den Kriterien, die Philo vor dem Schwören zu Prüfung herangezogen wissen will, gehören auch Zeit und Ort:

„ἐρευνάτω δὲ καὶ τόπον καὶ καιρὸν ἐπιτήδειον· οἶδα γὰρ οἶδά τινας ἐν βεβήλοις καὶ ἀκαθάρτοις χωρίοις, ἐν οἷς οὔτε πατρὸς οὔτε μητρὸς [...] ἄξιον μεμνῆσθαι, διομνυμένους καὶ ὅλας ῥήσεις ὅρκων συνείροντας, τῷ τοῦ θεοῦ πολυωνύμῳ καταχρησαμένους ὀνόματι ἔνθα μὴ δεῖ πρὸς ἀσέβειαν." (Man forsche auch nach einem geeigneten Ort und einer geeigneten Zeit. Ich kenne nämlich wahrhaftig einige, die an unheiligen und unreinen Orten, an denen noch nicht einmal Vater oder Mutter [...] erwähnt werden sollten, schwören und ganze Reden aus Schwüren zusammensetzen; dabei gebrauchen sie den vielnamigen Namen Gottes, wo man nicht soll, und begehen damit eine Missachtung Gottes.) (Decal 94)

Diesen Text haben wir schon zur Kenntnis genommen, als es darum ging, wie Philo zum unnötigen Schwören steht. Hier geht es jedoch um

---

[82]   Diese Redensart ist belegt bei: Plat. Phaidr. 99d; Phil. 19c; Plut. mor. 300c; Aristot. pol. 1284b und bedeutet nach Suda A 295: „Wenn jemand, nachdem er den Wind verloren hat, mit Rudern fährt".

[83]   „μελλητὴς οὖν ἔστω καὶ βραδύς, εἴ πως ἐνδέχοιτο ταῖς ὑπερθέσεσιν ἀπώσασθαι τὸν ὅρκον" (Ein Zauderer und ein Träger sei er [der, der schwören soll, M.V.], den Eid - wenn es irgend möglich sein sollte - durch die Verzögerungen von sich wegzuschieben) (Decal 85).

[84]   Philos Kompromiss, der zwischen dem theologisch motivierten Grundsatz und der sich in manchen Fällen aufdrängenden Notwendigkeit zu schwören zu vermitteln sucht, findet sich verwandt in dem kurzen oben zitierten Diktum Epiktets: „ὅρκον παραίτησαι, εἰ μὲν οἷόν τε, εἰς ἅπαν, εἰ δὲ μή, ἐκ τῶν ἐνόντων" (Den Eid verweigere, wenn es geht, ganz, wenn nicht, soweit es geht) (Encheir.33,5). Simplikios kommt mit seinen Ausführungen zu Epiktet Philo sprachlich noch näher: „εἰ δὲ ἀνάγκη ποτὲ ἢ φίλον ἀπὸ κινδύνου διὰ τούτου ῥύσασθαι, ἢ ὑπὲρ γονέων ἢ πατρίδος πίστιν παρασχεῖν, πᾶν μᾶλλον ὑπομεῖναι κάλλιον, ἢ παραβῆναι τὴν διὰ θεοῦ μέσου γενομένην ὁμολογίαν" (Wenn aber jemals eine zwingende Notwendigkeit, oder ein Freund, den man so (durch Schwören M.V.) aus Gefahr retten kann oder wenn man Eltern oder Vaterland Treue erweisen kann, dann ist es besser und schöner, alles zu erdulden, als die durch Vermittlung Gottes zustande gekommene Übereinkunft zu übertreten). Sein Kommentar zu Epiktet könnte sich ebenso gut auf Philos Ausführungen beziehen und sich geradezu aufdrängen, um die bei Philo abstrakt gehaltene „zwingende Notwendigkeit" mit Leben zu füllen. Eine Abhängigkeit Simplicios' von Philo ist nicht wahrscheinlich. Er erwähnt diesen Autor nirgends. Vgl. das Register in Hadaut (1996), 464-470.

Philos Ausführungen zur legitimen Gestaltung der Schwurpraxis. Dazu gehört die Frage nach dem geeigneten Ort und der geeigneten Zeit. Was geeignet ist und was nicht, bestimmt Philo mit Kategorien der kultischen Reinheit: heilig und profan bzw. rein und unrein. Weil der Schwur eine den heiligen Gott betreffende Sprachhandlung ist, kommen dafür unheilige und unreine Orte nicht in Frage. Interessanterweise äußert sich Philo nicht näher zum Problem der unheiligen Zeiten. Seine Ausführungen beschränken sich auf das lokale Moment. Wahrscheinlich geht es ihm vor allem darum, zu betonen, dass Schwören eine heilige - weil auf Gott bezogene - Tätigkeit ist, die als solche absolut heilig gehalten werden muss. Diese absolute Heiligkeit beschreibt er mit den alles umfassenden Kategorien des heiligen Raums und der heiligen Zeit.

Zum Ort des Schwörens lassen sich allerdings durchaus noch konkretere Angaben machen. Wir sahen schon mehrfach, dass Philo Eide im Kontext des Gerichtsverfahrens für legitim und notwendig hält. Könnte ihm nun der Gerichtshof als heiliger Ort gelten? Die Beantwortung dieser Frage scheint mir über den Gedanken der handelnden Gottesentsprechung möglich zu sein. Philo richtet menschliches Richten am Maßstab des Richtens Gottes aus. Menschliches Richten bildet Gottes Richten ab bzw. ordnet sich diesem ein. Dies lässt sich anhand seiner Ausführungen über das Richteramt zeigen. Diese finden sich einmal unter der Überschrift des neunten Gebots (SpecLeg 4,55-78): Der Richter wird ermahnt, wahrheitsgemäß und ohne Ansehen der Person zu richten, immer vor Augen habend, dass „das Richten Gottes ist. Der Richter aber ist Verwalter bzw. Statthalter des Richtens" (ὅτι ἡ μὲν κρίσις τοῦ θεοῦ ἐστιν, ὁ δὲ δικαστὴς ἐπίτροπος τῆς κρίσεως). Diesen Grundsatz zitiert Philo aus Dtn 1,17 (bis auf eine Abweichung (μὲν) LXX). Philo setzt nun über den biblischen Text hinaus Gott und den irdischen Richter in Beziehung. Letzterer agiert als Funktionär Gottes, als sein Stellvertreter.[85] Folgen wir dieser Vorstellung, dann eignet dem irdische Gericht ein unmittelbarer Gottesbezug. Durch seinen Repräsentanten sitzt der heilige Gott quasi selber auf dem Richterstuhl, seine Heiligkeit strahlt auf das Gericht aus.[86]
Noch deutlicher fassbar wird dieser Vorstellungskomplex, wenn Philo das Amt des Königs beschreibt, das er nach der Systematik des vierten Buches über die Einzelgesetze vorwiegend als Richteramt wahrnimmt. Philo orientiert sich zunächst am Königsgesetz Dtn 17,14-20. Dabei bespricht er auch die Verse 18 und 19, die von der Abschrift der Tora handeln, die der König anfertigen und beständig lesen soll. In diesem Zusammenhang lässt Philo den König sagen: „οἱ μὲν οὖν ἄλλοι βασιλεῖς βακτηρίας ἔχοντες σκηπτροφοροῦσιν, ἐμοὶ δὲ τὸ σκῆπτρόν ἐστιν ἡ βίβλος τῆς Ἐπινομίδος, καύχημα καὶ κλέος ἀνανταγώνιστον, παράσημον ἡγεμονίας ἀνεπιλήπτου πρὸς ἀρχέτυπον τὴν τοῦ θεοῦ βασιλείαν ἀπεικονισθείσης." (Die anderen Könige nun tragen Stäbe als Zepter, mein Zepter aber ist das Buch des Ge-

---

[85] Der „ἐπίτροπος" hat im Besitz seines Herrn verwaltende Funktion (vgl. Mt 20,8; Lk 8,3 hierzu Bovon (1989), 399f) und tritt bei dessen Abwesenheit an seine Stelle (vgl. Gal 4,2).
[86] Plescia vermutet ähnliches für das Richteramt im antiken Griechenland: „Among the Greeks, the administration of justice in questions of life and property was essentially beyond human jurisdiction, and the right of chosen people to practice it was therefore considered to be a divine concession." (Plescia (1970), 33).

setzesanhangs[87], Ruhm und Ehre durch keinen Nebenbuhler gestört, Insignie unangefochtener Herrschaft, nach der Königsherrschaft Gottes als Muster geformt) (SpecLeg 4,164). Die Vokabeln „ἀρχέτυπος" und „ἀπεικονίζω" entstammen dem Bereich des antiken Urbild-Abbild Denkens. Die Königsherrschaft Gottes ist Urbild für das Herrschen des irdischen Königs, Letzteres bildet Gottes Herrschen ab. Beide sind miteinander verbunden wie Urbild und Abbild. Die Hauptfunktion des Königs liegt nach Philos Darstellung, die sich an Ex 18,22 orientiert, in der Rechtsprechung (SpecLeg 4, 170-188).

Wenn Philo das Schwören auf „heilige Orte" beschränkt wissen will, dann dürfte er dabei also an den Gerichtshof gedacht haben, denn Gottes Heiligkeit strahlt auf das irdische Gericht aus.[88] Dies fügt sich ebenso bruchlos zu den besprochenen Texten, wie auch zur philonischen Beschreibung der rechtsprechenden Instanzen.

4.3.4.4 „καὶ τίνα…" Wobei man schwören soll

Auch die Frage, wie ein Eid formuliert werden soll, ist im Sinne der Wahrung der Heiligkeit Gottes und seines Namens von Interesse.[89] Philo äußert sich dazu ausführlich in zwei Texten (SpecLeg 2,2-6 und All 3,207f). In SpecLeg 2,2-6 zeigt sich die deutliche Tendenz, Gott bzw. seinen Namen aus der Schwurformel gänzlich heraus zu halten und stattdessen Ersatzformeln zu gebrauchen.

Philo nennt hier zunächst die Eltern. Wieso können Vater und Mutter an Gottes Stelle in einem Schwur Erwähnung finden? Philo begründet das folgendermaßen: „ἀπεικονίσματα γὰρ οὗτοί γε καὶ μιμήματα θείας δυνάμεώς εἰσι, τοὺς μὴ ὄντας εἰς τὸ εἶναι παραγαγόντες." (Diese sind Abbilder und Repräsentationen der göttlichen Kraft, indem sie die Nichtseienden ins Sein führen). Philo bedient sich auch hier wieder eines nun schon geläufigen Schemas: Die Eltern stellen Gottes Handeln dar und bilden Gottes Macht, Nichtseiendes ins Sein zu führen, ab.[90]

Damit ist zugleich Wichtiges über die Beschaffenheit einer Ersatzformel im philonischen Sinne ausgesagt. Sie wahrt nämlich einen bestimmten Bezug zu dem, was eigentlich hätte genannt werden müssen, was aus dem Interesse, das Heilige heilig zu halten, jedoch nicht direkt genannt

---

[87] Philos Umschreibung des „δευτερονόμιον" der LXX (Dtn 17,28). Vgl. dazu Colson, 436.

[88] Den Bezug von Gericht und Gott stellen auch die Targumim zu Ex 22,6-7 her, wenn sie das אל האלוהים aus Vers 7 mit לקדם דינא wiedergeben. Die tannaitische Tradition entscheidet entsprechend. Vgl. MekhY zu Ex 22,7 (Horovitz/Rabin, 300). Auch in Qumran ließ sich die Tendenz beobachten, das Schwören in den Raum des Gerichts zu verlagern (CD 9,10; 15,4).

[89] Für andere Bereiche des Judentums vgl. CD 15,1ff; VitAd 19 und die Diskussionen im MtEv und in der Mischna.

[90] Der Gedanke, dass Eltern Abbilder Gottes sind, begegnete uns schon bei der Besprechung von SpecLeg 2,252ff. Dort wurde auch auf Decal 119f verwiesen.

werden soll. Dieser Bezug ist hier vorgestellt als der von einem Abbild zu seinem Urbild. Auf einen solchen Gottesbezug kann Philo auch nicht verzichten, weil ja jeder Eid definitionsgemäß Gott zum Zeugen macht, fiele dieser Bezug fort, so wäre der Eid kein Eid mehr (vgl. Decal 91). Die Ersatzformel wirkt also in zwei Richtungen. Sie wahrt zum einen die notwendigen Beziehung zum Eigentlichen (Gott) und entzieht dies zum anderen dem direkten Zugriff, damit „man nicht leichtfertig Hand daran lege, Gott beim Namen zu nennen" (μὴ ῥᾳδίως ἐπιχειρῶσιν ὀνομάζειν θεόν) (2,3).[91]

Im Folgenden schlägt Philo weitere Ersatzformeln vor: „...γῆν, ἥλιον, ἀστέρας, οὐρανόν, τὸν σύμπαντα κόσμον" (...Erde, Sonne, Sterne, Himmel[92], den gesamten Kosmos) (SpecLeg 2,5). Sie zielen darauf, die höchste und älteste Ursache (τὸ ἀνωτάτω καὶ πρεσβύτατον αἴτιον), nämlich Gott[93], im Eid nicht zu benennen. Philo führt dazu aus: „ἀξιολογώτατα γὰρ ταῦτα ἅτε καὶ πρεσβύτερα τῆς ἡμετέρας γενέσεως καὶ προσέτι ἀγήρω διαιωνιοῦντα τῇ τοῦ πεποιηκότος γνώμῃ." (Diese sind nämlich angesehener und älter als unser Entstehen und außerdem bestehen sie, ohne älter zu werden, ewig, durch den Willen dessen, der sie geschaffen hat.) (SpecLeg 2,5).
Der Gedanke scheint zunächst der zu sein, dass man bei etwas schwören soll, was mehr Ansehen und größere Dignität besitzt als man selbst.[94] Bei genauerer Betrachtung wird jedoch deutlich, dass die genannten Ersatzformeln alle in einer deutlichen Beziehung zu Gott stehen und damit der oben beschriebenen Logik entsprechen: Welt und Gott sind bleibend aufeinander bezogen, wie aus Philos Exegese von Gen 1,27 zu ersehen

---

[91] Als Beispiel aus der Schrift zieht Philo Gen 31,53 heran, wo Jakob „beim Schrecken seines Vaters" schwört. Dies sei „den Nachkommen zum Nutzen und zur Lehre gesagt". Gen 31,53 hat im rabbinischen Judentum eine auffallend schwache Nachgeschichte. Auf den Schwur בפחד אביו geht lediglich Tanch Wa-jetse 13 ausführlicher ein „Gott behüte (חס ושלום) hat dieser Gerechte nicht beim Namen des Königs (Gottes, M.V.) geschworen, sondern beim Leben seines Vaters, so wie ein Mann, der seine Worte beglaubigen möchte, sagt ‚beim Leben meines Vaters...'". Die Scheu vor dem Schwur bei Gott bzw. seinem Namen, die sich hier Ausdruck verleiht, ähnelt der Philos frappant. Auch die mittelalterliche Exegese hat zu diesem Text nicht viel zu sagen. Ibn Esra schreibt: „er schwor bei dem, vor dem sich sein Vater fürchtete". Damit meint er Gott selbst, wie er zu Vers 42 ausgeführt hat. Außer ihm geht nur noch A. Hazkuni auf diese Wendung ein: „Isaak wollte nicht den Heiligen, gelobt sei er, erwähnen, nach dem profanen, das Laban erwähnt hatte [er schwor beim Schrecken Isaaks], das ist ein Ersatzname (כינוי) für die Gottheit...".
[92] Belkin (1940), 141, verweist darauf, dass die Mischna den Eid beim Himmel nicht akzeptiert (mShevu 4,15). In der aggadischen Literatur begegnet er hingegen unhinterfragt ShirR zu Hld 8,4.
[93] Philo wendet diesen Begriff der Ursache häufiger auf Gott an (Decal 176; Op 8. 21). Vgl. Plat. leg. 891e.
[94] Wir sahen, dass Philo dieses Schwurkonzept kennt (vgl. All 3,205).

ist. Die Welt, die wir mit unseren Sinnen wahrnehmen, ist „μίμημα θείας εἰκόνος" (Nachahmung des göttlichen Abbildes) (Op 25). Dieses Abbild, von dem hier die Rede ist, ist die intelligible Welt, die sich zur sichtbaren Welt wie ein Bauplan zum Bauwerk verhält (Op 16)[95]. Diese ist letztlich nichts anderes als der göttliche Logos selbst (Op 25). Damit eignet dem Kosmos ein mittelbarer Gottesbezug. Im Rahmen dieses kosmologischen Denkmodells, haben auch die Schwurersatzformeln „Erde, Sonne, Sterne und der gesamte Kosmos" einen abbildlichen Bezug zum göttlichen Bereich, was unsere Beobachtungen zum Charakter der Ersatzformeln bestätigt: *Schwurersatzformeln benennen Gott nicht direkt, wahren aber eine deutliche Verbindung mit ihm. Damit schaffen sie eine Distanz, die den heiligen Gott vor potenzieller Entweihung im Eid schützt.*

Wie der Eid sich überhaupt nur als zweitbeste Lösung darstellt, so sind auch die Ersatzformeln für Philo eigentlich nur „zweite Wahl". Es gibt eine Art der Schwurformulierung, die in seinen Augen noch lobenswerter ist:

„ἄξιον ἐπαινεῖν καὶ τούς, εἴ ποτε βιασθεῖεν ὀμνύναι, τῷ μέλλειν καὶ βραδύνειν καὶ ἀποκνεῖν ἐμποιοῦντας δέος οὐ μόνον τοῖς ὁρῶσιν ἀλλὰ καὶ τοῖς προκαλουμένοις εἰς τὸν ὅρκον· εἰώθασι γὰρ ἀναφθεγξάμενοι τοσοῦτον μόνον νὴ τόν ἢ μὰ τόν, μηδὲν προσπαραλαβόντες, ἐμφάσει τῆς ἀποκοπῆς τρανοῦν ὅρκον οὐ γενόμενον." (Des Lobes wert sind auch die, die, wenn sie gezwungen werden zu schwören, durch Zaudern, Verzögern und Zögern nicht nur bei den Zuschauern, sondern auch bei denen, die sie zum Eid aufgefordert haben, Scheu verursachen. Sie sind nämlich gewohnt, nur dies allein auszusprechen: „Ja, bei..." – „Nein, bei...", wobei sie nichts hinzusetzen. Sie machen durch die Betonung des Abbruches deutlich, dass ein Eid nicht zustande gekommen ist.) (SpecLeg 2,4)

Wie wir oben sahen, ist dieser Eid, der ohne Nennung einer Berufungsinstanz abgelegt wird, in der griechischen Antike bekannt.[96] Dort wird der Gebrauch sog. elliptischer Eide mit der religiösen Scheu vor den heiligen Gottesnamen begründet. Damit zeigt sich wieder, dass das Schwören, seine Gefahren und wie damit umzugehen ist, in der Antike ein die Religionsgrenzen überschreitendes Thema war.

---

[95] „Nachdem er beschlossen hatte, diese sichtbare Welt zu erschaffen, erschuf er zuerst als Typos die intelligible Welt, damit er, ein unkörperliches und Gott angemessenes Muster benutzend, die körperliche Welt erschaffe, die neuere als Abbild der älteren, so dass die eine das genaue Abbild der anderen sei." (Op 16).
[96] Vgl. Heinemann (1962), 85: „Von den Ersatzformeln, die Philo vorschlägt, ist die elliptische ‚wahrlich beim' natürlich griechisch, weil ins Hebräische und Aramäische unübersetzbar". Belkins Verweis auf den Schwur נשבע, tNed 1,1 (142), führt m.E. nicht weiter. Diese Formel entspricht nicht dem elliptischen Eid, wohl aber dem Schwören beim Namen Gottes, wie Philo es in All 3,207f empfiehlt. Zum elliptischen Eid in der paganen Gräzität vgl. oben II / 1.3.

So weit zu den Ersatzformeln, die Philo in SpecLeg 2,2-5 nennt. Wendet man sich All 3,207f zu, so merkt man schon durch den Kontext der Argumentation, dass die Scheu vor der Benennung Gottes im Eid hier etwas anders motiviert ist. Philo hält es für unfromm bzw. gottlos, bei Gott zu schwören: „διὸ καὶ ἀσεβεῖς ἂν νομισθεῖεν οἱ φάσκοντες ὀμνύναι κατὰ θεοῦ" (All 3,207). Die Begründung dafür unterscheidet sich aber von denen, die wir schon kennen gelernt haben. Ging es dort um den Schutz der Heiligkeit Gottes, die nicht angetastet werden soll, so werden wir hier auf die Erkenntnistheorie verweisen. Philo betont in seinen Ausführungen zum Schwören Gottes die Begrenztheit menschlichen Erkenntnisvermögens, die zum Wesen des transzendenten Gottes nicht vorzudringen vermag (All 3,206 [vgl. II / 4.2.1]). Darum sei es streng genommen auch nicht möglich, sich in einem Eid direkt auf diesen Gott zu beziehen (All 3,207). Man solle sich damit begnügen, bei Gottes Namen, dem Logos zu schwören (All 3,207). Der Name Gottes wird hier mit dem Logos gleichgesetzt. Dieser Logos ist sozusagen der „deus revelatus" für Menschen unvollkommenen Erkenntnisvermögens. Er ist Gott, wie er sich den Menschen zuwendet, Abbild des transzendenten Gottes.[97] Von daher fügt sich diese Ersatzformel in die Systematik der übrigen Ersatzformeln gut ein. Es ist nicht Gott selbst, bei dem geschworen wird – zugleich steht das, wobei man schwört, in deutlicher Beziehung zu Gott.

Allerdings fällt auf, dass gerade auch das Schwören bei Gottes Namen für Philo problematisch ist (Decal 94; SpecLeg 2,3). Von einer wirklichen Ersatzformel sollte man also in diesem Kontext nicht sprechen, schon deshalb nicht, weil der Begründungszusammenhang ein anderer ist, es geht nicht darum, dass man Gott nicht in den Eid verwickeln *soll*, sondern darum, dass man dies gar nicht *kann*.

4.3.4.5 „καὶ πῶς ἔχοντα κατά τε ψυχὴν καὶ σῶμα" - Wie man an Seele und Leib beschaffen sein soll

Zu den Kriterien, die vor dem Schwören zu prüfen sind (vgl. Decal 93), gesellt sich ein weiteres. Zum Schutz des Heiligen, ist nicht nur auf die Schwurformel, auf Anlass, Ort und Zeit zu achten. Antikem Reinheitsdenken entsprechend kommt es bei der heiligen Handlung auch auf den Zustand von Seele und Körper an. Philo äußert dies im Modus der Kritik, wenn er gegen die polemisiert, die „quasi mit ungewaschenen Händen" schwören (SpecLeg 2,6). Philo weist diese Redewendung als Sprichwort aus. Es hat seinen Ursprung bei Homer (Il 6,266f): „Ungewaschener Hand des funkelnden Weines zu sprengen, scheu ich mich;

---

[97] Vgl. Reale / Radice (1987), LXXX, XCVI.

nimmer geziemt es, den schwarzumwölkten Kronion anzuflehn, mit Blut und Kampfesstaube besudelt",[98] entgegnet der aus dem Kampf zurück-gekehrte Hektor der Aufforderung, Zeus sogleich eine Trankspende dar-zubringen. Der kultische Kontext ist mitzuhören, wenn Philo auf diese Verse anspielt. Die kultische Begehung erfordert Reinheit an Körper und Seele, nach der die, die mit dem Schwur leichtfertig umgehen, nicht fra-gen (SpecLeg 2,6). Auch positiv gewendet mahnt Philo dies an:

„...έαυτόν, εἰ καθαρεύει ψυχὴν καὶ σῶμα καὶ γλῶτταν, τὴν μὲν παρανομίας, τὸ δὲ μιασμάτων, τὴν δὲ βλασφημιῶν· οὐ γὰρ ὅσιον, δι' οὗ στόματος τὸ ἱερώτατον ὄνομα προφέρεταί τις, διὰ τούτου φθέγγεσθαί τι τῶν αἰσχρῶν." ([man prüfe] sich selbst, ob man rein sei an Seele, Körper und Zunge, die eine von Gesetzesübertretung, jenen von Befleckung und die andere von Blasphemie. Denn es wäre unheilig, wenn mit dem Mund, mit dem der heiligste Name ausgesprochen wird, irgendetwas Schändliches von sich gegeben würde.) (Decal 93)

Dieser Text verdeutlicht die Dimensionen von Reinheit, die Philo im Auge hat. Dazu gehören für ihn Gesetzestreue, Reinheit von äußerer Be-fleckung und auch die Reinheit der Sprache. Damit umschreibt Philo die umfassende kultische und ethische Integrität des ganzen Menschen. Nur wenn diese hergestellt ist, darf überhaupt geschworen werden.[99]

4.3.4.6 „καὶ ὅσα ἐπ᾽ εὐόρκοις καὶ τοὐναντίον ἐχρήσθη" - Was das „gute Schwören" und dessen Gegenteil anbelangt

Dass das Falschschwören nicht nur ein Laster unter vielen, sondern ein besonders schwer wiegendes Vergehen gegen Gott und seine Heiligkeit ist, wurde schon hinreichend deutlich (vgl. II / 4.3.3). Daraus ergibt sich, dass sich die Schwurpraxis - so problematisch sie auch immer sein mag - an der Wahrheit auszurichten hat. Dazu gehört einmal, dass das, was be-schworen wird, der Wahrheit entsprechen soll (Decal 93). Zum anderen gilt, dass man das, was man mittels eines Schwures verspricht, auch einlösen soll:

„ἐὰν δέ τις ἐκβιασθεὶς ὀμόσῃ περὶ παντὸς οὑτινοσοῦν, ὃ μὴ νόμος ἀπείρηκε, παντὶ σθένει καὶ μηχανῇ πάσῃ τὸν ὅρκον βεβαιούτω μηδὲν ἐμποδὼν τιθέμενος εἰς τὴν τοῦ γνωσθέντος τελείωσιν, καὶ μάλιστα ἐπειδὰν μὴ ὀργαὶ ἀτίθασοι ἢ λελυττηκότες ἔρωτες ἢ ἐπιθυμίαι ἀκάθεκτοι τὴν διάνοιαν ἐκμήνωσιν, ὡς ἀγνοῆσαι τὰ λεγόμενα καὶ πραττόμενα, λογισμῷ δὲ καὶ διανοίᾳ νηφούσῃ ποιῆται τὸν ὅρκον" (Wenn jemand gezwungen wird, zu schwören - wesbezüglich auch immer - wenn das Gesetz es nicht verbietet, soll er mit aller Kraft und mit allen Mitteln den Eid erfüllen und sich an der Vollbringung des Vorhabens von nichts hin-dern lassen - besonders nachdem weder wilde leidenschaftliche Regungen noch ver-

---

98 Übersetzung Rupé (o.J.), 115.
99 Ähnliche Erwägungen stellt der amoräische Midrasch Tanchuma (Mattot 1) an.

rückte Liebhabereien noch unkontrollierbare Begierden den Verstand betrogen haben, so dass er nicht weiß, was er sagt und tut. Mit Überlegung und nüchternem Sinn werde der Eid abgelegt.) (SpecLeg 2,9)

Wieder hören wir, welchen Geisteszustand das Ablegen eines Eides eigentlich zur Voraussetzung haben soll. Es ist jedoch nicht nur das Ideal einer allgemeinen Besonnenheit, das Philo hier propagiert.[100] Die kultische Dimension gerät auch hier nicht aus dem Blick. Das verrät die in der Übersetzung unscheinbare Vokabel „nüchtern". Die Nüchternheit, die mit Begriffen vom Stamm „νηφ-" gemeint ist, bezieht sich auf den Verzicht auf Alkohol (und nur davon abgeleitet auf verstandesmäßige Nüchternheit), den die Priester zur vollen Kultfähigkeit leisten müssen.[101] Besonders (μάλιστα) Eide, die in einem nüchternen Zustand abgelegt wurden, sollen eingehalten (βεβαιούτω) werden - aber nicht nur solche. Allgemein gilt dies für jeden Eid, worauf er sich auch immer beziehen mag. Freilich mit einer Ausnahme: der Eid darf dem Gesetz nicht widerstreiten. Damit ordnet Philo das Gesetz dem Eid ebenso vor, wie es das qumranische und das rabbinische Judentum tun[102].

Der Begründungszusammenhang verdient nähere Aufmerksamkeit, gerade auch deshalb, weil sich dort wesentliches über das philonische Gesetzesverständnis lernen lässt. Wenn man einen Schwur, der sich auf eine widergesetzliche Handlung[103] bezieht, einhält, dann bricht man damit einen Eid höherer Ordnung: „ἴστω δὴ πᾶς ἐνώμοτως ἄδικα δρῶν, ὅτι εὐορκεῖ μὲν οὔ, τὸν δὲ πολλῆς φυλακῆς καὶ ἐπιμελείας ἄξιον ὅρκον ἀνατρέπει, ᾧ τὰ καλὰ καὶ δίκαια ἐπισφραγίζεται." (Wer etwas Ungerechtes tut, weil er es geschworen hat, der soll wissen, dass er nicht recht schwört (treu zu seinem Eid steht), sondern den Eid umstürzt, der hoher Bewahrung und Achtung würdig ist, mit dem das Gute und Gerechte besiegelt wird.") (SpecLeg 2,14)[104]. Diesen Gedanken führt Philo einige Zeilen vorher aus: „νόμοι δὲ καὶ θεσμοὶ τί ἕτερον ἢ φύσεως ἱεροὶ λόγοι τὸ βέβαιον καὶ τὸ πάγιον ἐξ αὐτῶν ἔχοντες, ὡς ὅρκων ἀδιαφορεῖν;" (Was aber sind Gesetze und Satzungen anderes als heilige Worte der Natur, denen aus sich heraus eine Festigkeit und Stabilität eignet, dass sie von Eiden nicht zu unterscheiden sind?) (SpecLeg 2,13). Gesetze sind von Eiden nicht zu unterscheiden. Als Gesetzgeberin erscheint hier die Natur. Die Art, wie ihre Worte charakterisiert werden, lässt jedoch keine Zweifel daran, dass das Gesetz der Natur kein anderes ist als das Gesetz, das Gott gegeben hat - Gott, von

---

[100] Mit Anspielungen auf Plato (z.B. rep. 586c).
[101] Vgl. Bauernfeind (1942), 935-940.
[102] Vgl. CD 16,9; mNed 2,2; mShevu3,6.
[103] Philo nennt hier drastische Beispiele von solchen, die schwören, Diebstahl, Tempelraub und Ehebruch zu begehen bzw. Blutbäder anzurichten (SpecLeg 2,13).
[104] Heinemann (1962), 89 verweist auf mShevu3,6. Wer schwört, ein Gebot zu übertreten und diesen Schwur hält, bricht damit den Schwur, den er am Sinai getan hat. Aus dieser jüdischen Quelle speise sich seine Anschauung, „eine Vorstellung, die schwerlich aus griechischer Quelle stammen dürfte".

dem wir schon an anderer Stelle gehört haben, dass seine Worte sich nicht von Eiden unterscheiden (Quaest in Gn 4,180; Abr 273; All 3,204; Sacr 93).[105]

Als Worte göttlichen Ursprungs also sind auch die Gesetze Eide. Diese zu übertreten wäre schlimmer, als den unrechtmäßigen Eid nicht einzuhalten.[106] Dennoch ist der unrechtmäßige Eid nicht einfach als gegenstandslos zu betrachten, ihn nicht zu erfüllen ist eine Tat, die der Vergebung Gottes bedarf[107], wie Philo ausführt (SpecLeg 2,15). Doch wäre es „Wahnsinn" (μανία), diese Vergebung nicht zu suchen.

4.3.4.7 Die Gelübde

Zu den Eiden, die einzuhalten sind (τούτοις ἐμφέρονται)[108], gehören für Philo auch die „gesetzmäßigen unter den Gelübden" (τῶν εὐχῶν αἱ νομιμώταται) (SpecLeg 2,12).[109] Diese Form der verpflichtenden Rede ist - wie oben ausgeführt - von einem Eid bzw. Schwur eigentlich zu unterscheiden[110], wird von Philo aber unter die Regelungen, die das Schwören betreffen, subsumiert.[111] Ich behandle zunächst die Texte, in denen Philo eindeutig von Gelübden spricht, und wende mich danach noch einmal dem unmittelbaren Kontext von SpecLeg 2,12 zu.

---

[105] Vgl. Borgen (1997), 141ff. Nach Radice / Reale (1987) lassen sich bei Philo drei Typen des Gesetzes ausmachen. 1. das Vernunftsgesetz (la retta ragione), 2. das offenbarte Gesetz (la legge mosaica), 3. das Naturgesetz (la legge di natura). „Dunque, da un punto di vista 'genetico' le tre leggi si equivalgono" (CXXXICff).

[106] Der Konflikt zwischen Eid und Ethik wird hier klar zugunsten der Ethik entschieden (anders Jdt 8,30; VitAd 20,3).

[107] Vgl. auch Heinemann (1962), 88. Anders Belkin (1940), 159f, der mit Bezug auf tSan 13,10 davon ausgeht, dass ein im Zorn abgelegter Eid keinen bindenden Charakter haben könne.

[108] Sie werden noch einmal näher qualifiziert als „ὅσοι περὶ καλῶν καὶ συμφερόντων γίνονται πρὸς ἐπανόρθωσιν ἰδίων ἢ κοινῶν πραγμάτων, φρονήσεως καὶ δικαιοσύνης καὶ ὁσιότητος ἡγουμένων" (welche bezüglich guter und nützlicher (Dinge, M.V.) zustande kommen, sich auf Verbesserung eigener oder gemeinsamer Angelegenheiten beziehen, beherrscht von Besonnenheit, Gerechtigkeit und Heiligkeit).

[109] Zu Philos Bildungshintergrund bemerkt Heinemann (1962) hier: „Während also die Behandlung des Eides im allgemeinen auf griechische Vorlagen weist, ist Philons Lehre vom Gelübde, auch wo sie in die Behandlung des Eides eingreift, von jüdischer Denk- und Redeweise abhängig." (85f).

[110] Vgl. dazu II / 1.1.2.

[111] Dies zeigt auch der SpecLeg 2,2-38 abschließende Satz: „Genug nun von den Eiden und Gelübden". Belkin (1940), 157: „He does not make any distinction in the use of the two biblical terms [...] they are synonymous to him". Heinemann (1962) findet schon „lehrreich, daß er die Lehre vom Gelübde der Besprechung des Eides subsummiert [...]. Die Zusammengehörigkeit von Eid und Gelübde, die damit vorausgesetzt wird, ist schlechterdings ungriechisch." (86). Sie fiel uns allerdings schon in Qumran und davor in der biblischen Überlieferung auf.

Philo kennt die Bestimmungen aus Num 30, die ja in der Hauptsache die Gelübde von in einem Abhängigkeitsverhältnis lebenden Frauen regeln. Philo begründet den Grundsatz, dass Väter bzw. Ehemänner solche Gelübde außer Kraft setzen können, damit, dass die Jungfrauen (παρθένοι) wegen ihrer Jugend die Tragweite ihrer Schwüre (Philo schreibt hier „ὅρκοι"!)[112] nicht ermessen könnten, verheiratete Frauen hingegen schwörten aus Leichtsinn Dinge, die ihren Männern nicht nützten. (SpecLeg 2,24).[113] Ebenfalls an den Einzelgesetzen der Tora orientiert sich Philo in SpecLeg 2,32-38. Er bezieht sich hier auf Lev 27,2-8 und Lev 27, 9-17. Den Abschluss bildet eine freie Paraphrase von Dtn 23,22.

Über den biblischen Befund hinaus äußert sich Philo in den bei Euseb überlieferten Hypothetika 7,3. Hier findet sich die ausführlichste Beschreibung des Gelübdewesens, wie Philo es vor Augen hat. Zu den Grundsätzen der mosaischen Gesetzgebung gehört es, dass jedes Individuum[114] Herr über seinen Besitz ist. Diese Herrschaft gelangt allerdings an ihr Ende, sobald „Gott über ihnen (den Dingen, M.V.) genannt wird" (θεόν γε ἐπιφημίσαντα αὐτοῖς). Damit gehen sie in den Besitz Gottes über.[115] Die Folgen dieser Übereignung für den ursprünglichen Besitzer sind klar „ψαῦσαι καὶ θιγεῖν αὐτῶν οὐκ ἔστιν, ἀλλ' εὐθὺς ἁπάντων ἀποκεκλεῖσθαι." (Er darf sie nicht anrühren oder berühren, sondern ist sofort von ihnen [ihrer Nutzung, M.V.] ausgeschlossen.). Sobald das Gelübde abgelegt ist, erlischt jegliches Recht an der gelobten Sache, selbst wenn das Gelübde nur beiläufig gesprochen worden sein sollte (εἰ δὲ λόγῳ μόνῳ ὑποσχέσθαι προσπέσοι). Selbst eine zufällige Äußerung reicht aus, um die Besitzübertragung zu vollziehen, wie Philo noch einmal betont: „προσπεσόν τι καὶ λαθὸν αὐτὸν ῥῆμα ἐπ' ἀναθέσει." (Ein zufällig gesprochenes Wort der Weihe beraubt den Sprecher der Dinge.). Dies abzuleugnen und sich die Nutzung trotzdem zu gestatten, käme einem wirklichen Tempelraub gleich und wäre entsprechend zu bestrafen.[116]

Philo erwähnt bisher solche Gelübde, die den Gelobenden ausschließlich selbst betreffen. Er kennt darüber hinaus auch Gelübde, deren Auswir-

---

[112] Das ist ein weiteres Indiz dafür, dass auch der philonische Sprachgebrauch bei Eiden und Gelübden fließend ist.
[113] Das ist auch nach mNed 11 ein Grund zur Auflösung des Gelübdes.
[114] Philo hat wahrscheinlich nur Männer im Blick, nachdem er zuvor Frauen und Kinder als abhängige Personen beschrieben hat.
[115] Die Deutung der Wendung „μηδ' ὡς τῷ θεῷ ταῦτα ἀνίησιν" ist umstritten: ὡς kann im Sinne von „als ob" gedeutet werden, dann wäre an eine Besitzübertragung, die den betreffenden Gegenstand Gott tatsächlich durch Opfer oder als Weihegeschenk übereignet, nicht gedacht. ὡς kann aber auch - wie Colson vorschlägt - ein ὅτι ersetzen, „dass er diese Dinge Gott übereignet" hätten wir dann zu übersetzen. Die beiden Übersetzungsmöglichkeiten spiegeln je ein anderes Gelübdeverständnis wieder (vgl. II / 6.4.1).
[116] So der Rahmen des Abschnitts 7,4.

kung vor allem abhängige Personen zu spüren bekommen (7,5). Wenn
z.B. ein Mann den Lebensunterhalt seiner Frau für heilig erklärt, so muss
er ihn ihr vorenthalten (τροφῆς ἀνέχειν). Das Gleiche gilt auf der Ebene
Vater - Sohn oder Herrscher - Untertan. So weit zu den Grundkonstanten
des Gelübdewesens nach Philo. Es fällt auf, dass er anders als die biblischen Texte weniger daran interessiert ist, dass Gott das bekommt, was
man ihm per Gelübde versprochen hat. Er bedenkt vor allem die Folgen
für den Gelobenden. Das Gelübde hat bei ihm folglich eher den Charakter einer religiösen Verzichtserklärung.[117]
Über den biblischen Befund hinaus kennt Philo zwei Wege, wie diese
Verzichtserklärung wieder rückgängig gemacht werden kann. Der erste
Weg, das geweihte Gut auszulösen (ἔκλυσις δὲ ἐπιφημισθέντων), den
er für den besseren hält, ist der, dass der Priester die Annahme verweigert.[118] Diese Möglichkeit impliziert, dass tatsächlich etwas zum Heiligtum gebracht wird, das der Priester dann - aus welchen Gründen auch
immer - nicht annimmt. Die zweite Möglichkeit der Auslösung sieht statt
des Priesters eine andere Autorität vor. Diese Autorität näher zu bestimmen ist nahezu unmöglich, zumal schon die sprachliche Konstruktion
vor große Schwierigkeiten stellt[119]: „ἡ παρὰ τῶν μᾶλλον ἀεὶ κυρίων
ὁσία ἵλεω τὸν θεὸν ἀποφαίνειν." (Das bei den in höherem Maße Be-
fugten liegende heilige Recht, Gott für gnädig zu erklären.). Philo hat
hier offenbar eine andere Gruppe als die der Priester im Sinn. Deren
Mitglieder sind in der Lage, Gott für gnädig - „heiter geneigt" - zu erklären, so dass es nicht mehr nötig ist, die Weihe(gabe) anzuerkennen (ὡς
μηδὲ ἐπάναγκες τὴν ἀνάθεσιν δέχεσθαι).
Über die biblischen Vorgaben und auch über die Qumranhalacha hinaus
lernen wir also bei Philo zwei Instanzen kennen, die die Auslösung gott-
geweihter Dinge vornehmen und damit den Gelobenden von den Folgen
seines Gelübdes entbinden können. Sie können die Annahme der Gabe
verweigern oder die Widmung nicht anerkennen. Weitere Umstände oder
Regelungen gehen aus diesem Text nicht hervor. Bedeutsam ist die Erwähnung einer nichtpriesterlichen Instanz, die Gelübde aufzulösen in der
Lage ist. Damit bezeugt Philo eine Neuerung, die sonst erst in tannaitischen Quellen zu greifen ist.[120]
Abschließend wende ich mich noch einmal SpecLeg 2,12-23 zu. Philo
schildert hier mehrere Fälle von Eiden, die eigentlich nicht einzuhalten
gewesen wären. Ich behandele sie an dieser Stelle, weil vom Kontext her

---

[117]   Zu dieser Stufe der Entwicklung des Gelübdewesens vgl. unten II / 6.4.1.
[118]   Von dieser Halacha haben sich im Bezug auf die Gelübde keine weiteren Spuren
erhalten. Belkin (1940), 167f, vermutet, dass Philo eine vormischnische Tradition
überliefert. Diese sei auch in yNaz 45b und yBek 11b erhalten.
[119]   Vgl. Colson, 426.
[120]   Dort sind es tannaitische Experten, die Gelübde aufzulösen in der Lage sind
(vgl. den Exkurs unter II / 6.4.3.3.2).

nicht unmittelbar klar ist, ob es sich um Eide oder um Gelübde handelt[121] und weil zwei Beispiele sehr deutlich Züge eines Gelübdes tragen. SpecLeg 2,13-15 verhandelt den Schwur, ein Verbrechen zu begehen (vgl. II / 4.3.4.6). 2,16-17 berichtet von im Zorn abgelegten Eiden, die soziale Beziehungen aufkündigen. Konkret geht es um Eide, mit denen Tisch- und Hausgemeinschaft unterbunden werden, Hilfeleistung oder Annahme irgend eines Gutes ausgeschlossen wird. Selbst die heiligste Pflicht, nämlich die zur Totenbestattung[122], kann mittels eines Eides außer Kraft gesetzt werden. Viele dieser Beispiele haben Entsprechungen in der rabbinischen Literatur und erscheinen dort als Gelübde (z.B. mNed 4,1-5,6)[123]. Philo empfiehlt auch hier wieder, das Versprochene nicht einzuhalten, stattdessen „Gott mit Opfern und Gebeten zu versöhnen" (εὐχαῖς καὶ θυσίαις ἐξευμενίζεσθαι τὸν θεόν).

4.4 Zusammenfassung

Überblickt man die vorangegangenen Abschnitte, so fällt zunächst auf, dass das Thema Schwören, das auf den ersten Blick als randständig im philonischen Opus erscheinen mag, geradewegs ins Zentrum der philonischen Theologie und Ethik führt. Dieses Thema veranlasst Philo zu grundlegenden Ausführungen über Gottes Existenz und sein Wesen, über das, was Menschen von Gott wissen können und was nicht. Es fordert ihn heraus, über den Sinn der anthropomorphen Redeweise der Schrift zu sprechen und seine Ethik der Nachahmung Gottes zu beschreiben.

Dass man bei der Erarbeitung dieses Themas unverzüglich auf die zentralen Anliegen Philos stößt, ist kein Zufall, denn das Schwören berührt den Angelpunkt seines Denkens: Gott. Philo definiert den Eid streng theologisch als Sprachhandlung, mit der man Gott gleichsam in den Zeugenstand ruft, auf dass er die Wahrheit der zweifelhaften Aussage bezeuge. Diese Definition liegt allen Ausführungen über den Eid zugrunde. Sie bewegt Philo dazu, bei der Behandlung der Schwurthematik über Gott zu reflektieren. Und sie ist es auch, die Philo an die Schwelle eines absoluten Schwurverbotes bringt: Jeder Eid bedeutet einen Zugriff auf Gott, zieht den Heiligen Gott hinein in menschlich - irdische Ge-

---

[121] Der Schilderung voraus geht der eingangs zitierte Satz, der die der Tora entsprechenden Gelübde zu den Eiden zählt, die einzulösen sind. Andererseits nimmt sich dieser Satz wie eine Parenthese innerhalb des Satzes, der toragemäße Eide für bindend und solche, die der Tora widerstreiten, für nicht bindend erklärt. Dafür spricht der maskuline Anschluss „τούτοις", der sich nur auf die vorangegangenen „ὅρκους" beziehen kann.

[122] Vgl. für den Bereich des rabbinischen Judentums mSan 5,3 und dazu bSan46b.

[123] Heinemann (1962): „Zu den Eidschwüren, mit jemandem nicht an einem Tisch oder in einem Hause sein zu wollen, findet sich in Hellas keine vollgültige Parallele." (38).

schäfte und steht so in der Gefahr, aus dem „Gebrauch" des Heiligen einen „Missbrauch" zu machen. Um den Schutz der Heiligkeit Gottes geht es Philo, darum ist es seiner Ansicht nach besser, auf das Schwören ganz zu verzichten - entsprechend hoch achtet Philo diejenigen, die so handeln.

Als Exeget und rechtskundiger Zeitgenosse weiß Philo jedoch um die Schutzfunktion, die der Eid im Rechtsleben hat, ist er doch die letzte Zuflucht für den, dem kein anderes Rechtsmittel mehr bleibt. Eine ethische Konfliktsituation entsteht: Es ist nicht gut, den heiligen Gott der möglichen Entheiligung auszusetzen - es ist aber auch nicht gut, ganz auf den Eid zu verzichten, denn das bedeutet automatisch, dass demjenigen, der im Recht ist, Unrecht angetan wird. Philo wählt die sog. „zweitbeste Reise" (Decal 84): Wenn es nicht anders geht, darf man schwören, aber nicht bei Gott selbst, man soll sich bestimmter Ersatzformeln bedienen. Diese wahren den für den Eid konstitutiven Bezug zu Gott, halten Gott jedoch zugleich aus dem irdischen Geschäft heraus und schützen ihn so vor der Entheiligung. Philo schlägt konkrete Formeln vor, die allesamt dieser Systematik entsprechen. Des Weiteren macht er Einschränkungen bezüglich des Schwuranlasses und der moralischen Beschaffenheit dessen, der zu schwören gedenkt: nur wer sich im Status absoluter kultischer und ethischer Integrität befindet, darf sich überhaupt der heiligen Handlung des Eides bedienen.

In besonderer Weise fiel auf, dass in Philos Ausführungen zur Rolle des Eides im Rechtsleben die Horizonte biblisch-jüdischer und griechisch-römischer Rechtspraxis miteinander verschmelzen. Darüber hinaus zeigen sich deutliche Berührungen mit Ansätzen griechischer Eidreflexion und Eidkritik. Auch auf jüdische Schriften palästinischer Provenienz konnte wiederholt zurück- bzw. vorausgewiesen werden. Was P. Borgen für die Philoforschung allgemein feststellen konnte, dass trotz aller Eigentümlichkeiten „...scholars are increasingly aware of the fact, that no sharp distinction can be drawn between Palestinian Judaism and Hellenistic Judaism..."[124], wird damit durch unsere Beobachtungen bestätigt.

---

[124] Borgen (1997), 282. Vgl. auch Borgen (1997), 12f.

5. Schwur und Eid bei Flavius Josephus

Dass Menschen schwören, gehört ganz selbstverständlich zu der Welt, von der Josephus erzählt. In 142 Zusammenhängen ist in seinem Werk davon die Rede. Josephus ist Historiker, d.h. er schreibt Geschichte und berichtet damit auch von den Schwüren und Eiden, die im Verlauf dieser Geschichte abgelegt wurden. Damit ist sein Werk eine wichtige Quelle, was die sozialen Orte des Schwörens in der Antike anbelangt. Josephus reflektiert hingegen nicht selbstständig über den Eid. Allerdings haben sich in seinen Referaten Spuren von solchen Reflexionen erhalten, aus denen wir entnehmen können, welches Verständnis von Schwur und Eid Josephus voraussetzt, aber auch, welche halachischen Diskussionen sich um diesen Themenkomplex herum entwickelt haben. Diesen Texten soll das Hauptaugenmerk des vorliegenden Kapitels gelten. Zunächst sei aber in aller Kürze erwähnt, in welchen Kontexten Josephus Schwur und Eid verortet sieht.

5.1 Schwur und Eid als selbstverständliche Phänomene

Josephus' Werk besteht zu einem nicht unerheblichen Teil aus Kriegsgeschichtsschreibung. Darum ist es nicht verwunderlich, dass Schwur und Eid vor allem als *Sicherheitsgarantie* in militärischen Zusammenhängen (z.B. Ant 12,376; 13,156; 18,332) begegnen, wo sie zwischen verfeindeten Parteien Vertrauen schaffen.[1] Auch als Bestandteil von *Bündnis- bzw. Freundschaftsverträgen* sind Schwur und Eid bekannt (Ant 13,336; Ant 14,7; Ant 19,275). Sie gehören für Josephus so selbstverständlich in diesen Kontext, dass er sie in seinen Referaten biblischer Erzählungen einträgt, auch wenn in der biblischen Vorlage nichts Entsprechendes steht (vgl. z.B. Ant 7,242 und Sam 3,12; Ant 8,58 und 1 Kön 5,26). Aus der römischen Welt kennt er den *Treueid*. Er berichtet von Vitellius, der das Volk zur Treue zu Kaiser Caligula verpflichtet (Ant 18,124), davon, dass Claudius sein Heer eidlich an sich gebunden hat (Ant 19,247 und 259). Auch gegenüber Vespasian wird ein solcher Eid abgelegt (Bell 4,617-621).[2] Ebenfalls römischem Vorbild folgt Herodes, der seinem

---

[1] Selbstverständlich werden diese Eide nicht immer gehalten – weder von Heiden noch von Juden (Ant 12,396; Bell 2,451ff).

[2] Von diesem Eid berichtet auch Tacitus, hist. 2,79: „Der erste Schritt, dem Vespasian die Herrschaft zu übertragen, wurde in Alexandria gemacht dank der schnellen Tat des Tiberius Alexander, der am 1.Juli die Legionen auf ihn vereidigte" (qui ca-

Volk einen Treueid abverlangt (Ant 15,370 und 17,42). Orientiert an seinen römischen Lesern trägt Josephus auch in biblische Zusammenhänge den Treueid ein (vgl. 2 Kön 11,17[3] und Ant 9,143).

Der Eid als Mittel der *Verteidigung* in der Tradition des biblischen Reinigungseides ist Josephus ebenfalls bekannt (Ant 4,287). Vom Verdacht der Verschwörung kann man sich durch einen Eid befreien (Ant 14,278; Ant 14,347f). Auch Josephus Rivale Johannes von Gischala bedient sich des Eides als letztem Ausweg (Vita 101f). Neben diesen militärisch-politischen oder juristischen Kontexten kommt der Schwur als feierliches *Versprechen* (Ant 13,336; Ap 1,318[4]) oder als *Bekräftigung* einer Aussage (Ant 6,225; Ant 8,322; Vita 275) in unterschiedlichen Zusammenhängen vor.[5]

Im Vergleich mit der biblischen Tradition und den jüdischen Schriften, die wir bisher gesichtet haben, fällt auf, dass das Schwören Gottes nirgends Erwähnung findet. Der Gott des Josephus schwört nicht - ebenso wenig tun es die Menschen ihm gegenüber.[6] Dieser Sprechakt bleibt allein der zwischenmenschlichen Kommunikation vorbehalten.

---

lendis Iuliis sacramento eius legiones adegit). Was Josephus im Bellum schildert, entspricht also genau dem römischen Fahneneid, dem sacramentum. Vgl. dazu Klingmüller (1920), 1667ff.

[3] Weder der hebr. Text noch die LXX erwähnen hier einen Schwur.

[4] Dieser Eid verdient besondere Erwähnung. Josephus setzt sich mit der antijüdischen Propaganda des Lysimachos auseinander, der u.a. behauptet hatte, die Juden hätten „schwören müssen, gegen die, von welchen sie vertrieben waren, nie mehr eine freundliche Gesinnung zu hegen" (Übersetzung Clementz, 142). Von einem solchen Eid ist auch in Ap 2,121ff die Rede. Hinter diesem Motiv steht die im Altertum verbreitete Auffassung von der Misanthropie des jüdischen Volkes (Belege finden sich bei Noethlichs (1996), 64ff).

[5] Es ließen sich jeweils zahlreiche Beispiele ergänzen. Vgl. Schlatter (1932), 117-120,

[6] Zwar schwört das Volk Israel, „Gott zu verehren und die Gesetze treu beobachten zu wollen" (Ant 10,63) Doch ist dieser Schwur eine Angelegenheit zwischen Josia und dem Volk, das damit verspricht, des Königs Ratschlägen folgen zu wollen. Ebenso verhält es sich mit einem ähnlichen Schwur, den Mose dem Volk abverlangt (Ant 4,309f). Dass Josephus das biblisch so breit belegte Schwören Gottes ganz verschweigt, könnte seinen Grund darin haben, dass er - wie Philo auch - die Vorstellung eines bei sich selbst schwörenden Gottes als schwierig empfunden haben mag. Anders als Philo macht er dieses Phänomen nicht zum Thema, sondern unterschlägt es einfach. Eine andere Spur ergäbe sich, wenn man mit Spilsbury (1998), 172ff das Verhältnis zwischen Gott und Israel von Josephus als das zwischen einem römischen Patron und seinem Klienten beschriebben sähe. Da einer solchen Beziehung der Eid fremd ist (vgl. Herrmann (1968), 117), erwähnt Josephus keinen Schwur zwischen Gott und Israel.

5.2 Spiegelungen halachischer Diskussionen um Schwur und Eid

In diesem Abschnitt sollen solche Texte besprochen werden, die Schwur und Eid selbst zum Thema machen bzw. halachische Fragestellungen oder Bestimmungen, die Schwur und Eid betreffen, widerspiegeln. Wie David Goldenberg herausgearbeitet hat, findet sich Halacha bei Josephus in drei Zusammenhängen: erstens in Ant 3,224-286; 4,67-75.199-301, zweitens in Ap 103-109.190-219 und drittens in „customs mentioned as part and parcel of Josephus' history of the Jews".[7] Für unser Thema kommen vor allem Texte aus der ersten und der letzten Kategorie in Betracht.

5.2.1 Das Wesen des Eides (Ant 4,133; Ant 6,229 und 276)

Josephus denkt, wie schon gesagt, nicht über den Eid nach, er erzählt davon. Was er selber darunter verstanden hat, lässt sich also höchstens indirekt erschließen. Aufschlussreich können dabei solche Stellen sein, die das Schwören durch parallele Begriffe erläutern. Nach Ant 4,133 setzen die Schwörenden Gott mit dem Schwur zum Mittler (μεσίτης) ein zwischen denen, die etwas versprechen und denjenigen, denen etwas versprochen wird:

„ταῦτα δὲ ὀμνύοντες ἔλεγον καὶ θεὸν μεσίτην [...] ποιούμενοι..." (Dies sagten sie, indem sie schworen und Gott zum Mittler der versprochenen Dinge machten...)

Damit wendet Josephus auf Gott einen „der vieldeutigsten Fachausdrücke der hellenistischen Rechtssprache"[8] an. Unter anderem sind folgende Funktionen des μεσίτης belegt: Er ist Schiedsmann in kleineren Rechtsangelegenheiten, Bürge oder „*Zeuge* bei einem Rechtsgeschäft, zugleich *Garant* für die Durchführung der Vereinbarungen"[9]. Gott als Mittler garantiert also die Einhaltung des Abkommens und bezeugt es verbindlich. Dass mit einem Schwur Gott zum Zeugen gemacht wird, ist ein Gedanke, der uns bei Philo ausführlich begegnet ist. Josephus kennt ihn ebenfalls. Jonatan schwört David einen Eid und ruft damit Gott zum Zeugen an: „Gott [...] mache ich zum Zeugen..." (τὸν γὰρ θεόν [...] μάρτυρα ποιοῦμαι...) (Ant 6,229). Ebenso geschieht es in Ant 6,276 (καὶ τὸν θεὸν μάρτυρα καλέσας). Es sind nur sehr wenige Stellen, an denen Josephus so redet - ihnen gegenüber steht die große Masse der Belege, die keinerlei erklärende Zu-

---

[7] Goldenberg (1978), 1.
[8] Oepke (1942), 603. Belege finden sich dort. Vgl. Roloff (1988), 121f und Grässer (1993), 93f.
[9] Oepke (1942), 603.

sätze haben. Doch sind diese wenigen Stellen allein schon deshalb aufschlussreich, weil sie ein schlüssiges Gesamtbild entstehen lassen, demzufolge Josephus den Eid wie Philo als eine Anrufung Gottes als Zeugen
bzw. Mittler verstanden hat.[10]

5.2.2 Der Eid im Kontext des dritten Gebots (Ant 3,91)

Josephus referiert in den Abschnitten 91f ganz knapp die zehn Gebote.
Es geht ihm dabei ausdrücklich nicht darum, diese ihrem Wortlaut nach
zu zitieren, er will sie ihrem Sinn[11] nach klar darlegen (τὰς δὲ δυνάμεις
αὐτῶν δηλώσομεν). Er fragt nach dem, was sie lehren.[12] Das dritte Gebot gebietet (und lehrt):[13]

„„...ἐπὶ μηδενὶ φαύλῳ τὸν θεὸν ὀμνύναι" (...dass man bei Gott nicht wegen einer
geringen bzw. schlechten oder bösen[14] Angelegenheit schwören soll.)

Josephus bezieht die Worte aus Ex 20, 7 also auf das Schwören. So hat
es Philo vor ihm getan hat (z.B. Decal 157) und die rabbinische Exegese
legt nach ihm entsprechend aus (z.B. MekhY zu Ex 20,7 [Horo-
vitz/Rabin, 227]). An diesem Punkt wird ein deutliches Traditionskontinuum innerhalb der antiken jüdischen Exegese sichtbar. Während Philo
dieses Gebot als Zusammenfassung aller Schwurhalachot überhaupt bewertet, verbindet sich für Josephus damit nur ein eingeschränkter Aussa-
gesinn. Es geht ihm darum, das Schwören zu begrenzen. Nicht aus jedem
Anlass soll geschworen werden, weder geringfügig noch böse dürfen
Anlass und Inhalt des Schwures sein. Fragt man nach dem Verhältnis
von Josephus Auslegung und dem biblischen Text, so lässt sich sagen,

---

[10] Dieses Bild wird noch schärfer durch die Schwurformeln konturiert, die Josephus
referiert: „bei Gott und dem König" (τὸν θεὸν καὶ τὸν βασιλέα) (Ant 13,76). In
diesem Fall sind Gott und der König gleichermaßen Zeuge; „bei Gott" (τὸν θεόν)
(Ant 3,91; 9,35); „beim größten Gott, der die beiden großen Brüder Moses und Aaron erschaffen und eure Väter aus der Knechtschaft der Ägypter erlöst hat" (τὸν
μέγιστον θεόν, ὃς τοὺς ἀδελφοὺς ἐκείνους [...] Μωυσῆν καὶ Ἀαρῶνα,
παρήγαγεν εἰς τὸν βίον καὶ τοὺς πατέρας ἡμῶν ἐξήρπασεν Αἰγυπτίων καὶ τῆς
ὑπ' αὐτοῖς δουλείας) (Ant 6,86); „bei Gott, dem Aufseher über alle Dinge" (θεὸν
[...] τὸν πάντων ἔφορον) (Bell 4,543); „bei Gott, dem Schöpfer des Himmels, der
Erde und des Meeres" (τὸν θεὸν τὸν ποιήσαντα τὸν οὐρανὸν καὶ τὴν γῆν καὶ
τὴν θάλασσαν) (Ap 2,121). Das Phänomen von Schwurersatzformeln spielt hingegen keine Rolle.
[11] Zum Gebrauch des Wortes „δύναμις" im Sinne von „Bedeutung" vgl. Plat. Krat.
394b.
[12] Josephus eröffnet seine Paraphrase mit dem Wort „διδάσκω" . Das erinnert an
das rabbinische „למד".
[13] Das unmittelbar vorangehende Verb lautet κελεύει.
[14] Die Bedeutung von „φαύλος" erstreckt sich von schlicht und einfach bis hin zu
böse und schlecht (vgl. Liddell-Scott, 1919f).

dass Josephus den biblischen Befund in zweierlei Hinsicht zuspitzt. Zum einen legt er fest, dass „οὐ λήμψῃ τὸ ὄνομα κυρίου τοῦ θεοῦ σου" „schwören" bedeutet, zweitens klärt er, was unter „ἐπὶ ματαίῳ" zu verstehen ist. Beide Präzisierungen sind nicht innovativ, sie stehen vielmehr in einer exegetischen Tradition, die sich in antiken jüdischen Schriften von Sirach über Philo bis zu den Tannaiten erstreckt.[15]

5.2.3 Der Reinigungseid (Ant 4,287)

Josephus referiert im Kontext dieser Stelle Halachot aus Ex 20,22-23,33. Dazu gehören die Bestimmungen, die die Rückgabe anvertrauten Gutes regeln (Ex 22,6-14 bes. 22,9f). Für den Fall, dass der Empfänger den anvertrauten Gegenstand ohne eigenes Verschulden verliert, hat er die Möglichkeit, sich vom Verdacht des Diebstahls zu befreien, indem er vor einem Richtergremium einen entsprechenden Eid ablegt.[16] Über den biblischen Text hinaus erwähnt Josephus mehrere für die Entwicklung der Halacha interessante Details. Wie schon Philo und die Rabbinen deutet auch er das biblische „so soll es unter ihnen zum Eid vor dem Herrn kommen" (22,10a) auf einen Gerichtshof (SpecLeg 4,30ff; MekhY zu Ex 22,7 [Horovitz/Rabin 300]) und auch die Qumrangemeinde verlagert den Eid vor ein Richtergremium (vgl. CD 9,10 und 15,4). Neu ist die Information, dass dieser Gerichtshof aus sieben Männern bestehen soll. In Ant 4,214 hat Josephus in Anlehnung an Dtn 16,18 von der Einrichtung eines solchen Gremiums in jeder Stadt geschrieben: „In jeder Stadt sollen sieben an Tugend und Eifer für die Gerechtigkeit hervorragende Männer die Vorsteher sein...". Diesen obliegt unter anderem die Rechtsprechung (δικάζειν). Was Josephus hier theoretisch ausführt, entspricht seiner eigenen Praxis, denn nach Bell 2,568ff hat er bei seiner Ankunft in Galiläa in jeder Stadt sieben Männer mit entsprechenden Befugnissen eingesetzt. Dtn 16,18 legt hingegen keine Zahl fest. Die rabbinische Tradition kennt die „sieben Besten der Stadt" שבעה טובי העיר (bMeg 26a) bzw. פרנסי העיר (tMeg 2,12). Diese konnten die gesamte Stadt nach außen und innen rechtswirksam vertreten (yMeg 3,2 74a).[17]

---

[15] Vgl. zur Präzisierung des „ἐπὶ ματαίῳ" Sir 23,11 und MekhY zu Ex 20,7 (Horovitz/Rabin, 227).

[16] Wir kennen diesen Reinigungseid schon aus TestAss 2,6; TestGad 6,4; und SpecLeg 1,235-238 der Beschreibung Philos und der Qumrantexte.

[17] Diese Tradition könnte auch bei der Wahl der Sieben nach Apg 6,1-7 Pate gestanden haben. Vgl. Weiser (1981), 166 und Roloff (1993), 77: „Das Siebenergremium entsprach nämlich der Leitungsstruktur örtlicher Synagogengemeinden, denen ein Gremium von sieben Ältesten vorstand [...]: Es hatte die Gemeinde nach außen hin zu vertreten und für den geregelten Ablauf ihres inneren Lebens zu sorgen" (77). Vgl. zum Ganzen auch Safrai (1974), 414.

Des Weiteren führt Josephus den Eid, der vor diesem Siebenergremium
zu leisten ist, näher aus. Unter Anrufung Gottes wird folgende inhaltliche Aussage gemacht: „dass er nichts für eigene Zwecke und durch eigene Schuld verloren, auch nichts davon für sich selbst verwendet habe".
Dieser Eid entlastet den Empfänger des anvertrauten Gutes. Dem Duktus
von Ex 22 folgend, wäre die Schilderung des Verfahrens jetzt eigentlich
abgeschlossen, aber Josephus fügt noch eine weitere Ausführung hinzu:

„χρησάμενος δὲ κἂν ἐλαχίστῳ μέρει τῶν πεπιστευμένων ἂν ἀπολέσας τύχῃ
τὰ λοιπὰ πάντα ἃ ἔλαβεν ἀποδοῦναι κατεγνώσθω." (Hat er aber auch nur den
geringsten Teil von den anvertrauten Dingen verwendet, und es trifft sich dann, dass
er es verloren hat, dann soll er dazu verurteilt werden, alles Übrige, was er bekommen hat, zurückzuerstatten.)

Zu dieser Bestimmung findet sich eine rabbinische Entsprechung in
mShevu 6. Die Grundregel dort entspricht der, die schon Josephus bezeugt. Dort wird der, der zugibt, etwas von dem eingeforderten Gut benutzt zu haben (הודה לו מקצת) (mShevu 6,3), dazu verpflichtet den sog.
Eid der Richter zu leisten.[18] Die Mischna legt diesen Satz einem gewissen Admon in den Mund, einem Richter, der zur Zeit des zweiten Tempels lebte.[19] Josephus bezeugt demnach eine Halacha, die die rabbinische
Literatur selbst in die Zeit des zweiten Tempels datiert. Externes und internes Zeugnis ergänzen sich hier beispielhaft zu einem Indiz dafür, dass
rabbinischen Zuschreibungen nicht per se zu misstrauen ist.

5.2.4 Die Diskussion um die Verbindlichkeit des Eides (Der Konflikt
zwischen Eid und Ethik) (Ant 5,169f)

Ri 20-21 berichtet von der Strafaktion der Stämme Israels gegen Benjamin. Dazu gehört der in Ri 21,1 erwähnte Schwur: „Niemand soll seine
Tochter den Benjamitern zur Frau geben." Nach geschlagener Schlacht
reut die Israeliten ihr Schwur, aber sie sind und bleiben durch ihn gebunden: „...denn wir haben geschworen bei dem Herrn, dass wir ihnen von
unseren Töchtern keine zu Frauen geben" (21,7b). Was in der biblischen
Erzählung als Selbstverständlichkeit stehen gelassen wird, bietet in der
Paraphrase des Josephus Anlass zur Diskussion. Zwei Parteien treten
auf. Die eine vertritt die Auffassung:

„...ὀλιγωρεῖν [...] τῶν ὀμωμοσμένων ὡς ὑπ' ὀργῆς ὀμόσαντες οὐ γνώμῃ καὶ
κρίσει, τῷ δὲ θεῷ μηδὲν ἐναντίον ποιήσειν εἰ φυλὴν ὅλην κινδυνεύουσαν

---

[18] Dieser wiegt nach tSot 7,1ff so schwer, dass man kaum wagen kann, ihn abzulegen. Er zielt darauf, dass man stattdessen den Wert des anvertrauten Gutes erstattet
(vgl. II / 6.1.2.2).
[19] Vgl. Margalioth (1987), 52 und Heszer (1997), 115.

ἀπολέσθαι σῶσαι δυνηθεῖεν, τάς τε ἐπιορκίας οὐχ ὅταν ὑπὸ ἀνάγκης γένωνται χαλεπὰς εἶναι καὶ ἐπισφαλεῖς, ἀλλ' ὅταν ἐν κακουργίᾳ τολμηθῶσι."(...man solle sich um die geschworen Dinge nicht kümmern, weil sie wie im Zorn und ohne Sinn und Verstand geschworen hätten, man werde Gott nicht zuwider handeln, wenn man einen ganzen gefährdeten Stamm vor dem gänzlichen Untergang bewahre; auch seien die Meineide nicht schädlich, wenn sie unter Zwang zustandegekommen seien, sondern dann, wenn sie böswillig unternommen werden.)

Diejenigen, die dafür plädieren, dem geleisteten Eid zuwider zu handeln, führen dafür drei Argumente ins Feld: 1. Ein Eid muss nicht gehalten werden, wenn man ihn „ὑπ' ὀργῆς [...] οὐ γνώμῃ καὶ κρίσει" - aus Zorn, ohne Sinn und Beurteilung - abgelegt hat. 2. Ein Eid muss nicht gehalten werden, wenn das Resultat der Eidestreue moralisch verwerflicher ist als die Übertretung des Eides. 3. Meineid ist nicht an sich schlecht, nur wenn man ihn in böser Absicht (ἐν κακουργίᾳ) begeht. Demgegenüber steht die „konservativere" Auffassung, die Josephus den Ältesten zuschreibt:

„τῆς δὲ γερουσίας πρὸς τὸ τῆς ἐπιορκίας ὄνομα σχετλιασάσης..."
(Die Ältesten dagegen äußerten schwere Bedenken gegen den Ruf des Meineides...)

Hinter diesen Bedenken steht eine Auffassung vom Eid, die schon im biblischen Text selbst wirksam war: Ein einmal geäußerter Schwur schafft eine Realität, die unabhängig ist von der Disposition oder Intention des Schwörenden, die aber auch unabhängig ist von irgendeinem ethischen Maßstab. Man darf den Eid nicht brechen[20] - kann ihn höchstens umgehen.[21] Josephus projiziert hier eine Diskussion seiner Zeit zurück in den biblischen Text. Welcher Meinung er selber zuneigt, bleibt offen. Die Diskussion an sich ist nicht neu.

Dass ein Schwur nicht unter allen Umständen zu halten ist, dass es vielmehr besser sein kann, ihn zu brechen, um damit einen anderen Maßstab (den göttlichen Willen, wie er in der Tora festgelegt ist) nicht zu verletzen, hat man schon in Qumran gesagt (CD 16,6ff), auch Philo hat dies breit ausgeführt (SpecLeg 2,9ff) und die rabbinische Halacha folgt diesem Grundsatz ebenfalls (z.B. mNed 2,2).[22] Des Weiteren lag schon

---

[20] Vgl. Jdt 8,30; VitAd 20,3.
[21] Vgl. Kottsieper (1993), 983.
[22] Die Annahme, dass dieser Maßstab die Tora ist, teilen die Qumranschriften, Philo und die rabbinische Tradition. Josephus hingegen orientiert sich hier nicht explizit daran. Er argumentiert mit Hilfe einer Güterabwägung. Was ist vorzuziehen: ein Meineid, der sozusagen Leben rettet oder die Treue zum Eid, die Leben gefährdet? Ähnlich argumentiert mNed 3,4. Darf jemand, um sein Leben bzw. sein Hab und Gut zu retten, ganz bewusst einen Meineid schwören oder nicht? Die Anhänger der Schule Schammais verneinen dies vehement - genau so vehement befürworten es die Hilleliten. Was Josephus hier schildert, berührt sich deutlich mit der Auffassung der Schule Hillels, die sich später allgemein durchgesetzt hat.

Philo sehr viel an der geistigen Disposition des Schwörenden und an den Umständen, unter denen ein Schwur abgelegt wurde: „Mit Überlegung und nüchternem Sinn werde der Eid abgelegt" (λογισμῷ δὲ καὶ διανοίᾳ νηφούσῃ ποιῆται τὸν ὅρκον), heißt es in SpecLeg 2,9. Die Frage nach der Intention des Schwörenden spielt bei der rabbinischen Diskussion über die Auflösbarkeit von Gelübden eine große Rolle (mNed 9).

Die drei Argumente, die Josephus denen in den Mund legt, die dafür eintreten, man könne den Eid ruhig ignorieren, sind allesamt zur Zeit des Josephus vertreten worden. Sie begegnen in den unterschiedlichsten Textkorpora. Nicht alle akzeptieren alle Argumente, aber die Argumente sind bekannt. Fragt man, wem die liberale Position am nächsten kommt (also, wer alle vorgetragenen Argumente akzeptiert), so fällt die Entscheidung zugunsten der rabbinischen Tradition - und dort näherhin der hillelitischen Richtung[23] - aus. Aber selbst, wenn man dieser genauen Zuordnung gegenüber skeptisch bleibt, so ist doch deutlich, dass Josephus in seinem Referat spiegelt, was andere Kreise des Judentums kontrovers diskutiert haben.

5.2.5 Die Austauschbarkeit von Eid und Gelübde (Ant 6,24 und Ap 1,167)

Ant 6,24 rekurriert ebenfalls auf eine biblische Erzählung, nämlich auf 1 Sam 7,5ff. Die Israeliten haben sich in Mizpa zu einer Art Bußfeier versammelt. Als die Philister davon erfahren, ziehen sie gegen Israel. Das Volk, das „nur zu Gebet, Opfer und Gelöbnis"[24] zusammengekommen ist, nicht aber um zu kämpfen, bittet Samuel um Hilfe. An dieser Erzählung ist lediglich der zitierte Ausschnitt von Interesse, denn er gewährt einigen Aufschluss über den damaligen Sprachgebrauch, was die Nähe und Unterscheidung von Gelübden und Eiden anbelangt. Dass beide Begriffe synonym gebraucht werden können, ist uns schon begegnet und wird uns weiter begleiten.[25] Was H. Clementz hier elegant mit Gelöbnis übersetzt, heißt im Original „ὅρκος" - also Eid oder Schwur. Die Israeliten geben als Zweck ihrer Versammlung an: „ἐπ' εὐχὰς καὶ θυσίας καὶ ὅρκους" (zu Gebeten und Opfern und Eiden). Zur antiken Gottesdienstpraxis gehörten neben Opfern und Gebeten auch Gelübde. Ein Mensch verspricht, der Gottheit etwas zu geben, wenn sie sich in gewünschter Weise verhält.[26] Der kurze Text, den Josephus bietet, lässt

---

[23] Das Achten auf die Intention im Gegensatz zur Berücksichtigung der bloßen Fakten gehört zu den Charakteristika des Hauses Hillels gegen über dem Haus Schamais (vgl. Safrai (1987b), 190f). Die Hilleliten sind es auch, die unter Lebensgefahr den unverlangt abgelegten Falschschwur erlauben (mNed 3,4).

[24] Übersetzung von Heinrich Clementz.

[25] Vgl. dazu II / 1.1.2.

[26] Dies ist auch inschriftlich (vgl. CIJ 683, 684, 690) belegt.

Raum für unterschiedliche Konkretisierungen. Entweder werden Gelübde im Rahmen des Gottesdienstes abgelegt oder aber - was wegen der parallel erwähnten Opfer wahrscheinlicher ist - Gelübde werden erfüllt, indem die versprochenen Gaben Gott dargebracht werden.[27] Eide im strengen Sinne haben hier nicht ihren Ort.[28] Der gemeinsame Nenner von Eiden und Gelübden ist, dass ein Mensch sich zu einer bestimmten Handlung verpflichtet.[29] In jedem Fall sieht man hier sehr deutlich, dass Josephus - wie seine Zeitgenossen auch - nicht streng zwischen Eiden und Gelübden unterschieden hat.

In die gleiche Richtung weist die Erwähnung des sog. „Korban" Eides in Ap 1,167 (vgl. II / 1.1.2).

5.2.6 Die Eidverweigerung der Pharisäer gegenüber Herodes (Ant 15,370 und 17,42)

Beide Texte spielen wahrscheinlich auf das gleiche Ereignis an,[30] nämlich den von Herodes verlangten Treueid. Wir befinden uns im siebzehnten Regierungsjahres des Herodes, also im Jahr 23 bzw. 20 v.Chr.[31] Nach der Hinrichtung der wichtigsten Mitglieder seiner Familie versucht Herodes, seine Macht im Inneren zu konsolidieren. Die Maßnahmen, die Herodes zu ergreifen sich gezwungen sieht, zeigen, dass das Volk ihm gegenüber keineswegs wohl gesonnen ist. „Der vieldiskutierte Treueid, der seine Herrschaft auf eine rechtliche Grundlage stellen soll, wird von den meisten zwar geleistet, aber nur widerstrebend. Die Pharisäer sind keineswegs die einzigen Gegner des Treueids, sie sind aber zusammen mit den Essenern die einzigen, die Herodes vom Eid befreit."[32] Aus welchem Grund die Pharisäer den Eid verweigerten, führt Josephus nicht aus. L.H. Feldman schlägt vor, den Grund dafür in der pharisäischen Scheu, den Gottesnamen auszusprechen, zu suchen: „We may comment that the refusal of the Pharisees to take an oath [...] was due [...] to their reluctace to utter the name of G-d, as we see in Ecclesiastes 8,2-3; Ecclesiasticus 23,9ff., and Philo (De Decalogo 84). We find the

---

[27] Vgl. schon Ps 22,26; 50,14; 65,2. Votivgaben in paganen Tempeln sind in großer Zahl bezeugt. Die am Tempelberg in Jerusalem gefundene Qorban-Inschrift belegt sie auch für den Jerusalemer Tempel archäologisch (vgl. Naveh (1992), 38.).
[28] Josephus spricht sonst in kultischen Kontexten nirgends vom Eid.
[29] Vgl. dazu II / 1.1.2.
[30] Vgl. zur älteren Diskussion Schalit (1969), 316ff. Schalit selbst geht von zwei unterschiedlichen Ereignissen aus (so auch Kollmann (2001), 24ff). Seine Argumentation überzeugt mich nicht, denn die Frau Pheroras wird gerade nicht wegen der in Ant 17,41 erwähnten Zahlung der den Pharisäern auferlegten Geldbuße angeklagt, sondern allgemein wegen herodesfeindlicher Umtriebe. Zu diesen gehört *im Rückblick* auch die Übernahme der Geldbuße.
[31] Vgl. Schäfer (1991), 150.
[32] Schäfer, a.a.O. 150f.

same reluctance to take oaths among the Essenes (War 2,135); and hence they too (Ant. 15, 371), were excused from the oath of allegiance."[33] Von einer solchen Scheu spricht Josephus allerdings nicht, und die Quellen, die Feldman anführt, lassen sich nicht so ohne weiteres auf die Pharisäer beziehen. Schließlich können die Motive von Pharisäern und Essenern durchaus unterschiedlich gewesen sein.

So könnte die Weigerung der Pharisäer, Herodes die Treue zu schwören, auch politische Gründe gehabt haben. Das Verhältnis der Pharisäer zu Herodes war schließlich alles andere als ungetrübt. Ob die Pharisäer schon vom ersten Auftreten des Herodes an in Opposition zu ihm standen[34] oder ob „sich das Verhältnis zwischen dem König und den Pharisäern" erst nach und nach „kräftig abgekühlt"[35] hat, müssen wir hier nicht entscheiden, ebenso wenig die Frage nach dem Grund der Gegnerschaft.[36] Im siebzehnten Jahr der Herrschaft des Herodes ist die Gegnerschaft jedenfalls offenkundig. Daran lässt Ant 17,42 keinen Zweifel: Die Pharisäer wären nach Josephus imstande gewesen, Herodes „durch ihre Gabe der Vorsehung Gutes zu tun, doch waren sie offensichtlich darauf aus, ihn zu bekämpfen und ihm Schaden zuzufügen". Dass die Eidesverweigerung der Pharisäer weniger religiös als vielmehr politisch motiviert war, ist vor diesem Hintergrund doch sehr wahrscheinlich.

Warum hat Herodes die Pharisäer nicht wie die übrigen Eidesverweigerer (mit Ausnahme der Essener) „schonungslos beiseite geschafft", wie aus Ant 15,370 zu entnehmen ist? Wieso hat er sie lediglich mit einer Geldstrafe belegt (Ant 17,41ff)? Nach Ant 15,370 geschah dies aus Rücksicht auf Pollio. Dieser stand bei Herodes besonders in Ehren gemeinsam mit seinem Schüler Samaias[37], „weil sie bei der Belagerung von Jerusalem ihren Mitbürgern den Rat gegeben hatten, den Herodes in die Stadt einzulassen" (Ant 15,3f). Von diesem Ereignis berichtet Ant 14,176. Aus dem Bericht geht hervor, dass Samaias diesen Rat keineswegs aus Freundlichkeit gegen Herodes gegeben hatte: Er forderte das

---

[33] Feldman (1983), 673.

[34] So Mason (1991), 261.

[35] So Schäfer (1991), 151 (vgl. dazu 149, wo Schäfer die Pharisäer Pollion und Samaias zu den Parteigänger des Herodes nach Ant 15,1-4 zählt).

[36] Die rabbinische Tradition beurteilt in der Retrospektive Herodes Königtum aus halachischen Gründen als illegitim. Herodes hätte als Nichtjude nach Dtn 17,15 nicht König werden dürfen (bBB 3b-4a). Dass schon die Pharisäer dies gegen Herodes ins Feld geführt haben, ist aufgrund der Quellenlage nicht zwingend, wie A.I. Baumgarten herausgearbeitet hat Vgl. Baumgarten (1993), 31-37.

[37] Die Pharisäer Pollio und Samaias lassen sich eventuell mit Gestalten aus der Traditionskette von mAvot identifizieren. Vorgeschlagen wurden Hillel und Shammai oder Abtalion und Shemaiah. (vgl. dazu die Referate bei Feldman (1983), 467-469). Die sprachlichen Argumente, die Feldman selbst für eine Identifikation von Pollion mit Abtalion aus mAv 1,10, anführt, sind recht überzeugend. Vgl. Feldman (1958/59), 53-62.

Volk auf, „den Herodes einzulassen, da man um der begangenen Sünden willen ihm doch nicht entgehen könne". Samaias sieht die Königsherrschaft des Herodes demnach als Strafe Gottes an.[38] Auch im Prozess gegen Herodes vor dem Synhedrium erweist er sich als alles andere als ein Parteigänger des späteren Königs: Er bezichtigt Herodes, „dass er mehr auf seinen Vorteil als auf die Gesetze achtet", und prophezeit dem Hyrkanus und dem Sanhedrin, dass sie dermaleinst für ihre Furcht vor Herodes gestraft werden würden (Ant 14, 174ff und 15,1ff, wo dasselbe Diktum Pollio zugeschrieben wird[39]). „We now learn, therefore, that at least two Pharisees were opposed to Herod from the start; ironically, Herod honoured them because their call for submission, though motivated by the view that Herod's reign was an inescapable punishment, served his ends well."[40] Herodes politisches Kalkül könnte es also gewesen sein, das Pollio und Samaias und den über 6000 weiteren Pharisäern, von denen in Ant 17,42 die Rede ist, das Leben rettete.

Ant 17,42 gibt bezüglich des Treueides noch eine weitere wichtige Information. Nach diesem Text ging es nämlich nicht nur um die Treue zu Herodes, sondern auch zum römischen Kaiser (εὐνοήσειν Καίσαρι καὶ τοῖς βασιλέως πράγμασιν). Solche Eide dem römischen Kaiser gegenüber sind aus der paganen Umwelt Israels inschriftlich belegt.[41] In ihnen werden sämtliche Götter namentlich oder anonym angerufen und schließlich auch der entsprechende Herrscher selbst: „ὀμνύω Δία, Γῆν, Ἥλιον, θεοὺς πάντα[ς καὶ πά]σας καὶ αὐτὸν τὸν Σεβασ[τ]όν, εὐνοή[σειν Καί]σαρι Σεβαστῶι" (Ich schwöre bei Zeus, der Erde, der Sonne, bei allen Göttern und Göttinnen und beim Augustus selbst, dem Kaiser Augustus freundlich gesonnen zu sein...)[42]. Es ist möglich, dass Augustus einen solchen Eid verlangt hat.[43] Wahrscheinlicher ist es, dass Herodes ihn aus eigenem Antrieb initiiert hat, um erstens seine Treue gegenüber Augustus zu dokumentieren und zweitens seiner eigenen

---

[38] Vgl. Mason (1991), 262.

[39] Vgl. ebd.

[40] ebd.

[41] Z.B. OGIS, 532,8ff; OGIS, 229,60-61. Weitere Belege bei Herrmann (1968), 122.

[42] OGIS, 532,8ff.

[43] Mommsen (1952, II³/2), 792f: „Einen besonderen dem Princeps als solchem zu leistenden Eid kennt die augusteische Ordnung nicht. Allerdings aber ist ihm als dem einzigen Feldherrn der Gemeinde von sämmtlichen (!) Soldaten des Reiches der althergebrachte Feldherrneid (sacramentum) zu leisten; und dieser Eid nimmt jetzt einen weiteren Umfang an. [...] Sodann beschränkt der Schwur sich nicht bloß auf die Soldaten, sondern es schließen sich die Beamten und die sämmtlichen Bürger und Untertanen dem Treueid an, so daß er wenigstens von den letzteren wohl regelmäßig von den Statthaltern geradezu abgefordert wird."

Herrschaft das Gewicht einer mit dem Kaiser selbst verbundenen Würde zu geben.[44]

Dass die Pharisäer diesen Eid nicht leisten wollten, könnte eventuell auch mit seiner Formulierung zusammen hängen, die eben den Kaiser neben Gott als Zeugen und Garanten des Treueversprechens nennt. Wir wissen jedoch über die tatsächliche Formulierung dieses Eides nichts, weil Josephus sich hier ausschweigt, und so bleibt dies Spekulation. Dass die religiöse Dimension bei der Eidesverweigerung der Pharisäer eine Rolle gespielt haben kann, ist eine bloße Möglichkeit.[45]

5.2.7 Die Essener und der Eid (Bell 2,135-143)

Josephus stellt seinen Lesern in Bell 2,119-161 die dritte jüdische „Philosophenschule", die Essener, vor. An seiner Sympathie für diese Gruppe lässt er keinerlei Zweifel aufkommen. Dieser Gruppe widmet er am meisten Raum, allein ihr wird Josephus ungeteilte Bewunderung zu Teil. „We have here unqualified, unrestrained praise on the part of Josephus," schreibt S. Mason zur parallelen Beschreibung in den Antiquitates. Seiner Analyse zufolge hat sich Josephus Einschätzung der Essener zwischen Bell und Ant nicht gewandelt. Sie sind und bleiben diejenigen, „die Bewunderung verdienen - im Unterschied zu allen anderen..." (Ant 18,20)[46]. Auf eine eingehende Analyse kann an dieser Stelle verzichtet werden. Sie wurde in einem anderen Teil dieser Arbeit vorgelegt (vgl. den Exkurs unter II / 3.3).[47]

5.3 Zusammenfassung

Josephus' Werk gewährt einen Einblick in die Vielfalt der sozialen Orte, an denen der Eid eine Rolle spielte. Im politisch-militärpolitischen Be-

---

[44] Vgl. Herrmann (1968), 98f.

[45] Im Munde des Apion begegnet der Vorwurf, die Juden weigerten sich, beim Namen des Kaisers zu schwören „καὶ ὅρκιον αὐτοῦ τὸ ὄνομα ποιεῖσθαι" (Ant 18,258). Zum in Papyri nachgewiesenen jüdischen Eid beim Kaiser vgl. II / 1.4.

[46] Das, was an den Pharisäern bewundernswert scheint, *scheint* in der Tat nur so. Vgl. dazu Schröder (1996), 118.

[47] Schröder (1996) schreibt zu den Bewertungen der einzelnen jüdischen Gruppen im Werk des Josephus: „Sollte man diese Haltung (Schrift und Tradition werden gemeinsam unter dem Begriff „väterliche Gesetze" subsumiert, M.V.) einer rekonstruierten, dem Josephus zeitgenössischen Religionsparteiung zuordnen, müsste die Wahl *unter diesem Aspekt* auf die Qumran-Essener fallen. Gestützt wird dies durch die Beobachtung, daß Josephus' Sympathie im *Bellum Judaicum* unter den jüdisch-religiösen Gruppen, anders als in *Vita* und *Antiquitates eindeutig* den Essenern gilt." (120 dort ältere Literatur). Ob man daraus folgern kann, dass Josephus selbst in hinsichtlich des Eides die essenische Position favorisiert hat, muss hier offen bleiben (dagegen sprechen Texte wie Vita 78 und 258f) . Die Passagen zum Eid hat Schröder nicht untersucht.

reich fungierte er als Sicherheitsgarantie bei einem Waffenstillstand, einer Kapitulation oder bei einem Freundschaftsvertrag. Der Kaiser in Rom verpflichtete seine Legionen und viele Untertanen zur Treue, indem er ihnen einen Treueid abverlangte. Herodes, den man als jüdischen Herrscher in römischem Stil bezeichnen könnte, verlangte von seinen Untertanen gleiches.

Nicht nur in der großen Politik, sondern auch im Miteinander von Privatpersonen wird geschworen. Aussagen werden bekräftigt. Menschen (nicht aber Gott!) verpflichten sich zu einem bestimmten Tun oder Lassen oder werden von anderen dazu verpflichtet.

Im juristischen Kontext erweist sich der Eid erneut als letzte Zuflucht für denjenigen, der sich von Anschuldigungen reinigen möchte. Josephus berichtet ganz unbefangen davon.

Eine Kritik am Eid, die bei Philo so deutlich ins Auge sprang, sucht man bei ihm vergebens, dabei teilen beide, wie es scheint, die gleiche Definition vom Eid: Gott wird als Zeuge (Ant 6,229.276) oder Mittler (Ant 4,133) einer zwischenmenschlichen Abmachung angerufen. Glaubt man seinem Selbstzeugnis in der Vita, dann hatte Josephus keine Scheu im Umgang mit dieser Redeform, nach Vita 78 ließ er Räuber schwören, das von ihm verwaltete Gebiet nicht mehr zu betreten. In Vita 258f verlangt er von den Bewohnern Tiberias, dass sie schwören, „nichts von der Wahrheit zu verhehlen...", worauf das Volk einen entsprechenden Eid leistet.[48]

Wenn Josephus selbst das Schwören nicht problematisiert, so finden sich doch deutliche Indizien dafür, dass Josephus solche Problematisierungen kannte. Ein solches Indiz ist sein Essenerreferat, aus dem wir erfahren, dass Josephus von einer jüdischen Gruppe wusste, die eine sehr restriktive Einstellung zum Schwören an den Tag legt. Die Verweigerung des Treueids auf Herodes von Seiten der Pharisäer sagt hingegen vielleicht weniger über die Schwurhalacha dieser Gruppe als viel mehr über ihre politische Einstellung zu Herodes.

Als besonders aufschlussreich erwiesen sich zwei Texte, die eine auffallende Nähe zur tannaitischen Halacha aber auch der anderer jüdischer Kreise aufwiesen. Josephus kennt Einzelheiten aus der Rechtsmaßnahme, die anlässlich des Verschwindens anvertrauten Gutes zur Anwendung kommt, die sich analog in der rabbinischen Literatur finden. Er ist des Weiteren in der Lage, Argumente zu nennen, die die Geltung einmal abgelegter Eide in Frage stellen. Einige dieser Argumente begegneten in Qumran und bei Philo - und sie alle haben ihren Ort in der tannaitischen Diskussion. Unsere Beobachtungen berühren sich hier eng mit denen, die David Goldenberg in seiner Untersuchung zum Verhältnis von Josephus

---

[48] Diese Beobachtung spricht dagegen, Josephus zu sehr in die Nähe der Essener zu rücken.

und der tannaitischen Halacha gemacht hat.[49] Josephus zeigt eine auffällige Nähe zur tannaitischen Halacha[50] bzw. den Diskussionen, die sich in tannaitischen Texten niedergeschlagen haben.[51] Damit erscheint Josephus als wichtiger Zeuge für die Frage nach den halachischen Entwicklungen am Ende des 1. Jh. n. Chr..

---

[49] Goldenberg (1978) untersucht ausgewählte Themenbereiche. Einschlägige Text zum Schwören wertet er nicht aus.

[50] L.H. Feldman geht sogar davon aus, dass 90% des halachischen Materials, das Josephus bietet, mit dem der Tannaim übereinstimmt (Feldman (1988), 507ff (mit Beispielen)). Zur Geschichte der Erforschung des halachischen Materials bei Josephus vgl. Goldenberg (1978), 4-14 und Schröder (1996), 13-18.

[51] Vgl. Goldenbergs (1978) Zusammenfassung 204ff. Hinsichtlich der Annahme einer schriftlich vorliegenden Sammlung tannaitischer Halachot, wie Goldenberg für Josephus postuliert, scheint Vorsicht am Platze zu sein. Erstens ist nicht ausgemacht, dass Josephus alles vergessen hat, von dem er behauptet, dass er es einst nahezu perfekt gelernt hat (Vgl. dazu Feldman (1988), 507) wie Goldenberg (1978), 208 behauptet. Zweitens fordert „the neat structure of a legal code", die Goldenberg einigen Passagen absprüt, nicht zwingend, dass dieser „legal code" schriftlich vorgelegen hat. Im Gegenteil, je besser die Struktur solche Stoffe ist, desto leichter sind sie zu memorieren. Abgesehen davon ist nicht unbedingt ausgemacht, dass Josephus' Referate den Diskussionsstand seiner Jugend spiegeln - es könnte genau so gut der seiner Gegenwart am Ende des ersten Jahrhunderts sein.

6. Schwur und Eid in der tannaitischen Literatur

Dieser Abschnitt untersucht das umfangreiche Material, das die tannaitischen Quellen zu Schwur und Eid darbieten. Zunächst wird auch hier wieder nach den Kontexten gefragt, in denen Schwur und Eid nach dem Ausweis dieser Quellen begegnen. Schon dabei werden implizite Wertungen sichtbar, die sich dort mit diesem Sprechakt verbinden. Danach fragen wir nach expliziten Wertungen des Eides und den praktischen Folgerungen, die daraus gezogen werden. Zu diesen gehört, dass statt des Eides eine andere Redeform als Ersatz empfohlen wird, nämlich das Gelübde. Bei diesem ist vor allem seine Formulierung Gegenstand der Diskussion, weshalb dieser Frage entsprechend viel Raum gegeben werden muss. Erwägungen zur näheren zeitlichen Verortung der einschlägigen tannaitischen Diskussionen schließen diesen Arbeitsgang ab.

6.1 Die Kontexte von Schwur und Eid

Die tannaitischen Quellen erinnern an das Schwören *Gottes* den biblischen Vorgaben folgend. Gott hat den Erzvätern das Land verheißen und dieses Versprechen mit einem Schwur bekräftigt (z.B. MekhY zu Ex 13,5 [Horovitz/Rabin, 64]). Aus der Formulierung dieses Schwures in Dtn 11,21 vermag man sogar abzuleiten, dass die Erwartung einer Auferstehung der Toten Anhalt an der Tora hat (SifDev § 47 [Finkelstein, 104]). Der Schwur Gottes wird also zum Grund der Hoffnung für Gegenwart und Zukunft (ebd.). Dass Gott den von ihm beschworenen Bund treu bewahrt hat und weiterhin bewahrt, hört man aktualisierend im Priestersegen Num 6,25b (SifBam § 40 [Horovitz, 44]). Die tannaitische Rezeption des Schwörens Gottes entspricht damit der, die wir in einigen zwischentestamentlichen Quellen und in Qumran beobachten konnten.[1]

Der Ort des Eides im *zwischenmenschlichen* Bereich erschließt sich am leichtesten von dem Mischnatraktat her, der eigens dem Schwören gewidmet ist.[2] Der Traktat Sh^evuot spiegelt den Versuch, diese so vielfältige Redeform zu systematisieren und somit auch einer gewissen Kontrolle zu unterziehen. Daher zeichnet er sich durch eine klare Gliederung aus, die die verschiedenen Arten des Schwures voneinander unterschei-

---

[1] Vgl. II / 2.1; 3.1. Eine Problematisierung wie bei Philo findet sich in tannaitischen Quellen nicht. Amoräische Texte deuten das Schwören Gottes bei sich selbst als Indiz für die Unvergänglichkeit seines Schwures (bBer 32a par. ShemR 44)

[2] Ausgehend von ihm sind die übrigen tannaitischen Quellen hinzuzuziehen.

det, klärt, welcher Personenkreis einen entsprechenden Schwur leisten kann bzw. muss, unter welchen Umständen ein Schwur zur Anwendung kommt, wie er zu formulieren ist und welche Strafe der zu gewärtigen hat, der falsch oder unnötig schwört[3].

6.1.1 Schwuraspekte

Bevor die einzelnen Gattungen mehr oder weniger ausführlich[4] besprochen werden, fragt die Mischna unabhängig vom konkreten Kontext danach, in wie viele *Aspekte* ein Schwur überhaupt zerfallen kann:

שבועות שתים שהן ארבע, שבועה שאכל ושלא אכל, שאכלתי ושלא אכלתי.

Bei den Schwüren gibt es zwei Arten, die in vier zerfallen[5]: „Schwur, dass ich essen werde" und „[Schwur], dass ich nicht essen werde" - „[Schwur], dass ich gegessen habe" und „[Schwur], dass ich nicht gegessen habe". (mShevu 3,1)

Diese Mischna unterscheidet Eide zunächst dahingehend, ob sie positiv oder negativ formuliert sind, des Weiteren nach ihrer zeitlichen Dimension, also danach, ob sie zukünftiges Geschehen versprechen oder vergangenes Geschehen bekräftigen.[6] Diese Auffächerung in vier Aspekte lässt sich mit Rabbi Aqiba (gest. ca. 135 n. Chr.) in Verbindung bringen - eventuell sogar auf ihn zurück führen, wie folgende Diskussion zeigt:

שבועה שאתן לאיש פלוני ושלא אתן, שנתתי ושלא נתתי, שאישן ושלא אישן,שישנתי ושלא ישנתי, שאזרוק צרור לים ושלא אזרוק, שזרקתי ושלא זרקתי. רבי ישמעאל אומר, אינו חיב אלא על העתיד לבוא, שנאמר להרע או להיטיב.
אמר לו רבי עקיבא, אם כן אין לי אלא דברים שיש בהן הרעה והטבה, דברים שאין בהן הרעה והטבה מנין.אמר לו, מרבוי הכתוב. אמר לו, אם רבה הכתוב לכך, רבה הכתוב לכך:

---

[3] Die Mischna kennt vornehmlich zwei Strafen a.) die Geißelung b.) das sog. „auf- und absteigende Opfer" (mShevu 3,7.10 u.ö.), wobei die Geißelung als Strafe für absichtliche Übertretungen verhängt wird. Nach bTem 3a und b ist derjenige, der sich des Falschschwörens (שבועת שקר) oder des sinnlosen Schwörens (שבועת שוא) schuldig macht, vom Gericht zur Geißelung zu verurteilen. Dies entnimmt man einer Rabbi Meir zugeschriebenen Exegese von Ex 20,40: „Das Gericht droben reinigt ihn nicht, das Gericht unten geißelt und reinigt ihn". MekhY zum gleichen Vers (Horovitz/Rabin, 227) kommt der Sache nach zum gleichen Ergebnis. Schon hier zeigt sich die Schwere des Vergehens, wenn das himmlische Gericht anders als das irdische den Schuldigen nicht von seiner Schuld reinigt. Zur Geißelstrafe und ihrer Entwicklung vgl. Cohn (EJ 6), 1348-1351.

[4] Der Beteuerungsschwur wird nur wird nur ganz am Rande erwähnt. Ihn kann jeder ablegen, mit ihm wird ganz allgemein etwas beschworen (mShevu 3,9f).

[5] Diese Formel שתים שהן ארבע begegnet in der Mischna noch in mShab 1,1 und mNeg 1,1, wo sie Rabbi Aqiba zugeschrieben wird.

[6] Hier findet sich in den antiken jüdischen Quellen zum ersten Mal eine Unterscheidung, die den modernen Begriffen „assertorisch" und „promissorisch" entspricht. In den Passagen zum Eid in anderen jüdischen Schriften aber auch der rabbinischen Diskussion spielt diese Unterscheidung keine Rolle.

„Schwur, dass ich jenem geben werde" und „...dass ich nicht geben werde" - „...dass ich gegeben habe" und „...dass ich nicht gegeben habe". „...dass ich schlafen werde" und „...dass ich nicht schlafen werde" - „...dass ich geschlafen habe" und „...dass ich nicht geschlafen habe". „...dass ich ein Steinchen ins Meer werfen werde" und „...dass ich nicht werfen werde" - „...dass ich geworfen habe" und „...dass ich nicht geworfen habe".

Rabbi Ischmael sagt: Man ist nur verpflichtet bzw. schuldig, wenn sich der Schwur auf Zukünftiges erstreckt, denn es heißt: „böse zu machen oder gut zu machen" (Lev 5,4). Rabbi Aqiba sagte: Wenn das so ist, dann können nur solche Dinge Gegenstand eines Schwures sein, die etwas gut oder böse machen - wie kannst du dann solche Dinge einschließen, auf die das nicht zutrifft? Er (Ischmael) sagte zu ihm: Weil die Schrift hier erweiternd formuliert. Er (Aqiba) sagte zu ihm: Wenn sie (bezüglich der Dinge, die nichts gut oder böse machen) erweitert, dann auch bezüglich (der Fälle, die sich auf die Vergangenheit beziehen). (mShevu 3,5)

Diese Mischna zählt zunächst weitere Beispiele für promissorische oder assertorische Eide auf. Rabbi Ischmael vertritt die Position, dass von diesen nur die promissorischen Eide, also diejenigen, die zukünftiges Handeln (על העתיד לבוא) versprechen, gültig sind. Er entnimmt dies aus der in Lev 5,4 enthaltenen Wendung „להרע או להיטיב", die er futurisch deutet.[7] Seine Folgerung hat weitreichende Konsequenzen, denn Rabbi Ischmael schließt damit assertorische Eide überhaupt aus - und widerspricht so klar der Tora, die solche Eide ganz selbstverständlich vorsieht (vgl. z.B. Ex 22,6ff). Die Zuschreibung dieser Entscheidung an Rabbi Ischmael hat seinen guten Sinn, denn dieser Gelehrte ist es, der expressis verbis einräumt, dass die Halacha die Schrift aufheben kann (הלכה עוקרת מקרא) (bSot 16a).[8]

Rabbi Aqiba widerspricht Rabbi Ischmael, indem er die konsequente Anwendung der Regel von der Einschließung (רבוי)[9] fordert. Das hätte zur Folge, dass ein Eid sich nicht nur auch auf Zukünftiges erstrecken kann, das jenseits von „Gutes oder Böses zu tun" liegt, sondern ebenfalls auf Sachverhalte, die in der Vergangenheit liegen. Diese Schlussfolgerung entspricht ganz präzise der eingangs zitierten Mischna (3,1).[10]

---

[7] In Sifra zu Lev 5,4 geht dieser Diskussion eine anonyme Sequenz voraus: „Böses zu tun, und Gutes zu tun. Ich habe nur Dinge, bei denen Böses tun und Gutes tun ist. Dinge, bei denen nicht Böses tun und Gutes tun ist, woher? Darum heißt es: So daß es entfährt. Ich hab nur für die Zukunft. Für die Vergangenheit woher? Darum heißt es: In allem, was der Mensch sich im Schwure entfahren läßt - Worte Rabbi Aqibas." (Übersetzung Winter, 151f.)

[8] Vgl. dazu III / 1.1.3; Rokeach (1987), 25f; Hayes (1998), 663; Safrai (1999b), 66ff.

[9] Vgl. zu dieser Regel Stemberger (1992), 33.

[10] Nach Maimonides, Mischne Tora, Halachot Shevuot 1,1 handelt es sich bei dem, was unsere Mischna hier beschreibt, um den Beteuerungsschwur (שבועת בטוי). Ihn kann nach mShevu 3,10 jeder Mensch unter allen Umständen ablegen. Man kann damit versprechen, irgendetwas zu tun bzw. nicht zu tun - man kann damit beeiden, dass sich eine bestimmte Sache so oder anders zugetragen hat. Damit stellt er die all-

6.1.2 Schwurgattungen

Nach der Klärung der Aspekte, in die ein Schwur zerfallen kann, geht man nun zur Besprechung der einzelnen *Schwurgattungen*. Dabei untersuche ich zunächst die Gattungen, die nur in sehr genau definierten Kontexten zur Anwendung kommen.[11] Im Anschluss daran nenne ich weiter Schwurkontexte, die jenseits des Traktates Shevuot erwähnt werden.

6.1.2.1 Der Zeugnisschwur

Zuerst ist der *Zeugnisschwur* (שבועת עדות) zu nennen. Dieser Schwur kann einem Zeugen auferlegt werden, „wenn dieser sein Nichtwissen behauptet".[12] Voraussetzung dafür ist selbstverständlich, dass der potenzielle Zeuge überhaupt als Zeuge zugelassen werden kann (mShevu 4,1).[13] Die Grundform dieses Eides ist folgende:

אמר לשנים בואו והעידוני. שבועה שאין אנו יודעין לך עדות, או שאמרו לו אין אנו יודעין
לך עדות משביע אני עליכם ואמרו אמן

Er sagte zu Zweien: „Kommt und legt für mich Zeugnis ab." [Sie sagten]: „Ein Schwur, dass wir für dich kein Zeugnis wissen" oder sie sagten ihm: „Wir wissen für dich kein Zeugnis" [Er sagte:] „Ich beschwöre euch" Und sie sagten „Amen". (mShevu 4,3)

Grundsätzlich kann dieser Eid einem möglichen Zeugen an jedem Ort abverlangt werden. Allerdings ist den Texten deutlich abzuspüren, dass die Rabbinen versuchen, ihn allein vor Gericht zuzulassen[14]. Nur was vor Gericht gesagt wird, halten sie für wirklich relevant:

---

gemeinste Form des Schwures dar, den die Rabbinen kennen. Zahlreiche Beispiele dafür hat P. Billerbeck zusammengetragen, vgl. Bill I 334.

[11] Dem Nichtigkeitsschwur widme ich einen eigenen Abschnitt, weil er auf keinen bestimmten Kontext eingeschränkt ist (vgl. unten II / 6.2.1).

[12] Wewers (1983), 57. Einen vergleichbaren Eid kennt das griechische Recht, das grundsätzlich die Pflicht eines Zeugen zur Aussage kennt. „However, a witness could avoid the obligation to testify by the *exomosia*, which was an oath declaring that he knew nothing about the matter in dispute. Testify or take the disclamer oath (martyrein e exomnysthai) was the legal dictum. The exomosia, evidently, was final. It exonerated the witness from the obligation to testify, and, because of its great power, it was very solemn", Plescia (1970) 56. Als Belegstellen nennt er: Demosth. 19,176; 29,20; 45,58-61; 49,20; 59,28 und Isaeus 9,18. Dass Zeugen unter Eid aussagen, ist dem jüdischen Recht hingegen fremd. Erst unter dem Einfluss einer nichtjüdischen Umwelt gewinnt dies im Mittelalter im jüdischen Prozesswesen Raum (vgl. Elon (1994), 605 und 1700ff und oben II / 4.3.1.1 Anm. 28).

[13] Vgl. dazu Safrai (1994c), 540-547.

[14] Eine ähnliche Tendenz konnten wir in Qumran (CD 9,8ff; 15,4), bei Philo (SpecLeg 4, 34) und bei Josephus (Ant 4,287) beobachten.

השביע עליהן חמשה פעמים חוץ לבית דין ובאו לבית דין והודו, פטורים. כפרו, חייבים על
כל אחת ואחת.

Wenn er sie außerhalb des Gerichtes fünfmal beschworen hat und wenn sie darauf
vor Gericht eingestanden haben, so sind sie frei, wenn sie aber geleugnet haben, so
sind sie für jeden einzelnen Schwur schuldig. (mShevu 4,3)

Was die Zeugen außerhalb des Gerichts beschwören, erklären die Rabbinen für bedeutungslos. Allein das, was vor Gericht beschworen wird,
zählt und entscheidet über die Geltung der Eide, die außerhalb des Gerichtes geleistet wurden. Dass die Rabbinen in diesem Sinne verfahren
konnten, ist für ihre Auffassung vom Schwören aufschlussreich. Es ist
nicht das einmal gesprochene Wort, das Realität schafft.[15] Ein Schwur
(auch ein Falschschwur) setzt nicht (mehr) automatisch[16] Wirklichkeit -
dies vermag nur, was die Rabbinen kraft ihrer Autorität für wirksam erklären. Dieses Phänomen wird uns bei der Frage, wie ein Schwur zu
formulieren ist, wieder begegnen.

Abgesehen von dieser lokalen Begrenzung haben die Rabbinen noch
weitere einschränkende Bestimmungen festgelegt. Das Zeugnis muss einen ganz bestimmten Inhalt haben, es kann nur dazu dienen, jemandem
zu seinem Recht zu verhelfen, der einen Schaden erlitten hat (mShevu
4,6f).[17] Es muss ein konkreter Fall vorliegen (mShevu 4,9). Nur konkrete
Zeugen dürfen beschworen werden (mShevu 4,10). Ein Zeugnis vom
Hörensagen ist nicht zulässig (mShevu 4,11). Auch darf die Beschwörung nur direkt und nicht durch Dritte erfolgen (mShevu 4,12).

Seine biblische Grundlage hat die Einrichtung des Zeugniseides nach
rabbinischer Exegese in Lev 5,1. Was die Mischna (4,9-12) ohne
Schriftbezug lehrt, findet sich in Sifra z.St. auf exegetischem Wege gewonnen. Zwei Tendenzen werden beim rabbinischen Umgang mit diesem Eid sichtbar. Zum einen schränken die Rabbinen den Gebrauch des
Zeugniseides überhaupt erheblich ein. Wenn nur der Schwur vor Gericht
Bedeutung hat, dann heißt das auch, dass man außerhalb des Gerichtes
darauf verzichten kann - und soll. Zum anderen unterstellen sie dieses
Rechtsmittel - und damit den Rechtsvorgang überhaupt - ihrer direkten
Kontrolle. Dies ist ein deutliches Indiz für das Bestreben der frühen rabbinischen Kreise, politische Macht und soziale Kontrolle über die jüdische Gesellschaft nach der Tempelzerstörung in ihren Händen zu verei-
nigen: „It is in that broad sense that a significant proportion of the early
rabbinic enterprise might be described as overtly political. Although not

---

[15] Im Sinne der Zeilen von W.H. Auden: „A sentence uttered makes a World appear
/ Where all things happen as it says they do..." (Auden (1994), 624).
[16] Vgl. Plescia (1970), 49.
[17] Der Schaden erstreckt sich auf den Besitz im weitesten Sinne (Sachbeschädigung
- Vergewaltigung der Tochter), auf Körperverletzung und die aus beidem entstehenden Schadensersatzforderungen.

primarily politicians, several rabbis [...] did unquestionably strive to attain communal power...“[18]

6.1.2.2 Der Reinigungseid (Beweisschwur) und seine Untergattungen

Eine weitere Gattung, die die Mischna nennt, ist der in mShevu 4,1ff behandelte *Beweisschwur* (שבועת הפקדון). Damit ist der biblisch grundgelegte und auch sonst breit bezeugte Reinigungseid gemeint, mit dem derjenige, dem ein anvertrautes Gut abhanden gekommen ist, seine Unschuld unter Beweis stellen kann.[19] Ihn darf im Unterschied zum Zeugniseid jeder Mensch ablegen - auch jemand, der nicht als Zeuge vor Gericht zugelassen ist. Grundsätzlich kommt dieser Eid dann zur Anwendung, wenn der Verdacht der Untreue vorliegt. Es gibt jedoch auch Fälle, wo kein konkreter Verdacht vorliegen muss, damit es zum Schwur kommt. Von diesen ist in mShevu 7,8 die Rede: Geschäftspartner, Verwalter, Vormund, eine Frau, die die Geschäfte (ihres Mannes) führt, und ein Bruder, der für seine minderjährigen Geschwister das Erbe des Vaters verwaltet: „All these hold property in trust and have to clear themselves by oath of all suspicion of having retained anything“[20]

Wie wir schon beim Zeugniseid beobachten konnten, gibt es auch hier wieder die Tendenz, das Geschehen vor den Gerichtshof zu verlagern (mShevu 5,1).[21] Noch deutlicher geht dies aus der Auslegung der Mekhilta zu Ex 22,7 (Horovitz/Rabin 302) hervor, die den Worten „so soll der Herr des Hauses vor Gott treten“ einen eindeutigen Sinn gibt: Der Herr des Hauses soll vor den Gerichtshof kommen (vgl. Philo, SpecLeg 4,34 und die Targumim z. St.).[22] Den Beweisschwur kann der, der unter Verdacht steht, freiwillig leisten (מפי עצמו), er kann ihm aber auch von dem eigentlichen Besitzer des verlorenen Gegenstandes auferlegt werden (מפי אחרים).[23]

---

[18] Cohen (1990), 154.

[19] Hier begegnet in den Quellen zum ersten Mal ein Begriff für dieses bekannte Rechtsmittel.

[20] Falk (1972), 130.

[21] Dies versucht Rabbi Meir durchzusetzen. Die Rabbinen widersprechen ihm und erklären auch den nicht vor Gericht abgelegten Beweisschwur für verbindlich.

[22] mShevu 5,2 hält hingegen auch den Schwur, der nicht vor Gericht geleistet wird für gültig und justiziabel.

[23] Seine biblische Basis hat dieser Schwur, wie schon gesagt, in Ex 22,6ff. Ohne hier ins Detail gehen zu müssen, sei doch angemerkt, dass die Doppelungen und scheinbaren Brüche innerhalb dieses Textes die Rabbinen dazu veranlasst haben, das System der vier Wächter (ארבעת השומרים) zu entwickeln (vgl. Albeck, Nezikin, 57f). Man unterscheidet denjenigen, der etwas umsonst bewacht, den, der sich etwas ausleiht, den, der dafür bezahlt wird, etwas zu bewachen, und den, der etwas mietet (vgl. mBM 7,8). Der שומר חינם, der kostenlos Bewachende, kann sich durch einen Schwur vom Verdacht der Veruntreuung befreien, ganz gleich aus welchem Grund ihm der anvertraute Gegenstand abhanden gekommen ist - für die anderen Wächter gelten be-

Der Beweisschwur betrifft im Grunde nur das Verhältnis zwischen dem eigentlichen Besitzer einer Sache und dem, dem sie vorübergehend anvertraut war. Eine dritte Partei ist nicht zwingend involviert. Dies ist anders bei dem so genannten *Eid der Richter* (שבועת הדיינים) nach tShevu 5,1, der eine Untergattung des Beweisschwures darstellt.[24] Dieser Schwur hat seinen Namen daher, dass er dem Verdächtigen von den Richtern auferlegt wird, und zwar dann, wenn dieser zugegeben hat, dass vom anvertrauten Gut etwas fehlt.[25]

מנה לי בידך אין לך בידי אלא אלא חסר שתי כסף הרי זה ישבע

Ich habe bei dir eine Mine[26] - du hast bei mir keine Mine, es fehlen davon zwei Silberstücke - dieser muss schwören. (tShevu 5,1)

In diesem Fall hat der Verdächtige zugegeben, dass vom anvertrauten Gut etwas fehlt. Er steht nun im Verdacht, sich davon etwas angeeignet zu haben, deshalb kann er von den Richtern verpflichtet werden, einen Eid zu leisten. Dieser Eid wird auch „שבועת מודה במקצת" (Eid dessen, der etwas zugibt) genannt. Mit diesem Eid verbinden sich ganz besonders strenge Vermahnungen, die in der Tosefta erhalten sind:

שבועת הדיינין כיצד מי שנתחייב שבועה לחבירו אומרין לו [...] הוי יודע שכל העולם כלו
נזדעזע בשעה שנאמר בה לא תשא כל עבירות שבתורה כתוב בהן ונקה וזו לא ינקה כל עבירות
שבתורה נפרעין ממנו וזו ממנו ומכל אדם ועון כל העולם כולו תלוי ביה שנאמר אלה וכחש
וגו' כל עבירות שבתורה נפרעין ממנו וזו ממנו ומקרוביו שנאמר אל תתן את פיך לחטיא את
בשרך ואין בשרך אלא קרובים שנאמר ומבשרך אל תתעלם כל עבירות שבתורה תולין לו
שנים ושלשה דורות וזו לאלתר שנאמר הוצאתיה נאם ה' צבאות הוצאתיה מיד ובאה אל
בית הגנב [...]

Der Schwur der Richter - wie verhält es sich mit ihm? Wer seinem Nächsten zu schwören schuldig ist, zu dem sagen sie: Wisse, dass die ganze Welt erbebte in der Stunde, in der „du sollst den Namen des Herrn, deines Gottes, nicht missbrauchen" gesagt wurde. Von jeder Übertretung in der Tora steht geschrieben „und wurde vergeben" und von dieser „wird nicht vergeben". Für jede Übertretung in der Tora wird der Übertreter bestraft, für diese er selbst und jeder Mensch, und die Sünde der ganzen Welt hängt an ihr, denn es heißt: „Verfluchen, Lügen, Morden, Stehlen, Ehebrechen haben überhand genommen..." (Hos 4,2) Jede Übertretung in der Tora wird an dem Übertreter heimgesucht, diese an ihm und seinen Verwandten, denn es heißt: „Lass nicht zu, dass dein Mund dein Fleisch in Schuld bringe" (Koh 5,5) - „dein Fleisch" bedeutet nichts anderes als Verwandte, denn es heißt: „...entzieh dich nicht deinem Fleisch und Blut" (Jes58,7). Die Bestrafung für jede Sünde in der Tora wird zwei bis drei Generationen ausgesetzt - diese wird sofort bestraft, denn es heißt: „Ich

---

stimmte Einschränkungen, die man aus der Exegese von Ex 22,7ff gewinnt (so muss der bezahlte Wächter in jedem Fall erstatten, was er verloren hat oder was ihm gestohlen wurde, vgl. mShevu 8,1-6).
[24] Vgl. Maimonides, Mischne Tora, Halachot Shevuot 11,14: „Der Eid der Richter ist der Beweisschwur selbst".
[25] Vgl. Albeck, Nezikin, 261.
[26] Vgl. Ben-David (1974), 345.

will ihn ausgehen lassen, spricht der Herr Zebaoth, dass er kommen soll über das Haus des Diebes und über das Haus dessen, der bei meinem Namen falsch schwört..." (Sach 5,4) [...]

אם אמר איני נשבע פוטרין אותו ואם אמר נשבע אני העומדים אצלו אומרים זה לזה סורו
נא מעל אהלי האנשים הרשעים האלה:

Wenn er sagt: „Ich schwöre nicht", so spricht man ihn frei. Und wenn er sagt: „Ich schwöre", dann sagen die, die bei ihm stehen: „Weicht von den Zelten dieser gottlosen Menschen..." (Num 16,26) (tSot 7,1-4)[27]

Diese Tradition gibt Auskunft über die Warnungen, die mit diesem speziellen Schwur verbunden sind. Dem unter Eid zu Stellenden wird die Tragweite seines Tuns drastisch vor Augen gemalt: Die Sünde, um die es hier geht, betrifft nicht nur ihn, sondern auch seine Familie - ja sogar die ganze Welt. Keine Übertretung wiegt schwer als diese, darum ist sie (fast; s.u.) nicht zu vergeben. Wenn der Verdächtige dennoch bereit ist, diesen Schwur zu leisten, so gilt er als „gottloser Mensch".[28] Das Ablegen dieses Schwurs wird als Sünde gewertet. Auf dieses Phänomen werden wir bei der Behandlung des sog. Nichtigkeitsschwures zurückkommen. In jedem Fall ist schon jetzt deutlich, welche massiven Vorbehalte die Rabbinen, die hinter dieser Tradition stehen, diesem Eid, der ja auf dem biblisch legitimen Reinigungseid aufbaut, gegenüber hegen.

Der Beweisschwur und der Eid der Richter dienen nicht nur dazu, dem Eigentümer seinen Besitz wiederzubeschaffen, denn idealerweise erstattet jemand, der etwas veruntreut hat, dies lieber zurück, als dass er einen Meineid schwört. Sie haben wie schon der biblische Reinigungseid die Funktion, einen Verdächtigen zu entlasten. mShevu 7,1 formuliert das so:

כל הנשבעין שבתורה, נשבעין ולא משלמין.

Alle, die nach der Tora schwören, schwören und müssen nicht bezahlen.

Aus der Perspektive des Verdächtigten bewahrt der Eid vor der Ersatzleistung. Diese Schutzfunktion des Eides, kann jedoch auch gegen das, was die Tora festlegt, zur Anwendung kommen. Darum fährt man in mShevu 7,1 fort:

ואלו נשבעים ונוטלין,השכיר, והנגזל, והנחבל, ושכנגדו חשוד על השבועה,והחנווני על פנקסו.

---

[27] Vgl. die Parallele in bShevu39ab.
[28] Der biblische Bezugvers spricht von den Anhängern Korachs, diese gelten nicht nur als gottlos, sondern auch als gefährlich für die Allgemeinheit.

Und diese schwören und bekommen: Der Lohnarbeiter, der Beraubte, der, dem ein körperlicher Schaden zu gefügt wurde, der, dessen Gegenüber bezüglich des Eides verdächtig ist[29] und der Händler aufgrund seiner Bücher.

Ebenfalls aus einem Schutzinteresse heraus hat der Eid jetzt die umgekehrte Wirkung.[30] Es ist nun nicht mehr der Beklagte, sondern der Kläger, der sein Recht mit Hilfe des Eides durchsetzt. War es zuvor der Beklagte, dessen Rechtsposition schwächer war, so ist nun umgekehrt der Kläger in der schlechteren Position - mit Ausnahme vielleicht des Händlers, der aber nicht nur den Eid zur Durchsetzung seines Rechtsanspruches ablegen, sondern auch seine Bücher vorweisen muss. Diesen in dieser Mischna genannten Personen ist noch die Frau, die ihre Ketuba einlösen will, zuzugesellen: Sie bekommt den darin festgesetzten Betrag, wenn sie schwört, dass sie davon noch nichts im Voraus erhalten hat (mShevu 7,7). Auch derjenige, dem ein anderer einen gefundenen Gegenstand streitig machen will, hat die Möglichkeit, seinen Anspruch darauf mit einem Schwur zu sichern (mBM 1,1f).

6.1.2.3 Der Eid im Sotaritual

Die Tannaiten kennen noch einen weiteren formal festgelegten Schwur, den sie jedoch nicht in mShevu behandeln. Ihm widmen sie einen eigenen Traktat.[31] Es handelt sich um den Eid der Sota, der Frau, die des Ehebruchs verdächtigt wird. Das Verfahren orientiert sich an Num 5,12-31.[32] Nach mSot 2,5 hat die Frau auf die Beschwörung durch den Priester mit „Amen, Amen" zu antworten.[33] Das genaue Verfahren können wir hier auf sich beruhen lassen. Wichtig für uns ist jedoch, dass die tannaitischen Gelehrten aus dem biblischen Text allgemeine Bestimmungen für das Schwören abgeleitet haben. Num 5,21 spricht davon, dass der Priester die verdächtige Frau „mit einem Verwünschungsschwur" (בשבועת האלה)[34] beschwören soll: „Der Herr mache dich zum Fluch und

---

[29] Wer zu diesem Personenkreis gehört, wird in mShevu 7,4 ausgeführt. Es sind der Würfelspieler, derjenige, der auf Zins Geld verleiht, jemand, der Tauben fliegen lässt, jemand, der den Ertrag des Sabbatjahres verkauft. Ohne im Detail erklären zu müssen, warum einem Eid dieser Personen der Nimbus der Unzuverlässigkeit anhaftet, kann man auch hier wieder sehen, dass ein Schwur nicht automatisch Realität schafft. Es kommt darauf an, wer schwört, darauf, ob er zu den Kreisen gehört, die die Rabbinen akzeptieren oder nicht.

[30] Vgl. dazu Elon (1994), 614-621.

[31] Vgl. Ehrman (EJ 15), 170-172.

[32] Zu den Unterschieden zwischen dem, was der biblische Text vorsieht, und den Ausführungen der Mischna vgl. Albeck, Nashim, 227.

[33] Zum Wortlaut der Beschwörung vgl. tSot 2,1.

[34] Vgl. die Übertragung dieses Schwurs in andere Rechtsbereiche in Qumran II / 3.2.2.1.

zur Verwünschung (לאלה ולשבועה) unter deinem Volk...". Aus dieser Formulierung folgerten die Rabbinen, dass mit jedem Schwur nach der Tora ein Fluch verbunden sei[35]:

והשביע הכהן את האשה בשבועת האלה מכאן אתה דן לכל השבועות שבתורה הואיל
ונאמרו שבועות בתורה סתם ופרט באחת מהן שאינה אלא באלה ובשבועה אף פורטני
בכל השבועות שבתורה שלא יהיו אלא באלה ובשבועה:

Und der Priester hat sie beschworen mit dem Verwünschungsschwur. Von hier her kann man etwas erschließen, das für alle Schwüre in der Tora gilt. Alle Schwüre in der Tora sind allgemein formuliert, und bei einem ist es ausgeführt, dass er aus einem Schwur und einer Verwünschung besteht. Also kann man folgern, dass auch alle anderen Schwüre in der Tora aus einem Schwur und einer Verwünschung bestehen. (SifBam § 14 [Horovitz, 19])

Der vorliegende Text stellt mehr dar als nur ein exegetisches Spiel. Die Rabbinen verschärfen mit dieser verallgemeinernden Auslegung von Num 5,21 den Schwur, indem sie jeden Schwur *ausdrücklich* mit einer konditionalen Selbstverfluchung verbinden.[36] Damit machen sie deutlich, wie gefährlich der Umgang mit dieser Redeform ist und warnen somit implizit davor, sie überhaupt zu gebrauchen.

Num 5,21 lehrt die Rabbinen jedoch auch etwas über die Art, wie ein Schwur zu formulieren ist:

הואיל ונאמרו שבועות בתורה סתם ופרט באחת מהן שאינה אלא ביו"ד ה"י אף פורטני
בכל השבועות שבתורה שאינן אלא ביו"ד ה"א:

Weil (alle) Schwüre in der Tora allgemein formuliert sind und er bei einem ausgeführt hat, dass er beim Gottesnamen (wörtl. bei Jod Heh) abzulegen ist, so kann man folgern, dass auch alle anderen beim Gottesnamen (wörtl. bei Jod Heh) abzulegen sind. (SifBam § 14 [Horovitz,19])

Die exegetische Methode[37], die in diesem Text zur Anwendung kommt, ist hier wie oben dieselbe. Von einem speziellen Fall schließt man auf alle anderen. Man folgert aus der Formulierung in Num 5,21, bei wem man schwören soll, nämlich unter Berufung auf Gott bzw. seinen Namen.[38] Der Problemkreis der Schwurformulierungen, der damit angesprochen ist, wird uns weiter unten noch beschäftigen.[39]

---

[35] SifBam § 22 (Horovitz, 25f) gebraucht das Wort Schwur als Synonym für Fluch (gegenüber Segen).
[36] Die konditionale Selbstverfluchung war von jeher implizit mit dem Schwur verbunden (vgl. II / 1.2).
[37] Vgl. Stemberger (1992), 29.
[38] SifBam § 15 (Horovitz, 20) legt nach der gleichen Methode fest, dass jede Beschwörung mit „Amen" zu beantworten sei. Die Rabbinen kommen bei der Behandlung von Ex 22,10 zum gleichen Ergebnis. Auch in diesem Vers wird ein Schwur mit dem Gottesnamen verbunden, so dass man folgern kann, jeder Schwur müsse beim Gottesnamen abgelegt werden. (MekhY zu Ex 22,10 (Horovitz/Rabin, 303).
[39] Vgl. II / 6.3.

6.1.2.4 Der Schwur des Hohenpriesters am Versöhnungstag

Ein weiterer Schwur, der wie der der Sota seinen Ort im Tempel hat, ist vom Hohen Priester auf Veranlassung der זקני בית דין, der Ältesten des Gerichtshofes, am Vorabend des Yom Kippur abzulegen. Davon berichtet mYom 1,5. Die Gesandten des Gerichtshofs sagen zum Hohenpriester:

משביעין אנו עליך במי ששכן שמו בבית הזה שלא תשנה דבר מכל מה שאמרנו לך.
הוא פורש ובוכה, והן פורשין ובוכין:

Wir beschwören dich bei dem, dessen Name in diesem Haus wohnt, dass du kein Wort von dem ändern wirst, was wir dir gesagt haben. [Danach] wendet er sich ab und weint, und sie wenden sich ab und weinen.

Die Beschwörung des Hohenpriesters zielt darauf, dass dieser die Zeremonie des Yom Kippur in völliger Übereinstimmung mit der Auffassung des Gerichtshofes durchführen soll. Die Gemara des babylonischen Talmuds versteht diese Bestimmung im Kontext der Differenzen zwischen Pharisäern und Sadduzäern: „Er wandte sich ab und weinte, weil sie ihn verdächtigten, er sei Sadduzäer, sie wandten sich ab und weinten, denn Rabbi Jehoschua ben Levi sagte, wer Unschuldige verdächtigt, werde an seinem Körper geschlagen. Wozu dies alles? Damit er nicht [das Räucherwerk] außerhalb herrichte und in [das Allerheiligste] hineinbringe, wie es die Sadduzäer zu tun pflegen."[40]
Die Tosefta nimmt einen ähnlichen Hintergrund an, nur spricht sie von einem Boethusier[41] statt von einem Sadduzäer, und ergänzt eine erläuternde Geschichte. Doch zuvor gibt auch sie einen Grund dafür an, warum nach der Beschwörung auf beiden Seiten Tränen fließen:

למה פירש ובוכה מפני שצריכים להשביעו

Warum wendet er sich ab und weint? Weil sie ihn beschwören müssen. (tYom 1,8)

Die Tosefta bringt den Gefühlsausbruch der beiden Parteien direkt mit der Beschwörung in Zusammenhang. Es kann durchaus sein, dass damit nichts anderes gesagt werden soll als später in den Talmudim, dass nämlich der eigentliche Grund für die Trauer die Verdächtigung ist. Aber die Formulierung lässt auch eine andere Deutung zu: Vielleicht ist es nicht primär die Verdächtigung, sondern der Schwur, der als beklagenswertes Übel empfunden wird. Dann hätten wir hier mehr vorliegen als nur eine weitere Verortung des Schwures in der sozialen Wirklichkeit, die die Quellen spiegeln, nämlich zugleich eine negative Bewertung dieses Instruments.

---

[40] Übersetzung nach L. Goldschmidt. Ähnlich begründet auch der Jeruschalmi.
[41] Vgl. dazu Stemberger (1991), 56 und 62ff.

Wir können unseren Überblick jetzt mit einer ersten *Zusammenfassung* beenden: Folgenden Arten des Schwörens widmen die Rabbinen - neben dem Schwur der Sota[42] und dem zuletzt besprochenen Schwur des Hohenpriesters - ihre Aufmerksamkeit: Es sind dies die Arten des Schwures, die die Mischna ausführlich unter einer eigenen Überschrift behandelt, nämlich der *Zeugnisschwur* und der *Beweisschwur* mit seiner Untergattung, dem *Eid der Richter*. Der Eid hatte dort jeweils die Funktion in einem juristischen Kontext jemandem zu seinem Recht zu verhelfen. Mit dem Zeugniseid konnte man Zeugen zu seinen Gunsten rekrutieren, mit dem Beweisschwur konnte sich ein Beklagter von jedem gegen ihn erhobenen Verdacht reinigen und auch ein Verwalter konnte auf diesem Wege entlastet werden.

Bei der Besprechung fiel auf, dass die Rabbinen mehr tun, als lediglich Verfahrensbestimmungen zu erlassen. Sie versuchen, das Schwören zu systematisieren und unter ihre Kontrolle zu bringen. In der Bibel sehr offen gehaltene Bestimmungen werden stark eingeschränkt, Rabbi Ischmael versucht sie sogar aufzuheben. Die Rabbinen warnen weiter in äußerster Schärfe vor den Konsequenzen des Schwörens und machten deutlich, dass ein Schwur ein ernstes und hochgefährliches Unterfangen ist: Wer schwört, steht in der Gefahr, eine Sünde zu begehen, die schlimmer ist als alle anderen Sünden, weil sie den Täter aus dem Schutzbereich der göttlichen Vergebungsbereitschaft entfernt.[43]

6.2 Vorbehalte gegenüber Schwur und Eid

„Obwohl sich unsere Weisen viel mit den Angelegenheiten des Schwörens beschäftigt haben, haben sie doch vor dem Schwur gewarnt, sogar vor dem wahrheitsgemäßen Schwur, wegen der Schwere der damit verbundenen Sünde", schreibt Ch. Albeck in seiner Einleitung zum Traktat Sh^{e}vuot.[44] Nachdem bisher nach den Arten bzw. Kontexten des Schwörens und ansatzweise nach den damit verbundenen Wertungen gefragt wurde, bespreche ich in diesem Teil zuerst Texte, die vor dem falschen bzw. unnützen Schwören warnen, danach solche, die sich vom Schwören überhaupt distanzieren.

---

[42] Die Halacha des Sotarituals spiegelt höchstwahrscheinlich die Realität zur Zeit des zweiten Tempels (vgl. Epstein (1957), 399ff). Nach hat mSot 9,9 und tSot 14,1 hat Jochanan ben Zakkai es abgeschafft.

[43] Vgl. schon Sir 23,8-11 und der Tendenz nach Philo, SpecLeg 2,252.

[44] Albeck, Nezikin, 240.

6.2.1 Nichtigkeitsschwur (שבועת שוא) und Falschschwur (שבועת שקר)

Bei unserer Behandlung des Eides der Richter trafen wir auf die Warnungen, die die Tosefta (tSot 7,1ff vgl. II / 6.1.2.2) mit diesem Schwur verbindet. Dieser Text stellt seinen Ausführungen noch folgenden Satz zur Seite:

דברים שאין האש אוכלתן שבועת שוא אוכלתן

Dinge, die das Feuer nicht verzehren kann, verzehrt der Nichtigkeitsschwur (tSot 7,3)

Hier wird eine neue Schwurbezeichnung eingeführt, der ausgehend von Sach 5,4 eine unvergleichliche vernichtende Kraft zugeschrieben wird. Ähnlich urteilt mAv 5,9: „Böse Tiere kommen in die Welt - wegen des Nichtigkeitsschwurs und der Entweihung des göttlichen Namens"[45]. Was ist unter einem Nichtigkeitsschwur zu verstehen? mShevu 3,8 definiert ihn folgendermaßen:

איזו היא שבועת שוא, נשבע לשנות את הידוע לאדם, אמר על העמוד של אבן שהוא של
זהב,ועל האיש שהוא אשה, ועל האשה שהיא איש.נשבע על דבר שאי אפשר, אם לא ראיתי
גמל שפורח באויר, ואם לא ראיתי נחש כקורת בית הבד. אמר לעדים בואו והעידוני,שבועה
שלא נעידך.נשבע לבטל את המצוה, שלא לעשות סכה, ושלא לטול לולב,ושלא להניח
תפלין זו היא שבועת שוא

Was ist ein Nichtigkeitsschwur? Er schwört, um das zu ändern, was den Menschen bekannt ist: Er sagt über eine Steinsäule, dass sie aus Gold sei, über einen Mann, dass er eine Frau sei, über eine Frau, sie sei ein Mann. Er schwört bezüglich einer Sache, die unmöglich ist: Ich habe ein Kamel gesehen, das durch die Luft flog, ich habe eine Schlange gesehen so groß wie der Balken einer Ölpresse. Er hat zu den Zeugen gesagt: Kommt und legt Zeugnis ab für mich – [Sie antworten:] Wir schwören, dass wir für dich kein Zeugnis ablegen werden. Er hat geschworen, ein Gebot aufzuheben: keine Sukka zu bauen, den Lulav nicht zu nehmen und keine Tefilin zu legen: das ist der Nichtigkeitsschwur.

Vier Aspekte umfasst der Nichtigkeitsschwur nach dieser Definition: 1. Etwas wird entgegen der allen[46] bekannten Wahrheit beschworen. 2. etwas Unmögliches wird beschworen. 3. Etwas wird unnötigerweise beschworen. 4. Jemand schwört, ein Gebot aufzuheben bzw. nicht zu erfüllen.

Die beiden ersten Definitionen haben ein starkes Gefälle hin zum Falschschwur. So nimmt es nicht Wunder, dass in der Textüberlieferung von tSot 7,3 „שבועת שוא" (Nichtigkeitsschwur)[47] und „שבועת שקר"

---

[45] Eine ähnliche Überlieferung in bShab 33a ergänzt den Falschschwur und weiß noch andere Plagen zu nennen, die auf diese Sünde folgen.

[46] Der babylonische Talmud legt fest, dass es mindestens drei Menschen bekannt sein muss (bShevu 29a).

[47] MS Erfurt.

(Falschschwur)[48] austauschbar begegnen. Der an dieser Stelle gebotene Midrasch zu Sach 5,4 hat eine Parallele in tShevu 6,3, bei der sich in allen Handschriften und Drucken „שבועת שקר" (Falschschwur) findet. Eine amoräische Rezeption dieser Tradition (nun wieder mit שבועת שוא [Nichtigkeitsschwur]) kommentiert sie folgendermaßen: „Rabbi Jona sagt, das gilt auch vom Falschschwur. Rabbi Jossi sagt, das gilt sogar von einem wahrheitsgemäßen Schwur" (yShevu 6,5 [37a]).

Rabbi Jona und Rabbi Jossi gehören beide zu den Amoräern der vierten Generation, wirkten also ca. zwischen 320 und 350 n. Chr.. In dem Ausspruch Rabbi Jossis spiegelt sich die weit verbreitete Ablehnung des Schwörens in der amoräischen Zeit wieder. Uns interessiert hier zunächst die Nähe, die zwischen dem Nichtigkeitsschwur und dem Falschschwur besteht.[49]

Nach yNed 3,2 (37d /38a) ist der Unterschied zwischen beiden nur quantitativer Natur: Wenn zwei wissen, wie es sich in Wahrheit mit einer bestimmten Sache verhält, die jemand anders beschwört, dann handelt es sich um einen Falschschwur, sind es drei, denen gegenüber falsch geschworen wird, dann liegt ein Nichtigkeitsschwur vor.

Falsch- und Nichtigkeitsschwur liegen also eng beieinander. Mischna Av 5,9 stellt den Nichtigkeitsschwur neben die Entweihung des göttlichen Namens. Sifra konstatiert expressis verbis, dass der Nichtigkeitsschwur den Namen Gottes entweiht:

וחללת את שם ה' אלהיך. מלמד ששבועת שוא חילול השם.

...und du sollst den Namen des Herrn deines Gottes nicht entheiligen. Das lehrt, dass der Nichtigkeitsschwur eine Entweihung des göttlichen Namens darstellt. (Sifra zu Lev 19,12)

Der Schriftvers, auf den sich die Auslegung in Sifra stützt, lautet: „Ihr sollt nicht falsch schwören bei meinem Namen (לא תשבעו בשמי לשקר) und den Namen deines Gottes sollst du nicht entheiligen (וחללת את שם אלהיך)". Von dem in der Schrift ausdrücklich genannten Falschschwur können die Rabbinen ohne weiteres auf den Nichtigkeitsschwur schließen.[50]

Streng genommen gibt es in der Bibel nur das Verbot, einen *falschen* Schwur abzulegen (vgl. Lev 19,12), wenn die Rabbinen das Verbot, ei-

---

[48] MS Wien und Drucke.

[49] Dass beide Formen nur schwer voneinander zu unterscheiden sind, zeigen die zahlreichen amoräischen Diskussionen hierüber: yNed 3,2; yShevu 3,8; bShevu 3,b; bShevu 20b; bTer 3,b.

[50] Nach bShab 33a ist auch der Falschschwur direkt als Entweihung des göttlichen Namens zu verstehen. Entsprechend kommentiert Rabinovitz (1948/49), 193 zu mAv 5,7: „Nichtigkeits- und Falschschwur haben gemeinsam, dass sie den göttlichen Namen entweihen...".

nen *nichtigen* Schwur abzulegen ergänzen, dann verschärfen sie damit das Verbot der Tora.[51] S.A. Loewenstamm bemerkt dazu: „Ihre Auslegung (die der Rabbinen M.V.) wird verständlich auf dem Hintergrund einer ethisch-religiösen Bewegung, die sich grundsätzlich gegen das Schwören wandte...".[52] Bedeutende Exponenten dieser Bewegung im Judentum haben wir schon kennen gelernt. Zu ihnen gesellen sich tannaitische Kreise: Mit dem Begriff des Nichtigkeitsschwures wird wesentlich mehr abgedeckt als allein ein Schwur, der nicht der Wahrheit entspricht. Auch ein Schwur, mit dem man versucht, ein Gebot außer Kraft zu setzen, gehört nach tannaitischer Definition dazu.

Die Mischna entscheidet an verschiedenen Stellen, dass man nicht schwören kann, ein Gebot zu übertreten bzw. außer Kraft zu setzen (mNed 2,2), denn man ist schon „vom Berg Sinai her" beschworen, die Gebote zu halten (mShevu 3,6)[53]. Schwört man trotzdem mit der Absicht, gegen die Tora zu handeln, so schwört man *sinnlos*. Damit erschließt sich eine weitere Nuance des Nichtigkeitsschwurs.[54]

Maimonides hat den Nichtigkeitsschwur später wie folgt untergliedert: 1. Man beschwört etwas, von dem bekannt ist, dass es sich nicht so verhält. 2. Man beschwört etwas, worüber kein Zweifel besteht. 3. Man schwört, um ein Gebot außer Kraft zu setzen. 4. Man schwört, etwas zu tun, wozu man keine Macht hat. Dieses weite Bedeutungsspektrum verdankt der Nichtigkeitsschwur der weiten Bedeutung des Wörtchens שוא, das in der Tora viermal begegnet, davon zweimal im dritten Gebot[55], das die Rabbinen wie Philo und Josephus auf das Schwören beziehen. Der biblische Text warnt vor einer Übertretung dieses Gebots: „denn der Herr wird den nicht ungestraft lassen, der seinen Namen sinnlos/nichtig/ohne Not gebraucht". Diese Warnung, die z.B. tSot 7,1-4 verschärfend aufgreift, wollen nicht alle Tannaiten so stehen lassen:

אי איפשר לומר לא ינקה שכבר נאמר ינקה ואי אפשר לומר [56]ינקה שכבר נאמר לא ינקה
אמור מעתה מנקה הוא לשבים ואינו מנקה לשאינן שבים:

Das kann man nicht sagen, denn es ist schon gesagt, er wird vergeben. Und man kann nicht sagen, er wird vergeben, denn es ist schon gesagt, er wird nicht vergeben.

---

[51] Dies ist schon in Sir 23,11c (II / 2.2.1) präfiguriert.

[52] Loewenstamm (1976), 488.

[53] Dass Mose die Israeliten auf die Gebote sozusagen vereidigt hat, folgert SifDev §4 (Finkelstein, 12f) aus Dtn 1,5.

[54] So verhält es sich auch nach mShevu 3,9, wenn jemand schwört: „Ein Schwur, dass ich dies gegessen habe - ein Schwur, dass ich es nicht gegessen habe." Der erste Teil des Satzes gilt als assertorischer Eid. Die Behauptung des Gegenteils im zweiten Teil des Satzes gilt als Nichtigkeitsschwur.

[55] Die mittelalterliche Exegese versteht es im Sinne von „sinnlos, nichtig, ohne Not" vgl. Saadia Gaon; Raschi und Ibn Esra zu Ex 20,6.

[56] Diese Wendung findet sich so nicht in der Bibel. Andere Handschriften haben statt dessen ונקה und gehen somit von einem Zitat von Ex 34,7 aus.

Von nun an sollst du sagen: Er vergibt denen, die umkehren, und er vergibt denen nicht, die nicht umkehren. (MekhY zu Ex 20,7 [Horovitz / Rabin 227])

Auf der exegetischen Ebene spielen die Rabbinen zwei Schriftstellen bzw. Worte eines Schriftverses gegeneinander aus. In Ex 20,7 steht לא ינקה, in Ex 34,7 steht ונקה לא ינקה. Letzteres lesen die Rabbinen nicht als verstärkenden infinitivus absolutus (er wird wirklich nicht vergeben), sondern als zwei sich widersprechende Aussagen (...er wird vergeben. Er wird nicht vergeben). Diesen Widerspruch versuchen sie nun aufzulösen, indem sie das Element der Umkehr einführen: Vergeben wird dem, der umkehrt, nicht vergeben wird dem, der nicht umkehrt.[57]

Auf der sachlichen Ebene bringen die Rabbinen zugleich ihr Unbehagen darüber zum Ausdruck, dass Gott die Sünde des falschen bzw. nichtigen Schwures, von der in Ex 20,7 nach ihrer Lektüre die Rede ist, *überhaupt nicht* vergibt. Sie schrecken zurück vor der radikalen Konsequenz dieses Satzes und finden dafür einen Ausweg. Dabei machen sie es sich mit dieser Übertretung nicht leicht, denn mit einem falschen oder sinnlosen Schwur wird Gottes Name entweiht (vgl. Sifra zu Lev 19,12).[58] Die Entweihung des göttlichen Namens aber gilt als besonders schweres Vergehen, ja als das schwerste Vergehen, das es überhaupt gibt. Dies zeigt die Fortsetzung der Mekhilta:

מפני ארבעה דברים אלו הלך ר'מתיא בן חרש אצל ר' אלעזר הקפר ללודיא אמר לו ר' שמעת
בד' חלוקי כפרה שהיה ר' ישמעאל דורש אמ' לו כתו' אחד אומ' שובו בנים שובבים הא
למדת שתשובה מכפרת וכתוב אחד אומר אומר כי ביום הזה יכפר עליכם הא למדנו שיום
הכיפורים מכפר וכתוב אומר אומר אם יכופר העון הזה לכם עד תמותון הא למדת שמיתה מכפרת
וכתוב אחר אומר ופקדתי בשבט פשעם ובנגעים עונם הא למדנו שייסורין מכפרין
כיצד יתקיימו ד' כתובים אלו. העובר על מצוות עשה ועשה תשובה אינו
זז משם עד שמוחלין לו[...] והעובר על מצוות לא תעשה ועשה תשובה אין כח בתשובה לכפר
אלא תשובה תולה ויום הכיפורים מכפר[...] והמזיד על כריתות ועל מיתת בית דין ועשה
תשובה אין כח תשובה לתלות ויום הכיפורים לכפר אלא תשובה ויום הכיפורים מכפרין
מחצה וייסורין ממרקין מכפרין מכפרין מחצה[...] מי שמחלל שם שמים ועשה תשובה אין כח
בתשובה לתלות ולא יום הכיפורים לכפר ולא ייסורין בלבד ממרקין אלא התשובה ויום
הכיפורים תולין ויום המיתה ויסורין ממרקין [...]

Wegen dieser vier Dinge ging Rabbi Matthia b. Cheresch zu Rabbi Elieser HaKappar nach Lod[59]. Er sagte zu ihm: Rabbi, du hast von den vier Arten der Sühne gehört, die Rabbi Ischmael gelehrt hat. Er sagte zu ihm: Eine Schriftstelle sagt: „Kehrt um ..."

---

[57] Ähnliches bezeugt Philo, der davon ausgeht, dass die Schrift von härterer Strafe absieht, weil sie die Umkehr entsprechend höher gewichtet (vgl. II / 4.3.1.2).

[58] Die Qumrangemeinde (vgl. CD 15,3) und Philo (SpecLeg 4,40) verbinden mit dem falschen bzw. unnötigen Schwur ebenfalls die Entweihung des Gottesnamens (II / 3.2.3.1; 4.3.1.3).

[59] Die Parallelen in ySan 10,27c und bYom 86a lassen das Gespräch zwischen Matthia b. Cheresch und Rabbi Elasar b. Asarja stattfinden. Diese beiden lebten tatsächlich in einer Generation zwischen 100 und 120. Von Matthia wird berichtet, er sei nach Rom gereist, um dort ein Lehrhaus zu gründen (vgl. Margalioth (1987), 656). Entsprechend lokalisiert bYom die Erzählung in Rom.

(Jer 3,22) daraus lernst du, dass die Umkehr Sühne schafft. Und eine andere Schrift-stelle sagt: „dieser Tag schafft Sühne für euch" (Lev 16,30) daraus lernen wir, dass der Yom Kippur Sühne schafft. Und eine andere Schriftstelle sagt. „Diese Sünde wird euch nicht vergeben, bis ihr sterbt" (Jes 22,14) daraus lernst du, dass der Tod Sühne schafft. Eine andere Schriftstelle sagt: „so will ich ihre Sünde mit der Rute heimsuchen und ihre Missetat mit Plagen" (Ps 89,33) daraus lernen wir, dass die Leiden Sühne schaffen.

Wie können diese vier Schriftstellen nebeneinander bestehen? Wer ein positives Ge-bot übertritt und umkehrt, dem wird sofort vergeben. [...]. Wer ein negatives Gebot übertritt und umkehrt, bei dem hat die Umkehr (allein) keine sühnende Kraft, son-dern die Umkehr setzt (die Strafe) aus und der Yom Kippur sühnt [...]. Wer mit Ab-sicht solche Vergehen begeht, auf die Ausrottung oder Todesstrafe stehen und um-kehrt, bei dem hat die Umkehr keine aufschiebende Wirkung und der Yom Kippur keine sühnende Kraft. Sondern die Umkehr und der Yom Kippur schaffen zur Hälfte Sühne und die Leiden reinigen und schaffen Sühne für die andere Hälfte [...]. Wer aber den Namen Gottes (wörtlich: den Namen des Himmels) entweiht und umkehrt, bei dem hat die Umkehr keine aufschiebende Wirkung und der Yom Kippur schafft keine Sühne und die Leiden allein reinigen nicht, sondern Umkehr und Yom Kippur haben aufschiebende Wirkung und der Todestag und die Leiden reinigen [...].

Dieser Text gehört in die Reihe der Diskussionen, die danach fragen, wie nach der Tempelzerstörung und dem damit verbundenen Ende des Op-ferkultes Sühne möglich sein kann. Vier Arten der Sühne werden vorge-schlagen, die je nach Schwere des Vergehens sukzessive zur Anwendung kommen. A. Aderet hat diesen Abschnitt und die dort vorgestellten „ארבעה חילוקי כפרה" (vier Abteilungen der Sühne) ausführlich bespro-chen, auf ihn sei deshalb hier verwiesen.[60]

Für uns ist vor allen Dingen von Interesse, dass die Entweihung des göttlichen Namens hier an der Spitze der genannten Sünden steht. Keine Übertretung kommt dieser gleich und deshalb bedarf es der höchsten Stufe der Sühne, die es gibt. Diese greift erst in der Stunde des Todes. Bedenkt man die Konsequenzen dieses Denkmodells, dann bedeutet das, dass der Mensch, der den Namen Gottes entweiht hat, *in diesem Leben* kein intaktes Gottesverhältnis mehr haben kann. Der angerichtete Scha-den macht es selbst Gott unmöglich, dieses zerstörte Verhältnis durch die Gabe der Sühne wieder in Ordnung zu bringen.[61]

Andere tannaitische Texte (auch tSot 7,1-4 s.o.) teilen diese Bewertung der Entweihung des Namens Gottes[62]: So heißt es in SifDev § 328 (Fin-kelstein, 379):

---

[60] Vgl. Aderet (1990), 158-168.

[61] Zu dieser Beobachtung passt sehr gut, dass im Midrasch Sifra zu Lev 20,3 die Entweihung des göttlichen Namens neben anderen Taten steht, die das Gottesver-hältnis Israels zerstören: Verunreinigung des Landes, Entfernung der Gegenwart Gottes (Schechina), Exilierung Israels u.a.

[62] bShab 33a; bYom 86a; yNed 3,14, 38b; ARN A 39. DER 2,7 stellt diejenigen, die den Namen Gottes entheiligen, neben die Häretiker und die Apostaten. Zur Datierung dieses Abschnitts vgl. van Loopik (1991), 14.

על הכל הוא מוחל על חלול השם פורע מיד

Wegen allem vergibt er - wegen der Entweihung des göttlichen Namens straft er sofort.

Die Rabbinen definieren nicht, was es bedeutet, den Namen Gottes zu
entheiligen, doch trägt die Wendung חלול השם schon in sich eine bestimmte Definition[63]: Das, was eigentlich heilig ist, der Name dessen,
der selbst heilig ist, wird profaniert - Gott selbst wird so seines Gottseins
beraubt (vgl. die philonische Definition in SpecLeg 4,40 [II / 4.3.3]).[64]
Wer den Namen Gottes entheiligt, zerstört die Grundlage jeglichen Gottesverhältnisses. Vor diesem Hintergrund leuchtet es ein, dass die Rabbinen dem Schwören eine solche kritische Aufmerksamkeit widmen. Was
Maimonides Jahrhunderte später zusammenfassend formuliert hat, trifft
den Befund der tannaitischen Zeit:

עון זה מן החמורות הוא [...] אף על פי שאין בו לא כרת ולא מיתת בית דין יש בו חלול
השם המקודש שהוא גדול מכל העוונות

Diese Sünde ist eine von den schlimmsten [...] auch wenn deswegen weder Ausrottung noch Todesstrafe verhängt werden. Damit verbunden ist nämlich die Entweihung des geheiligten Namens, die größer ist als alle Übertretungen. (Mischne Tora,
Halachot Shevuot 12,2)

6.2.2 Die Erlaubnis zum falschen Schwören

Es ist nun deutlich, dass man in den Quellen, die wir analysiert haben,
den falschen oder unnötigen Schwur und die damit verbundene Entweihung des göttlichen Namens für die gefährlichste Übertretung halten, die
es gibt. Umso mehr nimmt es Wunder, dass das Falschschwören in bestimmten Situationen erlaubt wird.

המשביע בפני גוים בפני לסטים בפני מוכסין פטור...

Wer gegenüber Heiden, Räubern oder Zolleinnehmern schwört, ist frei... (tShevu
2,14)

Nicht jeder Schwur ist als solcher automatisch bindend. Es kommt offenbar auf das konkrete Gegenüber an. Heiden, Räubern und Zolleinnehmern gegenüber kann man schwören, ohne dass dieser Schwur irgendeine Konsequenz hätte. Wie ist eine solche Regel motiviert? Steuer-
eintreiber und Räuber stellen eine konkrete Gefahr für den Besitz - im

---

[63] Vgl. dazu oben (II / 1.2).
[64] Vgl. zum Konzept des חלול השם Ben Sasson (EJ 10), 977-986. Zum verwandten
Phänomen der Blasphemie vgl. Levy (1981), 23ff: „The Old Testament and the Talmud restrict the crime of blasphemy to defamation of the deity, which had the re-
sonance of high treason against the king of kings, the creator and lord of the universe".

Extremfall auch für das Leben - dar. Die Gefahrensituation, in die die Begegnung mit ihnen führt, erlaubt zum Schutz auch den unwahrhaftigen Schwur. Diese Halacha war nicht unumstritten, wie folgende Diskussion zeigt:

> נודרין להרגין ולחרמין ולמוכסין שהיא תרומה אף על פי שאינה תרומה, שהן של בית המלך
> אף על פי שאינן של בית המלך בית שמאי אומרים, בכל נודרין, חוץ מבשבועה.ובית הלל
> אומרים,אף בשבועה.בית שמאי אומרים, לא יפתח לו בנדר.ובית הלל אומרים,אף יפתח לו.

Man gelobt gegenüber Mördern, Steuereinteibern und Zöllnern, dass es sich um eine Terumah (Priesterhebe) handelt, auch wenn es keine Terumah ist. Dass diese (Dinge) dem König gehören, auch wenn sie nicht dem König gehören. Das Haus Schammais sagt, man gelobe bei allem, nur nicht beim Schwur. Das Haus Hillels sagt, auch beim Schwur. Das Haus Schammais sagt, man gelobe nicht von sich aus. Das Haus Hillels sagt, auch von sich aus [...] (mNed 3,4)

Man kann nach dem Eröffnungssatz dieser Mischna bei Gefahr für Leib und Leben geloben, dass ein Besitzstück heilig ist und nur von Priestern genutzt werden darf, um zu vermeiden, dass es dich die genannten Personen aneignen.[65] Bezüglich dieser Regel gibt es eine Auseinandersetzung zwischen den Schulen Hillels und Schammais. Letztere sind wohl bereit, ein falsches Gelübde zu akzeptieren, nicht aber einen falschen Schwur.

Hier zeigt sich wieder einerseits die schon bekannte Nähe von Gelübden und Schwüren,[66] andererseits wird eine Abstufung zwischen ihnen sichtbar. Der Schwur ist offenbar gewichtiger als das Gelübde.[67] Schammaiten und Hilleliten sind sich im Grundanliegen zwar einig, bei den Schammaiten herrscht aber eine größere Scheu vor dem Schwur vor. Die Hilleliten schätzen hingegen den Schutz[68] von Eigentum und Leben höher ein. Er rechtfertigt auch die Entweihung des Gottesnamens, die mit dem Falschschwur verbunden ist.[69]

---

[65] Aus heutiger Sicht mag man die Verwunderung Ch. Albecks teilen, der anmerkt: „Es fällt schwer, sich vorzustellen, warum Mörder und Räuber nicht eine Terumah rauben sollten." (Nashim, 361). Hier tut sich ein Konflikt auf zwischen ethisch verwerflichem Tun und religiöser Scheu, für den es noch andere Beispiele gibt. Vgl. tOhal 16,13; SifBam §161 (Horovitz, 222).

[66] Beide können hier deutlich assertorische Funktion haben.

[67] Vgl. dazu unten II / 6.4.

[68] Vgl. Safrai (1987b), 188ff.

[69] Es zeichnet die Theologie einiger Traditionen in der rabbinischen Literatur aus, dass Gott unter bestimmten Umständen bereit ist, auf seine Ehre zu verzichten: „Groß ist der Friede, denn wir haben gefunden, dass der Heilige, gelobt sei er, auf seinen Namen verzichtet [...] und ihn im Wasser auslöschen lässt, um Frieden zu stiften zwischen einem Mann und seiner Frau", lässt DEZ, Perek HaShalom 10, Rabbi Ischmael zum Sota Ritual sagen (vgl. tShab 14,4).

6.2.3 Der Verzicht auf das Schwören

Die tannaitische Literatur kennt das Phänomen, dass Menschen sich weigern zu schwören. Ein Beispiel dafür sahen wir bereits in tSot 7,4 (II / 6.1.2.2):

אם אמר איני נשבע פוטרין אותו ואם אמר נשבע אני העומדים אצלו אומרים זה לזה סורו נא מעל אהלי האנשים הרשעים האלה:

Wenn er sagt: „Ich schwöre nicht", so spricht man ihn frei. Und wenn er sagt: „Ich schwöre", dann sagen die, die bei ihm stehen: „Weicht von den Zelten dieser gottlosen Menschen..." (Num 16,26) (tSot 7,4)

Offenbar halten es die Tannaiten, die hinter dieser Überlieferung stehen, für besser, auf den Schwur überhaupt zu verzichten. Ganz ohne Wertung berichtet mBM 3,1 davon, dass jemand, der eigentlich berechtigt wäre, den Beweisschwur abzulegen und sich somit allen finanziellen Forderungen zu entziehen, es vorzieht, zu zahlen:

המפקיד אצל חברו בהמה או כלים ונגנבו או שאבדו, שלם ולא רצה לשבע, שהרי אמרו שומר חנם נשבע ויוצא, נמצא הגנב, משלם תשלומי כפל. טבח ומכר, משלם תשלומי ארבעה וחמשה.

Jemand gibt seinem Nächsten Vieh oder Gefäße zur Aufbewahrung, und es wird gestohlen oder geht verloren - der [,dem das Gut zur Aufbewahrung gegeben wurde,] zahlt und will nicht schwören, obwohl es doch heißt: Derjenige, der kostenlos bewacht, schwört und geht [ohne zu bezahlen] heraus. Wenn der Dieb gefunden wird, dann zahlt er das Doppelte. Hat er geschlachtet und verkauft, dann zahlt er das Vier- und Fünffache.

Dieser Text zeigt, dass es durchaus vorkommen konnte, dass jemand von seinem Recht, sich durch einen Eid vom Verdacht der Veruntreuung und den damit verbundenen Ersatzzahlungen zu befreien, keinen Gebrauch machen wollte.[70] Die Rabbinen haben dieses Verhalten akzeptiert und dafür Regelungen geschaffen. So klärt die Mischna im Fortgang, dass die Ersatzleistungen zuzüglich der Geldstrafe, die ein gefasster Dieb zu zahlen hat, dem zufallen, der nicht schwören wollte (obwohl sie eigentlich dem Besitzer zustehen). Dies lässt erkennen, dass die Rabbinen solchem Verhalten gegenüber alles andere als abgeneigt waren.[71]

---

[70] Man fühlt sich unweigerlich an entsprechende Überlieferungen über Anhänger der pythagoräischen Schule erinnert, die sich weigerten zu schwören und es vorzogen, finanzielle Einbußen zu erleiden (Vgl. II / 1.3).
[71] Vgl. die ähnliche Überlieferung in tBM 3,3: Wenn jemand eine Kuh seinem Nächsten anvertraut und sie gestohlen wird und dieser sagt: „Siehe, ich zahle und schwöre nicht" - wenn dann der Dieb gefunden wird, so zahle er das Doppelte und das Vier- und Fünffache an den zweiten (den Wächter).

Des Weiteren räumten sie denjenigen, die ein Wächteramt übernahmen, die Möglichkeit ein, die Bedingung zu stellen, in keinem Fall schwören zu müssen:

מתנה שומר חנם להיות פטור משבועה, והשואל להיות פטור מלשלם, נושא שכר והשוכר
להיות פטורין משבועה ומלשלם:

Der Wächter, der ohne Lohn bewacht, kann die Bedingung stellen, nicht schwören zu müssen, der, der sich etwas ausleiht, kann die Bedingung stellen, von Ersatzzahlungen frei zu sein, der Lohnwächter und der Mieter können die Bedingung stellen, vom Schwur und von Zahlungen frei zu sein. (mBM 7,10)

Dass jemand die Bedingung stellt, von etwaigen Regressansprüchen frei zu sein, ist auch aus dem heutigen Rechtsleben vertraut. Die Bedingung, vom Schwören befreit zu sein, ist hingegen nur verständlich, wenn wir annehmen, dass eine deutliche Scheu diesem biblisch durchaus legitimen Rechtsmittel gegenüber bestanden hat. Diese Scheu brachte einige dazu, auf das Schwören zu verzichten. Dieses Phänomen war immerhin verbreitet genug, um die Rabbinen zu entsprechenden Regelungen zu bewegen.

Eine zweite Auswertung dieses Befundes ist allerdings ebenso plausibel. Es könnte ebensogut sein, dass der Regelungsbedarf nicht einem tatsächlichen Bedürfnis, sondern dem Willen der Rabbinen entsprang, die den Schwur so weit als möglich zurückdrängen wollten. Was sie für wünschenswert hielten, verankerten sie rechtlich.

Es gibt weitere Beispiele, die diese „schwurfeindliche" Tendenz deutlich zu zeigen vermögen. Nach mGit 5,3 muss derjenige, der etwas findet, diesbezüglich nicht schwören. Rabbi Aqiba regelt, dass man, wenn jemand stirbt und eine Frau, einen Gläubiger und Erben hinterlässt, den Besitz den Erben zuspricht, denn diese müssen nicht schwören (שכלן היורשין צריכין שבועה שבועה ואין צריכין שבועה) (mKet 9,2).[72] Beide Halachot zeigen, dass zumindest Teile der rabbinischen Kreise, deren Meinung sich in der Mischna auch durchgesetzt hat, daran interessiert waren, das Schwören wo irgend möglich zu umgehen. Sie lassen auch erkennen, dass die Rabbinen in der Lage waren, ihre Vorbehalte gegenüber dem Schwören in rechtlich praktikable Formen zu übersetzen.

---

[72] Die hier sichtbare Tendenz, den Schwur wenn irgend möglich zu vermeiden, wiegt hier sogar schwerer als der Vorschlag Rabbi Tarfons, die rechtlich schwächste Person zu begünstigen.

6.2.4 Warnungen vor dem Schwören

Im vorigen Abschnitt sahen wir, dass es in der rabbinischen Welt Tendenzen gab, lieber Unrecht zu erleiden, als zu schwören.[73] Es gibt nun auch Texte, die diese Tendenz ganz offensiv vertreten und dazu auffordern, auf das Schwören überhaupt zu verzichten. In der amoräischen Zeit gewinnt diese Linie eindeutig die Oberhand,[74] doch wird sie schon in tannaitischer Zeit deutlich vorbereitet.

Eine besonders prägnante Warnung vor dem Schwören begegnete uns in tSot 7,1-4. Der Schwur ist demnach ein so gefährliches Instrument, dass der Umgang mit ihm schon als Sünde zu werten ist. Dieser Überlieferung kann MekhY zu Ex 20,7 an die Seite gestellt werden:

לא תשא למה נאמר לפי שהוא אומר לא תשבעו בשמי לשקר אין לי אלא שלא ישבע מנין
שלא יקבל עליו להשבע תלמוד לומר לא תשא את שם יי' אלוהיך עד שלא קבלת עליך להשבע
הריני לך אלהים משקבלת עליך להשבע הריני לך לדיין שנ' כי לא ינקה יי' את אשר ישא את
שמו לשוא

„du sollst nicht gebrauchen..."" - Warum ist das gesagt, wo er doch schon sagt: Du sollst nicht falsch bei meinem Namen schwören - das bedeutet, du sollst nicht schwören. Woher, dass du dich auch nicht beschwören lassen sollst? Es ist Lehre zu sagen: Du sollst den Namen des Herrn, deines Gottes, nicht gebrauchen. Wenn du es noch nicht auf dich genommen hast zu schwören, bin ich dein Gott - sobald du es auf dich genommen hast, bin ich dein Richter, denn es heißt, der Herr wird nicht vergeben dem, der seinen Namen unnötig gebraucht.

Hier ergeht mehr als nur eine Warnung vor unnötigem Schwören. Ein totales Schwurverbot ergeht: *„Du sollst nicht schwören und dich nicht beschwören lassen"*. Wenn jemand schwört - ganz gleich ob wahr oder falsch, nötig oder unnötig - steht Gott unweigerlich - mit einer die Rabbinen beunruhigenden Konsequenz[75] - als Richter vor ihm.

Ein weiteres Indiz vermag diese deutlich sichtbare Tendenz zum Schwurverbot noch zu verdeutlichen - allerdings handelt es sich dabei um ein *argumentum e silentio*. Die Tora gebietet ausdrücklich, dass man beim Namen Gottes schwören soll: „Du sollst den Herrn, deinen Gott fürchten, ihm anhangen und bei seinem Namen schwören (בשמו תשבע) (Dtn 6,13; 10,20). Diese Verse werden in der gesamten rabbinischen Literatur recht oft zitiert (insgesamt über 25 mal), davon fünfmal in tan-

---

[73] Denn darauf laufen die geschilderten Fälle in mBM 3,1 und tBM 3,3 hinaus: Menschen verzichten auf das ihnen von der Tora selbst zugesprochene Recht - nur um nicht schwören zu müssen.

[74] TanchB Mattot 1; Tanch Wa-jikra 136a; PesR 22 (112b); yShevu 6,4 37b bietet als Fazit einer besonders krassen Erzählung folgendes Sprichwort (הדא מילתא): „Sowohl frei (=unschuldig) als auch schuldig sollst du dich nicht auf einen Schwur einlassen" (בין זכיי בין חייב לשבועה לא תיעול).

[75] Im Anschluss an die zitierte Stelle überlegt man, ob die Umkehr nicht auch hier Abhilfe schaffen kann.

naitischen Texten. Die tannaitischen Quellen rekurrieren dabei allerdings überhaupt nicht auf den Satzteil „בשמו תשבע" (bei seinem Namen sollt du schwören), bei allem, was sie zum Schwören und zur Formulierung von Schwüren zu sagen haben, ignorieren sie diese Worte völlig. Wenn amoräische Quellen dieses „Schwurgebot" zitieren, dann um dem Missverständnis vorzubeugen, es handele sich dabei um ein Schwurgebot: „Du sollst nicht meinen, es wäre euch erlaubt, bei meinem Namen zu schwören, selbst wahrheitsgemäß dürft ihr bei meinem Namen nicht schwören..." [76] (Tanch Mattot 1 parr.). Noch Nachmanides hält es für nötig, bei seiner Auslegung von Dtn 6,13 ausdrücklich darauf hinzuweisen, dass die Worte „בשמו תשבע" nicht als Gebot verstanden werden dürfen. Möchte man das Schweigen der Tannaiten interpretieren, dann legt es sich nahe, anzunehmen, dass auch sie dieses Missverständnis nicht aufkommen lassen wollten: Ein Schwur*gebot* kann es nach Gottes Willen nicht geben.

6.3 Schwurformeln

In den Qumrantexten und bei Philo wurde der Frage, wie ein Schwur zu formulieren sei, breiter Raum gegeben. Die Tannaiten beschäftigen sich ebenfalls damit. Wie wir schon sahen, wird nach SifBam § 14 (Horovitz, 19)[77] u.a. jeder Schwur unter Berufung auf den Namen Gottes abgelegt. Mit dieser Regel stimmt mShevu 4,13 überein:

משביע אני עליכם [...] הרי אלו חיבין.בשמים ובארץ, הרי אלו פטורין.באל"ף דל"ת, ביו"ד
ה"א,בשדי,בצבאות, בחנון ורחום, בארך אפים ורב חסד ובכל הכנויין, הרי אלו חיבין.

Ich beschwöre euch [...] Siehe, diese sind schuldig. Beim Himmel und bei der Erde - Siehe, sie sind frei.
Bei Aleph Dalet; bei Jod Heh; beim Allmächtigen; bei Zebaoth; bei barmherzig und gnädig; bei langmütig und voller Gnade; bei allen Ersatzformeln - Siehe sie sind schuldig.

Die Rabbinen erklären Eide bzw. Schwurformeln für gültig oder ungültig, indem sie die Konsequenzen für den, der den Schwur ablegt, benennen (er ist frei [פטור] oder er ist schuldig [חייב]): Der Schwörende ist frei davon, das zu tun, was er verspricht, wenn der Schwur nicht gültig ist. Er ist auch frei von der Strafe, die auf die Übertretung folgt. Er ist schuldig, das Gesagte zu erfüllen oder schuldig für den Fall, dass er es nicht tut bzw. nicht der Wahrheit entsprechend geschworen hat.

---

[76] Die Fortsetzung dieses als Gottesrede stilisierten Midrasch bindet den Schwur an die Bedingung, dass man ebenso gerecht, fromm und vollkommen sei wie die großen Gestalten aus Israels Vergangenheit, was nach rabbinischer Anschauung auf keinen Menschen zutrifft. Ähnliche Bedingungen stellt Philo (II / 4.3.4.5).
[77] Vgl. II / 6.1.2.3.

Die Rabbinen erklären in dieser Mischna nun alle Schwurformeln für gültig, die direkt mit Gott in Verbindung stehen: Hinter den Abkürzungen Aleph Dalet und Jod Heh verbirgt sich der Gottesname - entweder gesprochen als „Adonaj" oder als Kurzform des Tetragramms „Jah". Weitere Gottesbezeichnungen aus der biblischen Tradition, besonders aus Ex 34,6 schließen sich an. Die Schlusswendung „bei allen Ersatzformeln" lässt Raum für weitere Formulierungen, die hier nicht genannt sind. In der tannaitischen Tradition begegnen u.a. folgende: Choni der Kreiszieher schwört „bei deinem großen Namen" (בשמך הגדול נשבע אני) (mTaan 3,8). Der Hohe Priester wird „bei dem, dessen Name in diesem Haus wohnt", beschworen (mYom 1,5). tShevu 3,5 kennt den Schwur „beim Gerechten, beim Vollkommenen, beim Aufrechten" (בצדיק בתמים ביושר). Auf alle möglichen (Ersatzformeln) erstreckt sich nach Sifra zu Lev 19,12 das Verbot des Falschschwörens beim Namen Gottes.

Es ist deutlich, dass nur das als Ersatzformel angesehen wird, was einen Bezug zu Gott aufweist - anderes hingegen wird ausgeschlossen, so z.B. Himmel und Erde (Philo entschied hier anders [II / 4.3.4.4]). Die Mischna erklärt diesen Ausschluss weiter nicht - aber im babylonischen Talmud wird darüber diskutiert: „Raba entgegnete ihm: Demnach kann man ja auch die Formel: ‚beim Himmel und bei der Erde' erklären: bei dem, dem Himmel und Erde gehören." Raba, ein babylonischer Amoräer aus der vierten Generation, bezieht sich auf den Versuch, die Formel „beim Gnädigen und Barmherzigen" im Sinne von „bei dem, der gnädig und barmherzig ist" zu erklären. Dieser Versuch wird jedoch abgelehnt: „in jenem Falle meint er ganz bestimmt: bei dem, der gnädig ist, bei dem, der barmherzig ist, da es nichts gibt, was gnädig und barmherzig heißt, in diesem Falle aber meint er bestimmt Himmel und Erde, da es Dinge gibt, die Himmel und Erde heißen" (bShevu 35b).[78] Diese späte Diskussion zeigt, worauf es bei Ersatzformeln ankommt. Sie müssen einen eindeutigen Bezug zu dem aufweisen, was eigentlich gemeint ist.[79]

Welche Ersatzformeln dieses Kriterium erfüllen, ist Gegenstand der Diskussion. Unsere Mischna nennt nur eine Formel, die nicht als gültige Ersatzformel in Frage kommt.[80] Ausführliche Diskussionen über Ersatzformeln fanden wir schon in anderen jüdischen Texten wie VitAd 19, CD 15 und bei Philo. Sie werden uns im Zusammenhang von Mischna Nedarim noch begegnen. Dass die Rabbinen nur solche Schwurformeln zulassen wollen, die sich direkt oder indirekt auf Gott beziehen lassen,

---

[78] Übersetzung L. Goldschmidt.

[79] Diese Grundregel konnten wir bei der Besprechung von VitAd 19 und der philonischen Ausführungen zu den Ersatzformeln ebenfalls feststellen.

[80] Himmel und Erde werden von Rabbi Jochanan ben Nuri in einem Schwur als Zeugen angerufen (Sifra zu Lev 19,17). Beim Himmel schwören auch andere Rabbinen: Rabbi Elieser (tHul 2,24); Shimon b. Gamliel (ARN A 38).

sagt einiges über das Schwurverständnis aus, das sich in diesen Kreisen durchsetzt. Ein Schwur nimmt Bezug auf Gott.[81] Damit setzen sie die Tradition des theologischen Schwurverständnisses fort.

Welche Bedeutung nun Ersatzformeln eigentlich haben, klären die Rabbinen im Zusammenhang mit den biblischen Ausführungen über einen Menschen, der Vater und Mutter (Ex 21,17; Lev 24,16) oder Gott (Lev 24,15) verflucht. MekhY zu Ex 21,17 (Horovitz/Rabin 268) kommentiert:

ומקלל אביו ואמו בשם המפורש או אינו אלא בכינוי שאין תלמוד לומר בנקבו שם יומת להביא
המקלל אביו ואמו אינו חייב עד שיקללם בשם המפורש דברי ר' אחאי

Und derjenige, der seinen Vater oder seine Mutter verflucht - ausdrücklich beim Gottesnamen oder auch wenn er eine Ersatzformel gebraucht? Es ist Lehre zu sagen: Wer den Namen lästert, soll sterben (Lev 24,16) - um den einzuschließen, der seinen Vater oder seine Mutter verflucht. Er ist nicht schuldig, bis er sie ausdrücklich mit dem Gottesnamen verflucht hat. Worte Rabbi Achais.

Es besteht offenbar ein Unterschied, ob der Fluch den Gottesnamen JHWH enthalten hat oder lediglich eine Ersatzformel.[82] Wer eine Ersatzformel verwendet, kommt ohne Strafe davon, wer den Gottesnamen ausspricht, muss sterben. Die Distanz, die die Ersatzformel zum Eigentlichen schafft, scheint einen Schutzraum zu eröffnen. Ähnlich verhält es sich in einem Kommentar zu Lev 24,15:

כי יקלל אלהיו מה תלמוד לומר לפי שנאמר ונוקב שם ה' מות יומת. שיכול אין לי חייבים
מיתה אלא על שם המיוחד במיתה מנין לרבות כל הכינויים.תלמוד לומר כי יקלל אלהיו דברי
רבי מאיר.וחכמים אומרים על שם המיוחד במיתה.ועל שאר כל הכינויים באזהרה:

Wer seinen Gott verflucht - warum wird dies gesagt, wo es doch heißt, wer den Namen lästert, soll sterben? Sollte man etwa nur dann des Todes schuldig sein, wenn man den besonderen Gottesnamen verwendet? - Woher werden auch alle anderen Ersatzformeln mit einbegriffen? Weil es Lehre ist zu sagen: Wer seinen Gott verflucht. Worte Rabbi Meirs. Die Weisen sagen: Nur wegen des besonderen Namens ist man des Todes schuldig - bei allen anderen Ersatzformeln wird er verwarnt. (Sifra zu Lev 24,15).

Rabbi Meir legt das nebeneinander der Verse 15 und 16 dahingehend aus, dass sowohl die Verwendung des eigentlichen Gottesnamens als auch die aller Ersatzformeln die Verfluchung Gottes zu einem todeswürdigen Verbrechen machen. Die Mehrzahl der Rabbinen entscheidet an-

---

[81] Dies gilt zumindest für die theoretische Reflexion über den Eid. In der Praxis waren auch andere Eide in Gebrauch. Benovitz (1998) nennt sie „surety-type-oaths" (vgl. Benovitz (1998), 143 (Beispiele dort 135ff). Diese benennen Sicherheiten, die die Einhaltung des Eides garantieren sollen. Sie spielen allerdings bei der Diskussion um Schwur und Eid überhaupt keine Rolle. Hier ist allein der Schwur bei Gott von Interesse, denn nur dieser bringt die genannten Probleme mit sich.

[82] Vgl. Levy (1981), 24ff.

ders. Sie gewichtet den Fluch bei den Ersatzformeln geringer als den beim eigentlichen Gottesnamen. Wer eine Ersatzformel benutzt, kann nach ihrer Logik nicht den Namen selbst lästern, ist also auch nicht des Todes schuldig. Man kann nicht so weit gehen zu sagen, dass in einem solchen Fall gar keine Verfluchung Gottes vorliegt. Einer Ersatzformel eignet der Bezug zu Gott und darum ist der Sprechakt gültig. Aber dennoch schafft eine Ersatzformel Distanz zum Eigentlichen und schützt den Namen Gottes vor der Entweihung. Damit ist zugleich der Sprecher vor den Folgen dieser Entweihung geschützt. Von daher fällt Licht auf die rabbinischen Bemühungen bezüglich der Ersatzformeln bei Schwüren. Wer sich beim Schwören einer Ersatzformel bedient, hat die Gefahren, die mit dem Schwören verbunden sind, etwas entschärft.[83]

Rabbi Meir teilt diese Logik nicht. Er unterscheidet nicht zwischen Ersatzformeln und dem Eigentlichen. Beides liegt für ihn auf einer Ebene. Für ihn scheint das zu zählen, was mit einer Ersatzformel gemeint ist (vgl. auch mShevu 4,13)[84]. Das Wort selbst tritt dahinter zurück.

Was das rabbinische Verhältnis zum Schwören anbelangt, ist es nun sehr aufschlussreich, dass mShevu 4,13 den Schwur bei einer Ersatzformel dem Schwur beim Namen Gottes gleichstellt (vgl. auch mNed 1,1). Die Auffassung Rabbi Meirs, die sich in mShevu 4,13 durchgesetzt hat, ist nicht daran interessiert, irgendwelche Entschärfungen beim Schwören einzuführen oder beizubehalten. Wer schwört, soll wissen, was er tut und wie gefährlich sein Tun ist. Die Tendenz, die dahinter steht, ist deutlich: Wenn das Schwören so gefährlich ist, dann soll überhaupt nicht geschworen werden.[85]

6.4   Das Gelübde als Ersatz für den Schwur

„...'*Das schwöre ich beim Grab meiner Mutter.*' '*Du sollst nicht schwören, Tom.*' '*Ach nein, stimmt, das hat der Herr im Himmel ja nicht so gern.*' '*Das ist Hochmut. Gelobe es, aber schwöre nichts.*'"

In diesem Szenenausschnitt aus Leon De Winters Roman „Zionocco"[86] leuchtet die gesamte jüdische Diskussion zum Schwören und zum Verhältnis von Eiden und Gelübden auf (wenngleich ein Schwur beim Grab der Mutter in den antiken jüdischen Quellen nicht zu finden ist): Es ist grundsätzlich nicht erlaubt, zu schwören - aber es gibt dafür eventuell

---

[83]   Ähnlich Philo (SpecLeg 2,2-6) und CD 15,3 (II / 3.2.3.1).
[84]   Da, wo Rabbi Meir in den Diskussionen um die Formulierung eines Schwures auftritt, ist es typisch für ihn, nicht allein auf die Worte zu achten, sondern vielmehr darauf, was mit diesen Worten eigentlich gemeint ist vgl. auch mShevu 5,3.
[85]   Dieser Gedanke begegnete schon bei Pseudo-Phokylides 16f (II / 2.2.5).
[86]   de Winter (1998), 80.

einen Ersatz, nämlich das Gelübde. Schon tannaitische Texte ziehen dies in Erwägung:

Dort wo eigentlich ein Eid zu leisten wäre, wird ein Gelübde akzeptiert. Bei den Ausnahmebestimmungen über das Schwören in Gefahrensituationen (mNed 3,4) ist uns schon aufgefallen, dass Schwur und Gelübde den gleichen bestätigenden Effekt haben, wobei das Gelübde eine Art Vorstufe und damit zugleich die weniger „gefährliche" Variante darstellt.[87] Eine Überlieferung in ARN A 26,2 formuliert das deutlich:

אל תפרוץ בנדרים שמא תמעול בשבועות.

Sei nicht voreilig bei Gelübden - vielleicht übertrittst du Schwüre.

Dieser Satz wird Rabbi Aqiba zugeschrieben und hat anonym überliefert eine Parallele (Kalla Rabbati 3,39 dort als tannaitische Überlieferung kenntlich gemacht). DER 1,2 zitiert ihn im Namen von Abba Chilpai, einem Tannaiten der vierten Generation (135-170 n. Chr.). Wir haben es also aller Wahrscheinlichkeit mit einer tannaitischen Tradition zu tun. Der amoräische Midrasch Tanchuma (Mattot 1) folgert, dass aus dem leichtfertigen Umgang mit den Gelübden notwendigerweise die Übertretung des Schwures folgt. Das Gelübde ist demnach gewissermaßen eine Vorstufe zum Eid. Um des Eides willen soll man auch beim Umgang mit ihm große Vorsicht walten lassen. In jedem Fall steht das Gelübde auf einer geringeren Stufe als der Eid und ist darum „weniger gefährlich". Auf dieser Logik baut folgende Regelung in mGit 4,3 auf:

אין אלמנה נפרעת מנכסי יתומים אלא בשבועה. נמנעו מלהשביעה,התקין רבן גמליאל הזקן
שתהא נודרת ליתומים כל מה שירצו.

Eine Witwe kann von dem Besitz der Waisen nur unter Eid die Zahlung (ihrer Ketuba) erhalten. Als man davon Abstand nahm, sie zu vereidigen, bestimmte Rabban Gamliel der Ältere, dass sie geloben soll bei allem, was die Waisen von ihr verlangen.

In einer Aufzählung unterschiedlicher Neuerungen, die Rabban Gamliel zugeschrieben werden, findet sich auch diese. Die schon bekannte Scheu gegenüber dem Schwören wird auch hier wieder sichtbar: Man weicht davor zurück, die Witwe unter den nach dem Eingangssatz erforderlichen Eid zu stellen. Rabban Gamliel der Ältere bemüht sich um eine Lösung, die es möglich macht, einerseits auf den Schwur zu verzichten, andererseits aber auch Rechtssicherheit herzustellen. Als probates Mittel bietet sich das Gelübde an, dass wie ein Schwur bestätigenden Charakter haben kann[88] - zugleich aber eine Stufe unter dem Schwur steht.[89] Wie

---

[87] Vgl. oben II / 6.2.2.
[88] Ähnlich verhält es sich mit dem textlich schwierigen Stück in mSan 3,2, auch hier wird ein Gelübde als Ersatz für einen Schwur akzeptiert.

wir sahen, gab es beim Schwur die deutliche Tendenz, aus Scheu vor der Entweihung des Namens Gottes auf Ersatzformeln zurückzugreifen. Eine analoge Entwicklung lässt sich auch bei der Formulierung von Gelübden beobachten.

6.4.1 Die Formulierung bindender Gelübde nach Mischna Nedarim

Die ersten Abschnitte des Traktates Nedarim[90] widmen sich der Frage, wie ein Gelübde formuliert sein muss, damit es gültig ist. Als Grundregel stellt die Mischna wie auch bei den Schwurformeln nach dem Duktus von mShevu 4,13[91] fest, dass zwischen einer Ersatzformel (כינוי) und einer eigentlichen Gelübdeformel kein Unterschied gemacht werden soll (mNed 1,1). Beide haben den gleichen verbindlichen Charakter, so dass die Ersatzformel gegenüber der eigentlichen Gelübdeformel keine Entschärfung darstellt. Was aber ist die eigentliche Formel, und was sind Ersatzformeln? In mNed 1,2 wird wie folgt definiert:

Wer zu seinen Nächsten sagt: 'Qonam (קונם), Qonach (קונח), Qonas (קונס)' - siehe, dies sind Ersatzformeln für Qorban (קרבן).

Die eigentliche Gelübdeformel ist demnach „Qorban" (קרבן). Dieses Wort kommt in der hebräischen Bibel ca. 80 Mal als Ausdruck für „Darbringung, Gabe (an das Heiligtum)"[92] vor. Qorban bezeichnet dort jegliches Opfer, das legitimerweise im Tempel, illegitimerweise an anderen Orten (Ez 20,18) dargebracht (קרב hif'il) wird.[93] Das NT kennt Qorban als Fremdwort Κορβᾶν (Mk 7,11) und übersetzt es mit dem griechischen Δῶρον, was ebenfalls Gabe, Geschenk bedeutet und göttliche wie-

---

[89] Auch Benovitz (1998) vermutet, dass das Ausweichen auf das Gelübde durch die Scheu vor dem Eid motiviert war (z.B. 11; 36 und 143).

[90] Der Traktat Nedarim gehört zur Ordnung „Naschim" (Frauen), was seinen Grund zum einen darin hat, dass sich die ausführlichste Behandlung des Themas „Gelübde" in der Tora in Num 30 unter der speziellen Fragestellung von Gelübden, die Frauen ablegen, findet. Weiteres bei Neusner (1980), 3.
Haben also nur die letzten beiden Kapitel einen eindeutigen biblischen Bezug, so behandeln die vorangehenden Kapitel die Formulierung von Gelübden (1,1-3,11), ihre bindende Wirkung (4,1,-8,6) und schließlich die Möglichkeit ihrer Auflösung (8,6-11,12). Wir konzentrieren uns auf den ersten Teil, die Formulierung von Gelübden. Die entsprechenden Diskussionen werden wir recht ausführlich verfolgen, denn sie bieten zugleich einen Schüssel zum Verständnis von Mt 23,16ff.

[91] Diese werden in mNed 1,1 ebenfalls erwähnt: „שבועות כשבועות [...] כל כנויי" (Alle Schwurersatzformeln sind wie Schwüre).

[92] Gesenius, 727, vgl. Fabry (1993), 166ff.

[93] Diesem Sprachgebrauch folgen die wenigen Belege für Qorban in Qumran: 2QJN 4,1.2; 11QPs 27,7; 11QT 20,13.

menschliche Empfänger haben kann[94]. Mt 27,6 und Josephus (Bell 2, 175 bezeichnen mit einer Abwandlung des Wortes (κορβωνᾶς) den Tempelschatz.[95]

Daneben ist Qorban auch inschriftlich bezeugt, nämlich auf einem in den fünfziger Jahren südöstlich von Jerusalem gefundenen Ossuar. Diese Inschrift zeigt, welchen Bedeutungswandel das Wort von seinem ersten Auftreten in der hebräischen Bibel bis zum 1.Jh n.Chr. durchgemacht hat.[96]

כל די אנש מתהנה בחלתה דה קרבן אלה מן דבגוה

Alles, was ein Mensch aus diesem Ossuar benutzt - Qorban für Gott ist es.

Es dürfte kaum möglich sein, Qorban hier wie in der Bibel als Bezeichnung für eine wirkliche Opfergabe an Gott zu verstehen, denn was sich auch immer in dem Ossuar befunden haben mag, durch den Kontakt mit den Gebeinen des Verstorbenen wäre es schlechterdings unrein und muss daher vom Heiligtum fern gehalten werden.[97] Was der Schreiber dieser Inschrift bezwecken wollte, kann demnach keine Stiftung an Gott für den Fall der Öffnung des Ossuars sein. Vielmehr sollte schon die Öffnung dadurch verhindert werden, dass ein *religiös sanktioniertes Nutzungsverbot* bezüglich dessen, was sich in dem Ossuar befindet, ausgesprochen wird.[98] Wer dem Ossuar etwas entnimmt, vergreift sich *quasi* an einem Gott geweihten Gegenstand.

Damit bezeugt dieser archäologische Fund eine Bedeutungsentwicklung des Wortes Qorban und des Gelübdewesens überhaupt, die der in den schriftlichen Quellen zu beobachtenden entspricht:

Die Gelübde, von denen die hebräische Bibel berichtet, sind in der Regel Verpflichtungen, die der Gelobende sich selbst auferlegt.[99] Sie sind Versprechen, die mit einer Bedingung verbunden sein können aber nicht müssen (vgl. Gen 28,20ff; Num 21,2; Ri 11,30ff). Solchen Gelübden[100]

---

[94] Liddell-Scott, 465. Δῶρον ist seinerseits als griechisches Lehnwort in die rabbinische Literatur gewandert, Belege bei Jastrow, 289.

[95] Zum Eid „Korban", den es nach Josephus bei den Phöniziern gegeben haben soll, vgl. oben II / 1.1.2 und 5.2.5.

[96] Zitiert nach Naveh (1992), 198f; vgl. Fitzmyer, (1959), 60-65. Diskussion bei Benovitz (1998), 27ff.

[97] „Actual dedication to the Temple cannot have been intended: What would the Temple do with an ossuary containing the ramains of the deceased? Moreover, spulchral inscriptions usually warn against disturbing the grave; the person did not want his remains disturbed and the ossuary reused." Baumgarten (1984/85), 7. Vgl. auch Sanders (1990), 55.

[98] Das entspricht vergleichbaren Inschriften auf Sarkophagen bzw. Gräbern. Beispiele bei Naveh (1992), 193ff.

[99] Vgl. Haran (1968), 786 und II / 1.1.2.

[100] Die Aufzählung wäre noch zu erweitern um 1 Sam 1,11; 1 Sam 1,21; 2 Sam 15,7f.

ist gemeinsam, dass ein Mensch, bzw. eine Gruppe von Menschen sich unter bestimmten Umständen dazu verpflichtet, Gott etwas zu geben - ein Haus und den Zehnten, den Besitz der Feinde oder ein nicht näher bestimmtes Lebewesen. „Das biblische Gelübde ist also ein Weihegelübde"[101]. De facto stellt es die Übereignung eines bestimmten Besitzstückes an das Heiligtum dar.[102] Die Qorban Inschrift auf dem Ossuar teilt diese ältere biblische Voraussetzung nicht, da die Übereignung von hochgradig unreinen Gegenständen an Gott ausgeschlossen ist, dennoch hält sie daran fest, dass ein Gott geweihter Gegenstand der menschlichen Nutzung entzogen ist. „Technisch betrachtet", schreibt M. Benovitz, „handelt es sich um eine wirkliche Weihe, de facto geht es nicht um die Weihe, sondern darum, ein Nutzungsverbot auszusprechen."[103]

Auf der gleichen Linie ist Mk 7,9-13 zu verstehen: Ein Sohn sagt zu seinen Eltern: „Qorban, d.h. Weihegabe, ist es, wenn du etwas von dem, was mir gehört, benutzt" (Mk 7,11). In Zukunft wird damit alles von seinem Besitz, in dem Moment, in dem die Eltern es nutzen, automatisch gottgeweiht, heilig und damit für sie nicht nutzbar.[104] Tun sie es doch, so vergreifen sie sich am Heiligen (Lev 5,15). An eine wirkliche Übereignung des Besitzes an das Heiligtum denkt Jesus hier offenbar nicht. Hätte der Sohn nämlich beabsichtigt, seinen Besitz dem Heiligtum zukommen zu lassen, so hätte er sich damit voll auf dem Boden des in der Tora Geschriebenen bewegt und nicht auf dem Boden der Satzungen, die die Pharisäer und Schriftgelehrten nach Vers 13 überliefert haben. Ausdrücklich Letztere kritisiert Jesus hier.

Demnach hat Jesus Qorban in diesem Kontext nicht als tatsächliche Weihegabe im Sinne der hebräischen Bibel verstanden. Er bezieht sich vielmehr auf eine Weiterentwicklung des Gelübdewesens, die er als menschliche Satzung wertet. Wir beobachten hier das gleiche Phänomen wie bei der oben besprochenen Ossuarinschrift: *Ein Weihegelübde wird benutzt, um ein Verbot auszusprechen - an eine wirkliche Besitzübereignung an das Heiligtum ist nicht gedacht - aber das Nutzungsverbot, das sich auf heilige Gegenstände bezieht, greift trotzdem.*[105] Dieses Nutzungsverbot ergeht, sobald man einen Gegenstand als „Korban" bezeichnet.[106]

---

[101] Benovitz (1995), 203.
[102] Vgl. Benovitz (1995), 204 und ders. (1998), 9f.
[103] Benovitz (1995), 209. Auch Philo bezeugt diese Entwicklung (vgl. II / 4.3.4.7).
[104] Vgl. Benovitz (1998), 15 und 22.
[105] Diese Funktion von Gelübden bezeugen auch CD 16,13-15 und Philo, Hypothetica 7,3-5. Vgl. zu beidem Benovitz (1998), 30-35.
[106] Damit haben wir zwei von drei Verwendungen des Wortes Qorban kennengelernt: „First, *korban* could be a formular of actual dedication to the Temple. Second, *korban* could be a vow formula, by which some object was forbidden to oneself or to another person in the same way in which a dedicated animal is forbidden..." Baum-

6.4.2 Die Ersatzformeln für „Qorban"

Für die eigentliche Gelübdeformel „Qorban" werden verschiedenen Ersatzformeln genannt. Nach mNed 1,2 sind dies zunächst Qonam, Qonach und Qonas.

Über die Bedeutung dieser Begriffe und ihre Herkunft bestand schon in talmudischer Zeit Unklarheit. Nach Rabbi Jochanan, einem Amoräer der 2. Generation, sind sie als Fremdwörter aus einer anderen Sprache (לשון אומות wörtlich „Sprache der Völker") übernommen worden. Rabbi Shimon ben Lakisch (A 2) hält sie hingegen für Phantasiewörter, die die Rabbinen erfunden hätten (לשון שבדו להם חכמים) (bNed 10a). In der in yNed 1,2 (10b) überlieferten Diskussion ist es nun Shimon ben Lakisch selbst, der die Meinung vertritt, es handle sich bei den Ersatzformeln um Fremdwörter „so wie bei den Nabatäern, die chaspa (חספא) statt kaspa (כספא)[107] sagen" - wie er als Beispiel ergänzt. Seiner Deutung nach hätten die Ersatzbegriffe also die gleiche Bedeutung wie die Formel Qorban selbst, sie wären nur aus einer anderen - wenn auch verwandten - Sprache übernommen. J.N. Epstein schlägt eine Lösung vor, die beiden im Talmud vertretenen Auffassungen in gewisser Weise gerecht wird. Das Wort Qonam sei nämlich in einer seit der Mitte des 19. Jh bekannten semitischen Inschrift aus Sidon - der sog. Eschmunazar Inschrift - nachgewiesen, wo es im Sinn einer Beschwörung[108] verstanden werden müsse. Demnach könnte Qonam als phönizisches Fremdwort in die Sprache der Mischna übernommen worden sein. Für die beiden neben Qonam genannten Formeln Qonach und Qonas haben sich bisher keine überzeugenden Ableitungen aus anderen Sprachen zeigen lassen, so dass Epstein diese für von den Rabbinen erfundene Verballhornungen von Qonam hält. Dieser vermittelnde Vorschlag Epsteins hat sich nicht allgemein durchsetzen können, da die Verbindung zwischen dem inschriftlich bezeugten Qonam und der mischnischen Ersatzformel bestreitbar bleibt. Exemplarisch verweise ich auf S. Lieberman: „this word has nothing to do with the Phoenician קנמי."[109] Über den Stand der talmudischen Diskussion zwischen Rabbi Jochanan und Rabbi Shimon ben Lakisch ist die Forschung in dieser Frage nicht hinausgekommen.

---

garten (1984/85), 6. Die dritte Verwendung, nämlich in Schwurformeln begegnete uns bei Josephus (Ap 1.157).

[107] Nach Jastrow bedeutet beides „shame or idol" (489).

[108] Petuchowski (1968) bemerkt dazu treffend: „Bemerkenswert ist nur, dass קונם nach der Auffassung der Mischna eine Umschreibung für קרבן, also ein נדר ist, während es nach jener Inschrift eine Beschwörung, also שבועה sein müsste. (177) Hier deutet sich wieder ein Ineinander von Gelübden und Schwüren an.

[109] Lieberman (1942), 129. Dieses Urteil teilen heute „most scholars of Phoenician" (Benovitz (1998), 118 dort weitere Spezialliteratur). Benovitz (1998) selbst hält die Trias „Qonam, Qonach, Qonas" für eine Umschrift von „κοινός, κοινή, κοινόν" (122ff). Dieses Adjektiv bedeute „common, shared, donated to the charity" (124). Die letzte Bedeutung ist m.E. nicht überzeugend nachgewiesen. Benovitz' Vorschlag könnte auf festere Füße gestellt werden, wenn man berücksichtigt, dass „τὸ κοινόν" auch „public treasury" bedeutet (Liddell-Scott, 968). Dies war eine der Funktionen des Tempels (vgl. Sanders (1992), 83ff) so dass die Benennung eines Gegenstandes als „Koinon" einer Widmung für den Tempel gleichkommen könnte. Problematisch bleibt in jedem Fall, dass die Worte Qonam, Qonach, Qonas den Regeln der Wiedergabe griechischer Lehnworte im rabbinischen Hebräisch überhaupt nicht entsprechen.

So unklar die etymologische Herkunft dieser Ersatzformeln auch sein mag - so häufig wird vor allem die Formel Qonam in überlieferten Gelübden verwendet. Allein in Mischna Nedarim finden sich dafür 45 Belege gegenüber 22 für Qorban.[110]

6.4.3 Weitere Ersatzformeln nach mNed 1,3f

Neben den drei ausdrücklich genannten Ersatzformeln, die eine gewisse klangliche Ähnlichkeit mit der eigentlichen Formel Qorban aufweisen, werden von den Tannaiten weitere Ersatzformeln in Erwägung gezogen. Dies sind nach mNed 1,3 und 4 Formeln, die ein gültiges Gelübde in Kraft zu setzen vermögen. In mNed 2,1 wird die Diskussion mit umgekehrter Fragestellung fortgesetzt: Welche Formeln setzen kein Gelübde in Kraft?
Um die Diskussion über diese Formeln und die Entwicklungen, die zu ihrer Zusammenstellung geführt haben, nachvollziehen zu können, ist es unerlässlich, die einzelnen Mischnajot je für sich zu untersuchen.

6.4.3.1 Mischna Nedarim 1,3

האומר לא חולין לא אכל לך, לא כשר, ולא דכי, טהור, וטמא, נותר,ופגול, אסור.
כאמרא,כדירין, כעצים, כאשים, כמזבח, כהיכל,כירושלים, נדר באחד מכל משמשי המזבח,
אף על פי שלא הזכיר קרבן, הרי זה נדר בקרבן.
רבי יהודה אומר, האומר ירושלים, לא אמר כלום:

a.) Wenn jemand sagt: „nicht profan soll sein, was ich von dem, was dir gehört, essen werde" - „nicht tauglich..." - „nicht erlaubt..." - „rein..." - „unrein..." - „Übriggebliebenes..." - „Verworfenes...", so ist es ihm verboten
b.) „wie das Lamm..." - wie die Schuppen..." - „wie die Hölzer..." - „wie die Flammen/Feueropfer..." - „wie der Altar..." - „wie der Tempel..." - „wie Jerusalem...oder wenn er bei einem von den Werkzeugen des Altars gelobt, obwohl er „Qorban" nicht erwähnt hat, gilt es, als habe er beim „Qorban" gelobt.
c.) Rabbi Jehuda sagt: Wer „Jerusalem" sagt, hat nichts gesagt.

Diese Mischna lässt sich deutlich in drei Sätze unterteilen, die jeweils zu einem Ergebnis führen. Die in Satz a) aufgezählten Formeln machen einen Sprachakt bindend, indem sie den Gegenstand des Gelübdes zu einem verbotenen Gegenstand erklären (אסור). Zu dem gleichen Ergebnis kommt der Satz b): Alle dort konkret zitierten oder unter die nur allgemein genannten Altargerätschaften fallenden Formeln sind der eigentlichen Formel „Qorban" gleichgestellt, gelten demnach als bindende Er-

---

[110]   Außerhalb dieses Traktates gibt es nur drei Belege (mGit 4,7; mBQ 9,10; mShevu 3,4). Qonach und Qonas kommen lediglich je einmal in mNed 1,2 vor - dürften demnach weitgehend - wenn auch nicht ausschließlich von theoretischem Interesse gewesen sein, denn tGit 3,8 und yEr 3,1 (12b) überliefern je ein Gelübde mit Qonas (קונס) - Beispiele für Gelübde mit Qonach (קונח) fehlen völlig.

satzformeln. Satz c) überliefert nun einen Einspruch Rabbi Jehudas, der „Jerusalem" nicht für eine gültige und demnach bindende Ersatzformel hält - wer Jerusalem sagt, hat s.E. nichts gesagt. Nun zu den Formeln im Einzelnen:

6.4.3.1.1 mNed 1,3, Satz a

לא חולין (nicht profan): „Chullin" leitet sich von der Wurzel חלל ab. Diese bedeutet in der hebräischen Bibel „entweihen, profanieren" (pi.) bzw. „entweiht, entheiligt werden" (ni.).[111] Gegenbegriff dazu ist קדש, was eben „heilig sein" (qal) bzw. „heiligen, weihen" (pi.) meint.[112] Das Nomen חולין bezeichnet entsprechend „profane things, animals &c. not consecrated, ordinary objects".[113] Alles, was nicht Gott geweiht ist, gilt als חול - profan. Somit unterliegt es keinerlei Nutzungsbeschränkungen für den Menschen. Die Formel „nicht profan" besagt also positiv nichts anderes als „gottgeweiht, Gott gehörig, heilig". Damit entspricht sie sachlich genau der eigentlichen Gelübdeformel „Qorban" und ist gültig.

לא כשר (nicht tauglich): Vom heutigen Sprachgebrauch her wäre man versucht, diese Formel einfach mit „nicht koscher" zu übersetzen. Der gelobte Gegenstand wird für nicht tauglich erklärt. Wie aber sollte das eine Ersatzformel für „Qorban" sein, denn was nicht „כשר" ist, ist per se auch nicht für kultische Zwecke geeignet. Ch. Albeck paraphrasiert daher: „Dies bedeutet: Diese Speise ist nicht für mich geeignet, sondern für den Altar im Sinne eines Opfers."[114] Diese Deutung geht jedoch deutlich über den Text hinaus. Petuchowski folgt den traditionellen Mischnaauslegern Obadja von Bertinoro (ca. 1450 - ca. 1516)[115] und Israel ben Gedaljah Lipschütz (1782 - 1860)[116]: „Der Gelobende will damit sagen, dass das Eigentum des Anderen für ihn den Dingen gleich zu achten sei, bei denen man die Attribute כשר und (das Gegenteil) פסול anwendet, das sind Opfer."[117] Die Gegenüberstellung von כשר und פסול findet sich tatsächlich z.B. in mZeb 1,1f, wo zwischen tauglichen und untauglichen Opfern unterschieden wird. Nur ist nach der dort zur Anwendung kommenden Systematik gerade das nicht mit dem Prädikat כשר versehene Opfer nicht für den Altar geeignet, so dass auch diese Erklärung mit

---

[111] Gesenius, 234.

[112] Gesenius, 703 (vgl. dazu oben II / 1.2).

[113] Jastrow, 433. In diesem Sinn gibt es dem Traktat, der die Profanschlachtungen behandelt seinen Namen. Sakrale Schlachtungen fallen unter den Oberbegriff קדושים - heilige Dinge. Vgl. dazu Albeck, Kodashim, 109.

[114] Albeck, Nashim, 148.

[115] Vgl. zu seiner Person David, EJ 4, 698-699

[116] Vgl. zu seiner Person David, EJ 11, 293-294.

[117] Petuchowski (1968), 179.

Schwierigkeiten behaftet ist. Wir müssen damit rechnen, dass wir es im vorliegenden Fall mit einer Ersatzformel zu tun haben, die der eigentlichen Formel Qorban von ihrer Wirkung her gleichgestellt ist, freilich ohne die eigentlich eine Besitzübereignung an Gott implizierende Denkstruktur noch zu teilen. Sie untersagt die Nutzung eines Gegenstandes direkt - ohne ihn mit einem Opfer gleichzustellen.

ולא דכי (nicht erlaubt): דכי stellt das aramäische Element zu dem hebräischen טהור dar (so Targum Onkelos zu Lev 11,47 und 12,4). Sprachlich verwandt ist es mit dem hebräischen זכה (= to be aquitted, to be right, to be found worthy of, to be privileged, to succeed, to take possession, to have authority, to own etc.[118]) und bedeutet darum auch soviel wie erlaubt, zugestanden (admitted[119]; מותר[120]). Albeck paraphrasiert, der Gemara des Jeruschalmi folgend (yNed 1,3, 37a): „Diese Speise ist nicht rein und erlaubt für mich, wohl aber für den Altar im Sinne des Opfers."[121] Bezüglich dieser Deutung gilt das oben zur Formel לא כשר Angemerkte. Ohne deutende Zusätze impliziert diese Formel lediglich ein Nutzungsverbot - nicht aber eine Weihung.

טהור (rein): Nach der Lesart des Jeruschalmi ist dieser Ausdruck direkt mit dem folgenden טמא (unrein) zu verbinden: „Rein für den Altar aber nicht für mich, unrein für mich aber nicht für den Altar." Der Sinn ist klar. Der schon oben beobachteten Auslegungstendenz des Jeruschalmi entsprechend, geht es um ein aus einer Weihung erfolgendes Nutzungsverbot.[122]

טמא (unrein): Will man diesen Ausdruck nicht mit dem vorhergehenden zusammen lesen, so hat man hier eine den negativ formulierten Ausdrücken entsprechende Formel, die die Nutzung eines Gegenstandes unmöglich macht.

נותר (Übriggebliebenes): Diese Formel stellt einen bestimmten Gegenstand dem gleich, was vom Opfer über die dafür vorgesehene Zeit hinaus übrig geblieben ist. Das bezieht sich auf Lev 7,17f. Hier ist der Bezug zum Opfer wieder sehr deutlich. Allerdings mit einer kleinen Akzentverschiebung. Widmet die Formel Qorban einen bestimmten Gegenstand Gott im Sinne einer Gabe und *inauguriert* somit eine Besitzübertragung, so ist hier ein späterer Zeitpunkt im Blick. Der Gegenstand ist nicht des-

---

[118] Jastrow, 398.
[119] Jastrow, 307.
[120] Petuchowski (1968), 179.
[121] Albeck, Nashim, 148.
[122] Alfasi überliefert einen anderen Text, bei ihm steht לא טהור (nicht rein). Sein Text setzt die bisher zu beobachtende Satzstruktur לא N.N. (nicht N.N.) fort.

halb verboten, weil er Gott geweiht ist, sondern weil sein Genuss Gott *nicht mehr* wohlgefällig ist.

פגול (Verworfenes): Die letzte Formel in dieser Reihe macht explizit, was die vorhergehende Formel schon andeutete. Aus diesem Grund lesen einige sie direkt damit zusammen.[123]

Alle bisher genannten Formeln, so beschließt die Mischna, verbieten einen Gegenstand der menschlichen Nutzung. Einige tun dies, indem sie ihn einem Opfer gleichstellen. Insofern sind sie als Ersatzformeln inhaltlich mit der eigentlichen Formel Qorban identisch. Doch sahen wir, dass dies nicht auf alle Formeln zutrifft. Es ist vor allem der Jeruschalmi, der versucht, alle Formeln als bedeutungsgleich mit Qorban zu verstehen. Einige von diesen Formeln lassen sich jedoch nur mit großem exegetischen Aufwand diesem System anpassen. Sie tun nichts anderes, als den Gegenstand, auf den sie sich beziehen mit einem Nutzungsverbot zu belegen. Die Mischna stellt also Formeln, die eine wirkliche Weihe implizieren, mit solchen, die das nicht tun, auf eine Stufe. Dass dies möglich ist, hängt mit der oben skizzierten Entwicklung des Gelübdewesens zusammen. Es geht nicht mehr darum, Gott eine Gabe realiter zu übereignen, sondern vielmehr darum, sich bzw. anderen den Genuss einer Sache zu untersagen. Mit dieser Akzentverschiebung wird die zu beobachtende Gleichsetzung verständlich. Damit stehen wir - wie wir noch sehen werden - in gewisser Weise am Endpunkt einer Entwicklung. Diskussionen sind dem vorausgegangen. Spuren davon haben sich erhalten – in der rabbinischen Literatur und auch in Mt 23,16ff.

6.4.3.1.2 mNed 1,3, Satz b

Doch zunächst zum zweiten Satz unserer Mischna. Hier werden nacheinander Formeln aufgezählt, die einen *Vergleich* mit einem heiligen bzw. durch Weihe geheiligten Gegenstand anstellen. In der Konsequenz werden auch sie zu gültigen Ersatzformeln für Qorban erklärt.

כאמרא (wie das Lamm): Mit Hilfe dieser Formel wird ein Gegenstand mit einem bestimmten Lamm *verglichen*. Diese Formel ist in aramäischer Sprache überliefert. Das Wort entspricht im Targum dem hebr. שה oder כבש (Gen 30,32; Ex 29,39 u.ö.). Hier begegnet es in determinierter Form, was die Übersetzung „wie das Lamm" fordert. Welches Lamm ist gemeint? Dazu liefert der Jeruschalmi mehrere Erklärungsmöglichkeiten amoräischer Gelehrter, die man natürlich nicht vorschnell in die Mischna zurückprojizieren darf. Vorgeschlagen werden das Lamm des Tamidop-

---

[123] So z.B. MS Kaufmann

fers (Rabbi Jochanan)[124], das Junge des Sündopfers (anonym), der Widder Abrahams (Rabbi Shimon ben Lakisch) als Unterstützung letzterer These das „Lamm, das niemals gesäugt wurde"[125] (Rabbi Chaiia). Die Vielzahl der Erklärungen zeigt die Unsicherheit hinsichtlich der Deutung, die schon in amoräischer Zeit bestanden haben muss. Petuchowski schlägt vor, diese Formel im Sinne von „wie das bestimmte, als Opfer vorgeschriebene Lamm"[126] zu verstehen. Dies scheint in der Tat die wahrscheinlichste Erklärung zu sein, weil damit eine Präzisierung vorgeschlagen wird, die der determinierten Form Rechnung trägt, die aber zugleich nicht mehr in den Text hineinlegt, als unbedingt nötig ist. Doch ganz ohne Eintragung in den Text kommt eben auch diese Deutung nicht aus.

כדירין (wie die Schuppen): Mischna und Tosefta kennen einen דיר העצים, einen Holzschuppen, der sich auf dem Tempelberg befunden haben soll (tShek 3,3; mShek 6,1). Dieser dürfte wohl mit der לשכת העצים, dem Aufbewahrungsort für das Opferholz nach mMid 2,5 und 5,4 identisch sein.[127] Raschi (bNed 10b) deutet diesen Ausdruck auf die Stallungen für die Opfertiere.[128] In diesem Sinn, nämlich als Stall für Tiere, kann דיר tatsächlich verwendet werden z.B. in mBQ 6,1. mTam 3,3 weiß entsprechend von einer לשכת הטלאים - einem Raum für die Widder - zu berichten (vgl. auch mMid 1,6). Die Tosafisten (bNed 10b) folgen der Gemara des Jeruschalmi (yNed 1,3 37a) und begründen dessen Entscheidung mit der Beobachtung, dass unsere Mischna im Plural formuliert ist. Dies sei deshalb der Fall, weil es auf dem Tempelberg zwei Arten von Stallungen bzw. Schuppen gegeben habe, einen für das Opferholz und einen für die Opfertiere. Eine Entscheidung zwischen den mittelalterlichen Deutungen ist kaum möglich - im Rahmen dieser Untersuchung auch nicht nötig. Es geht in jedem Fall um Gebäude im Tempelbezirk, nicht aber um eine Opfergabe.

כעצים (wie die Hölzer): Nach Albeck[129] und Petuchowski[130] handelt es sich hierbei um das Holz, dass nach Lev 6,5 auf dem Altar zum Ver-

---

[124] Dieser Auffassung folgen die traditionellen Mischnaausleger Lipschütz und Obadja von Bertinoro.
[125] Die gesamte Passage hat eine Parallele in BerR 56, 13 (Theodor/Albeck, 607). Im Kommentar zur Stelle findet sich die Erklärung, dass dieses Tier sich deshalb nie von Muttermilch ernährt hat, weil es schon während der Erschaffung der Welt „fertig" geschaffen wurde.
[126] Petuchowski (1968), 179.
[127] Safrai (1987c), 867f.
[128] Die Deutung auf den Holzschuppen kennt er aus der Überlieferung - aber er schließt sich ihr nicht unmittelbar an.
[129] Albeck, Nashim, 148.
[130] Petuchowski (1968), 180.

brennen der Opfer aufgeschichtet war. Diese sog. „Holzstücke der Ordnung" (עצי המערכה) werden in der tannaitischen Literatur fünfmal erwähnt (mPes 3,8; 7,8; mAv 5,5; tPes 3,10 (2x); tTer 4,4). Sie gehören zu den zum Opfervollzug unbedingt erforderlichen Dingen: „The Temple also needed much wood. Faggots were arranged on the altar every morning, and two logs were added when sacrifices and incense were burned in the evening, to keep the perpetual flame alive on the altar."[131] Als solch essentieller Bestandteil des Opferkultes konnte Holz auch als Gabe dargebracht werden, dies bezeugen Texte wie bMen 21b aber auch schon 4Q365 fr. 25,5; TestLev 9,13 und mShek 7,7.[132] Im Jubiläenbuch (Jub 21,12-14) findet sich eine Aufzählung der in Frage kommenden Holzarten. Der Begriff schillert somit in gewisser Weise zwischen Gabe und Gegenständen, die für den Tempelkult vonnöten waren.

כאשים (wie die Flammen/das Feueropfer): „Wie das Feuer des Opferaltars. Und einige erklären, wie die Opfer selbst, denn sie werden Feuer (אשים) genannt."[133] Mit diesen Worten Ch. Albecks ist die Spannbreite der existierenden Deutungen dieser Ersatzformel zutreffend beschrieben. Der Jeruschalmi vertritt das erste Deutungsmodell, indem er diesen Ausdruck paraphrasiert: „wie die Flammen des Feuers" (כשלהבות של אש) (yNed 1,3 37a). Darin stimmt Raschi ihm zu (bNed 10b). Nach Maimonides und den Tosafisten ist dieser Ausdruck jedoch im Sinne von Lev 1,9.13; 10,15; 1 Sam 2,28 u.a. als eine bestimmte Art des Opfers zu verstehen[134]. אשה ist in der hebräischen Bibel ein recht häufiger „term. tech der Opfersprache"[135]. Luther übersetzt es mit „Feueropfer", so auch die Zürcher Bibel und die Einheitsübersetzung. Buber und Rosenzweig wählen dafür den Ausdruck „Feuerspende". Die LXX übersetzt es meist mit θυσία (Opfer), gibt die sprachliche Verwandtschaft mit dem Wort אש (Feuer) anders als die modernen Übersetzungen also nicht wieder. Die Targumim übersetzen ihrerseits schlicht mit קרבן (Opfer). In mZeb 4,6 begegnet אשים ebenfalls in der Bedeutung von „Opfer"[136]. Andererseits kennen Mischna und Tosefta אשים auch als Ausdruck für das Feuer auf dem Altar (mZeb 6,5; mZeb 10,8; tMen 4,9; 12,4). Es ist schlechterdings nicht zu entscheiden, ob mit dieser Formel eine Opfergabe oder aber die Feuerflammen auf dem Altar gemeint sind. Noch stärker als dies bei der vorhergehenden Formel der Fall war, ist

---

[131] Safrai (1987c), 882.

[132] Vgl. Safrai (1987c), 882.

[133] Albeck, Nashim, 148.

[134] So auch Lipschütz und Obadja von Bertinoro.

[135] Gesenius, 70.

[136] Albeck, Kodashim, paraphrasiert hier „צלי על גבי אש המזבח" (das geröstete Fleisch über dem Feuer des Altars) (22).

hier eine Deutung in zwei Richtungen möglich - entweder als Gabe oder, wenn man so will, als zum Tempelkult gehörige Requisite.

כמזבח (wie der Altar): Eindeutig um einen Gegenstand im Tempel handelt es sich beim Altar. Dennoch wählt der Jeruschalmi eine andere Deutung, indem er die mischnische Formel folgendermaßen umschreibt: „wie die Opfer des Altars" (כקרבות המזבח). Darin folgt ihm die überwiegende Mehrzahl der Kommentare.[137] Zweifel an dieser Auslegung lässt - bei aller Vorsicht - der Mischnakommentator Jom Tov Lipmann Ben Nathan HaLevi Heller (1579-1654) in seinem Kommentar Tosfot Jom Tov[138] laut werden. Er stellt fest, dass bei der Exegese der Formel כדירין (wie die Schuppen) niemand auf den Inhalt der Aufbewahrungsräume abgehoben habe (z.B. Holz oder Opfertiere), dass der Ausdruck vielmehr so verstanden wurde, wie er dasteht - eben als Bezeichnung bestimmter Gebäude im Tempel. Diese Erklärung entspricht dem Wortlaut der Mischna[139] besser als die zuvor genannten Deutungen auf die Opfergaben, die sich möglicherweise einer späteren harmonisierenden Systematisierung verdanken, wie sie vor allem der Jeruschalmi vornimmt.

כהיכל (wie der Tempel): Auch diese Formel bezieht sich auf das Tempelgebäude. Dennoch verfolgt der Jeruschalmi die schon beobachtete Auslegungslinie und versteht diese Formel als Verweis auf die im Tempel dargebrachten Opfer. Albeck, Petuchowski und andere schließen sich konsequenterweise dieser Deutung an, mit der Präzisierung, dass bei dieser Formel an das Blut der Opfertiere gedacht sei, das im Allerheiligsten ausgegossen werde.[140] Diese Deutung findet sich schon bei den traditionellen Mischnaerklärern. Tosphot Jom Tov behandelt diese Stelle nicht mehr ausführlich, weil er sie schon bei der Besprechung der vorhergehenden Formel mit einbezogen hat. So bleiben die gleichen Vorbehalte bestehen wie bei der Deutung der Formel כמזבח (wie der Altar).

כירושלים (wie Jerusalem): Die letzte konkrete Formel in dieser Mischna wirft hinsichtlich ihres Verständnisses die gleichen Probleme auf, wie ih-

---

[137] Vgl. Albeck, Nashim, 148; Petuchowski (1968), 180; Lipschütz und Obadja von Bertinoro.

[138] Vgl. dazu Horovitz (EJ 8), 311-314.

[139] Heller war besonders um das Verständnis der Mischna unabhängig von ihrer Auslegung in den Talmudim bemüht. Zu seiner Arbeitsweise bemerkt Elon (1994), 1108: „Heller's purpose was to compose a unique commentary on the Mishnah following the educational and dialectical methodology of his teacher, Jehuda Leow of Prague (Maharal), who rejected the method of Talmudic study prevalent in his time and taught his students to examine the text of the Mishnah thoroughly before embarking on the study of the Talmud...".

[140] Albeck, Nashim, 148; Petuchowski (1968), 180.

re Vorgänger. Auch hier deutet der Jeruschalmi im Sinne der in Jerusalem dargebrachten Opfer (כקרבות ירושלים). Andere folgen ihm - zum Teil mit kleinen Unterschieden im Detail. Albeck paraphrasiert beispielsweise „wie die Opfer, die in Jerusalem gegessen werden".[141] Petuchowski formuliert etwas offener: „D. i. wie die Opfer, die in Jerusalem dargebracht oder hier gegessen wurden. Und vor der Sprengung des Blutes auf den Altar zum Genusse verboten waren."[142] Diese Deutungen entsprechen dem Befund im Jeruschalmi, haben mit dem Text der Mischna jedoch nicht unbedingt etwas zu tun. Dieser vergleicht nicht mit geheiligten Opfern, sondern mit der heiligen Stadt.

Alle Formeln dieses Satzes haben gemeinsam, dass sie nicht als reale Benennungen formuliert sind, sondern als Vergleiche mit heiligen bzw. geheiligten Dingen. Sie alle haben die Vergleichspartikel „כ" (wie) vorangestellt. Das ist gegenüber den Formeln des vorangegangenen Satzes a) eine weitere Stufe der Entwicklung. Erhoben jene einen bestimmten Gegenstand in den Status eines geweihten bzw. verbotenen Gegenstands, so benennen diese Formeln nicht mehr real, sondern nur noch vergleichend. Das Nutzungsverbot folgt nicht mehr aus einer real gedachten Weihung, sondern aus dem *Vergleich* mit einer geweihten oder verbotenen Sache.[143]

כל משמשי המזבח (sämtliche Altargeräte): Dies ist die letzte Formel in diesem Satz unserer Mischna. Sie kann in der Tat als eigentliche Formel verstanden werden, es ist jedoch auch möglich, sie als Überbegriff für eine Vielzahl von möglichen Formeln, die sich auf je unterschiedliche Altargeräte beziehen können, zu lesen.
Der Jeruschalmi versteht die Formel in letzterem Sinn und nennt drei Beispiele zur Verdeutlichung und stellt jedesmal ein vergleichendes „wie" (כ) voran: „wie die: (Weihrauch-) Schaufel, Pfanne und Schale." Lipschütz und Obadja von Bertinoro ergänzen noch מזלגות Gabeln. Eine Überlieferung in bMen 99a erwähnt als Altargerät (תשמיש המזבח) ausdrücklich die Pfannen der Israeliten, die zusammen mit den Anhängern

---

[141] Albeck, Nashim, 149.
[142] Petuchowski (1968), 180. Rabbi Obadja von Bertinoro überliefert zusätzlich als ihm bekannte Tradition eine Deutung dieser Formel, die sich auf die Mauern Jerusalems bezieht, denn diese seien nach Meinung nicht näher bestimmter Kreise mit Hilfe des Geldes, das noch in den Ressourcen des Tempelschatzes nach der Zahlung der drei notwendigen Abgaben verblieben war, (משיירי הלשכה) (vgl. mShek 4,2f und den Kommentar Albecks dort (Moed, 196)) dazu finanziert worden. Die Überlieferung auf die Rabbi Obadja hier rekurriert, findet sich in einer Baraita in bKet 106b: „Die Mauer der Stadt, ihre Türme und alles, was zu ihrer Instandhaltung nötig war, wurde mit den Überschüssen der Tempelschatzkammer finanziert."
[143] Vgl. Benovitz (1995), 227.

Korachs Weihrauch geräuchert haben (Num 17,3).[144] Diese Formel muss
- im Unterschied zu den übrigen Formeln dieses Satzes - nicht unbedingt
mit der vergleichenden Partikel gebildet werden. Hier haben wir die
Formulierung „נדר ב....‟ (geloben bei), ein Vergleich scheint damit nicht
gemeint zu sein.

Im Anschluss an die letztgenannte Formel, aber ebenso bezogen auf alle
bisher in diesem Satz genannten Formeln, stellt die Mischna nun fest,
dass sie alle Ersatzformeln für קרבן sind und derjenige, der sie gebraucht, damit ein gültiges Gelübde ablegt, „obwohl er Qorban (Opfer)
nicht erwähnt‟, wie die Mischna abschließend feststellt.[145]

Als *Ergebnis* der Analyse der Sätze a) und b) lässt sich vorläufig folgendes festhalten: Die Mischna erklärt auch solche Formeln für bindend, die
keinerlei Bezug zum Opfer aufweisen. Wir konnten beobachten, dass der
Jeruschalmi nach Möglichkeit versucht, einen Bezug zum Opfer selbst
herzustellen. Wo dies nicht möglich ist, unterlässt er es. Dass ihm diese
Systematisierung nicht durchgängig gelingt, spricht ebenso dafür, dass
sie von der Mischna selbst nicht angelegt ist, wie die Gezwungenheit
mancher Erklärung. Der Jeruschalmi trägt ein eigenes Konzept an die
Mischna heran (wie schon Tosfot Jom Tov richtig gesehen hat). Dies hat
- zumal der babylonische Talmud hier nicht weiterhilft, da er die Formeln nicht diskutiert - in der Traditionsliteratur zur Mischna bis heute
stark nachgewirkt -, ohne dass es der Mischna wirklich zwingend entspricht.

Diese stellt Formeln, die als sachliches Äquivalent zum Begriff Qorban
zumindest in Frage kommen (z.B. כאמרא - wie das Lamm); כאשים (wie
die Flammen bzw. das Feueropfer), neben solche, bei denen ein entspre-

---

[144] משמשים Partizip Plural (pi.) könnte sich (anders als das Nomen תמישת) auch auf
diejenigen beziehen, die am Altar Dienst tun. In Kombination mit מזבח begegnet es
genau in diesem Sinn in der Wendung משמש על גבי מזבח (am Altar dienen). Subjekt
dieses nicht gerade seltenen Satzes ist in der Regel der Hohepriester (כהן גדול):
mYev 7,6; ARN A 15,3 u.ö. Rein theoretisch könnte unsere Mischna also auch an
ein Gelübde unter Berufung auf die Priester bzw. den Hohenpriester denken.

[145] „Erwähnen‟ - מזכיר (von זכר (hi.): to cause to be remembered, to recall; to cite;
to recite, to quote) (Jastrow, 400) meint hier, dem Sprachgebrauch der Mischna entsprechend, ein deutlich hörbares Benennen. Eine stark legendarische Überlieferung
in mTam 3,8 macht sehr schön deutlich, was den Charakter des Wortes מזכיר ausmacht. In einer Aufzählung der Vorgänge im Tempel, die man im ca. 25 km ent-
fernten Jericho noch hören konnte wird erzählt, dass sogar die Stimme des Hohenpriesters noch vernehmbar war, wenn er am Versöhnungstag im Tempel den Gottesnamen aussprach (מזכיר). Häufig bezieht sich dieses Verb auf die Erwähnung einer
im - selbstverständlich laut gesprochenen - Gebet vorkommenden Formel (mBer 1,5;
5,2; mRHSh 4,6; mTaan 1,1; 1,2 u.ö.). Es ist nicht etwa daran gedacht, dass der
Mensch, der das Gelübde ablegt, an das Opfer denkt oder nicht denkt. Auf die ge-
dankliche Ausrichtung wird hier nicht abgehoben. Es geht darum, was der Mensch
hörbar, real gesagt hat. Und selbst, so stellt die Mischna fest, wenn er Opfer bzw.
Qorban mit keinem Wort erwähnt hat, hat er doch ein gültiges Gelübde abgelegt.

chender Bezug selbst vom Jeruschalmi nicht mehr in Erwägung gezogen wird (z.B. כדירין - wie die Schuppen); כל משמשי המזבח - alle Altargeräte). Formeln, die sich auf das Opfer beziehen können und solche, die ein Inventarstück des Tempels, wie den Altar, oder den Tempel selbst in den Blick nehmen, stehen nebeneinander und bekommen die gleiche Dignität als gültige Gelübdeformeln.

Damit steht die Mischna, das sei hier schon angedeutet, der Auffassung des matthäischen Jesus sehr nahe. Auch dieser hält Formeln, die sich auf den Tempel oder den Altar beziehen für ebenso bindend, wie diejenigen, die auf die (Opfer-) Gabe Bezug nehmen[146]. Die matthäisch-jesuanische Polemik lässt nun ebenso wie die Disparatheit des in der Mischna zusammengestellten Formelgutes darauf schließen, dass es bis zu dem Stand, den die Mischna repräsentiert, einiger Diskussionen bedurft hat. Solche Diskussionen finden sich in der tannaitischen Literatur in der Tat - eine davon im Satz c) der hier besprochenen Mischna mNed 1,3.

6.4.3.1.3 mNed 1,3, Satz c

„Rabbi Jehuda sagt: Wer „Jerusalem" sagt, hat nichts gesagt.": Die Mischna gibt keine Auskunft über die Gründe, aus denen heraus Rabbi Jehuda diese spezielle Formel nicht für gültig hält. Diesbezüglich aufschlussreich könnten die Parallelüberlieferungen sein, die sich in tNed 1,2, bNed 11a und yNed 1,3 (37a) finden. Ihre Auswertung ist allerdings mit besonderen Schwierigkeiten belastet, weil sie im Wortlaut und in der Sache z.T. erheblich voneinander abweichen.

Der Text der Tosefta stimmt zunächst mit dem der Mischna überein und führt dann begründend aus: „bis er seine Intention ausgerichtet und gegenüber Jerusalem gelobt" (עד שיתכוין וידור כנגד ירושלם). Dieser Begründung nach kommt es darauf an, was der Gelobende meint, wenn er Jerusalem sagt.[147] Die qualitativ hochwertige Erfurter Handschrift[148] bietet folgenden Text: „weil er beabsichtigte, eine Sache zu geloben, die geopfert wird" (שלא נתכוון לדור אלא דבר הקרב). Auch nach diesem Text geht es um die Intention des Gelobenden. Mit der Gelübdeformel „Jerusalem" könnte er beabsichtigt haben, etwas zu geloben, was wirklich geopfert wird.[149]

Auch wenn die Auslegung im Detail unsicher bleibt, ist deutlich, dass Rabbi Jehudas Einwand nach der Tosefta damit zusammen hängt, dass

---

[146] Damit ist noch nicht gesagt, dass die Begründungen hier wie dort identisch sein müssen.
[147] Der Text bleibt schwierig. Lieberman schlägt eine Deutung auf die Opfer Jerusalems vor.
[148] Vgl. Krupp (1987), 302.
[149] Vgl. dazu unten Anm. 151.

die Formel „Jerusalem" nicht eindeutig ist, sondern mehrere Interpretationen zulässt. Zu den unzulässigen Bedeutungen gehört nach MS Erfurt die, die sich auf eine Gabe bezieht, die geopfert wird.

In der Gemara bNed 11a[150] findet sich neben der schon in der Mischna gegebenen Textform eine weitere als tannaitisch ausgewiesene Überlieferung: „Wer sagt: ‚Wie Jerusalem' hat nichts gesagt, solange er nicht bei einer Sache gelobt, die in Jerusalem dargebracht wird" (עד שידור בדבר הקרב בירושלים). Dieser Text unterscheidet sich von denen der Mischna und Tosefta dadurch, dass der Formel Jerusalem nun ein „Wie" (כ) vorangestellt ist. Weitere Differenzen bestehen in der Formulierung des Begründungssatzes. Ihm zufolge ist nur eine Gelübdeformel gültig, die sich auf etwas bezieht, dass in Jerusalem geopfert wird.

Damit scheint ein Widerspruch zwischen Talmud und Tosefta zu bestehen, was dieser erlaubt, schließt jene aus. Zu beachten ist doch, dass es der Tosefta offensichtlich darum geht, dass *eine Sache* (דבר) gelobt wird, die in Jerusalem dargebracht wird, während im Talmud *bei einer Sache* (בדבר) gelobt wird, die in Jerusalem dargebracht wird.[151]

Eine letzte Parallele bietet der Jerusalemer Talmud: „Wer sagt: ‚Wie Jerusalem' hat nichts gesagt, denn er hat lediglich an die Hölzer und Steine in der Stadt gedacht." Nach dieser Textfassung, die ebenfalls das vergleichende „wie" (כ) voranstellt, ist ein Gelübde, das den Gegenstand eines Gelübdes mit Jerusalem vergleicht, deshalb nicht gültig, weil es nicht auf etwas zielt, das geopfert werden soll, sondern auf die Materialien, aus denen die Stadt erbaut ist.

Alle Parallelen stimmen darin überein, dass Rabbi Jehuda Wert darauf legt, was mit einer Gelübdeformel genau gemeint ist: Nach yNed darf sie sich nicht einfach auf die Materialien beziehen, aus denen Jerusalem erbaut ist. Nach bNed muss sie eine Entsprechung zu einer Sache aufweisen, die in Jerusalem geopfert wird. Nach tNed (MS Erfurt) darf damit aber nicht ein reales Opfer gelobt werden.

Es ist nicht erforderlich und methodisch auch nicht angemessen, die verschiedenen Überlieferungen miteinander zu harmonisieren. Festzuhalten bleibt jedoch, dass die Gleichsetzung verschiedenartiger Formeln, die die Mischna in mNed 1,3 a und b vornimmt, nicht selbstverständlich ist.

---

[150]   Die gleiche Diskussion begegnet in bQid 54a.

[151]   Der Unterschied scheint darin zu liegen, dass in einem Fall jemand gelobt, real eine Opfergabe in Jerusalem darzubringen, im anderen Fall lediglich ein Nutzungsverbot ausspricht, indem er bei einer Sache gelobt, die in Jerusalem dargebracht wird. In einer Zeit, in der der Tempel nicht mehr existiert, ist das Versprechen, ein Opfer darzubringen, sinnlos. Allein eine religiös sanktionierte Verzichtserklärung kann die Funktion eines Gelübdes sein.

Hier besteht offenbar ein Diskussionsbedarf, der sich in der Erinnerung mit Rabbi Jehuda verbindet.[152]

6.4.3.2 Mischna Nedarim 1,4

Die Diskussion über Gelübdeformeln ist damit nicht abgeschlossen, sie findet ihre Fortsetzung in mNed 1,4:

האומר, קרבן, עולה, מנחה, חטאת, תודה, שלמים שאיני אוכל לך,אסור. רבי יהודה מתיר.
הקרבן, כקרבן, קרבן שאכל לך, אסור.לקרבן לא אכל לך, רבי מאיר אוסר.

a.) Wer sagt: „Qorban, Ganzopfer, Speiseopfer, Sündopfer, Dankopfer, Friedensopfer sei, was ich von dem Deinigen essen sollte", so ist es ihm verboten. Rabbi Jehuda erlaubt es.

b.) „Das Qorban, wie Qorban, Qorban, was ich von dem Deinigen essen sollte", so ist es ihm verboten.

c.) „Zum Qorban, ich werde von dem Deinigen nicht essen" so verbietet es Rabbi Meir.

Diese Mischna bietet drei Sätze mit unterschiedlichen Formulierungen für ein Gelübde. Dem ersten Satz (a.) widerspricht Rabbi Jehuda. Im Anschluss an den zweiten Satz (b.) wird eine Entscheidung Rabbi Meirs (c.) überliefert.

6.4.3.2.1 mNed 1,4, Satz a

Der erste Satz nennt neben der eigentlichen Gelübdeformel Qorban Opferbezeichnungen aus der Tora.[153] Bei den genannten Opfern handelt es sich, wie von traditionellen Auslegern oft bemerkt, um sog. Pflichtopfer, also solche, die im Tempel zu bestimmten Anlässen dargebracht werden

---

[152] Denkbar ist, dass Rabbi Jehuda hier eine ältere Stufe der Halacha repräsentiert. Er gilt auch sonst als Tradent alter Überlieferungen (vgl. Epstein (1957), 106: „Von Rabbi Elieser empfing er einige alte Halachot und Diskussionen der Häuser Hillels und Schammais, von Rabbi Tarfon, dem Priester, ebenfalls einige alte Halachot, besonders Halachot, die den Tempel und den Kult betrafen." Ähnlich Kaplan (EJ 10), 337ff).

[153] Es wäre möglich, zwischen „Qorban" und dem Ganzopfer ein Komma zu setzen, so dass Qorban lediglich ein Glied in der Aufzählung wäre (so Albeck, Naschim, 149, der im Kommentar z.St. „Qorban oder Ganzopfer oder Speiseopfer..." schreibt.). Ebenso könnte man an eine Konstruktusverbindung denken „Qorban des Ganzopfers" (so Petuchowski (1968), 180). Dies wäre in gewisser Hinsicht wahrscheinlicher, weil Qorban als Ersatzformel für Qorban - und um Ersatzformeln geht es ja im redaktionellen Kontext - kaum in Betracht kommen kann. Dass dies kein zwingender Schluss ist, zeigt zum einen die breite Auslegungstradition, die hier an eine Aufzählung denkt. Zum anderen ist es möglich, dass dieser Satz ursprünglich gar nicht beabsichtigte, Ersatzformeln für Qorban aufzuzählen, sondern neben Qorban solche Formeln, die ebenfalls gültig sind.

müssen.[154] Sie alle werden zu gültigen Ersatzformeln für Qorban erklärt. Rabbi Jehuda teilt diese Ansicht nicht, er hält die Ersatzformeln, so wie sie dort stehen, nicht für bindend, wer einen Gegenstand „Qorban, Ganzopfer etc." nennt, hat damit kein Nutzungsverbot über ihm ausgesprochen.

Die Formulierung der Mischna entspricht dem Einwand Rabbi Jehudas nach tNed 1,2 (MS Erfurt): Eine Gelübdeformel, die den Anschein erweckt, es handele sich um ein reales Gelübde, ist nicht dazu geeignet Dinge mit einem Nutzungsverbot zu belegen.

Nach Ch. Albeck ist diese Entscheidung Rabbi Jehudas allerdings darin motiviert, dass die Gelübdeformeln den Begriffen kein vergleichendes „wie" (כ) voranstellen.[155] Damit folgt Albeck der traditionellen Mischnaauslegung.[156] Diese ist vorbereitet durch die Überlieferung des Jerusalemer Talmud (yNed 1,4, 37a), der unseren Mischnasatz folgendermaßen kommentiert: „Rabbi Jehuda sagt: Wer „Qorban" sagt, ist wie der, der „Das Qorban" (הקרבן) sagt, und nicht gebunden. Die Rabbinen sagen: Wer „Qorban" sagt, ist wie der, der „Wie Qorban" (כקרבן) sagt, und gebunden." Nach dieser amoräischen Auslegung, die nicht näher zu datieren ist, bestünde die Differenz zwischen dem anonym überlieferten - und entsprechend den רבנ zugeschriebenen - ersten Satz der Mischna und Rabbi Jehuda in der Auslegung der Formulierung „Qorban", wenn sie ohne vergleichende Partikel gesprochen wird. Die Rabbinen gehen dann davon aus, dass derjenige, der „קרבן" sagt, dem gleichzustellen ist, der „כקרבן" gesagt hat. So wie ein Gelübde, das einen Gegenstand mit einem gelobten oder anders mit einem Nutzungsverbot belegten Gegenstand *vergleicht*, diesen mit einem Nutzungsverbot belegt, so darf auch der, der nur „Qorban" gesagt hat, den entsprechenden Gegenstand nicht mehr benutzen. Rabbi Jehuda schließt sich dieser „großzügigeren" Auslegung nicht an, er vergleicht das ohne Vergleichspartikel gesprochene Gelübde mit der s.E. nicht bindenden Formulierung הקרבן. Diese Formel wird uns im nächsten Satz der Mischna wieder begegnen. M. Benovitz wertet diese Stelle als Indiz für die schon skizzierte Entwicklung des Gelübdewesens von einem ursprünglichen Weihegelübde, über ein Weihegelübde, dass qua Weihe ein Nutzungsverbot bewirkt, hin zu einem Nutzungsverbot, das aus dem Vergleich mit einem verbotenen Gegenstand entsteht. „Auf jeden Fall geht aus dem einfachen Wortlaut der Mischna hervor, dass die Vergleichspartikel ‚wie' manchmal in Gelübden auftritt und dass ein solches Gelübde gültig ist. Gemäß dem Jeruschalmi ist die Grundannahme der Mischna die, dass die Idealformulierung eines Gelübdes die mit ‚wie' ist."[157] Dies ist - darin ist ihm unbedingt zuzustimmen - die Auffassung des Jeruschalmi. Sie bereitet sich in tannaitischer Zeit vor, freilich ohne sich schon allgemein durchgesetzt zu haben.[158] Hier finden sich, wie mNed 1,1ff deutlich zeigt, noch

---

[154] Z.B. Obadja von Bertinoro: „Alle diese Opfer sind Pflicht [...]"

[155] Vgl. Albeck, Nashim, 149.

[156] Obadja von Bertinoro, Israel ben Gedalja Lipschütz und Jom Tov Lipmann Ben Nathan HaLevi Heller. Vgl. aber auch schon Raschi z.St.

[157] Benovitz (1995), 226.

[158] Benovitz (1998) scheint hier dazu zu neigen, vom Befund in der amoräischen Zeit und danach („Prohibitive vows are usually explained in talmudic and posttalmudic halakhic literature as *likening* the banned object to Temple property" [11]) die tannaitischen Texte zu lesen. Obwohl wie er selber einräumt „most vow formulae

beide Auffassungen nebeneinander. Auch hier müssen wir uns davor hüten, die spätere Systematik des Jeruschalmi schon in die tannaitische Literatur zurückzuprojizieren.

6.4.3.2.2 mNed 1,4, Satz b

Besprechen wir nun den zweiten Satz der Mischna: „,Das Qorban (הקרבן), wie Qorban (כקרבן), Qorban (קרבן), was ich von dem Deinigen essen sollte', so ist es ihm verboten." Lösen wir den Satz von seinem Ende her auf, so stoßen wir zunächst auf das Selbstverständliche: Wer die eigentliche Gelübdeformel „Qorban" verwendet, spricht ein verbindliches Gelübde aus. Auch der, der ein Gelübde mit einem Vergleich formuliert, belegt einen Gegenstand mit einem Nutzungsverbot. Auffällig ist hier die Formel „הקרבן", denn sie war es doch, die Rabbi Jehuda in der zum Satz a zitierten Erklärung des Jeruschalmi nicht für gültig hält. Das wäre an sich noch kein Problem, würde der Jeruschalmi nicht zugleich feststellen, dass הקרבן nicht nur nach Rabbi Jehuda, sondern nach der Meinung aller (כל עמא) kein Gelübde in Kraft zu setzen vermag (yNed 1,4, 37a). Zur Harmonisierung der Quellen schlägt Ch. Albeck vor, statt כהקרבן הקרבן zu lesen, so dass der Ton auch hier auf der Vergleichspartikel läge, die ein Gelübde gültig werden lässt.[159] Eine Harmonisierung zwischen den einzelnen Quellen muss nicht um jeden Preis erreicht werden, es ist durchaus denkbar, dass die Gelübdeformel „הקרבן" in der Mischna für gültig erklärt wird, während sie es nach dem Zeugnis des Talmud nicht ist.

Warum aber wird הקרבן als Gelübdeformel in manchen Quellen ausgeschlossen? Der babylonische Talmud (bNed 13a) überliefert als Begründung folgende Baraita: „Die Weisen pflichten Rabbi Jehuda bei, dass erlaubt sei, wenn jemand sagt: das Opfer (הא קרבן), das Ganzopfer (הא עולה), das Speiseopfer (הא מנחה), das Sündopfer (הא חטאת), was ich von dem esse, was dir gehört, weil er nur beim Leben des Opfers (בחיי קרבן) gelobt hat."
Zum Text fällt auf, dass diese Baraita den Formeln einen Artikel bzw. ein Demonstrativpronomen voranstellt,[160] das dafür sorgt, dass die Formeln nach der Deutung der Gelehrten kein Gelübde, sondern ein Gelübde beim Leben der Opfers (בחיי קרבן) darstellen. Was meint dieser Ausdruck? Ihn zu deuten ist allein schon deshalb schwierig, weil er in der rabbinischen Literatur insgesamt nur zweimal begegnet und zwar in bNed 13a und b. Die erste Stelle haben wir zitiert, die zweite löst die augenscheinliche Spannung zwischen Mischna und Baraita dadurch auf, dass sie zwischen הא קרבן und הקרבן unterscheidet - nur erstere Formulierung gilt als Gelübde beim Leben des Opfers, während הקרבן nach dieser Stelle ein gültiges Gelübde in Kraft

---

cited in rabbinic literature simply cannot be explained as likening the banned object to Temple property" (14).
[159] Albeck, Nashim, 359.
[160] Es ist jedoch genauso gut möglich, הא als Interjektion aufzufassen, vgl. Jastrow, 328.

setzen würde.[161] Was aber hat man sich unter einem Gelübde beim Leben des Opfers vorzustellen? Raschi erklärt: „Das bedeutet: Beim Leben des Opfers, dass ich von dem essen werde, was dir gehört." Raschi denkt bei dieser Formulierung also an einen *Schwur*, nicht an ein *Gelübde*. Die im 12. und 13. Jahrhundert in Deutschland und Frankreich wirkenden Tosafisten[162] werden noch deutlicher: „Beim Opfer schwöre ich..." (בקרבן אני נשבע). Der Verlauf der Diskussion zeigt zweierlei, erstens dass ein Schwur beim Opfer problematisch zu sein scheint, zweitens, dass auch der babylonische Talmud im Gegensatz zum Jeruschalmi[163] הקרבן für eine gültige Gelübdeformel hält. Die Unterscheidung zwischen Schwüren beim Opfer und Gelübden beim Opfer wird erst in amoräischen Quellen expressis verbis thematisiert. S. Lieberman veranschlagt sie jedoch schon in der tannaitischen Zeit und bringt sie speziell mit Rabbi Jehudas Einwand zum ersten Satz in mNed 1,4 in Zusammenhang. Ich stelle Liebermans These hier ausführlicher vor, weil sie auch in der Exegese von Mt 23,16ff eine gewisse Rolle spielt.[164]

Nach Lieberman hat Rabbi Jehuda die Formeln dieses Satzes als Gelübdeformeln nicht anerkannt, weil er die Formulierung für einen „worthless oath" gehalten hat, der nicht bindend sei.[165] Dabei spielen - so Lieberman - nicht allein die in mNed 1 eigentlich diskutierten Ersatzformeln eine Rolle, sondern auch die Fortsetzung der Formulierung des Gelübdes. Dabei hätten die Rabbinen nun zwischen drei möglichen Formen unterschieden:

1) klare Gelübdeformeln („distinct vow-formular")[166]. Das sind Formulierungen wie מה שאני ... „das, was ich" („that which I shall..."). Sie sagen deutlich, dass das, was jemand zu sich nimmt, für ihn verboten ist („with the meaning that what he may eat or enjoy is forbidden to him.").

2) klare Schwurformeln („distinct oath-formular"). Das sind Formulierungen wie ...ש „dass..." in affirmativen Sätzen („affirmative clause").

3) Formeln, die entweder als Gelübde- oder Schwurformel aufgefasst werden können („uncertain formulars"). Damit ist die Formulierung ...שאיני „dass ich nicht" gemeint, „meaning that he cannot accept it, for it is forbidden to him" (Gelübdeformel) oder „meaning that the man swears that he shall not enjoy" (Schwurformel).

Diesen drei möglichen Formen, die Formulierung eines Gelübdes bzw. Schwures fortzusetzen, stehen nun die Anfangsformeln gegenüber. Dabei unterscheiden die Rabbinen zwischen klaren Schwurformeln (solche sind z.B. האלהים oder בשבועה) und klaren Gelübdeformeln mit vergleichendem „wie": „כקרבן, like a sacrifice, which could only mean that the object is forbidden like...". Zum Dritten gibt es auch hier Formeln, die sowohl einen Schwur, als auch ein Gelübde einleiten können. Dazu gehört nach Lieberman auch die Formel קרבן. Die Grundregel, die sich aus Liebermans Besprechung der Quellen ergibt, ist nun folgende: „all the ordinary uncertain formulars introduced with terms such as המזבח שאיני ... ההיכל שאיני ...ירושלים שאיני ... ('By Jerusalem that I shall not...' or 'by the Temple' that I shall not...' or 'by the

---

[161] Was der zitierten Überlieferung in yNed 1,4 37a widerspricht.

[162] Vgl. Stemberger (1992), 219.

[163] Lieberman (1942): „...the Palestinian Talmudic literature makes no distinction between הא קרבן and הקרבן. TP (Talmud of Palestine, M.V.) states repeatedly ... if a man said 'the Korban' his vow is null, for this terme implies that the man swore by the Korban itself".

[164] Garland (1979), 133ff und ihm folgend Newport (1995), 101 greifen Liebermans Ausführungen auf.

[165] Lieberman (1942), 131.

[166] Alle Zitate Lieberman (1942), 129.

altar that I shall not...') etc. are not binding. A man is bound by an oath only when it contains the word שבועה or His name (or His attributes); an oath by any other holy object does not bind the man. An exception is only made for the word קרבן..."[167] Im Blick auf Mt 23,16ff folgert er schließlich: „ We have therefore no ground for doubting the statement that according to the Pharisees *he who swears by the Temple is not bound, but he who swears by its gold is bound; he who swears by the Altar is not bound, but he who swears by the gift that is upon it is bound.* For when a person, in ordinary speach swears by the gold of the Temple or by the gift of the Altar we regard him as if he said כקרבן."[168]

Diese sehr differenzierte Erklärung steht nun allerdings vor gravierenden Problemen, die mit dem Zustand der Textüberlieferung der rabbinischen Quellen zusammenhängen. Denn zu fast jeder Fortsetzungsformulierung (שאני etc.) finden sich Varianten, so dass es kaum zu entscheiden ist, wo die Quellen von שאיני und wo sie von שאני oder von שני sprechen. Dieser Textbefund stellt die von Lieberman herausgearbeitete Differenzierung von „certain-" bzw. „uncertain formulars" auf nicht sehr stabile Füße. Des Weiteren steht diese Erklärung vor der Schwierigkeit, dass sie eine aus der Harmonisierung der Quellen gewonnen ist, die von den Quellen selbst nicht formuliert wird. Wäre diese Deutung so klar gewesen, dass man sie auch nicht zu formulieren brauchte, so kann man sich fragen, warum dann die verworrene Textüberlieferung zustande kam. Vor allem aber ist die Mischna nicht an den Gelübdefortsetzungen interessiert, sondern an den Gelübdeanfängen.

Die widersprüchlichen Überlieferungen der Talmudim und die textkritisch äußerst schwierige Textbasis machen es nahezu unmöglich, zu *einer* wirklich überzeugenden Lösung zu gelangen. Man kann lediglich feststellen, dass die Überlieferung in diesem Fall (aber keineswegs nur in diesem) disparat ist.

Der zweite Satz dieser Mischna, um den es hier geht, erklärt in jedem Fall alle drei Formulierungen „das Qorban (הקרבן), wie Qorban (כקרבן), Qorban (קרבן)" für bindend.

6.4.3.2.3 mNed 1,4, Satz c

Fahren wir mit der Besprechung der Mischna fort. Es geht nun um den dritten Satz in mNed 1,4: „„Zum Opfer (לקרבן), ich werde von dem Deinigen nicht essen', so verbietet es Rabbi Meir." Nach Ch. Albeck ist dieser Satz so zu verstehen: „Zum Opfer wird dein Essen für mich, deshalb werde ich von dem, was dir gehört, nicht essen."[169] Diese Paraphrase findet sich schon bei Obadja von Bertinoro und anderen Auslegern. Rabbi Meir geht dieser Entscheidung nach davon aus, dass sich bei dem Gelübde der Status des gelobten Gegenstandes wirklich verändert, er wird de facto zu dem, womit er benannt wird. Es handelt sich also um eine wirkliche Weihe und nicht um einen Vergleich. Damit bewahrt

---

[167] Lieberman (1942), 134.
[168] Lieberman (1942), 134.
[169] Albeck, Nashim, 149, so auch Petuchowski (1968), 181.

Rabbi Meir hier die ältere Auffassung, dass ein Gelübde ein Nutzungsverbot mit sich bringt, weil der betreffende Gegenstand, so man ihn benutzt, wirklich als der Gottheit übereignet gilt.[170]
Die letzte Mischna in diesem ersten Kapitel des Traktates Nedarim greift
eine neue Fragestellung auf, nämlich die, ob sich ein Gelübde nur auf
etwas erstrecken kann, was greifbar existiert oder auch auf nicht greifbare Dinge, sie diskutiert damit eigentlich nicht die Gelübdeformeln, weshalb wir sie hier nicht ausführlich besprechen müssen. Bevor wir zum
zweiten Kapitel der Mischna übergehen, soll eine erste Summe gezogen
werden:

Versuchen wir ein Zwischenfazit: Die Mischna verfolgt auf der redaktionellen Ebene grundsätzlich die Tendenz, den Kreis der Ersatzformeln
für קרבן auszuweiten. Als Ersatzformel kommen zunächst Formeln in
Frage, die dem Wort Qorban von ihrem Klang (im Fall von קונם evtl.
auch von seiner Bedeutung) her ähnlich sind. (mNed 1,2). Dazu gesellen
sich Formeln, die sachlich einen Bezug zu einer *Opfergabe* aufweisen.
Neben ihnen stehen solche, die sich nur noch mit einiger Mühe zum Teil
aber auch gar nicht mehr in diesem Sinne deuten lassen. Sie evozieren
nicht mehr den Gedanken an ein Opfer, sondern sprechen lediglich ein
Nutzungsverbot aus. Zum Dritten konnten wir beobachten, dass dieses
Nutzungsverbot auch mit Hilfe bestimmter Vergleichsformeln in Kraft
gesetzt werden kann, wobei das Vergleichsobjekt wiederum kein Opfer
sein muss. Es wird vielmehr auf dessen Zugehörigkeit zum *heiligen Bereich des Kultes* abgehoben. In Frage kommen Formeln, die etwas mit
dem Tempel zu tun haben, ihn entweder selbst benennen oder einen sich
dort befindenden Gegenstand. Die Heiligkeit dieses Ortes strahlt auch
auf die Stadt Jerusalem aus. Damit stellt mNed 1 Formeln nebeneinander, die jeweils ganz unterschiedliche Konzeptionen implizieren. Was sie
miteinander verbindet, ist allein, dass sie einen bestimmten Gegenstand
mit einem Nutzungsverbot belegen, entweder, indem sie ihn de facto zu
einer Weihegabe machen oder ihn mit etwas Heiligem vergleichen oder
ihn schlicht verbieten. Diese Tendenz blieb nicht ohne Widerspruch.
Einwände sind von Rabbi Jehuda überliefert.

6.4.3.3 Mischna Nedarim 2,1

Diese Mischna setzt die Diskussion um die Formulierung bindender
Gelübde fort, allerdings mit umgekehrten Vorzeichen, indem man fragt,
welche Formeln einen Ausspruch *nicht* zu einem bindenden Gelübde

---

[170] Dass dies auch sonst die Ansicht Rabbi Meirs ist, arbeitet Benovitz (1995) an
tNed 2,9 heraus (225).

machen, also einen bestimmten Gegenstand der menschlichen Nutzung *erlauben.*

ואלו מותרין, חלין שאכל לך, כבשר חזיר, כעבודה זרה, כעורות לבובין,כנבלות, כטרפות,
כשקצים,כרמשים, כחלת אהרן וכתרומתו, מתר.האומר לאשתו, הרי את עלי כאמא,
פותחין לו פתח ממקום אחר,שלא יקל ראשו לכך.קונם שאיני ישן, שאיני מדבר, שאיני מהלך
האומר לאשתו, קונם שאיני משמשך, הרי זה בלא יחל דברו.

Folgende sind erlaubt: Profan sei, was ich von dem Deinigen esse; wie Schweinefleisch...; wie Götzendienst/wie ein Götze...; wie Tierfelle, die dem Herzen gegenüber aufgerissen sind...; wie Aas...; wie Zerrissenes...; wie Verabscheuungswürdi-
ges...; wie Kriechtiere...; wie die Teighebe Aarons und wie seine Hebe... - so ist es
ihm erlaubt.
Wenn jemand zu seiner Frau sagt: „Du bist für mich wie meine Mutter", so eröffnet
man ihm einen Ausweg von einem anderen Ort her, damit er nicht leichtsinnig sei.
Qonam, dass ich nicht schlafe; Qonam, dass ich nicht spreche, dass ich nicht gehe...
Wer zu seiner Frau sagt: Qonam, dass ich nicht mit dir schlafe - siehe, er soll sein
Wort nicht entweihen.

6.4.3.3.1 mNed 2,1 Satz a

Die in dieser Mischna genannten Formeln belegen einen Gegenstand
nicht mit einem Nutzungsverbot. Dies sind zunächst Formeln, die einen
Vergleich mit einer Sache anstellen, deren Nutzung ohnehin verboten ist:
Dies sind zunächst: כבשר חזיר (wie Schweinefleisch); כעבודה זרה (wie
Götzendienst); כעורות לבובין (wie Tierfelle, die gegenüber dem Herzen
aufgerissen sind)[171]; כנבלות (wie das Aas)[172]; כטרפות (wie Zerrissenes)[173]; כשקצים (wie Abscheuliches)[174]; כרמשים (wie Kriechtiere)[175].
Anderen Charakter hat die Formel כחלת אהרן וכתרומתו (wie die Teighebe Aarons und wie seine Hebe). Von der Teighebe ist in Num 15,20 die

---

[171] Auch diese Formel gehört in den Umkreis heidnischer - und eben als solcher Israel verbotener - Kulte. Obadja von Bertinoro denkt dabei an Opferriten, bei denen
dem noch lebenden Tier das Herz herausgeschnitten wurde, um es dann zu opfern.
Tosfot Jom Tov verweist auf mAZ 2,3, eine Mischna, die Gegenstände heidnischer
Provenienz aufzählt, die Juden nicht benutzen dürfen. Zu diesen gehören auch entsprechende Tierhäute. Rabban Shimon ben Gamliel führt eine Präzisierung ein, die
festlegt, dass jene Tierhäute nur dann verboten sind, wenn sie ein kreisrundes Loch
aufweisen. Diese Kultpraxis stammt nicht aus der „offiziellen" griechischen bzw.
römischen Religion. Sie dürfte eher in manchen Mysterien beheimatet gewesen sein.
Es könnte sich dabei um die καρδιουλκία handeln, das Herausreißen des Herzens,
die in den Kulten der Demeter, des Attis und der Kybele beheimatet gewesen sein
könnte (vgl. Lieberman (1950), 119f).
[172] Vgl. Dtn 14,21.
[173] Vgl. Lev 7,24;17,15; 22,8; Ez 4,14; 44,31
[174] שקץ (pi) bedeutet „verabscheuen", als verabscheuungswürdige und darum nicht
essbare Dinge kennt z.B. Lev 11,10 Meerestiere ohne Flossen und Schuppen, Lev
11,13 den Adler; Lev 11,20 bestimmte Insekten.
[175] Vgl. Lev 11,29.

Rede. Die Priesterhebe begegnet in Num 18,8 oder Lev 22,1ff. Von beiden gilt, dass kein Nichtpriester davon essen darf.

Alle hier aufgezählten Formeln haben also gemeinsam, dass sie einen
Vergleichsgegenstand zum Inhalt haben, der zumindest von einem Israeliten nichtpriesterlicher Abstammung nicht genossen oder auf irgendeine
Weise genutzt werden darf. Von daher wären diese Formeln theoretisch
dazu geeignet, ein Nutzungsverbot zu bewirken.[176] Bei der Besprechung
von mNed 1,3 stießen wir auf Formeln, die ebenfalls schwerlich für etwas anderes als für „es ist verboten" stehen können. Diese gelten - anders als die hier zur Debatte stehenden - als gültige Ersatzformeln für
קרבן.

Die Mischna selbst begründet nicht, warum nun die Formeln, die mNed
2,1 zitiert und die offenbar auf der gleichen Linie liegen wie die aus
mNed 1,3 kein gültiges Gelübde in Kraft zu setzen vermögen. Das versucht erst die Gemara des babylonischen Talmuds, die vermutet, dass
sich diese Gelübdeformeln nicht auf etwas beziehen, das Gott auch tatsächlich gelobt werden kann (bNed 13a). Damit wird der Rahmen für
mögliche Gelübdeformeln enger abgesteckt, als im ersten Kapitel dieses
Traktates. Denn dort konnten Gelübde auch unter Berufung auf Formeln,
die sich nicht auf eine Gott zu gelobende Sache beziehen, als gültige
Gelübde anerkannt werden. Die hier vorgenommene Beschränkung würde gut zur Haltung Rabbi Jehudas passen, weshalb es kein Zufall ist,
dass die Gemara diese Zuschreibung auch in Erwägung (bNed 14a)
zieht.[177]

6.4.3.3.2 mNed 2,1 Satz b

Dieser Satz ist in mehrfacher Hinsicht interessant. Zum einen zeigt er,
dass Gelübde das Zusammenleben von Mann und Frau ganz massiv beeinflussen können, zum anderen lässt sie erkennen, welche lebensprakti-

---

[176] Etwas aus der Reihe heraus fällt die erste Formel, die ich darum erst an dieser
Stelle bespreche, denn sie verbietet nicht, sondern erlaubt: חולין (Profanes). Wir sahen oben, dass profane Gegenstände im Gegensatz zu den heiligen Dingen (קודשים)
keiner Nutzungsbeschränkung unterliegen. Von daher leuchtet es unmittelbar ein,
dass eine Berufung auf diese kein Gelübde in Kraft zu setzen vermag.

[177] Versucht man die Spannung zwischen mNed 1,3 und 2,1 aufzulösen, dann
könnte die Beobachtung weiterhelfen, dass die Formelreihe in mNed 2,1 aus Vergleichsformeln mit „wie" (כ) besteht, während 1,3 Adjektive (nicht koscher, nicht
erlaubt etc.) aneinanderreiht. Gleichsetzungen mit etwas Verbotenem werden also
anders gewertet als Formeln, die den gelobten Gegenstand direkt für verboten erklären. Diese Vermutung wird gestützt durch die Beobachtung, dass die Vergleichsformeln, die in mNed 1,3 und 4 zu lesen sind, sich entweder auf ein Opfer (קרבן Qorban; אמרא Lamm) oder auf einen „heiligen" Gegenstand, dessen Heiligkeit direkt
mit dem Jerusalemer Tempel in Zusammenhang steht, beziehen.

sche Relevanz die gelehrte Diskussion um die Formulierung von Gelübden gehabt haben könnte.

Der geschilderte Fall ist der, dass ein Mann sich den sexuellen Verkehr
mit seiner Frau versagt, indem er sie seiner Mutter gleichstellt. So wie er
mit Letzterer keine sexuellen Kontakte haben darf, so nun auch mit seiner Frau nicht mehr. Nach der Grundregel der eben besprochenen
Mischna hätte der Mann eigentlich gar kein Gelübde abgelegt, da er sich
weder auf eine Sache, die Gott gelobt werden kann, noch auf einen ohnehin heiligen Gegenstand bezieht. Statt dessen stellt er lediglich einen
Vergleich mit etwas ohnehin Verbotenem an. Die Mischna entscheidet
gegen ihre eigene Sachlogik anders: Das Wort des Mannes bindet ihn. Es
muss für ihn, wenn er den Sexualkontakt zu seiner Frau wieder aufnehmen will, nach einem anderen Weg gesucht werden.

Exkurs: Das Auflösen von Gelübden

Die Mischna verwendet dafür den Ausdruck פותחין לו פתח ממקום אחר
(man öffnet ihm von einer anderen Stelle her eine Tür). Dieser Ausdruck
ist in der tannaitischen Literatur sechsmal belegt, davon viermal im Zusammenhang mit Gelübden (mNed 2,1; 2,5; tNed 5,5; 5,6).

Die „Öffnung einer Tür" hat zur Folge, dass der Mann, trotz seines als
gültig und bindend erachteten Gelübdes, wieder mit seiner Frau Verkehr
haben darf. Dafür muss jedoch ein Grund gefunden werden „aus einem
anderen Zusammenhang/von einer anderen Stelle her". Was damit gesagt
werden soll, ist nicht klar zu bestimmen. Deutlich ist, dass der Grund für
die „Öffnung" nicht unmittelbar auf der Hand liegt - etwa weil das Gelübde nicht richtig formuliert gewesen wäre - er muss woanders gesucht
werden.

Die mittelalterlichen Kommentatoren sehen diesen Grund in der Reue
(חרטה) des Gelobenden über sein Gelübde. Raschi schreibt zur Stelle:
„...das ist die Reue. Er muss zum Gelehrten kommen und man öffnet ihm
nicht, indem man sagt: ‚Weil du bei einer verbotenen Sache gelobt hast,
hast du nichts gelobt.'". Obadja von Bertinoro äußert sich ähnlich: „...
man sucht für ihn einen Grund zur Reue." Die tannaitischen Quellen
selbst verbinden die Reue jedoch nirgends mit dieser Wendung, erst die
amoräische Deutung beginnt damit, so in bNed 21b und 77b; bEr 64b.[178]

---

[178] Wendel (1931) harmonisiert die Quellen von der Mischna bis zum Schulchan
Aruch und fasst zusammen: „Diese Praxis der Reue-Erweckung und somit der Schaf-
fung eines Ausweges hat den bezeichnenden Namen: פתח פתח, eine ‚*Türe öffnen*'.
Man kann es übersetzen: einen Grund suchen; [...] Es handelt sich darum, die Reue
als die nötige Vorstufe zu schaffen; sie ist eben die ‚Tür'. Im guten Sinne kommt es
auf ein ‚ins Gewissen reden' hinaus. Das kann man nun durch Hinweis auf Bibel-
worte, die der betreffende Mensch nicht bedachte, auf die Eltern, die Kinder, seinen
eigenen guten Namen, Festzeiten, an die er nicht gedacht, und dergleichen tun. Ne-

De facto läuft die „Öffnung einer Tür" auf die Außerkraftsetzung des Gelübdes hinaus. Dies ist eine Möglichkeit, die in der Tora noch nicht vorgesehen ist. Nur die Gelübde abhängiger Frauen können nach Num 30,4ff von den Männern, zu deren Hausstand sie gehören (Väter, Ehemänner), gebrochen (פרר hi.) werden. Für den erwachsenen Mann gilt ohne Einschränkung: „gemäß allem, was er gesagt hat, soll er handeln". Die Rabbinen haben nun - und darin sind ihnen andere vorangegangen[179] - Möglichkeiten entwickelt, einen Menschen von der Last des Gelübdes, das er sich auferlegt hat, zu befreien. Dabei waren sie sich dessen bewusst, dass die התרת נדרים, die Aufhebung der Gelübde[180], gleichsam „in der Luft schwebt" (פורח באוויר), also keinen Anhalt an der Schrift hat (mHag 1,8).[181]

In der rabbinischen Literatur kommen nur zwei Autoritäten in Betracht, die ein Gelübde auflösen können: Zum einen ist es Gott selbst (SifDev § 27 [Finkelstein, 41]) zum anderen sind es die Rabbinen: אין התרת נדרים אלא מפי מומחים (es gibt keine Auflösung von Gelübden, es sei denn durch Fachleute)(SifBam § 73, [Horovitz, 68]). Der Kreis dieser Fachleute ist mit dem der Weisen, identisch, wie u.a. aus SifBam § 153 (Horovitz, 198) hervorgeht.[182]

Die Diskussion um die Auflösung der Gelübde und die Bedingungen, die dazu erfüllt sein müssen, wird in mNed 9 geführt[183]. [Exkurs Ende]

---

ben unberücksichtigten können es auch unbekannte oder unerwartete Tatsachen sein, auf die man ihn hinweist..." (138f). Genauer an den Quellen orientiert sich Rosenberg (1994), 201: „Wir gehen nicht von einer Änderung des ursprünglichen Willens aus (Reue); wir geben ihm lediglich ergänzend Informationen, die er nicht hatte, und damit das richtige Wissen, so dass er in der Lage ist, sämtliche Folgen seines Tuns abzuwägen und einzuschätzen".

[179] Vgl. Philo, Hypothetica 7,5 (II / 4.3.4.7). Die von Philo an erster Stelle genannten Priester spielen bei der Gelübdeauflösung in der rabbinischen Welt keine Rolle mehr. Zur Konkurrenz von Priestern und Rabbinen vgl. Hezser (1997), 480ff.

[180] Die Aufhebung eines Gelübdes (התרת נדרים) ist etwas anderes als dessen Brechung durch den Vater oder den Ehemann (הפרת נדרים) (vgl. SifBam § 153 zu 30,1 Horovitz, 198).

[181] Vgl. unten III / 1.1.3.

[182] Für das Selbstverständnis der Rabbinen ist diese Beobachtung von großem Interesse. Sie verstehen sich offenbar selbst als Menschen, die göttliche Tätigkeiten ausüben. Dieses hohe Selbstbewusstsein spricht auch aus anderen Texten. Vgl. dazu III / 2.2.2.4.

[183] Dort werden verschiedene Gründe für die Aufhebung eines Gelübdes in Erwägung gezogen. Dies sind die Ehrung von Vater und Mutter (9,1); das Eintreten neuer oder zuvor unbekannter Umstände (9,2); Gebote der Tora (9,4); die Notwendigkeit, der Ehefrau den Brautpreis auszuhändigen (9,5); Sabbate und Feiertage (9,6); die Ehre der eigenen Person und die der Nachkommen (9,9). Die Rabbinen fragen den, der um die Auflösung seines Gelübdes nachsucht im Blick auf diese Aspekte: „Wenn du gewusst hättest, dass du die Ehre von Vater und Mutter verletzt (oder: diese oder jene Veränderung eintritt / du dieses oder jenes Gebot übertrittst / deiner Frau den Brautpreis zahlen musst usw.), hättest du dann gelobt?" Die Formulierung des Gelübdes spielt dabei keine Rolle.

In mNed 2,1 wird die Auflösung der Gelübde nur deshalb erwähnt, weil betont werden soll, dass die zur Diskussion stehende Gelübdeformel wirklich bindenden Charakter hat. Diesen hat sie allerdings nicht aus ihrer inneren Logik heraus, vielmehr dieser entgegen durch die Entscheidung der Rabbinen. Diese Entscheidung ist nun quasi pädagogisch motiviert: „auf dass er nicht leichtfertig solche Gelübde ablege." Hier geht es um die Beziehung von Mann und Frau, sie soll nicht dadurch gefährdet werden, dass der Mann sich den Verkehr mit seiner Frau untersagt, so deuten die meisten Ausleger.[184]

Nach mKet 5,6 zwingt die Aufrechterhaltung eines solchen Gelübdes den Mann, seiner Frau den Scheidebrief auszustellen und ihr den im Brautvertrag festgesetzten Preis zu zahlen.[185] Das Zusammenleben von Mann und Frau ist für die Rabbinen offenbar von so hoher Bedeutung, dass sie diese erschwerende Entscheidung für gerechtfertigt halten. Sie setzt sich positiv zum Ziel, (verbale) Aggression in der Ehe einzudämmen, eine gewisse Streitkultur soll in dieser besonders sensiblen Beziehung gewahrt werden. Und dieser Streitkultur entspricht es, die Sexualität aus dem Streit herauszuhalten. Diese Intention verfolgt auch die nächste Ausnahmeentscheidung, die sich direkt an die eben besprochene Stelle anschließt:

6.4.3.3.3 mNed 2,1 Satz c

Die ersten drei Gelübde zählen nach der Logik dieses Kapitels zu den מתרין, also den Gelübden, die aufgrund ihrer Formulierung oder ihres Inhaltes ungültig sind. In diesem Fall ist nicht die Gelübdeformulierung problematisch, sondern die Tatsache, dass sich das Gelübde auf etwas bezieht, das nicht konkret greifbar ist (דבר שאין בו ממש). Nach tNed 1,5 ist ein solches Gelübde nicht gültig. Es muss wie in mNed 1,4 so formuliert werden, dass es einen greifbaren Bezug hat (z.B. Mund, Hand, Fuß).[186]

Eine Ausnahme machen die Rabbinen wiederum dort, wo es um das sexuelle Miteinander von Mann und Frau geht, das Gelübde wird mit Worten aus Num 30,3 für gültig erklärt. Die Diskussion um die Formulierung von Gelübden berücksichtigt, wie wir an dieser Stelle deutlich

---

[184] Petuchowski (1968): „Obschon das Gelübde eigentlich ohne weiteres ungültig sein sollte [...] verfährt man dennoch hier strenger, um zu verhüten, dass ein Mann in Momenten der Aufregung sich durch Gelübde den ehelichen Umgang versage." (182) Vgl. u.a. Albeck, Nashim, 150 und Obadja von Bertinoro.

[185] Hilleliten und Schammaiten sind unterschiedlicher Auffassung, wie lange ein solches Gelübde in Kraft sein darf, ohne den Fortbestand der Ehe zu gefährden. Die Schammaiten gehen von zwei Wochen, die Hilleliten von einer Woche aus.

[186] Die Gemara des babylonischen Talmud zur Stelle (bNed 15a) führt aus, dass ein gültiges Gelübde „Qonam mein Auge, dass ich nicht schlafe" hätte lauten müssen.

sehen, nicht nur formale, sprachlogische bzw. sachliche Argumente. Auch „pädagogische" Erwägungen werden in die Überlegungen mit einbezogen. Einer Leichtfertigkeit im Umgang mit Gelübden allgemein (und solchen, die das eheliche Zusammenleben beeinflussen, im Besonderen) soll entgegengewirkt werden. Eine Analogie zu dem, was wir bezüglich der Schwurformeln feststellen konnten, ergibt sich. Eine Sprachhandlung (in diesem Fall ein Gelübde) ist nicht automatisch gültig (II / 6.1.2.1). Wie beim Schwur sind es auch hier die Rabbinen, die darüber entscheiden.[187]

6.4.3.4 Mischna Nedarim 2,4

Diese Mischna behandelt nun eine Sonderform von Gelübden: סתם נדרים (Gelübde ohne genaue Zielbestimmung). Dabei gilt die Grundregel, dass man ein solches Gelübde im Zweifelsfall für gültig erklärt. Wird es hingegen erläutert, dann entscheidet man erleichternd:

סתם נדרים להחמיר, ופרושם להקל. כיצד, אמר הרי עלי כבשר מליח,כיין נסך, אם של שמים נדר, אסור. אם של עבודה זרה נדר, מתר.ואם סתם, אסור. הרי עלי כחרם, אם כחרם של שמים, אסור.ואם כחרם של כהנים, מתר. ואם סתם, אסור. הרי עלי כמעשר, אם כמעשר בהמה נדר, אסור.ואם של גרן, מתר. ואם סתם, אסור

Bei Gelübden ohne nähere Bestimmung entscheidet man erschwerend, wenn sie aber genauer erklärt werden, dann entscheidet man erleichternd. Wie das? Er hat gesagt: „Siehe, (dieser Gegenstand) sei für mich wie gesalzenes Fleisch, wie Libationswein." Wenn er bei dem für den Himmel gelobt hat, so ist (der Gegenstand) ihm verboten, hat er bei dem für den Götzendienst gelobt, so ist es ihm erlaubt, hat er ohne nähere Bestimmung gelobt, so ist es ihm verboten. „Siehe, (dieser Gegenstand) ist für mich wie Gebanntes." Wenn er bei dem für den Himmel gelobt hat, so ist es ihm verboten, hat er bei dem für die Priester gelobt, so ist es ihm erlaubt, hat er ohne nähere Bestimmung gelobt, so ist es ihm verboten. „Siehe, (dieser Gegenstand) sei für mich wie der Zehnte." Wenn er bei dem Zehnten des Viehs gelobt hat, so ist es ihm verboten, hat er bei dem Zehnten des Getreides gelobt, so ist es ihm erlaubt, hat er ohne nähere Bestimmung gelobt, so ist es ihm verboten.

Drei Beispiele erläutern die eingangs formulierte Regel. Das erste Beispiel nimmt Bezug auf Opfergaben und verdeutlicht nebenbei die Einbettung des Kultes Israels in die mediterrane Religionskultur. Sowohl am

---

[187] Die Formulierung der zitierten Mischna zieht im folgenden eine Diskussion über Unterschiede zwischen Gelübden und Schwüren nach sich. Was beim Gelübde der Regel nach unmöglich war, nämlich der Bezug auf etwas nicht mit Händen Greifbares wie Schlaf oder Sprache, ist beim Schwur unproblematisch, er kann sich auch auf solche Dinge beziehen. Hier wird deutlich, dass die Rabbinen versucht haben, zwischen Gelübden und Schwüren zu unterscheiden. Dass sie dies ausdrücklich tun mussten, zeigt, dass diese Unterscheidung nicht allgemein geläufig und klar war (vgl. II / 1.1.2).

Jerusalemer Tempel als auch in paganen Kulten pflegte man das Opfer-
fleisch zu salzen (Ex 30,35; Lev 2,13; Ez 43,21)[188] und der Gottheit
Trankspenden darzubringen (Ex 29,40; Jos. Bell, V, 565).[189] Die Differenz zwischen Israel und den Völkern bestand lediglich im Adressaten
dieser Spende. Und dieser Adressat ist es, der das Gelübde, das unter Berufung auf die an sich nicht näher bestimmte Opfergabe gültig bzw. nicht
gültig macht. Je nach Adressat handelt es sich nämlich der Form nach
um die Gleichsetzung mit einer verbotenen Sache (vgl. mNed 2,1) oder
mit einer Gabe an den einen Gott (für den der Himmel synonym
steht).[190] Nur Letzteres ist gültig. Wo die entsprechende Präzisierung
fehlt, nehmen die Gelehrten an, dass mit der Gelübdeformel eine Gabe
an Gott gemeint ist. Ganz im Sinne von mNed 2,1 ist auch das zweite
Beispiel zu verstehen.

חרם, der Bann, ist ebenfalls eine biblische Form der Besitzübereignung
an Gott (vgl. Lev 27,28; Jos 6,18 und 7). Als Empfänger des gebannten
Gutes kommen unter bestimmten Umständen auch Priester in Betracht
(Num 18,14). Die tannaitische Halacha unterscheidet beide Formen, den
חרם של כהנים (Bann(gut) für die Priester) und den חרם של בדק הבית
(Bann(gut) zur Unterhaltung des Tempels), das direkt Gott zufällt.[191]
Was Gott geweiht wird, ist dem menschlichen Bereich überhaupt entzo-
gen. Was den Priestern zufällt, darf der „normale" Israelit zwar nicht
nutzen, aber die Formel spricht eben nur eine Nutzungsverbot - kein
Gelübde (das eine Gabe an Gott impliziert) - aus.[192]
Das dritte Beispiel bezieht sich auf die Gabe des Zehnten. Diesen kennt
die hebräische Bibel bei Tieren und bei bestimmten Agrarprodukten. Der
Zehnte, der vom Vieh gegeben wird (מעשר בהמה), wird Gott geweiht
(Lev 27,32). Der Zehnte des Getreides (של דגן) - ebenso wie der Zehnte
anderer Agrarprodukte - diente zur Sicherung des Lebensunterhaltes der
Leviten und Priester.[193] Am Zehnten des Viehs haben die Priester keinen

---

[188]   Zur Verwendung von Salz bei paganen Opfern vgl. Weeber (1997), 270-275.
[189]   Bei paganen Kulten spielte Wein eine Rolle beim Vollzug der Schlachtopfer
(Hom. Il. 458-468) oder bei den Libationen, bei denen man den Göttern etwas von
dem Wein abgab, von dem man selbst trank (σπονδή) oder ihnen allein diese Trankspende zukommen ließ (χοή).
[190]   Der Genuss von Götzenopferfleisch oder Libationswein aus heidnischen Kulten
ist selbstverständlich verboten (z.B. mAZ 4,8; 5,9 und den Reflex bei Paulus 1 Kor
8,7; vgl. Tomson (1990), 140 - aber nicht alles, was mit einem Nutzungsverbot belegt ist, ist per se in der Lage als Vergleichspunkt in einem Gelübde zu dienen. Zum
Himmel (שמים) als Begriff für Gott vgl. Dan 4,23; mAv 2,2; 4,11 und 5,17.
[191]   Vgl. dazu SifBam § 117 (Horovitz, 137), mAr 8,6, wo darüber diskutiert wird,
welche Form des חרם denn gemeint sei, wenn eine nähere Bestimmung fehlt. Die
Entscheidung fällt dort zugunsten des חרם לבדק הבית.
[192]   Vgl. die entsprechende Entscheidung über die Formel כחלת אהרן וכתרומתו (wie
die Teighebe Aarons und wie seine Hebe) in mNed 2,1.
[193]   Vgl. Aderet (1990), 367.

Anteil. „The Mishnah treats the tithe of cattle as 'holy to the Lord' in a different sense from 'given to the priests' [...] In our period, the tithe given to Levites and priests was agricultural produce, not animals."[194] Wie beim zweiten Beispiel ist auch hier ein Gelübde bei einer Gabe, die den Priestern zugute kommt, nicht gültig. Der Zehnte vom Vieh wird zwar von den Opfernden selbst gegessen,[195] aber dennoch gilt er als Gabe, die Gott übereignet wird. Darum ist das Gelübde in diesem Fall gültig.

Die Reihe der Beispiele wird nun noch fortgesetzt, wobei hier zusätzlich lokale Aspekte in den Blick genommen werden.

הרי עלי כתרומה, אם כתרומת הלשכה נדר, אסור. ואם של גרן, מתר.ואם סתם, אסור, דברי רבי מאיר.רבי יהודה אומר, סתם תרומה ביהודה אסורה, בגליל מתרת, שאין אנשי גליל מכירין את תרומת הלשכה.סתם חרמים ביהודה מתרין, ובגליל אסורין,שאין אנשי גליל מכירין את חרמי הכהנים:

„Siehe (dieser Gegenstand) ist für mich wie die Hebe." Hat er bei der Hebe der Kammer gelobt, dann ist es verboten; hat er bei der Hebe des Getreides gelobt, dann ist es erlaubt; hat er es nicht näher präzisiert, so ist es verboten. Dies sind die Worte Rabbi Meirs. Rabbi Jehuda sagt: Eine nicht näher bestimmte Hebe, in Judäa ist es verboten; in Galiläa erlaubt, denn die Galiläer kennen die Hebe der Kammer nicht. Nicht näher bestimmtes Banngut, in Judäa ist es erlaubt, in Galiläa verboten, denn die Galiläer kennen das Banngut der Priester nicht.

Das erste Beispiel der Fortsetzung von mNed 2,4 ist von seiner Struktur her den vorangegangenen Beispielen genau parallel. Aus diesem Grund ist kaum zu entscheiden, ob die Zuschreibung an Rabbi Meir sich nur auf den letzten Satz oder auch auf die vorangegangenen Sätze bezieht. Der Einwand Rabbi Jehudas legt Letzteres nahe, denn er nimmt auf den vierten und den zweiten Satz der Beispielreihe Bezug. Für den gebürtigen Galiläer Rabbi Jehuda ergibt sich eine gewisse Präzisierung bestimmter allgemein formulierter Gelübde aus dem Ort, an dem sie abgelegt werden.

In Galiläa denkt man bei einem חרם oder einer תרומה an etwas anderes als in Judäa, wo die relative Nähe des Tempels ein bestimmtes Verständnis dieser Formeln mit sich bringt. So geht Rabbi Jehuda davon aus, dass man in Judäa, wenn man von einer Hebe spricht, an die „Hebe für die Kammer" denkt. Die תרומת הלשכה ist nichts anderes als die Shekelabgabe an den Tempel von der weiter oben schon einmal die Rede war. Nach mShek 3,1 wurde sie im Tempel von Jerusalem gesammelt, um damit u.a. die täglichen Opfer zu finanzieren (mShek 4,1).[196] Die Bewohner des Umlandes von Jerusalem hatten - so Rabbi Jehuda - eher diese Abgabe im Blick als die Hebe, die den Priestern zufiel. Diese wur-

---

[194] Sanders (1992), 150.
[195] Vgl. zum מעשר בהמה Aderet (1990), 429-435.
[196] Vgl. Safrai (1994b), 62.

de - auch nach der Zerstörung des Tempels - in Form von Getreide gegeben[197] und konnte nach der jüngeren Halacha (Josephus, Vita 80; mBes 1,6; tPea 4,7) nach Belieben am Wohnort entrichtet werden.[198] Eine ähnliche Differenzierung wird auch hinsichtlich das Banngutes eingeführt: In Judäa habe man an das Banngut für die Priester gedacht, in Galiläa eher an das, das direkt Gott geweiht war. Im Licht der Entscheidung von SifBam § 117 (Horovitz, 137), einen nicht näher definierten חרם als an Gott adressiert zu interpretieren, scheint dies das „normale" Verständnis dieser Form der Besitzübereignung gewesen zu sein. Nur wenn besondere Umstände anderes nahe legen, deutet man den חרם im Sinn des חרם של כהנים. Solche besonderen Umstände sind mit der örtlichen Nähe zum Tempel für Rabbi Jehuda gegeben.[199] Rabbi Jehudas hebt wiederum darauf ab, was mit einer Formel eigentlich genau gemeint ist. Das entspricht seinem Einwand in mNed 1,3 (parr.).

6.4.3.5 Mischna Nedarim 2,5

Die Intention der Gelobenden spielt auch in der folgenden Mischna (mNed 2,5) eine Rolle:

נדר בחרם, ואמר, לא נדרתי אלא בחרמו של ים. בקרבן, ואמר, לא נדרתי אלא בקרבנות של מלכים. הרי עצמיקרבן, ואמר, לא נדרתי אלא בעצם שהנחתי לי להיות נודר בו.קונם אשתי נהנית לי, ואמר לא נדרתי אלא באשתי הראשונה שגרשתי, על כלן אין נשאלין להן.ואם נשאלו, עונשין אותן ומחמירין עליהן,דברי רבי מאיר. וחכמים אומרים, פותחין להם פתח ממקום אחר, ומלמדים אותן כדי שלא ינהגו קלות ראש בנדרים:

Wenn jemand beim Bann gelobt und dann sagt: „Ich habe nur beim Netz des Meeres gelobt.", wenn jemand beim Opfer gelobt und dann sagt: „Ich habe nur bei den Geschenken für Könige gelobt.", „Siehe, ich selbst bin ein Opfer." und dann sagt: „Ich habe nur bei dem Knochen[200] gelobt, den ich mir hingelegt habe um dabei ein Gelübde zu tun.", „Qonam sei der Genuss, den ich von meiner Frau habe." und dann sagt: „Ich habe lediglich bei meiner ersten Frau gelobt, von der ich geschieden bin.", so braucht man wegen all dieser Gelübde nicht die Gelehrten zu befragen - aber wenn man sie fragt, dann bestraft man sie (die Gelobenden) und erschwert es ihnen.

---

[197] Vgl. tPea 4,3 und Aderet (1990), 375f.

[198] Philo überliefert eine ältere Halacha, der zufolge auch diese Abgaben zentral am Tempel zu entrichten sind (SpecLeg I, 132-150). Diese Angabe deckt sich mit weiteren Quellen (1 Makk 3,49-50; 10,31; Jdt 11,13; Tob 1,6-7; 1 Sam 1,21 (LXX). Alon (1977), 102, vermutet, dass sich die Praxis, den Zehnten nicht zentral zu entrichten, in den 60er Jahren des 1. Jh. v.Chr. aus Opposition gegen Hyrkan herausgebildet habe. Ein von Josephus zitiertes Edikt Julius Caesars (Ant 14, 203) versuchte dem entgegenzuwirken, war allerdings nur teilweise erfolgreich. Vgl. auch Oppenheimer (1968), 74.

[199] Die Liste der hier von Rabbi Jehuda genannten Unterschiede zwischen den Bewohnern Jerusalems und seines Umlandes und denen Galiläas lässt sich verlängern. Vgl. Horsley (1996), 172.

[200] Dieses Wortspiel ist im Deutschen nicht nachzuahmen. Es beruht auf dem gleichen Konsonatenbestand der Worte „ich selbst" (עצמי) und „mein Knochen" (עצמי).

Dies sind die Worte Rabbi Meirs. Die Weisen aber sagen: Man eröffnet ihnen von
woanders her einen Ausweg und belehrt sie, dass man mit Gelübden nicht leichtfertig
umgehen soll.

Nach der Gesamtlinie des Kapitels gehören die genannten Gelübde zu
den Gelübden, die keine sind (מותרין). Das bestätigt Rabbi Meir, indem
er sagt, dass man ihretwegen die Gelehrten nicht zu befragen braucht,
„weil sie nicht gültig sind", wie Obadja von Bertinoro in seinem Kommentar ergänzt. Einen Gelehrten zu befragen, bedeutet, ihn um die Auflösung des abgelegten Gelübdes zu bitten. Auch wenn es eigentlich
nichts aufzulösen gibt, so plädiert Rabbi Meir dafür, den um Auflösung
Nachsuchenden bei seinen Worten zu behaften.
Die Weisen entscheiden etwas milder. Auch sie erkennen solche Gelübde als gültig an, sind aber bereit, nach einer Möglichkeit zu suchen, das
Gelübde aufzuheben, allerdings nicht ohne pädagogischen Impetus, wie
der Nachsatz zeigt (vgl. II / 6.4.3.3.3) . Man soll - dies suchen sie zu
vermitteln - beim Geloben nicht leichtsinnig sein.[201] Damit endet die
Diskussion um die לשונות נדרים, die Formeln, die ein gültiges Gelübde in
Kraft zu setzen vermögen.
Wir haben diese Diskussion sehr ausführlich verfolgt. Dabei haben wir
nach dem, was zum Verhältnis von Eiden und Gelübden erarbeitet worden ist, nicht nur über Formeln gesprochen, die ein Nutzungsverbot aussprechen. Das ist nur eine Funktion des Gelübdes im tannaitischen Judentum.
Das Gelübde dient daneben als Schwurersatz: „the introduction of a נדר -
formula into formulas of שבועה did not invalidate the obligation, since
the vow was considered as a substitute [...] for an oath".[202]
Die Ausführlichkeit war nötig, um diese heute sehr fremd anmutende
Diskussion zu verstehen. Das ist zum einen um ihrer selbst willen nötig,
eröffnet zum anderen das Verständnis von Mt 23,16-22.

6.5 Zusammenfassung

Überblickt man die tannaitischen Ausführungen zum Schwören, so fällt
zunächst auf, dass die Rabbinen große Anstrengungen unternommen haben, diese Redeform „in den Griff" zu bekommen. Zu diesem Zweck

---

[201] Als Ausdruck von Leichtsinnigkeit gelten die angeführten Beispiele, die z.T. auf
Wortspielen beruhen: חרם heißt eben nicht nur Bann, sondern auch Fischernetz. Der
Ausdruck עצמי, mit dem der Sprecher auf sich selbst verweist („ich selbst") kann
auch als suffigierte Form von עצם („Knochen") gelesen werden. Qorban meint zwar
in der Regel „Opfer", kann jedoch auch ohne Zusammenhang mit dem Kult als „Gabe" verstanden werden („Geschenke, die man Königen darbringt" (Raschi)).
[202] Lieberman (1942), 117f. Das bezeugt ebenfalls Josephus, der Qorban für einen
Eid hält (II / 5.2.5).

wird das Phänomen sprachlogisch untersucht, es wird darüber diskutiert, was ein Schwur ist und was nicht. Jede Systematisierung macht ihren Gegenstand beherrschbar, so verhält es sich auch mit den rabbinischen Systematisierungen des Schwörens: Wenn Rabbi Aqiba und Rabbi Ischmael über assertorische und promissorische Eide streiten, dann handelt es sich dabei nicht nur um ein sprachphilosophisches Spiel. Es geht vielmehr darum, die Kontrolle über diesen Sprechakt zu bekommen.

Um Kontrolle geht es auch, wenn die Rabbinen (wie vor ihnen die Qumrangemeinde und Philo) bestimmte Formen des Eides an bestimmte Orte binden,[203] vor allem, wenn es sich dabei um Orte handelt, über die sie die Aufsicht zu führen beanspruchen.[204]

Sie kontrollieren weiterhin den Kreis der Personen, die einen Schwur leisten können und legen die Anlässe fest, die einen Schwur rechtfertigen. Ja, sie entscheiden sogar, welcher Satz überhaupt ein Schwur ist und welcher nicht.

Dies alles hat selbstverständlich eine gesellschaftliche Dimension, spiegelt sich hier doch das Interesse der Rabbinen wieder, das jüdische Leben nach der Zerstörung des Tempels nach den eigenen Regeln zu ordnen.

Den Texten ist jedoch vor allem ein religiöses Interesse abzuspüren. Zahlreiche Rabbinen bemühen sich darum, das Schwören so weit wie möglich zurückzudrängen. Diesem Ziel dienen die vielen einschränkenden Bestimmungen, die - nicht selten gegen den Wortlaut der Tora - eingeführt werden. Allein zur Vermeidung größeren Unrechts erlaubt man den Schwur, nämlich um einem Angeklagten zu Zeugen zu verhelfen, um unrechtmäßig angeeignetes Gut seinem rechtmäßigen Eigentümer zurückzuerstatten und denjenigen, die anvertrautes Gut verwahren, vom Verdacht der Veruntreuung zu befreien. Diese Erlaubnis wird freilich durch ein anderes Motiv eingeschränkt:

Zugleich führen die Rabbinen nämlich neben dem schon in der Bibel festgelegten Verbot des Falschschwörens das Verbot des nichtigen Schwörens (שבועת שוא) ein.[205] Wie wir sahen, eröffnet das Wörtchen שוא ein fast unbegrenztes Feld an möglichen Bedeutungen, so dass im Grunde jeder Schwur (auch ein wahrheitsgemäßer) dem Verdacht unterliegt, ein Nichtigkeitsschwur zu sein.

Diesen Nichtigkeitsschwur belegen die Rabbinen nun mit den denkbar schärfsten Sanktionen, indem sie ihn und die damit verbundene Entweihung des göttlichen Namens zur größten Übertretung überhaupt erklä-

---

[203] Vgl. CD 9,8ff; SpecLeg 4,34.

[204] Dass dieser Anspruch eher rabbinischer Ideologie als den tatsächlichen Verhältnissen im Land Israel der ersten rabbinischen Zeit entspricht, hat Heszer (1997), 475ff, wahrscheinlich gemacht. Vgl. auch Goodman (1983), 195f.

[205] Dieses Motiv ist in gewisser Weise schon bei Sirach (23,11) vorhanden.

ren.[206] Dies wird dem potenziell Schwörenden in einer Deutlichkeit eingeschärft, die keinen Raum für Zweifel oder Ausflüchte lässt. Überhaupt wird allen Instrumenten, die dem Schwur etwas von seiner Gefährlichkeit nehmen könnten, wie etwa den Ersatzformeln, in letzter Konsequenz ihre Kraft genommen.

Befragt man all diese Maßnahmen zusammengenommen auf ihre Wirkung hin, so zeigt sich, dass sich deutliche Konturen eines *Schwurverbotes* abzeichnen. Dieses Schwurverbot ergäbe sich allein schon aus dem Ensemble der halachischen Bestimmungen der Tannaiten - selbst wenn es nicht expressis verbis erginge -, denn im Prinzip kann es unter den genannten Umständen niemand wagen, sich eines Schwures zu bedienen. Einige Rabbinen haben auch nicht davor zurück geschreckt, ausdrücklich das Schwören als Sünde zu brandmarken. Selbst wenn die Tora es anders vorsieht, halten sie - gegen die Tora - den Verzicht auf das Schwören für geboten und schaffen Regelungen für Menschen, die diese Einstellung teilen. Das positive Interesse ist dabei der Schutz des heiligen Gottes und seines Namens vor der Entweihung. Da die Heiligkeit Gottes bei jedem Schwur auf dem Spiel steht, bemühen sich die Rabbinen, den Schwur ganz zurückzudrängen - auch wenn das der Tora im Detail widerspricht.

Andere gehen nicht ganz so weit. Sie suchen um des Rechtsschutzes willen nach einem Ersatz für den Schwur und finden ihn im Gelübde. Dies schafft Verbindlichkeiten oder behauptet die Wahrheit einer Aussage, ohne direkt auf Gottes Heiligkeit zuzugreifen.

Um die Formulierung von Gelübden entwickelt sich - analog zur Diskussion um die Formulierung von Eiden[207] - eine komplizierte Debatte. Versucht man sie zusammenzufassen, so lässt sich folgendes feststellen: Die eigentliche Gelübdeformel ist „Qorban". Dafür gibt es Ersatzformeln, die dem Wort Qorban vom Klang her ähnlich sind. Die weiteren Ersatzformeln lassen sich zunächst in drei Gruppen unterteilen:

1. Die erste Gruppe setzt sich zusammen aus Formeln, die ein Opfer bzw. eine Gabe an Gott zum Inhalt haben.

2. In der zweiten Gruppe sammeln sich Adjektive, die den zu gelobenden Gegenstand mit einem Nutzungsverbot belegen.

3. Die dritte Gruppe ergänzt Formeln, die ohnehin heilige Dinge oder Bereiche wie Tempel und Altar zur Vergleichsgröße erheben.

Nicht bindenden Charakter haben folgende Formeln:

---

[206] Hierin berühren sie sich mit Philo (vgl. z.B. II / 4.3.1.2 und 4.3.3).
[207] Die Motive für diese Diskussion sind vielschichtig. Zum einen suchte - wie bei Eiden auch - nach Ersatzformeln, mit denen man es vermeiden konnte, die Sache direkt zu benennen. Zum anderen eignet dem im Blick auf die eigene Person oder andere abgelegten Entsagungsgelübde eine äußerst brisante soziale Sprengkraft. Auch deshalb war es nötig, darüber nachzudenken, wann ein Gelübde gültig ist und wann nicht.

1. Solche, die sich zwar auf eine Gabe beziehen, jedoch auf eine Gabe, die an einen anderen Empfänger als Gott selbst adressiert ist (Priester, Könige).

2. Ebenfalls nicht als adäquate Ersatzformeln gelten solche, die einen Vergleich mit einem ohnehin verbotenen Gegenstand jenseits des Kultes anstellen.

Zwar kann man im gesamten Gelübdewesen die Tendenz beobachten, dass das Gelübde in zunehmendem Maße die Funktion bekommt, ein Nutzungsverbot auszusprechen, aber dennoch haben die Rabbinen Wert darauf gelegt, einen gewissen Bezug zum Ausgangsgedanken zu bewahren: Wenn man einen Gegenstand mit einer möglichen Gabe vergleicht, so muss dies eine Gabe an Gott selbst sein. Der Vergleich mit einer ohnehin verbotenen Sache reicht nicht aus, um ein gültiges Gelübde in Kraft zu setzen.

Die Sachlogik ist jedoch nicht der einzige determinierende Faktor. Sie kann sogar durchbrochen werden, wenn dies aus besonderen Gründen angezeigt ist. In mNed 2,1 und 5 sahen wir, dass die Rabbinen eigentlich nichtige Gelübde aus „pädagogischen" Gründen für gültig und bindend erklären können, nämlich um dem leichtfertigen Umgang mit Gelübden entgegen zu wirken.

Die redaktionelle Zusammenstellung der Traditionen in Mischna Nedarim lässt erkennen, dass man im Grunde nicht nur dem leichtfertigen Umgang mit Gelübden einen Riegel vorschieben will, sondern dem Ablegen von Gelübden überhaupt. Dieser Traktat regelt zwar im Detail die Formulierung von Gelübden und andere halachische Fragen, stellt aber schon zu Beginn (1,1) klar, dass diejenigen, die sich selbst als „כשרים" (anständige, redliche Menschen) verstehen, keine Gelübde ablegen.[208]

Neben dem erzieherischen Impetus der Gelehrten geht aus der Tatsache, dass es möglich war, eigentlich nichts bewirkende zu bindenden Sprechakten zu machen, weiter hervor, dass sich die Einstellung diesen Sprechakten gegenüber in gewisser Weise gewandelt haben muss. Sprache schafft nicht (mehr) per se Wirklichkeit. Es ist die menschliche Entscheidung, die ihr diese Kraft verleiht oder vorenthält. Das bezieht sich nicht nur auf die Entscheidung der Rabbinen, sondern auch auf die Intention dessen, der ein Gelübde ablegt. Nicht nur das, was er objektiv sagt, sondern auch das, was er dabei denkt, macht die Wirksamkeit des gesprochenen Wortes aus.

---

[208] Berücksichtigte man die Ehre Gottes, so würde es nach mNed 9,1 überhaupt keine Gelübde geben (vgl. Albeck, Nashim, 174).

6.6 Die zeitliche Verortung der tannaitischen Diskussion um das Schwören

Unsere Darstellung orientierte sich bisher vornehmlich synchron an den vorliegenden Texten. Es wurde z.B. danach gefragt, welche Informationen der Traktat Sh^{e}vuot in seiner redaktionell vorliegenden Form enthält. Vor allem galt das Augenmerk den Wertungen, denen das Schwören auf redaktioneller Ebene unterworfen wird. Dabei zeigte sich, dass auf der redaktionellen Ebene in Mischna, Tosefta und den Midraschim eine eindeutig negative Bewertung des Schwörens mit einer Tendenz zum Schwurverbot vorherrschte. Damit bewegen wir uns methodisch auf sicherem Boden, denn wie J. Neusner formuliert: „The facticity of the documents is beyond question...".[209]

Neusner schreibt diesen Satz mit einer polemischen Spitze gegen eine diachrone Lektüre der Quellen, die sich an den Zuschreibungen von Aussagen an bestimmte Rabbinen orientiert. Darum setzt er den zitierten Satz fort: „...the reliability of attributions is not".[210]

Darauf, dass solchen Zuschreibungen nicht immer zu trauen ist, haben wir schon in der Einleitung zu dieser Arbeit hingewiesen.[211] Dennoch haben wir ab und an die synchrone Betrachtung durch eine diachrone ergänzt, wobei wir uns - in Ermangelung anderer Kriterien - an den Namen der genannten Rabbinen gehalten haben. Dabei fiel auf, dass sich bei verschiedenen Aussprüchen, besonders denen, die Rabbi Aqiba, Rabbi Ischmael, Rabbi Meir und Rabbi Jehuda zugeschrieben werden, jeweils doch deutliche Kohärenzen aufzeigen lassen. Von daher ist zu vermuten, dass diese Zuschreibungen nicht ganz willkürlich erfolgten.[212] Zwar ist es aufgrund der Quellenlage nicht möglich, eine „Biographie" der Rabbinen zu schreiben,[213] doch schüttete man das Kind mit dem Bade aus, wenn man auf die diachrone Fragestellung ganz verzichten wollte.[214]

---

[209] Neusner (1994), 15.

[210] Ebd.

[211] Vgl. I / 1.2.2. In diese Fragestellung führt sehr umsichtig Stemberger (1992), 70ff ein. Vgl. auch Schäfer (1986), 143.

[212] Rabbi Ischmael schließt gegen den Wortlaut der Tora bestimmte Schwurarten aus - er ist es auch, der ganz allgemein lehrt, dass Halacha sich auch gegen die Schrift entscheiden kann (vgl. III / 1.1.3). Die Schwurklassifizierung in unterschiedliche Aspekte lässt sich mit Rabbi Aqiba in Verbindung bringen (II / 6.1.1). Rabbi Jehudas Position hinsichtlich der Formulierung von Gelübden erwies sich als konsequent und entspricht darüber hinaus dem Bild, dass die Quellen auch sonst von diesem Lehrer zeichnen (II / 6.4.3.1.f). Gleiches gilt für Rabbi Meir (vgl. II / 6.3 Anm. 84; 6.4.3.2.3 Anm. 170).

[213] Vgl. Neusner (1994), 14ff.

[214] Die Diskussionslage entspricht ganz präzise der Frage nach dem irdischen Jesus. Neusner sieht sich ganz bewusst in der Tradition der historisch kritischen Exegese (vgl. Neusner (1993), 16 u.ö.) und beantwortet die Frage nach dem Quellenwert der rabbinischen Texte hinsichtlich der Rabbinen entsprechend negativ. Die neutesta-

Welche Hinweise geben also die Zuschreibungen an bestimmte Rabbinen auf die zeitlicher Verortung der Diskussion um das Schwören? In den einschlägigen Traktaten und Passagen in den Midraschim begegnen 20 Rabbinen. Einige davon nur einmal, andere öfter. Mit Ausnahme von Rabbi Jehuda HaNasi, der in tShevu zweimal genannt wird[215] wirkte keiner dieser Gelehrten nach 150.[216] Das ist ein deutliches Indiz dafür, dass zu dieser Zeit die wesentlichen Klärungen, die heute in den tannaitischen Texten vorliegen, zum Abschluss gekommen sein dürften.[217] Fragen wir nun nach den ersten Gelehrten, die in diesen Traktaten genannt werden, dann begegnen wir Admon, der zur Zeit des zweiten Tempels lebte. Es folgen Diskussionen der Häuser Hillel und Schammai. Insgesamt ergibt sich eine Spanne von mehreren Jahrzehnten, wobei ein Schwergewicht auf den Jahren 90-150 gelegen haben dürfte.

Nichtrabbinische Quellen bestätigen diesen Eindruck, besonders was die Diskussion um die Formulierung von Eiden und Gelübden anbelangt: In VitAd liegt eine Überlieferung aus der Zeit der frühen Tannaim vor, in der sich die Frage spiegelt, wie ein Schwur denn formuliert werden soll. Ungefähr zeitgleich beteiligt sich, wie wir noch sehen werden, das MtEv an dieser Diskussion. Internes und externes Zeugnis ergänzen sich hier und lassen damit erkennen, dass rabbinische Zuschreibungen zuweilen zuverlässiger sind als ihr Ruf.[218]

---

mentliche Wissenschaft hat das Stadium dieser radikalen Kritik inzwischen hinter sich gelassen - und traut den Quellen gegenwärtig wieder etwas mehr. Bedenkt man die Verwobenheit neutestamentlicher und rabbinischer Forschung in dieser Frage, dann wäre es inkonsequent den Forschungswandel bei den rabbinischen Quellen nicht mitzuvollziehen.

[215] Eine dritte Zuschreibung ist textlich unsicher.

[216] Bei den Datierungen orientiere ich mich an Margalioth (1987) und dem von J. Jeremias herausgegebenen Index zum Strack-Billerbeck.

[217] Amoräische Quellen mit ihrer Ablehnung des Schwörens setzen sie von vornherein voraus.

[218] Für halachische Texte - und um die ging es ja in unserer Untersuchung - zieht dies ähnlich Stemberger (1992), 71 in Erwägung.

7. Ergebnis: Schwur und Eid im antiken Judentum

Der Durchgang durch die Texte des antiken Judentums führt zu einem doppelten Befund. Es fiel immer wieder auf, wie weit verbreitet und selbstverständlich das Schwören im antiken Judentum über die Jahrhunderte hinweg war. Zum anderen zeichnete sich eine immer stärker werdende, den Eid kritisch reflektierende Tendenz ab.

7.1 Schwören als selbstverständlicher Bestandteil der Lebenswelt

1.1 Der Eid hat seinen festen Ort in der *(Militär-) Politik*. Mit seiner Hilfe werden Verträge und Bündnisse geschlossen. Er soll bei Waffenstillstandsabkommen und Friedensverträgen die Sicherheit der beteiligten Parteien garantieren. Auch das Verhältnis von Herrschern und ihren zivilen und militärischen Untertanen kann mit einem Eid auf verlässlichen Grund gestellt werden.[1]

1.2 In den Vollzügen des *Rechtswesens* kommt dem Eid große Bedeutung zu. TestGad 6,4 und TestAss 2,6, die Qumrantexte, Philo, Josephus und die Rabbinen kennen den Reinigungseid, der seine Grundlage in der Schrift und Analogien im Rechtsleben der römisch-hellenistischen Umwelt hat. Mit seiner Hilfe kann man sich vom Verdacht der Veruntreuung fremden Eigentums reinigen. Er ist unerlässlich, wenn es darum geht, das rechtliche Zusammenleben von Männern und Frauen oder Nachbarn zu regeln. Im Verhältnis zwischen einem Vormund und den Personen, für die er die Verantwortung trägt, vermag der Eid ein vertrauensvolles Miteinander zu garantieren. Des Weiteren hat er prozessentscheidende Qualität. Neben diesem, vornehmlich auf biblischer Überlieferung fußenden Eid kennen Philo und die Rabbinen Eide, die sich nicht in der Bibel, wohl aber im griechisch-römischen Umfeld finden. Nach Philo müssen Richter schwören, bevor sie zu Gericht sitzen können. Die Rabbinen kennen einen der griechischen ἐξωμοσία vergleichbaren Eid der Zeugen.[2]
Jüdische Papyri lassen darüber hinaus erkennen, dass bei in Ägypten lebenden Juden spezielle schriftliche Eide in Verträgen ihren Ort haben. Von Juden, die in der Nähe des Toten Meeres zu Beginn der 2. Jh. n.

---

[1] Vgl. II / 1.3; 2.1; 5.2.6.
[2] Vgl. II / 1.3; 4.3.1.1; 6.1.2.1.

Chr. unter römischer Herrschaft leben, kennen wir beeidete Steuererklärungen, die in der Formulierung ganz dem auch sonst in Papyri belegten Usus entsprechen.

1.3 Im explizit *religiösen Bereich* hat der Eid ebenfalls seinen Ort. Hier garantiert er die Verlässlichkeit von Beziehungen. So schwört Gott den Vätern und seinem Volk die Treue in Gegenwart und Zukunft. Dies erzählt man dem Gefälle der biblischen Vorgaben folgend in den zwischentestamentlichen Texten, in Qumran, bei Philo und den Rabbinen - nicht aber bei Josephus. Auf menschlicher Seite entspricht dem nach Philo und den rabbinischen Texten eine ebenfalls eidlich bestätigte Treue zur Tora. Für die Essener und die Qumrangemeinde konkretisiert sich dies beim Eintrittseid, den die ablegen müssen, die in die Gemeinschaft aufgenommen werden wollen.[3] Er macht die Mitglieder zu einer im wahrsten Sinne des Wortes „eingeschworenen" Gemeinschaft und inauguriert nach dem Zeugnis der Qumrantexte das dem Gottesbund gemäße Leben derer, die ihn ablegen.[4]

1.4 Außerhalb dieser klar umgrenzten Kontexte scheint der Eid im *Alltagsleben* „in aller Munde" zu sein, wie vor allem Philo beklagt. Er ist dort von einer bloßen Absichtserklärung oft nicht mehr zu unterscheiden oder wird gar zur simplen rhetorischen Figur ohne jede Bedeutung. Was Hirzel für den griechischen Bereich beschreibt, scheint im Judentum um die Zeitenwende herum nicht wesentlich anders gewesen zu sein: „Es ist längst aufgefallen, wie oft bei den Griechen im öffentlichen und privaten Leben geschworen wurde. [...] Durch den häufigen Gebrauch nutzten sich die Eide ab: und mehr noch als bei anderen Völkern beobachten wir bei den Griechen, dass alte Eidesformeln zu bloßen Füllstücken der Rede herabsinken, zu rhetorischen Floskeln ausgehöhlt werden oder als Adverbien der Bekräftigung erstarren."[5]

So zeigt sich der Eid einerseits als eminent wichtiger Bestandteil vor allem des Rechtslebens, von dessen Unverbrüchlichkeit die Verlässlichkeit zwischenmenschlicher Rechtsbeziehungen abhängt. Zugleich wird er durch inflationären Gebrauch zum Problem.

7.2 Schwur und Eid in der kritischen Reflexion

Die Reflexion über das *Wesen* des Eides wird im antiken Judentum vor allem bei Philo greifbar. Mit beeindruckender Konsequenz hält er an sei-

---

[3] Analoge Eide ließen sich im griechischen Vereinswesen ausmachen (II / 1.3).
[4] Vgl. II / 3.2.1.
[5] Hirzel (1902), 85. Vgl. II / 4.3.2.

ner Definition des Eides als „Zeugnis Gottes in strittigen Angelegenheiten" fest. Damit spricht Philo aus, was nach gemeinantikem Verständnis
für die meisten Eide „ob ausdrücklich erwähnt oder nicht" gilt, nämlich
dass „ein Eid die Wirkungssphäre Gottes" aktiviert.[6] Mit dem Eid wird
Gott als Zeuge (μάρτυς) oder wie Josephus sagt, als Mittler (μεσίτης) in
menschliche Belange involviert. Das Heilige bekommt Kontakt mit dem
Profanen. Und so wird mit jedem Schwur der heilige Gott der Gefahr der
Profanierung ausgesetzt. Diese Entweihung wird nun vollends durch den
falschen Schwur vollzogen, wie das Damaskusdokument, Philo und die
Rabbinen betonen.

Gott vor dieser - auch für den Menschen vernichtenden - Profanierung zu
schützen, erweist sich als das zentrale Anliegen Philos, der Qumrangemeinde und der Rabbinen beim Nachdenken über den Eid. Deshalb
mahnen sie selbstverständlich vor dem Falschschwur, der höchster
Gottlosigkeit oder rabbinisch gesprochen schwerster und in diesem Leben unvergebbarer Sünde gleichkommt. Sie mahnen aber auch schon vor
seiner Vorstufe, nämlich dem unbedachten, leichtfertigen Schwören, das
ein eindeutiges Gefälle hin zum Falschschwören hat. Folgende Konsequenzen werden erwogen und zum Teil auch durchgesetzt:

2.1 Der Schwur soll unbedingt *wahrhaftig* sein. Dies schärfen alle Textkorpora ein. Ein einmal abgelegter Eid muss unbedingt gehalten werden.
Diese Treue zum Eid kann ihrerseits zu erheblichen Problemen führen.
Im Juditbuch und in Josephus' Wiedergabe von Ri 21 wird deutlich, dass
manche (Josephus nennt sie „die Älteren") davon ausgehen, dass ein Eid
auch dann zu halten ist, wenn er dem, was ethisch eigentlich geboten wäre, widerspricht. Dieser Konflikt zwischen Eid und Ethik wird im Juditbuch zugunsten des Eides entschieden. Auch Eva fühlt sich nach VitAd
20,3 auch dann noch durch ihren dem Satan gegebenen Eid gebunden,
als sie die verheerende Konsequenz ihrer Tat schon längst erkannt hat.
Dahinter verbirgt sich eine quasi magische Auffassung vom Eid, der,
einmal abgelegt, eine nicht mehr zu revidierende Realität schafft. Gegenüber diesem Verständnis entwickelt sich mehr und mehr eine Auffassung, die den Eid in den Rechtsraum der Tora einbindet. An ihr hat die
Geltung eines jeden Eides ihre Grenze, sagt man in Qumran. Diese Position vertreten Philo und selbstverständlich auch die Rabbinen, wobei die
schammaitische Richtung zumindest im Einzelfall der konservativeren
Eidauffassung zuzuneigen scheint (vgl. mNed 3,4). Die Schule Hillels
erlaubt hingegen bei Gefahr für Hab und Gut und Leben sogar den

---

[6] Vgl. Seebaß (1982), 377. Nur ganz am Rande begegnen andere Schwurmodelle
(z.B. der Kautions-Eid) (vgl. II / 6.3 Anm. 81).

Meineid.[7] Die Analogie zwischen Gelübden und Eiden macht es möglich, über die grundsätzliche Auflösbarkeit von Eiden nachzudenken.[8]

2.2 Das Schwören wird begrenzt. Nur an bestimmten *Orten* - vornehmlich vor Gericht - darf geschworen werden. So entscheiden im Blick auf den Reinigungseid die Qumrangemeinde, Philo, die Rabbinen aber auch schon die Halacha, die Josephus vor Augen hat. Auch die Zahl der möglichen *Schwuranlässe* wird begrenzt, schon bei Philo, noch deutlicher bei den Rabbinen. Des Weiteren darf keineswegs jeder *Mensch* in jeder Verfassung schwören, bestimmte Voraussetzungen müssen gegeben sein, damit man überhaupt schwören darf. Einzelne (TestGad 6,4; Rabbi Ischmael) gehen so weit, bestimmte *Schwurarten* überhaupt abzuschaffen, selbst wenn die Tora sie kennt.[9]

2.3 Man verzichtet auf das Schwören und greift an seiner Stelle auf das verwandte, aber weniger „gefährliche" *Gelübde* zurück, da das Gelübde ohne Anrufung Gottes Verbindlichkeit schafft. Diese Tendenz bezeugen vor allem die tannaitischen Texte. Die Verwandtschaft von Gelübden und Eiden, die schon in der biblischen Überlieferung aufschimmert, macht dies möglich.

2.4 Die Anrufung Gottes im Eid ist es, die Gott der möglichen Profanierung aussetzt. Deshalb sucht man nach Wegen, Gott im Eid nicht zu benennen. *Ersatzformeln* schaffen eine schützende Distanz zwischen ihm, dem Heiligen, und der profanen Realität, die mittels des Schwures geordnet werden soll. Zugleich bedarf der Eid aber seinem Wesen nach eines Bezuges zu Gott. Ersatzformeln vermögen beides zu garantieren - Kontakt und Distanz. Die Qumrangemeinde empfiehlt den Gebrauch solcher Formeln, ebenso Philo. Mit dem Rückgriff auf Ersatzformeln, die eine bestimmte Beschaffenheit haben müssen, kommt jedoch die Frage auf, was eine Ersatzformel ist und was nicht. Diese Frage scheint vor allem im ersten nachchristlichen Jahrhundert virulent gewesen zu sein. Sie spiegelt sich in VitAd 19 und wird vor allem in der rabbinischen Literatur im Blick auf Schwur- und Gelübdeformeln ausführlich diskutiert. Bei den Rabbinen gewinnt letztlich die Tendenz, den Kreis der möglichen Ersatzformeln zu erweitern und diese dem eigentlich Ge-

---

[7] Bei den Tannaiten wird weiterhin sichtbar, dass der Eid nicht mehr durchgängig als Sprachhandlung verstanden wird, die aus sich heraus Wirklichkeit setzt. Vorgeordnet erscheint zuweilen der ordnende Wille der tannaitischen Gelehrten. Nur wenn sie es beschließen, kommt ein bindender Eid zustande (II / 6.1.2.1; 6.4.3.3.3).
[8] Vgl. z.B. II / 3.2.4.
[9] Vgl. II / 2.2.2; 6.1.1.

meinten gleichzustellen die Oberhand. Dadurch werden die Ersatzformeln ihrer entschärfenden Qualität beraubt.[10]

2.5 Die wirksamste Art, die Heiligkeit Gottes vor jeder Entweihung zu schützen, ist selbstverständlich der totale *Verzicht auf das Schwören*. Dies sieht Philo in aller Deutlichkeit.[11] Auf der anderen Seite bedeutet das aber, dass der Eid als wirksames Mittel des Rechtsschutzes ausfällt und dem, der im Recht ist, möglicherweise Unrecht geschieht. Diese Konsequenz scheut Philo.

Die Rabbinen haben sie ebenfalls gesehen und haben sogar Menschen vor Augen, die - ähnlich wie die Schüler des Pythagoras - freiwillig auf ihr Recht verzichten und finanziellen Schaden dem rechtmäßigen Schwur vorziehen. Diesem Verhalten geben sie Raum und schaffen Anreize dafür, indem sie dem finanziellen Schaden eine vielfache Entschädigung gegenüberstellen.[12] Einige Traditionen in der tannaitischen Zeit fordern - vorbereitet z.B. von Sir 23,9ff und Pseudo-Phokylides 16f - expressis verbis zum Schwurverzicht auf. Um dem Schwören überhaupt entgegen zu wirken, machen sie dieses ohnehin gefährliche Instrument noch gefährlicher - und schieben jeder möglichen Entschärfung (z.B. durch Ersatzformeln) einen Riegel vor. Meineid wird - wegen der damit verbundenen Entweihung des Namens Gottes - zu einer Sünde erklärt, die in diesem Leben nicht vergeben werden kann.[13]

Des Weiteren führen die Rabbinen eine neue Variante des Schwures ein, die genauso sanktioniert wird, wie ein falscher Schwur, die sog. שבועת שוא, den Nichtigkeitsschwur. Jeder Schwur, auch einer, der der Wahrheit entspricht, steht in der Gefahr, ein solcher Nichtigkeitsschwur zu sein - will man es vermeiden, einen solchen abzulegen, so bleibt nur der totale Verzicht auf das Schwören.[14]

Diese unterschiedlichen rabbinischen Maßnahmen führten dazu, dass spätestens um das Jahr 150 herum ein strukturelles Schwurverbot geschaffen war, das sich in der amoräischen Epoche weiter verschärft hat.[15]

---

[10]   Vgl. II / 6.3.
[11]   Vor ihm zeigt sich schon bei Sirach und Pseudo-Phokylides eine sehr deutliche Tendenz zum Schwurverbot (II / 2.2.1; 2.2.5).
[12]   Indem sie nämlich die Strafzahlung, die der wirkliche Dieb dem Eigentümer zu leisten hätte, dem zusprechen, der zu unrecht verdächtigt auf den Schwur verzichtet und statt dessen den Wert des anvertrauten Gutes aus eigenen Mitteln erstattet (II / 6.2.3).
[13]   Vgl. II / 6.2.1.
[14]   Dies bereitet sich schon bei Sirach (23,11) und Pseudo-Phokylides 16f vor.
[15]   Vgl. yShevu 6,5 (37a) und II / 6.2.4 Anm. 74.

7.3 Die zeitliche Verortung der Diskussion um Schwur und Eid

Vergleichen wir die eben skizzierten Diskussionen um den Eid und das kritische Bewusstsein ihm gegenüber mit den biblischen Vorgaben, so fällt auf, dass sich die Belege für das Schwören in den Schriften der hebräischen Bibel allesamt unter die erste Überschrift dieser Zusammenfassung („Schwören als selbstverständlicher Bestandteil der Lebenswelten") subsumieren lassen. Problematisch ist dort nicht der Schwur überhaupt, sondern allein der falsche bzw. nicht gehaltene Schwur.[16] Eine kritische Reflexion über den Eid findet sich nicht. Diese setzt erste in den griechisch überlieferten Schriften des Alten Testaments - vor allem bei Jesus Sirach - ein und nimmt zu, je weiter wir auf der Zeitleiste fortschreiten. Einen deutlichen Höhepunkt erfährt die Reflexion bei dem in Alexandria lebenden Philo. Josephus spiegelt sie in den letzten Jahrzehnten des ersten Jahrhundert n. Chr. vor allem in den Essenerreferaten. Die frühen Rabbinen setzen sie fort und bringen sie zu einem vorläufigen Abschluß.

Will man diesen Befund deuten, dann spricht viel für die Annahme, dass gerade im Kontakt mit der hellenisierten Welt der Eid im Judentum zum Problem wird.[17] Möglicherweise stellt er aber auch die Mittel zu seiner Lösung bereit. Vor allem bei Philo zeigen sich immer wieder Berührungen mit der paganen (kritischen) Reflexion über den Eid.[18] Dabei fällt auch auf, dass nur bei bestimmten Denkfiguren Analogien aufzuzeigen sind. Allein die theologisch motivierte Eidkritik der Griechen lässt sich vergleichend heranziehen. Die übrigen eidkritischen Tendenzen[19] finden sich jüdischerseits nicht. Will man die bestehenden Analogien im Sinne eine Beeinflussung aus dem griechischen Bereich interpretieren, so müssen wir von einer eigenständigen *„interpretatio judaica"* der griechischen Eidreflexion ausgehen. Diese zentriert sich um das dritte Gebot

---

[16] Vgl. Kottsieper (1993), 985. Allenfalls in den späteren Schichten des AT spiegelt sich ein gewissen Problembewusstsein dem Eid gegenüber: Der promissorische Eid findet sich nur noch im Munde Gottes, allein er kann über die Zukunft Verlässliches aussagen (II / 1.2).

[17] Dies kann man den Texten deutlich abspüren, die vom Eid in der Begegnung zwischen Juden und Heiden erzählen. Aus jüdischer Perspektive erscheint es offenbar überaus bemerkenswert, dass die Heiden sich nicht an ihre Eide halten (1 Makk 7,18; 2 Makk 15,10; Weish 14,28). Selbst wenn man berücksichtigt, dass diese Quellen die Ereignisse nicht einfach neutral wiedergeben, bleibt der Befund auffällig, dass es gerade der leichtfertige Umgang mit dem Eid ist, der zur Negativcharakterisierung der Heiden herangezogen wird.

[18] S.A. Loewenstamm (1976), 488 schreibt im Blick auf die kritische Eidreflexion im Judentum: „Ihre Auslegung (die der Rabbinen, M.V.) wird verständlich auf dem Hintergrund einer ethisch-religiösen Bewegung, die sich grundsätzlich gegen das Schwören wandte. Diese Bewegung begann schon in Griechenland im 6. Jh. v.d.Z. und gewann in der hellenistischen Zeit Anhänger in Israel".

[19] Vgl. dazu II / 1.3.

und bedenkt den Eid konsequent von der Heiligkeit Gottes und seines
Namens her.

Welche Auswirkungen hatte diese Reflexion? Betrachtet man die spätere
rabbinische Literatur, so findet man immer wieder Indizien dafür, dass
trotz der kritischen Einstellung zum Schwören in den Quellen, weiter geschworen wird.[20] Zeitgleich zu dieser Reflexion finden wir den Eid bei
Juden in Arabien und in Ägypten.

Die rabbinischen Bemühungen und die ihrer Vorgänger hatten also nur
einen (auch lokal) begrenzten Erfolg. Andererseits lässt sich von der
amoräischen Zeit an das Schwurverbot bis in die neueste jüdische Literatur hinein verfolgen, und es hat seine Spuren im Prozessrecht des
Staates Israel hinterlassen.[21]

---

[20] Vgl. Lieberman (1942), 120ff (mit Beispielen).

[21] So soll nach dem „Rules of Evidence Amendment Law" von 1980 niemand unter
Eid vor Gericht aussagen müssen. Diesem Gesetz ging eine ausführliche Diskussion
über die Zulässigkeit von Eiden nach der jüdischen Tradition voraus. Diese zeichnet
Elon (1994), 1697-1707, gründlich nach.
Diese ambivalente Wirkungsgeschichte des rabbinischen Schwurverbotes entspricht
ganz genau der Wirkungsgeschichte, die das Schwurverbot der Bergpredigt in der
christlichen Tradition hatte (vgl. dazu Haraguchi (1991), 18ff).

III
Schwur und Eid im Matthäusevangelium

1. Mt 5,33-37 im Kontext der Kommentarworte (Mt 5,21-48)

1.1 Die Kommentarworte

Wenden wir uns nun den Aussagen über das Schwören im MtEv zu. Dem Fragehorizont dieser Arbeit entsprechend richtet sich das Hauptaugenmerk dabei auf die Ebene der matthäischen Redaktion. Die Schwurperikopen werden also primär als *matthäische* Texte gelesen. Von dieser Textebene aus wird dann zuweilen nach möglichen Vorstufen der Überlieferung bis hin zu einem Ansatz beim irdischen Jesus zurückgefragt. Dies lässt die Tendenzen der matthäischen Behandlung dieser halachischen Frage noch deutlicher zutage treten.

Wir beginnen mit den Texten, die das Schwören direkt thematisieren (Mt 5,33ff und Mt 23,16ff) und fragen im Anschluss, wie sich dazu die Perikopen verhalten, die vom Schwören eher beiläufig erzählen (Mt 14,7.9; 26,63; 27,74).

Bei Mt 5,33-37 handelt es sich um die vierte der sechs Redeeinheiten, für die sich in der in der Forschung die Bezeichnung „Antithesen" eingebürgert hat.

H. Frankemölle vermutet unter Berufung auf einen Hinweis von K. Wengst den Ursprung der „Benennung der Verse Mt 5,21-48 mit diesem Begriff" bei Marcion (308f).[1] In die „orthodoxe" exegetische Literatur zu diesen Versen von der alten Kirche bis in die Neuzeit hinein hat er in der Folge allerdings keinen Eingang gefunden, nirgends werden diese Verse nach Marcion „Antithesen" genannt – und auch bei Marcion sind matthäische Texte nur ganz am Rande behandelt.[2]
Erst im 19. Jahrhundert findet der Begriff Antithese im Zusammenhang mit Mt 5,21ff Verwendung. Das lässt vermuten, dass bei der Begriffsbildung stärker noch als Marcion der philosophische Sprachgebrauch des 18./19. Jahrhunderts Pate gestanden hat. In diesen führt ihn - wohl vermittelt durch kontroverstheologische Streitschriften des 17. Jahrhunderts[3] - prominent I. Kant ein. In der „Kritik der reinen Vernunft" (1781 und 1787) stehen sich „Thesis" und „Antithesis" gegenüber.[4] Nach Kant greift J.G. Fichte im „Grundriß des Eigentümlichen der Wissenschaftslehre in Rücksicht auf das theoretische Vermögen" (1795) diesen Begriff auf, um damit u.a.

---

[1] Vgl. Frankemölle (1998), 308f.
[2] Marcion verwendet hauptsächlich Stellen aus Paulus und Lukas – wohl aber formuliert er Mt 5,17 in seinem Sinne um (vgl. von Harnack (1924), 80).
[3] Vgl. Hinske (1971), 416 und Blasche / Thiel (1980), 136.
[4] Vgl. Kant, Werke 4, 412ff.

die auf die ursprüngliche Setzung des Ich folgende Setzung eines Nicht-Ich zu bezeichnen.[5] G.W.F. Hegel erwähnt wohl unter Bezugnahme auf Fichte das Wort „Antithese",[6] wenngleich weniger häufig als gemeinhin angenommen.[7]
Deutlich ist damit, dass der Begriff „Antithese" in der Philosophie des 18. / 19. Jahrhunderts eine gewisse Rolle spielt, und so nimmt es nicht wunder, dass gerade ein
Exeget, der in dem Ruf steht, er habe „in der Hegelschen Philosophie das Instrument" entdeckt, „das ihm für seinen Zweck unvergleichlich tauglich schien"[8], ihn
wohl zuerst an das MtEv heranträgt. Im Jahr 1847 schreibt F.C. Baur (1792 – 1860)
in den „Kritischen Untersuchungen über die kanonischen Evangelien, ihr Verhältnis
zueinander, ihren Charakter und Ursprung" zu Mt 5,17-48: „Nach diesem emphati-
schen Eingang wird nun unmittelbar die Hauptidee der neuen Religionsökonomie in
ihrem Verhältnis zur alten in dem Hauptsatze dargelegt, daß die alte sowenig durch
die neue aufgehoben werden soll, daß sie vielmehr nur der substanzielle, geistige,
sich ewig gleich bleibende Inhalt der alten sey V. 17-19. Dies wird antithetisch ausgeführt durch Nachweisung des sittlich Inadäquaten in der pharisäischen Gesetzlichkeit und Gesetzesauffassung, welche in sechs Beispielen oder charakteristischen Zü-
gen näher vor Augen gelegt wird"[9].
Das Adverb „antithetisch" dient hier noch nicht zur Benennung dieser Perikope, es
beschreibt vielmehr das rhetorische Stilmittel, das der Evangelist zur Erläuterung
seiner Idee verwendet. Entsprechend kann Baur den Begriff auch in anderen Zusammenhängen verwenden. So stehe das Lukasevangelium in einer „antithetischen
Beziehung zum Matthäus-Evangelium"[10].
In den 1864 posthum herausgegebenen „Vorlesungen über die Neutestamentliche
Theologie" nimmt Baur mit diesem Begriff eine Verhältnisbestimmung von Jesu
Lehre und „pharisäisch-mosaischer" Religiosität vor: „Da wir nun alles dies als Antithese gegen die mosaisch-pharisäische Religiosität und Sittlichkeit zu nehmen ha-
ben, so scheint der oberste Grundsatz der Lehre Jesu in ihrem Unterschied zum Mo-
saismus nur so bestimmt werden zu können, dass allein die Sittlichkeit der Gesin-
nung es ist, was dem Menschen seinen absoluten sittlichen Werth vor Gott gibt."[11]
Wenig später fährt Baur fort: „Wie verhält sich nun aber, muss man fragen, zu dieser
Antithese zum Gesetz die von Jesu behauptete Identität seiner Lehre mit dem Gesetz?" (48f) Hier ist die Tendenz dazu, die matthäischen Verse selbst - genauer Jesu
Stellungnahmen zu den von ihm zitierten Vorgaben - Antithesen zu nennen, schon
weiter fortgeschritten. Aber sie herrscht immer noch nicht vor.
In seinem Pauluskapitel schreibt Baur: „...so kann es nicht anders sein, als dass das
wesentliche Element seines Lehrbegriffs die Antithese gegen das Judenthum ist"
(132). Baur fragt: „Wie beweist der Apostel seine Behauptung als Antithese gegen
die These des Judentums?" (134). Seine Lehre von der Rechtfertigung aus Glauben
will Paulus „nicht blos der These des Judentums" als „Antithese gegenüberstellen"

---

[5] Vgl. Fichte, Werke 1, 529.
[6] Vgl. Hegel, Werke 4, 24.
[7] Die Trias „Thesis, Antithesis und Synthesis" gilt allgemein als Charakteristikum
der Philosophie Hegels (so im Zitat von Thielicke (1988), 474). Der Sache nach trifft
das zu, doch spricht Hegel selbst wesentlich häufiger von „setzen" und „entgegenset-
zen" (vgl. a.a.O. 40, 45, 47 u.ö.).
[8] Barth (1981), 450.
[9] Baur (1847), 584.
[10] Baur (1847), 589.
[11] Baur (1864), 48.

(163f), er will sie in ihrer Wahrheit auch für Juden einleuchtend dartun. Aus diesem Grund argumentiert er mit der Schrift (164).

In jedem Fall scheint es F.C. Baur gewesen zu sein, der als erster im Zusammenhang mit Mt 5,21-48 von „Antithesen" gesprochen hat, allerdings noch recht unspezifisch und ohne den Begriff allein auf diese Verse anzuwenden. Nur sehr langsam setzt sich diese spezielle Verwendung nach Baur durch. Die großen Kommentare des ausgehenden 19. und frühen 20. Jahrhunderts überschreiben die entsprechenden Texte im MtEv mit: „Erklärung des" N.N. „Gebotes"[12]; „Die Gesetzesauslegung Jesu"[13]; „Das alte Gebot und die neue Gerechtigkeit"[14]; oder nennen die entsprechenden Verse schlicht „Beispiele" für das, was der matthäische Jesus in 5,17-20 grundsätzlich ausführt.[15] Erst der Kommentar von Klostermann und Gressmann wählt als Überschrift über die einzelnen Texte „Antithesen".[16] Bis dahin begegnen die Antithesen als Sammelbegriff für Mt 5,21-48 nur ganz vereinzelt.[17]

Aber auch nach dem Kommentar von Klostermann und Gressmann verbindet sich mit Mt 5,21-48 nicht automatisch der Begriff „Antithesen". Erst der Kommentar von Julius Schniewind (1.Aufl 1936) spricht wieder von „sogenannten ‚Antithesen‘,", in deren Form dieser Abschnitt verläuft.[18]

Als ein bedeutendes Glied in dieser Entwicklung dürfte R. Bultmann zu nennen sein, der schon in seinem 1926 erscheinen Jesusbuch von „großen Antithesen" spricht, in denen in Mt 5,21-48 „das Neue dem Alten entgegengestellt" werde.[19] Schon in der Erstauflage der „Geschichte der synoptischen Tradition" findet sich der gleiche Sprachgebrauch.[20]

Es ist wohl kaum möglich, eine lückenlose Geschichte dieses Begriffs in der Exegese von Mt 5,21-48 zu schreiben. Er scheint im 19. Jh. - angeregt durch die Philosophie - gleichsam in der Luft gelegen zu haben, Baur greift ihn auf und wendet ihn mit je unterschiedlichen Akzenten u.a. auf diese Verse an. Danach scheinen vor allem die auflagenstarken Werke von Klostermann/Gressmann, Bultmann und Schniewind zu seiner Verbreitung beigetragen zu haben.

Der Begriff Antithese suggeriert in jedem Fall ein als *Gegensatz* zu bestimmendes Verhältnis der Stellungnahme Jesu zu der vom ihm zitierten Vorgabe. Ob dies den Texten angemessen ist, ist in jedem einzelnen Fall zu fragen. Ich greife daher einen Vorschlag Klaus Haackers[21] auf und wähle den neutraleren Begriff „Kommentarworte".

Die Kommentarworte stehen im Zentrum der Diskussion um die Verortung des MtEv im Judentum bzw. gegenüber dem Judentum.[22] Ihre Form

---

12 Weiss (1890), 107.
13 Weiss (1902), 35.
14 Weiß (1907), 269.
15 So Holtzmann (1901), 208ff.
16 Klostermann / Gressmann (1909), 18ff.
17 Vgl. z.B. Holtzmann (1897), der nur in einer Fußnote von den „Antithesen der Bergpredigt" spricht (155, Anm. 3) und Wiesen (1902), 338.
18 Schniewind (1954), 57.
19 Bultmann (1926), 84.
20 Vgl. Bultmann (1995), 350 (vgl. 1. Auflage (1921), 82 bezogen auf die jesuanische Stellungnahme zur These; 196 spricht von „Antithesen zur Gesetzesfrömmigkeit").
21 Vgl. Haacker (1997), 65 und (1992), 49.
22 Vgl. Aguirre (1993), 247; Cuvillier (1993), 44; Broer (1998), 105.

und ihr jeweiliger Inhalt werfen die Frage nach der Haltung des mt Jesus zum Gesetz auf. So wertet z.B. J. Schneider das absolute Schwurverbot, das aus unserem Kommentarwort herauszulesen ist, als klares Indiz dafür, dass die mt Gemeinde sich außerhalb des Judentums befinde, da dieses ein so radikales Schwurverbot nicht kenne und angesichts der in der Tora gebotenen Eide auch gar nicht kennen könne: Durch das absolute Schwurverbot „wird die christliche Gemeinde von der jüdischen Praxis des Schwörens geschieden".[23]

Bevor wir die Verse 32-27 auf ihren Inhalt hin befragen und in die dargestellte innerjüdische Diskussion um Schwur und Eid einordnen, soll zunächst ihre Form untersucht werden, denn schon bei der Beschreibung der Form fallen Vorentscheidungen,[24] die der inhaltlichen Deutung eine bestimmte Richtung geben.

Die Gemeinsamkeiten und Unterschiede der sechs Perikopen lassen sich leicht anhand einer synoptischen Übersicht verdeutlichen[25]:

	I: 21-26	II: 27-30	III: 31-32	IV: 33-37	V: 38-42	VI: 43-48
Einleitung	Ἠκούσατε ὅτι ἐρρέθη τοῖς ἀρχαίοις,	Ἠκούσατε ὅτι ἐρρέθη,	Ἐρρέθη δέ,	Πάλιν ἠκούσατε ὅτι ἐρρέθη τοῖς ἀρχαίοις,	Ἠκούσατε ὅτι ἐρρέθη,	Ἠκούσατε ὅτι ἐρρέθη,
Vorgabe	Οὐ φονεύσεις· ὃς δ' ἂν φονεύσῃ, ἔνοχος ἔσται τῇ κρίσει.	Οὐ μοιχεύσεις.	Ὃς ἂν ἀπολύσῃ τὴν γυναῖκα αὐτοῦ, δότω αὐτῇ ἀποστάσιον.	Οὐκ ἐπιορκήσεις, ἀποδώσεις δὲ τῷ κυρίῳ τοὺς ὅρκους σου.	Ὀφθαλμὸν ἀντὶ ὀφθαλμοῦ καὶ ὀδόντα ἀντὶ ὀδόντος.	Ἀγαπήσεις τὸν πλησίον σου καὶ μισήσεις τὸν ἐχθρόν σου.
Jesu Stellung-nahme	ἐγὼ δὲ λέγω ὑμῖν ὅτι πᾶς ὁ ὀργιζόμενος τῷ ἀδελφῷ αὐτοῦ...	ἐγὼ δὲ λέγω ὑμῖν ὅτι πᾶς ὁ βλέπων γυναῖκα...	ἐγὼ δὲ λέγω ὑμῖν ὅτι πᾶς ὁ ἀπολύων τὴν γυναῖκα αὐτοῦ...	ἐγὼ δὲ λέγω ὑμῖν μὴ ὀμόσαι ὅλως...	ἐγὼ δὲ λέγω ὑμῖν μὴ ἀντιστῆναι τῷ πονηρῷ...·	ἐγὼ δὲ λέγω ὑμῖν, ἀγαπᾶτε τοὺς ἐχθροὺς ὑμῶν...

---

[23] Schneider (1954), 182. Ähnlich urteilt Haraguchi (1991), 127. Anders freilich Luz, der im Blick auch das Schwurverbot *des irdischen Jesus* ausführt: „Wie wenig Jesu Eidverbot als unjüdisch empfunden wurde, ergibt sich daraus, daß der Jude Josephus, der bei den Essenern grundsätzlichen Eidverzicht sieht, diese trotzdem für eine ganz hervorragende jüdische Philosophenschule hält" (Luz (1992), 284, Anm. 38). Bei seiner Deutung des Schwurverbotes in seiner matthäischen Fassung entscheidet er anders: „Durch die Antithesenform hat die Gemeinde angedeutet, daß das alttestamentliche Gottesrecht durch Jesu Verkündigung überholt wird" (285).

[24] Es ist schon relativ lange bekannt, dass es im Judentum zahlreiche Parallelen zu den Inhalten der Kommentarworte gibt (vgl. Strecker (1978), 70; weitere Autoren nennt Röhser (1995), 24). So ist es besonders ihre Form, die Anlass dazu geben könnte, sie trotzdem aus dem im damaligen Judentum Üblichen herauszunehmen (vgl. Strecker (1978), 70; Hengel (1987), 376).

[25] Zur Struktur der Kommentarworte vgl. Strecker (1978), 38f; Dumais (1995), 182f.

Nach einer Einleitung, die die Anwesenden[26] mit den Worten „ihr habt gehört"[27] / „es ist gesagt", an etwas erinnert, das (zu den Alten [These I und IV]) gesagt worden ist, wird der Inhalt dieses Gesagten im zweiten Teil angeführt. Dabei handelt es sich um ein Zitat aus der Tora (II: Ex 20,13; V: Ex 21,24[28]), ein Zitat aus der Tora, das mit einem Zusatz versehen ist (I: Ex 20,15[29]; VI: Lev 19,18[30]), eine freie Wiedergabe einer Torastelle (III: Dtn 24,1[31]) und um eine Collage aus verschiedenen

---

[26] Nach Mt 5,1 handelt es sich um das Volk und die Jünger (bisher sind berufen: Simon, Andreas, Jakobus und Johannes [4,18-22]). Damit unterscheidet sich die Bergpredigt von einer reinen Jüngerbelehrung. Das Volk Israel in seiner Gesamtheit ist angeredet (vgl. Wick (1998), 138). Zugleich ist zu beachten, dass die Gruppe der Jünger bei Matthäus nicht eine historische Größe ist, die von der Gemeinde, für die und aus der heraus das MtEv entstanden ist, unterschieden wäre. Diese Gruppe ist vielmehr transparent auf die aktuelle mt Gemeinde hin (vgl. Künzel (1978), 151). Diese aber setzt sich zusammen aus Juden und Menschen nichtjüdischer Herkunft. Wenn Matthäus Jesus seine Rede nun an die Menge des Volkes Israel und die Jünger richten läßt, dann bedeutet das, dass er Menschen aus der Völkerwelt in die halachische Unterweisung des Volkes Israel mit hinein nimmt und auch sie unter den Willen Gottes stellt. Bei der Besprechung der Verse 5,33-37 wird sich zeigen, dass Matthäus auf diese doppelte Zuhörerschaft auch in der Detailunterweisung in gewisser Weise Rücksicht nimmt. Vgl. unten III / 1.4.4 und 1.4.6.

[27] Fehlt in Vers 31.

[28] Der Vers wird nicht vollständig zitiert und im Unterschied zur LXX und zum MT werden die beiden Satzteile durch ein καί verbunden.

[29] Luz (1992) vermutet, der Zusatz sei „eine freie Wiedergabe der Rechtsordnung, wie sie in Ex 21,12; Lev 24,17, vgl. Num 35,16-18 niedergelegt ist. Jesus spielt also nicht auf eine zeitgenössische halachische Regelung an, die sich von einer alttestamentlichen Vorschrift unterscheidet" (252). Ähnlich Davies / Allison (1988), 511; Menninger (1994) 116 u.a. Die ältere protestantische Exegese sah hierin einen pharisäisch - rabbinischen Zusatz (vgl. z.B. Calvin, Opera 174f; Zahn (1922) 223f; Holtzmann (1901), 208f.

[30] Der Vers wird nur teilweise zitiert. Das folgende Gebot, den Feind zu hassen, findet sich nicht im AT und ebensowenig in der rabbinischen Tradition; vgl. Lapide (1982), 88f. Zu seiner Herkunft werden folgende Hypothesen in Erwägung gezogen: 1. Dieser Satz ist ein einschränkender Kommentar zum Liebesgebot, der so zu verstehen wäre: „...deinen Feind mußt du nicht lieben." (Jeremias (1971), 241). 2. Der Satz findet Anklänge in der zeitgenössischen jüdischen Überlieferung, besonders in den Qumranschriften (1QS 1,9-11; 9,21-22; 10,19-20; CD 2,14-16) aber auch bei Josephus, Bell 2, 139 (pagane Parallelen bieten Davies / Allison (1988), 549). Matthäus wendet sich dann entweder konkret gegen eine bestimmte Gruppe (so Davies (1966) 245-248) oder nimmt Bezug auf „eine populäre Maxime [...], nach der der Durchschnittsisraelit in Jesu Tagen sein Verhalten gegen Freund und Feind eingerichtet hat" (Bill I, 353). 3. Matthäus hat diesen Satz formuliert, weil er sich scheute, dem ihm wichtigen Liebesgebot (vgl. 22,39) eine Antithese gegenüberzustellen (Luz (1992), 310); 4. Dieser Satz verdankt sich matthäischer Redaktion und spiegelt den in der antijüdisch - antisemitischen Polemik der Antike verbreiteten Vorwurf, die Juden seien Feinde des Menschengeschlechts (Quellen nennt Noethlichs (1996), 64-67) (Dautzenberg (1988), 47ff).

[31] Nach Luz (1992) handelt es sich um „eine freie Umschreibung von Dtn 24,1 aus Mk 10,2-9" (269).

Schriftstellen bzw. Anspielungen darauf (IV: Lev 19,12; Num 30,3; Dtn 23,22-24; Sach 8,17; Ps 50,14[32]).

Daran schließt sich eine mit den Worten „ἐγὼ δὲ λέγω ὑμῖν" eingeleitete Stellungnahme Jesu an.

So klar der Aufbau dieser Perikopen ist, so diffizil sind die Probleme, die sich der Detailexegese stellen. Neben Fragen zur Entstehungsgeschichte der Spruchreihe, die ich in meiner Untersuchung weitgehend ausklammern werde,[33] sind dies Fragen danach, wozu der mt Jesus eigentlich Stellung bezieht (Tora oder zeitgenössische Auslegung) (1.1.1), wie das Verhältnis von Jesu Stellungnahme zum Vorangehenden zu bestimmen ist (Verschärfung, Aufhebung, Fortschreibung) (1.1.2) und schließlich danach, welcher Anspruch Jesu daraus abzuleiten ist (1.1.3).

1.1.1 Wozu nehmen die Kommentarworte Stellung?

Wie die oben gegeben Übersicht zeigt, sind die Ge- bzw. Verbote, zu denen Jesus[34] Stellung nimmt, keineswegs einheitlich. Wörtliche Zitate stehen neben freien Paraphrasen, Collagen aus Zitaten und / oder Anspielungen und Fortschreibungen, die den Schluss nahe legen, es werde eher auf Toraauslegung, denn auf Tora selbst Bezug genommen. Die Auslegungsgeschichte spiegelt diese Uneinheitlichkeit deutlich wieder.[35] Weite Teile der altkirchlichen und mittelalterlichen Auslegung sehen Jesus dem alttestamentlichen Gesetz das neue Gesetz z.T. durchaus in positiver Verhältnisbestimmung gegenüberstellen - das neue vollendet und erweitert das alte.[36] Demgegenüber legte die reformatorische Auslegung Wert darauf, dass Jesus sich nicht auf das alttestamentliche Gesetz beziehe, sondern auf eine zeitgenössische jüdische Auslegung, zu der er sich im Gegensatz sehe: „Die Pharisäer hatten dem Volke die verkehrte Meinung beigebracht, das Gesetz erfülle der, welcher nichts Gesetzwidriges getan hätte. Gegen diesen Verderben bringenden Irrtum ging Christus an...".[37]

---

[32] Vgl. dazu III / 1.4.1.

[33] Vgl. dazu den Forschungsüberblick bei Dumais (1995), 184ff.

[34] Der Schwerpunkt dieser Arbeit liegt auf der Behandlung des MtEv und seiner Halacha. Aus diesem Grund steht der *matthäische* Jesus (im Folgenden mt Jesus) im Zentrum der Aufmerksamkeit. Das versteht sich von selbst, wenn ich vom mt Jesus spreche, aber auch da, wo einfach von Jesus die Rede ist, geht es um Jesus in der Wahrnehmung des Matthäus. Zur Frage, ob das Schwurverbot Anhalt am irdischen Jesus hat, vgl. III / 1.3.

[35] Vgl. Holtzmann (1901), 208 und Luz (1992), 247f.

[36] Beispiele nennt Luz (1992), 247, Anm. 19f (z.B. Thomas von Aquin, Summa Theologica, 1/2 Frage 107, Artikel 2).

[37] Calvin, Inst. II, 8,7 (zitiert nach O. Weber). Zahlreiche neuere Vertreter dieser Auslegung nennt Dumais (1995), 188f.

Nun kann man kaum bezweifeln, dass in manchen der Kommentarworte (II und V) direkt auf ein Torazitat reagiert wird, so dass es schwer fällt, den Impuls, den die reformatorische Exegese gegeben hat, in allen sechs Kommentarworten konsequent durchzuhalten. Ja mehr noch, bei keinem der Texte[38] ist es zwingend notwendig, nichtbiblisches Material heranzuziehen (und damit explizit auf jüdische Auslegung zurückzugreifen).[39] Diese Beobachtung wird durch das einleitende „ἐρρέθη" unterstützt, das sich in allen sechs Texten findet. Es lässt sich als passivum divinum deuten: Der Sprecher ist dann niemand anders als Gott selbst.[40] Der mt Jesus setzt sein „ἐγὼ δὲ λέγω ὑμῖν" direkt mit dem Wort Gottes in der Tora in Beziehung und nicht mit einer zeitgenössischen Deutung. Das „τοῖς ἀρχαίοις" in Einheit I und IV weist in die gleiche Richtung, wenn man es mit der Mehrheit der Exegeten[41] auf das Volk Israel, das am Sinai stand, oder sich in Kontinuität dazu versteht, deutet.[42]

Nun kann man freilich ebenso wenig abstreiten, dass es für eine Ableitung aus alttestamentlichen Traditionen zuweilen eines erheblichen exegetischen Aufwandes bedarf. Wir stellen fest, dass für Matthäus bestimmte biblische Traditionen miteinander zusammenhängen, und dass er diese in bestimmter Weise fortschreibt oder solche Fortschreibungen widerspiegelt. Daraus folgt gegen eine Vereinseitigung der bisher refe-

---

[38] Selbst das sechste Kommentarwort läßt sich als Fortschreibung von Lev 19,18 verstehen.

[39] Vgl. Davies / Allison (1988), 506: „The content of 5,21, 27, 31, 33, 38, and 43 can be derived in every instance from the OT [...]. It is not necessary to rifle extracanonical literature for parallels".

[40] Vgl. Gal 6,16; Röm 9,12 und das „נאמר" der rabbinischen Literatur. So die Mehrzahl der Ausleger: Luz (1992), 249; Davies / Allison (1988), 506; Schlatter (1929), 165.

[41] Vgl. z.B. Schlatter (1929), 165; Luz (1992), 249; Davies / Allison (1988): „Here the generation in the wilderness is pre-eminently in view" (511). Die Formulierung lässt jedoch auch andere Deutungen zu. Nimmt man an, dass den Alten, im Hebräischen die „ראשונים" entsprechen, dann ist von Lev 26,45 primär an die Exodusgeneration zu denken (vgl. Sifra z.St., wo mit den ראשנים die Stämme Israels gemeint sind und PRK, p. 445). Schon P. Billerbeck bemerkte jedoch: „Der Begriff ist ein sehr weiter..." (Bill I, 253) und stellt sein weites Spektrum vor: a.) die Männer der großen Synagoge und ihre Nachfolger (ShirR 7,14); b.) Noah, die Erzväter, Mose und Josua (WaR 25,8); c.) diejenigen, die zur Zeit der Zerstörung des ersten Tempels lebten (bYom 9b); d.) die frühen Tannaiten (yDem 1,3 (21d)). Es ist erwogen worden, dass der Dativ als dativus auctoris zu lesen sei, dass also nicht Gott, sondern die Alten Sprecher des Folgenden wären (vgl. z.B. Bill I, 254; wohl auch Zahn (1922), 222f). Das ist philologisch möglich, wird jedoch dadurch unwahrscheinlich, dass in der Reaktion Jesu der Dativ den Empfänger und nicht den Sprecher bezeichnet (vgl. dazu Davies /Allison (1988), 511). Eine Einschränkung auf die Sinaigeneration allein gibt der Begriff jedoch in keinem Fall her.

[42] Vgl. Loader (1997), 172: „'You have heard that it was said to the ancients', alludes to God's word through Moses to the people of Israel"; vgl. zum Ganzen auch Röhser (1995), 27.

rierten Position, dass Matthäus nicht einfach Tora „an sich" zitiert - für ihn ist damit offenbar schon eine bestimmte Auslegung verbunden. *Text(e) und Textrezeption verbinden sich zu einem neuen Text*: „The most plausible explanation is that Matthew sees Jesus citing commandments as they were being heard, ie. interpreted"[43]. Diese Deutung, die aufgrund einer präziseren Wahrnehmung der antiken jüdischen Textrezeptionen, die nicht immer streng Text und Auslegung voneinander unterscheidet,[44] einen Mittelweg zwischen den Alternativen (Toratext *oder* Auslegung) zu beschreiten sucht, wird dem komplexen Textbefund am besten gerecht.

1.1.2 Das Verhältnis von „Vorgabe" und „Stellungnahme"

Der in der Exegese geläufige Sammelbegriff „Antithesen" impliziert ein bestimmtes Verständnis des Verhältnisses von Torathese und der Antithese, die Jesus formuliert: Jesus stellt sein Wort dem der Tora entgegen.[45] Auf der Ebene der Philologie wird eine adversative Deutung des „δέ" im Sinne von „ἀλλά" vorausgesetzt.[46] Ein kopulativer Gebrauch dieser Partikel ist hingegen auch möglich.[47] Dann wäre Jesu Reaktion als Fortschreibung, Explikation oder Präzisierung zu verstehen, nicht als Gegenthese zum Wort der Tora.[48]

---

[43] ebd.

[44] Vgl. dazu Kampen (1994), der unter Verweis auf 11QT und das Jubiläenbuch bemerkt, dass selbst „major legislative innovations are put in the mouth of God and delivered to Moses" (352). Eine strenge Scheidung von Bibeltext und Auslegung, wie sie in der heutigen Exegese angestrebt wird, vereinfacht den Befund. Vgl. Wouters (1992), 229f und 245; Frankemölle (1994), 222-225; Vgl. Theißen / Merz (1996), 325.

[45] So z.B. Menninger (1994): „The clause ἐγὼ δὲ λέγω ὑμῖν, which prefaces each antithesis [...], has an adversative, almost defiant tone about it." (115).

[46] Vgl. Snodgrass (1992), 374: „Most people treat these verses as if alla [...] were used, but this is to overplay the contrast".

[47] So Davies / Allison (1988), 507: „In Matthew, δέ, unlike ἀλλά, does not always signal a strong antithesis or contrast (see on 1.19 and note 16.18...) Besides ‚but', the particle can also mean ‚and yet' or even ‚and'; and the continuative function of δέ is well attested: 6.29; 8.10-11; 12.5-6." Vgl. Overman (1996), 81 und Mußner (1979), 190.

[48] R.E. Menninger hat zur Unterstützung einer adversativen Deutung von δέ folgende Argumente ins Feld geführt: 1. in 12,5-6 sei das δέ adversativ zu verstehen. Dazu ist zu sagen, dass der mit δέ angeschlossene Vers 6 dem vorangehenden gerade nicht widerspricht, sondern mit einem Qal-Wa-Homer Schluss eine bestimmte halachische Konsequenz daraus zieht. 2. Wenn es dem Matthäus um eine einfache Kontinuität gegangen wäre, dann hätte er καί gebrauchen können. Nun ist es allerdings so, dass zwischen einer einfachen Kontinuität und einem krassen Gegensatz noch erhebliche Nuancierungen möglich sind, die Mt mit δέ ausdrücken konnte. 3. Folgende Verse formulieren einen Gegensatz zum Gesetz mit δέ: 9,6; 12,3; 12,11; 15,3; 19,4; 19,9. Von diesen lässt allein 19,9 einen eventuellen Gegensatz zum Gesetz erkennen, die

Wie verhalten sich nun die Inhalte der Kommentarworte zu denen der Vorgaben? Widerstreiten sie der Tora oder explizieren bzw. verschärfen[49] sie sie? Diese Frage muss für jede Einheit gesondert beantwortet werden, wobei in der Forschung die Meinungen[50] auseinander gehen. M. Dumais hat in seinem Forschungsbericht zur Bergpredigt eine Übersicht über die Positionen und exemplarische Vertreter gegeben.[51]

Die Kommentarworte I, II und IV stellen eine Vertiefung („approfondissement") oder Radikalisierung („radicalisation") der zitierten These dar. Die Kommentarworte III, V und VI annullieren („annullent") das zitierte Gesetz[52]	Die Kommentarworte I, II und VI radikalisieren das Gesetz und halten es aufrecht, die Kommentarworte III, IV und V abrogieren („abrogent") das zitierte Gesetz
Bultmann (1995) Windisch (1937) Guelich (1976) Zumstein (1987)	Meier (1976)

Nach dieser Aufstellung ist besonders das Verständnis des IV. und VI. Kommentarwortes umstritten.[53] Was das dritte Kommentarwort anbelangt, so kann man trotz des nach Dumais hier vorherrschenden Konsenses fragen, ob die Stellungnahme der Vorgabe wirklich widerspricht, denn die Ehescheidung wird ja nicht völlig ausgeschlossen, sondern auf einen klar umrissenen halachischen Fall reduziert, so dass Jesu Stellungnahme zur These geradezu als eine halachische Präzisierung erscheint.[54] Dass auch das fünfte Kommentarwort (5,38-42) keinen wirklichen Gegensatz zum Gebot der Tora aufbaut, wurde erstmals von Tertullian vor-

---

übrigen Verse leiten einen Satz in hebraisierendem Stil als Nachahmung eines Imperfectum Consecutivum ein. 4. 5,18b schließt eine positive Anknüpfung aus. Mit diesem Vers (und seinem Kontext) werden wir uns noch eingehend beschäftigen. 5. Das ἀλλά in 5,17 sei „dramatically adversative", da 5,21 etwas weniger adversativ sein soll, verwendet Mt δέ. 5,17 ist in der Tat adversativ formuliert, wenn Mt nun nicht ἀλλά sondern δέ schreibt, signalisiert er damit nicht gerade, dass er eben keinen adversativen Anschluß wählt? Keines der Argumente Menningers spricht zwingend für eine adversative Deutung.

[49] Zu diesem Begriff vgl. Röhser (1995), 20ff.

[50] Vgl. Strecker (1978), 43ff. „ Die Grenzlinie zwischen Verschärfung und Aufhebung der Tora ist also nicht so klar zu ziehen..." (44). Strecker selbst sieht nur das dritte und vierte Kommentarwort im Widerspruch zum alttestamentlichen Gesetz (69).

[51] Vgl. Dumais (1995), 184.

[52] Dies ist die von U. Luz (1992), 245 sogenannte „Normalhypothese", die - von R. Bultmann aufgestellt - zahlreiche Anhänger gefunden hat (Vgl. die Aufzählung bei Röhser (1995), 21 Anm. 4).

[53] Dazu bemerkt Röhser (1995), 21: „Sieht man jedoch genauer zu, so ist in der 4. Antithese eigentlich beides miteinander verbunden (Schwur*verbot*, *Radikalisierung* der Wahrhaftigkeit), ähnlich in der 6. Antithese (*Radikalisierung* des Liebesgebotes, *Aufhebung* des Feindeshasses bzw. der Einschränkung der Nächstenliebe)".

[54] Vgl. Frankemölle (1998), 312. Zur Sache vgl. unten IV.3.

geschlagen[55] und wird in jüngerer Zeit von einer zunehmenden Zahl von Exegeten gesehen.[56] Wenn Jesus die konkrete Anwendung der lex talionis[57] im menschlichen Miteinander ablehnt[58], dann verwirklicht er damit gerade die ursprüngliche Intention dieses Gebotes, Rachetaten auszuschließen.[59]

Überblickt man die Diskussion, so kann man sagen, dass in der gegenwärtigen Exegese die Tendenz zunimmt, selbst die Kommentarworte III und V nicht mehr ohne weiteres als strikten Gegensatz zur These der Tora zu verstehen. Besonders weit geht R.H. Worth, der in seinem 1997 erschienenen Kommentar zur Bergpredigt die These aufstellt: „Jesus' *exclusive* intention was to reaffirm the teaching of the Pentateuchical law code"[60]. Diese These wird bei der Einzelexegese des vierten Kommentarwortes – dem ersten Text zur matthäischen Schwurhalacha - zu überprüfen ein.

1.1.3 Verbindet sich mit den Kommentarworten ein besonderer Anspruch?

Nun bleibt noch zu klären, inwieweit mit Jesu Stellungnahme zur Tora ein besonderer Anspruch verbunden ist. Die ältere Forschung hat die Redeeinleitung „ἐγὼ δὲ λέγω ὑμῖν" für diesbezüglich besonders aussagekräftig gehalten. Pointiert formulierte E. Käsemann: „Entscheidend ist [...], daß mit dem ἐγὼ δὲ λέγω eine Autorität beansprucht wird, welche neben und gegen diejenige des Mose tritt. [...] Dazu gibt es keine Paral-

---

[55] Tertullian, Adversus Marcionem 4,16.

[56] Vgl. z.B. Luz (1992), 297 und Broer (1994), 13ff wenngleich beide je unterschiedlich nuancierte Einschränkungen vornehmen.

[57] Vgl. Broer (1994), 1. Wichtige jüdische Parallelen für den Verzicht auf Rache sind JosAs 23,9 und TestGad 6,7. Nach dem Zeugnis der Quellen ist dieses Gebot übrigens niemals angewendet worden, vgl. Frankemölle (1994), 228.

[58] Davies / Allison (1988), 542 weisen darauf hin, dass die Anwendung der lex talionis im Endgericht durchaus erwartet wurde. Vgl. z.B. Röm 12,19.

[59] Vgl. Frankemölle (1994), 228f; Frankemölle (1998), 312 (dort weitere Literatur); Davies /Allison (1988), 542: „Also pertinent is the circumstance that, in its OT context, the *lex talionis* is probably intended to restrain vendettas: once equivalent compensation has been extracted, the matter is ended. If, then, Jesus goes on to prohibit revenge, where is the acute contradiction?".

[60] Worth (1997), 180; vgl. Karrer (1998), 266 „Als Gesetzesauslegung gelesen, bieten die Worte halachische (ethische) Entscheidungen. Meist verschärfen sie die gängige Tora-Auslegung."; vgl. Loader (1997), 173; Theissen / März (1996), 325; Frankemölle (1994), 225: „Der matthäische Jesus aktualisiert wie andere Toratheologen vor und nach ihm [...] die Tora..."; Saldarini (1994), 162: „The six so-called antithesis [...] are not understood by Matthew as changes in God's law, but as a more penetrating appreciation and obedience to the law. The actions encouraged are not violations of the law; they uphold the law". Fragt man von diesem Ergebnis zurück nach der angemessenen Deutung des „δέ" in Jesu Reaktion auf die These der Tora, so spricht nun nichts mehr für eine adversative Deutung dieses Anschlusses.

lele auf jüdischem Boden und kann es sie nicht geben. Denn der Jude, der tut, was hier geschieht, hat sich aus dem Verband des Judentums gelöst oder - er bringt die messianische Thora und ist der Messias."[61] Schon allein an der Redeeinleitung entscheidet sich für Käsemann also der messianische Vollmachtsanspruch Jesu, der ihn aus dem Judentum seiner Zeit herausgehoben haben soll.

E. Lohse hat sich gegen diese Deutung gewandt: Das „ἐγὼ δὲ λέγω" des mt Jesus sei dem rabbinischen „ואני אומר" vergleichbar, einer Formulierung, die die Rabbinen verwenden, „um eine Äußerung einzuleiten, die von der herrschenden Auffassung oder der Meinung eines anderen Gelehrten abweicht oder ihr widerspricht"[62]. Zur Begründung dieser Meinung werde von den Tannaiten dann auf Schriftstellen zurückgegriffen. Diese formalen Analogien, zu denen sich inhaltliche gesellen[63], ließen Lohse zu dem Schluss kommen, dass man Jesu „Ich aber sage euch" nicht „als Ausdruck eines messianischen Selbstbewußtseins"[64] erklären dürfe. Lohse sieht bei allen Analogien dennoch einen entscheidenden Unterschied darin, dass Jesus sich erstens nicht auf die Meinung anderer Rabbinen beziehe, sein Wort vielmehr direkt dem gegenüberstelle, was zu den Alten gesagt wurde, und zweitens zur Begründung seiner Aussage keine Schriftstellen heranziehe.[65]

M. Hengel hat wiederum an Lohse Kritik geübt: „Die Formel, die bisher nur in einem begrenzten Umfang nachgewiesen ist, lautet ‚ich aber sage' [...], während bei den zahlreichen jesuanischen λέγω-Formeln immer das Personalpronomen der 2.Pers. Plur. (oder Sing.) folgt, d.h. der kerygmatische Anredecharakter betont wird."[66] Gegen Hengel ist darauf hinzuweisen, dass die Redewendung „אני אומר לך / לכם" sehr wohl - wenn auch selten - in rabbinischen Quellen bezeugt ist[67], weshalb auf einen besonderen kerygmatischen Charakter des „ἐγὼ δὲ λέγω ὑμῖν" nicht geschlossen werden muss. Auch aus dem Bereich

---

[61] Käsemann (1960), 206.
[62] Lohse (1970), 196; Belege a.a.O., 195f.
[63] Lohse denkt vor allem an die Kommentarworte I, II und IV (197).
[64] Lohse (170), 197.
[65] Lohse (1970), 198f.
[66] Hengel (1987), 376. Hengel stimmt im Folgenden Käsemann zu und wendet sich gegen Streckers Zweifel an der Existenz einer messianischen Tora. Die Vorstellung einer messianischen Tora ist jedoch in der Tat mit Belegen in QohR 11,8; Sib 5,413-433 und syrBar 73 f erst später und dann auch nicht sehr breit belegt. Zur Kritik vgl. Räisänen (1986), 342ff und Vollenweider (1989), 308 Anm. 126. Zur ebenfalls selten belegten Erwartung partieller Änderungen an der Tora in der Endzeit vgl. Schäfer (1978), 209ff.
[67] Mit Anrede in der 2. Pers. Sing.: SifBam § 95 (Horovitz, 95); bAZ 18a; yYev 7,2 (8a); BerR 55,3 (Theodor / Albeck, 586) u.ö. Mit der Anrede in der 2. Pers. Plur.: ARN A 11,17; SifDev § 5 (Finkelstein, 13) u.ö.. Zu ergänzen wären noch die zahlreichen Belege, die nicht mit „אני", sondern mit dem entsprechenden „הריני" beginnen.

der nichtrabbinischen Literatur sind Äquivalente zusammengetragen worden (Spr 8,4; 24,23 LXX; äthHen 94,1.3), so dass man mit guten Gründen annehmen kann, dass mit der Redeeinleitung „ἐγὼ δὲ λέγω ὑμῖν" „keine besondere ‚messianische' oder gar ‚göttliche' Autorität Jesu gegenüber der Tora" begründet wird.[68]

Wie aber verhält es sich mit dem Befund, auf den E. Lohse hingewiesen hat, dass nämlich Jesus seine Stellungnahme zur Tora nicht mit Schriftstellen untermauert? Spricht daraus ein besonderes Selbstbewusstsein, das Jesus von seinen Zeitgenossen unterschieden hat?[69] Die Antwort auf diese Frage hängt davon ab, wie man die Entwicklung der Halacha in ihrem Verhältnis zum Wort der Schrift im frühen Judentum und besonders bei den frühen Rabbinen beurteilt. Wenn man wie in der älteren Exegese davon ausgeht, dass Schriftgelehrte (und Rabbinen) „Gesetz und Überlieferung auslegen"[70], dann wird man Jesus als in davon unterschiedener „unmittelbarer Autorität" sprechen hören. Nur, wird diese Sicht der Dinge der halachischen Entwicklung im frühen Judentum gerecht?

In den letzten Jahren stellt sich die Formel „Halacha ist gleich Schriftauslegung" zunehmend als zu einfach heraus. K. Müller hat das Verhältnis von Halacha und Schriftauslegung u.a. in 11QT, CD und Ant 4,271-274 untersucht und herausgearbeitet, dass die Halacha in keinem dieser Textkorpora aus einer Kommentierung des Toratextes gewonnen wird: „die Halacha hat im Frühjudentum schon beträchtlichen Abstand vom Wortlaut der Tora gewonnen"[71], sie wird unabhängig vom biblischen Text und manchmal auch gegen ihn[72] entwickelt, wobei aktuelle

---

[68] Vgl. Limbeck (1997), 133f; Röhser (1995), 31: „Die Einführungswendung zu den Antithesen [...] steht in einem breiten Strom autoritativer Rede im Frühjudentum". Es ist m.E. fraglich, ob hier überhaupt von einer Formel im Sinn einer geprägten Redeeinheit gesprochen werden sollte. Bedenkenswert ist jedoch der Hinweis Ch. Safrais (1999b), 70 die auf syntaktische Auffälligkeiten im Zusammenhang mit Rabbi Jehuda HaNasi hinweist, die Indiz für einen besonderen Vollmachtsanspruch dieses Gelehrten sein könnten (nur in seinem Munde begegnet die Wendung „אומר אני". Üblich wäre die umgekehrte Reihenfolge „אני אומר"). Hier hätten wir eine Analogie darin, dass einem besonderen Anspruch mit einer besonderen Redewendung bzw. auffälliger Syntax Ausdruck verliehen wird.

[69] Vgl. z.B. Hengel (1987), 376: „Es geht bei ihm nicht um die eigene schriftgelehrte Meinung in der ‚wissenschaftlichen' Diskussion, die dann noch durch die Schriftexegese begründet werden muss, sondern um das autoritative göttliche Offenbarungswort an den Hörer" oder Strecker (1984), 67: „Hier kommt ein hervorragender eschatologischer Anspruch zur Sprache...".

[70] Gnilka (1989), 79. Diese Sicht der Dinge prägt die Darstellung schriftgelehrter Halacha bis in die neuesten christlichen Jesusbücher hinein. So hält Jürgen Becker (1996) Halacha ihrem Wesen nach für „Schriftauslegung [...], torakonforme Weiterentfaltung und legitime Ausziehung des Sinnes der Tora" (344). Es bestehe ein unumkehrbares „Gefälle von der Tora zur Halacha" (ebd.).

[71] Müller (1992), 114.

[72] Ein bekanntes Beispiel für eine solche gegen das Gebot der Schrift aufgestellte Halacha ist die Hillel zugeschriebene Einrichtung des Prosbuls nach mShevi 10,3.

Praxis bzw. aktuelle Interessen den Ausschlag geben. Die tannaitischen Rabbinen haben ein deutliches Bewusstsein dafür, dass ein Teil der von ihnen entwickelten Halacha keinerlei Anhalt an der Tora findet, wie sie in den fünf Büchern Mose niedergelegt ist:

התר נדרים פורחין באויר, ואין להם על מה שיסמכו. הלכות שבת חגיגות והמעילות, הרי
הם כהררים התלויין בשערה, שהן מקרא מעט והלכות מרבות. הדינין והעבודות,הטהרות
והטמאות ועריות,יש להן על מה שיסמכו. הן הן גופי תורה:

Die [Halachot zur] Auflösung der Gelübde schweben in der Luft und sie haben nichts, worauf sie sich stützen.[73] Die Halachot bezüglich des Sabbats, der Festopfer und über die Veruntreuungen sind wie Berge, die an einem Haar hängen, denn [dazu] gibt es nur wenig Bibelstellen, aber viele Halachot. Die Prozessgesetze, die über den Tempeldienst, über Rein und Unrein und über illegitime Sexualität haben etwas, worauf sie sich stützen können. Diese und jene[74] sind Kernstücke der Tora[75]. (mHag 1,8)

Diese anonyme Tradition weiß darum, dass sich die Halacha in ganz unterschiedlicher Weise zur Schrift verhalten kann. Ihr Bezug dazu kann stärker oder schwächer sein - aber in keinem Fall ist der Schriftbezug für die Halacha konstitutiv. Des Weiteren ist die Fragerichtung dieses Textes bemerkenswert. Es hat den Anschein, als würde zuerst die halachische Tradition als gänzlich unabhängige Größe wahrgenommen. Am Anfang steht die Feststellung: Es gibt Halachot über das Auflösen von Gelübden usw. Erst in einem zweiten Schritt wird die Halacha dann an die Schrift herangetragen und man sucht nach Berührungspunkten.

Nach Dtn 15 soll es alle sieben Jahre ein Erlassjahr (שמטה von שמט „auf etwas Verzicht leisten, unbenutzt lassen" [Gesenius, 842]) geben, in dem bestehende Schulden nicht eingetrieben werden dürfen (15,2). Die rabbinische Überlieferung weiß nun zu berichten: „Als Hillel sah, daß das Volk sich weigerte, einander Darlehen zu gewähren und man übertrat, was in der Tora geschrieben ist ,Hüte dich, daß nicht in deinem Herzen ein arglistiger Gedanke aufsteige, daß du sprichst: Es naht das siebente Jahr, das Erlassjahr -, und daß du deinem armen Bruder [...] nichts gibst, etc.', führte er den Prosbul ein". Mit Hilfe dieses Institutes war es nun möglich, trotz anders lautender biblischer Vorschrift Außenstände auch über das siebte Jahr hinaus aufrecht zu erhalten (zu den Einzelheiten vgl. Rothkoff, 1181f). Im Grunde genommen kollidierten hier zwei Gebote, nämlich das bezüglich des Erlassjahres mit dem, daß man freigiebig leihen soll (Dtn 15,8). Hillel löst diesen Konflikt, indem er eines der beiden Gebote schlicht außer Kraft setzt. Weiteres unten zu SifDev § 122.
[73] In der Tosefta findet sich eine Parallelüberlieferung, die ergänzt: „der Weise löst Gelübde nach seiner Weisheit auf" (tHag 1,11).
[74] Die beiden Demonstrativpronomen הן הן stehen unverbunden nebeneinander (so auch in der besten Handschrift: MS Kaufmann). Das veranlasst die babylonischen Amoräer zu der Frage, ob vielleicht nur diese und nicht jene zu den Kernstücken der Tora zu zählen sind. Diese Frage wird verneint, man soll הן והן lesen (bHag 11b). Die Kommentatoren der Mischna (Maimonides, Obadja von Bertinoro und Israel ben Gedalja Lipschütz) lesen ebenso: Unabhängig davon, ob die Halachot sich auf Schriftstellen stützen können oder nicht, sie sind Kernstücke der Tora.
[75] Vgl. dazu Bacher (1899), 11f.

J. Neusner hat dieses Vorgehen - unabhängig von dem hier zitierten Text - treffend beschrieben: „What happened is that the framers and philosophers of the tradition of the Mishnah came to scripture when they had reason to. That is, they brought to Scripture a program of questions and inquiries framed essentially among themselves...".[76] Halacha kann also völlig unabhängig von der Schrift entwickelt werden - und sie hat selbst dann noch Bestand, wenn längst festgestellt ist, dass sie gleichsam „in der Luft hängt". Die rabbinische Tradition macht hier keinen Unterschied in der Geltung der Halacha, die Halachot über das Auflösen der Gelübde sind ebenso verbindlich wie die biblisch mehr oder weniger stark verankerten Halachot den Sabbat oder den Tempeldienst betreffend.

Diese Gleichwertigkeit ist nur dann zu verstehen, wenn man davon ausgeht, dass die Rabbinen sich nicht als bloße Ausleger der Schrift verstehen, sondern ihre eigenen Worte und Halachot in gewisser Weise mit dem Wort Gottes gleichsetzten.[77] Es gibt nun verschiedene Texte, die genau dies erkennen lassen:

שלש שנים נחלקו בית שמאי ובית הלל הללו אומרים הלכה כמותנו והללו אומרים הלכה
כמותנו יצאה בת קול ואמרה אלו ואלו דברי אלהים חיים הן והלכה כבית הלל

Drei Jahre stritten das Haus Schammai und das Haus Hillel miteinander. Diese sagten: Die Halacha richtet sich nach uns. Und jene sagten: Die Halacha richtet sich nach uns. Da ließ sich eine Himmelsstimme hören, die sagte: Diese und jene sind Worte des lebendigen Gottes - und die Halacha ist wie das Haus Hillel [sagt]. (bEr 13b)

Diese tannaitische Überlieferung aus dem babylonischen Talmud zeichnet sich dadurch aus, dass sie die halachischen Lehren der Schulen Hillel und Schammai beide mit dem Wort Gottes selbst identifiziert. Das, was in den beiden unterschiedlichen Schulen (widersprüchlich) für halachisch verbindlich erklärt wird, ist Wort des lebendigen Gottes. Zwischen dem Wort Gottes, wie es in der Schrift aufgezeichnet ist und der Halacha, die die Rabbinen lehren, besteht kein grundsätzlicher Unterschied.

---

[76] Neusner (1985), 383. In dieser Frage steht Neusner im Konsens mit einem breiten Strom judaistischer Forschung. Vgl. z.B. I. Halevy (1967) V, 234, der betont, dass die rabbinische Halacha in keinem Fall exegetisch gewonnen oder auch nur begründet wurde. Nach Epstein (1957), 511 sei Exegese zwar nie Quelle für die Halacha gewesen, wohl aber habe man existierende Halacha in manchen Fällen an die Schrift zurückgebunden. Vgl. Safrai (1987b), 157ff (mit Beispielen).

[77] Für das vorrabbinische Judentum deutet Müller (1986), 16 ähnliches an: „Nur unter dieser theologisch außerordentlich brisanten und einschlägigen Vorstellung von der Flexibilität der Offenbarung vom Sinai wird" man „dem faktischen Abstand gerecht [...], der sich im Spiegel frühjüdischer Überlieferungen zwischen Tora und Halacha so gut wie immer abzeichnet".

Die amoräische Tradition zieht daraus die Konsequenz, dass der Segensspruch, den man vor dem Studium der schriftlichen Tora zu sagen hat[78], in gleicher Weise vor dem Studium der Mischna, die die halachischen Lehren der Tannaiten enthält, zu rezitieren ist: *Die Worte der Rabbinen und das Wort Gottes in der Tora sind beide Tora - mit gleicher Dignität*[79]. Damit versuchen die Rabbinen zu vermitteln, „that the authority of their own teachings equalled that of the written Torah, since it was similarily based on divine revelation".[80]

Somit findet das, was K. Müller für die vorrabbinische jüdische Literatur herausgearbeitet hat, in der rabbinischen Tradition seine Fortsetzung: Halacha ist „kein unmittelbarer Ausfluß aus dem Text der Tora [...] Statt dessen gewinnt man einmal mehr den Eindruck, daß die einzelnen Gebote und Verbote im Normalfall längst abseits oder vor ihrer eventuellen biblischen Umrahmung und Zuordnung feststehen"[81]. Einer exegetischen Rechtfertigung für die Halacha bedarf es daher nicht.[82]

Betonten wir bisher, dass die Rabbinen und andere vor ihnen ihren Worten die gleiche Dignität wie denen der Tora zusprechen[83] und Halacha unabhängig vom Text der Tora lehren können, so soll nun noch auf eine Tradition hingewiesen werden, die Halacha expressis verbis *gegen die Tora* entwickelt. Es handelt sich dabei um eine Tradition aus der Schule Rabbi Ischmaels, die feststellt, dass die Halacha in manchen Fällen der Tora widerspricht - also um wirkliche *„Antithesen"*:

---

[78]   Er lautet nach bBer 11b: „...der uns geheiligt hat durch seine Gebote und uns befohlen hat, uns mit den Worten der Tora zu befassen" (אשר קדשנו במצוותיו וצונו לעסוק בדברי תורה).

[79]   „רבי יוחנן אמר אף למשנה נמי צריך לברך" (Rabbi Jochanan sagte: Auch zum Studium der Mischna muß man den Segensspruch sagen) (bBer 11b). Mit diesem Satz gilt die kontroverse Diskussion über den Status der Mischna und ihr Verhältnis zur schriftlichen Tora als abgeschlossen.

[80]   Hezser (1997), 459.

[81]   Müller (1992), 114.

[82]   Entsprechend umstritten ist, inwieweit Schriftauslegung überhaupt Quelle für Halacha gewesen ist. S. Safrai (1987b) formuliert vorsichtig: „All this evidence (gemeint sind Indizien für die Unabhängigkeit der Halacha von der Schriftauslegung, M.V.) does not exclude the possibility that in certain cases midrash did have a primary function in the creation and decision of halakha" (160). Safrai verweist auf die Arbeiten von Albeck (1971) und de Vries (1962). Albeck (1971), 58f hält eine Abhängigkeit der Halacha von der Exegese zumindest punktuell für wahrscheinlich. De Vries (1962), 9ff nimmt sie durchweg an.

[83]   Daneben gab es in tannaitischer Zeit auch eine Unterscheidung zwischen Geboten der Tora (מדברי תורה) und solchen, die außerbiblischen Ursprungs waren (מדברי סופרים), die zugleich auch eine unterschiedliche Wertigkeit bzw. Gewichtung implizierte (vgl. z.B. tEd 1,5; SifDev § 154 [Finkelstein, 207]; de Vries (1962), 71). Eine klare Begrifflichkeit gab es dafür nicht. Eine solche bildete sich bei den babylonischen Amoräern heraus, wo man z.T. mit erleichternder Tendenz Halachot, die sich direkt aus der Schrift herleiten (דאורייתא), von Halachot der Rabbinen (דרבנן) unterscheidet; vgl. de Vries (1962), 95.

מכאן היה רבי ישמעאל אומר בשלשה מקומות הלכה עוקפת המקרא התורה אמרה ושפך את
דמו וכסהו בעפר והלכה אמרה בכל דבר שהוא מגדל צמחים התורה אמרה וכתב לה ספר
כריתות והלכה אמרה בכל דבר שהוא בתלוש התורה אמרה במרצע והלכה אמרה בכל דבר

Von hier ausgehend[84] pflegte Rabbi Ischmael zu sagen: An drei Stellen umgeht die
Halacha die Schrift:
Die Tora sagt: Er soll ihr Blut ausfließen lassen und mit Staub bedecken (Lev 17,13).
Aber die Halacha sagt: Mit jeder Sache, die Pflanzen wachsen lässt.
Die Tora sagt: Er soll ihr einen Scheidebrief schreiben (Dtn 24,1). Aber die Halacha
sagt: Auf jeder Sache, die vom Boden abgelöst ist [kann er das Scheidungsdokument
ausstellen].
Die Tora sagt: Mit einem Pfriem (Ex 21,6). Aber die Halacha sagt: Mit jeder Sache.
(SifDev § 122 [Finkelstein, 180])

Diese tannaitische Tradition liegt in mehreren Parallelüberlieferungen
vor[85], die alle mit dem Ausspruch Rabbi Ischmaels beginnen und ihm
drei Beispiele folgen lassen. Die Beispiele sind nicht immer die gleichen,
manchmal werden andere herangezogen und wieder andere weggelassen,
was ein Indiz dafür ist, dass das Phänomen, dass die Halacha der Schrift
widerspricht oder die Schrift umgeht, häufiger als dreimal vorkommt.
Unterschiede gibt es auch in der Formulierung des Ausspruchs
Ischmaels.[86]
Alle Textfassungen sind sich darin einig, dass die Halacha Veränderungen gegenüber dem vornimmt, was in der Schrift festgelegt ist. Für manche geht die Halacha lediglich über die Schrift hinaus, andere wählen
massivere Formulierungen und sprechen sogar von einer Aufhebung[87]
der Schrift durch die Halacha. Die einzelnen Beispiele[88] zeigen, in welcher Weise dies geschieht: Im Widerspruch zu eindeutig formulierten

---

[84] Gemeint ist die dem Vers Dtn 15,17 widersprechende Halacha.
[85] MTann zu Dtn 24.1; bSot 16a; yQid 1,2 (59d).
[86] Vgl. Safrai (1999b), 67: „Die Halacha umgeht (עוקפת) die Schrift"; „Die Halacha
nimmt der Schrift die Geltung (עוקבת)"; „Die Halacha legt die Schrift fest (קובעת)";
„Die Halacha hebt die Schrift auf (עוקרת)"; „Die Halacha sticht die Schrift aus
(עוקצת)"; „Die Halacha beugt die Schrift (עוקמת)".
[87] Das hierfür verwendete Wort „עקר" bedeutet wörtlich „ausreißen, entwurzeln".
[88] Es handelt sich dabei um folgende Fragen: 1. Womit soll man das Blut eines für
den profanen Verzehr geschlachteten Tieres bedecken? Die Tora legt fest, dass man
dazu Staub nehmen soll. Nun gibt es Midraschim, die versuchen, zu definieren, was
denn Staub eigentlich ist (bHul 88b u.ö.) - auf einen solchen Versuch einer Anpas-
sung der Halacha an die Schrift wird hier verzichtet. 2. Worauf soll der Text der
Scheidungsurkunde geschrieben werden? Die Tora spricht von einer Schriftrolle
(ספר), die Halacha legt hingegen fest, dass dafür jedes Material in Frage kommt, das
nicht am Boden festgewachsen ist. Das ist mehr als eine bloße Erweiterung dessen,
was in der Tora steht. 3. Womit soll das Ohr des hebräischen Sklaven, der auf seine
Freiheit verzichtet, durchbohrt werden? Kommt dafür allein der in der Tora genannte
Pfriem in Frage? Auch hierzu gibt es Diskussionen, die auf exegetischem Weg zu erschließen suchen, welche Geräte benutzt werden können (MTann zu Dtn 15,17; bQid
21b; yQid 1,2 (59d) u.a.). Die gänzliche Öffnung, die die Halacha vornimmt, ist dadurch nicht gedeckt.

Bestimmungen der Tora, legt die Halacha verbindlich fest, was praktisch zu tun ist. Die Halacha, die die Rabbinen aufstellen[89], kann sich also genau *antithetisch* zum Text der Tora verhalten.

Für das Verständnis der Kommentarworte in Mt 5,21ff bedeutet dies, *dass der mt Jesus, wenn er unabhängig von der Schrift oder sogar gegen sie Halacha lehrt, eventuell über streng zeitgenössische formale Parallelen hinaus formuliert.*[90] *Aber ein solcher Vorgang muss nicht die These provozieren, er habe damit den Rahmen dessen, was im Judentum möglich war*[91], *verlassen. Allein diese Art des Umgangs mit Tora und Halacha unterscheidet ihn nicht von einem Gelehrten beispielsweise aus der Schule Ischmaels.*

1.1.4 Ergebnis

Zusammenfassend ist zu sagen, dass nach der Erörterung der Fragen, die sich mit der Form der Kommentarworte verbinden, keine grundsätzliche Differenz zwischen dem mt Jesus und anderen Toratheologen[92] vor und nach ihm aufgebaut werden muss. Der vergleichenden Betrachtung stellt sich der mt Jesus als jemand dar, der wie andere vor und nach ihm auch gedeutete Tora zitiert, und dazu aktualisierend und eventuell korrigierend Stellung nimmt, um den Willen Gottes in der Gegenwart zur Geltung zu bringen. Seine Redeweise unterscheidet sich darin nicht von der der frühen Rabbinen.

Matthäus nimmt allerdings eine einzigartige Vollmacht[93] wahr: Er lässt das Volk - nachdem Jesus die Rede auf dem Berg vollendet hat - sich über seine Lehre entsetzen, „denn er lehrte in Vollmacht und nicht wie die Schriftgelehrten" (7,29). Die vergleichende Wahrnehmung und die „Wahrnehmung in Beziehung" treten auseinander. Stellt sich jener Jesu Umgang mit Tora und Halacha als dem anderer „Toratheologen" vor und nach ihm grundsätzlich vergleichbar[94] dar, so ist für diese Jesus der, in dem Gott selbst präsent ist, so dass er als der eine Lehrer des einen Gottes (Mt 23,8ff) aus der Einheit Gottes heraus, den Willen Gottes kund-

---

[89] Für entsprechende Beispiele aus dem vorrabbinischen Judentum sei wiederum auf Müller (1986), 12ff und 17ff verwiesen.

[90] Zumindest für die Zusammenstellung „Den Alten ist gesagt - Ich aber sage euch" sind mir keine Parallelen bekannt.

[91] In der amoräischen Epoche und danach lassen sich Bemühungen nachweisen, die Schärfe dessen, was im Namen von Rabbi Ischmael überliefert wurde, zu mildern (bSot 16a und Raschi zur Stelle).

[92] Vgl. Frankemölle (1994), 225.

[93] Zum Exusiabegriff vgl. Scholtissek (1992), 29ff und 64ff.

[94] Vor diesem innerjüdischen Traditionskontinuum erscheint Jesus nicht als Ausnahmegestalt, die anders als andere neben ihr in „unmittelbarer Autorität" (Gnilka (1989), 79) lehrt, oder die „with an unparalleled sovereign freedom and authority" (Hagner (1997), 22) mit der Tora umgeht.

gibt, auf den in der Gemeinde (und darüber hinaus[95]) zu hören ist (Mt 17,5).[96]

1.2 Der Rahmen der Kommentarworte (Mt 5,17-20 und 48)

Um eine isolierende Betrachtung zu vermeiden, gilt es nun, unsere bisherigen Ergebnisse zur Form der Kommentarworte mit den Signalen abzugleichen, die ihr Rahmen (5,17-20 und 48) setzt.

1.2.1 Mt 5,17-20

Über die Funktion dieses Abschnitts in seinem Kontext, besonders in seinem Verhältnis zu den nachfolgenden Kommentarworten herrscht in der Forschung ein weitgehender Konsens. Wie eine Überschrift leitet er Letztere ein,[97] ist ein „Vorspruch"[98] für das, was folgt; „the verses anticipate and therefore introduce 5,21-48"[99]. Er sagt als „statement of principle"[100] das, was die folgenden Verse im Detail illustrieren. Näherhin gilt es als Aufgabe dieser Verse, vor einer möglichen Fehlinterpretation des Folgenden zu warnen: „Clearly 5:17-20 is intended to protect against any reading of the ‚antitheses' or other sayings of Jesus that would suggest that the law has been set aside".[101]

So klar die Funktion dieser Verse ist, so unterschiedlich sind die Interpretationen, die ihnen gegeben werden. Für manche ist die Aussage der Verse eindeutig: „Nirgends in der evangel. Literatur wird die Gesetzesfrage so principiell aufgeworfen und so unmissverständlich im Sinne der Unverbrüchlichkeit des Gesetzes beantwortet wie in Mt 5, 17.19...",

---

[95] Matthäus lässt Jesus in der Bergpredigt ja nicht nur zur Gemeinde sprechen (vgl. Anm. 26 in diesem Teil).

[96] Zugespitzt kann man formulieren: Nicht, dass Jesus „ἐγὼ δὲ λέγω ὑμῖν" sagt, sondern, dass <u>Jesus</u> „ἐγὼ δὲ λέγω ὑμῖν" sagt, macht für Matthäus die Besonderheit dieser Stellungnahme aus. Nicht die Redeform, sondern die Person ist für ihn entscheidend. Vgl. zur matthäischen Christologie vgl. III / 2.2.2.4.

[97] Vgl. Hoppe (1991), 147.

[98] Luz (1992), 227.

[99] Davies / Allison (1988), 501.

[100] Loader (1997), 165.

[101] Snodgrass (1992), 372. Vgl. auch Frankemölle (1998), 310f. Ob Matthäus auf aktuelle Fehlinterpretationen innerhalb oder außerhalb der Gemeinde reagiert, oder ob er eine „Grundsatzerklärung" ohne konkretes Gegenüber abgibt, wird im Zusammenhang mit der Einleitung „μὴ νομίσητε" kontrovers diskutiert. Vgl. Overman (1996), 78f; Davies / Allison (1988), 483; Menninger (1994), 105. Der polemische Charakter, der dem MtEv in weiten Teilen eignet, lässt es wahrscheinlich erscheinen, dass Matthäus auch hier auf reale Einwände reagiert. Dies wäre ein weiteres Indiz für die innerjüdische Verortung dieses Evangeliums, denn die Rabbinen konfrontieren sich gegenseitig mit ähnlichen Vorwürfen oder Fragen (vgl. mPes 4,2; WaR 19,2; weiteres bei Bacher (1899), 145).

schreibt H.J. Holtzmann 1897 in seiner „Neutestamentlichen Theologie".[102] Mehr als ein halbes Jahrhundert später beschreibt E. Käsemann diese Verse als in der Exegese zwar umstrittene, „im Grunde jedoch völlig eindeutige Einleitung der Antithesen [...], welche die gesamte Tora bis hin zum letzten Jota zu halten befiehlt"[103]. A.J. Overman stimmt dem 1996 uneingeschränkt zu: „Although this passage is the subject of a lively controversy, it is unambiguous and does indeed command obedience to the whole Torah."[104]

Für andere Exegeten hingegen gehören diese Verse „zu den schwierigsten im Evangelium"[105]. Die Schwierigkeiten, die sie aufwerfen, sind z.T. theologischer Natur: Ist dem Evangelisten Matthäus eine solche Treue zur Tora wirklich zuzutrauen? „Is Matthew legalistic?"[106] Kann es wirklich sein, dass Matthäus seine aus Juden und Heiden bestehende Gemeinde dazu auffordert, die ganze Tora in all ihren Teilen zu befolgen? Wer dazu neigt, diese Fragen mit Nein zu beantworten, sucht vor allem bei der Interpretation der Verse 18 und 19 nach entsprechenden Hinweisen.[107] Diese Verse können - so heißt es - allenfalls auf ihrer vorliterarischen Stufe[108] zur vollen Toraobservanz aufgerufen haben, in ihrem matthäischen Kontext sei das nicht möglich, vor allem deshalb nicht, weil die Kommentarworte - als Antithesen gelesen - eben Gebote der Tora außer Kraft setzten. Hier liegt nun freilich ein klassischer Zirkelschluss vor: Die vermeintlichen Antithesen widersprechen der Tora,

---

[102] Holtzmann (1897), 426.
[103] Käsemann (1964), 85.
[104] Overman (1996), 78.
[105] Luz (1992), 230.
[106] Snodgrass (1992), 375
[107] Menninger (1994), 108 geht z.B. davon aus, dass die Tora für das Judentum in Kraft bleibe, für Christen jedoch nicht mehr relevant sei, denn mit Jesu Lehre sei das erfüllt, was Vers 18b ankündige: „Truly I say to you [the church] the law remains valid and in force for those in the Synagogue, not the smallest part passing away. But for you it ceased to be in force at my coming" (111). So auch Garlington (1995), 154. Die Gemeinde lebe im neuen Äon, das Gesetz sei hingegen nur bis zur Ankunft dieses neuen Äon in Kraft gewesen (153f). Vers 19 meine nicht mehr die Gebote der Tora, sondern von 28,20 und 7,24 her allein die Gebote Jesu (so Menninger (1994), 112f; Wiefel (1997), 103: „Für die Gemeinde war das Logion auf die Dauer nur rezipierbar, wenn man unter den ἐντολαί nicht die Vorschriften der Tora, sondern die Gebote Jesu verstand", Dumais (1995), 179). K. Snodgrass geht schlicht davon aus, dass diese Verse hyperbolisch gemeint seinen (Snodgrass (1992), 373). Diese Vorschläge diskreditieren sich allein schon dadurch, dass sie an den auszulegenden Text ein vorgefertigtes Interpretationsmodell herantragen, das es dem Text erlaubt, nur ganz bestimmte Inhalte zu transportieren, andere hingegen nicht. Der Weg muß aber immer auch von den Einzeltexten zur Gesamthypothese gehen und diese immer wieder in Frage stellen und modifizieren.
[108] Zur komplizierten vorliterarischen Geschichte dieser Perikope vgl. außer den Kommentaren vor allem Hoppe (1991), 142ff; Dumais (1995), 174 und Menninger (1994), 105ff.

also darf ihre Überschrift nicht wörtlich verstanden werden und zur vollen Toraobservanz aufrufen. Wenn die Überschrift ihrerseits nicht wörtlich verstanden wird, spricht auch nichts dagegen, die vermeintlichen Antithesen als wirkliche Antithesen im Konflikt mit der Tora zu interpretieren. Nun lässt sich - wie wir gezeigt haben - freilich auch ein Auslegungsweg beschreiten, der die Kommentarworte nicht in Kollision mit der Tora sieht, so dass ein nicht wörtliches Verständnis der Verse 18f keineswegs geboten ist. Es ist dann vielmehr so, dass die Kommentarworte ihrer Überschrift genau entsprechen.

Neben den beschriebenen theologisch motivierten Schwierigkeiten, den der innerjüdische Ton[109] dieser Verse aufwirft, gibt es aber auch solche auf der Ebene der Philologie. Zu ihrer Klärung gehen wir Vers für Vers vor:

1.2.1.1 Mt 5,17

In Vers 17 ist es vor allem die genaue Deutung des Wortes πληρόω , die in der Exegese bis heute umstritten ist.[110] Die neueren Kommentare und Monographien machen die Fülle der unterschiedlichen vorgeschlagenen Auslegungsmodelle (und die Kritik, die jeweils an ihnen zu üben ist) leicht zugänglich.[111]

Ohne Anspruch auf Vollständigkeit nenne ich nur die bedeutendsten Vorschläge. Im Einzelnen werden 1. Ableitungen von hebräischen bzw. aramäischen Vorlagen erwogen. Die Wurzeln יסף und קום sollen das zu deutende griechische Wort in dem

---

[109] So Dumais (1995), 177, vgl. hingegen Luz (1992), 239f (mit sehr umsichtiger Kritik).

[110] Manche versuchen daher, die Deutung bei dem klareren „καταλύω" beginnen zu lassen. Dieses Wort bedeutet im Zusammenhang mit Nomos „häufig, fast idiomatisch" (Luz (1992), 235) abschaffen, außer Kraft setzen, nicht halten, brechen (vgl. z.B. Isokr. or. 4,55; 6,66; Xen. mem. 4,4,14; Pol. 3,8,2; 2 Makk 2,22; Philo, Som 2,123). Im rabbinischen Schrifttum entspricht das dem das Wort בטל (mAv 4,9; Kalla 1,2; Kalla Rabbati 6,4; tShab 8,2; bBer 5a; bBer 22a; bShab 32b). Der mt Jesus stellt nun ganz klar fest, dass er eben nicht dazu gekommen sei, das Gesetz abzuschaffen oder nicht zu befolgen, Jesus „stated categorically that he came to do the opposite of abolishing the Law and the Prophets" (Loader (1997), 166) - und genau dieses Gegenteil müsse dann mit πληρόω gemeint sein. Nun hat schon G. Delling (1959) auf die Probleme dieses Deutungsversuchs hingewiesen. πληρόω nur als Gegenbegriff zu καταλύω zu verstehen, ist nämlich insofern problematisch, als Matthäus eben nicht einfach „στῆσαι" oder „ποιῆσαι" schreibt: „Der jedenfalls, der den griech Text von Mt 5,17 gestaltete, sah nicht in στῆσαι, sondern in πληρῶσαι den richtigen Ausdruck für das Gemeinte" (292). „Jesus stellt nicht nur fest, daß er sie (die Kundmachung des Gotteswillens in Gesetz und Propheten, M.V.) gültig bleiben läßt, sondern er sieht seine Aufgabe darin, den im AT bekanntgegebenen Gotteswillen zu verwirklichen [...]" (292f). Vgl. auch Hoppe (1991), 147f.

[111] Vgl. Luz (1992), 232ff; Davies / Allison (1988), 485f; Hagner (1993), 105f; Menninger (1994), 106f.

Sinne erklären, dass (im Fall von יסף) dem Gesetz etwas hinzugefügt[112] bzw. dass es (im Falle von קיים) aufgerichtet oder getan wird[113]. Dieser Deutungsvorschlag ist insofern problematisch, als die LXX mit πληρόω nie יסף oder קיים wiedergibt. Es ist Übersetzung von מלא.[114] Darüber hinaus ist der Einwand Luomanens von Gewicht, dass das griechische Wort aus sich selbst heraus verständlich gewesen sein muss.[115]
2. Neutestamentliche Parallelen werden zur Erklärung herangezogen (Röm 8,4; 13,8; Gal 5,14). Demnach wäre mit dem Begriff die Erfüllung des Gesetzes durch eine ihm geforderte „Lebensgestaltung"[116] gemeint.[117]
Diesen vornehmlich *philologisch* orientierten Deutungen treten eher *theologische* zur Seite: 3. Jesus erfüllt das Gesetz, indem er ein neues Gesetz bringt, dass das alte übersteigt.[118] 4. Das Gesetz wird erfüllt, indem Jesus seine innere Intention offenbart.[119] 5. Jesus erfüllt die Tora, indem er andere in die Lage versetzt, sie zu erfüllen.[120] 6. Jesus erfüllt das Gesetz, indem er das Liebesgebot bringt.[121] 7. Jesus erfüllt das Gesetz, indem er der ist, auf den das Gesetz gewartet hat: „...he means that his new teaching brings to realization that which the Torah anticipated or prophesied: its ‚fulfiller' has come".[122]

Viele diese Interpretationsvorschläge, ganz gleich ob sie der Theologie oder der Philologie den Primat einräumen oder ob sie den Akzent eher auf der Ethik (1.-6.) oder der Heilsgeschichte (7.) sehen[123], haben gemeinsam, dass sie den eigentlichen Bildgehalt des Wortes außer Acht lassen. πληρόω lässt vor dem Auge eines griechischsprachigen Lesers das Bild eines Gefäßes entstehen, das mit einem bestimmten Inhalt gefüllt wird. Man denkt beispielsweise an ein Trinkgefäß, das mit Wein (Eur. Ion 1192), oder einen Kasten, der mit Steinen (Herodot 3,123) gefüllt wird.[124] Auch die LXX verwendet „πληρόω" und seine Derivate in diesem Sinn und zwar als Übersetzung der Wurzel „מלא"(vgl. 2 Kön 4,4; Jes 6,3 ; Jer 13,12; Hi 20,23).
Im übertragenen Sinn kann auch ein Wort gefüllt werden, denn Worte, die leer bleiben, sind wirkungslos, bleiben irreal. Wenn nicht geschieht, was das Wort sagt, dann bleibt es leer - umgekehrt wird es voll, wenn

---

[112] Vorgeschlagen u.a. von Jeremias (1971), 88, der auf die - freilich spätere - Überlieferung in bShab 116a-b bezug nimmt.
[113] Vgl. Dalman (1922), 56ff; Schlatter (1922), 153f; Daube (1956), 60ff.
[114] Vgl. Menninger (1994), 106.
[115] Luomanen (1998), 81.
[116] Haacker (1999), 153
[117] Vgl. Zahn, 212f; Hill (1972), 47; Guelich (1982), 138ff.
[118] Vgl. Davies (1962), 33f
[119] McNeile (1938), 58; Strecker (1971), 147.
[120] Vgl. Schniewind (1956), 54; Loader (1997), 167.
[121] Vgl. Giesen (1982), 143ff; Schweizer (1974) 84.
[122] Vgl. Davies / Allison (1988), 487; Menninger (1994), 107.
[123] Diese Gliederungsmerkmale lehnen sich an U. Luz (1992), 232 an - wobei Überschneidungen der beiden Kategorien alles andere als ausgeschlossen sind.
[124] Vgl. Liddell-Scott, 1420. Weiteres bei Delling (1959), 185f und Stuhlmann (1997), 573ff.

„es tut, was mir gefällt" (Jes 55,11)[125]. Dass ein Wort gefüllt wird, enthält demnach die Nuance, dass es sich realisiert oder verwirklicht und in die Tat umgesetzt wird (vgl. 1 Kön 2,27; 8,24; 2 Chr 36,21).

Im Judentum ist das Wort, das wie kein anderes auf Realisierung durch Taten wartet, das Wort der Tora: Das Gesetz / die Tora wird durch das ihr entsprechende Handeln des Menschen gefüllt. „Wirklich wird auch dieses (Gottes weisendes Wort, M.V.) im Vollzug, konkret dadurch, daß der Mensch es befolgt und tut"[126] (vgl. Philo, Praem 83; Sib 3,244ff; 1 Makk 2,55; TestNaph 8,7).

Matthäus selbst steht in dieser Sprachtradition und kennt sowohl den eigentlichen wie auch den übertragenen Gebrauch von πληρόω. Ein Fischernetz wird mit Fischen gefüllt (13,48); 23,32 setzt das Bild eines Hohlmaßes voraus, das Menschen mit ihrem Tun füllen. An zehn Stellen wird etwas, das durch einen Propheten gesagt ist (τὸ ῥηθέν), erfüllt[127], an zwei weiteren Stellen sind es die Schriften, die erfüllt werden (26,54.56). Das, was Matthäus jeweils von Jesus zu erzählen weiß, lässt ein konkretes Wort der Schrift Wirklichkeit werden, Jesu Tun und Ergehen realisieren Worte der Schrift.[128] Schließlich ist es alle δικαιοσύνη, die Johannes und Jesus mit ihrem Tun erfüllen (3,15), indem sie das, was Gott will, in die Tat umsetzen.[129] Der matthäische Sprachgebrauch entspricht damit auch da, wo Matthäus πληρόω im übertragenen Sinn gebraucht, dem eigentlichen Bildgehalt dieses Wortes.

Das Bild weist somit der Exegese den Weg, denn selbst wenn der Begriff in 5,17 übertragen gebraucht wird, darf doch seine Deutung dem ursprünglichen Bildgehalt nicht widerstreiten. Dies hat schon Theodor Zahn in seiner Auslegung von Mt 5,17 mit aller Deutlichkeit gesehen:

„Man setzte sich mit dem so oft gebrauchten Bilde selbst und dem überall zu beobachtenden Gebrauch desselben in Widerspruch, wenn man die Erfüllung d.h. die Füllung des Gefäßes in einer Erweiterung oder Verengerung, Vergrößerung oder Verkleinerung, überhaupt in einer *Umgestaltung des Gefäßes* zu finden meinte. Mit dieser trivialen Bemerkung fallen die sämtlichen Deutungen dahin, welche darauf

---

[125] Ibn Esra erklärt die Worte „Es wird nicht wieder leer zu mir zurückkommen" mit „Ich werde meine Worte voll machen".

[126] Karrer (1996), 143.

[127] Mt 1,22; 2,15.17.23; 4,14; 8,17; 12,17; 13,35; 21,4; 27,9.

[128] Zur christologischen Funktion der sog. Erfüllungszitate vgl. Weiser (1993), 87ff und Karrer (1998), 337: „Dem Mt geben Erfüllungs-Zitate schon das Rückgrat. Sie tun umfassend dar, wie Begebenheiten [...], Taten, Äußerungen [...] und Passion Jesu [...]. den Schriften entsprechen. Das Leitverb ,plēroō' [...] reflektiert ein Hauptanliegen matthäischer Christologie: Die Geschichte Jesu ist Geschichte Gottes". (Dort jeweils weitere Literatur).

[129] Vgl. Luz (1992), 154f. Davies / Allison (1988), 325-326 breiten das Spektrum der Auslegung dieses Verses aus.

hinauswollen, daß Jesus das unvollkommene Gesetz habe vervollständigen und ergänzen oder durch geistliche Umdeutung vervollkommnen wollen."[130]

Ergänzend ist zu sagen, dass auch solche Deutungen dahin fallen, die das Gesetz mit oder nach seiner Erfüllung für abgetan halten.[131] Zahn selbst sieht vom Bildgehalt her eine Auslegung auf das Tun Jesu für geboten:

Es „ist auch hier die Vorstellung gegeben, daß das geschriebene Wort an sich einem leeren Gefäß gleiche, welches den ihm entsprechenden Inhalt durch Handlungen, Ereignisse, Tatsachen erhalten soll. Die sinnliche Vorstellung ist keine andere, wo es sich um die Schrift als gebietende, wie da, wo es sich um die Schrift als weissagende handelt. [...] so erklärt er sich damit vor allem entschlossen, für seine eigene Person den dort ausgesprochenen Willen Gottes zu tun."[132]

Die Vermittlung dieser Position ins allgemeine Griechisch ist gut möglich. Sie kann sich auf solche Stellen in der griechischen Literatur berufen, an denen die Worte „νόμος" (oder eines seiner Äquivalente) und „πληρόω" nebeneinander stehen (z.B. Aischyl. Ag. 312f).[133]

So legt das Bild, das mit der Verwendung des Wortes πληρόω transportiert wird - ebenso wie seine Verwendung in der jüdischen wie auch in der paganen Umwelt des NT und nicht zuletzt der neutestamentliche Sprachgebrauch selbst[134] - eine Deutung auf das dem Gotteswillen[135] gemäße Handeln Jesu nahe. Diese Deutung[136] hat nun ihrerseits damit zu kämpfen, dass die folgenden Kommentarworte, die 5,17ff ja gleich einer

---

[130] Zahn (1922), 213. Dies sind die Auslegungsmodelle 3, 6 und 7.

[131] So Dumais, 175: „Jésus est venue accomplir l'Écriture, cela veut dire qu'il la porte à son achèvement, à sa perfection, à sa signification complète; il la réalise, non pas en ‚exécutant' ses desmandes telles quelles, mais en la dépassant, en lui faisant porter un sens nouveau"; Garlington (1995), 155: „...but afterwards, when it is fulfilled, passes from the scene" und Menninger (1994), 108: „While the Law was adequate for the period before Jesus, it is inadequate for the time of Jesus and afterwards". Es ist vom Gehalt des Bildes her nicht einzusehen, warum ein leeres Gefäß seinen Sinn verliert, sobald es gefüllt wird, warum es plötzlich als nicht mehr relevant und abgetan gelten soll.

[132] Zahn (1922), 212f und 214.

[133] Vgl. Luomanen (1998) 81: „In Greek, the verb can simply refer to carrying out obligations, demand, petitions, law etc., without any further connotations". Ebenso Luz (1992), 235.

[134] Vgl. die beim Auslegungsmodell 2 genannten Stellen.

[135] Aus der Verwendung von „Gesetz und / oder Propheten" in 7,12 und 22,40 kann man schließen, „the phrase did not function as a technical term discribing the two different parts of the OT canon but as a general description of God's will expressed in the OT writings" (Luomanen (1998), 80, dort Literatur). Vgl. Saldarini (1994), 161; Delling, 292; Limbeck (1996), 130: „‚das Gesetz und die Propheten' als Kundgabe des göttlichen Willens".

[136] Vgl. Limbeck (1996), 131: „Der Sinn dieser Redeweise aber war bekräftigen, in die Tat umsetzen, verwirklichen".

Präambel einleiten[137], nicht Jesu Praxis, sondern gerade seine Lehre darstellen.[138] Von daher ist es schwierig, πληρόω allein auf die praktische
Toraerfüllung Jesu hin zu deuten.

In der rabbinischen Literatur findet sich nun allerdings auch der Gedanke, dass die den Willen Gottes repräsentierende Tora der Füllung durch
Lehre bzw. Forschung bedarf. Dieses Thema liegt in drei Variationen
vor, einer anonymen im tannaitischen Midrasch SifDev zu Dtn 32,47, einer, die Rabbi Aqiba zugeschrieben wird und einer amoräischen Überlieferung im Namen von Rabbi Mana, einem in Israel lebenden Amoräer
der fünften Generation. Alle drei Fassungen nehmen Bezug auf Dtn
32,47: „Dies ist kein leeres Wort an euch...".

Die kürzeste Fassung hat SifDev § 336 (Finkelstein, 385) aufbewahrt:

כי לא דבר רק הוא מכם אין לך דבר ריקם בתורה שאם תדרשנו

Denn es ist kein leeres Wort an euch - es gibt kein leeres Wort in der Tora, wenn du
es erforschst.

Dieser Text schreibt den biblischen Vers erklärend fort, indem er benennt, auf welche Weise das Wort der Tora für die Rezipienten nicht leer
bleibt, sondern Fülle gewinnt, nämlich durch „דרש". Dieses Wort einfach
mit „auslegen" wiederzugeben, griffe zu kurz.[139] In der Bibel bedeutet
„דרש" „suchen, untersuchen, erforschen, befragen" und hat eine große
Spannbreite von möglichen Objekten bei sich.[140] Erst in der spätrabbinischen Zeit schränkt sich die Bedeutung auf „erforschen, suchen" ein und
meint nun besonders „suchen, forschen in der Schrift"[141]. Y. Fraenkel
beschreibt diese Tätigkeit wie folgt: „Der Darschan sucht nicht nach der
ursprünglichen Bedeutung und den ursprünglichen Kontexten des Textes, sondern er sucht einen Weg, wie er mit Hilfe des ursprünglichen
Textes die neuen Inhalte, die ihm wichtig sind, zur Sprache bringen
kann".[142] Was Fraenkel vor allem im Blick auf aggadische Texte feststellt, beschreibt J. Maier für halachische Kontexte wie folgt: „In der
Mischna und in der Tosefta bedeutet *DRSh* [...] bei genauer Betrachtung
niemals ‚auslegen', sondern stets ‚verbindlich darlegen', ‚als gültig bzw.

---

[137] Vgl. oben III / 1.2.1.
[138] Vgl. Luz (1992), 235; Menninger (1994), 106. Darauf legt auch die reformatorische Exegese den Ton. Calvin schreibt zur Stelle: „Der unschuldige, sündlose Christus konnte mit Recht von sich sagen, er sei gekommen, das Gesetz zu erfüllen. Allein es handelt sich hier um die Lehre, nicht um den Wandel." (Übersetzung S. Goebel, 173). Nach Luthers Auslegung geht es hier um ein „erfullen, so mit leren geschicht" (WA 32, 356).
[139] Vgl. dazu Maier (1996b), 9ff.
[140] Vgl. Gesenius, 169f; Gerleman / Rudolph (1984), 460ff; Wagner (1977), 313ff.
[141] Zur Entwicklung vgl. Fraenkel, 11.
[142] ebd.

anwendbar proklamieren',„.[143] Auf diese Weise also, durch das Zur-Sprache-Bringen aktuell relevanter und anwendbarer Inhalte, gewinnt das Wort der Schrift Konkretion und Fülle.

רבי ישמעאל שאל את רבי עקיבא אמר לו בשביל ששמשת את נחום איש גם זו עשרים ושתים
שנה אכין ורקין מיעוטין אתין וגמין רבויין הדין את דכתיב הכא מה הוא א"ל אלו נאמר
בראשית ברא אלהים שמים וארץ היינו אומרים השמים והארץ אלהות הן א"ל כי לא כי דבר רק
הוא מכם למה שאין אתם יודעים לדרוש אלא את השמים לרבות חמה ולבנה ומזלות ואת
הארץ לרבות אילנות ודשאין וגן עדן

Rabbi Ischmael fragte Rabbi Aqiba und sagte zu ihm: Weil du 22 Jahre lang Nachum Isch Gamso gedient hast [und dabei gelernt hast, dass] die Partikeln ‚Ach und Rak' ausschließende, die Partikeln ‚Et und Gam' einschließende Bedeutung haben - [sag mir] wie verhält es sich mit dieser Stelle: [Am Anfang schuf Gott den (et) Himmel und die (et) Erde?] Er sagte zu ihm[144]: Wenn gesagt wäre: Am Anfang schuf Gott Himmel und Erde, dann würden wir sagen, dass auch Himmel und Erde Götter sind. Er (Aqiba) sagte zu ihm: Denn es ist kein leeres Wort an euch - und wenn es für euch leer ist, [dann liegt das daran, dass] ihr nicht zu forschen versteht. Den (et) Himmel - das schließt Sonne, Mond und Sterne ein. Und die (et) Erde - schließt die Bäume und das Gras und den Garten Eden ein. (BerR 1,14; Theodor / Albeck, 12)

Diese Gesprächssequenz zwischen Rabbi Ischmael und Rabbi Aqiba findet sich dreimal in BerR und zwar zu den Versen Gen 1,1; 4,1 und 21,20. Es geht jeweils um die Auslegung der Akkusativpartikel את. Rabbi Aqiba steht (nicht nur hier[145]) in dem Ruf, in der Tradition des Nachum Isch Gamso[146] jedem את in der Tora eine inhaltliche Bedeutung abzugewinnen (und dazu noch jedem אך, רק und גם) und zwar in der Weise, dass außer dem direkten Objekt noch etwas anderes mitgemeint bzw. im Fall von אך und רק ausgeschlossen ist. Rabbi Ischmael vertritt hingegen die Ansicht, dass die Tora in der Sprache der Menschen rede[147], dass also - wie in der normalen menschlichen Kommunikation üblich – hinter einem Akkusativzeichen kein verborgener Sinn zu erwarten sei. So hat das את allein die Funktion, einem Missverständnis vorzubeugen.

Für Rabbi Aqiba ist das את kein Wort, das leer bleiben muss, durch forschendes Nachfragen, kann und muss man es mit Bedeutung füllen - bleibt es dennoch leer, hat man noch nicht verstanden, wie man zu fragen hat.

---

[143] Maier (1996b), 10.
[144] Dies ist noch nicht die Antwort Aqibas, sondern Ischmaels eigene Interpretation, vgl. Fraenkel, 43.
[145] Vgl. bPes 22b (vgl. III / 2.2.2.4).
[146] Vgl. Margalioth (1987), 661ff.
[147] Vgl. Greenberg (1983), 6.

Einen ähnlichen Ton trägt die dritte Überlieferung, die mehrmals im Jeruschalmi zu finden ist (yPea 1,1 [15b]; yShevi 1,7 [33b]; yShab 1,4
[3d]; ySuk 4,1 [52b]; yKet 8,11 [32c]). Im Namen Rabbi Manas heißt es:

כי לא דבר רק הוא מכם ואם דבר רק הוא מכם למה הוא שאין אתם יגיעין בו.כי הוא הוא
חייכם בשעה שאתם יגיעין בו.

Denn es ist kein leeres Wort an euch - und wenn es ein leeres Wort für euch ist, dann
deshalb, weil ihr euch nicht darum bemüht. Denn es ist euer Leben - in der Stunde, in
der ihr euch darum bemüht. (yPea 1,1 [15b])

Die Argumentation entspricht der Rabbi Aqibas in BerR. Nicht umsonst
sind beide Aussprüche in der Tradition miteinander verflochten worden.[148] Unterschiede bestehen darin, dass Rabbi Mana auch den zweiten
Teil des Verses Dtn 32,47 bespricht und für das „דרש" des Rabbi Aqiba
einen anderen Ausdruck wählt. יגע bedeutet „sich mühen, sich bemühen"
und bezieht sich öfter auf das Studium der Tora (bMeg 6b; ShirR zu 6,2;
QohR zu 5,1; yBer 9,8 [14d]). Wenn ein Wort der Schrift ohne Bedeutung - also leer - bleibt, dann liegt das nach Rabbi Mana also daran, dass
man sich nicht genug bemüht, es nicht genug studiert hat.

Die drei zitierten Traditionen sind sich darin einig, dass Schriftworte, so
wie sie dastehen, leer sein können, ohne Bedeutung bleiben für die, die
sie in ihrer Gegenwart lesen. Solche Worte bedürfen dann der Füllung,
d.h. sie müssen mit einem aktuellen Sinn gefüllt werden, damit das Wort
Gottes Realität gewinnen kann. Ein auf diese Weise gefülltes Wort wird
dann zum weisenden Wort, das der Mensch umsetzten und befolgen
kann.[149]
Die Linie dieser Texte ist jünger, und doch setzen sie alte Impulse fort[150],
kehren wir also zur Zeit vor ihrer Explikation zurück: Für das Verständnis des πληρόω in Mt 5,17 eröffnet sich von diesen Texten her die Möglichkeit einer dem Bild und dem Kontext gleichermaßen angemessenen
Auslegung im Sinne einer Füllung der Schrift durch Jesu Lehre. Was Jesus in den folgenden sechs Abschnitten aktualisierend und konkretisie-
rend an die sich aus Text und Tradition konstituierende Tora heranträgt,

---

[148]   So in den traditionellen Drucken von BerR.
[149]   Diesen Zusammenhang bringt A. Ḥaskuni in seiner Exegese von Dtn 32,47 auf
den Punkt: „Wenn du nicht Tora studierst, dann weißt du nicht, welcher Übertretung
du dich schuldig machst, du tust sie und musst sterben - so ist es mit den Geboten,
wenn du sie nicht studierst, dann weißt du nicht, welchen Lohn du dafür bekommst
und wirst sie nicht erfüllen".
[150]   Müller (1986), 25 formuliert ganz analog im Blick auf die vorrabbinische Halacha: „Erst in der Verdichtung des Wortes Gottes zu den unendlichen Möglichkeiten
der Halacha gewinnt die Einmaligkeit der Offenbarung ihre die Generationen för-
dernde und gestaltende Dauer". Was Müller hier „Verdichtung" nennt, entspricht
dem „Füllen" bei Matthäus und den Rabbinen.

füllt diese gleichsam auf und erfüllt sie. Damit kommt auch die Deutung auf Erfüllung der Tora durch Handeln zu einem gewissen Recht, denn Jesus füllt die Tora so, dass sie zum Handeln drängt und er selbst setzt sie so handelnd um. Eine Verbindung von beiden Deutungen passt außerdem hervorragend zu dem Evangelisten, der in besonderer Weise immer wieder auf den Zusammenhang von Lehre und Tun hinweist (im unmittelbaren Kontext 5,19; vgl. auch 7,21ff; 23,2ff).[151]

1.2.1.2 Mt 5,18

Dieser Vers unterstreicht mit großem Gewicht[152] die Gültigkeit selbst der kleinsten Bestandteile des Gesetzes[153], die allerdings durch zwei parallel gebaute Temporalsätze eingeschränkt zu werden scheint:

- ἕως ἂν παρέλθῃ ὁ οὐρανὸς καὶ ἡ γῆ
- ἕως ἂν πάντα γένηται

Die Tora bleibt also gültig, „bis Himmel und Erde vergehen" bzw. „bis alles geschieht". In welchem Verhältnis stehen diese beiden Sätze zueinander, wie ist ihr Parallelismus zu bestimmen? Sagen sie das Gleiche oder modifiziert der zweite Satz den ersten?[154] Bevor wir uns dieser Frage zuwenden, seien einige Bemerkungen zum Inhalt dieser Sätze vorausgeschickt. Der erste Satz nennt als Zielpunkt für die Geltung der Tora das Vergehen von Himmel und Erde. Bis zum Eintreffen dieses Ereignisses bleibt die Tora in ihrer Gesamtheit in Kraft. Damit kann nun ein realer Zeitpunkt gemeint sein, die Wendung könnte aber ebenso gut für

---

[151] Vgl. dazu III / 2.2.2.1.

[152] Vgl. Davies / Allison (1988), 489f. Auf dem Amen liegt immer „ein außeralltäglicher Akzent" (Theißen / Merz (1996), 456).

[153] Daß sowohl im Hebräischen als auch im Griechischen das Jota bzw. das Jod der kleinste Buchstabe ist, gehört zum Allgemeinwissen der Kommentare. „Keraia könnte den Zierstrich an hebräischen Buchstaben meinen. Im Griechischen können 'Häkchen' Akzente oder Spiritus oder überhaupt etwas sprichwörtlich Kleines sein" (Luz (1992), 236) - wahrscheinlicher noch ist hier damit der zweitkleiste Buchstabe, das Waw, gemeint (als Übersetzung des hebr. ו, das auch Haken bedeutet: vgl. Schwarz (1975), 268f. Beide Begriffe stehen in jedem Fall für die kleinsten Details der Tora. Bisher kaum zur Kenntnis genommen ist eine kleine Erzählung, die dem Tannaiten Shimon bar Yochai zugeschrieben wird. Darin klagt das Buch Deuteronomium darüber, daß der König Salomo ein Jod von ihm weggenommen hat (WaR 19,2). Salomo hat sich nicht an das gehalten, was das sog. Königsgesetz, näherhin Dtn 17,16f, vorsieht. Das beschreibt der Midrasch als „Wegnehmen des Jod". Vgl. Bacher (1899), 145.

[154] Manche Exegeten trauen dem Matthäus einen synonymen Parallelismus Membrorum nicht zu (vgl. Luz (1992), 237; Luomanen (1998), 82; Menninger (1994), 109ff anders Davies / Allison (1988), 495; Snodgrass (1992), 372; Hagner (1993), 107.

„niemals" stehen (vgl. Jer 31,33f; 33,20,f; Hi 14,12)[155]. Beide Vorstellungen sind in der Umwelt des Matthäus denkbar und belegt.[156] Matthäus selbst geht nun davon aus, dass ein Ende der Welt zu erwarten steht (16,28; 24,35; 28,20), so dass dieser Satz - weil er die Gültigkeit der Tora sprachlich an die Existenz von Himmel und Erde bindet - mit dem Ende der Welt auch das Ende der Tora gekommen sehen könnte.[157]

Nur ist erstens fraglich, inwieweit Matthäus diesen Satz logisch bis zu Ende gedacht haben wollte, denn er richtet seinen Blick hier ja nicht in die Zukunft und stellt keine Spekulationen über die Dauer dieser Weltzeit und der Tora an, sein Blick ist auf seine Gegenwart gerichtet und für diese will er die Geltung der Tora betonen.[158] Zweitens erwartet Matthäus am Ende der Welt nicht ein Ende der Tora, sondern das Gericht (vgl. 13,39). Dieses aber richtet Juden und Heiden nach dem *der Tora entsprechenden* Maßstab der „Taten der Barmherzigkeit" (25,35f).[159] Damit aber wird umso deutlicher, dass Matthäus hier keinen Endpunkt für die Geltung der Tora nennt, er betont vielmehr ihre gegenwärtige und zukünftige Gültigkeit.

Der zweite Satz ist nun denkbar allgemein formuliert: „bis alles geschieht". Entsprechend gehen die Deutung der Worte „πάντα" und „γίνομαι" auseinander. Man kann die vorherrschenden Deutungsmodelle mit den Stichworten „ethisch" oder „eschatologisch - heilsgeschichtlich" etikettieren.[160] Nach der ethischen Deutung wäre folgendermaßen zu paraphrasieren: „Die Tora bleibt in Kraft, bis alles, was sie fordert, getan ist".[161] „γίνομαι" bedeutet dann „doing what is commanded".[162] Sprachlich ist das möglich[163] und Matthäus auch vertraut (vgl. Mt 6,10; 26,42). „πάντα" würde dann unmittelbar auf Vers 18b bzw. 17

---

[155] Vgl. Hoppe (1991), 144; Luz (1992), 236; Dumais (1995), 177.

[156] Dass die Tora ein Ende haben wird, ist allerdings nur sehr schwach bezeugt (z.B. bNid 61b). Häufiger findet sich die Vorstellung ihrer ewigen Geltung (vgl. Bill I, 245f). Vgl. Vögtle (1970), 102ff.

[157] Vgl. Schlatter (1929), 156; Luomanen (1998), 83; Davies / Allison (1988), 490.

[158] Vgl. Holtzmann (1901), 207; Zahn (1922), 218; Gielen (1998), 81 u.a.

[159] Was Jesus in diesen Versen aufzählt, entspricht genau dem, was die Rabbinen „Taten der Barmherzigkeit" (גמילות חסדים) nennen. Umfangreiches Vergleichsmaterial bieten Davies / Allison (1997), 426. Nach der Zerstörung des Tempels wurden die Taten der Barmherzigkeit zu einem Ersatz für den verlorengegangenen Tempel und damit zu einer zentralen Säule der Begegnung von Gott und Israel (vgl. die berühmte Legende in ARN A 4,4). Zur biblischen Kardinalstelle dafür wurde Hos 6,6, ein Vers, auf den Mt gleich mehrmals Bezug nimmt (9,13; 12,7) - in der Anspielung 23,23 schließlich um das zu benennen, was im *Zentrum der Tora* steht.

[160] Vgl. Dumais (1995), 178; Luz (1992), 237.

[161] Vgl. Hoppe (1992), 145; Limbeck (1996), 132.

[162] Loader (1997), 169.

[163] Vgl. Liddell-Scott, 349; Bauer / Aland, 317.

zurückverweisen: Die Tora in ihrer Gesamtheit[164] gilt so lange, wie ihre Gebote auf Erfüllung warten[165] - ohne dass der grammatikalische Bezug eindeutig wäre. Die heilsgeschichtlich - eschatologische Deutung sieht entweder auf Jesu Leben, Kreuz und Auferstehung angespielt[166] oder versteht diesen Satz von 24,34ff her als Hinweis auf die Ereignisse der Endzeit.[167] Eine Deutung auf Jesu Wirken oder gar auf seinen Tod ist freilich ausgesprochen willkürlich[168], aber auch die Deutung auf die Ereignisse der Endzeit hat mit Schwierigkeiten zu kämpfen, denn ihre Referenzgröße findet sich nicht im unmittelbaren Kontext, sondern muss von Kap. 24 her herangeholt werden.[169] Diese Deutung gewönne aber an Wahrscheinlichkeit, wenn Matthäus hier von Mk 13,30 beeinflusst wäre[170], was wegen der „hoffnungslos undurchsichtigen"[171] Entstehungsverhältnisse des gesamten Verses nicht mit Sicherheit zu entscheiden ist. Wägt man die Plausibilität der Argumente gegeneinander ab, so wiegen diejenigen, die für die „ethische" Deutung vorgebracht werden, schwerer: Das zweite Glied betont also, dass die Tora solange gilt, wie ihre Gebote auf Erfüllung warten und schreibt damit die Aussage des ersten Gliedes fort: Die Tora hat Bestand und ist vollständig zu tun.[172]

1.2.1.3 Mt 5,19

Dieser Vers setzt die begonnene Linie fort und nennt die Sanktionen, die der zu gewärtigen hat, der anders als Jesus in der Wahrnehmung des Matthäus eines der kleinsten Gebote auflöst und / oder andere desgleichen zu tun lehrt.

---

[164] Matthäus legt in verschiedenen Zusammenhängen immer wieder Wert darauf, dass *alles* getan, jedes Gebot gehalten wird (3,15; 23,3; 28,20). G. Barth (1975), 66f verweist auf analoge Phänomene in der Qumranliteratur, wo man mit dem Wort כל signalisiert, dass - im Gegensatz zu konkurrierenden Auffassungen - alles, was Gott geboten hat, getan werden soll (z.B. 1QS 1,3.4.17; 5,1.7.8.20.22; 9,25).
[165] Vgl. Limbeck (1996), 132 (vgl. dort Anm. 27 auf Seite 232).
[166] So Meier (1976), 59ff; Guelich (1982), 147ff
[167] So Luomanen (1998), 83; Davies / Allison (1988), 495 (auf Seite 494 werden weitere Konkretionen des heilsgeschichtlich - eschatologischen Auslegungsmodells vorgestellt)
[168] Zur Kritik vgl. Loader (1997), 169 und Luomanen (1998), 82.
[169] Vgl. Hoppe (1991), 145.
[170] So Luomanen (1998), 82.
[171] Luz (1992), 229.
[172] Für einen synonymen Parallelismus der Glieder sprechen sich aus: Davies /Allison (1988), 495; Snodgrass (1992), 372; Hagner (1993), 107; Luomanen (1998), 83. Loader (1997), 169 verbindet die beiden Auslegungsmodelle. Ähnlich Delling (1959), 292f.

Mit dem Wort λύω schafft Matthäus einen klaren Rückbezug auf das καταλύω von Vers 17.[173] Waren es dort Tora bzw. Propheten in ihrer Gesamtheit, die nicht aufgelöst werden sollten, so geht es nun um die in ihnen aufbewahrten kleinsten Gebote.[174]

Angesichts der Stringenz dieser Fortsetzung im Duktus der Verse 17 und 18 ist es verwunderlich, welche Fragen sich in der Forschung zu diesem Vers stellen. Dabei geht es vor allem darum, was denn mit „diesen Geboten" gemeint sei. Der Kontext lässt ganz unmittelbar an die Gebote der Tora denken. Das entspricht auch dem matthäischen Sprachgebrauch in 15,3; 19,17; 22,36. Diese grundsätzliche Bejahung der Tora und ihrer Geltung für die Gemeinde könne Matthäus nach Auffassung einiger jedoch nicht gemeint haben.[175] Neben der grundsätzlichen Kritik an einer Auslegungsmethode, die von einem vorgefassten Gesamtkonzept her dem einzelnen Text vorgibt, was er sagen kann und was nicht,[176] sei darauf hingewiesen, dass auch das Gebieten Jesu in 17,9 und 28,20 (ἐντέλλομαι) es nicht rechtfertigt, sich hier gegen den unmittelbaren Wortsinn und den Kontext zu entscheiden.[177] „Ausdrücklich wird also das Einhalten aller Gebote, unabhängig von ihrem Inhalt und ihrem Bezug zur Mitte der Tora gefordert".[178]

Dies ist auch nicht einfach nur eine Tradition, die Matthäus übernommen und unreflektiert weiter transportiert bzw. umgedeutet hat[179], Matthäus hat dieses Stück vielmehr bearbeitet und an diese exponierte Stelle gestellt.[180] Damit unterstreicht er, wie wichtig ihm die Treue zur Tora -

---

[173] Nur in diesen beiden Versen sind die Tora / die Propheten bzw. einzelne Gebote Objekt von λύω. In 21,2 ist von einem ganz profanen Losbinden eines Esels die Rede, 16,19 und 18,18 sprechen von der Binde- und Lösegewalt des Petrus bzw. der Gemeinde - allerdings ohne klares Objekt. Diese Stellen begründen die halachische Kompetenz der Gemeinde. Sie ist in der Lage halachische Entscheidungen zu treffen, die auf der Erde wie auch im Himmel bindenden Charakter haben. Dem gr. λύω entspricht dort das rabbinische התיר. (vgl. z.B. tYev 1,3; 4,7). Vgl. dazu Roloff (1993), 163; Davies / Allison (1994), 639. Wollte man von diesen Stellen einen Bogen zurück nach 5,19 schlagen, so ist zu sagen, dass sich in der Selbstwahrnehmung des Matthäus die halachischen Setzungen der Gemeinde an diese Vorgabe zu halten haben: keines der Gebote ist seiner Geltung zu berauben. Diesem Grundsatz bleibt Matthäus in 23,23 treu, indem er die Gemeinde auffordert, sowohl die gewichtigen, wie auch die weniger gewichtigen Gebote der Tora zu halten (III / 2.3.3.3).

[174] Die Unterscheidung von größeren bzw. wichtigeren und kleineren bzw. weniger wichtigen Geboten ist auch in der rabbinischen Literatur belegt (vgl. Bill I, 901ff und III / 2.3.3.3).

[175] Vgl. dazu 1.2.1.

[176] Vgl. dazu unten III / 2.1.

[177] Vgl. Davies / Allison (1988), 496; Loader (1997), 169.

[178] Luz (1992), 238.

[179] So Dumais (1995) 179: „Le nouveau contexte leur donne une orientation nouvelle". Doch ist es gerade der Kontext von Vers 17f, der diesen Versen ihr eindeutiges Gefälle hin zu einer uneingeschränkten Toraobservanz gibt.

[180] Vgl. dazu Luz (1992), 239f.

auch für seine Gemeinde ist.[181] An ihr entscheidet sich letztlich sogar die Zugehörigkeit zum Gottesreich - mindestens aber der Rang, den man dort zu erwarten hat.[182] Hinsichtlich dieser Frage, die um die genaue Interpretation des Satzes „ἐλάχιστος κληθήσεται ἐν τῇ βασιλείᾳ τῶν οὐρανῶν" kreist, bestehen grundsätzlich zwei Auffassungen in der Forschung. Nach der einen denkt der mt Jesus an eine tatsächliche Rangfolge *im* Gottesreich, was nach 11,11 und 18,1.4 durchaus möglich wäre.[183] Die zweite Richtung geht davon aus, dass Matthäus an einen totalen Ausschluss aus dem Gottesreich denke[184]. Eine Entscheidung ist schwer zu treffen[185]. Wichtig scheint mir der Hinweis Hoppes, dass es Matthäus hier nicht darum gehe, sozusagen Minimalbedingungen für den Eintritt in das Gottesreich aufzustellen - ihm ist vor allem daran gelegen, jeden Vorwand zur Gesetzesübertretung ad absurdum zu führen.[186] Die fragliche Wendung „is a way of speaking about what is pleasing or displeasing to God. All three verses affirm the complete validity and importance of the law"[187] - darauf liegt der Ton. Wie schon bei der Besprechung von Vers 17 angedeutet, unterstreicht dieser Vers den Zusammenhang von Tun und Lehren, der für Matthäus - ebenso wie für einige frührabbinische Traditionen[188] - typisch ist.

1.2.1.4 Mt 5,20

Nachdem die vorangegangenen Verse die uneingeschränkte Treue des mt Jesus zur Tora in aller Deutlichkeit bekräftigt haben, wird nun mit der Parole „mehr Gerechtigkeit" der Bogen hin zu den folgenden Kommentarworten geschlagen. Hinsichtlich der so beschriebenen Funktion dieses Verses besteht in der Forschung Einigkeit. Formal wird hier eine Einlassbedingung für das Gottesreich aufgestellt.[189] Jesus sagt, die Hörerin-

---

[181] Vgl. Saldarini (1994), 161: „Matthew means for his group to obey fully the demand of the law as they are understood through Jesus' teaching".
[182] Vgl. Holtzmann (1897), 426: „...nirgends wird so unmissverständlich wie 5,19 die Geltung des Menschen im Himmelreich von dem Lehren und Tun des Gesetzes abhängig gemacht".
[183] Vgl. Hagner (1993), 109: „It is unlikely that ‚least' refers to those excluded from the kingdom" und Luz (1992), 239; Davies / Allison (1988), 497.
[184] Vgl. Luomanen (1998), 85; Loader (1997), 170: „The emphasis is entirely negative and discouraging".
[185] Von Vers 20 her erscheint die zweite Deutung allerdings als die wahrscheinlichere.
[186] Vgl. Hoppe (1991), 150.
[187] Snodgrass (1992), 373.
[188] Vgl. unten III / 2.2.2.1.
[189] Limbeck (1996), 132; Hagner (1993), 109, wobei Hagner es vom Kontext her für ausgeschlossen hält, dass hier auch inhaltlich eine Einlassbedingung vorliege. Zur Form der Einlasssprüche vgl. Horn (1996), 187ff: „Die synoptischen Einlaßsprüche

nen und Hörer könnten den Raum der Gottesherrschaft[190] nur dann betreten, wenn sie „mehr Gerechtigkeit" aufzuweisen hätten als die „jüdischen Konkurrenzgruppen"[191]. „περισσεύειν - πλεῖον" hat dabei einen eindeutig quantitativen Sinn[192], einen qualitativen Unterschied im Ansatz sieht Matthäus offenbar nicht. Ganz nebenbei wird damit natürlich auch den Pharisäern und Schriftgelehrten ein gewisses (freilich nicht ausreichendes) Maß an Gerechtigkeit zugesprochen.

Dieser Befund ist ein weiteres interessantes Indiz für die Verhältnisbestimmung des MtEv zu dem ihm zeitgenössischen Judentum, zeigt er doch, dass die mt Gemeinde und die Pharisäer und Schriftgelehrten sich auf der gleichen Basis bewegen, indem beide Gerechtigkeit verwirklichen, also den Willen Gottes tun (vgl. 3,15) - dabei unterscheiden sie sich nicht *qualitativ*, sondern *quantitativ* voneinander. Das hätte Matthäus kaum sagen können, wenn er „das Judentum" verlassen hätte. Konkurrenz ist nur auf einer gemeinsamen Basis möglich.[193]

Für Matthäus ist der Ausgang dieses Wettbewerbs freilich völlig klar: Nur wer den Gotteswillen so erfüllt, wie er in der Tora in der von Jesus aktualisierten Weise hörbar wird, hat Teil an Gottes Herrschaft.

1.2.1.5 Zwischenergebnis

Die Verse 17-20 erweisen sich trotz der Schwierigkeiten, die sie aufzuwerfen vermögen, als eine Einheit mit beachtlicher Geschlossenheit und einer sehr klaren Linie. Der Tora wird nichts von ihrer Geltung genom-

---

formulieren ja gegenwärtige Bedingungen für eine zukünftige Teilhabe an der Herrschaft Gottes, formulieren negative und positive Kriterien..." (189).

[190]   Hier wie auch in Mt 7,21; 23,13; Mk 9,47; 10,15; 10,23-25; Joh 3,5; Apg 14,22 u.ö. ist das Reich Gottes als Raum vorgestellt, den man betreten kann (vgl. grBar 11). Andere jüdische Texte (z.B. das Kaddisch; TestDan 5,13) sprechen die Erwartung aus, das Reich Gottes sei seinerseits im Kommen (vgl. z.B. Mt 6,10), Gottes Herrschaft setze sich eschatologisch durch (vgl. Wolter (1995), 16). Möchte man beide Vorstellungen kombinieren, dann kann man sagen: „*Gott ist [...] eine Herrschaft zu eigen. Sie ist von Gott bestimmter Raum und sich durchsetzendes Geschehen*" (Karrer (1998), 224).

[191]   Vgl. Hoppe (1991), 151.

[192]   Zwar nennt der Liddell-Scott, 1387 auch „to be superior" als Bedeutung von περισσεύειν - doch sind alle dort genannten Belege christlicher Herkunft. Grundsätzlich bedeutet dieses Wort „im Überfluß vorhanden sein", „an Menge übertreffen" (vgl. ebd.). Der daneben stehende Komparativ von πολύς (viel) zwingt geradezu zu einer quantitativen Deutung. Vgl. Wiefel (1998), 104: „genaugenommen geht es um ‚größere' nicht um besser" Gerechtigkeit; Luz (1992), 240; Wouters (1992), 48.

[193]   Gegen den philologisch eindeutigen Befund gehen viele Exegeten doch von einem qualitativen Unterschied bezüglich der Gerechtigkeit der beiden Konkurrenten aus (vgl. Menninger (1994), 113, der sogar von zwei unterschiedlichen Systemen spricht, dem der Gerechtigkeit der Pharisäer, die in der Observanz des AT bestehe, und der Gemeinde, die in der Observanz der Gebote Jesu liege; Dumais (1995), 176f.

men, sie ist im Großen wie im Kleinen zu tun und zu lehren. Genau dies beansprucht der mt Jesus nach 5,17 in Lehre und Praxis. Er erfüllt die Tora, indem er ihre Leerstellen auffüllt, sie tut und zu ihrem Tun leitet, so dass daraus Weisung für die Gegenwart erwächst. Die Kommentarworte entsprechen diesem Programm voll und ganz. Wie sich zeigen ließ, nehmen sie kein Häkchen oder Jota von der Tora weg und lösen noch nicht einmal das Geringste unter den Geboten auf.[194] Jesus (er)füllt in ihnen die Tora und konkretisiert sie so zur Halacha, die dem Willen Gottes, bzw. die Gott und seiner Vollkommenheit in der Gegenwart entspricht. Um diese Entsprechung geht es dem Schlussvers der Spruchreihe (5,48), der im Folgenden untersucht werden soll.

1.2.2 Mt 5,48

Wie eine „Unterschrift"[195] schließt der Vers 48 die Kommentarworte ab, fasst die ganze Reihe mit einem Begriff zusammen und blickt zurück auf Vers 20: Die Forderung der Vollkommenheit entspricht der Forderung nach „mehr" Gerechtigkeit, welche die Kommentarworte einleitet.[196] „Matthew concludes the segment with a reformulation of its first argument, but now generalized: the disciples should be perfect as God is perfect (5,48). This also echoes 5,20, the demand for righteousness, and so both brings to a conclusion the six antitheses and embraces them with the demand for rigtheousness"[197].

Matthäus richtet in diesem Vers das Verhalten der Jünger an Gott aus und kennzeichnet es mit dem Stichwort „Vollkommenheit". Streng genommen sind das zwei Konzepte, die zunächst nichts miteinander zu tun haben. So ist schon öfter darauf hingewiesen worden, dass τέλειος weder im AT noch in Qumran von Gott ausgesagt wird.[198] Entsprechend begegnet auch der Gedanke, dass ein Mensch „sich in seinem Handeln dem göttlichen Handeln anzugleichen"[199] hat unabhängig davon. Aus

---

[194] Vgl. oben III / 1.1.2.
[195] Frankemölle (1994), 235.
[196] Vgl. Klein (1995), 62.
[197] Loader (1997), 179. Weitere neuere Vertreter dieser opinio comunis sind z.B. auch Davies / Allison (1988), 560; Hoppe (1991), 158; Wouters (1992), 246 u.a.
[198] Vgl. Hoppe (1977), 27; Davies / Allison (1988), 563. Philo kann Gott das vollkommene Gut „τὸ τέλειον [...] ἀγαθόν" nennen (Gig 45), auch kann er sagen, dass im Gegensatz zum Menschen Gott allein die Vollkommenheiten (αἱ τελειότητες [...] ἑνός εἰσι μόνου) eigen sind (Her 121). Vielleicht hängt diese Zurückhaltung damit zusammen, dass der von τέλος abgeleitete Begriff eine dynamische Komponente hat: „Wenn etwas oder jemand als τέλειος bezeichnet wird, dann schwingt dabei noch mit, daß diese Eigenschaft das Ende bzw. Ziel einer Entwicklung darstellt." (Klein (1995), 56f).
[199] Böhl (1974) 141.

diesem Grund seien beide Konzepte kurz getrennt voneinander vorgestellt.

1.2.2.1 Die Weisung zur Vollkommenheit

Mt verwendet den Begriff τέλειος an zwei Stellen, die sich jeweils seiner Redaktion verdanken (Mt 5,48; 19,21). In der LXX kommt er 20-mal
vor. Seine hebräischen Hauptäquivalente sind „תמים" und „שלם", so
dass er wie diese „unversehrt, ungeteilt, vollständig, ganz" bedeutet[200].
Nach Dtn 18,13 (LXX) soll der Mensch „vollständig / ungeteilt" vor seinem Gott sein, womit im Kontext zunächst die unbedingte Treue zu dem
einen Gott Israels gemeint ist.
In den Qumranschriften wird תמים verbunden mit דרך oder הלך bzw. einem ihrer Derivate zu einem Schlüsselbegriff für das dem Willen Gottes
entsprechende Leben der Gemeinde: „Vollkommen wandeln meint die
volle Erfüllung der rechten Norm; fehllos wandeln heißt, nicht nach links
oder rechts abweichen, nicht eines der Worte Gottes übertreten", es bezieht sich auf „die totale Erfüllung des Willens Gottes" - und meint „das
Einhalten der Gesamtheit der Vorschriften der Gemeinde"[201]. τέλειος
bzw. תמים verlagern ihren Akzent im Laufe der Zeit immer mehr auf das
Halten der Gebote bzw. der Treue zur Tora[202].
Bedenkt man von diesem Hintergrund her Mt 5,48 in seinem Span-
nungsbogen zu 5,17ff, dann fügt sich Matthäus bruchlos in die innerjüdische Geschichte dieses Begriffs ein[203]. *Der mt Jesus fordert vollständige
und ungeteilte Hingabe an den Willen Gottes, wie er in der Tora, wie er
selbst sie aktualisiert und (er)füllt, zur Sprache kommt.*[204] Luz weist zu
Recht darauf hin, dass das quantitative Moment von Vers 20 auch hier
mitzuhören ist: „,Vollkommen' ist, wer Gottes Gebote ohne jeden Ab-
strich befolgt"[205]. „τέλειος" wird - trotz seines seltenen Vorkommens im
MtEv - zu einem Begriff, der die mt Gemeinde überhaupt charakteri-

---

[200] Vgl. Delling (1969), 72f. Vgl. zur Begriffsgeschichte auch Frankemölle (1994a),
204ff und 495ff.
[201] Delling (1969), 74; vgl. Hoppe (1977), 28f.
[202] Vgl. Klein (1995), 58. In den Qumranschriften geht es näherhin um das Einhalten der Tora so wie sie *in der Gemeinde* - im Unterschied zu anderen jüdischen
Gruppen - gelehrt wurde.
[203] Seine Verwendung in paganen Kontexten stellen Delling (1969), 70f; Hoppe
(1977), 29ff und Klein (1995), 57 ausführlich dar.
[204] Vgl. Loader (1997), 179; Klein (1995), 62; Frankemölle (1998), 315: „Matthäus
geht es um den ungespaltenen und heilen Menschen, um die Übereinstimmung [...]
von Innen und Außen, von konkretem Verhalten und innerer Überzeugung".
[205] Luz (1992), 313.

siert,[206] und damit zu einem Gegenbegriff zu der als „ὑποκριταί" geltenden Konkurrenzgruppe der Pharisäer und Schriftgelehrten. Für Matthäus klafft zwischen deren Reden, Lehren und Tun eine Kluft, während
die Jünger „ganz und ungeteilt" sind bzw. sein sollen.[207] Für das matthäische Gemeindeverständnis ist es allerdings typisch, dass die Jünger immer wieder hinter dieser Vorgabe zurückbleiben[208], immer wieder fallen
sie aus der Ungeteiltheit heraus, in eine „zwiespältige Situation"[209] bzw.
„Teilung" des „Herzens"[210]. Diese kennzeichnet Matthäus mit dem Wort
„zweifeln" (διστάζω). So zweifeln Petrus auf dem See (14,31) und einige Jünger bei der Erscheinung des Auferstandenen (28,17).[211] Matthäus
betont angesichts dieser Lage die Zuwendung Jesu zu den Jüngern, konkret rettend (14,31) oder sein kontinuierliches Mitsein verheißend
(28,20).

1.2.2.2 Die Weisung zu handelnder Gottesentsprechung

Der Gedanke, dass Menschen in ihrem Handeln Gott entsprechen, sich
an ihm orientieren bzw. ihm folgen sollen, ist jüdisch und griechisch
verbreitet. Im AT findet er seinen klarsten Ausdruck in Lev 19,2: „Ihr
sollt heilig sein, denn ich bin heilig". Eine rabbinische Überlieferung erläutert diesen Satz im Sinne einer Gottesentsprechung im Tun:

אבא שאול אומר פמליא למלך. ומה עליה להיות מחקה למלך

Abba Shaul sagt: Ein König hat eine Familie. Wozu ist sie verpflichtet? Dem König
handelnd zu entsprechen. (Sifra zu Lev 19,1)

Dieser Text ist in mehrfacher Hinsicht interessant. Abba Shaul, ein Tan-
nait der dritten Generation, vergleicht das in Lev 19 angesprochene Volk
Israel mit einer „פמליא" (*familia* - ein aus dem Lateinischen übernom-
menes Lehnwort), einem antiken Hausstand, Gott - wie so oft - mit einem König. Das Hauswesen, dem der König als pater familias vorsteht,

---

[206] So Barth (1975), 91: „Man kann also zunächst sagen, das τέλειος bezeichne das
'Mehr', das die Täter der Lehre Jesu von anderen unterscheidet, es ist das Merkmal
der Gemeinde".

[207] Zur Vollkommenheit gehören – wie Ulrich Luz es formuliert – „zwei Momente:
die Ungeteiltheit des Herzens und Ganzheitlichkeit des Gehorsams als subjektives
Moment, die vollständige Erfüllung aller Forderungen des Gesetzes als objektives
Moment." (Luz (1988), 313). Vgl. die Besprechung des Begriffs „ὑποκριταί" unter
III / 2.3.2.

[208] Vgl. unten III /3.

[209] Held (1975), 283.

[210] Schlatter (1908), 172.

[211] Parallel dazu spricht Matthäus von den ὀλιγόπιστοι (6,30; 8,26; 14,21; 16,8),
womit „nicht die grundsätzliche Verweigerung des Glaubens, sondern der Mangel an
Vertrauen, mangelndes Durchhalten des Glaubens" bezeichnet wird (Barth (1981),
1238).

hat die Pflicht, eben diesem König handelnd zu entsprechen. Das hebr. Wort dafür ist „חקה" (pi.). Es kommt im AT nicht vor und bedeutet im rabbinischen Hebräisch „to imitate a person's customs, to follow a person's footsteps"[212]. Die Familie soll dem pater familias nachfolgen, seinem Tun entsprechen. Das Lev 19,2 nicht näher definierte Entsprechungsverhältnis wird damit primär ethisch gedeutet,[213] es verwirklicht sich im Tun.

Im Blick auf Matthäus fällt auf, dass auch er sich eines Familienbildes bedient, um die Menschen zu beschreiben, deren Handeln von Gottes Handeln geprägt ist (Vers 45: ὅπως γένησθε υἱοὶ τοῦ πατρὸς ὑμῶν τοῦ ἐν οὐρανοῖς). Wer zu Gottes Hausstand gehört oder gehören will, so sagen Matthäus und Abba Shaul, der muss sich an Gottes Handeln orientieren.

Lev 19,2 ist nicht der einzige Text, an dem die Rabbinen den Gedanken der handelnden Gottesentsprechung festmachen. Das Lied des Mose in Ex 15 ist ebenfalls Ausgangspunkt einschlägiger Überlegungen. Dort heißt es in Vers 2:

„זה אלי ואנוהו" - „Das ist mein Gott, ich will ihn preisen", wie Luther übersetzt. Die Wurzel „נוה", die dem Verb wahrscheinlich zugrunde liegt, ist von dem hebr. Wort für „schön, lieblich" nicht zu unterscheiden. Dies haben einige Rabbinen hier gelesen, so dass es heißt „Das ist mein Gott, ich will ihn schön machen". Ein solcher Text wirft selbstverständlich Fragen auf:

ר' ישמעאל אומר וכי איפשר לבשר ודם להנוות קונו אלא אנוה לו במצות אעשה אעשה לולב
נאה סוכה נאה ציצית נאה תפלה נאה

Rabbi Ischmael sagt: Ist es denn Fleisch und Blut möglich, seinen Schöpfer schön zu machen? Ich will es ihm vielmehr mit Geboten schön machen: Ich mache einen schönen Lulav, eine schöne Laubhütte, schöne Schaufäden und ein schönes Gebet. (MekhY zu Ex 15,2 [Horovitz /Rabin, 127])

Rabbi Ischmael kann sich nicht vorstellen, wie es Menschen möglich sein soll, Gott zu „verschönern" - darum deutet er diesen Vers auf die Gebotserfüllung, statt Gott schön zu machen, soll man für Gott die Gebote schön erfüllen.
Die Lesart, die Rabbi Ischmael zugrunde legt, ist nicht die einzige, die in rabbinischen Kreisen bekannt ist. Abba Shaul liest anders und legt folgendermaßen aus:

---

[212] Jastrow, 496.
[213] Das es noch andere Möglichkeiten gab, zeigt der gleiche Midrasch ein paar Zeilen vorher, wenn er „ihr sollt heilig sein" mit „ihr sollt abgesondert sein" (היו פרושים) wiedergibt. Damit ist in erster Linie etwas über einen Status gesagt, erst in zweiter Linie ergeben sich daraus ethische Konsequenzen.

אבא שאול אומר אדמה לו מה הוא רחום וחנון אף אתה רחום וחנון

Abba Shaul sagt: Ich will ihm ähnlich sein. So wie er barmherzig und gnädig ist, will auch ich barmherzig und gnädig sein. (MekhY zu Ex 15,2 [Horovitz / Rabin, 127])

Es ist kaum zu entscheiden, was Abba Shaul dazu bewogen haben mag, hier statt אדמה אנוה zu lesen. Hat er einen anderen Text oder liest er bewusst um? Raschi erklärt Abba Shauls Auslegung, die sich auch in bShab 133b findet, so, dass dieser אנוה als אני והוא (ich und er) verstanden habe, also als Wendung, die eine Gemeinsamkeit bzw. ein gemeinsames Tun von Gott und Mensch zum Ausdruck bringt.

Wie auch immer es zu dieser Aussage gekommen sein mag, für unseren Zusammenhang ist wichtig, dass hier wiederum Menschen in Entsprechung zu Gott handeln und ihm auf diese Weise ähnlich sind. Herausragendes Beispiel dafür ist das gnädige und sich erbarmende Handeln Gottes, das der Mensch seinerseits verwirklichen soll.

Dass der Mensch der Barmherzigkeit Gottes in seinem Handeln entsprechen soll, ist ein verbreiteter Topos[214]:

ללכת בכל דרכיו אלו הן דרכי מקום ה' אל רחום וחנון ואומר והיה כל אשר יקרא בשם ה'
ימלט כי היאך אפשר לו לאדם לקרא בשמו של מקום אלא נקרא המקום רחום אף אתה היה
רחום הקב"ה נקרא חנון אף אתה היה חנון שנאמר חנון ורחום ה'[...] נקרא המקום צדיק
שנאמר צדיק ה' וצדקות אהב אף אתה היה צדיק נקרא המקום חסיד שנאמר כי חסיד אני אף
אתה היה חסיד לכך נאמר והיה כל אשר יקרא בשם ה' ימלט [...]

In all seinen Wegen zu wandeln: Dies sind die Wege des Ortes [=Gottes], wie es heißt: Herr, Gott barmherzig und gnädig... (Ex 34,6f) und er sagt: Jeder, den den Namen des Herrn anruft, der soll gerettet werden (Joël 3,5). Wie ist es möglich, dass ein Mensch sich mit dem Namen des Ortes nennt? [Doch wohl folgendermaßen:] Der Ort wird barmherzig genannt, so sollst auch du barmherzig sein. Der Heilige, gelobt sei er, wird gnädig genannt, so sollst auch du gnädig sein, wie es heißt: Gnädig und barmherzig ist der Herr (Ps 145,8). Der Ort wird gerecht genannt, wie es heißt: Der Herr ist gerecht und hat Gerechtigkeit lieb (Ps 11,7), so sollst auch du gerecht sein. Der Ort wird gütig genannt, wie es heißt: Ich bin gütig (Jer 3,12), so sollst auch du gütig sein. Deshalb heißt es: Jeder, der den Namen des Herrn anruft, soll gerettet werden [...].(SifDev § 49 [Finkelstein, 114])

Dieser tannaitische Midrasch zu Dtn 11,22 entwickelt den Gedanken der handelnden Gottesentsprechung, den er in dem auszulegenden Vers angedeutet findet, über den Bezug zu Joël 3,5. Die Wendung „יקרא בשם ה'", die in der Bibel „den Namen des Herrn anrufen" bedeutet, wird hier anders gelesen, nämlich nicht im Qal, sondern im Nifal, dann bedeutet sie, „sich selbst mit dem Namen des Herrn nennen". Der Midrasch ver-

---

[214] Nicht zuletzt in der lukanischen Parallele zu Mt 5,48, in Lk 6,36: „Γίνεσθε οἰκτίρμονες καθὼς [καὶ] ὁ πατὴρ ὑμῶν οἰκτίρμων ἐστίν". Das Wort „οἰκτίρειν" und seine Derivate geben in der LXX das hebr. „רחם" wieder (vgl. z.B. Ex 34,6; Dtn 4,31; Ps 25,6; 40,12; 51,3; 69,17 [alle MT]).

sucht im Folgenden zu verstehen, wie es möglich sein kann, dass Menschen sich selbst den Namen Gottes beilegen (sollen) – und dies noch unter Berufung auf eine biblische Verheißung.[215] Die Lösung findet der Midrasch im Gedanken der Entsprechung von Gott und Mensch im Handeln: Wenn Menschen sich mit einem Namen Gottes nennen, dann verpflichtet sie das dazu, in das Handeln Gottes, für das dieser Name steht, einzustimmen. Gott wird barmherzig, gnädig, gerecht und gütig genannt – also soll der Mensch wie Gott barmherzig, gnädig, gerecht und gütig sein und handeln.

Die Reihe rabbinischer Belege für den Gedanken der Entsprechung von Gott und Mensch in der Ethik ließe sich verlängern[216]. Auch das sog. hellenistische Judentum war mit ihm vertraut. Der Aristeasbrief macht ihn zur Grundlage seiner ethischen Erörterungen: Der Erste der 72 Weisen, die der heidnische König hinsichtlich der guten Lebensführung befragt, rät dazu, die Güte Gottes nachahmend darzustellen (μιμέομαι) (Arist 188). Dieser Rat wird im Folgenden immer wieder laut (z.B. 210; 254 [κατακολουθέω]). Wer Gottes Verhalten gegenüber dem Menschengeschlecht beobachtet (190) und sich daran orientiert, wird nicht fehlgehen.

Dass Philo sich ganz zentral an dieser Vorstellung orientiert, zeigte sich bei der Darstellung seiner Einstellung Schwur und Eid gegenüber[217]: Weil bei Gott jedes Wort die Qualität eines Eides hat, sollen auch Menschen allezeit wahrhaftig sein, und so ihr Tun und Reden an dem Grundsatz des „ἕπου αἰεὶ θεῷ (folge allzeit Gott)" ausrichten. Diesen Grundsatz übernimmt Philo aus der paganen griechischen Tradition und erweist sich damit einmal mehr als jüdisch und hellenistisch gebildeter Autor[218].

Wenn Matthäus die Gemeinde dazu auffordert, Gott in ihrem Handeln vollkommen und ungeteilt zu entsprechen, dann steht er damit in einer Tradition, die im Judentum seit dem alttestamentlichen Heiligkeitsgesetz vorhanden ist und die in den Jahrhunderten vor und nach der Zeitenwen-

---

[215] Ähnlich skeptisch äußert sich der Amoräer Rabbi Hama bar Hanina, der nach bSot 14a von Dtn 13,5 („Dem Herrn, eurem Gott, sollt ihr folgen...") angeregt fragt: „Ist es dem Menschen möglich, der Schechina zu folgen, es heißt doch, der Herr, dein Gott, ist ein verzehrendes Feuer?". Diesen Vers wörtlich zu verstehen ist ihm unmöglich, darum deutet er ihn so, daß man Gottes Handlungsmaßstäben (מדות) folgen soll. Konkrete Beispiel dafür sind: Nackte bekleiden; Kranke besuchen (vgl. Mt 25,36); Trauernde trösten, Tote begraben.
[216] Vgl. z.B. yBer 5,3 (9c); TPsJ Lev 22,28. Weitere vorwiegend amoräische Belege sammelt Böhl (1974), 134ff.
[217] Vgl. II / 4.2 und 4.3.4.1.
[218] II / 4.2.

de immer mehr Gewicht bekommt. Es ist Gottes Wille, dass die, die zu ihm gehören, ihm entsprechen und sich an seinem Tun orientieren. Konkrete Konturen gewinnt dies durch die Beschreibung von Gottes Handeln in den Versen 45ff. Gott lässt die Sonne aufgehen über Guten und Bösen, lässt es regnen auf Ungerechte und Gerechte. An diesem Verhalten Gottes, das allen die Lebensgrundlage gewährt, soll die Gemeinde sich ausrichten und so zur „Familie" Gottes gehören. Matthäus ersetzt das aus Q stammende „οἰκτίρμων" (vgl. Lk 6,36), das Gottes zuvor beschriebenes barmherziges Handeln auf den Begriff bringt, durch „τέλειος". Damit ändert sich nichts am Duktus der Entsprechungsforderung: Hier wie dort ist es Gottes barmherziges Handeln, das Vorbild und Richtschnur menschlichen Handelns sein soll.[219] Matthäus ergänzt aber ein weiteres Moment, das die Gemeinde in ihrer *kongruenten* und *ungeteilten* Erfüllung des in der von Jesus gelehrten Tora grundgelegten Willens Gottes charakterisiert.[220]

1.2.3 Ergebnis

Damit wären die Vorfragen zum Verständnis der Kommentarworte und ihres Rahmens behandelt. Folgendes *Gesamtgefälle* ergibt sich: Der mt Jesus bekräftigt seine Treue zur Tora, die er (er)füllt und aktualisiert, so dass darin der aktuelle Wille Gottes zur Sprache kommt und die Gemeinde zu dessen vollen und ungeteilten Erfüllung herausgefordert wird. Dabei hat sie sich am Handeln Gottes - näherhin an seinem barmherzigem Handeln - zu orientieren. Wenn sie diesem in vollem Umfang - übereinstimmend in Tun und Lehre - entspricht, dann ist ihre Gerechtigkeit so (nämlich im Überfluss) vorhanden, wie es den Gliedern der Familie Gottes angemessen ist. Die einzelnen Kommentarworte explizieren diesen Grundsatz, indem sie konkret werden lassen, wie sich die Tora(er)füllung Jesu vollzieht und wie der Wille Gottes in Jesu Lehre konkrete Gestalt gewinnt.

Gehen wir nun über zur Besprechung des ersten Textes der matthäischen Schwurhalacha, Mt 5,33-37.

---

[219] Diese inhaltliche Ausrichtung ist vom Aristeasbrief (188; 190; 192; 210 u.ö.) und von Philo (SpecLeg 4,74; Virt 168f u.ö.) vorbereitet und sie wird von den Rabbinen weitergeführt.
[220] Damit wird die Gemeinde zugleich von der Konkurrenzgruppe der ὑποκριταί positiv abgehoben.

1.3 Struktur und Geschichte des vierten Kommentarwortes

Das vierte Kommentarwort weist die gleiche ausführliche Einleitungs-
formel auf wie das erste (5,21) was - ebenso wie das vorgeschaltete
πάλιν - als Indiz für die Zweiteiligkeit der im Ganzen sechsgliedrigen
Spruchreihe in der vorliegenden Komposition gewertet werden kann.[221]
Die Stellungnahme besteht aus einer negativ formulierten halachischen
Aussage, die durch vier parallel konstruierte Sätze illustriert wird, die
jeweils mit μήτε beginnen und ein mit ὅτι angeschlossenes Argument
folgen lassen. Eine positiv formulierte halachische Aussage, verbunden
mit einer Warnung, schließt das Stück ab.
Bei näherer Betrachtung zeigen sich in diesem auf den ersten Blick ho-
mogen erscheinenden Stück Spannungen, vor allem in den Versen 35
und 36. So fällt zum einen auf, dass die μήτε - Sätze 34b, 35a und 36a
jeweils die Präposition ἐν haben, während in Vers 35b εἰς steht. Des
Weiteren sticht Vers 36 aus inhaltlichen (s.u.) aber auch aus sprachlichen
Gründen aus dem Zusammenhang hervor. Das Kommentarwort ist als
ganzes in der zweiten Person Plural gehalten, Vers 36 hingegen in der
zweiten Person Singular, außerdem wird nur hier das in allen μήτε - Sätzen vorausgesetzte Verb explizit genannt.
Diese Beobachtungen sprechen dafür, dass diese Einheit eine längere
Wachstumsgeschichte hat. In die gleiche Richtung deutet eine Parallelfassung, die in Jak 5,12 erhalten ist. Synoptischer Betrachtung stellen
sich beide Texte[222] wie folgt dar:

Mt 5,33-37	Jak 5,12
33 Πάλιν ἠκούσατε ὅτι ἐρρέθη τοῖς ἀρχαίοις, Οὐκ ἐπιορκήσεις, ἀποδώσεις δὲ τῷ κυρίῳ τοὺς ὅρκους σου.	Πρὸ πάντων δέ, ἀδελφοί μου,
34 ἐγὼ δὲ λέγω ὑμῖν μὴ ὀμόσαι ὅλως·	μὴ ὀμνύετε,
μήτε ἐν τῷ οὐρανῷ, ὅτι θρόνος ἐστὶν τοῦ θεοῦ·	μήτε τὸν οὐρανὸν
35 μήτε ἐν τῇ γῇ, ὅτι ὑποπόδιόν ἐστιν τῶν ποδῶν αὐτοῦ·	μήτε τὴν γῆν
μήτε εἰς Ἱεροσόλυμα, ὅτι πόλις ἐστὶν τοῦ μεγάλου βασιλέως·	μήτε ἄλλον τινὰ ὅρκον·
36 μήτε ἐν τῇ κεφαλῇ σου ὀμόσῃς, ὅτι οὐ δύνασαι μίαν τρίχα λευκὴν ποιῆσαι ἢ μέλαιναν.	

---

[221]   Vgl. Duling (1990), 99 und Luz (1992), 245.
[222]   Eine ausgewertete Übersicht über parallele altkirchliche Texte (Iust. Mart. apol. 1,16.5; Pseudo Clementinische Homilien 3,55.1; 5,56.3; Epiphanius, Panarion 19,6) bietet Duling (1990), 104.

37 ἔστω δὲ ὁ λόγος ὑμῶν ναὶ ναί, οὒ οὔ· τὸ δὲ περισσὸν τούτων ἐκ τοῦ πονηροῦ ἐστιν.	ἤτω δὲ ὑμῶν τὸ Ναὶ ναὶ καὶ τὸ Οὒ οὔ, ἵνα μὴ ὑπὸ κρίσιν πέσητε.

Beide Fassungen berühren sich darin, dass sie das Schwurverbot jeweils mit konkreten Beispielen explizieren, wobei beide Himmel und Erde als Schwurformeln nennen.[223] Außerdem schließen beide mit einer positiven Weisung. Darüber hinaus sind die Unterschiede evident. Sie bestehen zunächst in der Form (Kommentarwort bei Matthäus - Paränese bei Jakobus), dann aber auch im Detail. Jakobus begründet - anders als Matthäus - nicht, warum bestimmte Schwurformeln nicht zum Einsatz kommen sollen. Zwei Formeln, die Matthäus hat, begegnen bei ihm nicht (35b und 36), dafür bietet er das zusammenfassende „noch bei irgend einem anderen Eid". Auch der Schlussvers weist bei z.T. gleicher Substanz Unterschiede auf.[224] Die Frage nach einem möglichen literarischen Abhängigkeitsverhältnis der beiden Texte „lässt sich gegenwärtig wohl so beantworten, dass es ein solches nicht gibt"[225], dennoch ist davon auszugehen, dass beide auf eine gemeinsame Tradition zurückgehen.

Der Anlage der vorliegenden Arbeit entsprechend, die ja speziell nach der Schwurhalacha im *MtEv* fragt, können wir uns, was die Vorgeschichte der Perikope anbelangt, auf kurze Bemerkungen beschränken, zumal die Literatur zur Stelle diese Fragestellung ausführlich behandelt.[226]

G. Strecker versucht, die Ursprünglichkeit der antithetischen Form der Überlieferung mit torakritischer Tendenz zu erweisen[227], ohne sich damit durchsetzen zu können. Denn der eigentümlich zusammengesetzte Charakter der These[228] macht es eher wahrscheinlich, dass sie auf einer spä-

---

[223] Die Differenz zwischen den Kasus (Mt: ἐν mit Dativ; Jak: Akkusativ) spiegelt möglicherweise die unterschiedliche Konstruktion von Schwurformeln im griechischen und hebräischen Sprachraum wieder. Griechische Eide nennen den Schwurgaranten in der Regel im Akkusativ (z.B. μὰ τὸν Δία; Aristoph. Ach. 88; weiteres bei Liddell-Scott, 1070), während vom hebr. ...ב נשבע her ἐν mit Dativ zu wählen ist (z.B. Dtn 6,13; 10,20). Vgl. Davies / Allison (1988), 537.

[224] Vgl. dazu die Besprechung dieses Verses unter III / 1.4.5.

[225] Frankemölle (1994a), 700; Duling (1990), 109.

[226] Ein ausführlicher Forschungsbericht zur Entstehung dieses Kommentarwortes findet sich bei Duling (1990), 110-131. Er stellt die Argumentation Minears (1971), Guelichs (1982), Streckers (1978), Dautzenbergs (1981) und Suggs (1970 und 1975) vor. Vgl. auch Duling (1991), 292f; Davies / Allison (1988), 533; Luz (1992), 281f.

[227] Vgl. Strecker (1978), 57f. Strecker sieht in 5,33 und 34a den ältesten Kern der Überlieferung. Ähnlich Guelich (1982), 218, der anders als Strecker noch Vers 37a zum Kernbestand der Perikope zählt.

[228] Vgl. dazu unten III / 1.4.1.

teren Stufe der Überlieferung in Angleichung an das schon vorliegende Schwurverbot gebildet worden ist.[229]

Konsens besteht darüber, dass Vers 36 gegenüber den Versen 34b und 35 eine spätere Ergänzung darstellt[230]. Letztere könnten dem Schwurverbot ebenfalls später - allerdings vor Vers 36 - zugewachsen sein[231]. D.C. Duling macht einen interessanten Vorschlag, der die Entstehungsgeschichte der Verse 34b und 35 in noch differenzierterem Licht erscheinen lässt. Er weist darauf hin, dass Herodes Agrippa I nach dem Zeugnis des Josephus den Titel „großer König" getragen hat (Ant 20,104; Vita 32). Auch numismatisch ist dies nachgewiesen.[232] Jerusalem habe als „Stadt des großen Königs" in den Tagen Herodes Agrippas I also eine ganz konkrete Bedeutung gehabt, hier handele es sich demnach ursprünglich (anders als in 34b und 35a) nicht um einen Verweis auf Gott - eine entsprechende zeitliche Einordnung dieses Versteiles liege somit nahe.[233] Diesem Vorschlag zu folgen, ist nicht zwingend, da im Licht der biblischen Tradition (und auf diese wird ja in den vorangehenden Versteilen rekurriert[234]), „großer König" in erster Linie eine Bezeichnung Gottes ist (Ps 48,3; 95,3; Mal 1,14; Tob 13,15; PsSal 2,32) - wie Duling selbst sieht.[235]

Zur ursprünglichen Stufe der Überlieferung könnte nach alledem Vers 34aβ (entspricht Jak 5,12bα) gehört haben. Diesem schlösse sich Vers 37 nahtlos an, weshalb diese Verse (34aβ +37) - wohl in der Weise, wie Jakobus sie überliefert[236] - für den Kern der Überlieferung gehalten werden dürften.[237]

---

[229] Vgl. Dautzenberg (1981), 51f; Luz (1992), 33 und jüngst Kollmann (2001), 20.
[230] Vgl. Minear (1971), 2; Davies / Allison (1988), 533; Duling (1990), 131; Duling (1991), 293 u.a.
[231] Vgl. Minear (1971), 2; Strecker (1978), 60; Davies / Allison (1988), 533; Duling (1991), 292.
[232] Vgl. Duling (1991), 303ff. Die numismatischen Belege finden sich bei Meshorer (1982), 55 (Abb. plate 9, 5-5b).
[233] Duling (1991), 308f.
[234] Vgl. Jes 66,1.
[235] Vgl. Duling (1991), 306.
[236] Für die Priorität der Jakobusfassung sprich zum einen der matthäisch redaktionelle Charakter von Vers 37b (Vgl. Davies / Allison (1988), 538; Luz (1992), 281,286), zum anderen die Wirkungsgeschichte des Textes in der alten Kirche, die auch dort, wo man eindeutig auf Matthäus rekurriert, die Jakobusfassung zitiert (vgl. Strecker (1978), 62; Luz (1992), 281); vgl. Iust. Mart. apol. 1,16.5; Pseudo Clementinische Homilien 3,55.1; 5,56.3; Epiphanius, Panarion 19,6; weiteres Duling (1990), 103.
[237] Vgl. Bultmann (1995), 143; Minear (1971), 2; Davies / Allison (1988), 533; Luz (1992), 281 u.a.

Lässt sich dieser Kernbestand auf Jesus zurückführen? Diese Frage wird von der Mehrheit der Forscher bejaht.[238] Dabei kommen die klassischen Kriterien der Frage nach den ipsissima verba Jesu zur Anwendung. So geht U. Luz z.B. von der Annahme aus, dass „das kategorische Schwurverbot im Judentum singulär ist", und folgert daraus, dass es darum wohl von Jesus stamme[239]. Das Kriterium, dass Worte, die sich im Judentum nicht belegen lassen, dem irdischen Jesus zugeschrieben werden dürfen, wird im Zusammenhang mit dem Schwurverbot immer wieder herangezogen.[240] Es steht auch hinter der Debatte zwischen G. Strecker[241] und G. Dautzenberg[242]. Dautzenberg bestreitet gegen Strecker die jesuanische Herkunft des Schwurverbotes, da es ganz in der Tradition der jüdischen Eidkritik verstanden werden könne[243]. A. Ito[244] versucht dem unter erneutem - wenn auch vorsichtigem - Rückgriff auf das Differenzkriterium zu begegnen und jesuanische Herkunft wahrscheinlich zu machen.[245] Mit wachsender Skepsis gegenüber diesem Kriterium[246] schwindet in den neunziger Jahren seine Bedeutung bei der Rekonstruktion von Jesusworten. Weiterhin zur Anwendung kommt das sog. Kohärenzkriterium. Schon J. Schneider hielt das Schwurverbot im Kern für jesuanisch, weil es sich in Jesu Reich-Gottes-Verkündigung einordnen lasse.[247] Ähnlich äußert sich S. Westerholm: „A prohibition of oaths is thus fully consistent with what we know about Jesus, and we may well ascribe such a prohibition to him (criterion of coherence)" [248]. Sowohl Schneider als auch Westerholm schlagen die Brücke vom Schwurverbot zur Botschaft vom Reich Gottes über die Forderung nach absoluter und stetiger Wahrhaftigkeit. Allein diese sei dem Leben unter den Bedingungen des Reiches Gottes angemessen.[249] Diese Einordnung bleibt bei beiden jedoch recht blass.

Nähern wir uns der Frage von der bisher erarbeiteten jüdischen Diskussion um den Eid her, so ergibt sich eine Kohärenz mit deutlicheren

---

[238] Vgl. Duling (1991), 292: „Most scholars are willing to allow that some version of Matt 5:34a might have gone back to Jesus..."; Schneider (1954), 178; Westerholm (1978), 108; Strecker (1978), 70; Ito (1991), 6f; Kollmann (1996), 192.

[239] Luz (1992), 282.

[240] Deutlich z.B. bei Haraguchi (1991), 121, implizit noch bei Wiefel (1998), 115.

[241] Vgl. Strecker (1978), 70.

[242] Vgl. Dautzenberg (1981), 47ff.

[243] Vgl. Dautzenberg (1981), 65.

[244] Vgl. Ito (1991), 6ff.

[245] Problematisch ist, dass Ito dabei die jüdische Eiddiskussion verzeichnet und so dazu kommt, Jesu Stellungnahme zum Eid von anderen jüdischen Stellungnahmen dazu geschieden zu sehen.

[246] Vgl. z.B. Theissen / Winter (1997), 26f, 171ff; Haacker (1997a), 293 und Karrer (1998), 178.

[247] Vgl. Schneider (1954), 178.

[248] Westerholm (1978), 108.

[249] Vgl. Schneider (1954), 178; Westerholm (1978), 108.

Konturen. Die Diskussion um den Eid war, wie wir sahen, von den Anfängen bis in die rabbinische Zeit von der Sorge um die Heiligkeit Gottes und seines Namens bestimmt.[250] Dies ist nun auch ein zentrales Anliegen Jesu nach dem Zeugnis des Vaterunsers (Mt 6,9 / Lk 11,2). Dort steht die Bitte „ἁγιασθήτω τὸ ὄνομά σου" gleich nach der Anrede an exponierter Stelle. Von diesem Anliegen Jesu[251] her fügt sich das Schwurverbot - verstanden vor dem Hintergrund der jüdischen Diskussion um den Eid - bruchlos in die Verkündigung Jesu ein.[252] Somit nötigt nichts dazu, den Kern des Schwurverbots dem irdischen Jesus abzusprechen.[253]

Dieser jesuanische Kernbestand ist dann um die Verse 34b* und 35* (evtl. noch ohne 35b) ergänzt worden. Diese Stufe ist auch die Voraussetzung für die Jakobusfassung. Später wurde Vers 36 eingefügt. Matthäus selbst dürfte den Schlussvers bearbeitet und die antithetische Form geschaffen haben.[254] Ob er es war, der die Beispiele mit einem Begründungssatz versehen hat, ist nicht sicher zu entscheiden.[255] In jedem Fall hat er diese Überlieferung unter die Überschrift von 5,17-20 gestellt und seinen Leserinnen und Lesern damit eindeutige Hinweise zur Rezeption gegeben: *Das Schwurverbot Jesu ist alles andere als Aufhebung der Tora, es ist vielmehr ihre (Er)füllung zu konkreter Halacha.* Aus einem für uns kontextlosen Jesuslogion ist so im Lauf seiner Geschichte eine ein-

---

[250] Vgl. z.B. II / 7.2.

[251] Die jesuanische Herkunft des Vaterunsers hat unlängst U. Mell (1994), 180 in Frage gestellt. K. Haacker hat mit überzeugenden Argumenten dargetan, dass nichts dafür spricht, diesen Text dem irdischen Jesus abzusprechen (Vgl. Haacker (1995), 178ff und Haacker (1997a), 293ff).

[252] Vgl. Kollmann (1996), 191 und (2001), 31f.

[253] G. Dautzenbergs Argumentation gegen einen Haftpunkt des Schwurverbotes beim irdischen Jesus stützt sich noch auf ein weiteres Argument, das Beachtung verdient. Angesichts des selbstverständlichen und außer in Jak 5,12 nirgends problematisierten Umgangs mit dem Schwur im NT fragt er, wie dieses Phänomen zu erklären sein soll, wenn es tatsächlich ein Schwurverbot Jesu gegeben habe (Vgl. Dautzenberg (1981), 64). Mit dieser Beobachtung hat schon die ältere Forschung gerungen. Ihre Ergebnisse trägt Stählin (1962), 138-140 zusammen. Dabei ist immer wieder darauf hingewiesen worden, dass das Urchristentum Jesu Radikalität nicht immer gefolgt ist; vgl. außerdem Kollmann (1996), 190.

[254] Ältere Diskussion bei Duling (1990), 100.

[255] Wie ein Vergleich mit der Jakobusfassung zeigt, gehen die mit ὅτι angeschlossenen Begründungen über den gemeinsamen Bestand hinaus. Wahrscheinlicher, als dass Jakobus diese weggelassen hat, ist es, dass es sich dabei um erklärende Zusätze handelt, die dem durch Beispiele illustrierten Schwurverbot im Laufe der Überlieferung oder gar erst durch Matthäus zugewachsen sind (vgl. auch Luz (1992), 281). Wortstatistische Erwägungen führen bei der Frage nach der Herkunft dieser Zusätze zu keinem eindeutigen Ergebnis, weil zumindest die ersten drei Begründungen auf biblisch vorgegebenen Wortschatz zurückgreifen. Die Begründung in Vers 36 weist als mt Vorzugsvokabular nur κεφαλή und ἤ auf (vgl. Davies / Allison (1988), 537). θρίξ ist noch in 3,4 und 10,30 belegt, λευκός noch in 17,2 und 28,3 μέλας in den Synoptikern nur hier. Matthäische Verfasserschaft ist damit möglich, aber nicht sicher.

deutig als halachisch gekennzeichnete Weisung geworden, die mit den zitierten Ersatzformeln und den dazu gegeben Erläuterungen eine begründete Position im halachischen Diskurs bezieht.

Fragen wir nun genauer nach dem Duktus dieser Verse in ihrer bei Matthäus vorliegenden Form.

1.4 Der Duktus des matthäischen Schwurverbotes

Die im vorangegangenen Teil erarbeiteten Ergebnisse zur Form und zum Rahmen der Kommentarworte lassen erwarten, dass der mt Jesus in diesen Versen Tora (er)füllt, d.h. aktualisiert - und zwar in einer Weise, dass diejenigen, die nach dieser halachischen Konkretisierung handeln, Gott selbst und seinem Willen ganz und ungeteilt entsprechen und sich so durch Gerechtigkeit in Überfülle auszeichnen.

1.4.1 Mt 5,33b

Dieser Versteil stellt die Vorgabe dar, die Jesus im Folgenden zu (er)füllen sich anschickt. Dabei verwundert es nach dem, was wir oben zum Charakter der Tora in den Jahrhunderten um die Zeitenwende herum ausgeführt haben[256], nicht mehr, dass wir in der Schrift vergeblich nach den Worten suchen, die der mt Jesus hier zitiert. Weder der Satz „Οὐκ ἐπιορκήσεις" noch die Worte „ἀποδώσεις δὲ τῷ κυρίῳ τοὺς ὅρκους σου" finden sich dort. ἐπιορκέω oder Derivate davon stehen in der LXX nur in 1.Esra 1,46; Weish 14,25.28 und Sach 5,3. Der Meineid oder der Schwur, der nicht gehalten wird - beides kann mit diesem Wort gemeint sein[257] -, wird in diesen Texten zwar negativ bewertet - ein explizites Verbot wie im matthäischen Text ist dort aber nicht bezeugt. Es klingt allerdings in Texten anderer Provenienz an (PsPhok, 16; Sib 2,68). Mit dem zweiten Teil des Verses verhält es sich ähnlich. Er erinnert an Ps 49,14 (LXX): „ἀπόδος τῷ ὑψίστῳ τὰς εὐχάς σου". Indes sind nicht nur die Verbform, sondern auch die im Dativ und Akkusativ stehenden Wörter andere. Dass ὅρκος durch εὐχή ersetzt ist, erklärt sich immerhin aus dem im Teil II dieser Arbeit mehrmals beobachteten Phänomen, dass Eide und Gelübde im antiken Judentum synonym gebraucht werden konnten.[258] Zugleich steht in der LXX wohl εὐχή, nie aber ὅρκος als

---

[256] III / 1.1.1.

[257] Vgl. Chrysipp, fr. 197; Herodian. 3,6,7; 1.Esra 1,46 (einen Schwur nicht halten); Weish 14,28; TestAss 2,6 (einen Meineid schwören).

[258] Vgl. II / 1.1.2. Es ist möglich - aber nicht zwingend, dass der Schöpfer des Kommentarwortes diese Änderung wegen der Korrespondenz zu Vers 34 vorgenommen hat, vgl. Davies / Allison (1988), 534.

Objekt zu ἀποδίδωμι.[259] Diese Kombination begegnet allerdings in der griechischen Literatur.[260] Das, was von Gott zu den Alten gesagt worden ist, gibt der mt Jesus also in großer Freiheit vom biblischen Text wieder - allenfalls spielt er auf ihn an.[261] Damit ist dieser Vers ein weiteres Beispiel für den Abstand, den die halachische Verkündung des Gotteswillens vom Wortlaut der Tora um die Zeitenwende haben konnte, ein Beispiel für das In- und Nebeneinander von Tradition und Schrift, in dem man Gott selbst reden hört.[262]

Man soll nicht falsch schwören bzw. dem Geschworenen zuwider handeln, und das, was man geschworen hat, soll man auch halten, weisen die beiden Glieder des Verses an.[263] Damit stehen sie im breiten Strom der biblischen und außerbiblischen Tradition, die - wie in Teil II ausgeführt - vor dem falschen Schwur warnt. Wir sahen, dass diese Warnung primär daran interessiert war, Gott bzw. seinen Namen vor der mit einem falschen oder nicht gehaltenen Schwur verbundenen Entweihung zu schützen. Dieses Interesse zeigte sich in Qumran (CD 15)[264], motivierte Philo zu seinen Ausführungen über den Eid (vgl. SpecLeg 4,40).[265] Ähnlich verhält es sich etwas später bei den Tannaiten[266], die die Entweihung des Gottesnamens für die schwerste aller denkbaren Sünden halten (MekhY zu Ex 20,7 [Horovitz/Rabin, 228f]; SifDev § 328 [Finkelstein, 379]; tSot 7,1-4). Hinter der Warnung vor dem falschen Schwur steht – positiv formuliert - das Interesse am dritten Gebot (Ex 20,7). Dass dies auch das Interesse des mt Jesus ist, wird aus dem Fortgang der Argumentation deutlich werden.

---

[259] Vgl. z.B. Dtn 23,22; Spr 7,14; Ps 60,9; Ps 64,2 (alle LXX). Auch im paganen Griechisch ist dies die übliche Kombination (Diod. 4.49.2; Xen. mem. 2.2.10).

[260] Demosth. or. 19,318; Aeschi. leg. 83.

[261] So meint z.B. Zahn (1922), 243, dieser Vers setze sich zusammen „aus kurzen und sehr frei gestalteten Erinnerungen an Lev 19,12 ... und Stellen wie Num 30,3; Deut 23,22-24, wo geboten wird, die Eide und Gelübde, wodurch man sich Gott gegenüber verpflichtet hat, nicht unerfüllt zu lassen". Genau die gleiche Sammlung biblischer Belegtexte (erweitert um Sach 8,17) für diesen Vers bietet der Rand des Nestle/Aland²⁷. Schlatter (1929), 181 verweist auf Ps 50,14. Frankemölle (1996), 128 ergänzt dazu noch Ex 20,16. Vgl. Davies /Allison (1988), 533; Duling (1991), 292.

[262] Vgl. Müller (1992), 114. Vgl. dazu oben III / 1.1.1.

[263] Es ist möglich, dass man im ersten Versteil eher auf den assertorischen, im zweiten eher auf den promissorischen Eid angespielt sehen soll, vgl. Guelich (1982), 212ff. Allerdings begegnet diese Unterscheidung nur selten (mShevu 3,1) und spielt in der jüdischen Diskussion sonst keine Rolle (vgl. II / 1.1.1).

[264] Vgl. II / 3.2.3.1.

[265] Vgl. II / 4.3.3.

[266] Vgl. II / 6.2.1.

1.4.2 Mt 5,34a

Mit Jesu Stellungnahme wird aus dieser Vorgabe konkrete Halacha: „μὴ ὀμόσαι ὅλως". Das Schwören *überhaupt* ist zu unterlassen.[267] Das Verhältnis dieses Kommentars zur Vorgabe in Vers 33 ist lebhaft diskutiert worden. Handelt es sich um eine Aufhebung der Vorgabe (bzw. der Tora) durch den Kommentar? Ist Jesu Stellungnahme als Verschärfung oder Radikalisierung zu lesen? Oder versagt die Alternative, so dass das Verhältnis zugleich als Verschärfung und Abrogation zu beschreiben ist?[268] Zunächst einmal ist festzustellen, dass ein wirklicher Widerspruch zur These nicht vorliegt. Jesus schafft nicht das Verbot des Meineids oder gebrochenen Schwurs ab, sondern untersagt das Schwören überhaupt.

Aus diesem Grund sehen die Exegeten, die sich dafür aussprechen, dass die Stellungnahme in irgendeiner Form im Widerspruch zur Tora steht, diesen Widerspruch nicht gegenüber dem Wortlaut der Vorgabe selbst, sondern gegenüber Texten in der Tora, die den Eid gebieten.[269] Dies wäre in der Tat in Erwägung zu ziehen, wenn denn der Eid wirklich ein „Pflichtgebot"[270] wäre. So weit ich sehe, gibt es in der Tora jedoch kein Schwur*gebot*.[271] Der Schwur ist jeweils eine mögliche Option, die unter bestimmten Umständen wählbar ist, so hat die des Ehebruchs verdächtige Frau ihn zu leisten (Num 5,21), *wenn* der Ehemann es in seiner Eifersucht verlangt (Num 5,14ff); der des Diebstahls Verdächtige hat die Möglichkeit, ihn abzulegen (Ex 22,7.10), aber er ist nicht dazu verpflichtet, wie Beispiele aus der tannaitischen Tradition zeigen[272]. Auch Dtn 6,3 und 10,20 fordern den Schwur nicht, sie legen lediglich fest, bei wem man schwören soll, wenn man es den tun *will*.[273] Von einem alttestamentlichen Schwur*gebot*, das der mt Jesus durch sein Schwur*verbot* außer Kraft setzt, wird man also kaum reden können.

Der mt Jesus konkretisiert die in Vers 33 zitierte Vorgabe nun allerdings so, dass die von der Tora bereitgestellte Option des Schwörens keine mehr ist. Das, was nach der Schrift möglich ist, erklärt seine Halacha für

---

[267] Nur an dieser Stelle schreibt Matthäus ὅλως. Dieses Adverb, das häufig mit einer Verneinung steht (vgl. Liddell-Scott, 1218), lässt keine Ausnahme zu. Von daher halte ich es für problematisch, wenn man spekuliert, ob der mt Jesus vielleicht nur an das unnötige Schwören im Alltag dachte und Eide vor Gericht von dem Schwurverbot ausschließen wollte (so Worth (1997), 197; ältere Vertreter bei Stählin (1962), 117).

[268] Für Übersicht über die vertretenen Positionen s. oben unter III / 1.1.2.

[269] Strecker (1978), 59; Haraguchi (1991), 114; Luz (1992), 285; Röhser (1995), 21.

[270] So Luz (1992), 285.

[271] Vgl. Dautzenberg (1981), 51 und Frankemölle (1998), 312.

[272] Vgl. II / 6.2.3.

[273] Diese Verse sind im Judentum nirgends als Schwurgebot gelesen worden (vgl. II / 6.2.4).

unmöglich. Ein Verhältnis von Tora und Halacha wird sichtbar, das dem entspricht, was in der Schule Rabbi Ischmaels später auf die Formel gebracht wird: Halacha hebt die Schrift auf.[274] Mit welchem Interesse der mt Jesus dies tut, verdeutlichen die folgenden Verse:

1.4.3 Mt 5,34b + 35

Diese Verse besprechen drei nach dem Zeugnis jüdischer Quellen gebräuchliche und umstrittene Ersatzformeln[275] und zeigen, warum sie nicht dazu geeignet sind, Gott vor dem entweihenden Zugriff beim Schwören zu schützen:

1. „μήτε ἐν τῷ οὐρανῷ, ὅτι θρόνος ἐστὶν τοῦ θεοῦ" - Wer sich beim Schwören der Ersatzformel „beim Himmel" bedient, nennt nicht direkt auf Gott als Schwurzeugen. Damit hält er also eine gewisse Distanz zu Gott, die diesen vor der Entweihung schützten soll. Indem diese Ersatzformel so wirkt, erfüllt sie also klar eines der beiden Kriterien, die nach allem gelten, was wir bisher bezüglich der Ersatzformeln diskutiert fanden. Erfüllt sie auch das zweite Kriterium, dass sie nämlich trotz der aufgebauten Distanz einen Bezug zu Gott wahrt? Von der Argumentation des mt Jesus her wäre diese Frage zu bejahen, denn er zeigt den der Formel eigenen Gottesbezug auf: Die Ersatzformel „Himmel" bezieht sich auf Gott, denn der Himmel ist Gottes Thron.

Dass Gott im Himmel thront, gehört von alters her zum Vorstellungskreis des Königtums Gottes[276] (vgl. z.B. Ps 2,3; 11,4; 4Q405 20,2; 4Q511 2,1,10). Dem matthäischen Text besonders nahe steht Jes 66,1: „Der Himmel ist mein Thron und die Erde der Schemel meiner Füße...".[277] Mit der Anspielung auf diesen Motivkomplex verdeutlicht der mt Jesus, in welcher Weise der Himmel und Gott zusammenhängen, in wieweit also die Ersatzformel Himmel den notwendigen Bezug zu Gott wahrt. Genau dieser Gottesbezug erweist sich nun als problematisch, denn wenn der Himmel Gottes Thron ist, dann bedeutet der Zugriff darauf im Eid zugleich einen Zugriff auf Gott selbst. Der Gottesbezug, der notwendig ist, um eine Ersatzformel zur gültigen Ersatzformel zu machen, verhindert also zugleich, dass die Ersatzformel leistet, was sie leisten soll, nämlich Gott vor dem ihn entweihenden Zugriff zu schützen. Dies ist auch der Skopus der Diskussion um die nächste Formel:

---

[274] Vgl. oben III / 1.1.3.
[275] Vgl. dazu unten III / 4.1.
[276] Vgl. Spieckermann (1989), 184.
[277] Die Forschung geht durchgängig davon aus, dass Matthäus auf diese Schriftstelle angespielt hat. Vgl. z.B. Strecker (1978), 61; Luz (1992), 285.

2. „μήτε ἐν τῇ γῇ, ὅτι ὑποπόδιόν ἐστιν τῶν ποδῶν αὐτοῦ": Matthäus
bleibt beim Bild des im Himmel thronenden Gottes, zu dessen Thron ein
Fußschemel gehört. Dieser ist im Gefälle von Jes 66,1 die Erde. Der mt
Jesus zeigt durch die Anspielung auf diesen Vers und die damit verbundene Vorstellung vom Königtum Gottes erneut den Bezug dieser Ersatzformel zu Gott selbst auf. Die dritte Formel setzt die begonnene Linie
fort.

3. „μήτε εἰς Ἱεροσόλυμα, ὅτι πόλις ἐστὶν τοῦ μεγάλου βασιλέως":
Diese Formel verwendet eine andere Präposition, was - wie oben angesprochen - darauf hinweisen könnte, dass sie der Überlieferung separat
zugewachsen ist[278]. Selbst wenn mit dem großen König im Laufe der
Entstehung dieses Verses an einen konkreten irdischen Herrscher gedacht gewesen sein sollte, so kann im Duktus der matthäischen Argumentation, die bisher vom Vorstellungshintergrund des Königtums Gottes die Verbindung zwischen dem in der Ersatzformel Genannten und
Gott aufzeigte, nur Gott selbst gemeint sein: er ist der große König[279]
und Jerusalem ist seine Stadt.[280] Die besondere Verbindung vom königlichen Gott und Jerusalem gehört ebenfalls zur Vorstellungswelt vom Königtum Gottes und klingt ganz besonders deutlich in Ps 48,3 (LXX 47,3:
„ἡ πόλις τοῦ βασιλέως τοῦ μεγάλου") an. Von dort her verdeutlicht
der mt Jesus den Gottesbezug auch dieser Formel.
Alle drei Formeln weisen also vor dem Hintergrund des Motivfeldes
vom Königtum Gottes einen eindeutigen Bezug zu Gott auf. Das macht
sie an sich im 1. Jh. n. Chr. zu geeigneten Ersatzformeln. Insofern beziehen diese Verse eine profilierte Position in der Diskussion darüber, ob
bestimmte Ersatzformeln gültig sind oder nicht. Aber zugleich problematisieren sie die Logik des Ersatzformelwesens überhaupt: Eine Ersatzformel muss - darin sind sich alle einig, die darüber diskutieren,[281] - einen eindeutigen Bezug zu dem aufweisen, was eigentlich gemeint ist.
Wenn es zum Wesen eines Schwures gehört, dass damit Gott selbst sozusagen in den Zeugenstand gerufen wird, dann ist es unerlässlich, dass
auch in Ersatzformeln auf Gott Bezug genommen wird, denn fehlt dieser
Bezug, kommt der Schwur nicht zustande. Die Ersatzformel soll aber
nun auf der anderen Seite zugleich eine gewisse Distanz zu Gott schaffen, um ihn so vor potenzieller Entweihung zu schützen.

---

[278] Vgl. Duling (1991), 293ff.
[279] Auch Philo kennt den Titel großer König auf Gott bezogen: Op 71; 88 (im Bild);
VitMos 1,166.
[280] Auch Duling (1991), 307 hält dies für die Bedeutung dieser Wendung auf der
matthäischen Ebene.
[281] Vgl. II / 4.3.4.4; 6.3.

Der mt Jesus macht nun deutlich, dass dieses Ziel nicht erreicht werden kann, wenn Gott in irgendeiner noch so fernen Weise doch gemeint ist und als Zeuge angerufen wird. Er deckt die Logik der Ersatzformeln auf, aufgrund derer sie nicht erreichen können, was sie erreichen wollen: Indem sie den notwendigen Bezug zum Eigentlichen wahren, vermögen sie die Heiligkeit Gottes nicht zu schützen. Wenn man das aber möchte, bleibt als Konsequenz nur: „μὴ ὀμόσαι ὅλως". Eine halachisch konkrete (Er)Füllung der Tora, die in die Heiligung Gottes einweist, um der es der Mahnung vor Meineid und unerfülltem Schwur ja geht, muss es nach Matthäus in Kauf nehmen, dass auf die biblisch legitime Option des Schwörens verzichtet und auf diese Weise ein Stück der Schrift aufgehoben wird.

1.4.4 Mt 5,36

Dieser Vers unterscheidet sich von seinem Kontext nicht nur aus formalen Gründen.[282] Auch sein inhaltlicher Duktus verschiebt den Ton auffällig.[283] Die vorangehenden drei μήτε - Sätze zitierten „Repräsentationsweisen Gottes"[284], dieser nun nimmt Bezug auf den Schwur beim eigenen Haupt. Ein solcher entspricht dem in der rabbinischen Literatur bezeugten Schwur „בחיי ראשי/ך" (beim Leben meines / deines Kopfes), der sich an ca. zehn Stellen in der rabbinischen Literatur findet[285].
Nimmt Matthäus hiermit zu einem anderen Schwurverständnis Stellung? Bisher begegnete uns in den jüdischen Quellen, die wir in Teil II ausgewertet haben, vorwiegend ein Schwurverständnis, bei dem Gott selbst als Eidgarant, näherhin als Mittler oder Zeuge in einer strittigen Angelegenheit fungiert. Die Ersatzformel wahrt den dafür notwendigen Bezug zu Gott. Ein solcher liegt bei dieser Formel nicht unmittelbar auf der Hand. Er lässt sich allerdings erschließen, wenn man davon ausgeht, dass das Haupt das ist, was vom Menschen der himmlischen Welt am nächsten ist. Dass diese Denkmöglichkeit auch in der Antike gegeben ist, zeigt die Diskussion in 1 Kor 11. Dort wird deutlich, dass das menschliche Haupt der himmlischen Sphäre in besonderer Weise ausgesetzt ist (11,10) und Gott wird sogar unmittelbar als Haupt (Christi) bezeichnet (11,3).
Die matthäische Argumentation entspricht diesem Verständnis jedoch nicht. Sie erweist nicht, dass das Haupt für Gott steht und auch nicht, dass es dem Himmel besonders nahe ist, sondern dass der Mensch über sein Haupt keine Macht hat, denn er vermag nicht einmal, seine Haare

---

[282]   Vgl. III / 1.3.
[283]   Vgl. Davies / Allison (1988), 537; Luz (1992), 285.
[284]   Strecker (1978), 61.
[285]   mSan 3,2; tSan 5,1; DER 6,1; ARN A 17,5; bBer 3a; bSan 24a; PesR 36; PRE 49; SER 28.

weiß oder schwarz zu machen. Diese Macht hat - so muss man weiter-
denken - allein Gott. Damit wäre ein Gottesbezug auch dieser Formel
nachgewiesen. Möglicherweise reagiert Matthäus hier in der Tat auf ein
anderes Schwurverständnis, nach dem der Schwörende eine Sicherheit
anbietet, die er für die Wahrheit seiner Aussage aufs Spiel setzt (Kautions-Eid).[286] Sagt er nun die Unwahrheit oder hält sein gegebenes Versprechen nicht, dann hat er seinen Einsatz verwirkt.[287] Diese Schwurvor-
stellung findet sich nicht in Reflexion des Eides, aber sie war im Alltag
jüdischer wir paganer Kreise[288] offenbar recht gebräuchlich. Wenn Matthäus in diesem Vers darauf Bezug nimmt, dann hat es den Anschein als
reagiere er damit auf einen möglichen Einwand bzw. eine Frage: Es ist
zwar nicht erlaubt, in einem Schwur Gott anzurufen oder ihn als Zeugen
bzw. Mittler zu benennen - auch nicht durch Ersatzformeln, denn damit
wird Gott der potenziellen Entweihung ausgesetzt. Das ergibt sich klar
aus dem in Vers 34f gesagten. Wie aber verhält es sich mit einem Eid,
bei dem Gott gar nicht zum Zeugen gemacht werden soll, bei dem man
vielmehr das als Eidgaranten und Sicherheit benennt, was einem lieb und
teuer ist, z.B. das eigene Haupt?

Die Antwort des Matthäus schlägt auch hier wieder eine Brücke zu
Gott[289]: Selbst wenn man sich eines Kautions-Eides bedient, greift man
in letzter Konsequenz in die Sphäre Gottes über, denn Gott ist es, der al-

---

[286] Eine schöne neuzeitliche Verbindung beider Modelle findet sich in Shake-
speares Romeo und Julia (2,2. Zeile 112-116): „Romeo: What shall I swear by? Ju-
liet: Do not swear at all: Or, if thou wilt swear by thy gracious self, which is the God
of my idolatry, And I'll believe thee".
[287] Die römische Literatur ist reich an Beispielen für diese Art des Schwures:
„Classical Latin authors often refer to surety-type oaths invoking the swearer himself
and his loved ones, and even a beloved addressee" (Benovitz (1998), 137). Man
schwört außer beim eigenen oder fremden Haupt beim Leben der eigenen Kinder
(Plin. epist. 2,20,5f; Iuv 8,84f) oder bei Waffen, Fackel und Rüstung (Ov. Pont.
3,3.68; Ov. epist. 3,103-110). Auch griechische Beispiele für solche Eide lassen sich
nennen (gegen Benovitz (1998), 132f): Hera schwört bei ihrem Ehebett (Hom. Il.
15,39); Apoll bei seinem Speer (Hom. h. an Hermes 460). „Alles, was theuer in jedem Sinne des Wortes ist, eignete sich Hort eines Eides zu sein" (Hirzel (1902), 17),
wobei „der Meineidige der genannten Gegenstände verlustig geht" (Hirzel (1902),
Beispiele finden sich auf den Seiten 12-22).
[288] Vgl. Benovitz (1998), 135.
[289] Eine solche schlägt später unabhängig von Matthäus Athenaios vor, wenn er behauptet, dass die alten Dichter (er nennt u.a. Sophokles, Euripides und Aristophanes)
den Kopf für heilig gehalten hätten (ἱερὸν ἐνόμιζον τὴν κεφαλήν). Dies gehe s.E.
allein schon daraus hervor, dass sie beim Kopf zu schwören pflegten (Deipnosophistae 2,72). Sollte Athenaios hier eine alte Tradition bewahrt haben, dann wäre der
vierte Beispielsatz in der Linie der ersten drei zu hören: Der Kopf wäre als heiliger
Gegenstand ein Repräsentant Gottes. Wer sich beim Schwören auf den Kopf beruft,
gebrauchte also eine Ersatzformel für die Gottheit. Die Argumentation des Matthäus
spricht allerdings nicht dafür, dass er diese Tradition - so es sie gab - kannte.

lein über das Leben bzw. die Lebenszeit[290] Macht hat. Das verdeutlicht
der Begründungssatz: Der Mensch ist nicht in der Lage, seinen weiß gewordenen Haaren ihre schwarze Farbe zurückzugeben oder umgekehrt,
d.h. er vermag nicht über die Zeit seines Lebens bzw. sein Lebensalter zu
verfügen[291], dies vermag allein Gott. Also schwört auch der, der, um
Gott gänzlich aus dem Schwur herauszuhalten, bei seinem eigenen
Haupte schwört, „bei der Macht, die darüber waltet"[292]. Weil für den mt
Jesus jede Art des Schwures - auch das Schwören eines Kautions-Eides -
Gott involviert, muss es für ihn beim „μὴ ὀμόσαι ὅλως" bleiben.

Die ersten drei diskutierten Schwurformeln entsprechen zum einen solchen, die auch
in anderen jüdischen Kreisen diskutiert werden (s.u. III / 4). Zum anderen wird der
Bezug, den diese Formeln zu Gott haben, unter Rückgriff auf die biblisch - jüdische
Vorstellung vom Königtum Gottes illustriert. Das lässt sich von der vierten Formel
so nicht sagen. Schon Th. Zahn bemerkte: „Er (der Schwur beim eigenen Haupt,
M.V.) enthält nichts, was unmittelbar an den Gott und den Glauben Israels erinnert,
wie er denn auch bei Griechen und Römern üblich war".[293] In der Tat ist der Schwur
„per caput" in Quellen römischer Provenienz seit Vergil belegt.[294] Auch in griechischen Texten ist er zu finden.[295] Folgen wir diesem Befund, mit der Einschränkung,
dass dieser Eid eben auch jüdisch möglich war, so ergibt sich eine interessante Pointe: Der mt Jesus vermittelt Tora (er) füllende Halacha nach 5,1 an den ὄχλος aus Israel und an die Jünger. Die Gruppe der Jünger ist bei Matthäus nun immer transparent auf seine Gemeinde aus Juden *und Heiden* hin,[296] d.h. auch Heiden werden
durch die Torakonkretisierungen Jesu zum Tun des Gotteswillens herausgefordert
(vgl. 28,19f). An diesen Versen lässt sich das sehr konkret verfolgen: Matthäus argumentiert zunächst ganz im Rahmen der innerjüdischen Diskussion, dann aber

---

[290]   Das Haupt kann im klassischen griechischen Sprachgebrauch (vgl. Hom. Il. 4,
162; 17,242; weiteres bei Liddell-Scott, 944f) für den ganzen Menschen und dessen
Leben stehen (vgl. Schlier (1938), 673). Entsprechend kann die LXX in Jes 43,3 נפש
mit κεφαλή wiedergeben. Vgl. entsprechend Strecker (1978), 62: „....vielmehr wird
aus dem Zusammenhang klar, daß der Mensch durch den Schwur beim Kopf, d.h.
beim menschlichen Leben letztlich Gott als den Schöpfer (und Richter) sich verfüg-
bar zu machen sucht. Gemeinsam ist der Aufzählung der Schwurzeugen, daß verdeutlicht wird: Die Ablegung eines jeden Eides, selbst wenn darin der unmittelbare
Bezug zu Gott vermieden werden soll, verstößt gegen Gottes Hoheit und erniedrigt
die göttliche Allmacht zum Objekt menschlicher Manipulation".

[291]   Mit der Haarfarbe ist die Vorstellung der Jugend bzw. des Alters verbunden;
vgl. mKet 13,5; mNed 3,9.

[292]   Holtzmann (1901), 212. Vgl. Schneider (1954), 180.

[293]   Zahn (1992), 245.

[294]   Apuleius, De Deo Socratis 5,18 (dort als Alternative zum Schwur bei den Göttern); Iuv. 6,17; Mart. 9,48.2; Ov. trist. 5,4.45; Verg. Aen. 9,300.

[295]   Hermes schwört beim Haupt seines Vaters (Hom. h. auf Hermes 271); den
Schwur beim Kopf (κάρα) kennen ferner u.a. Hom. Il. 2,259; Soph. Trach. 1185;
Eur. Hel. 835). Für den im 2.Jh n. Chr. wirkende Schriftsteller Athenaios war der
Schwur beim Haupt offenbar so bekannt, dass er als Indiz dafür, daß die Alten das
Haupt für heilig gehalten hätten, herangezogen werden konnte (Deipnosophistae
2,72).

[296]   Vgl. Roloff (1993), 154ff.

weitet er von einer im Judentum belegten Formel den Blick auf das, was auch[297] seine heidnischen Leserinnen und Leser kennen, und bezieht dies in seinen halachischen Diskurs mit ein. Sein Schwurverbot mag sie an pagane Schwurskepsis[298] erinnern, die Begründung, die er ihm gibt, stellt sie hinein in die Verantwortung vor dem Gott Israels.

1.4.5 Mt 5,37

Nachdem der mt Jesus die Vorgabe in Vers 33 mittels des Schwurverbotes konkretisiert hat, gibt er nun eine positive Weisung: „ἔστω δὲ ὁ λόγος ὑμῶν ναὶ ναί, οὒ οὔ". In der Forschung wird kontrovers diskutiert, was dieser Satz genau besagt. Wird damit schlicht unbedingte Wahrhaftigkeit in der Rede gefordert, so dass ein Ja wirklich ein Ja und ein Nein wirklich ein Nein ist?[299] Diese Lesart entspräche der Überlieferung in Jak 5,12, nur steht dort ausdrücklich „ἤτω δὲ ὑμῶν τὸ Ναὶ ναὶ καὶ τὸ Οὒ οὔ"[300]. Sollte Matthäus mit seiner Fassung der Überlieferung also etwas anderes gemeint und das doppelte Ja bzw. Nein als neue Schwurformel vorgeschlagen haben?[301] Dies wird in Erwägung gezogen, weil in einer amoräischen Überlieferung im babylonischen Talmud das doppelte Ja bzw. Nein (הן הן ; לאו לאו) als Schwurformel bezeichnet wird. Von Raba, einem Amoräer der vierten Generation, heißt es dort (bShevu 36a):

אמר רבא והוא דאמר לאו לאו תרי זימני והוא דאמר הן הן תרי זימני דכתיב ולא יכרת כל
בשר עוד ממי המבול ולא יהיה עוד המים למבול ומדלאו תרי זימני הן נמי תרי זימני

Raba sagte: Das ist so (es handelt sich tatsächlich um einen Schwur), wenn man „nein, nein" zweimal gesagt hat und wenn man „ja, ja" zweimal gesagt hat, wie ge-

---

[297] Dass auch Leserinnen und Leser jüdischer Herkunft diese Art des Schwures kannten, ist wahrscheinlich, wenn wir die Belege vom Schwören beim Leben des Kopfes hier mit berücksichtigen wollen. Umgekehrt kannten solche mit paganem Hintergrund den Schwur bei der Erde und beim Himmel (vgl. z.B. Apoll. Rhod. 699; Aristoph. Plut. 129).

[298] Vgl. II / 1.3.

[299] Vgl. Stählin (1962), 119: „Jesus will keinen Ersatzeid oder Eidersatz bieten, sondern dem Eid nichts anderes entgegenstellen, als ein klares, eindeutiges, bestimmtes Ja und ein ebensolches Nein, und eben das ist der Sinn der Verdoppelung"; Davies / Allison (1988), 537f; Luz (1992), 286.

[300] Das zweite Ja bzw. Nein steht prädikativ zum ersten.

[301] Dies vermutet u.a. Strecker (1978): „Mit der Formel ναὶ ναί, οὒ οὔ hat der gegebene Matthäustext - vermutlich im Anschluß an Gemeindeüberlieferung - das Schwurverbot teilweise rückgängig gemacht." (62) Es sei wahrscheinlich, „daß die matthäische Gemeinde diese Beteuerungsformel benutzte, um die Wahrheit von Aussagen zu bekräftigen, ohne zugleich gegen das Schwurverbot Jesu verstoßen zu müssen." (63) Damit handele es sich um ein „Beispiel für die matthäische Tendenz, das Traditionsgut zu verrechtlichen und den juridischen Notwendigkeiten des Gemeindelebens anzupassen" (63). Dazu ist zunächst soviel zu sagen, dass nicht zu belegen ist, ob die mt Gemeinde diese Beteuerungsformel benutzte. Ältere Vertreter dieser These bei Stählin (1962), 118.

schrieben steht: Und ich will nicht noch einmal alles Fleisch ausrotten durch das Wasser der Flut, und: Das Wasser soll nicht noch einmal zu einer Flut werden (Gen 9,11) - und so wie man „nein" zweimal sagen muss, so muss man auch „ja" zweimal sagen.

Raba nimmt Stellung zu einer Diskussion über einen Ausspruch Rabbi Elasars (Amoräer der zweiten Generation), der „ja" und „nein" für Schwurformeln hält. Die Gemara stimmt dem zu und verweist zur Begründung auf das Versprechen Gottes in Gen 9,15, das in Jes 54,9 als Schwur bezeichnet wird. Raba nun hält nur das doppelte Nein und das doppelte Ja für einen Schwur, weil Gottes Schwur in Gen 9 eben auch nur durch eine doppelte Aussage zustande gekommen sei. Dies ist jedoch die einzige Stelle in der rabbinischen Literatur, an der die zur Diskussion stehende Wendung eindeutig als Schwurformel gekennzeichnet wird, und es ist kaum zu entscheiden, ob sie Raba als Tradition kannte oder ad hoc als Exegese von Gen 9 gebildet hat. In der tannaitischen Diskussion zum Thema kommt sie in jedem Fall nicht vor, ebenso wenig wie in tannaitischen Quellen, die von Eiden berichten.[302] Von daher ist es sehr fraglich, ob man diese amoräische Stelle als Reflex einer Tradition aus dem ersten Jahrhundert werten darf.

Außerdem wird auf eine weitere Stelle diesmal in der längeren Rezension des slavischen Henochbuches (49,1f)[303] hingewiesen. Dort sagt Henoch:

---

[302] Es gibt tannaitische Texte das doppelte Ja durchaus kennen (allerdings durch ein waw verbunden: הן והן). Zwei Texte aus der Mekhilta sind hier zu nennen: In einem Gleichnis nehmen die Bürger eines Landes die Herrschaft eines Königs an mit den Worten „Ja und ja". Auf der Sachebene entspricht dem die Übernahme der Herrschaft Gottes durch das Volk Israel am Sinai (MekhY zu Ex 20,2 [Horovitz/Rabin, 219]). Nach MekhY zu Ex 20,3 (Horovitz/Rabin, 222f) fragt Gott das Volk Israel, ob es seine Königsherrschaft am Sinai akzeptiert hätte. Dies bejahen die Israeliten (mit einfachem כן). Parallel dazu wird im Namen des Rabbi Shimon bar Yochai die gleiche Sequenz überliefert, dort bejahen die Israeliten diese Frage mit einem doppelten Ja (הן והן). Nichts deutet im unmittelbaren Kontext darauf hin, dass dieses doppelte Ja als Schwur verstanden worden wäre, es entspricht schlicht dem einfachen Ja. Aufschlussreich ist die Textüberlieferung zu einer Aggada in SifDev § 307 (Finkelstein, 345): Dort wird erzählt, dass in der Todesstunde eines Menschen alle seine Werke an ihm vorüberziehen und fragen, ob er glaube, dass er dies oder jenes an diesem oder jenem Tag getan habe. Nach MSS Berlin, Oxford, London und dem Yalkut antwortet der Befragte mit einem einfachen Ja (הן bzw. הין). Nach der Textfassung des Midrasch HaGadol und dem traditionellen Druck antwortet er mit doppeltem Ja (הן והן). Das doppelte Ja scheint keine wesentlich andere Qualität zu haben als das einfache, man kann beides offenbar austauschbar gebrauchen. Auch hier weist nichts auf einen Schwur hin, allenfalls handelt es sich um ein besonders kräftiges Ja.

[303] Das slavische Henochbuch wirft hinsichtlich der Datierung des Gesamtwerkes wie auch der in ihm enthaltenen Traditionen immense Probleme auf. Diese werden dadurch verkompliziert, dass slHen in mindestens zwei Rezensionen vorliegt, einer kürzeren und einer längeren (vgl. Sacchi (1986), 48), deren Verhältnis zueinander nicht eindeutig zu bestimmen ist (vgl. Andersen (1983), 94). So ist es kaum verwun-

Denn ich schwöre euch, meine Kinder - *doch siehe, ich schwöre weder mit einem einzigen Schwur, noch beim Himmel, noch bei der Erde, noch bei einem anderen Geschöpf, das der Herr geschaffen hat. Denn der Herr hat gesprochen: „Bei mir sind weder Schwur noch Unrecht, sondern Wahrheit." So, wenn unter den Menschen keine Wahrheit ist, so sollen sie schwören mit dem Wort: Ja, ja; wenn aber so: Nein, nein. Und ich schwöre euch: Ja, ja.* - dass ich, bevor noch ein Mensch im Leib der Mutter war, einzeln für jede Seele einen Ort bereitet habe...[304]

Die von mir kursivierte Passage findet sich in den kürzeren Rezensionen nicht. Sie wirkt klar wie ein späterer Einschub - lässt man sie fort, fehlt dem Zusammenhang nichts. Entsprechend wird erwogen, dass sie unter Beeinflussung von Mt 5,37 bzw. Jak 5,12 von einem christlichen Schreiber ergänzt worden ist.[305] Auch slHen 49 ist also nicht dazu geeignet, die Existenz einer Schwurformel „Ja, ja" bzw. „Nein, nein" zur Zeit des Matthäus zu belegen.

Ein weiterer Text, diesmal aus dem ersten Jahrhundert, verdient in diesem Zusammenhang noch Beachtung, da auch er ein doppeltes Ja bzw. Nein bietet. Es handelt sich um 2 Kor 1,17: „ἵνα ᾖ παρ' ἐμοὶ τὸ Ναὶ ναὶ καὶ τὸ Οὔ οὔ".

Paulus reagiert im Kontext darauf, dass er seine Ankündigung, die Gemeinde in Korinth zu besuchen, nicht wahr machen konnte. Rhetorisch fragt er in Vers 17a, ob denn seine Reisepläne leichtfertig gefasst worden seien. Vers 17bα fragt in der gleichen Linie, ob er - Paulus - das, was er wolle, denn „κατὰ σάρκα" wolle, sich in seinem Wollen also an dem

---

derlich, dass die Bandbreite der vorgeschlagenen Datierungen vom ersten Jahrhundert bis ins Mittelalter reicht (vgl. die Übersichten bei Böttrich (1995), 812 und Sacchi (1986), 47f). C. Böttrich schlägt eine Datierung in die Zeit vor 70 n. Chr. vor, mit zwei Argumenten, nämlich dem „wiederholten Bezug auf eine funktionierende Opferpraxis" (813) und die Priesterweihe des Methusalem am 17. Tammuz, die schwer erklärlich sei, wenn der 17. Tammuz schon als jüdischer Trauertag im Gedenken an die Eroberung Jerusalems bekannt gewesen wäre (vgl. bTaan 25ab). Nun spricht allerdings auch der Hebräerbrief in einer Weise vom Tempel, als ob es ihn noch gäbe - und dennoch datiert man ihn weitgehend in die Zeit nach 70 n. Chr. (vgl. Schnelle (1999), 381f); ebenso berichtet die Mischna über weite Strecken über den Opferkult als gegenwärtiger Größe. Wenn dann aber die Datierung einer Priesterweihe auf den 17. Tammuz das einzige Argument bleibt (und auch dieses ließe sich durch die Beobachtung in Frage stellen, dass nach dem Bericht von bMeg 5b und yMeg 1,3 70b Rabbi Jehuda HaNasi ganz bewußt diesen Tag nicht als Trauertag begangen habe), dann dürfte die Diskussion über das Abfassungsdatum dieser Schrift noch nicht zum Abschluß gekommen sein.

[304] Übersetzung C. Böttrich; Kursivierung von mir.

[305] Vgl. Davies / Allison (1988), 538. Andersen urteilt vorsichtig: „Dependence on Mt 5,34f. or Jas 5:12 seems obvious but not certain" (176, Anm. 49a). C. Böttrich nennt diesen Text neben anderen christlichen Ergänzungen (Böttrich (1995), 804: „49,1-2 bietet eine Erörterung über das Schwören, die dem Text in Parenthese eingefügt ist und in ihrer gegenwärtigen Formulierung den Einfluß von Mt 5,37 und Jak 5,12 kaum verleugnen kann".

orientiere, was „innerhalb der Sphäre dieser Welt"[306] liege, und nicht an
Gott. Wäre dies zu bejahen, dann hätte das die Konsequenz, die Vers
17bβ ausführt. Wie ist dieser Satz zu verstehen? Liest man in Vers 18
weiter, scheint sich diese Frage zu klären. Dort beteuert Paulus, dass das
Wort, das er (und andere [Vers 19])[307] den Korinthern zu sagen hätte(n),
nicht zugleich ja und nein sei, also in sich widersprüchlich und unwahr-
haftig. Das dem nicht so sei, habe seinen Grund darin, dass Paulus sich
und seine Botschaft ganz von Gott her bestimmt wisse, den er und seine
Mitarbeiter verkündigten (Vers 19). Gottes Wort entspricht seinem πιστός - Sein (Vers 18) und ist eben nicht zugleich Ja und Nein, sondern
einfach und wahrhaftig. So verhalte es sich auch mit Paulus, der von
Gott her und nicht „κατὰ σάρκα" rede.
Bedenkt man den Vers 17 von diesem Kontext her, so wäre er wie folgt
zu verstehen: „so dass bei mir ein ja, ja *zugleich*[308] ein nein, nein wäre".[309] Der Fortgang in Vers 18 klärt dann nicht nur die generelle Aussage von Vers 17bβ, sondern auch, welchen Charakter das doppelte Ja und
das doppelte Nein haben. Es hat keine andere Qualität als das einfache Ja
und Nein in den folgenden Versen, wäre allenfalls etwas bestimmter.
Nichts spricht dafür, hier an eine Schwurformel zu denken.
Eine solche läge erst recht nicht vor, wenn man das zweite Ja und Nein
wie Jak 5,12 auch prädikativ verstünde: „so dass bei mir das Ja ein Ja
und das Nein ein Nein wäre". Diese Deutung hat in jüngerer Zeit F.
Young vorgeschlagen, nachdem sie zuvor schon von J. Chr. K. von
Hofmann in Erwägung gezogen worden war.[310] Young übersetzt: „so
that it might rest in my hands, that yes be yes and no be no"[311]. Neben
der prädikativen Auflösung des doppelten Ja und Nein nimmt Young
auch eine Aufwertung des παρ' ἐμοί vor.[312] Der Duktus wäre dann folgender: Ob bei Paulus das Ja zum Ja wird oder das Nein zum Nein, liegt
nicht an ihm (was κατὰ σάρκα wäre), sondern an Gott. Young nimmt
nun an, dass Paulus in Vers 18 auf den Einwand reagiere, dass, wenn
Gott es Paulus nicht gegeben habe, sein Wort zu halten, dann Gott selbst
unter dem Verdacht der Unwahrhaftigkeit stehe. Diesen weise er zurück,
indem er die Wahrhaftigkeit Gottes betont.

---

[306] Vgl. Grünwaldt (1997), 474. Bultmann (1984), 237 spricht von Bereich der
menschlichen Vorfindlichkeit.
[307] Das erklärt den Wechsel in die 2. Person Plural in Vers 18.
[308] Vgl. zu diesem Gebrauch des καί Liddell-Scott, 857.
[309] So verstehen es wohl auch die Handschriften, die wie Papyrus 46 eine Kurzform
haben: „τὸ ναὶ καὶ τὸ οὔ". Dies entspricht interessanterweise genau dem Textbefund, den wir bei SifDev § 307 (Finkelstein, 345) beobachten konnten (vgl. oben
Anm. 302).
[310] Vgl. von Hofmann (1877), 24.
[311] Young (1986), 407.
[312] Vgl. Young (1986), 407-409.

Ob wir Young folgen oder mit der Mehrheit der Exegeten und Übersetzungen die zuerst vorgestellte Deutung vertreten[313], ist für unsere Frage, ob das doppelte Ja und Nein bei Matthäus als Ersatzschwur aufzufassen ist, nur begrenzt relevant. 2 Kor 1,17[314] ist in keinem Fall ein eindeutiger Beleg für eine Schwurformel. Die Bezeugung für das doppelte Ja bzw. das doppelte Nein als Schwurformel ist mit zwei Belegen, von denen einer noch von Mt 5,37 abhängig zu sein scheint, ausgesprochen schwach. Stärker bezeugt ist in Texten hebräischer und griechischer Überlieferung die Verdopplung als Mittel, einem Ja oder Nein besonderen Nachdruck zu verleihen.[315] Aufgrund der Quellenlage spricht also nichts dafür, in Mt 5,37a einen Ersatzschwur zu sehen.[316]

Darüber hinaus macht es aber auch der unmittelbare matthäische Kontext selbst sehr unwahrscheinlich, dass der mt Jesus nach dem absoluten Schwurverbot (ὅλως!), das in den Versen 34b-36 so umfassend begründet worden ist, eine positive Schwurhalacha formuliert. Vers 34a und 47 „stützen sich gegenseitig [...] und gestatten nicht, daß von der Radikalität des einen oder anderen Abstriche gemacht werden; sie gelten beide generell"[317]. Der mt Jesus (er)füllt die Tora, die zur Heiligung des Gottesnamens weist, nicht so, dass er zunächst das Schwören konsequent ausschließt, um dann eine neue Schwurformel zu empfehlen. Folgen wir dem, was wir bisher herausgearbeitet haben, dann setzt Matthäus das doppele Ja und Nein, um die Entschiedenheit des Ja und Nein zu betonen.

Der griechische Text erlaubt es, noch eine zweite Nuance zu hören, wenn man das zweite ναί bzw. οὐκ ähnlich wie in Jak 5,12 prädikativ verstünde. Das Ja soll ein Ja und das Nein ein Nein sein. Hört man dies so, dann wendet sich der mt Jesus gegen ein Gespaltensein in der Rede, bei dem das Ja eben nicht mit sich selbst identisch ist, sondern seinem Gegenteil entspricht. Er wendet damit das, was 5,48 als Richtlinie für

---

[313] Vgl. die Übersicht bei Young (1986), 405f.
[314] Es ist auch nicht wahrscheinlich, dass Paulus hier auf eine jesuanische Tradition zurückgreift, wie Wenham (1986), 271ff vorgeschlagen hat. Dazu ist das doppelte Ja oder Nein in der Umwelt des Neuen Testaments schlicht zu häufig in Gebrauch.
[315] Vgl. oben Anm. 302. Griechische Texte kennen z.B. ναί ναί als Verstärkung von ναί: Aischyl. Pers. 1072; Soph. Oid. K. 1747; Aristoph. Equ. 749, Nub. 1468; Kall. h. auf Demeter 63; Theokr. 4,54; Anth. Gr. 5,267.276; 7,552; 9,341.570; 12,24. Aus der LXX vgl. Jdt 9,12. Allein Suda s.v. Ναὶ ναὶ μὰ μήκωνος χλόην bringt das doppelte ναί mit einem Eid in Verbindung und erklärt: ὅρκος ἐπὶ χλευασμῷ (das ist ein scherzhafter Eid). Dass hier jedoch der ganze Satz (nicht nur das doppelte Ja) als Eid verstanden wird, ergibt sich aus dem mit Akkusativ stehenden μά. Dass das doppelte Ja für sich genommen eine Schwurformel ist, kann man dieser Stelle nicht entnehmen. Beispiele für verstärkende Verdopplungen im Hebräischen vgl. Anm. 302, weiteres Stählin (1962), 119f (Anm. 2) und Luz (1992), 286 (Anm. 46-48).
[316] Vgl. Luz (1992), 286; Davies / Allison (1988), 538; Dumais (1995), 207f. Aber schon Stählin (1962), 118.
[317] Stählin (1962), 118.

alle Kommentarworte aufstellt, konkret auf den Bereich der Sprache an: Man soll in der Rede vollkommen und ungeteilt sein. Der Vers wäre zu paraphrasieren: *Eure Rede bestehe aus einem entschiedenen / ungeteilten Ja, einem entschiedenen / ungeteilten Nein.*

Dieser positiven Weisung schließt sich ein Schlusssatz an, der sich wohl ganz matthäischer Redaktion verdankt.[318] Mit ihm lässt Matthäus nicht nur die Perikope prägnant enden, er zeigt darüber hinaus den Horizont auf, vor dem seine Mahnung zur absoluten und ungeteilten Wahrhaftigkeit, die keinen ergänzenden Schwur braucht oder duldet, verstanden werden will. Alles nämlich, was über die entschieden wahrhaftige Rede, das ungeteilte Ja oder Nein, hinausgeht (nicht erst das, was dem widerspricht), hat seinen Ursprung bei Gottes Widerpart, dem Bösen.

Das Böse als Person erscheint in der Deutung des Sämanngleichnisses als Widerpart des Sämanns (13,19), was dieser sät, nimmt jener fort. Diejenigen, die zu ihm gehören, die „υἱοὶ τοῦ πονηροῦ" (13,38), gleichen dem Unkraut, mit dem der Feind (13,25) die vom Menschensohn gesäte Saat der „υἱοὶ τῆς βασιλείας" zu vermischen sucht. Sie sind die Bösen, die im Gericht von den Gerechten geschieden werden (13,49).

Das Böse konkretisiert sich in der Gegnerschaft zu Jesus, dem einen Lehrer Gottes, in den Pharisäern und Schriftgelehrten (12,39; 16,4), die den bösen Gedanken hegen, Jesus sei nicht der Immanuel, der in der Vollmacht Gottes Sünden vergibt, sondern ein Gotteslästerer (9,3.4).

Zum Bösen gehörig ist bei Matthäus also all das, was Gott und seinem Willen bzw. dem, der diesen Willen als Lehrer Gottes vertritt, nicht entspricht. Was zu Gott gehört und ihm entspricht, ist gerecht.[319]

Jesus mahnt Juden und Heiden in seiner Weisung also dazu, in der Rede Gott ganz und ungeteilt zu entsprechen, d.h. vollkommen wahrhaftig zu sein.[320] Damit tut sich eine interessante Verbindung zum Rahmen der Spruchreihe in 5,48 auf. Jesu Tora(er)füllung wurde dort so charakterisiert, dass sie Menschen zur ungeteilten Entsprechung zum himmlischen Vater anleitet. Genau dies vollziehen die Verse 33-37 im Detail, indem sie eine Halacha entwerfen, die Menschen zu einer Wahrhaftigkeit leitet, die ganz und ungeteilt ist und die damit die allgemeine Forderung „Ἔσεσθε οὖν ὑμεῖς τέλειοι" auf den Bereich der Rede anwendet. Wer

---

[318] πονηρός ist matthäisches Vorzugswort. Von den insgesamt 78 Belegen im NT entfallen 26 auf Mt; vgl. Kretzer (1983), 324.

[319] Matthäus zeichnet diese Alternative ganz ohne Zwischentöne, wie der Vergleich von 12,30 mit Mk 9,40 zeigt. Es gibt nur ein Für oder Wider, ein „nicht gegen uns", das kein klares „Dafür" ist, gibt es für Matthäus nicht.

[320] Damit rückt er in unmittelbare Nachbarschaft zu Philo, der die Forderung nach unbedingter Wahrhaftigkeit in der Rede, die des Schwures nicht bedarf, an der unmittelbaren Wahrhaftigkeit Gottes, dessen Worte ebenfalls ohne Eide unbedingt verläßlich sind, orientiert (II / 4.3.4.6).

diese ungeteilte Wahrhaftigkeit in der Rede zur Geltung bringt, der verwirklicht damit zugleich den zweiten Grundsatz der Regel, „ὡς ὁ πατὴρ ὑμῶν ὁ οὐράνιος τέλειός ἐστιν", indem er in seinem Sprechen Gott entspricht, bei dem nach jüdischer Tradition jedes Wort wahr und verlässlich ist.[321]

1.4.6 Zusammenfassung

Zusammenfassend lässt sich sagen, dass der mt Jesus die von ihm zitierte Vorgabe, die im Interesse des Schutzes Gottes vor Entheiligung das falsche Schwören bzw. das Nichterfüllen des Geschworenen untersagte, so zur konkreten Halacha werden lässt, dass das Schwören überhaupt zu unterlassen ist. Um der Heiligung Gottes willen, anders gesagt um des Interesses am dritten Gebot willen hebt diese Halacha die von der Schrift her bereitgestellte Möglichkeit des Schwörens auf. Diesem Interesse diente schon das Verbot des falschen Schwörens, ihm versuchte auch das Institut der Ersatzformeln gerecht zu werden - Letzteres nach der Auffassung des mt Jesus allerdings in unzureichender Weise: Denn auch wenn eine Ersatzformel den direkten Zugriff auf Gott zu vermeiden meint, so ist es der - für das Zustandekommen des Schwurs notwendige - Bezug zu Gott des als Ersatz gewählten Eidgaranten, der in letzter Konsequenz doch wieder Gott involviert und damit der Entheiligung aussetzt. Der mt Jesus zeigt anhand der besprochenen Ersatzformeln auf, dass es im Wesen der Ersatzformel liegt, dass sie Gott nicht zu schützen vermögen.

Auch der Rückgriff auf ein anderes Schwurmodell – den Kautions-Eid - vermag diesem Dilemma nicht zu entgehen, weil auch hier wieder Gott berührt wird, da er es ist, in dessen Macht das als Sicherheit Eingesetzte letztlich steht. Positiv entspricht dem Verzicht auf den Eid die unbedingte Wahrhaftigkeit, die sich am Ungeteiltsein Gottes ausrichtet.

Wie der Rahmen der Bergpredigt insgesamt zeigt, weist der mt Jesus durch seine die Tora (er)füllende Halacha das Volk Israel in das Tun des Gotteswillens ein.[322] Zugleich hat Matthäus aber auch seine Gemeinde im Blick. Diese besteht aus Juden und Heiden. Auch die Menschen aus der Völkerwelt werden also in den Geltungsbereich der Tora hineinge-

---

[321] Vgl. 2 Sam 7,28; Ps 33,4; Philo, All 3,204; Sacr 93; ein Lobpreis der Wahrheit und Verlässlichkeit des Wortes Gottes findet sich in der jüdischen Gebetstradition im nach dem Sh°ma Israel zu sagenden Gebet אמת ויציב, das schon tannaitische bezeugt ist (vgl. mTaan 5,1). Vgl. 2 Kor 1,18f; 1 Tim 1,15; Offb 19,5 u.ö.

[322] Darauf, dass die Bergpredigt keine reine „Gemeinderegel" oder „Jüngerethik" bietet, sondern sich „als ethische Weisung zu den Geboten der Tora" (Wick (1998), 149) vielmehr an das ganze Volk wendet, an „alle diejenigen, die in der Tora unterrichtet sind und ihr Leben nach deren Maßstäben ausrichten", wendet, hat jüngst Wick (1998), 138 hingewiesen.

stellt. Dabei zeigte sich an zwei Stellen sehr konkret die Vermittelbarkeit
der Halacha an die Heiden, indem Matthäus nämlich bei der Zitation der
Vorgabe eine Formulierung wählt, die besonders im paganen Umfeld
belegt ist (ἀποδίδωμι mit ὅρκος statt wie in der LXX mit εὐχή), und
indem er weiter eine Schwurformel diskutiert, die auch die Heiden aus
ihrem Alltag kennen. Damit öffnet er die innerjüdische Diskussion auf
die Völker hin und weist diese ein in seine Halacha.

2. Mt 23,16-22 im Kontext der Rede gegen die Schriftgelehrten und Pharisäer

Nach der Besprechung von Mt 5,33-37 im Kontext der Kommentarworte wenden wir uns nun dem zweiten für die matthäische Schwurhalacha relevanten Text - Mt 23,16-22 - zu. Auch sein Umfeld ist für unsere Ausgangsfrage nach der Verortung des Matthäusevangeliums im Verhältnis zum sich neu formierenden Judentum äußerst aussagekräftig. Eine gründliche Untersuchung lohnt daher nicht nur im Blick auf die Weichenstellungen, die Mt 23 für das Verständnis der Verse 16-22 vornimmt.

2.1 Mt 23: Impulse der Auslegungsgeschichte

„The twenty-third chapter of Matthew is certainly the ugliest in the Gospel."[323] Die in den letzten Jahrzehnten zu Mt 23 erschienene Literatur teilt dieses Urteil und bestärkt es noch: Als „Meisterstück der Schmährede"[324] trägt es den Ruf, das unchristlichste Kapitel in den Evangelien überhaupt zu sein.[325] Nicht genug, dass sich vor den Augen der Leserinnen und Leser ein Abgrund von Vorwürfen, bitterer Polemik und härtesten Beschimpfungen auftut. Darüber hinaus hat dieses Kapitel wie wohl kein zweites das christliche Bild der Pharisäer „als bösartige Heuchler"[326] bis hinein in die Alltagssprache geprägt. Seine Ausfälle gegen die Frömmigkeit einer bestimmten Gruppe des antiken Judentums haben außerdem mit dazu beigetragen, jüdische Frömmigkeit[327] bis in unser Jahrhundert hinein als starre, erdrückende und im letzten menschen- und gottverachtende Gesetzlichkeit zu verunglimpfen[328]. „Dieser

---

[323] Viviano (1989), 338.

[324] „This is beyond question a masterpiece of vituperation" Beare (1981), 447.

[325] Vgl. Montefiore (1927), 296 „...most 'unchristian' chapter in the Gospels".

[326] Roloff (1993), 150; vgl. Beare (1981), 452.

[327] Erste Auswirkungen dessen dürften wohl in der Didache (8,1f) zu greifen sein, wo Juden ganz allgemein als Heuchler gelten (vgl. Wengst (1999), 99f). Die Differenzierung, die Matthäus zwischen dem Volk und den Pharisäern und Schriftgelehrten vornimmt, ist hier schon ganz vergessen; vgl. Luz (1997), 311. Ein weiteres Schlaglicht aus dieser Wirkungsgeschichte sei noch erwähnt: Die einzigen Juden, die in Dantes Inferno eigens erwähnt werden, befinden sich ausgerechnet in dem für die Heuchler vorgesehenen Bereich der Hölle (Inferno, 23. Gesang).

[328] Vgl. besonders die Auslegungsgeschichte von 23,4, der Becker (1990), 135ff nachgeht.

Text ist ein ‚Bauchwehtext' für alle, die sich um ein gerechtes Bild des Judentums in der Kirche bemühen", wie U. Luz unlängst geschrieben hat.[329]

Mit diesem Befund versucht die Exegese auf unterschiedliche Weise umzugehen. Eine Interpretationslinie ließe sich mit der Überschrift „paränetisch"[330] versehen: Ausgehend von der Beobachtung, dass der Dialog mit den Pharisäern in Mt 22,46 seinen Abschluss findet und Jesus sich in Mt 23,1 u. a. an die „Jünger" - also an die Repräsentanten der mt Gemeinde[331] - wendet, wird Mt 23 als an die Gemeinde gerichtete „Paränese"[332] verstanden. Die Gemeinde soll ermahnt und gewarnt werden; ihren „practical atheism"[333] gilt es zu bekämpfen, und so hat das Kapitel einen „didactic purpose"[334]. Damit verlagert sich die Polemik aus der Auseinandersetzung mit dem Judentum in den Binnenraum der Kirche, und der Evangelist wäre von dem Vorwurf antijüdischer Tendenzen freizusprechen.[335] Dieses Interesse ist hermeneutisch verständlich, doch sollte man nicht vergessen, dass es jüdische Menschen sind, die er als negatives Beispiel seinen christlichen Leserinnen und Lesern vor Augen malt, womit sich lediglich die aktuelle Zielrichtung der Polemik, ändert, nicht aber das Problem entschärft[336]. Nun ist es freilich nicht erst die Exegese der zweiten Hälfte des zwanzigsten Jahrhunderts[337], die in Mt 23 einen paränetischen bzw. kirchenkritischen Impetus spürt. Diesen strei-

---

[329]   Luz (1997a), 7.
[330]   Vgl. Newport (1995), 68f.
[331]   Vgl. Roloff (1993), 154.
[332]   Luck (1993), 246.
[333]   Fenton (1963), 364f.
[334]   Garland (1979), 229. So auch Frankemölle (1983), 153; 184 dazu Becker (1990), 14); Limbeck (1988), 299-320. Weiteres bei Saldarini (1994), 235.
[335]   So Viviano (1990), 16: „Matthew's criticism of arrogance and pomposity among religious leaders is directed not only at the rabbis but also at Christian leaders. [...] And this fact diminishes the degree of Matthew's anti-Semitism or anti-Judaism even if it does not remove it altogether".
[336]   In seinen Ausführungen zur Wirkungsgeschichte dieses Kapitels zeigt Ulrich Luz sehr deutlich, wie die Pharisäer und Schriftgelehrten von Mt 23 im Laufe der Kirchengeschichte immer wieder als Chiffre für die jeweiligen aktuellen Gegner gedient haben (vgl. Luz (1997), 346ff. Auf eine „positive" Anknüpfung an Mt 23,2 ist jedoch auch hinzuweisen. So berufen sich die Gelehrten der Sorbonne in ihren Artikeln aus dem Jahr 1544 auf Mt 23,2f, um ihre These, daß auch kirchliche Satzungen das Gewissen bindenden Charakter haben, biblisch zu begründen (Text in Calvin-Studienausgabe (1999), 91). Auf eine ähnliche Argumentation Kardinal Sadolets reagiert Calvin, Ad Sadoleti Epistulam 476 (Studienausgabe, 397).
[337]   Neben den schon zitierten Exegeten wären als Vertreter dieser Interpretation noch Limbeck (1986), 256; Sand (1986), 452 und mit Einschränkungen auch Schweizer (1976), 279 („Wider jüdischen und christlichen Pharisäismus") und Gnilka (1988), 285 (für Gnilka ist dies jedoch nur ein Aspekt, der zweite liegt in der Grenzziehung gegenüber den Pharisäern) zu nennen.

chen schon Johannes Chrysostomos[338] und später Martin Luther[339] heraus.

Anhalt am Text hat die paränetische Interpretation vor allem in den Passagen, die die durch die Jünger repräsentierten Glieder der mt Gemeinde auf die Worte der Pharisäer und Schriftgelehrten verpflichten und zugleich davor warnen, so zu handeln wie diese (2,2ff; 8-10). Andererseits ist sie mit folgendem Problem konfrontiert: Die Wehrufe reden direkt die Pharisäer und Schriftgelehrten an (οὐαὶ δὲ ὑμῖν). Darüber hinaus stellt Mt 23 als Ganzes keine esoterische Jüngerbelehrung dar, denn zu den Adressaten dieser Rede gehören außer den Jüngern auch οἱ ὄχλοι (Mt 23,1)[340], was einer Einengung des Adressatenkreises auf die Gemeinde widerrät. Jesus befindet sich nach wie vor in der Öffentlichkeit des Tempels, den er erst in Mt 24,1 verlässt, um dann zu seinen Jüngern über die Ereignisse der Endzeit zu sprechen (Mt 24f).

Diesem Befund versucht die zweite große Interpretationslinie gerecht zu werden, die Mt 23 als Ausdruck eines heftigen Ringens mit ebenfalls nach Anerkennung strebenden Kreisen im sich nach der Zerstörung des Tempels neu formierenden Judentums versteht.[341] Davies / Allison fassen ihre Darstellung der Forschungstendenzen entsprechend zusammen: „But perhaps most have believed that the original readers would have identified the scribes and Pharisees as ciphers for emerging rabbinic Judaism or its leaders".[342] In der Tat gibt gerade dieses Kapitel wertvolle Hinweise zur Bestimmung des Verhältnisses von mt Gemeinde und sich formierendem Judentum.[343]

Sowohl die *„paränetische"* wie auch die am ehesten *„polemisch"* zu nennende Interpretationslinie werden in den letzten Jahren von einem Ansatz präzisiert, der die rhetorischen Konventionen der Antike zu be-

---

[338] Johannes Chrysostomos, Kommentar zum Evangelium des Matthäus, 73. Homilie: „Allein, daß die Schriftgelehrten so schlecht waren, ist zwar schrecklich genug; doch nicht so entsetzlich, als die Tatsache, daß ihr, die ihr die Auszeichnung erhalten habt, Tempel des Hl. Geistes zu werden, wieder Gräber voll des abscheulichen Gestankes geworden seid." (zitiert nach BKV 27, 18).

[339] Luther spitzt die Aussagen dieses Kapitel zuweilen auf die römisch-katholischen Amtsträger zu (z.B. WA 47, 436.440. „Das ist ein groß Zetergeschrei und unfreundliche letze, so er uber die grossen Hansen im geistlichem regiment lest gehen, so das volck sollten regiren als prediger, bischoff..." (453)).

[340] So auch Viviano (1989), 341. Ähnliche Beobachtungen finden sich bei Newport (1995), der die paränetische Interpretation höchstens für die Verse 8-10 gelten lassen will (69).

[341] Früher sprach man von einem Abwehrkampf gegen das „pharisäische Rabbinat", so Gaechter (1962), 732. Diese Interpretation vertreten beispielsweise: Grundmann (1968), 489; mit eigenen Akzenten Schlatter (1929), 663ff; Ward (1961), 133; Beare (1981), 447.

[342] Davies / Allison (1997), 261. Dieses Urteil teilt das Gros der neueren Untersuchungen zum MtEv: vgl. z.B. Saldarini (1997), 36 u.ö.; Overman (1996), 319 u.a.

[343] Vgl. dazu I / 1.3f.

rücksichtigen versucht. Der für heutige Ohren unerträglichen Polemik soll etwas von ihrer Schärfe genommen werden, indem man sie in den Rahmen der antiken „Streitkultur" einordnet und zu dem Schluss kommt, dass eine Kritik, wie sie Mt 23 formuliert, im antiken Judentum durchaus nicht ungewöhnlich war[344], wie schon ein flüchtiger Blick auf die Aussagen der Qumranschriften über die Gegner der Qumrangemeinde zeigt (CD 1,18ff).[345]

Angesichts der verunglimpfenden und ungerechten Polemik[346], mit der in Mt 23 eine konkrete Gruppe des antiken Judentums überhäuft wird, fällt das Interesse auf, das dieses Kapitel bei jüdischen Exegeten hervorruft. Es hat sogar den Anschein, als zähle dieses besonders judenfeindlich wirkende Kapitel zugleich zu den am meisten von Autoren mit jüdischem Hintergrund behandelten.[347] Diese Autoren erspüren hinter den matthäischen Wehrufen Themen, die im antiken Judentum Gegenstand kontroverser Diskussion waren:[348] „All these are denounced in rabbinic literature, a fact which shows that such a critique was prevalent *in Judaism* at the time when Christianity began to take shape."[349]

In neuerer Zeit sind zwei Arbeiten zu Mt 23 erschienen, die ausführlicher erwähnt zu werden verdienen.[350] Beide orientieren sich auf ihre Weise am „jüdischen Flair" die-

---

[344]　Vgl. die ausführliche Sammlung von Beispielen bei Davies / Allison (1997), 258-261. Typisch für den apologetischen Duktus, der dem Verweis auf rhetorische Gepflogenheiten in diesem Zusammenhang eigen ist, ist ihr Fazit: „...the ferocity of rhetoric in Jewish texts, and especially the volatile language of the Dead Sea Scrolls, shows Matthew's polemic need not signal a break with Judaism. So far from that being the case, we indeed deny that Matthew 23 is a Christian critique of Judaism. It is rather a Jewish-Christian critique of Jewish opponents - and therefore no more ‚anti-Semitic' than the Dead Sea Scrolls" (260f).

[345]　Garland (1993) 227; Limbeck (1986) 258f. Für das MtEv insgesamt unternimmt das z.B. I. Broer: „Die damalige Art religiöser Auseinandersetzung unterscheidet sich von der heutigen sehr stark und ist für heutige Ohren in der Regel ziemlich unerträglich." Der „Vorwurf der Heuchelei, dem wir ja auch im Matthäusevangelium begegnet sind", gehört „zum Standardrepertoire der damaligen religiösen Auseinandersetzung im Judentum" (Broer (1995), 27f dort Beispiele und weitere Literatur, bes. Rehn (1994), 381ff). Eine Übersicht über ausgewählte Beispiele jüdischer und christlicher Provenienz führt zu folgendem Fazit: „Vergleicht man diese Aussagen mit denen des Matthäus-Evangeliums, so scheint mir die Polemik gegen die Juden im Matthäus-Evangelium durchaus im Rahmen dessen zu bleiben, was in der damaligen religiösen Auseinandersetzung offensichtlich üblich war" (Broer (1995), 31; ähnlich Newport (1995), 65f).

[346]　Vgl. schon Haenchen (1980), 144: „Man wird den Eindruck nicht los, daß hier im Eifer der Gemeindepolemik die Farben allzu stark aufgetragen sind".

[347]　Hier sei z.B. auf die Arbeiten von Weinfeld (1990); Neusner (1975/76); Maccoby (1982); Lachs, (1975); Goodman (1994) und Rokeach (1994/95) verwiesen.

[348]　Auf den ursprünglich innerjüdischen Charakter der in Mt 23 vorgetragenen Kritik hat schon Grundmann (1968), 489 hingewiesen.

[349]　Weinfeld (1990), 58 (Hervorhebung von mir).

[350]　Ältere Literatur bespricht Becker (1990), 9-16.

ses Kapitels und bemühen sich entsprechend um eine innerjüdische Verortung der in diesem Kapitel angesprochenen Aspekte. Zuerst ist die 1988 fertig gestellte Dissertation von H.-J. Becker, „Auf der Kathedra des Mose. Rabbinisch - theologisches Denken und antirabbinische Polemik" zu nennen.

Becker interpretiert Mt 23,1-12 im Kontext des sich nach 70 n. Chr. formierenden Judentums. Dies unternimmt er vor allem anhand der Untersuchung des in Mt 23,2 verwendeten „Kathedramotivs". Becker arbeitet heraus, dass dieses Motiv nach Texten wie tSuk 4,6; SifBam zu Num 21,18; EkhaR zu Klgl 2,10; ShemR 32,11 und PRK 1,7[351] in den Kreisen der „Weisen" (חכמים) nach 70 ausgebildet worden sei, um den Eindruck zu erwecken, die Rabbinen „hätten als die Nachfolger Moses und seiner Ältesten schon immer - und ohne Unterbrechung - Israel nach der Tora geführt und gerichtet. Diese Auffassung fand ihren ersten klaren Ausdruck in der Sukzessionskette der ersten Fassung des Traktats Avot (mAv 1,1-15; 2,8-14; 5,1-19), die ununterbrochen von Mose bis Rabban Yochanan b. Zakkai reicht." [352] Das dort - und auch in anderen tannaitischen Quellen (mHag, 2,2; SifBam zu Num 11,16) - gezeichnete Bild von der Dominanz der חכמים im Sanhedrin lässt sich mit den Aussagen anderer antiker Quellen nicht ohne weiteres zur Deckung bringen, was - zusammengenommen mit den Unstimmigkeiten in der Traditionskette von mAvot[353] - eigentlich nur den Schluss zulässt, dass es sich bei dieser Geschichtsauffassung „um eine nachträgliche Konstruktion handelt".[354] Diese ist allerdings aufschlussreich für das Selbstverständnis der חכמים nach 70. Mit diesen Kreisen setzt sich - so Becker - Mt 23 in differenzierter Weise auseinander. Und zwar anders als die ältere redaktionsgeschichtliche Forschung (im Blick sind besonders die Arbeiten von G. Barth[355] und E. Haenchen[356]) zu Matthäus urteilte, die bei Matthäus eine pauschale Abqualifizierung des entstehenden Rabbinates und seiner Lehren zu finden glaubte. „Der Vorwurf des Widerspruchs zwischen Lehre und Tat in Mt 23, 3b ist kein Einwand gegen die Lehre der Chakhamim, sondern gegen deren mangelnde Verwirklichung."[357] Das, was die, die auf der Kathedra des Mose sitzen, lehren, ist unbedingt zu tun. Becker stellt hier eine Kontinuität zu Mt 5,17-20 fest, die er den „matthäischen 'Perfektionismus'" nennt[358]: Es gehe Matthäus hier wie dort darum, dass die ganze Tora getan werde. Diese beinhalte das, was die Tradenten der Tora lehrten ebenso wie „alles, was ich euch geboten habe" (Mt 28,20). Damit ordnet sich die Arbeit von Becker in die Forschungsrichtung ein, die in Mt 23 den Ausdruck einer polemisch geführten Auseinandersetzung mit dem sich formierenden Judentum sieht.

Anders entscheidet sich die zweite zu nennende Arbeit von K. Newport, die 1995 erschienen ist. Angesichts der Probleme, die das 23. Kapitel hinsichtlich der Analyse seiner Quellen[359] stellt, verfolgt Newport ein vornehmlich literarkritisches Interesse. Da s. E. weder die Zweiquellentheorie noch andere ebenfalls diskutierte Quellenhy-

---

[351] Becker (1990) stellt die Texte auf den Seiten 31-49 vor.
[352] Becker (1990), 23.
[353] Vgl. Guttmann (1970), 39.
[354] Becker (1990), 23.
[355] Barth (1975).
[356] Haenchen (1965).
[357] Becker (1990), 222.
[358] Becker (1990), 222.
[359] Die Probleme und die in der Forschung diskutierten Lösungen stellt Newport in aller Genauigkeit dar, vgl. Newport (1995), 15-60. Vgl. dazu auch Schürmann (1986), 69ff; Freudenberg (1972), 3-87.

pothesen[360] die Entstehungsgeschichte dieses Kapitels befriedigend erklären könnten, schließt er auf eine eigene Quelle, die noch ganz innerhalb des Judentums gestanden habe und einem judenchristlichen Kreis zugeschrieben werden müsse. In diesem standen die traditionellen Säulen des Judentums „namely the law, the temple, the synagogue and the leadership"[361] noch in hohem Ansehen. Dies müsse wegen der Hochschätzung des Tempels vor 70 der Fall gewesen sein. Für Matthäus selbst sei schon eine andere Verortung, nämlich außerhalb des Judentums zu veranschlagen. Newport untersucht die im Kapitel angesprochenen Themen „Sitz des Mose, Tefillin, Zizit, Rabbi, Vater, Lehrer, Proselyten, Eidesformeln, Zehntabgaben, Mückensieben, Becherwaschen, Gräber, Pharisäer, Schriftgelehrte" auf insgesamt 35 Seiten unter der Fragestellung, ob sie im Judentum vor 70 diskutierte Themen waren, und kommt dabei zu einem positiven Ergebnis. Seine Schlussfolgerungen basieren in der Hauptsache auf recht selektiv herangezogenen rabbinischen Texten, die er - ohne dies methodisch zu reflektieren - als Spiegel der Wirklichkeit des Judentums vor der Tempelzerstörung auswertet. Andere jüdische Zeugen werden - abgesehen von einigen Stellen bei Josephus - gänzlich ausgespart. Des Weiteren bauen Newports literarkritische Ergebnisse beträchtlich auf einer unabhängig von Mt 23 vorgenommenen Verortung des MtEv im Gegenüber zu dem sich formierenden Judentum auf, von dem es schon getrennt sei. Die Aussagen in Mt 23, die dazu nicht passen, - und das sind eben die, die den Pharisäern und Schriftgelehrten auch für die christliche Gemeinde Autorität einräumen (Mt 23,2.3.23) - werden dann einer vormatthäischen Quelle zugeschrieben, die Matthäus als traditioneller Redaktor übernommen habe, „with which he did not necessarily agree"[362]. Die methodische Problematik dieses Vorgehens liegt auf der Hand.[363] Newports Schlussfolgerungen zur Verortung des MtEv kann ich mich darum nicht anschließen. Wertvoll sind jedoch die Hinweise, die er bezüglich der *innerjüdischen* Verortung der in Kapitel 23 besprochenen Themen gibt.

Die Forschungsgeschichte hinterlässt, so lässt sich zusammenfassend sagen, einen ambivalenten Eindruck. Auf der einen Seite steht das Unbehagen gegenüber diesem Kapitel und seiner Polemik gegen eine bestimmte jüdische Gruppe, auf der anderen Seite kommt gerade diesem Kapitel in doppelter Hinsicht große Bedeutung zu: einmal bei der Erforschung der Halacha des antiken Judentums und dann bei der Verortung des MtEv im Kontext des sich nach 70 neu formierenden Judentums.[364] Der Konflikt, der in diesem Kapitel heftiger als irgendwo sonst im MtEv zum Ausdruck kommt, gewährt besonders aufschlussreiche Einblicke in

---

[360] Newport (1995) stellt sie auf den Seiten 15-60 vor.

[361] Newport (1995), 68

[362] Newport (1995), 12. Matthäus gehe es in Kapitel 23 einerseits um Paränese (vgl. Newport (1995), 69), ab Vers 13 verfolge er jedoch eine andere Intention, nämlich „to point out that the Jews are totally wicked because they have rejected Christ and persecuted his followers" (70). Hier gehe es um „condemnation of an entire nation which he considers to be wicked and rebellious and now without hope" (71).

[363] Vgl. III / 2.2.2.1; vgl. auch Saldarini (1995), 259, Anm. 46.

[364] Es ist kein Zufall, dass gerade solche Arbeiten, die das MtEv im Judentum beheimatet sehen, wie die von Overman und Saldarini der Besprechung dieses Kapitels breiten Raum geben (vgl. Overman (1996), 319ff; Saldarini (1994), 46ff.

die Gegenwart der mt Gemeinde in ihrem Umfeld. Diesen Einblicken gilt es im Folgenden nachzugehen.

2.2 Mt 23,1-12: Die matthäische Kritik an den Schriftgelehrten und Pharisäern

2.2.1 Die Schriftgelehrten und Pharisäer

Bevor wir den Argumentationsduktus in diesem Kapitel nachzeichnen, soll zunächst gefragt werden, auf wen die matthäische Kritik eigentlich zielt. Wen hat Matthäus im Blick, wenn er von „Schriftgelehrten und Pharisäern" spricht?

2.2.1.1 Die γραμματεῖς - Profil und Geschichte

Fragt man heute nach den Schriftgelehrten, so sieht man sich in eine lange Geschichte der Erforschung der γραμματεῖς im antiken Judentum und im Neuen Testament gestellt. Diese Geschichte hat jüngst C. Schams[365] aufgearbeitet und dabei zwei Forschungstendenzen herausgestellt:

Die erste steht in der Tradition E. Schürers, der in seinem Werk „Die Geschichte des jüdischen Volkes im Zeitalter Jesu Christi" die γραμματεῖς als solche darstellt, die in der Schrift (=Tora) gelehrt sind. Es handele sich bei ihnen um Angehörige eines Standes, der vor allem die Aufgabe habe, das Gesetz auszulegen, in den Synagogen zu lehren und zu predigen.[366] „Schürer's view implies that the סופרים were the predecessors of the rabbis".[367]
Dieses Bild stützt sich weitgehend auf das Zeugnis der Evangelien und einschlägige Texte aus der rabbinischen Literatur, in denen „Schriftgelehrte" als Torakundige auftreten. Damit werde es allerdings nur einem Teil der antiken Zeugnisse gerecht. Schams bemerkt (auch im Blick auf andere Arbeiten, die Schürers Bild mehr oder weniger modifiziert vertreten[368]): „It is apparent that the main weakness of this strand of scholarship is the *equation* of scribes and Torah scholars. [...] The creation of an artificial category of *Schriftgelehrte* led to a conflation of the evidence. [...] A further shortcoming is the neglect of evidence as professional writers."[369]
Diese Bedenken haben schon Bickerman[370] und Sanders[371] angemeldet. Sie sind nach Schams zusammen mit Goodman[372] zugleich die Hauptvertreter der zweiten For-

---

[365] Vgl. Schams (1998), 15-35.
[366] Vgl. Schürer (1907 Bd. 2.), 373f.
[367] Schams (1998), 17.
[368] Schams bezieht sich auf Bill I, 79ff; Schlatter (1932), 200; Jeremias (1958a), 103ff; Hengel (1988), 143ff; Schürer / Vermes / Millar / Black (1979), 324ff; Neusner (1993a), 73; Orton (1989), 161f.
[369] Schams (1998), 24f.
[370] Vgl. Bickerman (1988), 161ff.
[371] Vgl. Sanders (1992), 174ff.
[372] Vgl. Goodman (1994a), 99ff.

schungsrichtung, die sich primär am Beruf des γραμματεύς bzw. an der Bedeutung des griechischen Begriffs[373] orientiere, nach den Funktionen von Schreibern in der griechischen Umwelt frage und von dort her die jüdischen Schreiber zu verstehen suche. Nicht die Toragelehrsamkeit sei kennzeichnend für die „Schreiber", sondern deren Lese- und Schreibkompetenz, die im Kontext von Administration und Verwaltung ihren Ort habe.[374]

Die unterschiedlichen Tendenzen der Forschungsgeschichte spiegeln den vielfältigen Quellenbefund: Schreiber begegnen wiederholt als Teil der Administration (so die LXX Wiedergabe des hebr. שטר[375]; Josephus, Ant 6,120; Bell 1, 479[376]). Andere Quellen legen den Akzent auf ihre Weisheit (Sir 38,24ff) und ihren verständigen Umgang mit dem „Gesetz des Höchsten" (Sir 39,1)[377]. Die Rabbinen kennen sie als Halachisten, deren Worte (דברי סופרים)[378] oder Neuerungen (חידושים)[379] sie als verbindliche Halacha tradieren.[380] Andererseits weiß man dort um סופרים, die einfache Schreiber sind, deren Beruf man lernen (mQid 4,3; mNed 9,2) und deren Dienste - z.B. zum Schreiben eines Scheidebriefes (mGit 7,2 u.ö.; SifBam §131 [Horovitz, 170]) oder zum Unterricht der Kinder (tSuk 2,7; mQid 4,13) - man gegen Bezahlung in Anspruch nehmen kann.

Welches Bild ergibt sich, wenn man die Quellen zu den sog. Schriftgelehrten zur Zeit des zweiten Tempels, die ja von der persischen Zeit bis in die Spätantike einen Zeitraum von mehreren Jahrhunderten umspannen, *historisch* zu ordnen versucht?[381]

Am Beginn dürften Bullae aus dem späten sechsten vorchristlichen Jahrhundert stehen, die einem *Sofer* Namens Jeremai gehören.[382] Sie belegen die Existenz von Schreibern in der persischen Provinz Jahud - mehr Details geben die Worte „dem Schreiber Jeremai gehörend" nicht her.

---

[373] Das Wörterbuch von Liddell-Scott verzeichnet folgende Bedeutungen des Begriffs: secretary, registrar, recorder, scholar, one who traces or marks out (359).
[374] Schams bespricht darüber hinaus die Arbeiten Urbachs (1986) und Bar Ilans (1988), die sich vornehmlich auf rabbinische Zeugnisse stützen und andere Quellen weitgehend ausblenden, weiterhin die Untersuchung Saldarinis (1988), der mit Hilfe soziologischer Modelle die Schreiber als „retainer" in der jüdischen Gesellschaft verortet, und Goodmans (1994a), der in einem kurzen Artikel darauf abhebt, dass die Schreiber heiliger Texte als solche selbst den Nimbus des Heiligen hatten.
[375] Vgl. dazu Schams (1998), 73ff.
[376] Vgl. Saldarini (1988), 262f.
[377] Vgl. dazu Orton (1989), 66.
[378] So z.B. mOrl 3,9; mYev 2,4; mSan 11,3; tEd 1,3; tNid 9,9 u.ö.
[379] tTevY 2,7; mKel 13,7.
[380] Vgl. dazu de Vries (1966), 69ff und Hengel / Deines (1995), 23ff.
[381] Im Rahmen dieser Arbeit kann ich mich auf kurze Bemerkungen zu den einschlägigen Texten beschränken. Eine ausführliche Besprechung des Materials findet sich in der Arbeit von C. Schams.
[382] Vgl. Avigad (1976), 7f (dort weitere Beispiele).

Besondere Bedeutung bei der Erforschung der Schriftgelehrten kommt seit jeher den Büchern Esra und Nehemia zu. Hier begegnet mit Esra zum ersten Mal in der jüdischen Literatur ein *Sofer*, der sich durch seine Kenntnis der Tora auszeichnet (Esra 7,6). Daneben erscheinen *Sofrim* ohne diese Qualifikation als Verwalter des Tempelschatzes (Neh 13,13)[383] oder als Glieder der persischen Provinzverwaltung (Esra 4,8). Auch Esra selbst ist ja offizieller Gesandter des persischen Hofes, und sein Schreiberamt erklärt sich von daher ganz aus persischem Usus.[384] Die mit diesem Amt verbundene Kenntnis der Tora könnte als *interpretatio judaica* auf das Konto des Verfassers der Bücher Esra und Nehemia gehen, nach dessen Darstellung Esras wichtigste Tat die Verlesung der Tora und die Unterweisung in ihr gewesen sei (Neh 8,1ff; 8,13). Schon die ältesten Quellen zeichnen damit ein Bild der *Sofrim*, das mehrere Aspekte hat, die nicht notwendig miteinander verbunden sind.

Wohl ebenfalls aus persischer Zeit dürften die Chronikbücher stammen, die *Sofrim* im Umfeld des Hofes und der Armee kennen (1 Chr 27,32; 2 Chr 26,11). Ein Ideal des chronistischen Verfassers im Blick auf seine eigene Gegenwart spiegelt sich wohl in der Assoziation von *Sofrim* mit dem Tempel (1 Chr 24,6; 2 Chr 34,13)[385].

Die Quellen aus hellenistischer Zeit schreiben das Bild vielschichtig fort: Die LXX wählt zur Übersetzung des hebräischen סופר das griechische γραμματεύς, das zugleich auch Standardäquivalent für שוטר (Aufseher, Beamter, Inspektor)[386] ist. Γραμματεύς steht damit für eine ganze Bandbreite von vornehmlich administrativen Funktionen am Hof, beim Militär und im Finanzwesen. Daneben gibt es auch in der LXX den torakundigen γραμματεύς (Esra). Letztere Tradition bezeugt TestLev aus dem 3. Jh. v. Chr.,[387] wenn es erlaubt ist, die Prophezeiung Levis, seine Söhne werden in Zukunft Priester, Richter, Tempelbedienstete und γραμματεῖς stellen (8,17), von 13,1-2 her mit Inhalt zu füllen. Dann hätten die Söhne Levis die Aufgabe, die Lesefähigkeit um des Torastudiums willen zu fördern. Offen bleiben muss allerdings, ob dies die Aufgabe der Leviten als Leviten allgemein oder ganz speziell der levitischen Schriftgelehrten sein soll.

Ein weiterer exponierter Schreiber begegnet in der Gestalt des Henoch in der Henochliteratur, deren einzelne Elemente zwischen der frühen vormakkabäischen Zeit und dem ersten vorchristlichen Jahrhundert datiert werden.[388] Die Engel reden ihn mit „Schreiber der Gerechtigkeit" (γραμματεὺς τῆς δικαιοσύνης) an und beauftragen ihn mit der Übermittlung der Gerichtsbotschaft an die Wächter, die den Himmel verlassen haben (12,4). Diese Wächter bitten Henoch, ein Gebet *zu schreiben* und damit Fürbitte für sie einzulegen (13,4). Allein auf Henochs Schreibfähigkeit kommt es bei diesem Mittlerdienst an. Gott selbst greift die Anrede von 12,4 auf und beauftragt ihn mit der Antwort auf die schriftliche Bitte. Die einzige Konkretion, die mit dieser Anrede verbunden ist, bleibt dabei die Tatsache, dass Henoch schreiben kann. Ähnlich verhält es sich in 1.Hen 92,1, wo Henoch aufschreibt, was er sieht. Das trägt ihm dort den Titel „Schreiber" ein.

Die aramäischen Henochfragmente aus Qumran setzten ähnliche Akzente. 4QEnGiants[a] 8,4 nennt Henoch „ausgezeichneter Schreiber" (ספר פרשא) und zwar in

---

[383] Dieser Text läßt sich weiterhin dahingehend auswerten, dass der Jerusalemer Tempel - wie andere Tempel im persischen Reich auch - eine fiskalische Funktion hatte. Vgl. Schaper (1995), 529.

[384] Vgl. Quellen und Literatur Schams (1998), 54, Anm. 67f.

[385] Vgl. Schams (1998), 71.

[386] Vgl. Gesenius, s.v.

[387] Vgl. Schams (1998), 84f (dort Diskussion und Literatur).

[388] Vgl. die Übersicht bei Isaak (1983), 6f.

der Einleitung zu einem Brief, den Henoch mit eigener Hand geschrieben haben soll (Zeile 3). Eine andere Nuance betont jedoch 4QGiants[b] II, 14f. Hier wird der ספר פרשא um die Deutung eines Traumes gebeten.

Das in seiner hebräischen Fassung wohl auf die Zeit zwischen 195 und 175 v. Chr. zu datierende Sirachbuch[389] enthält ein ausführliches Lob des γραμματεύς. Er erscheint als jemand, der Zeit und Mittel hat, sich der Weisheit zu widmen (38,24) und eine besonders angesehene Stellung bekleidet (38,33; 39,11). Er scheint richterliche Funktionen auszuüben und ist im Gesetz beschlagen (38,33). Dessen Erforschung hat er sein Leben geweiht (38,34). Sein Umgang mit der Weisheit und ihren Erscheinungsformen charakterisiert ihn ebenso wie seine Gegenwart in der hohen Administration (39,3f) und seine Einsicht in Geheimnisse (39,7). Hier verschmelzen unterschiedliche Funktionen, die schon ältere Quellen mit dem γραμματεύς verbinden, zu einer Einheit. Was Sirach hier zeichnet, entspricht dem Bild des Schreibers im alten Orient. Besonders aus Ägypten lassen sich Parallelen heranziehen.[390] Offen bleibt allerdings, ob Sirach hier an den γραμματεύς an sich oder den γραμματεύς denkt, der sich durch Weisheit auszeichnet, ob es sich also um eine Beschreibung der „Aufgabe und Stellung des Schriftgelehrten" handelt, wie die Überschrift der Einheitsübersetzung vorgibt, oder eher um eine Beschreibung des *Weisen* - zumal der γραμματεύς nur an einer - freilich exponierten - Stelle (38,24) - genannt wird.

Spätere Quellen zeigen den γραμματεύς wiederum in eingeschränkter Funktion. So erscheinen im 1 Makk (ca. 100 v. Chr)[391] Schreiber als Armeeangehörige (5,42). Als Unterhändler tritt eine Gruppe von - nicht näher beschriebenen - γραμματεῖς in 7,12f in Erscheinung.

Nach 2 Makk 6,18 (wohl aus dem letzten Drittel des 2. Jh. v. Chr.) gilt Eleasar als einer unter den angesehenen γραμματεῖς. Diese Notiz lässt wieder etwas von der gesellschaftlichen Stellung der γραμματεῖς erkennen. Ob Eleasars Liebe zur Tora Gottes hingegen etwas über die Füllung des γραμματεύς Titels aussagt, kann auf der Ebene des 2. Makkabäerbuchs nicht entschieden werden.

Ins frühe erste Jahrhundert n. Chr. geleitet die sog. Psalmrolle 11Q05[392]. Der in Kolumne 27, 2-11 enthaltene nicht kanonische Text nennt David einen *Sofer*, der sich durch Weisheit und hervorragende Verständigkeit auszeichnet (Zeile 2f). Von Gott mit „Geist und Erleuchtung" begabt soll er 3600 Psalmen geschrieben haben. Ist es hier allein die Schreibkompetenz, die Tatsache, dass David diese große Zahl an Psalmen geschrieben hat, die ihm diesen Titel einträgt? Die Verbindung von Schreibkompetenz und Weisheit erinnert in jedem Fall an Sir 38f.

Philo nennt γραμματεῖς an zwei Stellen. Flacc 3 spricht von einer Schar von Schreibern, die Flaccus zu Diensten waren. Hier handelt es sich um Nichtjuden, und der Kontext lässt die Übersetzung „Sekretäre" angeraten erscheinen. Agr 148 nimmt Bezug auf Dtn 20,5-8 und nennt die dort (20,5) erwähnten γραμματεῖς „γραμματεῖς der Armee". Eine besondere theologische Qualifikation verbindet sich für Philo mit diesem Begriff offenbar nicht.

Josephus ist bei seiner Beschreibung der γραμματεῖς vornehmlich seiner römischen Leserschaft verpflichtet. Seine γραμματεῖς zeigen kein besonderes jüdisches Profil. Sie haben militärische oder administrative Funktion (Ant 6,120; 7,319; 11,248;

---

[389]   Vgl. oben II / 2.2.1.
[390]   Vgl. die sog. Lehre des Duauf, die - wie Handschriftenfunde belegen - noch lange nach ihrer Entstehung ca. 1500 Jahre vor dem Sirachbuch bekannt war (vgl. Skehan / DiLella, 449f).
[391]   Vgl. Engel (1998c), 282.
[392]   Vgl. Maier (1995), 332.

20,208f Bell 1,529). Josephus bezeugt die Existenz von Dorfschreibern, deren sozialer Status dem von Sklavinnen entspricht (Bell 1, 479). Dieses Amt bedarf - so scheint es - keiner höheren Ausbildung. Anders verhält es sich mit den sog. ἱερο-γραμματεῖς.[393] Sie arbeiten im Tempel und sind in der Lage, Zeichen zu deuten (Bell 6,291). Diese Beschreibung erinnert an 4QGiants^b 2, 14f. Ebenfalls im Tempel sind die zu finden, die nach einem Brief Antiochos III, den Josephus zitiert (Ant 12, 142), neben anderen am Tempel Dienstuenden von der Steuer befreit sind.

Auffällig ist, dass in den hier besprochenen Quellen des 1. Jh. n. Chr. die theologische Schreiberlinie weitgehend zurücktritt. Philo erwähnt sie gar nicht und Josephus nur modifiziert bei seiner Beschreibung der ἱερο-γραμματεῖς. Das mag damit zusammenhängen, dass beide Autoren für eine hellenistische bzw. römische Leserschaft schreiben, die mit dem Amt des γραμματεύς eben keine besondere theologische Qualifikation verbindet. Entsprechend tritt die administrative Linie bei diesen Autoren in den Vordergrund. Ob dies allein an der Leserorientierung der beiden Autoren liegt, oder ob sich darin reale Verhältnisse im Judentum spiegeln, bleibt zu fragen.

Versuchen wir ein *Zwischenfazit*: Zunächst fällt auf, dass durch die Jahrhunderte hindurch Schriftgelehrte bzw. Schreiber in administrativen Kontexten begegnen, denen keine besondere Beziehung zum Studium der Tora oder eine sonstige „theologische Kompetenz" zugeschrieben wird. Diese treten in persischer Zeit in Erscheinung, begegnen in der hellenistischen (LXX; 1 Makk) wie auch der römischen Epoche (Philo; Josephus). Im Umfeld des Tempels finden wir ebenfalls seit der Perserzeit Schriftgelehrte bzw. Schreiber (Neh 13,13; 1 Chr 24,6; 2 Chr 34,13), die z.B. fiskalische Aufgaben wahrnehmen, die lediglich eine gewisse Beherrschung der Schrift voraussetzen (auch der „Schriftgelehrte / Schreiber der Gerechtigkeit muss im Grunde nur schreiben können). Das administrativ - fiskalische Tätigkeitsfeld der Schriftgelehrten bzw. Schreiber scheint ein Erbe der persischen Verwaltungsstruktur zu sein, das sich in den folgenden Jahrhunderten auf den unterschiedlichen Ebenen der Verwaltung (vom Königshof über den Tempel bis hin zur Dorfgemeinschaft) fortsetzt.

Daneben erscheinen in einigen vorneutestamentlichen Quellen Schreiber / Schriftgelehrte mit besonderen mantischen Fähigkeiten, nämlich der Deutung von Zeichen, Träumen und Geheimnissen (4QGiants^b 2, 14f; Bell 6,291; Sir 39,7).

Eine starke Affinität zur Tora Israels wird dem Schriftgelehrten Esra nachgesagt. Nach dem Wunsch Levis (TestLev) soll Torakenntnis die

---

[393] Dieser Begriff begegnet insgesamt 55-mal in der griechischen Literatur. Zum ersten Mal nachweisen lässt er sich bei Autoren des 4.-3. vorchristlichen Jahrhunderts (Hecataeus Abderita, in: FGrH 264, Fr. 25 Zeile 138. 1025. 1433; Eudoxus, Ars Astronomica 3,21), dort jeweils in Beschreibungen ägyptischer Kultpraktiken.

(schriftgelehrten?) Leviten auszeichnen. Seinen vollkommensten Ausdruck findet dieses Ideal - mit den oben genannten Einschränkungen - im Sirachbuch. In ihm treffen sich wie schon in der Gestalt des Esra die administrativen und theologischen Linien. Religiöses Wissen, juristische und administrative Kompetenz sichern diesen γραμματεῖς hohe gesellschaftliche Achtung. Die Verbindung dieser Komponenten weist starke Parallelen zum Amt und zur gesellschaftlichen Stellung der Schreiber im alten Orient und in Ägypten auf.[394]

Man kann nun allerdings nicht sagen, dass diese Vorstellung zu einer bestimmten Zeit die dominierende gewesen wäre. Sie begegnet in der jüdischen Literatur seit der persischen Epoche, scheint im Sirachbuch auf und wirkt in gewisser Weise fort bei den ἱερογραμματεῖς des Josephus. Aber auch die Vorstellung vom Schreiber als einfachem Verwaltungsbeamten kann keinen Anspruch auf Vorherrschaft erheben, wenngleich sie im ersten Jahrhundert n. Chr. aufgrund der Quellenlage (wir sind jenseits des gleich zu besprechenden NT allein auf Philo und Josephus angewiesen) in den Vordergrund tritt. Beide scheinen vom Anfang der nachexilischen Zeit an nebeneinander existiert zu haben. Mit der Bezeichnung סופר / γραμματεύς kann sich je nach Kontext offenbar zu allen Zeiten Unterschiedliches verbinden, einmal das hohe Ideal des Sirachbuches, das den Schreiber als *Schriftgelehrten* im uns geläufigen Sinn des Wortes erscheinen lässt, ein anderes Mal die schlichte Fähigkeit zum Umgang mit dem Medium der Schrift.

Zu den umfangreichsten einschlägigen Quellen gehört das Neue Testament, das an 62 Stellen von γραμματεῖς spricht. Bei unserem Durchgang durch die Quellen wurde es wegen seiner bekanntermaßen weitgehend negativen Einstellung zu den Schreibern / Schriftgelehrten bisher ausgeklammert. Nachdem wir im Vorangehenden ein erstes Bild gewonnen haben, wollen wir nun fragen, was diese Schriften über die γραμματεῖς zu sagen haben.[395] Versuchen wir auch hier wieder, die Quellen historisch zu ordnen:

Paulus stellt in 1 Kor 1,20 den γραμματεύς neben den Weisen und den Einsichtigen. Durch diese an Sirach und 11Q05 27, 2-11 erinnernde Zusammenstellung wird deutlich, dass es hier um die intellektuelle Kompetenz des γραμματεύς geht. Er erscheint unter den Vertretern der Weisheit dieser Welt, die an Gottes Heilshandeln durch den Gekreuzigten irre werden muss.

Im Markusevangelium begegnen die Schreiber / Schriftgelehrten als Diskussionspartner bzw. Gegner Jesu. Einige erscheinen als Lehrer (1,22), die theologisch versiert sind. Sie wissen über die Sündenvergebung (2,6), um die Reihenfolge der Ereignisse der Endzeit (9,11) und messianologische Fragen Bescheid (12,35). Einige

---

[394]   Vgl. Orton (1989), 41ff; Saldarini (1988), 242f.
[395]   Das MtEv stelle ich ans Ende der Untersuchung.

von ihnen kümmern sich um die Halacha von Rein und Unrein (2,16; 7,1) und um Fragen der Rangfolge der Toragebote (12,28 hier an letzter Stelle mit positiver Tendenz). Auch negative Töne fehlen nicht: Mk unterstellt ihnen allgemein das Streben nach gesellschaftlicher Anerkennung (12,38). Daneben begegnen γραμματεῖς im Umkreis der Jerusalemer Autoritäten (8,31; 10,30; 11,18; 11,27; 14,1.43.53; 15,1,31). Sie erscheinen als diejenigen, die im Verein mit den Hohenpriestern und Ältesten den Tod Jesu wollen und entsprechende Schritte planen und durchführen. Ihnen wird keine besondere Torakenntnis zugeschrieben. Sie sind Teil des um die Tempelpriester herum zentrierten Macht- und Verwaltungsapparates. An keiner Stelle scheint Markus die beiden Linien zusammenzubinden. γραμματεῖς erscheinen offenbar *entweder* als Toragelehrte *oder* als Glieder der Administration. Damit setzt das MkEv die Linien fort, die sich schon bei der Besprechung der anderen Quellen zeigten.

Im lukanischen Doppelwerk stehen diese beiden Linien wiederum nebeneinander. Lukas hat die Tendenz, anders als Mk die γραμματεῖς in Diskussionen bzw. Streitgesprächen immer im Verein mit den Pharisäern auftreten zu lassen. Die verhandelten Themen sind die gleichen wie im MkEv, wobei der Eindruck entsteht, dass Lukas eventuell schon bei Markus vorhandene positive Tendenzen (vgl. Mk 12,28.32) noch verstärkt: Bei Lukas ist es nicht nur ein Schriftgelehrter, der Jesu Antwort auf die Frage nach der Auferstehung begrüßt (20,39). Stärker noch als bei Markus begegnen Schriftgelehrte bzw. Schreiber im Umkreis der Jerusalemer Macht (Lk 9,22; 19,47; 20,1.19; 22,2; 23,10; Apg 4,5; 6,12; 23,9). Sie gehören zum Synhedrium (Lk 22,66 spricht sogar vom Synhedrium der Hohenpriester und Schriftgelehrten / Schreiber). Auch dort erscheinen sie nicht nur in negativem Licht. Nach Apg 23,9 verteidigen die Schriftgelehrten, die den Pharisäern zugerechnet werden, Paulus sogar. Lukas bereichert den neutestamentlichen Befund um die Erwähnung eines nichtjüdischen Schreibers, eines Stadtbeamten in Ephesus (19,35). Ansonsten bindet auch er die beiden Linien des γραμματεύς - Bildes (theologische Lehrer auf der einen, Glieder der Administration auf der anderen Seite) nicht zusammen.

Nur einmal begegnen γραμματεῖς gemeinsam mit den Pharisäern im Johannesevangelium (Joh 8,3) - und damit an einer textkritisch problematischen Stelle. Im Johannesevangelium spielen sie also überhaupt keine Rolle. Alleinige Repräsentanten der Autoritäten und des Torawissens sind dort die Pharisäer und Oberpriester.[396]

Die neutestamentlichen Zeugnisse fügen sich bruchlos in das Bild ein, das sich schon bei der Besprechung der übrigen jüdischen Quellen abzeichnete. Manche γραμματεῖς treten als Gelehrte (1 Kor 1,20) bzw. Schriftgelehrte in Erscheinung, andere als Teil der religiösen Administration in Jerusalem, ohne dass eine besondere theologische Kompetenz Erwähnung fände. Insgesamt erfahren beide Linien eine schärfere Profilierung durch die neutestamentlichen Texte. Über Philo und Josephus hinaus erfahren wir von der Existenz theologisch gebildeter γραμματεῖς, die mit Jesus und seinen Jüngern diskutieren. Wir hören, dass es Schriftgelehrte gibt, die der pharisäischen Richtung angehören, und wir sehen sie deutlicher im Umfeld der vom Tempel ausgehenden Macht. Auffällig ist der Befund im Johannesevangelium, der spätesten der be-

---

[396] Vgl. dazu Wengst (1990), 60ff.

sprochenen Schriften. Hier treten die Schriftgelehrten / Schreiber ganz zurück. Mit dem realen Zusammenbruch des Machtzentrums Jerusalem scheinen sie für Johannes ihre Funktion verloren zu haben.[397] Ihr Platz wurde frei für die Gruppe, in deren Tradition Johannes die realen Gegner seiner Gemeinde sah.

Zusammenfassend lässt sich die historische Entwicklung der Schreiber bzw. Schriftgelehrten in Israel zur Zeit des zweiten Tempels in etwa wie folgt rekonstruieren: Vom Beginn der persischen Zeit an treten Schreiber mit administrativen Aufgaben in Erscheinung, wobei einige von ihnen ihren Ort im Tempel oder in seinem Umfeld haben. Zeugnisse aus hellenistischer Zeit zeigen, dass sich dies in den folgenden Jahrhunderten nicht wesentlich geändert hat. Die Schlüsselqualifikation dieser Schreiber besteht in ihrer Beherrschung der Schrift. Sie reicht offenbar aus, um die Tätigkeit eines Dorfschreibers ausüben zu können, wie Josephus bezeugt. Für anspruchsvollere Aufgaben in der Armee oder in der höheren Administration bedarf es besserer Ausbildung. In höheren Funktionen erscheint ein Teil der γραμματεῖς in den synoptischen Evangelien und der Apostelgeschichte. In Quellen vom späten ersten nachchristlichen Jahrhundert an (Joh; tannaitische Literatur) tritt diese Linie massiv zurück. Dies scheint dem Verlust der zentralen an den Tempel gebundenen Jerusalemer Autorität zu entsprechen.

Neben diese Linie tritt schon im Esra / Nehemiabuch eine zweite, die die theologische Kompetenz der Schreiber betont, so dass der deutsche Ausdruck „Schriftgelehrte" hier angemessen ist. Sie scheint in hellenistischer Zeit im Testament Levis und vor allem im Sirachbuch auf. Die Schriftgelehrten der Diskussionen in den synoptischen Evangelien sind hier zu nennen, ebenso die Halachisten, deren Worte die tannaitische Tradition überliefert.

Nur selten, nämlich im Sirachbuch und in der Gestalt Esras, kommt es zu einer Verbindung der beiden Linien. Sie kann von daher nicht als typisch für den γραμματεύς gelten. Auch mit dem Abbrechen der vorwiegend administrativ geprägten Linie gewinnt die theologisch geprägte Schriftgelehrtentradition nicht die Oberhand. Der *Sofer*-Beruf bleibt - seiner administrativen Funktion entkleidet - bestehen. Je weiter wir in der Entwicklung der rabbinischen Literatur voranschreiten, desto mehr geht die

---

[397] Dass sie auch als theologisches Gegenüber zugunsten der Pharisäer in den Hintergrund treten, bringt eine Entwicklung zum Abschluss, die sich schon beim Übergang vom MkEv zu LkEv abzeichnete, in dem Lukas sie in Diskussionen nur noch zusammen mit den Pharisäern auftreten lässt.

theologische Kompetenz der Schriftgelehrten als Halachisten auf die Rabbinen über.[398]
Durch die Jahrhunderte hindurch ziehen sich also zwei Linien, auf die sich die vielfältigen Funktionen verteilen, die Schreibern in jüdischen Quellen zugeschrieben werden. Der historische Überblick lässt dabei keine deutliche Dominanz der einen oder der anderen Linie zu irgendeiner Zeit erkennen. Des Weiteren lässt er es als sehr unwahrscheinlich erscheinen, dass es sich bei den „γραμματεῖς" überhaupt jemals um eine homogene Gruppe gehandelt hat. „Scribes do not seem to be a coherent social group with a set membership, but rather a class of literate individuals drawn from many parts of society who filled many social roles and were attached to all parts of society from the village to the palace and Temple".[399]

2.2.1.2 Die γραμματεῖς und das rabbinische Judentum

Wie verhalten sich nun die frühen Rabbinen zu den „γραμματεῖς"? Die ältere Forschung - jüdischer wie christlicher Provenienz - sah die γραμματεῖς bzw. סופרים als direkte Vorläufer der Rabbinen an.[400] Neben Texten wie Mt 23,8 verdankt sich diese Sicht rabbinischen Zeugnissen wie bQid 30a, dem zufolge die ersten Gelehrten סופרים genannt wurden. Dieses Bild hat sich im Laufe der Forschungsgeschichte - wie oben dargestellt - als vereinfachend erwiesen, zumal die Halachot, die als דברי סופרים gekennzeichnet werden, keine eindeutige zeitliche Einordnung zulassen: „The phrase ‚the words of the scribes' in the talmudic sources always refers to statements of earlier scholars of the Oral Law, and can refer to statements from those attributed to Moses to those of the Generation immediately preceeding the compilation of the Mishna."[401] Überhaupt geht es bei dieser Benennung weniger um eine mehr oder weniger genaue Zuschreibung, als vielmehr um eine Unterscheidung von Halachot, die eine biblische Basis haben (דברי תורה). Damit besagt die Wendung דברי סופרים zunächst wenig mehr als „nicht biblisch".[402]
Implizit wird damit allerdings doch eine Verhältnisbestimmung von Rabbinen und סופרים vorgenommen, die eine gewisse Kontinuität oder gar eine Art Selbstbezeichnung suggeriert, ohne dass sich die Rabbinen

---

[398] Die Amoräer sprechen bei der Unterscheidung von biblischer und nichtbiblischer Halacha konsequent nicht mehr von דברי סופרים, sondern nennen die nichtbiblischen Halachot „דרבנן". Vgl. zu dieser Entwicklung Cohen (1990), 31ff.
[399] Saldarini (1989), 275.
[400] Vgl. Darstellung, Literatur und Kritik bei Gilat, EJ 15, 80.
[401] Gilat, EJ 15, 81.
[402] Quellen s. oben Anm. 378.

freilich selbst סופרים genannt hätten.[403] Angesichts dieser Quellenlage
wird man kaum mehr sagen können, als dass es wahrscheinlich ist, dass
Schreiber oder Schriftgelehrte aufgrund ihrer Beherrschung der Schrift
und / oder ihrer Kenntnis der Tora zum Teil bei der Neuformierung des
Judentums nach 70 in frührabbinischen Kreisen (wie auch in der mt Gemeinde selbst!)[404] mitgewirkt haben.[405] Die Rabbinen jedenfalls können
sich hinsichtlich nicht biblisch begründeter Halachot auf sie berufen oder
in Kontinuität zu ihnen sehen.

2.2.1.3 Die γραμματεῖς im Matthäusevangelium

Wie fügt sich das MtEv zu diesem Befund? Matthäus hat wie Markus
vor ihm zunächst einmal deutliche Spuren der Differenzierungen im Bild
der γραμματεῖς bewahrt, die sich in den Quellen seit persischer Zeit finden. Er lässt Schreiber im Umfeld der Administration auftreten, zusammen mit Hohenpriestern und Ältesten (2,4; 16,21; 20,18; 21,15; 26,57;
27,41). Auf Schriftgelehrsamkeit im eigentlichen Sinn kommt es dabei
nur in 2,4 an, in den anderen genannten Texten spielt sie keine Rolle.
Dabei fällt auf, dass diese Texte allesamt den Charakter historischer Re-
miniszenzen haben, indem sie über die Ereignisse um Jesu Geburt oder
sein Leiden und Sterben berichten.[406]
„γραμματεῖς" als solche, die in der Schrift gelehrt sind und selber lehrende Funktion haben, begegnen in 2,4; 7,29; 17,10 und 23,2. Als an der
Nachfolge Interessierte oder in ihr Befindliche treten Schriftgelehrte in
8,19; 13,52, in 23,34 als Boten Gottes auf. Im Verein mit den Pharisäern
erscheinen sie nun als aktuelles Gegenüber der mt Gemeinde (5,20;
12,38; 15,1; 23,2; 23,13ff), mit dem der mt Jesus über Fragen der Autorität bzw. der Halacha diskutiert. Gemeinsam mit den Pharisäern sind sie
es, die sich in der Situation der Neuorientierung nach der Zerstörung des
Tempels den Titel „Rabbi" beizulegen beginnen (23,8). Damit setzt
Matthäus eine Mitwirkung *torakundiger* γραμματεῖς im sich neu formierenden Judentum voraus; als Repräsentanten realer Administration
treten sie jedoch zurück - andere Funktionen, wie sie in späteren Quellen
noch aufscheinen, interessieren ihn ebenfalls nicht. Von Bedeutung sind

---

[403] Als Berufsbezeichnung begegnet סופר bei einzelnen Rabbinen freilich schon.
Vgl. Hezser (1996), 471f. Ansonsten können sich Rabbinen von Schreibern durchaus
distanzieren, sie sogar abwerten, was beides auf eine gewisse Konkurrenz und Kom-
petenzüberschneidung hindeuten könnte; vgl. Hezser (1996), 467.
[404] Matthäus weiß von Schreibern, die zu „Jüngern des Reiches" gemacht worden
sind (13,52). Sie zeichnen sich dadurch aus, dass sie alte Traditionen und Neuerungen gleichermaßen transportieren. Vgl. Davies / Allison (1991), 445f; Luz (1990),
363ff.
[405] Vgl. Schams (1998), 297.
[406] Vgl. Gielen (1998), 415.

sie allein als Lehrer der Tora, wobei sie mit den Pharisäern nahezu zu einer Einheit verschmelzen.

2.2.1.4 Die Pharisäer - Profil und Geschichte

Die Frage nach dem Profil der Pharisäer im antiken Judentum wirft gegenwärtig mehr Probleme als Lösungen auf. Das beginnt schon bei der Deutung ihres Namens.[407] „Haben die Pharisäer ihren Namen von daher, dass sie *sich abgrenzen,* und wenn ja: Ist es positiv oder polemisch gemeint? Oder wurden sie danach benannt, daß sie Wert darauf legten, *Unterscheidungen zu machen?*"[408] Sind sie lediglich eine „table-fellowship sect", also eine kleine Gruppe, als deren Hauptinteresse die Übertragung priesterlicher Reinheitshalachot auf das alltägliche Leben jenseits des Tempels gilt, wie Jacob Neusner wiederholt vorgeschlagen hat?[409] Oder ist „Reinheit" nur ein ganz marginales Anliegen dieser Gruppe, eine Folgeerscheinung, die mit dem Hauptinteresse dieser Gruppe zusammenhängt, nämlich der genauen Anwendung der Tora im Alltag.[410] Wo liegen die Anfänge der pharisäischen Bewegung?[411] Hat sie eine Entwicklung durchlaufen von einer politischen Partei hin zu ei-

---

[407] Vgl. dazu Weiß (1996), 473f.

[408] So Haacker (1997), 62 zu den wesentlichen Bedeutungen des hebr. פרש. Haacker geht mit guten Gründen davon aus, dass beide Bedeutungsnuancen die Pharisäer kennzeichnen. Am Anfang der Entwicklung habe vielleicht die Bedeutung „Unterscheidungen machen" gestanden. Im Allgemeinen rechnet man mit einer Verschiebung von polemischer Außenbezeichnung hin zu einer Selbstbezeichnung (vgl. Weiß (1996), 474).

[409] Vgl. Neusner (1979), 80.

[410] So Sanders (1990), 244 u.ö. M. Hengel und R. Deines beziehen in ihrer Rezension zum Werk Sanders eine vermittelnde Position zwischen dem Ansatz von Neusner und Sanders: „We think the truth lies between the two" (Hengel / Deines (1995), 45).

[411] Allein auf Josephus könnte zur Beantwortung dieser Frage zurückgegriffen werden, doch schweigt er über den Ursprung der Bewegung. Sie treten in Bell 1,110-112 zum ersten Mal unter Salome Alexandra auf (76-67 v. Chr.). Der Sammelbericht Ant 13,171-173 wird in die Darstellung des Hohenpriesters Jonathan (161-143) eingefügt (vgl. Baumgarten (1997), 20). Nach Ant 13,289ff kam es zwischen den Pharisäern und Johannes Hyrkan (135-104) zum Bruch, bQid 66a erzählt die gleiche Geschichte von Alexander Jannai (104-76) - welche Darstellung der historischen Realität eher entspricht, ist offen - es spricht aber einiges für die Zuverlässigkeit von bQid 66a (vgl. die umsichtige Argumentation bei Stemberger (1991), 101-103). „Hinter Jannai können wir die Pharisäer als organisierte Gruppe mit historischen Methoden wohl kaum zurückverfolgen, auch wenn die den Pharisäern zugrundeliegenden geistigen Strömungen natürlich älter sind" (Stemberger (1991), 103). Interesse verdienen die Erwägungen zum Ursprung der jüdischen Gruppen, die Baumgarten (1997) vorlegt. S.E. sei es die Enttäuschung über die hellenismusfreundliche Politik der Hasmonäer gewesen, die Kreise, die an einer eindeutigeren Trennung von Juden und Heiden interessiert waren, in vielfältig ausgeprägte Opposition getrieben hätten (88f). Die Quellenlage lässt dies als Denkmöglichkeit zu - nicht mehr und nicht weniger.

ner reinen Frömmigkeitsrichtung?[412] Wie repräsentativ war der Pharisäismus für das Judentum im Land Israel? Sollten wir von einer „Sekte" mit prozentual geringer Anhängerschaft ausgehen,[413] oder haben wir mit dem Pharisäismus die jüdisches Leben zur Zeit des zweiten Tempels überhaupt bestimmende Strömung vor uns?[414]

All diese Fragen lassen sich letztlich konzentrieren auf eine einzige, nämlich die nach den Quellen und ihrer Zuverlässigkeit. In Frage kommen Zeugnisse aus Qumran (vor allem 4QpNah[415]), die Werke Flavius Josephus, neutestamentliche Texte und solche aus der rabbinischen Literatur.[416] Sie alle sind in ihrem Quellenwert umstritten, weil sie weniger über die Pharisäer selbst verraten als vielmehr über das z.T. polemisch gefärbte Pharisäerbild der jeweiligen Texte und ihrer Autoren.[417] Orientiert man sich primär an Josephus, dem im Blick auf die Pharisäer noch

---

[412] Das Neue Testament und die rabbinische Literatur lassen anders als Josephus die Pharisäer nicht als primär politische Gruppe auftreten. Entsprechend hat J. Neusner versucht, die innere Entwicklung des Pharisäismus auf die Formel „From Politics to Piety" zu bringen (so der Titel eines seiner Bücher aus dem Jahr 1973). Nach Neusner seien die Pharisäer unter den Hasmonäern politisch aktiv gewiesen. Mit Herodes endet ihr politisches Engagement (Neusner (1973), 65f). Dies vereinfacht jedoch den Befund, wie Schäfer (1991), 169f gezeigt hat. Vgl. dazu auch die Kritik Stembergers (1991), 110f.

[413] Baumgarten (1997), 42ff schätzt ausgehend von den in den Quellen genannten Mitgliedszahlen die Zugehörigkeit zu einer der Gruppen als „minority activity" ein (44). Ähnlich urteilt Stegemann (1993), 194. Nach seiner Schätzung haben alle Mitglieder aller Religionsparteien lediglich 1% der Gesamtbevölkerung ausgemacht. Alle diese Schätzungen sind abhängig von den Zahlenangaben, die Philo (4000 Essener nach Quod omnis probus liber sit, 75) und Josephus (6000 Pharisäer nach Ant 17,41) machen. Diese hat jüngst B. Schaller durch Vergleich mit ähnlichen Angaben vornehmlich in der paganen griechischen Literatur auf ihren Aussagegehalt hin befragt, mit dem Ergebnis, dass es sich dabei um „typisierte, typische Zahlen" handele, die man „historisch" nicht „annähernd für bare Münze" nehmen kann (Schaller (1999), 180f).

[414] So vertreten von Mason (1990), 371; Hengel / Deines (1995), 34.

[415] Die Pharisäer werden dort nicht direkt erwähnt, doch vermutet man seit J. Maier (1962) und D. Flusser (1981), dass diese mit der Wendung דורשי חלקות gemeint seien (vgl. 4QpNah 1,2.7; 2,2.4; 3,3.6f u.ö.). Die Pharisäer würden dann von der Qumrangruppe kritisiert, weil sie „Glattes" suchten - womit eine Halacha gemeint sein könnte, die für die Mehrheit des Volkes leicht annehmbar gewesen sei, die aber in Qumran als unrechtmäßige Vereinfachung gewertet wurde. Sicher ist diese Identifizierung allerdings nicht; vgl. Stemberger (1999), 215: „...nicht alle, die vom Standpunkt der Autoren bestimmter Qumrantexte eine weniger strikte Auslegung des biblischen Gesetzes bzw. außerbiblischer halachischer Traditionen vertreten, gehören *eo ipso* der pharisäischen ‚Partei' an".

[416] Darüber hinaus wird die Zuschreibung bestimmter antiker jüdischer Texte an die Pharisäer erwogen. Genannt werden die Psalmen Salomos, das Juditbuch evtl. auch 4.Esra. Jede dieser Zuschreibungen bleibt jedoch mit Unsicherheiten behaftet (vgl. Weiß (1996), 473).

[417] Vgl. Schäfer (1991), 125f; Weiß (1996), 473.

die zuverlässigsten Informationen zugetraut werden,[418] so muss man zum einen damit umgehen, dass auch sein Pharisäerbild nicht ohne Tendenz ist - wobei darüber gestritten wird, ob diese Tendenz pro oder contra pharisäisch zu nennen ist[419] - und dass zum anderen seine Pharisäerdarstellung sich von Werk zu Werk unterscheidet.[420] Im Blick auf das Neue Testament und seine antipharisäische Polemik ist zu fragen, inwieweit überhaupt Verlässliches über die Pharisäer zu erfahren ist. [421] Was die Qumrantexte anbelangt, so ist es ihre verschlüsselte Sprache, die historische Identifizierungen bestenfalls wahrscheinlich werden lässt.[422] Die rabbinischen Texte schließlich sind hinsichtlich ihres Quellenwertes in der Forschung gänzlich umstritten.[423]

Je nachdem an welcher Quelle man sich orientiert, verschiebt sich das Bild, das entsteht: Josephus referiert über die Pharisäer einerseits als eine der jüdischen Philosophenschulen mit bestimmten sie kennzeichnenden Lehren und tut dies im Blick auf seine Leserinnen und Leser mit den Farben hellenistischer Philosophie[424]. Andererseits lässt er sie als politi-

---

[418] Vgl. z.B. Schäfer (1991), 126; Luz (1997), 360.

[419] M. Smith (1957), 67-81 und sein Schüler J. Neusner (1987a), 274-292 gehen davon aus, dass vor allem das Pharisäerbild in den Antiquitates ein positives sei. Es gehe Josephus darum, die Pharisäer, die nach der Tempelzerstörung die Führung im Judentum übernommen hätten, seinem römischen Publikum zu empfehlen. Dem hat S. Mason (1991) 308 widersprochen: Der pharisäische Einfluß auf die Massen des Volkes, den Josephus schildere, werde von ihm gerade negativ bewertet (z.B. 308). Stemberger (1991) beobachtet ähnlich: „Propaganda zugunsten der Pharisäer [...] müßte schon anders aussehen" (23).

[420] Die einschlägigen Passagen zitiert und bespricht Schäfer (1991) , 132-170.

[421] P. Schäfer (1991) klammert das NT bei seiner Darstellung des vorrabbinischen Pharisäismus komplett aus, „weil es überaus fraglich ist, ob dem Neuen Testament durch das Dickicht der polemischen Verzerrungen hindurch überhaupt historisch zuverlässige Nachrichten über die Pharisäer von vor 70 n. Chr. zu entnehmen sind" (126). Das geht sicher etwas zu weit (vgl. Dunns Kritik daran in der Diskussion von Schäfers Beitrag: Schäfer (1991), 174.), ist aber auf seine Weise repräsentativ für die Forschungslage, vgl. Weiß (1996), 473; Stemberger (1991), 38f (differenziert) und Haacker (1997), 60f.

[422] Vgl. Stemberger (1991), 103ff.

[423] Dabei ist es nicht so sehr das im Einzelnen sicher überzogene und ungerechtfertigte Globalmisstrauen rabbinischen Texten als historischer Quelle für die Zeit vor 70 gegenüber (vgl. oben I / 1.2.1), das die Diskussion bestimmt. Es ist vielmehr die Beobachtung, dass die rabbinische Literatur den Begriff „פרושים" mit unterschiedlicher Bedeutung gebraucht, ohne dass dabei an eine religiöse Gruppe gedacht wäre (vgl. Stemberger (1991), 41-46; Schäfer (1991), 130; Weiß (1996), 473). Des Weiteren ist die angenommene Kontinuität von Pharisäern und Rabbinen, die die Benutzung rabbinischer Texte rechtfertigen könnte (auch gerade, wenn sie nicht expressis verbis von Pharisäern sprechen), nicht sicher vorauszusetzen. Vgl. dazu unten III / 2.2.1.5.

[424] Dies zeigt allein seine Darstellung zur Frage der Wirkung des Schicksals, die ganz in den Rahmen antiker philosophischer Tradition gehört (griffig bei Gellius, Attische Nächte 7,2). Vgl. Weiß (1996), 477; Schäfer (1991), 161; Haacker (1997), 61.

sche Kraft im Gefolge der jeweiligen Herrscher oder im Gegenüber zu ihnen erscheinen. Wir erfahren etwas über ihr Streben nach einer gottgefälligen Lebensweise (Ant 13,298) in Gerechtigkeit (Ant 13,298; Bell 2,163), die sich am durch Genauigkeit geprägten Umgang mit der Tora orientiert, ergänzt durch „Überlieferungen der Väter", die nicht „in den Gesetzen des Mose geschrieben stehen" (Ant 13,296). Dies deckt sich mit einigen Aussagen im Neuen Testament (z.B. Mt 5,20; Mk 7,3).

Über das dort hervorgehobene Interesse an Fragen der Reinheit (Mk 7; Mt 23,25) schweigt Josephus. Dieses Interesse tritt freilich in den Vordergrund, wenn wir die rabbinischen Zeugnisse befragen. Die tannaitischen Texte, die eindeutig über Pharisäer berichten (das sind vor allem solche, die sie im Gegenüber zu den Sadduzäern auftreten lassen: z.B. mYad 4,6-8; tHag 3,35; tNid 5,2f), kreisen primär um die Fragen von Rein und Unrein. Folgt man dieser Spur und nimmt noch Quellen über die sog. „Chaverim" (übersetzt: Mitglieder; Genossen) hinzu (vor allem tDem 2 und bBekh 30b), dann verstärkt sich dieser Eindruck. Die Pharisäer sind dann in besonderer Weise auf Reinheit (und genaue Beachtung der Halachot die Gabe des Zehnten betreffend, vgl. Mt 23,23) bedacht, denn sie essen „profane Speisen in Reinheit" (tDem 2,2) und halten sich fern von der Unreinheit des Volkes.[425] Man ist dann geradezu versucht, Lev 19,2 („Ihr sollt heilig sein, denn ich bin heilig „) für das pharisäische Parteiprogramm schlechthin zu halten, vor allem in der Weise, in der dieser Vers in der tannaitischen Tradition ausgelegt wird:

„כשם שאני קדוש כך אתם קדושים. כשם שאני פרוש כך אתם היו פרושים" (So wie ich heilig bin, sollt ihr heilig sein, so wie ich *parusch* bin, sollt ihr abgesondert = *peruschim*[426] sein) (Sifra zu Lev 11,44).

Über das politische Engagement der Pharisäer schweigt die rabbinische Literatur fast vollständig - mit Ausnahme von bQid 66a, ebenso das Neue Testament - mit Ausnahme der Apostelgeschichte[427].

Wer sich angesichts der Quellenlage nicht quasi gänzlich des Urteils enthalten will,[428] kommt kaum umhin, aus den Einzelaussagen der Quellen eine pharisäische Agenda zusammenzustellen. Dieser Versuch

---

[425]   Die rabbinischen Text identifizieren die Chaverim allerdings nicht mit den Pharisäern. Entsprechend kritisch fällt das Urteil Stembergers (1991), 79f aus. C. Hezser (1997) schreibt: „...one should not speak of chaverim, Pharisees, and rabbis as if these designations were synonyms [...]. There is no evidence that allows to identify the three groups" (75).

[426]   Zu in Frage kommenden Übersetzungen vgl. Anm. 408.

[427]   Dort erscheinen sie im Synhedrium (Apg 5,34 und Apg 23). Zum Pharisäerbild des lukanischen Doppelwerkes vgl. Wasserberg (1998), 189f.

[428]   Dieser Konsequenz nähert sich Stemberger in seiner Monographie an. So ist sein abschließendes Urteil: „Wie in vielen anderen Punkten der Geschichte und Nachgeschichte der religiösen Strömungen des Judentums zur Zeit des Zweiten Tempels gibt es auch hier mehr Fragen als Antworten" (135).

ist - auch in jüngster Zeit - immer wieder unternommen worden. Ich verweise auf zwei neuere Darstellungen:

U. Luz orientiert sich in seinem Exkurs zu den Pharisäern[429] an solchen Aussagen, die zwei oder mehr Quellen übereinstimmend machen. Daraus ergeben sich s. E. folgende Schwerpunkte: 1. Die Pharisäer erscheinen als eine Gruppe, „die daran interessiert ist, rituelle Reinheit im Alltag klar zu definieren und zu bewahren" (363); 2. Die Pharisäer bilden Gemeinschaften (364); 3. „Für die Pharisäer war [...] die Überlieferung der Alten neben der Torah die Grundlage, auf der sie Gottes für die Gegenwart gültigen Willen formulieren" (364); 4. Der genaue Umgang mit der Schrift ist für die Pharisäer kennzeichnend (364). 5. „Die Pharisäer sind eine politisch aktive Partei" (365).

H.-F. Weiß[430] erhebt Genauigkeit im Umgang mit der Tora im Interesse der „‚Heiligung' also des ganzen Volkes durch die Tora" (476) zum Kern des pharisäischen Programms: „Heiligung des profanen Alltags durch die Bewahrung der Tora [...] Reinheit im kultischen Sinne durch Bewahrung der überlieferten Reinheits- und Speisegebote, damit auch Absonderung von aller Unreinheit" seien Charakteristika pharisäischer Lehre und Praxis.

Wie dieser Überblick zeigt, zeichnet sich z. Zt. in der Forschung doch ein gewisser Konsens im Gesamtbild ab:
Als wesentlich für die Pharisäer, deren erstes Auftreten sich kaum hinter Alexander Jannai zurückverfolgen lassen dürfte, kann demnach eine Konzentration auf die Umsetzung des im genauen Umgang mit der Tora und der Überlieferung eruierten Willens Gottes im Alltag gelten. Dabei spielt das Stichwort „Heiligung" offenbar eine besondere Rolle. Konkret wird dies in der Übertragung ursprünglich an den Tempel gebundener Reinheitshalachot auf Speise und Zehnthalacha. Zu einer Trennung vom Volk, wie sie anderweitig nach Ausweis von 4QMMT C 7f mit dem Stichwort „פרש" verbunden und praktiziert wurde (פרשנו מרוב העם), kommt es bei ihnen offenbar nicht. Eine Zuwendung zur Öffentlichkeit nach Josephus und der Apostelgeschichte, verbunden mit politischem Engagement bleibt zu allen Zeiten sichtbar. Die Organisationsstruktur der Bewegung ist jedoch nach wie vor unklar.

2.2.1.5 Die Pharisäer und das rabbinische Judentum

Wie verhalten sich nun die Pharisäer zu den frühen Rabbinen, die im Laufe der Entwicklung des sich neu formierenden Judentums nach 70 bestimmend wurden? Die ältere Forschung beantwortete die Frage nach einer Kontinuität von Pharisäern und Rabbinen positiv und sprach von

---

[429] Vgl. Luz (1997), 357-365.
[430] Vgl. Weiß (1996), 475-478.

einem pharisäisch - rabbinischen Judentum.[431] In neuerer Zeit stellt man diesen Konsens zunehmend in Frage, zumal die rabbinischen Texte an keiner Stelle eine solche Kontinuität *eindeutig* behaupten. Von keinem einzigen rabbinischen Gelehrten heißt es dort, er sei Pharisäer, selbst nicht von solchen, die in anderen Quellen als Pharisäer erscheinen[432].

Das muss nun nicht gegen jede Verbindung von Pharisäern und Rabbinen sprechen. Vor allem dann nicht, wenn man berücksichtigt, dass die Rabbinen von ihrem Grundansatz her, das in ihren Augen verheerende[433] Parteienwesen aus der Zeit vor der Zerstörung des Tempels überwinden zu wollen, kein Interesse daran haben konnten, sich in spezieller Kontinuität zu oder gar Identität mit einer dieser Parteien darzustellen.[434]

Des Weiteren lassen sich durchaus gewisse Übereinstimmungen feststellen zwischen dem, was andere Quellen über Pharisäer sagen, und dem, was als Selbstzeugnis der Rabbinen aus der rabbinischen Literatur zu entnehmen ist: Da ist erstens die Bedeutung nebenbiblischer Traditionen zu nennen, die nach der Darstellung des Josephus und des Neuen Testaments (Ant 13,296; Mk 7,3) gleichermaßen für die Pharisäer wie für die Rabbinen gegeben ist.[435]

Zum Zweiten lassen sich beachtliche Berührungen in der Lehre aufzeigen: Für Pharisäer und Rabbinen gehört der Glaube an die Auferstehung entscheidend zur Eschatologie (vgl. Apg 23,8 und mSan 10,1).[436] Die pharisäische „Mittelposition" in der Frage nach der Willensfreiheit (Ant 13,171) ist oft mit dem Diktum „alles ist vorhergesehen - aber die Willensfreiheit ist gegeben" (mAv 3,15) parallelisiert worden.[437]

Zum Dritten sind die Berührungspunkte in der Rechtsprechung zu nennen. Josephus betont die pharisäische Tendenz zu milder Rechtspre-

---

[431] Vgl. dazu und zum Folgenden I / 1.1.3.

[432] Zur Identität von Samaias und Pollion, die in Ant 15, 370 als Pharisäer genannt werden und evtl. mit Gestalten aus mAvot 1 identifiziert werden können (vgl. oben II / 5.2.6). Nach dem Zeugnis von Apg 5,34 war Gamaliel der Ältere (nach Apg 22,3 war er auch Lehrer des Paulus, vgl. dazu Haacker (1997), 53ff), den die rabbinische Literatur als רבן גמליאל הזקן kennt, Pharisäer. Ebenso verhält es sich mit Simon ben Gamliel, der nach Josephus (Vita 191) ebenfalls zu den Pharisäern zu zählen ist. Auch er begegnet in rabbinischen Texten (z.B. mAvot 1 und mHag 1), ohne dass man sich seiner als Pharisäer erinnerte.

[433] Vgl. yYom 1,1 38c.

[434] Der Traktat Avot ignoriert darum konsequent sämtliche Parteien und führt die Linie von den Rabbinen ungebrochen durch irgendwelche Spaltungen auf die Sinaioffenbarung zurück; vgl. Haacker (1997), 62.

[435] Schäfer (1978a) verfolgt in seiner Studie das „Dogma" von der mündlichen Tora zurück, wie es in späteren Quellen des rabbinischen Schrifttums ausgeprägt ist. S.E. entziehen sich dessen Anfänge unserem Wissen, dürften in vorrabbinischer Zeit liegen (vgl. Schäfer (1978a), 196f).

[436] Der Glaube an die Existenz von himmlischen Wesen (Apg 23,8) wäre noch zu ergänzen.

[437] Vgl. Stemberger (1991), 67.

chung (Ant 13,294f); eine solche zeichnet sich auch in tannaitischen Kreisen ab.[438]. Sodann lässt der Vergleich von Ant 13,289ff und bQid 66a eventuell sogar auf eine Kontinuität in der negativen Beurteilung der hasmonäischen Ämterhäufung schließen[439] - zumal die Erzählung im babylonischen Talmud die Weisen[440] und die Pharisäer gleichsetzt.[441]

Ein Letztes: Dort, wo in rabbinischen Quellen in eindeutiger Weise Pharisäer und Sadduzäer miteinander streiten, entspricht die pharisäische Halacha in der Regel der rabbinischen.[442] Überhaupt ist in rabbinischen Texten der Gegensatz zu den Sadduzäern unüberbrückbar.[443]

Die genannten Vergleichspunkte zwischen Pharisäern und Rabbinen bewegen auch bis heute einige Forscher dazu, von einer weitgehenden Kontinuität, ja sogar Identität von Rabbinen und Pharisäern auszugehen.[444] Doch bleibt zu fragen, ob die Aspekte wirklich eindeutig in diese Richtung weisen. Waren die Pharisäer wirklich die Einzigen, die neben der Konzentration auf die schriftliche Tora noch weitere Überlieferungen für relevant hielten? Wie verhält es sich mit dem Glauben an eine wie auch immer geartete Auferstehung? War dies allein die Hoffnung der Pharisäer? Dass nicht nur sie die Existenz von himmlischen Wesen annahmen, zeigen die zahlreichen Belege, die sich in Qumran finden lassen[445]. Die Parallelen bezüglich der Rechtsprechung und der Willensfreiheit sind nur dann sprechend, wenn man von vornherein annimmt, dass die rabbinischen Texte pharisäische Lehre bewahrt haben. Den Diskussionen zwischen Pharisäern und Sadduzäern in rabbinischen Quellen kann man streng genommen nur entnehmen, dass die Rabbinen dort die sadduzäischen Positionen ablehnen. Aber müssen sie darum Pharisäer gewesen sein? „Sicher gibt es in den rabbinischen Texten Berührungspunkte mit Vorstellungen, die uns auch als pharisäisch bekannt sind; doch sind diese nicht *ausschließlich* pharisäisch"[446].

---

[438] Zeugnis dafür ist neben mMak 1,10 die beeindruckende Orientierung an Recht und Wohl der Angeklagten, die aus den Bestimmungen des Traktates Sanhedrin spricht.

[439] Vgl. M. Hengel in der Diskussion von Schäfers Beitrag, Schäfer (1991), 172.

[440] Das ist *die* traditionelle Selbstbezeichnung der Rabbinen.

[441] Zunächst ist die Rede von den Weisen Israels (חכמי ישראל), die dann im Laufe der Erzählung Pharisäer (פרושים) genannt werden.

[442] Vgl. Stembergers (1991) Besprechung von mYad 4,6-8 (46-48), die er zusammenfaßt: „...die Mischna steht also eindeutig auf der Seite der Pharisäer und scheint in diesem einzigen Text, der sicher von Pharisäern spricht, die rabbinische Position mit der der Pharisäer gleichzusetzen" (48).

[443] Vgl. Becker (1990), 21.

[444] Vgl. Hengel in der Diskussion mit Schäfer (1991), 172ff; Hengel / Deines (1995), 47f.

[445] Vgl. die Übersicht über die Texte bei Maier (1996a), 211.

[446] Stemberger (1991), 132.

Wenn sich eine Kontinuität von Pharisäern und Rabbinen nicht lückenlos beweisen lässt, so heißt das noch nicht, dass man zwischen beiden jeden Brückenschlag ablehnen muss. Selbst äußerst kritische Forscher gehen so weit nicht: „Man kann nicht behaupten, dass die Weisen von Javne, die Rabbinen, etwas völlig anderes gewesen seien als die Pharisäer. Aber man hat sich aufgrund der Quellenlage davor zu hüten, die Brücke zwischen Pharisäern und Rabbinen kurzschlüssig zu schlagen. Natürlich haben bei den Rabbinen pharisäische Elemente weitergewirkt, aber keineswegs nur solche. Die Forschung muss in verschärftem Maße fragen, welche anderen Elemente bei den Rabbinen weitergewirkt haben".[447]

Die im ersten Teil dieser Arbeit besprochenen Studien[448] stellen diese Frage und bestätigen das neue Bild der rabbinischen Bewegung als einer Sammelbewegung, die Raum bot für alle, die sich jenseits des Parteienwesens an der Gestaltung der Zukunft Israels ohne Tempel beteiligen wollten. Dazu haben die Pharisäer vorbereitend sicher einiges beigetragen, doch waren es nicht nur sie, die sich auf die Tora konzentrierten und durch die Ausweitung der Heiligkeit über die Tempelgrenzen hinaus eine gewisse Relativierung des Tempels vorgenommen haben.[449]

Gegen eine einfache Kontinuität von Pharisäern und Rabbinen spricht weiterhin die Tatsache, dass schon in tannaitischen Quellen der Begriff „פרושין" zur Bezeichnung von Personen dient, deren Verhalten den Tannaiten kritikwürdig erscheint. Ob es sich bei ihnen aber um wirkliche „Pharisäer" gehandelt hat, ist strittig.[450] Aufmerksamkeit verdienen hier neben der schwer zu deutenden Notiz aus mSot 3,4 vor allem tSot 15,11-12 und tBer 3,25.

Nach tBer 3,25 hat es in der Entwicklung des Achtzehnbittengebetes eine Benediktion über die „פרושין" gegeben, die mit dem sog. Ketzersegen zusammen erwähnt wird.[451] In mSot 3,4 ist von einer Frau, die mit dem

---

[447] Schäfer (1991), 173.

[448] Vgl. oben unter I / 1.1.3.

[449] Vgl. Stegemann (1993), 361ff; Stemberger (1999), 224. Beide rechnen damit, dass essenische Elemente stärker in die rabbinische Bewegung eingeflossen sind als man bisher angenommen hat.

[450] Skeptisch ist Stemberger (1991), 41ff. Auch die wissenschaftlichen Kommentare zu Mischna und Tosefta scheuen vor einer Gleichsetzung der in diesen Texten genannten „Perushim" mit den Pharisäern zurück (vgl. jeweils unten).

[451] Lieberman (1955), 54: „Wir lernen daraus, daß diese Beracha ursprünglich eine Verfluchung der „Paruschim" (Lieberman vokalisiert das Wort um eine Verwechslung mit den Pharisäern auszuschließen, M.V.) war, der Menschen, die sich in der Stunde der Gefahr für gewöhnlich von der Allgemeinheit absonderten. [...] Diese Verfluchung richtete sich gegen alle Sekten und Individuen, die die Einheit der Allgemeinheit (ציבור) gefährdeten" (54).

Adjektiv *parush* gekennzeichnet wird (אשה פרושה),[452] und den „Schlägen der Pharisäer", die die Welt vernichten (מכות פרושין)[453] die Rede. Aufschlussreicher ist die anonyme Tradition aus tSot 15,11f, die Rabbi Jehoschua, einen der bedeutendsten Tannaiten der zweiten Generation, im Gespräch mit *Perushin* zeigt, die nach der Zerstörung des Tempels kein Fleisch aßen und keinen Wein tranken. Diese erscheinen als Teil einer Bewegung, die nach der Tempelzerstörung recht zahlreich gewesen sein soll (רבו). Durch ihre Praxis unterschieden sie sich von der Masse des Volkes, von der es wenige Zeilen vorher heißt, sie sei nicht im Stande gewesen, eine solche Askese zu üben.[454] Aus Rücksicht auf die Allgemeinheit (ציבור) und die Einheit des Volkes erklären die Tannaiten diese drastischen Trauermaßnahmen für falsch. Die „Perushin" erscheinen hier als klar umrissene Gruppe, die sich von der Gesamtheit des Volkes abhebt und so eine besondere Identität gewinnt. Eine solche Sonderidentität akzeptieren die Tannaiten nicht.

Liest man die anderen genannten Stellen im Licht dieser Überlieferung, dann erscheinen auch dort die als *„Perushin"* gekennzeichneten Gestalten als solche, die durch ihr Verhalten an einer besonderen Identität innerhalb des Volkes Israel festhalten, sei es durch besondere Askese, durch besondere Frömmigkeit oder durch reale Absonderung vom Gan-

---

[452] Albeck, Sota 241 erklärt: „...die es übertreibt mit Enthaltsamkeit und Keuschheit".

[453] Die Gemara bSot 22b nimmt dieses Stichwort zum Anlass, die auch in ARN B 45 (Schechter ,124); ARN A 37 (Schechter, 109); yBer 9,7 (14b); ySot 5,5 (20a) mit Variationen erhaltene Überlieferung von den sieben Arten der *Perushim* zu erwähnen: „Es gibt sieben Perushim: den sichemitischen Parush (פרוש שיכמי); den schlagenden Parush (פרוש נקפי); den blutenden Parush (פרוש קיזאי); den Mörser Parush (פרוש מדוכיא); den Parush ,Was ist meine Pflicht, ich will sie erfüllen' (חובתי ואעשנה פרוש מה); den Parush aus Liebe (פרוש מאהבה) und den Parush aus Furcht (מיראה פרוש)." Was jeweils mit diesen Bestimmungen gemeint ist, ist strittig. Der Jeruschalmi (ySot 5,7 (20c)) erklärt die Begriffe anders: Der פרוש שיכמי ist bei ihm der Schulterparush, der das Gebot auf seine Schulter nimmt; der פרוש נקפי gilt als Kreditparush; der פרוש קיזאי als Verrechnungsparush. Die Tradition im babylonischen Talmud kritisiert jeweils das Zuschaustellen der Frömmigkeit: Sichem gilt in der Tradition als jemand, der sich aus unlauteren Motiven hat beschneiden lassen (Gen 34); der schlagende Parush schlägt sich die Füße wund, weil er, wie Raschi erklärt, vor nach Außen getragener Demut nicht wagt, beim Gehen die Füße zu heben; der blutende Parush blutet, weil er vor übertriebener Angst, eine Frau anzusehen, mit geschlossen Augen umhergeht und mit dem Kopf anschlägt (Raschi). Beide Talmudim sind sich hinsichtlich des Schulterparush einig. Der Kreditparush schlägt aus seiner Frömmigkeit Kapital; der Verrechnungsparush rechnet gute und böse Taten gegeneinander auf. Öffentliches Zurschaustellen der eigenen Frömmigkeit und / oder eine fromme Praxis aus niederen Beweggründen wird in diesen amoräischen Traditionen angeprangert. Zumindest der babylonische Talmud scheint bei den hier beschriebenen „Perushin" an Pharisäer gedacht zu haben, wie die angeschlossene Episode von der Warnung König Jannais an seine Frau zeigt: „Fürchte weder die Pharisäer noch die Nichtpharisäer, sondern die Heuchler, die sich als Pharisäer ausgeben...".

[454] Vgl. Aderet (1990), 14.

zen des Volkes. Solche Tendenzen mit separatistischem Charakter ziehen die Kritik der Rabbinen auf sich, weil sie dem rabbinischen Erneuerungsprogramm *eines Volkes ohne separate Gruppen*, das sich in dieser Zeit durchzusetzen beginnt, zuwiderlaufen.[455] Mit dem Begriff „פרושין" verbindet sich dann weniger der Gedanke an eine konkrete historische Gruppe. Er wird zu einer Chiffre für ein Verhalten, das dem eigenen Programm widerspricht und die Einheit des Volkes in Gefahr bringt.

2.2.1.6 Die Pharisäer im Matthäusevangelium

Was besagt das für die Verwendung des Pharisäerbegriffs im nach 70 entstandenen MtEv? Die Pharisäer erscheinen - allein oder gemeinsam mit anderen[456] dort als Gegner Jesu. Johannes der Täufer wendet sich in seiner Gerichtsrede vornehmlich an sie[457], wenn sie nicht „Frucht der Umkehr würdig" (3,8) bringen, dann werden sie dem kommenden Gericht nicht entgehen können, denn jeder, der „nicht gute Frucht bringt, wird abgehauen und ins Feuer geworfen" (3,10).[458] Nach 5,20 erscheinen die Pharisäer zusammen mit den Schriftgelehrten als konkurrierendes Gegenüber der mt Gemeinde, die „mehr Gerechtigkeit" aufzuweisen haben soll als jene.[459] Sie stellen die Halacha des mt Jesus und die Praxis der Gemeinde in Frage, die Tischgemeinschaft mit (unreinen) Zöllnern und Sündern (9,11), ihr Nichtfasten (9,14), ihre Sabbathalacha (12,2), ihre Reinheitshalacha bezüglich des Händewaschens (15,1). Des Weiteren überprüfen sie die Stellung des mt Jesus und seiner Gemeinde zu aktuellen Fragen der Scheidungshalacha (19,3). Sie fordern ein Zeichen (vom Himmel [16,1]), das Jesus legitimiert (12,38). Die Zeichen, die es nach mt Dafürhalten schon gibt, vermögen sie jedoch nicht entsprechend zu deuten (16,2-3 - textkritisch umstritten). So beurteilen sie Jesu exorzistisches Handeln als vom Satan selbst gewirkt (9,34; 12,24) und bestreiten damit gegenüber dem Volk eine besondere Würdestellung Jesu, auf die es der matthäischen Jesusinterpretation gerade ankommt. Entsprechend

---

[455]   Vgl. oben Lieberman zu tBer 3,25.

[456]   Sie treten auf mit Sadduzäern (3,7; 16,1.6.11.12) oder Schriftgelehrten (5,20; 12,38; 15,1; Kap. 23 [7x]). Gemeinsam mit den Hohenpriestern werden sie nach 27,62 bei Pilatus vorstellig. Ebenfalls ein Mal finden wir neben ihnen Herodianer (22,15f).

[457]   In der lukanischen Parallelfassung ist hingegen das ganze Volk (3,7) angesprochen. Beide Einleitungen dürften redaktionell sein (vgl. Becker (1996), 41) – doch trifft es historisch eher zu, dass Johannes ganz Israel als schuldig begriff und zur Umkehr aufforderte (vgl. Karrer (1998), 214).

[458]   Letzteres ist ebenfalls ein besonderer matthäischer Akzent. Er fehlt in der Parallelfassung und bereitet den Gedanken des Gerichts nach Werken vor (vgl. 7,21ff; 25 passim).

[459]   Vgl. die Besprechung dieses Verses unter III / 1.2.1.4.

warnt er vor ihrer (und der Sadduzäer) διδαχή (16,6.12).[460] Sie sind zu
einem großen Teil mitverantwortlich am Tod Jesu (12,14; 21,38f) oder
haben ein Interesse daran, dass mit seinem Tod die von ihm inaugurierte
Bewegung an ihr Ende kommt (27,62).
Besondere Beachtung verdient ihr Verhältnis zum Volk: Nach 23,2-4
sind die Pharisäer (neben den Schriftgelehrten) in der Position, halachische Weisung geben zu können, beanspruchen gesellschaftliche Führung
und die damit verbundene Achtung (23,6-7). 15,14 sieht sie in leitender
Funktion, wobei sie in ihrer Blindheit das zu leitende Volk aufs Äußerste
gefährden (vgl. 23,15 und 15). Das Volk selbst erscheint Matthäus wie
eine Herde, die keinen Hirten hat (9,36). Darum soll sich die mt Gemeinde auf Weisung des mt Jesus diesen „verlorenen Schafen vom Haus
Israel" (10,6) annehmen.

Mit diesem Motiv greift Matthäus auf ein biblisches Bild zurück, das in Ez 34 vorgegeben ist. In 9,36 wird daraus zitiert (Ez 34,5). In diesem Bild erscheint das Volk Israel als Herde ohne Hirten bzw. mit solchen Hirten, die ihrer Aufgabe nicht nachkommen (34,2-4) und die Lage des Volkes noch verschlimmern (34,18ff). Hesekiel
droht an, dass Gott mit diesen Hirten ein Ende machen wird (34,10). Statt dessen will
Gott sich selbst seiner Herde annehmen und ihr einen anderen Hirten erwecken
(34,11.23). Es hat den Anschein, als hätte Matthäus dieses Kapitel als biblische Folie
für seine Verhältnisbestimmung von Pharisäern, Volk und mt Jesus bzw. mt Gemeinde gewählt. Pharisäer und mt Gemeinde erheben den gleichen Anspruch, nämlich Israel in Gottes Auftrag in der Gegenwart zu leiten. Weil die Pharisäer diese
Aufgabe in den Augen des Matthäus nicht angemessen erfüllen, wird Gott sie strafen
(15,13) wie die Hirten des Hesekielbuches.
Ein anderes biblisches Bild, das den gleichen Sachverhalt beschreibt, ist das vom
Weinberg. In Mt 21,13ff erscheint das Volk Israel im Gefälle von Jes 5 als Weinberg. Es steht unter der Aufsicht von Winzern, die ihrer Aufgabe dem Volk und Gott
gegenüber nicht nachkommen. Nach Ausweis von Mt 21,45 handelt es sich dabei um
die Hohenpriester und Pharisäer. Sie sind es, die - schon ihr erster Auftritt im Evangelium bereitet dies vor (3,8.10) - keine Frucht bringen, darum werden andere, die
dies doch tun, mit der Fürsorge für den Weinberg beauftragt.[461]

Die mt Gemeinde ringt im Auftrag Jesu und mit seinem Beistand mit den
Pharisäern um die Führung Israels in der neuen Situation nach der Tempelzerstörung.

2.2.1.7 Ergebnis

Die Pharisäer im MtEv spiegeln zusammen mit den Schriftgelehrten die
aktuelle Konkurrenzgruppe der mt Gemeinde und ihrem Anspruch, Le-

---

[460] Damit dürfte ganz allgemein „all that the Jewish Leaders say which blocks the
avenue to faith in Jesus and causes people to remain in unbelief" gemeint sein. So
Davies / Allison (1994), 592.
[461] Vgl. I / 1.1.2.3.

ben nach dem Willen Gottes zu ermöglichen und zu verwirklichen. Der Überblick - näherhin die Verhältnisbestimmung von Pharisäern und Schriftgelehrten zum sich entwickelnden rabbinischen Judentum - ergab, dass die rabbinische Bewegung nicht einfach als direkte Fortsetzung der Pharisäer und Schriftgelehrten aus der Zeit vor der Tempelzerstörung gesehen werden darf, dass aber dennoch deutliche Kontinuitäten bestehen, die auf eine gewichtige Rolle von Pharisäern und Schriftgelehrten bei der Neuformierung des Judentums schließen lassen. Wenn Matthäus nach 70 von Pharisäern und Schriftgelehrten als aktuellem Gegenüber seiner Gemeinde spricht, dann handelt es sich also dabei am wahrscheinlichsten um Exponenten der sich entwickelnden rabbinischen Bewegung. Diese kann Matthäus allein schon deshalb nicht beim Namen nennen, weil er den Konflikt zwischen seiner Gemeinde und dieser Gruppe in die Zeit Jesu zurückprojiziert und dazu Protagonisten aus dieser Zeit wählen muss. Dass er selbst dabei seine Zeitgenossen im Blick hat, aus denen sich später das rabbinische Judentum entwickelt hat, lässt er z.B. in 23,8 transparent werden.[462]

Aber noch andere Indizien sprechen für diese Zuordnung: Matthäus lässt neben den Pharisäern auch Sadduzäer und Hohepriester auftreten. Sie erscheinen als mächtige Gestalten im Umkreis von Jesu Geburt und Tod - nicht jedoch mehr als aktuelles Gegenüber der Gemeinde. Zwar sind sie und ihr Führungsanspruch noch präsent (16,6 und 21,45f) - aber im Vergleich zu den Pharisäern und Schriftgelehrten erscheinen sie in geradezu marginaler Position. Matthäus konzentriert seine Polemik auf die Pharisäer und Schriftgelehrten. Damit spiegelt der Befund im MtEv wohl ziemlich genau die Verhältnisse im sich neu formierenden Judentum nach 70 wieder. Die Hohenpriester und Sadduzäer hatten mit dem Tempel ihre Machtbasis verloren, was zwar nicht bedeutete, dass sie ihren Führungsanspruch aufgegeben hätten, aber sie waren nicht in der Lage, ihn allgemein durchzusetzen.[463] Sie stellen damit auch für die mt Gemeinde keine so ernsthafte Konkurrenz dar. Anders verhält es sich mit den Pharisäern und Schriftgelehrten, welche nach Mt 15,14 und vor allem nach ihrem Auftreten in den halachischen Diskussionen als solche erscheinen, die beanspruchen, das Volk durch Gestaltung der Halacha und Ausrichtung der Lebenspraxis gemäß der Tora zu führen. Dies ist genau der Anspruch, den die frühen Tannaiten zu entwickeln begannen, und der aus den tannaitischen Quellen spricht.

Ein weiteres Indiz dafür, dass sich hinter den Pharisäern und Schriftgelehrten des MtEv Exponenten der frühen Tannaiten verbergen, ist die

---

[462] Dass Matthäus nicht einfach von Weisen oder Rabbinen spricht, hängt natürlich auch damit zusammen, dass zu seiner Zeit eine entsprechend eindeutige Terminologie sich erst in Ansätzen zu entwickeln begann.
[463] Vgl. Schwartz (1990), 107-109.

Beobachtung, dass Matthäus vor allem in seiner halachischen Argumentation eine besondere Nähe zur Thematik und Denkweise der in tannaitischen Quellen überlieferten Diskussionen aufweist, wie ich in dieser Arbeit ausführlich am Beispiel der Schwurhalacha – in Ansätzen an anderen Beispielen - zu zeigen versuche.

Was aber bedeutet es, dass Matthäus unter den möglichen im Evangelium genannten Personengruppen gerade die Pharisäer für eine zutreffende Wahl hält? Es muss nicht unbedingt bedeuten, dass er die frührabbinische Bewegung als direkte Fortsetzung der pharisäischen Bewegung sieht. Es kann ebenso gut sein, dass er - wie die neuere Forschung auch - gewisse inhaltliche Berührungspunkte mit den Pharisäern wahrnimmt oder dass er weiß, dass prominente Gestalten des frührabbinischen Judentums einen pharisäischen Hintergrund haben.[464] Dass Matthäus seine Konkurrenten nicht monolithisch als Pharisäer wahrgenommen hat, zeigt sich schon darin, dass er ihnen Schriftgelehrte zur Seite stellt oder zuweilen andere Exponenten (z.B. Hohepriester: 21,45f; 27,62 oder gar Sadduzäer: 16,6) mit ihnen auftreten lässt. Darin spiegelt sich eventuell der Befund, dass einige von ihnen sich dem in der Entwicklung befindlichen Programm des „we agree to disagree" zugeschlagen haben.[465]

Dies wäre dann zugleich ein weiterer Hinweis auf die differenzierte Kenntnis der realen Verhältnisse im sich neu formierenden Judentum, die Matthäus auch sonst eigen ist.[466] Insgesamt bestätigt sich also der in der Matthäusforschung weit verbreitete Eindruck: „...most have believed that the original readers would have identified the scribes and Pharisees as ciphers for emerging rabbinic Judaism or its leaders".[467]

2.2.2 Der Duktus von Mt 23,1-12

Das 23. Kapitel des MtEv wird zusammengehalten von der Auseinandersetzung mit den Schriftgelehrten und Pharisäern, die nach einem breiten

---

[464] Matthäus steht mit seiner Darstellung übrigens nicht allein. Josephus' Darstellung der Pharisäer in den Antiquitates (im Unterschied zum Bellum) verfährt ähnlich: „Josephus stellt also implizit eine Verbindung zwischen den Pharisäern und der jüdischen Führungsschicht in Palästina am Ende des 1. Jahrhunderts her, die uns sonst nur als die Gruppe der Rabbinen bekannt ist, und suggeriert, daß diese Rabbinen mit den Pharisäern identisch sind; mit anderen Worten: Josephus macht die Rabbinen zu Pharisäern und die Pharisäer zu Rabbinen" (Schäfer (1991), 168).

[465] Vgl. oben I / 1.1.3f.

[466] Man hat diese auffälligen Zusammenstellungen oft dahingehend interpretiert, dass Matthäus die genauen Verhältnisse im Judentum gar nicht gekannt habe bzw. daran nicht interessiert gewesen sei (vgl. van Tilborg (1972), 1 und 6 ; Schams (1998), 197. Auf dem Hintergrund neuer Erkenntnisse über die Vielgestaltigkeit des sich formierenden frührabbinischen Judentums erscheint er hingegen als umso intimerer Kenner der Verhältnisse nach der Zerstörung des Tempels.

[467] Davies / Allison (1997), 261.

Konsens in der Forschung und allem, was wir bisher erarbeitet haben, quasi als Chiffre für das aktuelle Gegenüber der mt Gemeinde im sich neu formierenden Judentum gelten dürfen. Fragen wir also nun danach, wie Matthäus in diesem Kapitel das Verhältnis zu seinem aktuellen Gegenüber beschreibt, welche Kritik er übt und an welchen Maßstäben er seine Kritik ausrichtet.

2.2.2.1 Mt 23,2.3

Was der mt Jesus den Jüngern und dem Volk in den Versen 23,2f mitteilt, stellt die Matthäusexegese vor große Schwierigkeiten: Das, was dort über die Autorität der Pharisäer und Schriftgelehrten gesagt wird, scheint sich nur schwer zu anderen einschlägigen Aussagen des MtEv (z.B. Mt 16,12; 23,8-10; 28,20) zu fügen. Diese Verse sehen die Schriftgelehrten und Pharisäer auf der „Kathedra des Mose", auf die sie sich gesetzt haben. „καθέδρα" ist ein griechisches Wort, das als Lehnwort Eingang gefunden hat in die rabbinische Literatur (קתדרא). Sie erscheint dort u.a. als Sitzmöbel,[468] auf dem diejenigen Platz nehmen, die zu lehren und richterlich zu entscheiden haben, als „Lehr- und Richtstuhl"[469] (z.B. tSuk 4,6; PRK 1,7).

Was rabbinische Texte als Selbstzeugnis über den sich entwickelnden Führungsanspruch rabbinischer Kreise zur Sprache bringen, scheint Matthäus zu bestätigen, wenn er dazu auffordert: „Alles, was sie euch auch immer sagen, sollt ihr tun und bewahren" (23,3a). Alles, was diejenigen, die in der Tradition des Mose auf der Kathedra sitzen, sagen, soll man als *Gottes Gebot* tun und bewahren, wie es in Anspielung auf klassische alttestamentliche Texte, die vom Tun und Bewahren (ποιεῖν καὶ τηρεῖν) der Gebote Gottes sprechen, heißt (Dtn 19,9; 1 Kön 6,12; Ez 18,19). Eine solche Aussage überrascht in einem Evangelium, dessen entscheidender Lehrer doch Jesus ist - wie wenige Verse später (23,8ff) deutlich gesagt wird. Seine Worte sind es, die man hören und tun soll (7,24). Mit der pointierten Aufforderung sie zu tradieren, schließt das ganze Evangelium: „...lehret sie halten alles, was ich euch befohlen ha-

---

[468]   Sie gehört z.B. zu den möglichen Sitzgelegenheiten im Umfeld des Mahles (tBer 4,8), wird in Aufzählungen neben Liege und Stuhl erwähnt (tBes 3,9; tKel Mezia 5,8; tKel Batra 7,4).

[469]   Becker (1990), 40. Eine umsichtige Analyse der rabbinischen Belege und archäologischen Zeugnisse hat Becker (1990), 31-49 vorgelegt. Vgl. auch Newport (1995), 81-85 und ders. (1990), 53ff. Ob die in Synagogen (Abbildungen und Besprechung bei Foerster (1981), 166; Ilan (1987), 115 gefundenen Sitze tatsächlich solche Kathedraot des Mose sind, kann nicht mit Sicherheit entschieden werden. Vgl. dazu Rahmani (1990), 198: „The New Testament passages referring to the 'seat of Moses' may thus conceivably refer to the throne ascribed to Moses in literature familiar during this period [...] rather than to a real chair, which does not yet exist in first-century C.E. Palestinian synagogues."

be..." (28,20). Von Jesus hat die Gemeinde den Auftrag und die Vollmacht bekommen, zu binden und zu lösen - also verbindliche halachische Entscheidungen zu treffen (16,19; 18,19f)[470] - und in seinem Namen
soll sie dies tun. Dazu steht die Bejahung anderer Autoritäten in deutlicher Spannung.

Zwei neuere Arbeiten werten diesen Befund in einer für weite Bereiche der Forschung typischen Weise aus. S. Mason und K. Newport halten es für unmöglich, dass
Matthäus selbst Mt 23,2f und 23 verfasst haben sollte. Hier müsse es sich um eine
Überlieferung handeln - jesuanisch oder judenchristlich, die Matthäus aufgegriffen
habe, ohne ihr selbst zuzustimmen („with which he did not necessarily agree").[471]
Die Tatsache wiederum, dass der Evangelist, der in der Exegese seit langem als besonders profilierter Redaktor gilt, Stoffe aufgreift, die seiner eigenen Intention krass
zuwiderlaufen, kann dann nur auf Kosten seiner redaktionellen Stringenz erklärt
werden. So folgert Mason: „That the author was not always sensitive to the inner logic of his various pericopes is well known".[472]
Das methodische Problem, das sich mit dieser Lösung verbindet, liegt auf der Hand.
Was berechtigt die Exegese dazu, daran zu zweifeln, dass Matthäus wusste, was er
tat?[473] Wie wollen wir entscheiden, was seine eigentliche Intention ist - und was zu
dieser passt und was nicht? Dem Text angemessener ist es, den Gesamtbefund zur
Kenntnis zu nehmen und die Spannungen auszuwerten - statt sie zu beseitigen.

M.A. Powell hat in einem neueren Beitrag zu diesem Text zehn unterschiedliche Auslegungsmodelle (und ihre Probleme) vorgestellt, die
ebenfalls weitgehend versuchen, die Spannung zwischen Mt 23,2f und

---

[470] Die Binde- und Lösegewalt, die Petrus, dem Exponenten der Gemeinde (16,19)
und in 18,18 explizit der ganzen Gemeinde zugesprochen wird, meint vor dem Hintergrund rabbinischer Aussagen zu Binden und Lösen (אסר והתיר vgl. z.B. tYev 1,3;
4,7) am ehesten die Beauftragung zum Erlauben und Verbieten - also zu halachischer
Entscheidung; vgl. Luz (1990), 465 (zu 16,19), Davies / Allison (1994), 787 (zu
18,18), Walter (1997), 125 und 133, mit etwas anderen Akzenten Manns (1998), 100.
[471] Newport (1995), 12.
[472] Mason (1990), 376 mit Verweis auf Mt 22,42-46. Eine Spielart dieser Auslegung stellt die Auswertung solcher Spannungen unter rhetorischen Gesichtspunkten
dar, die zwischen dem unterscheidet, was Matthäus wörtlich und was er hyperbolisch
meint. Stellen wie Mt 23,2f und 5,17ff gelten dann als hyperbolisch, während die
sog. Antithesen oder pharisäerfeindliche Aussagen im Evangelium im wörtlichen
Sinne zu verstehen sein sollten. Vgl. Snodgrass (1992), 373; Hagner (1997), 29.
[473] Sowohl Mason als auch Newport verorten zunächst das MtEv unabhängig von
Mt 23 theologisch und sozialgeschichtlich, bevor sie sich diesem Kapitel zuwenden
(um dann seine Unvereinbarkeit mit dem Gesamtduktus des Evangeliums zu konstatieren). Newport (1995), 61 formuliert dies deutlich: „Before looking at it (Mt 23,
M.V.) in particular, it is imperative that the *Sitz im Leben* of Matthew's Gospel as a
whole is first sketched in, for it is only when the contrast been (!) the *Sitz im Leben*
of the evangelist Matthew and that of the bulk of material in Matthew 23 is noted
that the hypothesis advanced in this study begins to emerge more closely". Nur - wie
kann man den Sitz im Leben des Evangeliums „as a whole" bestimmten, wenn man
ein ganzes Kapitel völlig ignoriert?

anderen Texten im Evangelium zu beseitigen.[474] Lässt man sie jedoch bestehen, so erschließt sich ein komplexes Bild der gegenwärtigen Situation der Gemeinde: Sie lebt in der Spannung, im noch nicht gelösten Konflikt um die halachische Autorität. Sie weiß darum, dass die Halacha ihrer Konkurrenzgruppe nicht per se falsch ist, denn sie leitet sich ab von der Offenbarung des Willens Gottes, die Mose am Sinai empfangen hat,[475] also von der Tora, die, wie 5,17-20 unüberhörbar sagt, in Geltung bleibt. Auf der anderen Seite hat Matthäus sehr dezidierte Vorstellungen davon, wer diese Tora (er)füllt, wer also mit halachischer Autorität halachische Weisung im Namen Gottes zu erteilen hat - und unter wessen Führung Israel in der neuen Situation nun auf Gottes Wegen wandeln sollte. Aber dennoch gilt: Was die Pharisäer und Schriftgelehrten sagen, ist zu tun, auf dem Weg ihrer Weisung liegt Gerechtigkeit.

---

[474] Vgl. Powell (1995), 424-429: 1. Diese Verse sind als historische Reminiszenz zu verstehen: „Die Pharisäer und Schriftgelehrten haben auf der Kathedra des Mose gesessen" - das sei nun vorbei (so Allan (1907), 244 und Hahn (1995), 402). Wie aber ist dann Vers 3 zu verstehen, der ja genau dieser Gruppe Autorität für die Gegenwart zuschreibt ? 2. Der Ton dieser Verse liegt darauf, dass die Pharisäer und Schriftgelehrten sich selbst gesetzt haben. Sie haben die Autorität an sich gerissen (so Zahn (1922), 650). Warum aber sollte Matthäus mit Vers 3a das noch bestätigen? 3. Die Verse sind hyperbolisch zu verstehen (so Snodgrass (1992), 375). Dieser Hinweis krankt daran, dass es letztlich dem Geschmack des Lesers überlassen bleibt, was nun bildlich und was wörtlich verstanden werden will. 4. Die Verse diesen einem rhetorischen Zweck, nämlich dem, das Versagen der Autoritäten noch deutlicher werden zu lassen (so Garland (1979) 54f). (vgl. zu 3.) 5. Die Verse sind heilsgeschichtlich zu verstehen - sie waren relevant in der „sacred past" (so Meier (1976), 30 Anm. 13). (vgl. zu 1) 6. Die Bestätigung ihrer Autorität gilt nur für die schriftliche Tora, nicht für die Traditionen der Älteren (so Orton (1989), 34). Diese Deutung widerspricht der Formulierung des Verses, der ganz betont „alles" gehalten wissen will, was die Pharisäer und Schriftgelehrten sagen. 7. Die Verse haben pädagogische Funktion im innerchristlichen Bereich (so Garland (1979), 62f) (Vgl. dazu die Kritik in der Forschungsgeschichte (III / 2.1). Die drei folgenden Deutungen werden dem Gesamtbefund im MtEv am ehesten gerecht. Sie versuchen, die Spannung zu anderen Aussagen des Evangeliums zu erklären, nicht aber zu eliminieren: 8. Die Verse sind konzessiv zu verstehen. Sie spiegeln die de facto herrschenden Verhältnisse - ohne sie notwendigerweise gut zu heißen (so Saldarini (1994), 47f) . 9. Die Verse sind eine Art Notverordnung. Solange die Pharisäer und Schriftgelehrten dort sitzen, solange muß man ihnen folgen - wenn sie diesen Platz verlassen haben, dann nicht mehr (so Huebüld (1980), 147f). 10. Die Verse lassen „a partial or token allegiance to Judaism" erkennen (Viviano (1990), 15, ähnlich schon Hummel (1963), 31f). Die letzten drei Auslegungsmodelle betrachten diese Verse in ihrem Wortlaut also als Spiegel der Realität der mt Gemeinde im Judentum, wobei lediglich der Ton der Bewertung jeweils unterschiedlich gehört wird.

[475] Das ergibt sich bereits allein aus ihrer Verortung auf der Kathedra des Mose. Schon biblisch ist die Vorstellung belegt, dass jemand, der auf dem Stuhl oder Thron eines anderen Platz nehmen darf, an dessen Autorität Teil hat (vgl. Ps 110,1). Rabbinische Texte schreiben dies gerade auch im Blick auf Mose und seinen „Lehrstuhl" fort: SifBam § 140 (Horovitz, 186) berichtet z.B. davon, dass Mose Josua bei dessen Bestallung zu seinem Nachfolger auf seinem Stuhl habe Platz nehmen lassen.

Das hat schon Mt 5,20 festgehalten - ohne zu verschweigen, dass diese Gerechtigkeit bei den Schriftgelehrten und Pharisäern allerdings nicht in ausreichendem Maße vorhanden ist.[476] In Mt 23 ist es ein praktisches Defizit, das Matthäus beklagt: „sie reden, aber sie tun nicht" (23,3b)[477] - und darum sollen die Adressaten, das Volk und die Gemeinde, anders handeln als sie. Mit dem Auseinandertreten von Reden und Tun ist der Haupttenor der Kritik in Kapitel 23 benannt. Dies ist eine wesentliche Nuance der Inkongruenz, die sich, wie wir sehen werden, hinter dem Vorwurf „ὑποκριταί" verbirgt.

Wie sich bei der Besprechung von 5,48 zeigen ließ, erwartet Matthäus Vollkommenheit im Sinne von Ungeteiltheit und Kongruenz.[478] Allein diese ist es, die dem einen Gott entspricht. Die Inkongruenz, die Matthäus den Pharisäern und Schriftgelehrten unterstellt, ist das genaue Gegenbild dazu - und darum gilt, anders als es bei ihnen der Fall ist, Worte und Taten übereinstimmen zu lassen. Dass Matthäus hier auch in rabbinischen Kreisen vertretene Maßstäbe anlegt, lässt sich an den Quellen leicht zeigen.[479] Allerdings verdankt sich das Insistieren auf der Übereinstimmung von Worten und Taten, das aus späteren rabbinischen Quellen spricht,[480] einem Diskussionsprozess, der erst im Laufe der tannaitischen Zeit zum Abschluss gekommen ist. Beispielhaft dafür ist das Gespräch zwischen Rabbi Tarfon, Rabbi Aqiba und Rabbi Jossi HaGalili:

וכבר היה רבי טרפון ור' יוסי הגלילי ורבי עקיבא מסובים בבית עריס בלוד [...] נשאלה שאלה
זו לפניהם: מי גדול תלמוד או מעשה.אמר רבי טרפון גדול מעשה.רבי עקיבא אומר גדול
תלמוד.ענו כולם ואמרו גדול תלמוד שהתלמוד מביא לידי מעשה.

Schon damals hatten sich R. Tarfon, R. Aqiba und R. Jossi HaGalili im Haus des *Aris*[481] in Lod [...] versammelt, und es stellte sich ihnen die Frage: Was ist größer, Lehre oder Tat? Da sagte R. Tarfon: Größer ist die Tat. R. Aqiba aber sagte: Größer ist die Lehre. Da fassten sie gemeinsam einen Beschluss und sagten: Größer ist die Lehre, weil sie zur Tat führt. (SifDev § 41 [Finkelstein, 85])

---

[476] Vgl. dazu III / 1.2.1.4.

[477] Vgl. schon Bornkamm (1975), 22: „Matth. 23,2 konzediert den Schriftgelehrten und Pharisäern, daß sie auf der κάθεδρα des Mose sitzen, ihre Lehre wird nicht angefochten, sondern für verbindlich erklärt (23,3). Angegriffen wird die Diskrepanz zwischen ihrem Lehren und Tun, ihre Heuchelei..."

[478] Vgl. III / 1.2.2.1.

[479] Vgl. Becker (1990), 109-120, der die wichtigsten Quellen nennt und bespricht.

[480] Vgl. z.B. bYom 72b: „Ein Schüler der Weisen, dessen Inneres nicht wie sein Äußeres ist, ist kein Schüler der Weisen" oder ARN A 24: „Jemand, der gute Taten hat und viel Tora lernt, wem ist er zu vergleichen? Einem, der zuerst mit Steinen und dann [darauf] mit Ziegeln baut. Selbst wenn viel Wasser kommt und an den Seiten steht, reißt es sie nicht von ihrem Platz weg. Und jemand, der keine guten Taten hat und Tora lernt - wem ist er zu vergleichen? Einem, der erst mit Ziegeln baut und dann mit Steinen. Selbst wenn wenig Wasser kommt, wirft es sie doch sofort um".

[481] Die Bedeutung dieses Wortes ist nicht ganz sicher - das bestätigt der Blick in den textkritischen Apparat mit seinen zahlreichen Varianten. Jastrow leitet es von אריס II ab, was u.a. „tenant" also Verwalter bedeutet (1117).

Diese kleine Episode zeigt, dass die Frage nach dem Verhältnis von halachischem Studium bzw. halachischer Lehre und dem praktischen Tun zwischen den Jahren 70 und 135[482] noch offen diskutiert wurde. Man konnte wie Rabbi Aqiba der Meinung sein, der Schwerpunkt habe auf dem Lernen und Lehren zu liegen. Diese Option entspricht einer Antwort auf die Frage, wie nach der Zerstörung des Tempels Gottesbegegnung und Gottesdienst möglich sein kann.[483] Im gleichen Abschnitt in SifDev findet sich eine entsprechende Überlieferung:

ולעבדו זה תלמוד [...] וכשם שעבודת מזבח קרויה עבודה כך תלמוד קרויה עבודה
„Und ihm dienen, das ist das Studium [...] So wie der Dienst am Altar Gottesdienst genannt wurde, so wird das Studium Gottesdienst genannt" (SifDev §41 [Finkelstein, 87])

Das „Gott dienen", von dem z.B. in Dtn 11,13 die Rede ist, konnte zur Zeit des Tempels auf den Tempeldienst gedeutet werden. Nach der Tempelzerstörung musste es eine andere Bedeutung bekommen. An seine Stelle tritt das Lernen und Lehren des Gotteswillens.[484] Vor diesem Hintergrund wird die Antwort Aqibas verständlich. Tora zu lernen und zu lehren bedeutet nichts anderes als, Gott zu dienen und ihm zu begegnen. Auch andere Antworten auf die Frage nach der neuen - tempellosen - Gestalt des Gottesdienstes waren möglich[485], eine davon repräsentiert Rabbi Tarfon. S. E. kommt es vornehmlich auf das Tun an, es hat mehr Gewicht als Lernen und Lehren. Auch seine Wahl entspricht einer Reaktion auf die Zerstörung des Tempels, die als Ersatz für den Kult z.B. die Taten der Barmherzigkeit (גמלות חסדים) nennt.[486]
Die abschließende Antwort auf die Frage nach dem Verhältnis von Lernen / Lehren und Tun wertet nun das Studium auf - aber nur insoweit es zum Tun führt. Dieser Zuordnung hätte Matthäus sicher zustimmen können (vgl. Mt 7,21.24-27). Seine Kritik in 23,3b nimmt sich in jedem Fall geradezu als Stellungnahme in der noch offenen Diskussion um das Verhältnis von Lehren / Lernen und Tun aus. Sie wendet sich deutlich gegen

---

[482]   In dieses Jahr wird das Martyrium Rabbi Aqibas gemeinhin datiert; vgl. Lenhard / von der Osten-Sacken (1987), 27ff.

[483]   Den von dieser Frage angestoßenen Diskussionsprozess zeichnet Cohen (1997), 23-33 sehr präzise nach: „Les uns revendiquaient que l'élément cultuel était désormais assimilé au principe sacro-saint de l'étude de la *Torah (talmud Torah)*; les autres estimaient en contrepartie que c'était la pratique des bonnes oeuvres *(gemilut hasadim)* qui était à présent investie des mêmes vertus expiatoires que celles qui étaient l'apanage du culte sacrificiel." (23).

[484]   Vgl. dazu Safrai (1987a), 102-106.

[485]   So wird gleich im Anschluß an den eben zitierten Text das Gebet als Gottesdienst genannt.

[486]   Vgl. ARN A 4 / B 8, wo jeweils unter Berufung auf Hos 6,6 die Taten der Barmherzigkeit als vollgültiger Ersatz für den Tempelkult genannt werden. Zur Bedeutung von Hos 6,6 bei Mt vgl. III / 2.3.3.3; IV / 1.4.

eine Antwort, wie sie der Überlieferung nach von Aqiba bevorzugt wurde. Für Matthäus müssen Reden und Handeln, Lehren und Tun übereinstimmen. Jedes Ungleichgewicht würde die Gott entsprechende Vollkommenheit zerstören.

2.2.2.2 Mt 23,4

Die Kritik des mt Jesus gewinnt in den folgenden Versen weiter an Kontur, wobei die genaue Deutung des Vers 4 bis in die neueste Literatur hinein umstritten ist. Einigkeit besteht darüber, dass mit dem Zusammenbinden[487] und auf die Schulter Laden schwerer und - wenn dies zum Textbestand zu zählen ist - schwer zu tragender Lasten das Erlassen halachischer Weisungen gemeint ist.[488] In der Tat findet sich in der rabbinischen Literatur ein entsprechendes Bild: In dem bekannten Text von den sieben Pharisäerarten (ySot 5,7 [20c]) wird u.a. der „Schulterpharisäer" (פרוש שכמי) erwähnt. Was damit gemeint ist, wird sodann erläutert: „טעין מצוותיה על כתפיה" ([Das ist der], der Gebote auf seine Schultern lädt).[489]

Was aber ist unter dem zweiten Teil des Verses (αὐτοὶ δὲ τῷ δακτύλῳ αὐτῶν οὐ θέλουσιν κινῆσαι αὐτά) zu verstehen? Zwei Deutungen werden in der Literatur vertreten. Der ersten stellt sich der gesamte Vers 4 als erläuternde Variation des schon aus den vorangehenden Versen bekannten Vorwurfs dar: „Sie reden, aber sie tun nicht".[490] Die zweite Deutung hört in diesem Vers einen neuen Akzent in der Kritik: Die Pharisäer und Schriftgelehrten wollen den Menschen die ihnen auferlegte Last (nämlich die Halacha) nicht abnehmen (d.h. erleichtern).[491] Philologisch ist beides möglich, κινέω kann sowohl mit „set in motion" als auch mit „remove" wiedergegeben werden.[492]

---

[487] Eine interessante Parallele ergäbe sich zur Pharisäerdarstellung des Josephus in Bell 1,111, wenn „λύειν τε καὶ δεσμεῖν" dort nicht „ins Gefängnis werfen oder aus der Haft entlassen" meint, wie Wick (1998), 151 vorschlägt, sondern ergänzend zu ihrer vorher beschriebenen juristischen Kompetenz (verfolgen, anklagen, verbannen und aus der Verbannung zurückholen) von ihrer halachischen Kompetenz spricht.

[488] Vgl. Davies / Allison (1997), 272. Luz (1997), 302 meint, dies präzisieren zu können: „inhaltlich denkt Matthäus bei den ,Lasten' wohl an die von den Pharisäern auferlegte ,Überlieferung der Alten' (15,2-11)", ohne dies näher zu begründen.

[489] Vgl. Becker (1990), 122.

[490] So Luz (1997), 303: „,Lasten bewegen' ist das, was ein Lastenträger tut; und eben das wollen offenbar die Pharisäer und Schriftgelehrten nicht tun, obwohl sie es anderen zumuten. Das Bild meint also: Sie tun selbst nicht, was sie sagen".

[491] So Davies / Allison (1997), 272: Die Pharisäer und Schriftgelehrten „do not even lift a finger to help those they have burdoned".

[492] Liddell-Scott, 952.

Vom Kontext her verdient die erste Deutung den Vorzug.[493] Doch enthält auch die zweite ein gewichtiges wahres Moment. In der rabbinischen Literatur findet sich das Motiv von leichten und schweren Halachot[494] - von erleichternden oder erschwerenden Entscheidungen.[495] In tannaitischen Texten äußert man sich positiv über Rabbinen, die in Bezug auf sich selbst erschwerend entschieden haben (z.B. tShab 12,12; mBes 2,6; bBer 22a [Baraita]). Es gehört zum idealen Bild des Rabbinen, dass „er es mit sich schwerer nimmt als mit denen, denen er Recht spricht und Weisung gibt".[496] Wer jedoch anders als z.B. Rabbi Jehuda nach bBer 22a nicht nach der Regel verfährt „Wenn ich bei anderen erleichternd entscheide, so entscheide ich mich bei mir selbst erschwerend", der wird scharf kritisiert.

In mSot 3,4 wird der „schlaue Frevler" (רשע ערום) unter denen genannt, die die Welt zerstören. ySot 3,4 (19a) führt dazu erklärend aus: „...das ist der, der für sich selber erleichternd und für andere erschwerend lehrt". Der „schlaue Frevler" entspricht genau den Pharisäern und Schriftgelehrten, die Matthäus hier im Blick hat, die die schweren halachischen Entscheidungen, die sie im Blick auf andere getroffen haben, selbst nicht befolgen wollen (θέλουσιν). Sie lehren erschwerend und handeln selbst nicht danach. Der mt Jesus setzt also seine in den Versen 2 und 3 begonnene Kritik fort - nun allerdings ausgeführt am Motiv halachischer Erleichterung bzw. Erschwerung, und auch hier entspricht die matthäische Ansicht der Option, die sich später in der rabbinischen Literatur durchsetzen wird.

Über dieses Ergebnis hinaus und daran anknüpfend ist dieser Vers für das Selbstverständnis, das das MtEv bezüglich seiner eigenen Halacha hat, aufschlussreich. Es hat den Anschein, als seien die schweren Lasten, von denen hier die Rede ist, das genaue Gegenbild zum sanften Joch und zur leichten Last (τὸ φορτίον μου ἐλαφρόν ἐστιν), von der der mt Jesus in 11,30 spricht.[497] Die mt Halacha versteht sich also selbst als leicht - im Unterschied zu der der mt Konkurrenzgruppe.[498] Die Rede vom

---

[493]   Vgl. Becker (1990), 121: „Weil V.4 mit seinem V.3 formal entsprechenden antithetischen Parallelismus ohne Übergang an V.3 angefügt ist, ja V.3 selber als Übergang von V.2 zu V.4 erscheint, ist als Hauptbedeutung von V.4 im matthäischen Kontext die von V.3 her nahegelegte anzusehen: die legitimen Tradenten der Tora tun selber nicht, was sie sagen." Auch das Bild selbst spricht für diese Deutung, wie Luz (1997), 304 (Anm. 56) gezeigt hat.

[494]   Vgl. Bacher (1899), 172.

[495]   Vgl. dazu Böhl (1971), 20 und 35

[496]   Becker (1990), 131.

[497]   So von den meisten Kommentatoren gesehen. Vgl. z.B. Zahn (1922), 650; Luz (1997), 302; Davies / Allison (1997), 272; Becker (1990), 144-168.

[498]   Dies hat in der Auslegungsgeschichte dazu geführt, jüdische Frömmigkeit in diesem Gefälle als Leben unter der Last des Gesetzes wahrzunehmen. Dem geht Becker (1990), 135-144 gründlich nach. Luz (1997), 303 versucht die Aussage von

sanften Joch und der leichten Last hallt wider in der jüdischen Literatur vor und nach Matthäus (vgl. auch Apg 15,10). Sirach 6,23-31 zeichnet das Befolgen weisheitlicher Belehrung als ein Beugen der Schulter und des Nackens unter das Joch. Auch hier verbindet sich damit nicht der Gedanke an eine Belastung, sondern an Ruhe, Freude und Kraft (6,28f). Rabbinische Texte nehmen die Worte der Tora und ihre Halacha ebenfalls als erfreuliches Joch (vgl. z.B. mBer 2,5)[499] wahr, nennen sie sanft (ShirR zu Hld 7,3) und empfinden sie als Ausdruck der Liebe zwischen Gott und seinem Volk Israel (mAv 3,14; SifDev § 36 [Finkelstein, 67f]). Wenn der mt Jesus seine Lehre als leichte Last und sanftes Joch bezeichnet, so steht er damit in einer Tradition jüdischen Werbens für die Tora und die je eigene Halacha.[500]

2.2.2.3 Mt 23,5-7

Nachdem die Verse 2-4 bei aller Bejahung der Lehre und Autorität der Konkurrenzgruppe Kritik an der wahrgenommenen Inkongruenz zwischen Lehre und Praxis geübt haben, verlagert sich der Ton in den folgenden Versen: Das, was die Angehörigen der Konkurrenzgruppe tun, tun sie, um von den Menschen gesehen zu werden (πάντα δὲ τὰ ἔργα αὐτῶν ποιοῦσιν πρὸς τὸ θεαθῆναι τοῖς ἀνθρώποις). Eine ähnliche Kritik wurde schon in Mt 6,1.5.16 laut, wo sich die an Öffentlichkeitswirkung interessierte Erfüllung der Gebote (Almosengeben, Beten und Fasten) mit dem Begriff „ὑποκριταί" verband (6,2.5.16). Vorgreifend

---

23,4 im Gegenüber zu 11,30 sozialgeschichtlich verständlich zu machen: Viele einfache Leute hätten die Halacha der Pharisäer und Schriftgelehrten als Last empfunden. Und Jesus sei gerade ihr Sprecher gewesen, der „sich den belasteten Menschen in Liebe" (302) zugewendet habe. Dieses Urteil ist bei aller Vorsicht doch abhängig von heutiger Wahrnehmung religiöser Pflichten und Gebote. Ohne direkte Zeugnisse können wir kaum etwas darüber aussagen, wie diese Menschen die hier anvisierte Halacha wahrgenommen haben. Auch liegt es nicht an uns zu entscheiden, ob die matthäische Selbstwahrnehmung zutreffend war oder nicht. Sind die halachischen Entscheidungen der Bergpredigt wirklich leichter zu befolgen? Ist z.B. der durch das absolute Schwurverbot implizierte Rechtsverzicht wirklich leicht? Die Kommentarworte lassen sich insgesamt sogar als „Gebotserschwerung" (Becker (1990), 174) lesen. Angemessener scheint es, die von Mt vorgenommene Wertung aus der Konkurrenzsituation heraus zu verstehen. In einer solchen Situation ist es begreiflich, dass das „Angebot" der Konkurrenten in einem schlechteren Licht dargestellt wird als das eigene. Dies erspüren richtig Davies / Allison (1997), 272: „If Jesus' commandments are ‚light' [...], those of his opponents are, by implication, ‚heavy'" . Auch innerhalb der Anhängerschaft Jesu kann dieses Denkmodell Anwendung finden - so in Apg 15,10.

[499] Büchler (1928) widmet diesem Motiv einen langen Abschnitt mit wertvollem Quellenmaterial, 52ff.

[500] Vgl. Becker (1990), 157: „Für Mt 11,28-30 läßt sich aus diesen Beobachtungen schließen, daß mit dem ‚sanften Joch' und der ‚leichten Last' Jesu nur die aus Liebe gehaltene Tora Jesu gemeint sein kann...".

auf unsere Analyse dieses Begriffs sei schon bemerkt, dass dieser „Schauspielen" (wahrgenommen als Inkongruenz zwischen Schein und Sein) ebenso umfasst, wie die zuvor beschriebene Inkongruenz zwischen Worten und Taten. Matthäus bereitet also mit seiner unterschiedlich akzentuierten Kritik sehr gründlich den Vorwurf der Hypokrisis in sechs der sieben Wehrufe vor.

Was stellen die Pharisäer und Schriftgelehrten hier zur Schau? Wie schon in 6,1.5.16 inszenieren sie ihre Erfüllung der Gebote der Tora, indem sie die Tefillin besonders breit[501] und die Schaufäden besonders groß machen. Beides zu tragen ist durch Dtn 6,8; 11,18; Ex,13,16 bzw. Num 15,38-40; Dtn 22,12 (vgl. Arist 159; Josephus, Ant 4,213) geboten. Problematisch daran ist die Motivation, aus der heraus dies für die Wahrnehmung des Matthäus geschieht, denn die Gebote werden erfüllt, damit die Menschen dies sehen, sie werden nicht um ihrer selbst willen erfüllt.

Auch diese Kritik trägt ganz innerjüdische Züge und findet sich in rabbinischen Texten: Diese schärfen von tannaitischer Zeit an ein, dass man die Tora um ihrer selbst willen (לשמה)[502] oder aus Liebe tun soll (vgl. z.B. mAv 4,5; mAv 6,1; SifDev §41 [Finkelstein, 87]; bBer 17a; bNed 62a).[503] Alle anderen Motive (wie z.B. eigene Ehre oder materieller Vorteil) fallen schärfster Kritik anheim („Für jeden, der sie [die Tora, M.V.] nicht um ihrer selbst willen tut, wäre es besser, er wäre nie zur Welt gekommen").[504]

In den folgenden beiden Versen äußert sich Matthäus zu den Motiven, die er hinter der Gebotserfüllung vermutet: Movens ist das Trachten nach öffentlicher Anerkennung und Ehrung. Konkret wahrnehmbar ist das für Matthäus darin, dass die Konkurrenten der mt Gemeinde danach streben, beim Gastmahl den Ehrenplatz zu erhalten, sie wollen die Ehrenplätze in der Synagoge einnehmen,[505] warten darauf, von den Menschen auf dem Markt ehrfurchtsvoll gegrüßt[506] zu werden - und sind schließlich auf die Anrede „Rabbi" bedacht[507].

---

[501] Der Realhintergrund des Bildes klärt sich durch die in Qumran gefundenen Tefillin, die nicht würfelförmig, sondern rechteckig sind (vgl. Luz (1997), 305).

[502] Vgl. mAv 6,1; SifBam § 112 (Horovitz, 120); Kalla Rabbati 8,11; DER 2,1 u.ö.

[503] Die Texte werden übersetzt und ausführlich besprochen von Becker (1990), 172-188.

[504] bBer 17a.

[505] Die beiden Begriffe πρωτοκλισία und πρωτοκαθεδρία sind nur christlich belegt. Die damit gemeinte Sache ist jedoch allgemein bekannt: Die Platzierung beim Gastmahl war Ausdruck von Würde und Rang (vgl. 1QS 6,8f; 1QSa 2,13ff; tBer 5,5; yTaan 4,2 [68a]). Für die römische Welt vgl. Weeber (1997), 125. Eine besondere Sitzordnung in der Synagoge könnte sich aus tMeg 4,21 ergeben.

[506] Wer wem zuerst den Gruß zu entbieten hatte, entschied sich in der Antike an der Würdestellung der Person. Dies gilt für den jüdischen Bereich (vgl. z.B. Josephus,

All dies wird auch innertannaitisch kritisiert: Man soll die Tora gerade nicht tun, um Rabbi genannt zu werden (SifDev § 41 [Finkelstein, 87][508]; bNed 62a), soll aus ihren Worten keinen Nutzen ziehen (mAv 4,5),[509] nicht mit ihr umgehen, um an angesehenen Versammlungen teilnehmen zu können (SifDev § 48 [Finkelstein, 113])[510] oder sich mit den Worten der Tora Ehre verschaffen (mAv 4,5)[511].

Ant 12,172; bBer 17a) wie auch für den römischen (vgl. die Ausführungen Gellius, Attische Nächte 2,2).

[507] Zu dieser Anrede, ihrer Bedeutung und ihrer Geschichte stellt C. Hezser (1997) umfassende Untersuchungen an (bes. 55-68 und 111-123). Sie versucht, den vorherrschenden Konsens in der Forschung, demzufolge Rabbi vor 70 höfliche Anrede, nach 70 dann Titel gewesen sei (vgl. Hezser (1997), 55), zu differenzieren: Auch nach 70 ist Rabbi nicht sofort zu einem offiziellen Titel geworden (zumal es noch niemanden gegeben habe, der einen solchen offiziellen Titel hätte verleihen können). Schon vor 70 sei diese Anrede in Gebrauch gewesen: „At least from the early first century C.E. onwards students and adherents called particular Torah teachers ‚Rabbi‘„ (55). Rabbi sei nach dem Zeugnis der ältesten Quellen (Mt 23,8; Joh 1,38) gleichbedeutend mit „Lehrer": „It seems that from the first century onwards, the designation ‚Rabbi‘ was used for a Torah teacher who had a circle of disciples" (61). Das rabbinische Geschichtsbild möchte hingegen den Eindruck erwecken, vor 70 habe es keine mit Rabbi angesprochenen Personen gegeben, um den Neuanfang jenseits des Sektenwesens zu dokumentieren (68). Problematisch erscheint dabei zunächst die Einengung der Bedeutung des Wortes auf „Lehrer". Es sind gerade nicht die ältesten neutestamentlichen Belege, die die Gleichsetzung Rabbi - Lehrer bieten, ältere Quellen z.B. Mk 10,51, wo mit dieser Anrede eine Heilungsbitte eingeleitet wird, lassen diesen Eindruck nicht unbedingt entstehen (vgl. Karrer (1998), 229). Die Belege Mt 23,8 und Joh 1,38 entstammen späten ntl. Schriften und nähern sich mit diesem Verständnis dem tannaitischen Gebrauch des Titel so sehr an, dass von daher eine entsprechende Ausbreitung und Festlegung in der tannaitischen Zeit (vgl. SifDev § 41 [Finkelstein, 87]: Wer viel Tora lernt und lehrt, hat Ausichten darauf, Rabbi genannt zu werden) wahrscheinlich wird, so dass der ältere Forschungskonsens hier doch etwas richtiges erspürt haben dürfte. Mit der wachsenden Konzentration auf die Tora nach 70 (vgl. dazu auch Cohen (1990), 24; 264ff) dürfte die Anrede „Rabbi" - zunehmend verstanden als Lehrer - an Prestige und Bedeutung gewonnen haben, ohne dass es jemanden gegeben hätte, der über den Umgang mit diesem Titel hätte wachen oder ihn verleihen können (vgl. Heszer (1997), 122f).

[508] „...damit du nicht sagst: Ich lerne Tora damit ich reich werde, damit ich Rabbi genannt werde."

[509] „Mache sie nicht zu einer Krone, um dich zu erhöhen, und nicht zu einer Hacke, um mit ihr zu graben. Und so pflegte Hillel zu sagen: Wer sich der Krone bedient, vergeht. Du lernst, daß jeder, der aus den Worten der Tora Nutzen zieht, sein Leben verliert".

[510] „...damit du nicht sagst: Ich lerne Tora, damit ich Weiser genannt werde, damit ich in der Versammlung sitze".

[511] Vgl. die dramatische Geschichte in Kalla Rabbati 2,35. Rabbi Tarfon wird irrtümlich für einen Einbrecher gehalten und von seinem Verwalter geschlagen. Unter Schmerzen sagt er: „Weh mir, Rabbi Tarfon" - worauf der Verwalter von ihm abläßt. Rabbi Tarfon aber beginnt sich die Haare auszureißen und zu weinen, weil er „die Ehre der Tora benutzt hat" und weil jeder, der dies tut, keinen Anteil an der kommenden Welt hat.

Bevor wir zur Beschreibung des nach Matthäus wünschenwerten Verhaltens übergehen, versuchen wir zusammenzufassen, was Mt in seiner Argumentation bisher erreicht hat: Er hat herausgestellt, dass an der Halacha der Pharisäer und Schriftgelehrten auf der Kathedra des Mose grundsätzlich nichts auszusetzen ist: Sie gilt und ist - als Gottes Wille - zu tun (2-3a). Zugleich aber hat er gezeigt, dass sein Gegenüber sich durch seine in zweifacher Hinsicht inkongruente Praxis diskreditiert, denn die Pharisäer und Schriftgelehrten erscheinen als solche, deren Handeln sich inkongruent zu ihrem Lernen bzw. Lehren verhält. Das wird daran expliziert, dass sie im Blick auf andere erschwerend entscheiden, sich selbst aber nicht an diese Entscheidung halten (3b-4). Sie diskreditieren sich weiterhin dadurch, dass sie das, was sie tun, aus Motiven tun, die mit der eigentlich Tat nicht kongruent sind. Sie erfüllen die Gebote nicht um ihrer selbst willen, sondern verfolgen andere Ziele, suchen näherhin gesellschaftliche Anerkennung.

Dabei fällt auf, dass Matthäus bei seiner Kritik jeweils Maßstäbe anlegt, die sich ganz im Rahmen der innerjüdischen Diskussion - vor allem nach dem Ausweis der tannaitischen Quellen - befinden, dass er zu innerjüdisch umstrittenen Fragen Position bezieht, noch dazu eine Position, die sich im rabbinischen Judentum später allgemein durchgesetzt hat.

2.2.2.4 Mt 23,8-10

Matthäus knüpft in Vers 8 nun an das zuletzt genannte Beispiel für das auf öffentliche Anerkennung und Ehre bedachte Tun der Pharisäer und Schriftgelehrten an und entwickelt im Kontrast dazu seine Mahnung an die Hörer: Anders als die Schriftgelehrten und Pharisäer sollen sie sich nicht Rabbi oder - wie dann ergänzt wird - Vater oder Anleiter / Lehrer nennen lassen. Sie sollen also nicht nach dem damit offenbar verbundenen öffentlichem Prestige streben. Diese Weisung wird in den Versen 8b-10 mit einer Argumentation begründet, bei der Theologie und Christologie in einer für das MtEv signifikanten Weise ineinander greifen:

... einer (εἷς) ist nämlich euer Lehrer, ihr aber seid alle Brüder
... einer (εἷς) ist nämlich euer Vater, der himmlische
... euer Anleiter / Lehrer ist einer (εἷς), der Gesalbte

Bei dieser Zusammenstellung fällt zunächst das betonte εἷς ins Auge, das unmittelbar an das „κύριος ὁ θεὸς ἡμῶν κύριος εἷς ἐστιν" aus dem Sch[e]ma, dem zentralen Bekenntnis Israels erinnert (Dtn 6,4). Das Motiv vom einen Gott als Vater ist breit belegt.[512] Es gibt des Weiteren

---

[512] Vgl. dazu Karrer (1998), 203-205 (Lit.184f) und jetzt Böckler (2000).

auch Traditionen, die den einen Gott pointiert als Lehrer bezeichnen:[513]
So erscheint Gott als Einsicht und Wissen lehrend in Hi 22,2 (LXX).
Nach Ps 94,10.12 lehrt er Erkenntnis bzw. seine Tora (vgl. auch Ps
119,7.12.26.64.68.108). Hi 36,22 fragt, wo denn ein Lehrer wie Gott zu
finden sei. Zum Hoffnungsgut des Jesajabuches gehört, dass „deine Augen ihren Lehrer sehen werden" (Jes 30,20), nämlich Gott.[514] Jüdische
Texte schreiben diese Traditionen fort (1QH 10,17; 1QM 10,2; pointiert
bei Philo z.B. Her 19; Congr 114). Matthäus stimmt darin ein[515] und
zieht daraus Schlüsse für das Verhältnis innerhalb der Gemeinde - und
darüber hinaus.[516] Wenn nämlich allein der eine Gott Lehrer ist, dann
kommt keinem Menschen die mit diesem Amt verbundene Ehrenstellung
zu. Dem einen Lehrer gegenüber ordnet sich die Gemeinde bzw. das
Gottesvolk als Einheit gleichrangiger Glieder.[517]

Vers 9 setzt diesen Schluss voraus, wenn er nun den Ehrentitel „Vater"
in den Blick nimmt. Vater (אבא) gehört zu den Titeln, die in rabbinischen Kreisen mache Gelehrte tragen.[518] Matthäus stellt klar: So wie es
nur einen Lehrer gibt, so gibt es auch nur einen Vater, nämlich den
himmlischen.[519]

---

[513]   Ähnlich wie die Vaterschaft Gottes (z.B. die homerische Wendung von Zeus als
dem „Vater von Göttern und Menschen" (Il. 1,544; 4,68 u.ö.); Plut. mor. 1000E -
1001C) ist auch sein Lehrersein in der paganen Umwelt Israels bekannt (z.B. Plat.
Men. 238b; Aischyl. Eum. 279).

[514]   Vgl. Duhm (1914), 198.

[515]   In der Literatur herrscht Uneinigkeit darüber, ob mit dem Lehrer hier nicht
vielmehr Christus gemeint ist, schon einige Handschriften ergänzen dies (Vgl. Davies / Allison (1997), 276; Luz (1997), 309; Roloff (1993), 166. Was in Vers 10 ausdrücklich gesagt ist, muß hier noch nicht so gemeint sein - zumal nicht nur die Reminiszenz an das Sch^ema, sondern auch die eindeutige Erwähnung Gottes in Vers 9
zunächst in eine andere Richtung weisen (vgl. Davies / Allison (1997), 277). Vermutlich formuliert Matthäus aus theologischen Gründen bewusst schwebend. Vgl.
Karrer (1992), 17.

[516]   Noch immer gehören nicht nur die Jünger, die die Gemeinde repräsentieren, zur
Hörerschaft, es ist über diesen Kreis hinaus das Volk als anwesend gedacht.

[517]   Vgl. zur Struktur der mt Gemeinde Roloff (1993), 166; Scheuermann (1996)
sieht in Kapitel 23 Matthäus um eine „geschwisterliche Gemeinde" ringen (196-234).
Becker (1990), 202 fasst zusammen: „Die Absicht dieser Halacha ist es, den möglichen Ehrenerweis, der einem Menschen aufgrund besonderer Torakenntnisse oder
Funktionen in der Gemeinde durch die ῥαββί-Anrede oder die Bezeichnung als
πατήρ entgegengebracht werden könnte, durch das Verbot dieser Titel auszuschließen".

[518]   Z.B. Abba Shaul (mPea 8,5; mShab 23,3 u.ö.); Abba Gurion und Abba Gurja
(mQid 4,14); Abba Jossi ben Chanan (mMid 2,6); Abba Elasar ben Dolai (mMiq
2,10). Vgl. Hezser (1997), 118. Auch jenseits rabbinischer Quellen ist „Vater" als eh-
renvolle Anrede belegt (4 Makk 4,9; LibAnt 53,3; Paralipomena Jeremiou 2,2.4.8).

[519]   Dass Gott der himmlische (οὐράνιος begegnet nur bei Mt und immer auf Gott
bezogen) Vater ist, gehört zu den Vorzugsvorstellungen des MtEv (vgl. 5,48;
6,14.26.32; 15,13; 18,35). Leserinnen und Leser können nicht anders, als hier an Gott
selbst zu denken (vgl. Davies / Allison (1997), 277).

War bisher eindeutig oder in deutlicher Anspielung von Gott selbst die Rede, so leitet Matthäus von da über zur Christologie. Der Gesalbte ist der eine „καθηγητής". Diese in der LXX nicht begegnende Bezeichnung hebt „als Ableitung von ἡγέομαι das den Weg weisende, bis ins Gebieten hinein leitende Moment des Lehrens hervor".[520] Darin ist es mit dem hebr. מורה (von ירה = zeigen, weisen, unterweisen) verwandt. Jesus als gebietend und lehrend Unterweisender tut damit nichts anderes als Gott es nach 23,8 - gelesen im Licht der biblisch-jüdischen Tradition vom Lehren Gottes - tut. Jesus erscheint damit als Lehrer, der das Lehren Gottes[521] wahrnimmt, ja, Matthäus zeichnet Jesu lehrendes Tun, das sich durch das ganze Evangelium zieht,[522] ein in das Lehren Gottes und sieht es damit *theonom*[523] bestimmt: Jesus lehrt aus der Einheit Gottes heraus, in ihm erschließt „Gott der Vater, sich lehrend".[524]

Der Gedanke, „daß Gott, der Lehrer, seinem Volk gegenüber lehrend Anspruch erhebe durch singuläre Gestalten",[525] ist in der jüdischen Tradition auch jenseits des NT vertraut. Philo kennt Mose als einen solchen Lehrer (Gig 54), nach TestAbr Rez. B 11,3 war es Henoch wie auch Jona nach De Jona 45/179. In Qumran kennt man den Lehrer der Gerechtig-

---

[520] Karrer (1992), 17, dort Belege und Literatur. Vgl. weiter Scheuermann (1996), 214.

[521] Dies ist umso mehr der Fall, wenn Matthäus bei der Wahl des Begriffs „καθηγητής" tatsächlich an מורה als hebr. Äquivalent gedacht haben sollte. Das läßt sich nicht sicher erweisen, weil die LXX andere Übersetzungen dafür wählt. Wenn dem aber so wäre, dann könnte es sein, dass Matthäus damit ein Gottesprädikat auf Jesus übertragen hat, denn Gott selbst ist ja der Lehrer (Jes 30,20). Vgl. dazu Becker (1990), 213ff und Karrer (1992), 17. Für den rabbinischen Bereich vgl. bEr 13b.

[522] 11-mal ist von Jesu Lehren bzw. seiner Lehre die Rede (4,23; 5,2; 7,28.29; 9,35; 11,1; 13,54; 21,23; 22,16; 22,33; 26,55). 9-mal begegnet Lehrer als Anrede oder Bezeichnung Jesu (8,19; 9,1; 12,38; 17,24; 19,16; 22,16.24.36; 26,18 - hier sogar als indirekte Selbstbezeichnung Jesu). Dieses Motiv ist eines der zentralsten für die Christologie des MtEv (vgl. Müller (1999), 170f; Byrskog (1994), 206 sieht darin das wesentliche Gestaltungsprinzip für das MtEv: „his active ministry is from the out-set partly a didactic event" (vgl. auch Byrskog (1994), 339).

[523] Der theonome Zug, der sich verbunden mit dem Lehren Jesu zeigt, ist überhaupt typisch für die matthäische Christologie. Vgl. Müller (1999), 172: „In the portrayal of his (Jesus, M.V.) life and fate and the reproduction of his preaching and his teaching, it is, according to Matthew, God's will that is seen and heard". Ähnlich äußert sich Luz (1991), 223 im Blick auf die sog. Immanuelformel: „Die Immanuel-Formel zeigt die *Theo*-logie im Matthäusevangelium, bzw. umgekehrt die theologische Dimension matthäischer *Christ*-ologie [...] Jesus ist im Matthäusevangelium die neue und definitive Gestalt von Gottes Gegenwart bei seinem Volk. Andere Beobachtungen lassen sich ergänzen: Die Namensdeutung Mt 1,21 bindet das rettende Handeln Gottes an Jesus und zeichnet damit Jesu Wirken von Anfang an in Gottes Handeln ein: „Je steht Gott im Hintergrund des Handelns [...] *Jesus bringt und repräsentiert Gottes Retten personal.*" (Karrer (1998), 47.

[524] Karrer (1992), 20.

[525] Karrer (1992), 11.

keit.[526] In der rabbinischen Literatur zeichnen die Rabbinen von sich selbst ein ganz analoges Bild: In ihrem Lehren lehrt Gott, ihre Worte sind „Worte des lebendigen Gottes".[527] In einer Baraita in bPes 22b kommt dieses „*theonome*" Selbstbewusstsein sehr deutlich zum Ausdruck:

נחמיה העמסוני היה דורש כל אתים שבתורה כיון שהגיע לאת ה' אלהיך תירא פירש אמרו לו
תלמידיו רבי כל אתים שדרשת מה תהא עליהן אמר להם כשם שקבלתי שכר על הדרישה כך
אני מקבל שכר על הפרישה עד שבא רבי עקיבא ודרש את ה' אלהיך תירא לרבות תלמידי
חכמים

Nechemia der Amsonäer war dabei, alle Nota Akkusativi (את) in der Tora auszulegen. Als er an die Stelle „den Ewigen, deinen Gott, sollst du fürchten" (Dtn 10,20) kam, wich er zurück. Seine Schüler sagten zu ihm: Rabbi, was wird nun aus all den Nota Akkusativi, die du ausgelegt hast? Er sagte zu ihnen: So wie ich meinen Lohn fürs Auslegen bekommen habe, so bekomme ich meinen Lohn auch für das Zurückweichen. Bis Rabbi Aqiba kam und das „den Ewigen, deinen Gott sollst du fürchten" auf die Rabbinen deutete.

In dieser kleinen Erzählung[528] geschieht nichts anderes, als dass die Ehrfurcht den Rabbinen gegenüber in die Gottesfurcht eingezeichnet wird.[529] Scheute Nechemia davor zurück, entsprechend der Regel des Ribui[530] das Akkusativzeichen als etwas anderes inkludierend zu deuten, aus Furcht, damit den Monotheismus zu gefährden, so tut Rabbi Aqiba genau das: In den Monotheismus hinein genommen werden die Lehrer Israels, ihr Lehren, ihre Autorität leitet sich ab aus der Einheit Gottes. Signifikant in diese Richtung weist weiter die Übertragung des Gottesprädikates „מורה" aus Jes 30,20, die auch für Mt 23,10 in Erwägung zu ziehen ist, auf die Rabbinen, namentlich Rabbi Meir (bEr 13b):

אמר רבי האי דמחדדנא מחבראי דחזיתיה לרבי מאיר מאחוריה ואילו חזיתיה מקמיה הוה
מחדדנא טפי דכתיב והיו עיניך ראות את מוריך

Rabbi sagte: Dass ich scharfsinniger bin als meine Kollegen, kommt daher, dass ich Rabbi Meir von hinten sah. Hätte ich ihn aber von vorne gesehen, wäre ich noch scharfsinniger, denn es heißt: Deine Augen sollen deinen Lehrer sehen.

Rabbi (= Jehuda HaNasi) setzt nach dieser amoräischen Überlieferung seinen Lehrer Rabbi Meir hier implizit mit dem Lehrer Gott gleich. Was

---

[526] Vgl. dazu Maier (1996b), 5f.
[527] bEr 13b (besprochen oben unter III / 1.1.3). Entsprechend entscheidet man, dass auch über ihre Worte der Segen zu sprechen ist, der ursprünglich allein für das Studium des schriftlich vorliegenden Gotteswortes gedacht war (bBer 11b vgl. oben III / 1.1.3).
[528] Vgl. dazu Kascher (1988), 568.
[529] Vgl. auch mAv 4,12.
[530] Vgl. Bacher (1899), 180.

er bei ihm gelernt hat bzw. hätte lernen können, hat er von Gott selbst gelernt. Rabbinisches Lehren und das Lehren Gottes fallen in eins.

Es lassen sich noch weitere Beispiele für ein solches theologisch bestimmtes Selbstbewusstsein der Rabbinen anführen. Sifra zu Lev 26,14 („und wenn ihr nicht auf mich hört...") nimmt eine sprechende Gleichsetzung vor:

ואם לא תשמעו לי. אם לא תשמעו למדרש חכמים

Wenn ihr nicht auf mich hört - wenn ihr nicht auf den Midrasch der Weisen hört.

Das Wort Gottes und seine Gebote sind identisch mit den Ausführungen der Rabbinen. Gottes Lehren und Gebieten vollzieht sich im Lehren und Gebieten der Rabbinen.[531]

Neben die hohe – theologische – Christologie des MtEv tritt damit ein vergleichbares theonomes Selbstbewusstsein der sich entwickelnden rabbinischen Kreise. Die beiden Ansprüche, Gottes lehrende und gebietende Zuwendung zu seinem Volk realisiere sich im Lehren des einen Lehrers Jesus bzw. im Lehren der Rabbinen, treten einander gegenüber. Vermutlich liegt hier, in der Unvereinbarkeit dieser Ansprüche, einer der Hauptgründe, wenn nicht sogar der Hauptgrund dafür, dass die Wege von rabbinischem Judentum und matthäischer Christenheit später auseinander gehen mussten. Auf der Seite der Rabbinen bleibt der Gedanke, dass Gottes Lehren in menschlicher Gestalt konkret wird, grundsätzlich offen für viele Lehrer.

Diese Offenheit hat auch im MtEv noch Spuren hinterlassen, weiß es doch darum, dass Gottes Tora auch von denen repräsentiert wird, die auf der Kathedra des Mose sitzen. Andererseits aber ist die konzentrierte Zuspitzung auf einen Lehrer Gottes unübersehbar. Er ist es, der die bleibend gültige Tora halachisch konkretisiert. In seinen Worten kommt der Wille Gottes, an dessen Erfüllung bzw. Nichterfüllung sich das Urteil im Gericht orientiert (7,21), zu Gehör, darum gilt es, zu hören und zu tun, was Jesus sagt (7,24). Alles Lehren und halachische Entscheiden in der Gemeinde ist darum ein Lehren seiner Gebote (28,20), geschieht in seinem Namen (18,19), in seinem Gottes Gegenwart garantierenden Beisein und in seiner Vollmacht, an der die Gemeinde Anteil hat (9,8; 10,1).

Nicht die ganz theonome Bestimmung des einen Lehrers, das Einzeichnen seines Lehrens und Handelns in den Glauben an den einen Gott Israels unterscheidet das matthäische Denken von dem der Rabbinen - wohl aber die im Evangelium angelegte exklusive Orientierung an dem Ei-

---

[531] Auf dieses bisher wenig beachtete hohe Selbstverständnis der Rabbinen haben Flusser (1992), Neusner (1985) und jüngst Hezser (1997) aufmerksam gemacht. Vgl. dazu oben Teil I Anm. 126.

nen.[532] Sie konnte in einem Judentum, das Exklusivität eingedenk der Erfahrungen aus der Zeit vor 70 unbedingt zu vermeiden suchte, auf Dauer keinen Ort haben. Matthäus selbst steht dabei noch ganz in dem Prozess, in dem sich das Judentum neu formiert, und er nimmt engagiert an diesem Prozess teil. Zwar wohnt seiner exklusiven Ausrichtung der theologischen Christologie der Keim für das Auseinandergehen der Wege inne - aber noch gibt es diese Wege nicht.

2.2.2.5 Mt 23,11-12

Nachdem die beiden vorangegangenen Verse die theologisch bzw. christologisch begründete Gleichrangigkeit der Angesprochenen thematisiert haben, setzen die beiden folgenden Verse implizit eine gewisse Differenzierung hinsichtlich des Ansehens voraus, binden diese aber an die Maßstäbe Dienst und Demut.[533] Aus dem Dienen folgt Größe, aus der Selbsterniedrigung Erhöhung. Eine Begründung dafür findet sich nicht, allerdings können sich Leserinnen und Leser an 20,25-28; 11,29 und 18,4 erinnern. 20,25-28 begründete die Dienststruktur in der Gemeinde mit dem Dienen des Menschensohns: „Wer der Erste sein will unter euch, der sei euer Diener, sowie (ὥσπερ) der Menschensohn nicht gekommen ist, um bedient zu werden, sondern zu dienen...". Das Verhalten der Gemeindeglieder soll sich am Verhalten Christi orientieren, dessen einschlägige Lehre, so wird man folgern dürfen, für Matthäus kongruent zu seinem Handeln erscheint. Zum Lernen von Christus fordert ausdrücklich 11,29 auf, zu dem, was man von ihm lernen kann,[534] gehören sein sanftmütig und demütig (ταπεινός) Sein.[535] Von diesen Texten herkommend erhalten auch die hier thetisch formulierten Sätze eine christologische Begründung.

Inhaltlich entspricht die Mahnung zur Demut, zum Dienen[536] und zum freiwilligen Verzicht auf Ehre dabei auch wieder dem Idealbild eines Rabbinen, wie es in der Literatur von tannaitischen Texten an - fußend

---

[532] Vgl. Byrskog (1994), 398 unter Aufnahme einer Beobachtung von G. Kittel (1926), 69.

[533] Vgl. Walter (1997), 121: Matthäus „mißt und normiert [...] die vorhandene Gemeindewirklichkeit an dem guten, barmherzigen Willen Gottes, wie Jesus in ‚gelehrt' hat, und am Maß des Lebenseinsatzes Jesu selbst".

[534] Der Nachsatz lässt sich nicht nur als Begründung, sondern auch zugleich als Inhaltsangabe lesen.

[535] Von 18,4 her erscheint ταπείνωσις als Grundzug des „Selbstbild(es) des einzelnen Christen", bestimmt „sein Verhältnis zu sich selbst" (Kähler (1989), 143).

[536] Vgl. SifDev § 38 [Finkelstein, 74f]. Hier ist es Abraham, der unter Berufung auf Gen 18 zum Vorbild für dienendes Verhalten gemacht wird.

auf älteren Traditionen[537] - gezeichnet wird.[538] Besonders den Rabbinen gilt:

כל המגביה עצמו על דברי תורה סוף שמשפילין אותו וכל המשפיל עצמו על דברי תורה סוף שמגביהין אותו

Jeder, der sich selbst erhöht wegen der Worte der Tora, den wird man am Ende erniedrigen, jeder, der sich selbst erniedrigt wegen der Worte der Tora, den wird man am Ende erhöhen (ARN A 11,2)

Personen, denen Demut zugeschrieben wird, gehören zu den Lichtgestalten der rabbinischen Literatur, so Abraham[539] oder Hillel (bShab 31a)[540]. Matthäus legt wiederum bis ins ganz Konkrete hinein Maßstäbe an, die mit denen, die sich in rabbinischen Texten finden, geradezu identisch sind. Seine Polemik gegen sein Gegenüber bleibt ganz im Rahmen des Judentums und erweist sich so als Kritik von innen heraus.

2.2.2.6 Zwischenergebnis

Matthäus entwirft in den Versen Mt 23,8-12 ein aus innerjüdischen Maßstäben gewonnenes Gegenmodell zu dem Verhalten, das er bei seinem Gegenüber wahrnimmt. Seiner theologisch bestimmten Christologie bzw. seiner christologisch entfalteten Theologie ist allein eine Gleichrangigkeit auf menschlicher Ebene angemessen. Diese hat sich an Demut und Dienst Christi zu orientieren, und allenfalls an diesem Maßstab gemessen sind Rangunterschiede zulässig.

Matthäus teilt, wie der Rekurs auf das Schᵉma Israel zeigt, die theologischen Voraussetzungen seines Gegenübers, von daher entfaltet dieser vornehmlich paränetisch gehaltene Abschnitt zugleich eine implizite

---

[537]   Vgl. 1QS 2,24; 5,25; Arist 257; 262f. Weiteres bei Grundmann (1969), 12ff und Wengst (1987), 64ff u.ö.

[538]   Nahezu wörtliche Parallelen finden sich in DEZ 9,25: „Wenn du dich selbst erniedrigst, dann wird der Heilige, gelobt sei er, dich erhöhen, wenn du dich selbst vor deinem Nächsten erhöhst, wird der Heilige, gelobt sei er, dich erniedrigen". Vgl. bEr 13b; bSan 17a u.ö.

[539]   Quellen dazu sammelt und bespricht Becker (1990), 206ff.

[540]   Neben solchen „klassischen" rabbinischen Texten zur Demut kommen solche zu stehen, die das demütige Verhalten Einzelner preisen und so ein genaues Gegenbild zu dem entstehen lassen, was Matthäus in 23,6f kritisiert: Beispielhaft verhielt sich Rabban Jochanan ben Zakkai, der nicht wartete, bis man ihn auf dem Markt grüßte, sondern jeden stets zuerst grüßte (bBer 17a), ebenso Aaron, dem man neben den biblisch inspirierten Namen „Liebhaber des Friedens" und „der, der dem Frieden nachjagt" den Beinamen „der, der zuerst grüßt" (מקדים שלום) beilegt (vgl. DEZ, Perek Ha Shalom 21). Lobenswert ist es weiterhin, auf die Ehre des besten Platzes zu verzichten. Solches berichtet man in yPea 8,9 (21b) und rät dazu in ARN A 25,4, wo ein derartiges Verhalten ausdrücklich als Selbsterniedrigung bezeichnet wird (unter Berufung auf Spr 25,7).

Kritik, die sein Gegenüber diskreditiert: Die Struktur, die Matthäus entwirft, stellt sich ganz aus dem Glauben an den einen Gott heraus entworfen und diesem einen Gott entsprechend dar. Diese Gottesentsprechung gehörte zu den halachischen Leitlinien, die sich bei der Behandlung von Mt 5,48 zeigten. Bei seinem Gegenüber ist sie nach Matthäus - strukturell - nicht vorhanden.

Die andere Leitlinie, die 5,48 erkennen ließ, war die der Vollkommenheit - verstanden als Ungeteiltheit und Kongruenz. Dass diese auf der Seite der Pharisäer und Schriftgelehrten fehlt, hat Matthäus in den Versen 3b-7 beklagt. So orientiert sich die matthäische Kritik in diesen Versen konsequent an den Leitlinien von Mt 5,48. Dass Matthäus die halachische Autorität derer, die auf der Kathedra des Mose sitzen, bejaht, entspricht hingegen der bleibenden Geltung der Tora, die diejenigen, die dort sitzen, lehren. Zu ihr hatte er sich in Mt 5,17-20 eindrücklich bekannt.

Sowohl mit seiner Kritik als auch mit seinem Vorschlag zur Gestaltung geschwisterlicher Gemeinschaft leistet Matthäus von seinen theologischen Voraussetzungen her einen Beitrag zu Diskussionen, die ihren Niederschlag in frühen tannaitischen Traditionen gefunden haben. Das gilt für seine Kritik an der Inkongruenz von Lehren und Tun, an der Inkongruenz von Gebotserfüllung und Motivation dazu wie auch für seine positive Orientierung am Ideal dienender Demut. Verfolgt man den Verlauf dieser Diskussionen, so kann man feststellen, dass die Positionen, die Matthäus im ersten Jahrhundert bezogen hat, sich in der Folgezeit analog im rabbinischen Judentum durchsetzen.

Allein die angelegte Konzentration auf den einen Lehrer erweist sich im Nachhinein als mit dem rabbinischen Nebeneinander mehrerer Lehrer nicht kompatibel. Sie allein musste letztlich dazu führen, dass sich die Wege von mt Gemeinde und Judentum trennen, sobald die rabbinische Bewegung sich durchsetzt. Davon sind wir im ersten Jahrhundert jedoch noch weit entfernt. Die Kritik, die Matthäus an der mit ihm konkurrierenden Gruppe übt, bewegt sich hinsichtlich ihrer Inhalte und ihres Stils noch ganz im Rahmen dessen, was zwischen unterschiedlichen Gruppen innerhalb des Judentums damals möglich und üblich war.

In der nun folgenden Wehrede setzt Matthäus seine bisher vorbereitete Kritik an der Inkongruenz der Pharisäer und Schriftgelehrten fort. Dabei fällt nun ausdrücklich das Stichwort ὑποκριταί, das die einzelnen Wehrufe wie ein Kehrvers zusammenhält.

2.3 Mt 23,13-33: Die Wehrufe

Es sind vor allem zwei Merkmale, die diesem Abschnitt sein einheitliches Profil geben. Zum einen ist das die Anrede „ὑποκριταί", zum anderen ist es die Form „Wehruf", die als gestaltendes Prinzip gelten kann. Dies sind zugleich die beiden wesentlichen Signale, die die Lektüre der Leserinnen und Leser lenken. Darum ist es notwendig, nach den Weichenstellungen zu fragen, die mit diesen Signalen für das Verständnis des ganzen Abschnitts und seiner einzelnen Teile gegeben werden.

2.3.1 Die Form Wehruf

Welche Signale von dem jede Einheit einleitenden „Wehe" ausgehen, ist in der Exegese umstritten. Das Urteil schwankt zwischen den Polen „grief", „indignation", „warning of punishment"[541] bzw. „powerful and denunciatory judgement akin to a curse" oder „condemnation"[542], man hört eine „well intentioned warning by a friend"[543] oder im Sprechakt des Wehrufes das Gericht über die Angeredeten ergehen[544].

Wehrufe bzw. Wehrufreihen sind zunächst einmal Bestandteil prophetischer Verkündigung (vgl. Jes 5,8-24; Hab 2,6-19). Seinen Ursprung dürfte der Wehruf jedoch in der Totenklage haben[545] (vgl. 1 Kön 13,30; Jer 22,18). Wenn die Propheten ihn aufnehmen, dann soll das „deutlich machen, daß einem bestimmten menschlichen Verhalten der Keim des Todes bereits innewohnt".[546] Wer so handelt, wie im Wehruf beschrieben, der ist schon so gut wie tot, dessen Verhalten führt mit solcher Gewissheit ins Verderben, dass der Prophet schon über noch Lebende nur noch die Totenklage anstimmen kann.[547]

Dabei haben schon in der Bibel nicht alle Wehrufe dieses eindeutige Gefälle, es gibt Wehrufe als „einleitende Kundgabe der Erregung"[548], als Ausruf der Angst (z.B. 1 Sam 4,7.8; Jes 6,5) oder der Klage (vgl. Klgl 5,16; Ps 120,5).

Die sich hier andeutende Vielfalt setzt sich in der nachbiblischen jüdischen Literatur fort. Ein Wehruf kann dazu dienen, schlicht einen beklagenswerten Zustand zu beschreiben, z.B. den Zustand des zerstörten Je-

---

[541] Vgl. Fenton (1963), 368.
[542] Vgl. France (1985), 327.
[543] Viviano (1989), 341
[544] Vgl. bei Hanson (1996), 82.
[545] In der alttestamentlichen Wissenschaft wurden noch weitere ursprüngliche „Sitze im Leben" für den Wehruf vorgeschlagen, vgl. Hanson (1996), 94f.
[546] Wanke (1966), 218.
[547] Dabei hat der Wehruf beschreibenden bzw. feststellenden Charakter, er darf nicht mit einem Fluch verwechselt werden, der bewirkt, was er sagt (vgl. Jenni (1984), 476).
[548] Vgl. Jenni (1984), 475, Belege dort. Die strenge Unterscheidung von אוי und הוי, auf die Jenni (1984), 475 Wert legt, ist für die Rezeptionsgeschichte der Wehrufe wohl nicht so streng durchzuhalten. Die LXX übersetzt von 26 Belegen für אוי 12 mit dem als Übersetzung von הוי gebräuchlichen οὐαί, sonst verwendet sie lautmalerische Äquivalente zur hebr. Vorlage.

rusalems (4Q 179 fr. 1 1,4; 1,10; 2,1), die Nachbarschaft mit einem bösen Menschen (mNeg 12,6) oder den unglücklichen Verlust der Ehefrau
durch Scheidung (mYev 3,5).[549] Der Gebrauch schleift die eigentliche
Bedeutung des Wehe z. T. so stark ab, dass im Deutschen ein Wiedergabe mit „Oh je!" oder „Wie schade!" angemessen ist[550].
Daneben gibt es Texte, die die ursprüngliche Verwendung des Wehrufs
in der Totenklage noch durchaus erkennen lassen. So klagt man mit dem
Wehe über einen, der zum Tode verurteilt ist (SifDev § 308 [Finkelstein,
347]) und sogar aus dem Munde der Verurteilten selbst (ARN A 30,3;
38,3) oder eines Sterbenden (ARN A 25,3) hört man das Wehe.
Auch die Tradition des prophetischen Wehrufs wird fortgesetzt. In den
wohl aus dem 1.Jh v. Chr. stammenden Kapiteln 94-103 des 1 Hen[551]
finden sich nicht weniger als 32 Wehrufe, in der Regel zu Reihen zusammengestellt. Sie stehen vor allem in der Tradition prophetischer So-
zialkritik, wenn sie die Unterdrückung der Armen und das unrechtmäßige Anhäufen von Besitz[552] als Tun kennzeichnen, mit dem man sich direkt auf den Tod vorbereitet (94,9), mit dem man sogar schon im Leben
tot ist (103,5) und weder Frieden (103,8) noch Hoffnung (98,10) hat.[553]
Dabei fällt auf, dass der Ton zwischen der reinen Feststellung dessen,
was diejenigen zu erwarten haben, die in der beschriebenen Weise handeln, und der Mahnung zu einem anderen, besseren, Verhalten (94,1) os-
zilliert.
Ähnlich verhält es sich mit dem Wehruf in 4Q 378 fr. 6 1,7, einem Text,
in dem der Sprecher Wehklage erhebt über seine Brüder und zugleich
davor warnt, ihrem Handeln zu folgen (7,5). 4Q 511 fr. 63 3,1 verkündet
den „Männern des Bundes" Frieden und ruft „Wehe!" über die, die den
Bund brechen. Auch hier hat der Wehruf deutlich die Funktion, vor einem entsprechenden Tun zu warnen.
Ob sich dies auch von den Wehrufen in den Qumranpescharim sagen
lässt, kann bezweifelt werden. Wehrufe aus der Schrift (Nah 3,1; Hab 2;
Jes 5,11) werden konkret auf die Glieder gegnerischer jüdischer Parteien
gedeutet (auf den Frevelpriester oder den Lügenpropheten oder die
„glatten Anweiser"),[554] womit die Qumrangemeinde ihre eigene Ge-

---

[549] Weiteres ApkMos 10,1; TestAbr (Rezension B) 9,2; ARN A 1,8; mKel 17,16
(vgl. tKel (BM) 7,4), wo ein ethisches Dilemma zum Wehruf herausfordert.
[550] Vgl. ARN A 11,1.13; 14,4; DER 1,2.
[551] Vgl. Isaac (1983), 7.
[552] Vgl. 94,6.7.8; 95,5.6.7; 96,5.8; 97,8; 98,12.13; 99,11-15 u.ö.
[553] Daneben wird die Pervertierung des ewigen Gesetzes (99,2), das Verachten der
Weisen und Gerechten und ihrer Worte (98,9.14) angeprangert. Den sozialen Hintergrund analysiert Wengst (1987), 51-59.
[554] Vgl. 4Q 169 Frg.3 2,1; 4Q 162 2,2; 1QpHab 8,7; 9,12; 10,5; 11,2; 12,14.

schichte im Lichte der Schrift deutet; hier werden keine neuen Wehrufe formuliert, hier wird Bibel zitiert und angewendet.[555]

Wieder zwischen Feststellung und Mahnung zu anderem Tun schwingt ein Teil der Wehrufe in der tannaitischen Literatur (soweit dort nicht das Wehe lediglich den Ton der Klage über eine unangenehme Situation oder Sterbende trägt, s.o.). Wehrufe über solche, deren Tun zum Verderben führt (SifDev § 324 [Finkelstein, 376]; Kalla Rabbati 8,1; tQid 1,11), zielen zugleich auf ein Denken und Handeln, das nicht mehr unter dem Wehe steht: Wer meint, im Angesicht des Todes sei menschliches Verhalten beliebig, soll sein Denken ändern (Kalla Rabbati 3,2), wer das Torastudium vernachlässigt, soll sich ihm zuwenden (mAv 6,2).

Dieser Überblick lässt eine breite Verwendung von Wehrufen in der jüdischen Literatur in den Jahrhunderten um die Zeitenwende herum erkennen. Sie ergehen in der Klage über unangenehme Situationen, mit z. T. sehr stark abgeschliffener Bedeutung, in der Klage über Verstorbene, in der prophetischen Tradition der Klage über falsches Handeln, oft verbunden mit dem Impuls zu einer anderen Praxis.

Zu dieser prophetischen Linie weisen die Wehrufe in Mt 23,13ff eine besondere Affinität auf. Wie die Wehrufe in Jes 5; Hab 2 oder äthHen 94-103 finden wir hier eine Wehrufreihe. Wie bei diesen Texten geht es auch hier um konkretes Tun bzw. Denken, das als solches gekennzeichnet wird, das unter den Vorzeichen des Todes und des Gerichts steht.

Eine neuere Deutung der Wehrufe, die den Kontext des zu erwartenden Gerichts fast ganz zurückstellt, verdient an dieser Stelle Erwähnung. K. C. Hanson hat in einem Beitrag aus dem Jahr 1996 vorgeschlagen, die Wehrufe seien nicht wie in der Literatur oft angenommen als „pronouncements of curses or threats" oder „prophecies of judgement or cries of anguish"[556] zu verstehen, ihr Deutungshorizont sei vielmehr das gemeinmediterrane „shame - honour" System. Dieses sei für alle Kulturen des Mittelmeerraumes das zentrale Wertesystem gewesen,[557] bei dem am positiven Ende der Wertskala „Ehre" stehe, als ihr negatives Pendant gelte „Scham / Schande". Innerhalb dieses Systems sei das Wehe schlicht mit „shame" oder „shame on" zu übersetzen:[558] „In Mediteranean societies this is understood as a serious challenge to the honour of those addressed. To be shamed means a loss of status, respect and worth in the community".[559] Zugleich fordere eine solche Anrede die Angesprochenen heraus: „...they discribe and challenge values, but also call for a response".[560] Diese Funktion erfüllten sie aus sich heraus, ohne dass eine besondere Drohung nötig wäre. Vor diesem Hintergrund erschienen die matthäischen Wehrufe als „value judgements"[561] (Werturteile), die auf gesellschaftlicher Ebene ihre Funktion hätten.

---

555   Das unterscheidet diese Wehrufe von denen, die sich bei Matthäus finden lassen.
556   Hanson (1996), 82.
557   Hanson (1996), 82 dort Verweis auf ältere Forschungen Malinas u.a.
558   Hanson (1996), 94.
559   Hanson (1996), 94.
560   Hanson (1996), 104.
561   Hanson (1996), 104.

Dieser Vorschlag verdient insofern Beachtung, als er in der Tat auf eine ganze Reihe von Wehrufen in der antiken jüdischen Literatur anwendbar zu sein scheint: So ist z. B. in einer Gesellschaft, in der Torastudium einen Wert darstellt, das Wehe über solche, die sich ihm nicht widmen, ein Werturteil, das über deren gesellschaftliche Anerkennung entscheidet.

Hansons Vorschlag krankt jedoch daran, dass er gänzlich ausblendet, dass Wehrufe nun einmal nicht nur als ethische Werturteile zur Anwendung kommen, sondern auch ganz real als Totenklage (s.o.). Des Weiteren trägt er an die konkreten Texte ein ausgesprochen globales (und entsprechend abstraktes) Deutungsmuster heran, dessen Tragfähigkeit im Detail erst noch zu erweisen wäre.

Dennoch gebührt diesem Vorschlag das Verdienst, auf die soziale Komponente, die den Wehrufen - auch denen im MtEv - eignet, aufmerksam gemacht zu haben,[562] wenngleich sie auch nicht darin aufgehen. Folgen wir nämlich dieser Spur und fragen danach, was sich bei Matthäus konkret mit dem positiven Wert „Ehre" (griechisch: δόξα) verbindet, dann wird deutlich, dass der gesellschaftliche Horizont damit gerade überschritten wird. Ehre hat für Matthäus ihren Horizont in ganz auffälliger Weise im Endgericht. Sie eignet Gott, wenn er kommt, nach den Werken zu richten (16,27). Sie findet sich beim Menschensohnrichter und seinem Thron (19,28; 24,30; 25,31). An ihr bekommen diejenigen Anteil, die sich in die Nachfolge begeben haben (19,28). Gutes gesagt (εὐ - λέγειν: 25,34) wird im Gericht über die Gerechten, die Taten der Barmherzigkeit getan haben. Die Anwendung des „shame - honour" Systems auf Matthäus führt damit aus dem gesellschaftlichen Kontext hinaus vor das Gericht Gottes - also dahin, wo die Wehrede in prophetischer Tradition nach eigenem Bekunden ohnehin ihren Horizont hat (vgl. z.B. tQid 1,11; Kalla 1,2; äthHen 94,9; 95,5; 96,8 u.ö.).

Beiden Deutungshorizonten ist gemeinsam, dass sie sich nicht zwingend mit der Feststellung des Faktischen begnügen, sondern vielmehr zu einer Antwort provozieren, die menschliches Handeln aus dem Schatten des kommenden Verderbens bzw. aus dem Bereich des Schändlichen heraustreten lässt, so dass daraus Ehre bzw. die Hoffnung auf Leben jenseits des Gerichtes erwächst. Vor dem Hintergrund der Verwendung des Wehrufs im antiken Judentum wäre es also zu eng geführt, wollte man in Mt 23,13ff allein den Aspekt der Gerichtsansage herausstreichen. Ein zur Änderung mahnender Ton ist dann mitzuhören.[563]

Wie verhält es sich nun mit den übrigen Wehrufen, die sich außerhalb von Kapitel 23 im MtEv finden (11,21; 18,7; 24,11; 26,24)? Zunächst fällt auf, dass Matthäus Wehrufe ohne ethische Komponente rein im Sinn der Klage kennt. Beklagenswert ist das Ergehen der Welt angesichts der mit Notwendigkeit kommenden σκάνδαλα (18,7), wie das der Schwangeren und Stillenden in der Endzeit (24,19). Wegen ihres Tuns ergeht das Wehe hingegen über den Menschen, durch den (δι' οὗ) die

---

[562] Matthäus vermittelt - wie wir sehen werden - ja tatsächlich ganz zentrale Aspekte seines Wertesystems in den Wehrufen.

[563] Das entspricht ganz allgemein der Rezeption auch der prophetischen Gerichtstraditionen seit Sach 1,4, wo die Botschaft der früheren Propheten mit dem Stichwort „Umkehr" zusammengefasst wird.

Ärgernisse in die Welt kommen bzw. durch den der Menschensohn überliefert wird (18,7; 26,24) - auch wenn dieses Tun in beiden Fällen die menschliche Kehrseite des bei Gott beschlossenen Geschehens ist.

Im Kontext der Gerichtsankündigung steht das Wehe über die Städte Chorazin und Betsaida (11,21). Jesus wirft diesen Städten vor, dass sie nicht umgekehrt sind - trotz der Machttaten, die Jesus dort gewirkt zu haben behauptet.[564] Weil sie ihr Verhalten nicht Jesu Umkehrruf entsprechend geändert haben, ist über sie die Totenklage anzustimmen. Wenn man Wehrufe vorwiegend als Feststellung des beklagenswerten Ist - Zustandes interpretiert, von denen kein Impuls zur Änderung mehr ausgeht, dann kann man diesen Text mit U. Luz als exemplarisches Signal dafür ansehen, „daß Jesu Wirken in Israel mit dem Gericht über Israel enden wird".[565] Unsere bisherigen Beobachtungen zu Wehrufen in antiken jüdischen Texten lassen diesen Schluss jedoch nicht als den einzig möglichen erscheinen. Lesen wir Mt 11,21 in ihrem Licht, dann bleibt neben der Ankündigung des Gerichts eine zweite Nuance, die zur Änderung, nämlich zur Umkehr aufruft.[566]

Die Wehrufe im MtEv reihen sich damit ein in die jüdische Verwendung dieser Redegattung in den Jahrhunderten um die Zeitenwende herum. Sie klagen angesichts menschlichen Ergehens und beklagen menschliches Fehlverhalten als mit Bestimmtheit zum Verlust der Ehre und zum Tode führend. Damit geben sie aber zugleich einen Impuls, aus diesem Todesschatten herauszutreten. Aus der Feststellung erwächst die Aufforderung: „Du mußt dein Leben ändern".[567]

2.3.2 Die Titulatur „ὑποκριταί"

Der Exegese ist aufgefallen, dass Mt 23 keinerlei Kritik daran erkennen lässt, dass die Pharisäer und Schriftgelehrten nicht positiv zu Jesus Stellung nehmen.[568] Dieser Befund verleitet dazu, das Vermisste in den Vorwurf der Hypokrisis einzutragen. So schreibt D.E. Garland: „But the first six woes are not just an attack on the ethical contradiction of actual hypocrites among the Pharisees; it is an attack on the unterstanding of the Law which is wrong in basic principle."[569] Dieses falsche Gesetzes-

---

[564]   Von solchen ist im MtEv bisher allerdings nicht die Rede gewesen. Vgl. Luz (1990), 193.

[565]   Luz (1990), 193.

[566]   Ähnlich urteilt J. Gnilka (1993), 199. Dies ist um so wahrscheinlicher, wenn man berücksichtigt, dass dieser Vers aus der Überlieferung der Logienquelle stammt - und damit aus einem Kontext, der in ganz besonderer Weise an der Umkehr Israels interessiert ist (vgl. Karrer (1993), 154f (bes. Anm. 51 und 52); 162f).

[567]   Rilke, Archaischer Torso Apollos (Gedichte, 313).

[568]   Vgl. Davies / Allison (1997), 262.

[569]   Garland (1979), 159.

verständnis wird nun näher bestimmt: „their false interpretation of the Law [...] denies Jesus as the Messiah."[570] Auch A.M. Ward sieht die Verweigerung des Glaubens an Jesus im Zentrum dessen, was die Wehrufe anprangern: „By refusing to see God's righteousness in Jesus, they have become blind."[571]

Anders akzentuiert A. Sand. S.E. kritisiert Matthäus die völlige „Umkehrung des Willens Gottes durch falsche Auslegung der Tora oder deren Ersetzung durch mündliche Überlieferungen"[572].

Die Wehrufe selbst verraten von all dem kein Wort, und auch der Begriff „ὑποκριτής" setzt dies nicht unmittelbar aus sich heraus. Einige Exegeten bemerken entsprechend, dass es bei der von ihnen vorgenommenen Skopusbestimmung zu Spannungen zwischen der von ihnen angenommenen Kritik und der Bedeutung von „ὑποκριτής" kommt.[573] Diese Spannung wird dann durch eine Umdeutung oder Bedeutungserweiterung dieses Begriffs aufgelöst, wobei das Problem entsteht, dass es sich dabei eben um eine Umdeutung handelt, die mit dem eigentlichen Gehalt des Begriffs nicht mehr viel gemein hat. Was also bedeutet „ὑποκριταί"?

Die deutschen Übersetzungen geben diesen Begriff in aller Regel mit „Heuchler" wieder. Die Gute Nachricht Bibel aus dem Jahr 1997 schreibt statt dessen „Scheinheilige". Beide Begriffe tragen im Deutschen den Ton bewusster Verstellung, des hinterlistigen Vorspiegelns falscher Tatsachen, der bewussten Täuschung.

Der von der Übersetzung vorgenommenen Deutung entspricht ein breiter Strom der Exegese zu Mt 23, der hinter der Titulatur ὑποκριταί den Vorwurf bewussten Sich-Verstellens („conscious pretense")[574] hört. Andere vernehmen einen anderen Ton. Danach geht es bei diesem Vorwurf um das Aufzeigen eines objektiven Existenz- oder Selbstwiderspruchs[575] unabhängig davon, ob die Beschuldigten sich bewusst oder unbewusst in diesem Zustand befinden. D. E. Garland bietet eine gute Übersicht über die Forschung bis in die Mitte der siebziger Jahre hinein.[576]
Diese Diskussion erhält ihren Anstoß durch den Befund, dass von einem eindeutigen bewussten Sich-Verstellen nur einer der matthäischen Belege spricht, nämlich 22,28. Dort kommen die Pharisäer mit einer freundlich vorgebrachten, scheinbar rein sachlichen Frage zu Jesus. Ihre wahre Absicht ist es jedoch, Jesus in seinen Worten zu fangen. Allen anderen Belegen eignet dieses eindeutige Gefälle nicht unmittelbar. Dort geht es jeweils um einen wie auch immer näher zu bestimmenden Widerspruch zwischen Außen und Innen, zwischen dem, was die Lippen sagen und dem, was das

---

[570] Garland (1979), 131.
[571] Ward (1961), 134.
[572] Sand (1986), 459.
[573] So beispielsweise France (1985), 326; Grundmann (1968), 489; Sand (1986), 459.
[574] Vgl. Garland (1979), 99.
[575] Vgl. Garland (1979), 103.
[576] Vgl. Garland (1979), 99-104.

Herz denkt (15,7), zwischen dem Bemühen, den Splitter aus dem Auge des Nächsten zu entfernen und der eigenen Ungerechtigkeit (7,5), zwischen dem erhaltenen Auftrag und dem tatsächlichen Handeln (24,51).

Darüber hinaus kann man fragen, inwieweit dieser Widerspruch überhaupt zu einem Generalschlüssel für die Interpretation des Vorwurfs der Hypokrisis in den Wehrufen gemacht werden darf. S. van Tilborg stellt zwar fest, dass der Gegensatz von Außen und Innen bei einigen Belegen durchaus gegeben ist, meint aber dieser sei „not the only concern".[577] Was die ὑπόκρισις vielmehr bestimme sei: „the anomia, the wikkedness of the godless man"[578] und weiter: „nowhere one can find one's way out with the definition of ὑπόκρισις as the opposition between what is external and internal, or between what is appearance and what is reality".[579] Van Tilborg argumentiert im Folgenden weniger von den matthäischen Belegen als von der jüdischen Begriffsgeschichte, näherhin vom Übergang vom hebräischen Text zur LXX her. ὑπόκρισις übersetze dort das hebräische חנף. Dieser Begriff bezeichne „the godless individual ‚who has fallen away from God' through his attitude and behaviour. The LXX-translators confine themselves strictly to this meaning of the word. They do not have in mind the dissembler who seems to be righteous but is not; they identify the ὑποκριτής with the godless man".[580]

Van Tilborg folgt hier U. Wilckens, der in seinem großen ThWNT Artikel 1969 diese Ableitung vorgenommen hat.[581] Er schreibt: „ὑπόκρισις ist eine Aktionsart des Frevels. Dabei geht es nirgendwo um das Erwecken frommen Anscheins, der den Frevel als das wahre Gesicht verbirgt. Die Übersetzung ‚Heuchelei' ist darum fast durchweg unzutreffend. Gemeint ist derjenige Trug, der den Frevel als Abfall bzw. Widerspruch gegen Gott charakterisiert".[582]

D.E. Garland folgt ebenfalls Wilckens: „The basic idea of interpretation, the association with 'wickedness' in the Greek versions of the Old Testament, the antipathetic relationship to the Law and true understanding should not be ignored as possible ingredients in the range of the meaning of ὑποκριτής in Matthew 23".[583] Die Tendenz, in den Wehrufen von Mt 23 mehr zu hören als allein den Vorwurf eines Widerspruchs von Außen und Innen, setzt sich bis in die neueste Literatur hinein fort.[584]

Zwei Schwerpunkte zeichnen sich aufgrund der Forschungslage ab, die bei unserer eigenen Besprechung des „ὑποκριταί" - Vorwurfs besonders berücksichtigt werden müssen. Dies ist einmal die Begriffsgeschichte des Wortes, zum anderen ist es die Verwendung des Vorwurfs bei Matthäus.

---

[577] van Tilborg (1972), 22.

[578] Ebd.

[579] Ebd..

[580] van Tilborg (1972), 22f.

[581] Schon 1930 hat Paul Joüon ausgehend von Delitzschs Übersetzung des Neuen Testaments ins Hebräische angenommen, dass Jesus dort, wo im griechischen Text ὑποκρίνομαι o.ä. stehe, eine Form von חנף verwendet habe. Vgl. Joüon (1930), 314.

[582] Wilckens (1969), 564.

[583] Garland (1979), 98. Garland setzt einen eigenen Akzent, indem er den Vorwurf auf falsche Gesetzesauslegung zuspitzt.

[584] Vgl. Davies / Allison (1988), 580: „ὑποκριτής is the ungodly man".

2.3.2.1 Die Bedeutung des Wortes ὑπόκρισις

ὑποκρίνομαι ist ein griechisches Wort. Darum soll zunächst nach der Bedeutung des Begriffs im griechischen Sprachraum gefragt werden. Danach wenden wir uns seiner Verwendung in den Texten der LXX zu.

2.3.2.1.1 ὑπόκρισις in der paganen griechischen Literatur

Nähert man sich - von Mt 23 herkommend - dem Begriff in der paganen griechischen Literatur, so fällt auf, dass er hier zunächst nicht negativ besetzt ist. Das Wörterbuch von Liddell-Scott verzeichnet für das Verb folgende Bedeutungen: to reply, make answer, expound, interpret, explain, speak in dialogue, play a part on stage, deliver a speech, declaim, represent dramatically, mimic, use histrionic arts, exaggerate - und schließlich: play a part, feign, pretend, deceive.[585] Der Hypokrites ist dementsprechend der Ausleger, der Schauspieler oder der Redner - und erst danach „pretender, dissembler, hypocrite"[586]

Ob sprachgeschichtlich die selten belegte Bedeutung „antworten" (z.B. Hom. h. an Apoll 171; Herodot I 90,3; 116,1; Thuk. VII 44,5), oder „erklären, deuten" am Anfang der Entwicklung steht, braucht hier nicht entschieden zu werden.[587] Bei Homer scheint jedenfalls beides belegt zu sein: In Od. 2.111 antworten die Achaier, die um Penelope werben, ihrem Sohn Telemachos auf seine Vorwürfe.[588] ὑποκρίνομαι ist jedoch vor allem die Tätigkeit des gottbegabten Sehers (θεοπρόπος), „welcher im Geiste Zeichen zu deuten versteht" (Il. 12.228) Nach Od. 19.535 bittet Penelope ihren geheimnisvollen Gast (den verkleideten Odysseus) um eine Deutung des Traumes, den sie ihm erzählen will. Ein Prophet ist „Hypokrites" - also Erklärer - geheimnisvoller Worte und Taten (Plat. Tim. 72b). Der Auslegung durch ihn bedürfen ferner Orakelbescheide (Herodot I, 91,6).

Am häufigsten begegnet der Hypokrites uns jedoch im Kontext des Theaters als Schauspieler[589] (Plat. leg. 668c, 817c; Aristot. rhet. 1408B)[590]: „Der Schauspieler hat die Aufgabe, durch kunstvolles Rezitieren, begleitet durch Mimik und Gestik das Drama bzw. das ihm zugewiesene πρόσωπον zur Darstellung zu bringen [...]. Die Kunst des Schauspielers, ἡ ὑποκριτικὴ (τέχνη), besteht darin, dass er von dem Au-

---

[585] Vgl. Liddell-Scott, 1885f.

[586] Liddell-Scott, 1886.

[587] Vgl. dazu den in den 50er-Jahren geführten Disput zwischen A.Lesky (1955) und F.Else (1959) und seine Fortsetzung zwischen B. Zucchelli (1963) und H. Patzer (1970). Den aktuellen Stand der Forschung faßt Hoheisel (1995), 178 zusammen.

[588] Die vorsichtige Formulierung erklärt sich aus dem Eindruck, dass die von Wilckens u.a. als homerische Belege für die Bedeutung „antworten" herangezogenen Texte über eine bloße Antwort (im Sinne des attischen apokrinomai) weit hinausgehen. Stoessl (1967) trifft den Ton recht präzise: „Bei Homer bedeutet dieses Verb etwa 'in Beantwortung einer Aufforderung eine Entscheidung (aufgrund reiflicher Überlegung, Wissen und Intuition) äußern'" (1281).

[589] Vgl. Hoheisel (1995), 179: „Daher empfiehlt es sich, die Bezeichnung ὑποκριτής als Konvention hinzunehmen, ohne in der, wie gesagt, keineswegs eindeutig geklärten etymologischen Grundbedeutung des Verbs ὑποκρίνομαι eine Art Definition des Schauspiels zu suchen""

[590] Zahlreiche Belege aus Literatur und Epigraphik finden sich in dem Artikel von K. Schneider (1956).

genblick an, da er die Maske aufsetzt, in seinem ganzen Verhalten während des Spiels auf der Bühne der von ihm übernommenen Rolle entspricht."[591] Zwar wird der Schauspielerei vor allem bei Plato eine negative Wertung zuteil,[592] doch zeigen die sog. Schauspielervergleiche, dass diese negative Wertung nicht allein bestimmend geworden ist: Das Leben des Menschen gleicht dem Schauspiel auf der Bühne, formuliert die Stoa. Dem guten Schauspieler soll der Weise ähnlich (Diog. Laert. VII 2,160) sein, der die Rolle spielt, die der Dichter ihm zu spielen aufgibt (Teles, fr. 2) - sei es nun die des Bettlers oder die des Königs: „Erinnere dich, daß du ein Schauspieler in einem Drama bist; deine Rolle verdankst du dem Schauspieldirektor. Spiele sie, ob sie nun kurz oder lang ist. Wenn er verlangt, daß du einen Bettler darstellst, so spiele auch diesen angemessen; ein Gleiches gilt für einen Krüppel, einen Herrscher oder einen Durchschnittsmenschen. Denn das allein ist deine Aufgabe: die dir zugeteilte Rolle gut zu spielen; sie auszuwählen, ist Sache eines anderen." (Epikt., Encheiridion 17[593])

Der Schauspielerei verwandt ist die Rhetorik, die den Hypokrites als Redner kennt (Aristot. rhet. 1413B), der sich besonders in der freien Rede auf dem Markt der ὑποκριτική („Vortrag einer Rede, Gestik u Mimik eingeschlossen"[594]) bedient, damit seine Rede erreicht, was sie soll[595] (Aristot. rhet. 1413B-1414A).

Weil sowohl Schauspieler als auch Rhetor mit ihrer Kunst etwas vorgeben, was nicht unbedingt der Realität entspricht, kann ὑποκριτής neben der neutralen „Berufsbezeichnung" einen pejorativen Klang bekommen: So heißt es in einer Schrift aus dem Corpus Hippocraticum (De diaeta 24): „Schauspieler und Betrüger sagen denen, die es ja wissen, dieses und denken dabei anderes; sie treten als diese ab und erscheinen dann wieder als andere: Einzig der Mensch kann dieses sagen und dabei etwas anderes tun, derselbe sein und es doch nicht sein, mal diese Meinung haben, mal jene."

Der Schauspieler wird dem Betrüger gleichgestellt: Beide *geben etwas vor, was keinen Anhalt an der Wirklichkeit hat. Wissen und Sagen, Reden und Tun stehen im Widerspruch zueinander.* „In solchen Zusammenhängen kann ὑπόκρισις die Bedeutung Vorwand, trügerischer Schein, ,Theater' erhalten."[596] Hypokrites ist beispielsweise jemand, der vorgibt, Jude zu sein, obwohl er Grieche ist (Epikt. dissertationes II 9,19f), wie auch der, der behauptet, er habe eine Mitgift gegeben, dies in Wirklichkeit jedoch nicht getan hat (Demosth. or. 31,8), ein Mann, der jemandes Vater zu sein behauptet (Ach. Tat. 8,8,14), die Ehefrau des Kyros, die dies nur geworden ist, weil sie sich als ägyptische Königstochter ausgegeben hat (Polyain. 8,29) . Als Gegenteil von Wahrheit bzw. Wahrhaftigkeit wird Hypokrisis zum Laster, so in den Lasterkatalogen des Stoikers Marc Aurel: neben τὴν πίστιν παραβῆναι, τὴν αἰδῶ ἐγκαταλιπεῖν, μισῆσαί τινα, ὑποπτεῦσαι, καταράσασθαι, ὑποκρίνασθαι, ἐπιθυμῆσαί τινος τοίχων (3,7).[597]

Neben der ethisch neutralen bzw. positiv wertenden kommt also die negativ verurteilende Bedeutung des Verbs ὑποκρίνομαι (und seiner Derivate) zu stehen, wobei

---

[591] Wilckens (1969), 559.
[592] Vgl. Hoheisel (1995), 181f. Im römischen Reich ging damit eine erhebliche Beschneidung der Rechte einher.
[593] Übersetzung Nickel (1994).
[594] Wilckens (1969), 560.
[595] Daß eine Rede ohne Hypokrisis ihre Wirkung trotz aller argumentativen Stringenz verfehlen kann, weiß Plutarch über Demosthenes zu berichten (Demosthenes 7).
[596] Wilckens / Kehl / Hoheisel (1988), 1209.
[597] Vgl. auch (7,69; 9,2).

damit gemeint ist, dass der Mensch, der Hypokrites genannt zu werden verdient, jemand ist, „der etwas anderes tut oder ist, als was er sagt"[598].

2.3.2.1.2 ὑπόκρισις bei Philo

Philo von Alexandrien verwendet Hypokrisis zum einen als Begriff der Rhetorik. Der Liebhaber der Weisheit, der aus allen Künsten das Richtige zu wählen weiß, übernimmt von ihr u.a. die Hypokrisis (Som 1,205). Geläufiger noch ist Philo Hypokrisis im Kontext des Theaters, das er aus eigener Anschauung kennt, wie eine Erwähnung eines unlängst stattgefundenen Theaterbesuches zeigt, bei dem er eine von Schauspielern (ὑποκριταί) gezeigte Tragödie des Euripides gesehen habe (Quod omnis probus liber sit 141). In All 2,76 stellt er die Hypokrisis als Sammelbegriff für alles, was auf der Bühne des Theaters dargeboten wird, neben Tragödie und Komödie. Eine negative Bewertung des Begriffs ist an keiner der genannten Stellen zu bemerken. Hypokrisis ist die Kunst der Darstellung - und als solche ethisch neutral. Auch den pejorativen Gebrauch von Hypokrisis kennt Philo: So spielt der Pharao „wie im Theater" (ὡς ἐν θεάτρῳ) die Rolle des Gerechten und Beherrschten, obwohl in ihm Ungerechtigkeit und Unbeherrschtheit wohnen (Abr 103). Die politischen Gegner des Flaccus benehmen sich ihm gegenüber wie Schauspieler auf der Bühne, indem sie ihm Freundlichkeit vorspielen (Flacc 19). Frauen gelten in Philos Augen als selbst- und ohne Maß eifersüchtig, ständig darauf bedacht, die Moral ihrer Ehemänner zu ruinieren. Zu diesem Zweck agieren sie wie Schauspielerinnen auf der Bühne (ὥσπερ ἐπὶ σκηνῆς) (Hypothetica 380). Hypokrisis in diesem Sinne ist ein auf die Wirkung bei den Zuschauern (τοῖς συνεληλυθόσι θεαταῖς) abgestelltes Verhalten (Quod Deus sit immutabilis 102). Als solches lasse es sich im menschlichen Miteinander nicht immer vermeiden, da Hypokrisis „wie im Theater" das menschliche Leben allgemein beherrsche. Ein Ratschlag wie „πάντα ἀλήθευσον" (Gen 20,16 LXX) muss darum als ausgesprochen unphilosophisch empfunden werden (Quaest in Gn 4,69 zu Gen 20,16). Auch und gerade der Philosoph, so er etwas zu Erziehung des Menschengeschlechts beitragen will, könne auf Hypokrisis nicht verzichten, und zur Überwindung der eigenen Leidenschaften sei sie unentbehrlich (Migr 211). Immer geht es jedoch bei dem als Hypokrisis beschriebenen Verhalten um eine Inkongruenz bzw. einen Widerspruch zwischen *Sein* und *Schein* (πολλάκις γὰρ ὑπὸ τοῦ δοκεῖν παρευημερήθη τὸ εἶναι) (Fug 156). Worte, die nicht den Gedanken entsprechen, werden laut (Quod omnis probus liber sit 99), Gefühlsregungen wie Freude (Mut 170; SpecLeg 2,49) oder Ärger (Jos 160) werden vorgespielt, die keinen Anhalt an der inneren Disposition dessen haben, der sie zeigt. Die wahre Gesinnung wird verborgen (SpecLeg 4 184; Flacc 19). Hypokrisis steht somit im *Gegensatz zur Wahrheit*: Handelt der Böse gut, so ist dies Hypokrisis, handelt der Gute gut, so übt er Wahrheit aus (ἐπειδὴ τοῖς μὲν ἀλήθεια, τοῖς δὲ ὑπόκρισις ἀσκεῖται) (Fug 156). Sein und Schein stimmen hier überein,[599] das, was dem Sein entspricht, wird getan. Wahr ist, ganz griechischem Denken gemäß, was mit dem Sein überein-

---

[598] So U. Luz (1992), 323; vgl. auch Luz (1997), 321 mit guter Kritik an der Deutung Wilckens u.a.
[599] Auch im Kontext von Quod deus sit immutabilis 103; Conf 48 Fug 160; Mut 170; Jos 68f steht Hypokrisis in einem negativen Verhältnis zur ἀλήθεια.

stimmt.[600] Hypokrisis dagegen ist das Fehlen dieser Übereinstimmung - die Kluft zwischen Wort und Tat: „ἄλλα λέγοντες ἕτερα δρῶσι" (Quaest in Gn 4, 69).

2.3.2.1.3 ὑπόκρισις bei Josephus

„Sehr oft spielen die, die verabscheuungswürdige Taten vorhaben, die Rolle der wahrhaft Guten, damit sie nicht in den Verdacht der Verschwörung geraten." (ὑποκρίνονται γὰρ ἱκανῶς πολλάκις εἰς τὸ ἀνύποπτον τῆς ἐπιβουλῆς τὰ τῶν ἀληθῶς ἀγαθῶν οἱ πράγμασιν ἐγχειροῦντες ἀτόποις) (Ant 7,34). Was Josephus hier anlässlich der Verschwörung Joabs gegen Abner (2 Sam 3,27) mit dem Anspruch der Allgemeingültigkeit formuliert, deckt tatsächlich die Bedeutung des überwiegenden Teils der 40 bei ihm vorkommenden Belege für Hypokrisis und seine Derivate ab. Hypokrisis ist die Verstellung bzw. Vorspiegelung falscher Gefühle und Einstellung im höfischen Ränkespiel. Im machtpolitischen Kalkül sichert die Hypokrisis das eigene Überleben, trägt zur Beseitigung der Feinde bei und dient nicht zuletzt dazu, sich dem jeweiligen Herrscher in einem möglichst günstigen Licht darzustellen. Das Repertoire an zu spielenden Rollen (πρόσωπα Bell I,516)[601] ist - abhängig von der jeweiligen Konstellation - unerschöpflich.[602] Auch im Krieg geht es nicht ohne Hypokrisis ab: Ein Rückzug wird vorgetäuscht (Bell 4,60), ebenso die Bereitschaft, sich zu ergeben (Bell 5,321) - beides natürlich, um den Feind in den Hinterhalt zu locken.[603]

Hypokrisis ist dabei nicht per se negativ qualifiziert, sie gehört sozusagen zum täglichen Leben bei Hofe und beim Militär. Was sie negativ werden lässt, ist die persönliche Einstellung des Erzählers Josephus zu den Personen, die sich ihrer bedienen. Biblische Helden wie Abraham, der seine Frau beim Pharao und bei Abimelech die Rolle seiner Schwester spielen lässt (Ant 1,162.211), oder Josef, der seinen Brüdern gegenüber die Rolle des Zornigen spielt (Ant 2,160) werden anders bewertet als beispielsweise der von Josephus zutiefst gehasste Johannes von Gischala, den er wegen seiner Verstellkunst unablässig verunglimpft (Bell 2, 585.617; 4,209).

Deutlich ist, dass - unabhängig von jeder Bewertung - Hypokrisis für Josephus ein Verhalten kennzeichnet, das nach außen etwas darstellt, ohne dass es zum Dargestellten auf der realen Ebene eine Entsprechung geben würde.

2.3.2.1.4 Zwischenergebnis

Bei der Durchsicht der Verwendung von ὑποκρίνομαι in der griechischen Literatur paganer und jüdischer Provenienz fällt auf, dass die Wortbedeutung „schauspielern" auch da bewahrt bleibt, wo das Wort im übertragenen Sinn gebraucht wird. Es bedeutet zunächst ganz wertfrei, in der Öffentlichkeit eine bestimmte Rolle darstellen. Der pejorative Gebrauch legt den Ton dann auf die *Inkongruenz*, die zwischen der dargestellten Rolle und dem besteht, was auf der realen, öffentlich nicht sichtbaren,

---

[600]   Vgl. Liddell-Scott, 63.
[601]   Πρόσωπον ist - ebenfalls wie Hypokrisis - ein Begriff der Theatersprache. Er bezeichnet die Maske des Schauspielers bzw. die von diesem zu spielende Rolle (Belege bei Liddell-Scott, 1533).
[602]   So z.B. Trauer (Ant 12,216), Bescheidenheit (Ant 13, 220), Mitleid (Bell 1,519), Feindschaft (Bell 1, 569), freundliche Gesinnung (Bell 1,608), Krankheit (Bell 2,617), Zorn (Ant 2,160), Liebe (Ant 15,204) u.v.m. .
[603]   Ein schönes Beispiel dafür ist auch Bell 5,112.

Ebene gegeben ist, philonisch gesprochen zwischen δοκεῖν und εἶναι. Eine den eigentlichen Gehalt des Wortes hinter sich lassende Verwendung im Sinne von Frevler
oder Gottloser ist hingegen nicht belegt.[604]

2.3.2.1.5 ὑπόκρισις in der LXX

Insgesamt begegnet der Stamm vierzehn Mal in der LXX, schwerpunktmäßig in den
Spätschriften, zu denen keine hebräische Vorlage erhalten ist. Eine solche findet sich
nur zu Hi 30,34; 36,13, wo im masoretischen Text eine Form von חנף steht.

PsSal 4, 6.20.22: Dieser Psalm richtet sich gegen diejenigen, die in Hypokrisis leben
(Vers 6). Ihr Verhalten, das darauf gerichtet ist, Menschen zu gefallen (vgl. Überschrift und Vers 7) ist durch ein Missverhältnis zwischen Handeln nach außen und
Handeln nach innen gekennzeichnet. Überragend in der Rede und der äußeren Erscheinung (σημείωσις), hart und eifernd im Urteil gegen die Sünder im Gericht, be-
wandert im Gesetz (Vers 8), sind sie selbst schuldig durch eine „bunte Mischung"
(ἐν ποικιλίᾳ) von Sünden und Zügellosigkeiten (vgl. Mt 23,25), die sie heimlich
ausleben (Vers 5). Die Gerechten werden von ihnen unter Vorspiegelung falscher
Tatsachen betrogen (ὑποκρίνοντο).[605]

Sir 1,29; 32,15; 33,2: Nach 33,2 ist ὑποκρινόμενος das negative Spiegelbild des
Weisen. Letzterer hasst das Gesetz nicht, während der andere sich ihm gegenüber als
ὑποκριτής erweist - also unaufrichtig, unecht, gespielt, geheuchelt mit ihm umgeht
(vgl. auch 32,15). Sir 1,29b rät dem Menschen, auf seine Lippen Acht zu haben -
parallel dazu wird davon abgeraten, sich „im Munde der Menschen"[606] heuchlerisch
zu benehmen bzw. vor den Menschen bzw. im Munde der Menschen als Heuchler zu
gelten.
Hier ist der Kontext interessant - soweit man ihn heranziehen darf: Es wird davor
gewarnt, die Furcht des Herrn zu verachten und sich ihm mit gespaltenem Herzen zu
nahen. Des Weiteren möge man sich nicht selbst erhöhen, auf dass man nicht falle
und seine Seele/sein Leben in Unehre bringe, wenn der Herr die Geheimnisse des
Menschen enthüllen und ihn inmitten der „Synagoge" niederwerfen wird. Versteht
man den Kontext als Illustration dessen, was mit Hypokrisis gemeint ist, dann lässt
sich dieser Begriff folgendermaßen präzisieren: Es geht um ein Verhalten, das das
Eigentliche verbirgt, das, wenn es offenbar würde, den Menschen zutiefst diskredi-
tierte. Hypokrisis und gespaltenes Herz gehören zusammen.

Weish 5,18; 18,15: Beide Belege beschreiben ein Handeln Gottes, welches durch das
Gegenteil von Hypokrisis gekennzeichnet ist. Der ersten Stelle geht es um das Gericht Gottes, das die Gerechten belohnen und die Gottlosen vernichten wird. Dieses

---

[604]   Wieso sich nach Wilckens (1969), 564 der Gebrauch des Begriffs im Diaspora-
judentum „von dem der klassischen und hellenistischen Literatur charakteristisch"
unterscheiden soll, ist mir nach Durchsicht der Belege nicht ersichtlich.
[605]   Wright (1985), 665: „PssSol 4 is an indictment of hypocritical political and religious leaders. The language is intense and shockingly vicious in its attack on those in
the highest positions in government." Wright versteht Vers 1 wörtlich als Anspielung
auf den Jerusalemer Sanhedrin.
[606]   Hinter dieser griechisch schwierigen Wendung verbirgt sich das hebräische בפני
bzw. לפני. Vgl. Sauer (1981), 509.

Gericht ist ἀνυπόκριτον, . Es verhält sich also kongruent zu den Taten derer, die vor Gericht stehen.[607] 18,14ff schildert die Taten des allvermögenden göttlichen λόγος in der Nacht des Auszugs aus Ägypten. Dieser trug „das scharfe Schwert" des „unerbittlichen Befehls" (ἀνυποόκριτον ἐπιταγήν) nach Ägypten. Dieser Befehl führt aus, was er sagt, zwischen ihm und seinem Resultat besteht kein Unterschied.

2 Makk 5,25;6,21;6,24;6,25: Eine militärisch motivierte Hypokrisis begeht Apollonius (5,25), der mit der Absicht nach Jerusalem gekommen war, dort alle wehrfähigen Männer umzubringen (5,24). Sie besteht darin, dass er den Friedfertigen spielt, um dann am Sabbat, wenn die Juden nicht kämpfen, loszuschlagen. Das Gegenbild des Hypokrites ist der Schriftgelehrte Eleazar, der sich weigert, das ihm vorgesetzte Schweinefleisch zu essen (6,18ff). Ihm wohlgesonnene Männer schlagen vor, doch einfach so zu tun (6,21) , als äße er das, was Antiochos, ihm befahl, um auf diese Weise sein Leben zu retten. Eleazar lässt sich auf dieses Spiel nicht ein, weil sonst durch sein „Schauspiel" (Hypokrisis) die Jugend den Eindruck gewinnen könnte, er sei tatsächlich vom Gesetz Gottes abgefallen und zur fremden Lebensart übergegangen (6,24).
Hypokrisis ist hier ganz eindeutig das schauspielerische Sich-Verstellen, die Vorspiegelung falscher Tatbestände - eine Inkongruenz zwischen dem, was nach außen sichtbar ist, und der wahren Einstellung.

*4 Makk 6,15;6,17:*In der Parallelüberlieferung zu 2 Makk 6 bezieht sich ὑποκρίνομαι ebenfalls auf den gut gemeinten Ratschlag, der Eleazar bezüglich des Schweinefleisches unterbreitet wird, und dessen Abweisung. Letztere lässt die ursprüngliche Herkunft des Begriffs aus der Welt des Theaters noch deutlicher spüren als die Parallelfassung: „Niemals mögen wir als Kinder Abrahams so übel denken, dass wir aus Feigheit ein nicht zu uns passendes Drama vorführen." (Μὴ οὕτως κακῶς φρονήσαιμεν οἱ Αβρααμ παῖδες ὥστε μαλακοψυχήσαντας ἀπρεπὲς ἡμῖν δρᾶμα ὑποκρίνασθαι).

*Hi 34,30; 36,13:*Beide Stellen sind nur ausgesprochen schwer zu deuten. 36,13: „Die Hypokritai im Herzen werden Zorn aufstellen" oder „Die Hypokritai werden im Herzen Zorn aufstellen". Der zweite Halbvers qualifiziert sie: „Sie werden nicht schreien, denn er hat sie gebunden." Die Hypokritai scheinen etwas im Stillen zu tun. Folgt man der zweiten Übersetzungsmöglichkeit, so tun sie es im Herzen. Dort „rüsten sie sich zur Schlacht", bereiten θυμός vor.
Im Kontext ist von Gottlosen die Rede, die ungehorsam bleiben, obwohl sie gewarnt worden sind. Ihr Schicksal ist der frühe Tod (36,14).
Der Vers lässt großen Interpretationsspielraum, denn er beschreibt das Tun der Hypokritai nur ansatzweise: Es scheint um ein Tun zu gehen, das sich in der Verborgenheit des Herzens abspielt. Wie es sich nach außen darstellt, lässt der Text nicht erkennen - vermutlich jedoch entgegengesetzt zu dem, was im Inneren vor sich geht. Damit wäre auch verständlich, warum die LXX an dieser Stelle eine Form von ὑποκρίνομαι zur Übersetzung von חנף benutzt, was sie sonst nur noch in 34,30 tut:[608] „Wobei er einen *schauspielernden* Menschen zum König einsetzt wegen der

---

[607] Georgi (1980) übersetzt es hier mit „unparteiisch", in 18,15 mit „unwiderruflich".
[608] Die LXX verwendet für das Verb sonst μολύνω (Jer 23,11), ἀνομέω (Jes 24,5), μιαίνω (Jer 3,1.2; Dan 11,32), φονοκτονέω (Ps 106 (105 LXX),38; Num 35,33 2x), ἐπάγω (Dan 11,32), für das Adjektiv ἄνομος (Jes 9,16; 10,6), ἀσεβής (Hi

Unzufriedenheit des Volkes." Ein finites Verb fehlt dem Satz, aus dem Vorangehenden geht jedoch eindeutig hervor, dass der Handelnde Gott ist.

2.3.2.1.6 Ergebnis

Der Befund ist insgesamt recht eindeutig: Die ursprüngliche konventionelle Bedeutung des griechischen ὑποκρίνομαι lässt sich auch in der LXX in jedem einzelnen Fall wieder finden:[609]
Es geht um das schauspielerische Darstellen einer Rolle mit welcher Absicht auch immer, übertragen um eine Inkongruenz zwischen dem, was öffentlich zur Darstellung gebracht wird, und dem, was dem im Verborgenen gegenübersteht. In keinem Bereich der von uns gesichteten Literatur ist eine „weite" Deutung des Begriffs im Sinn von Gottloser oder Frevler gegeben.

2.3.2.1.7 ὑπόκρισις bei Matthäus (außerhalb der Wehrufe)

Außer in Mt 23 verwendet Matthäus Derivate dieses Wortes in 6,2; 7,5; 15,7; 22,18 und 24,51. Um ein bewusstes Schauspielern geht es wie schon gesagt in 22,18. Auch Mt 6,2 zielt eindeutig auf öffentliche Darstellung: Das Almosengeben wird höchst öffentlichkeitswirksam inszeniert, mit der Absicht, von den Menschen gepriesen zu werden. Nach 7,5 ist die zur Darstellung gebrachte Sorge um die Gerechtigkeit des Bruders bei gleichzeitiger eigener Ungerechtigkeit ein Fall von ὑπόκρισις. Das öffentlich sichtbare Tun und Reden stimmt nicht mit der eigenen Beschaffenheit überein. 15,7 legt wiederum den Finger auf die Inkongruenz von öffentlich Wahrnehmbarem (Ehrung Gottes mit den Lippen) und dem, was dem im Inneren gegenübersteht (Entfernung von Gott im Herzen). 24,51 weist dem Knecht, der seinem Auftrag nicht nachkommt, seinen Platz bei den ὑποκριταί zu. Ob damit das Handeln gegen den Auftrag selbst als ὑπόκρισις gekennzeichnet werden soll, ist schwer zu entscheiden, wenn ja, dann ginge es wohl um die Inkongruenz von Auftrag und tatsächlichem Verhalten.
Allen diesen Belegen ist gemeinsam, dass die ὑποκριταί ein bestimmtes Verhalten oder Reden öffentlich zur Darstellung bringen. Dieses Dargestellte findet auf der nicht öffentlich sichtbaren Ebene der Intention oder des Herzens keine Entsprechung. Das, was in der Wahrnehmung des

---

8,13;15,34;Hi 27,8; Spr 11,9; Jes 33,14), παράνομος (Hi 17,8; 20,5), δόλος (Hi 13,16); für die davon abgeleiteten Nomina Μολυσμός (Jer 23,15) ἄνομα (Jes 32,6). Von den insgesamt 25 Belegen für חנף und seine Derivate in der hebräischen Bibel sind hier nur die berücksichtigt, bei denen die LXX wirklich diese Wurzel zugrundelegt.
[609] Eine mögliche Ausnahme stellen lediglich die kaum zu deutenden Stellen aus dem Hiobbuch dar.

Matthäus dort gegeben ist, ist etwas anderes als das, was äußerlich zu sehen ist. Damit widersprechen die so Titulierten zugleich dem matthäischen Ideal der vollkommenen und ungeteilten Ganzheit (5,48). Statt durch eine Einheit von Intention und Tat, von Innen und Außen sind sie durch Inkongruenz, durch Gespaltensein gekennzeichnet.

2.3.3 Der Skopus der Kritik in den einzelnen Wehrufen

Die sechs Wehrufe, in denen dieses Stichwort begegnet, kritisieren diese Inkongruenz anhand diverser halachischer Themen. Ich beschränke mich auf einige knappe Hinweise.

2.3.3.1 Mt 23,13

Dieser Wehruf stellt die Pharisäer und Schriftgelehrten als solche dar, die den Zugang zum Reich Gottes verwalten[610]. Sie sind offenbar in der Lage, ihn zu verschließen und - so ist zu folgern - zu öffnen. Dieser Vers setzt wie schon 23,2-3a eine „Lehrautorität" auf Seiten der Pharisäer und Schriftgelehrten voraus.[611] Sie steht neben der Autorität des Petrus bzw. der Gemeinde, die ebenfalls die „Schlüssel der Königsherrschaft der Himmel" innehaben (16,19). Damit weist dieser Vers die gleiche Spannung auf, die sich bei der Besprechung von 23,2f zeigte. In Mt 16,19 wird der bildliche Ausdruck explizit: Wer im Besitz der Schlüsselgewalt ist, ist in der Lage, halachische Weisung zu geben, die im Himmel und auf der Erde bindend ist.[612] Wenn man diese Bedeutung auch hier zugrunde legt, dann geht es um die halachische Vollmacht der Pharisäer und Schriftgelehrten, die aktuell festlegt, was dem Willen Gottes entspricht und was nicht.

Matthäus kritisierte schon in 23,3bf, dass diejenigen, die auf der Kathedra des Mose sitzen, nicht ihrer Halacha entsprechend handeln, dem entspricht nun der erste Teil von 13b: Sie gehen selbst nicht hinein, d.h., sie verhalten sich nicht so, wie sie selbst lehren, indem sie über das entscheiden, was den Zugang zum Himmelreich eröffnet oder verschließt. Über 23,3b hinaus scheint der zweite Teil dieses Halbverses zu weisen. Ging es dort allein um das Tun der halachischen Autoritäten, so weitet sich der Blick hier auf diejenigen, die unter ihrer Autorität stehen: Ihnen wird der Zugang zur Königsherrschaft der Himmel verwehrt. Was steht hinter dieser Wendung? Der Zugang zur Basileia ist im MtEv bekanntlich an das Tun des Gotteswillens (7,21) bzw. an ein ausreichendes Maß an Gerechtigkeit (5,20) gebunden. Wer diesen Zugang versperrt, hindert

---

[610]   Zur damit verbundenen Vorstellung vom Reich Gottes vgl. oben III / 1.2.1.4.
[611]   Vgl. Gnilka (1988), 285; Limbeck (1986), 265.
[612]   Vgl. unter III / 2.2.2.1 Anm. 470.

die Menschen also daran, den Willen Gottes in ausreichendem Maße zu tun. Das für den Eintritt in das Gottesreich erforderliche *quantitative* „Mehr" an Gerechtigkeit verbindet Matthäus nach 5,20 mit der Befolgung der Halacha, mit der Jesus die Tora aktuell füllt. Die Halacha der Pharisäer und Schriftgelehrten sieht Matthäus *quantitativ, nicht qualitativ* dahinter zurückbleiben: Sie ist zu tun, weil ihr Tun Gerechtigkeit bedeutet. Aber sie allein reicht nicht aus, es muss noch mehr getan werden.[613] Wenn die Pharisäer und Schriftgelehrten dieses „Mehr" nicht verwirklichen und nicht in dieses „Mehr" einweisen, dann bewirken sie damit, dass diejenigen, die sich auf ihren Weg begeben, nicht in das Gottesreich eingehen werden.

Damit verhalten sie sich in doppelter Weise inkongruent zu der ihnen anvertrauten Vollmacht: Sie tun zum einen selber nicht, was sie sagen, und sie machen zum anderen von ihrer Vollmacht im Blick auf andere nicht in ausreichender Weise Gebrauch, indem sie eine Halacha in einer Weise lehren und praktizieren, die hinter dem „Mehr" der Halacha des mt Jesus zurückbleibt. Das trägt ihnen den Vorwurf ὑποκριταί ein.

2.3.3.2 Mt 23,15

23,15 führt die im ersten Wehruf geäußerte Kritik weiter. Ging es dort darum, dass die Pharisäer und Schriftgelehrten mit ihrer halachischen Weisung *in Israel* hinter dem zurück bleiben, was Matthäus für nötig hält, so weitet sich nun der Blick auf die *Völker*.

Diese Deutung ist keineswegs unumstritten. Schon 1939 klagte B.J. Bamberger im Blick auf diesen Vers: „This passage is apparently simple, clear, and easily comprehensible; yet it has been twisted and tortured by scholars, Christian and Jewish. For some inexplicable reason, the learned have been unwilling to believe that the passage means what it obviously states."[614] Was dieser Vers in Bambergers Augen so eindeutig zu belegen scheint, ist eine jüdische Heidenmission im ersten Jahrhundert. Aber - und das ist der Grund, warum so viele sich gezwungen sahen und bis heute gezwungen sehen, diesen Vers anders zu deuten[615] - er ist bis heute der einzige Text, der eine solche Missionstätigkeit wirklich eindeutig belegen könnte. Zwar finden sich eine ganze Reihe von Zeugnissen, die eine Offenheit jüdischerseits für Men-

---

[613] Vgl. Becker (1990), 222, der zutreffend vom Matthäischen „Perfektionismus" spricht.

[614] Bamberger (1939), 267. Wander (1998), 218ff referiert knapp die ältere deutschsprachige Forschung.

[615] Bamberger (1939), 267ff stellt die älteren Auslegungsmodelle ausführlich dar. Bis heute diskutiert wird der Vorschlag, den Allan (1907), 246 gemacht hat: In Mt 23,15 sei nicht von Heiden die Rede, die für das Judentum gewonnen werden sollten, sondern von Juden, die für die pharisäische Lebensweise begeistert werden sollten. Diese Deutung vertreten Berger (1988), 234 und Goodman (1994), 70: „I shall suggest that in this verse Jesus (or Matthew) was attacking Pharisees for their eagerness in trying to persuade other Jews to follow Pharisaic halakha".

schen aus der Völkerwelt spiegeln, die sich als Konvertiten oder Sympathisanten[616] zum Gott Israels bekennen[617] - aber eine solche Offenheit ist nicht unbedingt identisch mit dem aktiven Bemühen, „Proselyten zu machen".[618]

Daneben stehen sehr vereinzelt Texte, die missionarische Bemühungen erkennen lassen und diese positiv bewerten. Josephus berichtet von Abraham, er habe vorgehabt, die Ägypter im Sinne seiner Gottesverehrung „umzuformen" (Ant 1,161)[619]. Auch in rabbinischen Quellen erscheint Abraham als sehr aktiver Missionar (SifDev §32 Finkelstein, 54)[620]. Schließlich gibt es pagane Zeugnisse, die auf missionarische Aktivitäten jüdischerseits schließen lassen.[621] Auch angesichts dieser Quellen bleibt aber die Frage, ob sie aktive Mission bezeugen oder lediglich Offenheit signalisieren oder im Fall der römischen Quellen auf eine solche Offenheit reagieren.[622]

---

[616] Vgl. zum Phänomen der sog. Gottesfürchtigen Siegert (1973), 109ff und Wander (1998), 231ff.

[617] Hier ist z.B. die proselytenfreundliche Haltung des Romans Josef und Asenet zu nennen, die manche sogar dazu veranlasst hat, diesen Text als Missionsschrift zu bezeichnen (vgl. die kritische Diskussion bei Burchard (1985), 194f). Auch Philo begrüßt das Dazukommen von Heiden ausdrücklich und würdigt den Mut, den ein solcher Schritt verlangt (SpecLeg 1,52; 1,309; 2,118ff; 4,178; Virt 102ff; 182; 219). Rabbinische Belege lassen sich ergänzen (MekhY zu Ex 22,20 [Horovitz/Rabin, 311f]; bShab 31a; bPes 87b; BerR 39,16; BemR 8,3). Besonders in der rabbinischen Literatur finden sich aber auch proselytenfeindliche Belege (MekhY zu Ex 14,7 [Horovitz/Rabin 89]; bNid 13b). Eine negative Einstellung gegenüber Proselyten herrschte wohl auch in Qumran vor (vgl. Deines (1994), 59ff; Baumgarten (1972), 93ff).

[618] Darauf weisen die Untersuchungen von McKnight (1991), 116f und Goodman (1994), 86ff wiederholt hin.

[619] Dies dient Feldman (1992), 372ff als starkes Indiz für die Existenz einer jüdischen Mission im ersten Jahrhundert.

[620] Vgl. Rokeach (1994/95), 142.

[621] Folgende Quellen sind hier zu nennen: 1. Val. Max. 1,3,3: „Iudaeos quoque, qui romanis tradere sacra sua conati erant, idem Hispalus urbe exterminavit arasque privatas e publicis locis abiecit." Das beschriebene Ereignis wird auf 139 v. Chr. datiert (vgl. Stern (1974), 357). Die Pariser Epitome hat folgenden Wortlaut: „Idem Iudaeos, qui Sabazi Iovis cultu Romanos inficere mores conati erant, repetere domos suas coegit". 2. Cass. Dio LVII 18,5: „τῶν τε Ἰουδαίων πολλῶν ἐς τὴν Ῥώμην συνελθόντων καὶ συχνοὺς τῶν ἐπιχωρίων ἐς τὰ σφέτερα ἔθη μεθιστάντων, τοὺς πλείονας ἐξήλασεν". Die Rede ist von der Ausweisung der Juden aus Rom unter Tiberius 19 n.Chr. (vgl. auch Tac. ann. II 85,4; Suet. Tib. 36; Josephus Ant 18,81ff). Während weder Tacitus noch Sueton die Ausweisung der Juden mit missionarischen Unternehmungen in Zusammenhang bringen (beide sprechen recht allgemein und vage von jüdischen Riten und solchen, die von diesem Aberglauben „infiziert" sind), steht bei Josephus - kräftig apologetisch gefärbt - ein konkreter Fall von jüd. Misson im Hintergrund der Vertreibung. 3. Hor. sat. I 4,139-143: „Hoc est mediocribus illis / ex vitiis unum; cui si concedere nolis / multa poetarum veniat manus, auxilio quae / sit mihi: nam multu plures sumus, ac veluti te / Iudaei cogemus in hanc concedere turbam."

[622] In diesem Sinn bespricht Goodman (1994) die genannten Quellen. S.E. kann ein aktives Werben für das Judentum erst im 3. Jh. n. Chr. einwandfrei festgestellt werden - wahrscheinlich als Reaktion auf christliche Mission (Goodman (1989), 185). Anders und mit umsichtiger Kritik an Goodman Rokeach (1994/95), 135ff. Zur aktu-

Das Quellenproblem wäre im Blick auf Mt 23,15 weniger gewichtig, wenn die Aussage dieses Verses, näherhin des Wortes „προσήλυτος" sich wenigstens philologisch als eindeutig erweisen ließe. προσήλυτος ist in der LXX Äquivalent des hebräischen גר.[623] Im ersten Jahrhundert wird es recht selten gebraucht, Josephus benutzt es nie, Philo nur sporadisch[624], im NT begegnet es neben Mt 23,15 nur noch in Apg 2,11; 6,5; 13,43. An den letztgenannten Stellen bezeichnet es Menschen, die zum Judentum konvertiert sind und trotz heidnischer Abstammung nun als Juden gelten.[625] In diesem Sinne kann auch Philo von Proselyten sprechen (vgl. SpecLeg 1,51). Daneben kann er aber auch gebürtige Juden „Proselyten" nennen und damit das biblische גר im Sinne von Beisasse verstehen (Cher 108) oder ganz allgemein die Hinwendung zur rechten Lebensführung und Gottesverehrung unabhängig von der Herkunft mit diesem Wort verbinden (Quaest in Ex 2,2).[626] An der zuletzt genannten Stelle zeigt sich jedoch sehr deutlich, dass sich Philo dessen bewusst ist, dass seine vorgeschlagene Deutung[627] lediglich eine Spiritualisierung der wesentlich geläufigeren Bedeutung des Wortes ist, nach der ein Proselyt jemand ist, der durch Beschneidung in die Gemeinschaft des Judentums aufgenommen wird. Zwar lässt sich nicht ausschließen, dass Matthäus diesen Begriff wie Philo in Quaest in Ex 2,2 übertragen gebraucht, doch spricht sowohl Philos Umgang damit, als auch die Mehrzahl der übrigen Belege für dieses Wort dafür, dass auch hier an einen Konvertiten zum Judentum gedacht wird.

Damit ist die Frage nach jüdischer Heidenmission im ersten Jahrhundert noch nicht entschieden. Mt 23,15 bezeugt lediglich, dass Matthäus eine solche wahrgenommen hat - ähnlich wie die genannten römischen Quellen.[628] Ob dem tatsächlich aktive missionarische Bemühungen bestimmter jüdischer Gruppen entsprochen haben oder ob eine proselytenfreundliche Haltung in diesem Sinn gedeutet worden ist,[629] muss offen bleiben.

---

ellen Dimension dieser in Israel lebhaft geführten Debatte vgl. Sagi / Zohar (1994), 7f.

[623] Dieses Wort meint nach Martin-Achard (1984), 409 zunächst den „Fremdling, Schutzbürger", später dann den Konvertiten (412). Vgl. auch Vieweger (1995), 271ff.

[624] Quaest in Ex 2,2; Cher 108-121; Som 2,273; SpecLeg 1,51ff; SpecLeg 1,308.

[625] Das ergibt sich z.B. aus dem Bogen von Apg 2,5 zu 2,11 (vgl. Weiser (1981), 86).

[626] Dieser Befund veranlasst Goodman (1994), 72 zu dem Schluß: „I suggest that the word was becoming a technical term among Jews for a converted gentile, and had been doing so since the time of the Septuagint translation of the third and second centuries BCE, but that its meaning was not yet confined to this sense alone".

[627] „Aufs allerdeutlichste stellt er hier (in Ex 22,20, M.V.) klar, daß der Proselyt nicht der an der Vorhaut Beschnittene ist, sondern der, der an den Lüsten und Begierden und den anderen Leidenschaften der Seele beschnitten ist".

[628] Auch Wander (1998), 227 läßt die Frage nach der Existenz einer jüdischen „Mission" weitgehend offen. Eine „planmäßige Mission des antiken Judentums" lasse sich aus diesem Abschnitt nicht ableiten (227). Sie habe es auch sonst nicht gegeben, wohl aber vereinzelte, unterschiedlich motivierte missionarische Aktivitäten.

[629] Das ist ja auf dem Hintergrund der eigenen entsprechenden Bemühungen der mt Gemeinde (28,19) gut vorstellbar.

Matthäus nimmt also aller Wahrscheinlichkeit nach auf Seiten der Pharisäer und Schriftgelehrten das Interesse wahr, Heiden für das Judentum zu gewinnen. Dieses Interesse lässt sie große Mühen auf sich nehmen.[630] Daran übt er keinerlei Kritik, wohl aber daran, dass die Resultate sich wie in 23,13 inkongruent zu dem verhalten, was eigentlich geschehen sollte. Statt der halachischen Vollmacht entsprechend den Proselyten den Zugang zur Basileia zu eröffnen - wie es die mt Gemeinde für ihr eigenes Wirken in Israel und darüber hinaus in Anspruch nimmt - ebnen sie ihnen lediglich den Weg ins Verderben.[631]

2.3.3.3 Mt 23,23-24

Mt 23,23 berichtet von minutiöser Toraobservanz, die sich bis in die kleinsten Details der Zehnthalacha hinein erstreckt. Matthäus bejaht dies ganz ausdrücklich - auch wenn die Halacha über das hinausgeht, was biblisch vorgesehen ist, denn nach Lev 27,30 und Dtn 14,22f sind lediglich Boden- und Baumfrüchte, Getreide, Wein und Öl zu verzehnten. Die Halacha, wie sie in der Mischna überliefert wird, hat demgegenüber erhebliche Erweiterungen vorgenommen und u.a. auch Dill und Kümmel einbezogen (mMaas 4,5; mDem 2,1).[632] Diese Entwicklung spiegelt Matthäus ohne sie zu kritisieren,[633] womit er wieder einmal seine Sachkenntnis und seine Nähe zur Welt der frühen Tannaim unter Beweis stellt.

Inkongruent zu dieser verschärften Observanz der Tora verhält sich nach seiner Wahrnehmung die Vernachlässigung der „βαρύτερα τοῦ νόμου". Diese Wendung spiegelt die rabbinische Unterscheidung in gewichtigere (חמור) und leichtere Gebote (קל)[634] und damit die Frage danach, was in der Tora von größerer bzw. größter Bedeutung ist.

---

[630] In diesem Sinn lässt sich nach Wettstein (1752), 483 die Wendung „περιάγετε τὴν θάλασσαν καὶ τὴν ξηρὰν"deuten.

[631] Samet (1987), 269 macht auf eine interessante Überlieferung aufmerksam, wonach der Übertritt zum Judentum für die Völker der Welt die einzige Möglichkeit sei, dem Abstieg ins Gehennom zu entgehen (SER 7, Friedmann, 35; par WaR 2,9). Das Alter dieser Überlieferung ist allerdings umstritten. Sollte sie alte Traditionen bewahren, dann schiene die Inkongruenz zwischen beabsichtigter Rettung und tatsächlichem Resultat besonders deutlich auf.

[632] Zur Entwicklung des Zehntwesens, das mit der Tempelzerstörung keineswegs obsolet geworden war, in der tannaitischen Zeit vgl. Aderet (1990), 400 und 414. Zur Praxis vor der Tempelzerstörung vgl. Oppenheimer (1968), 82f.

[633] Ein großer Teil der Literatur zu Mt 23,23f versucht dies anders zu interpretieren; vgl. z.B. Garland (1979), 140.

[634] Vgl. z.B. SifDev § 96 (Finkelstein, 157); § 115 (Finkelstein, 174) u.ö.

Auf diese Frage geben die Quellen vom ersten Jahrhundert an[635] sehr ähnliche, aber doch je etwas anders akzentuierte Antworten. Matthäus nennt hier „κρίσις ἔλεος πίστις". Diese Trias erinnert an verschiedene Bibelstellen (Mi 6,8: κρίμα; ἔλεος; Hos 6,6: ἔλεος).[636] Auf Hos 6,6 nimmt Matthäus schon 9,13 und 12,7 Bezug. Dieser Text ist zugleich in rabbinischen Kreisen zur Beantwortung der Frage wichtig geworden, worauf es bei der Toraerfüllung nach dem Wegfallen des Tempels ankommt (vgl. ARN A4 / B 8).[637] Andere Zuspitzungen nennen Lev 19,18 (so Rabbi Aqiba nach Sifra zu Lev 19,18). Eine der sog. goldenen Regel (Mt 7,12) verwandte Formulierung wird Hillel in bShab 31a zugeschrieben (vgl. schon Philo, Hypothetika 7,6). Nach tPea 4,18 wiegen Gerechigkeitserweise und Taten der Barmherzigkeit die ganze Tora auf.

Das, was Matthäus an „βαρύτερα τοῦ νόμου" nennt, fügt sich damit bruchlos in die innerjüdische Diskussion um das, was in der Tora wesentlich ist, ein. Seiner Wahrnehmung nach legen seine Gegner darauf jedoch nicht genug Gewicht. Diese in den Augen des mt Jesus falsche Akzentuierung verdeutlicht der folgende Vers sehr drastisch mit einem Bild, dessen Material aus dem Bereich der Reinheitshalacha stammt: Mücken gehören neben anderen Insekten zu den Tieren, deren Genuss nach Lev 11,20 oder 11,41 verboten ist. Lev 11,41 wird in bHul 67a ganz ausdrücklich auf die Insekten gedeutet, die man beim Seihen des Weins mit Tüchern zu entfernen sucht (vgl. mShab 20,2). Matthäus nimmt zunächst auf diese Praxis, die strenge Observanz in Fragen der Reinheit signalisiert, Bezug und verleiht mit der absurden Wendung vom Verschlucken unreiner Kamele[638] dem schon in Vers 23 explizit gemachten Gedanken Ausdruck: Zur genauen Observanz der Zehnt- und Reinheitshalacha verhält sich die Vernachlässigung der gewichtigen Gebote der Tora nicht kongruent.[639] Dieses Verhalten, dessen einzelne Elemente nicht zusammenpassen, bringt dem matthäischen Gegenüber den Titel „ὑποκριταί" ein.[640]

---

[635] In Mt 22,34 wird diese Frage ebenfalls gestellt und mit dem einem Zitat von Dtn 6,5 und Lev 19,18 beantwortet (vgl. Karrer (1998), 271 dort Lit.).

[636] Vgl. zu den einzelnen Begriffen Luz (1997), 333: „Zusammen meinen die drei Ausdrücke nichts anderes als das, was Matthäus als oberstes Gebot bezeichnet hatte...".

[637] Vgl. unten IV / 1.4.

[638] Vgl. Chilton (1994), 119 nimmt an, dass ein aramäisches Wortspiel im Hintergrund steht.

[639] Ähnlich urteilt TestAss 2.

[640] Die Wendung von den blinden Wegführern bzw. Blinden deutet über die praktische Dimension hinaus auf eine Differenz in der halachischen Lehre hin: Matthäus nimmt zwischen der Halacha seines Lehrers Jesus und der seines Gegenübers eine Differenz in der Gewichtung wahr (so auch 23,26). Vgl. dazu unten III / 2.4.1. Vgl. dazu auch Garland (1979), 136f.

2.3.3.4 Mt 23,25-26

Matthäus setzt die begonnene Kritik fort, indem er auf eine ähnliche Inkongruenz hinweist. Inwiefern sich dieser Wehruf allerdings auf zeitgenössische Halacha bezieht, ist umstritten. J. Neusner schlägt vor, ihn auf dem Hintergrund der Unterscheidung von Innen- und Außenseite bei Gefäßen, wie sie in mKel 25,1ff vorgenommen wird, zu verstehen. Darüber hinaus liest er die Diskussion zwischen den Schulen Hillel und Schammai mKel 25,7-8 in dem Sinn, dass die Hilleliten wie Jesus den Grundsatz „first cleanse the inside"[641] vertreten hätten. H. Maccoby hat dem widersprochen - und zwar u.a. mit dem einleuchtenden Hinweis, dass es zur Reinigung eines Gefäßes nötig sei, diese in eine Mikwe zu tauchen, das aber mache es unmöglich, die Innen- oder die Außenseite allein zu reinigen.[642] Jesus nehme nicht auf Halacha Bezug, sondern spreche von ganz alltäglichem Abwaschen des Geschirrs, bei dem es sehr wohl möglich gewesen sei, um des schönen Scheins willen allein die Außenseite des Gefäßes zu reinigen. Diese Sicht hat er noch einmal präzisiert in einer Antwort auf einen Artikel von J.C. Poirier, der Neusners Auslegung erneut vertreten hat - allerdings mit einer etwas anderen Gesamtausrichtung.[643] „There is no ritual purity procedure that consists of washing the outside of a vessel alone. Thus again, Jesus' metaphor does not fit into a ritual purity context, but it fits perfectly into a hygienic context".[644]

Alle genannten Autoren gehen davon aus, dass das Verb καθαρίζω in diesem Vers tatsächlich „reinigen" bedeutet. Dies zwingt Neusner dazu, mKel 25,7-8 sehr weit zu pressen, um dort eine passende Halacha zu finden, die vom Reinigen der Außen- oder Innenseite spricht.[645] Maccoby fragt danach, ob es denn ganz praktisch möglich gewesen sein kann, allein die Außenseite des Gefäßes rituell zu reinigen. καθαρίζω kann allerdings auch etwas anderes meinen als den Vorgang des Reinigens - und damit entfällt die genannte Schwierigkeit: καθαρίζω ist in der LXX Äquivalent für טהר und dies bedeutet schon in der Bibel und später auch in rabbinischen Texten nicht nur „reinigen", sondern auch „für rein erklären"[646]. Der erste Teil des Verses ließe sich von daher so übersetzen: „Ihr erklärt die Außenseite eines Bechers oder einer Schüssel für rein".

---

[641] Neusner (1975/76), 493.
[642] Maccoby (1982), 5.
[643] Poirier (1996), 228f. Er kritisiert Maccoby mit dem Hinweis, dass Jesu Rede metaphorisch sei, darum reiche es, wenn er auf Halacha Bezug nehme, um das zu verdeutlichen, worum es ihm auf der Sachebene gehe, seine Metapher müsse aber nicht halachisch stimmig sein (228).
[644] Maccoby (1997), 119.
[645] In der Diskussion geht es aber nicht um das Reinigen der Gefäße, sondern um das Waschen der Hände.
[646] Vgl. Lev 13,7.13.17 u.ö.; MekhY zu Ex 23,8 (Horovitz/Rabin 328); bEr 13b u.ö.

Damit wäre also die konkrete halachische Entscheidung über den Status der Außenseite des Gefäßes gemeint. Solche Entscheidungen sind auf dem Boden der Differenzierung zwischen Innen und Außen, wie sie mKel 25,1ff vornimmt (אחורים ותוך), möglich und nötig, wobei über den Status der Außenseite zunächst ganz unabhängig vom Inhalt entschieden werden kann.[647]

Der mt Jesus spielt darauf an, dass sein Gegenüber solche Entscheidungen fällt, also Wert auf die Reinheitshalacha legt. Dann aber verlagert er den Akzent von der Ebene „Rein / Unrein" auf die Ebene der Ethik[648]: Das, was das Gefäß füllt, wurde auf verwerfliche Weise erworben.[649] Damit wirft er seinen Gegnern vor, es mit der kultischen Reinheit sehr genau zu nehmen, mit der Ethik jedoch weniger genau. Diese Kritik entspricht genau der des vorangehende Wehrufs.[650]

Im zweiten Teil des Verses verbindet er die Ebene der Ethik wiederum mit der der realen Halacha: Zum einen werden die Gegner aufgefordert, sich ethisch besser zu verhalten, auf der halachischen Ebene wird darauf angespielt, was nach der Halacha von mKel 25,6 fest steht, dass nämlich ein Gefäß, dessen Innenseite unrein ist, nicht rein sein kann (נטמא תוכו כולו טמא) - entscheidend ist der Status der Innenseite und des Inhalts. Analog zum Wehruf 23,23f verhält sich observante Praxis zur Ethik inkongruent - diese Inkongruenz benennt Matthäus mit dem Stichwort ὑποκριταί.

2.3.3.5 Mt 23,27-28

Bei diesem Wehruf geht es nun sehr deutlich um eine Inkongruenz von Außen und Innen, von schönem äußeren Schein, dem innen etwas Unschönes entgegengesetzt ist. Matthäus spricht hier nicht nur im Bild, der Vers 28 sagt expressis verbis, was dieses deutlich machen soll: Öffentli-

---

[647] Sinn solcher Unterscheidungen war es, eine Nutzung des Inhaltes eines Gefäßes auch dann zu ermöglichen, wenn die Außenseite kultisch unrein war (mKel 25,3).

[648] Beide Bereiche sind von ihrem Grundansatz her voneinander geschieden. Reinheit bzw. Unreinheit sind z.B. im Buch Levitikus nicht gut oder böse und noch in späteren rabbinischen Zeiten begegnen Gestalten, die beide Bereiche voneinander trennen: moralisch verwerfliche Personen können sehr auf rituelle Reinheit bedacht sein (Beispiele s.o. II / 6.2.2 Anm. 65). Jesus verbindet beide Ebenen miteinander wie der Aristeasbrief (166; 234) vor ihm und Philo neben ihm (SpecLeg 3,208f) schon in Mk 7 (par. Mt 15). Zur Sache vgl. IV / 2.3.

[649] Zur Deutung dieser Wendung vgl. Luz (1997), 336.

[650] Ihren sachlichen Anhalt könnte diese Kritik daran haben, dass die Kreise, aus denen die frühen Rabbinen hervorgegangen sind, natürlich auf die materielle Unterstützung aus der Bevölkerung angewiesen waren (vgl. dazu Hezser (1997), 354ff mit zahlreichen Quellenangaben; Levine (1989), 54ff). Das trifft auf die mt Gemeinde in gleicher Weise zu (vgl. 10,10ff; 10,42). Die Konkurrenzsituation macht es verständlich, dass Matthäus das Verhalten seiner Gegner, deren Anspruch er eben nicht für legitim hält, als Raub und Habgier brandmarkt.

cher Wahrnehmung stellen sich die Pharisäer und Schriftgelehrten als gerecht dar (vgl. 23,5) - auf der realen Ebene sieht Matthäus das genaue Gegenteil, Inkongruenz und Gesetzlosigkeit. ὑπόκρισις und ἀνομία sind genaue Gegenbegriffe zu den Idealen matthäischer Frömmigkeit τελειότης und δικαιοσύνη.[651] Die Pharisäer und Schriftgelehrten geben vor, dem Willen Gottes zu entsprechen, in Wirklichkeit tun sie das genaue Gegenteil davon (vgl. 7,23).

Um diese seine Gegner disqualifizierende Inkongruenz zu illustrieren, bedient Matthäus sich eines Vergleiches, mit dessen genauem Verständnis sich die Exegese schwer tut. Dass Matthäus auf die Praxis Bezug nimmt, Gräber zu kennzeichnen (mShek 1,1; mMSh 5,1), um zu verhindern, dass man sich versehentlich an ihnen verunreinigt,[652] ist deshalb unwahrscheinlich, weil das Kalken der Gräber nach Matthäus nicht der Warnung dient, sondern dem schönen Aussehen.[653] Lachs schlägt nach Diskussion anderer Deutungsansätze vor, τάφος als Ausdruck für Ossuar zu verstehen. Er vermutet, dass solche mit einer Mischung aus Kalk und Marmorstaub „verschönert" werden konnten.[654] Seine Deutung scheitert an der Schwierigkeit, dass er keine wirkliche Parallelstelle nennen kann, an der τάφος nicht Grab, sondern Sarg oder Ossuar bedeutet.[655]

Die Vielzahl nicht wirklich befriedigender Deutungsvorschläge lässt Luz vermuten, Matthäus habe hier wieder einmal „karikiert", weil er dem „Reinheitsgesetz ähnlich entfremdet gegenüberstand, wie der Sprecher von V25f".[656] Schon in 23,25f zeigte sich statt Entfremdung detaillierte Kenntnis der Halacha, so dass wir Matthäus auch hier mehr zutrauen dürfen: κονιάω bedeutet in der LXX „mit Kalk verputzen" (vgl. Spr 21,9), und so könnte Matthäus von entsprechend verschönerten Grabanlagen sprechen.[657] Entsprechend gestaltete Grabhöhlen sind schon länger bekannt[658], z.B. in Jericho[659]. Aber auch Gräber mit verputzter Außenfassade sind archäologisch nachgewiesen, beispielsweise in Chorvat Madras, ca. 6 km nördlich von Bet Guvrin.[660] Der Vergleich, den Matthäus zur Illustration der Inkongruenz von Innen und Außen benutzt, entspricht also ganz präzise den realen sepulchralarchitektonischen Gegebenheiten seiner Zeit.

---

[651]   Vgl. Luz (1997), 341.
[652]   So Sand (1986), im Anschluss an Garland (1979), 156f, der diese Deutung diskutiert und z.T. für zutreffend hält.
[653]   Vgl. Gundry (1982), 466.
[654]   Lachs (1975), 387.
[655]   Vgl. Luz (1997), 341.
[656]   Luz (1997), 341.
[657]   Damit rechnen in gewisser Weise schon Davies / Allison (1997), 301.
[658]   Vgl. Davies / Allison (1997), 301 (Anm. 110).
[659]   Abb. bei Kloner (1994), 166.
[660]   Beschreibung bei Kloner (1994), 169, Abb. 170.

2.3.3.6 Mt 23,29-39

Matthäus kommt nun im letzten Wehruf[661] erneut auf eine Inkongruenz von Reden und Tun zu sprechen. Den Worten - Worten allerdings, die sehr konkret in Architektur umgesetzt werden - stehen Taten gegenüber, die nicht dazu passen: Die Pharisäer und Schriftgelehrten erweisen den Propheten und Gerechten der Vergangenheit ihre Verehrung, indem sie ihnen Grabanlagen errichten und diese schmücken. Ein großes Interesse an den Gräbern dieser Gestalten ist sowohl literarisch[662] als auch archäologisch[663] nachzuweisen. Damit einher geht das Bekenntnis zur Schuld der Vorfahren an ihnen. Im Hintergrund dieser Aussage steht die Tradition vom gewaltsamen Geschick der Propheten, die O.H. Steck umfassend untersucht und auf ihre biblischen Anfänge in der deuteronomistischen Tradition zurückgeführt hat.[664]

Die Vergangenheit wird in diesem Modell - kurz gesagt - vornehmlich unter dem Aspekt der Schuld wahrgenommen. Diese Schuld wirkt fort bis in die jeweilige Gegenwart hinein und lässt diese zur Zeit der *„Umkehr und des Gesetzesgehorsams"*[665] werden. Die Pharisäer und Schriftgelehrten stimmen mit ihrem Reden und ihrer Grabpflege in gewisser Weise in dieses Modell ein. Sie sehen sich in der Schuldkontinuität, insofern sie die Vergangenheit als Zeit der Schuld wahrnehmen, mit der sie genealogisch verbunden sind. Auch nehmen sie die Gegenwart als Zeit der Umkehr wahr, einer Umkehr, die sie nach ihrer Selbstaussage allerdings schon vollzogen haben.[666] Ihrem von Matthäus referierten Selbstbild zufolge haben sie aus den Fehlern der Vergangenheit gelernt und würden in gleicher Lage anders handeln.

Matthäus nun macht auf dreifache Weise deutlich, dass er dieses Selbstbild für nicht zutreffend hält, dass die Umkehr nicht erfolgt ist und die verurteilenswerten Taten der Vergangenheit fortgesetzt werden, so dass

---

[661] Die Abgrenzung dieses letzten Wehrufes ist in der Literatur umstritten (vgl. Garland (1979), 32f). Luz (1997), 367ff lässt mit 23,24 einen neuen Abschnitt beginnen, obwohl er zahlreiche Berührungen mit den vorangehenden Versen sieht (317f). Ähnlich Davies / Allison (1997), 311ff. Dass Matthäus zwischen den Versen 33 und 34 keinen Schnitt gesetzt hat, signalisiert er durch das διὰ τοῦτο. Erst 24,1 markiert durch den vorgenommenen Ortswechsel einen klaren Einschnitt. Deshalb und weil 37-39 durch das vorausweisende ταῦτα πάντα miteingebunden wird, sollte man die ganze Einheit mit Vers 39 enden lassen.

[662] Hier sind die Prophetenviten mit ihrem Interesse an der Todesart und dem Begräbnisort der Propheten zu nennen (Vita Prophetarum 1,9; 4,18; 5,1; 6,3; 7,3; 8,2; 9,5; 10,9 u.ö.).

[663] Die zahlreichen Zeugnisse sammelt Jeremias (1958).

[664] Vgl. z.B. Steck (1967), 79f; 215ff.

[665] Steck (1967), 123.

[666] Insofern spricht Steck (1967), 281 zurecht von einer faktischen Distanzierung von der Schuldkontinuität.

Reden und Handeln sich inkongruent zueinander verhalten. Zum einen führt Matthäus die Schuldkontinuität fort: Wie die Väter, so sind auch die Söhne Prophetenmörder. Zweitens weist er mit dem Bild des noch nicht gefüllten Maßes auf die bestehende Kontinuität hin: Das Maß der Schuld, das die Väter zu füllen begonnen haben, sollen sie weiter füllen, bis es ganz voll ist.[667] Das dritte Element schlägt den Bogen zurück zur Predigt des Täufers (Mt 3,7). Der Status der Pharisäer und Schriftgelehrten hat sich seitdem nicht verändert. Sie haben die Umkehr nicht hinter sich, stehen immer noch in der Schuld und damit in der Anwärterschaft auf das Gericht.

Die folgenden Verse sind formal als Drohwort angeschlossen.[668] Der Wehruf trägt die Drohung zwar implizit in sich, doch kann eine solche zuweilen auch ausdrücklich angefügt werden,[669] wobei sie sich hier sowohl auf den vorangegangenen Wehruf zurückbezieht, als auch die ganze Reihe abschließt. Der Rückbezug zu 23,29-33 ist deutlich, denn hier wird ausgesprochen, worin die Schuldkontinuität, die dort hervorgehoben wird, ganz praktisch besteht: Die Pharisäer und Schriftgelehrten[670] verfolgen die gegenwärtigen Boten Gottes, die Jesus sendet,[671] so wie ihre Väter die Gottesboten der Vergangenheit verfolgt haben. Vers 34 spiegelt das Selbstverständnis und die aktuelle Erfahrung der mt Gemeinde.[672] Sie zeichnet die Gewalterfahrungen, die sie macht, in die Geschichte der Propheten und das Ergehen Jesu ein.[673] Das, was sie erleiden, ist das Füllen des Maßes, von dem in Vers 33 die Rede war. Es setzt

---

[667] Die mit dem Imperativ verbundenen Schwierigkeiten haben sich schon in der Handschriftenüberlieferung ausgewirkt. Ironische Imperative begegnen zuweilen in der prophetischen Überlieferung (Jes 8,9f; Jer 7,21; Am 4,4f). Zum Bild des Maßes vgl. Davies / Allison (1997), 306.

[668] Vgl. Steck (1967), 290.

[669] Vgl. Jes 5,13.14.24.25.

[670] Diese sind vom Kontext her immer noch ganz klar angesprochen. Zugleich weitet sich die Perspektive, spätestens in Vers 36 ist mit „diesem Geschlecht" das ganze Volk ausdrücklich im Blick. Der Duktus von 23,35 zu 27,25 zeigt, dass schon hier ein Kreis gemeint ist, der die Pharisäer und Schriftgelehrten übersteigt. Der Bezug zur Aussendungsrede (Mt 10) lässt deutlich werden, dass die Boten nicht nur zu den direkt Angesprochenen gesandt werden.

[671] Das Ich von Vers 34 ist vom Kontext her Jesus (Diskussion bei Steck (1967), 291), andererseits sind es die Boten Gottes, in deren Kontinuität die Propheten, Weisen und Schriftgelehrten stehen, die Jesus sendet. Dieses Ineinander ist ein weiterer Ausdruck der theonomen Christologie des MtEv.

[672] Sehr deutlich ist der Bezug zur Aussendungsrede (10,17.23). In diesem Vers haben wir einen der wenigen Belege für Ämter in der mt Gemeinde. Die Trias wird untersucht und besprochen von Scheuermann (1996), 215-234. In ihr erscheinen Funktionsträger der mt Gemeinde, wobei nichts „von irgendeinem innergemeindlichen Wirken verlautet" (Steck (1967), 291 vgl. zum Hintergrund auch 208).

[673] So erklärt sich am einfachsten der Bezug auf die Kreuzigungen mehrerer Boten, die anders als die Geißelungen (vgl. dazu oben I / 1.1.2.10) historisch nicht zu belegen sind (Diskussion bei Luz (1997), 371).

das Vergießen unschuldigen Blutes fort von den biblischen Anfängen bis zu exemplarischen Gestalten der (prophetischen) Geschichte (23,35).[674] Als Reaktion Gottes darauf kommt „all dieses" über „dieses Geschlecht" (23,36). Dieser Vers öffnet den Blick über die Gemeinde und ihr Gegenüber hinaus auf das ganze Volk Israel und seine Situation nach der Zerstörung Jerusalems im Jahre 70.[675] Diese Situation wird hier gedeutet als Reaktion Gottes auf die Schuld des *durch die Pharisäer und Schriftgelehrten in Schuld gebrachten Volkes Israel.*[676]

Matthäus erreicht damit ein Doppeltes: Zum einen legt er eine Deutung der Katastrophe des Jahres 70 vor. Diese belastet in besonderer Weise die Pharisäer und Schriftgelehrten. Das Volk erscheint erst in sekundärer Verwicklung. Es war ihre, der Pharisäer und Schriftgelehrten, negative Reaktion auf die Boten Gottes, die das Volk in die Katastrophe geführt hat. Diese negative Reaktion aber war letztlich nur ein konkreter Ausdruck der im ganzen Kapitel 23 angeprangerten Inkongruenz auf Seiten der Pharisäer und Schriftgelehrten.

Zum anderen stellt Matthäus nun endgültig fest, dass die Pharisäer und Schriftgelehrten, die immer noch nicht umgekehrt sind, als Führer Israels nicht mehr in Frage kommen. Die Deutung der Vergangenheit ist zugleich Mahnung für die Zukunft. Nicht mehr sie sollen die Herde Israel weiden bzw. Gottes Weinberg verwalten.[677] Allein im Hören und Befolgen der Weisung des einen Lehrers Jesus liegt die Zukunft Israels beschlossen, und ihn - so hofft Matthäus - wird Israel denn auch einmal begrüßen (23,39).[678]

Als Ergebnis dieser Untersuchung der mit dem Stichwort ὑποκριταί verbundenen Wehrufe lässt sich festhalten, dass sie der herausgearbeiteten Bedeutung des Begriffs entsprechend eine *Inkongruenz* kritisieren. Diese ist dann jeweils näher zu bestimmen als:
- Inkongruenz zwischen Reden und Tun (23,13; 23,29ff)
- Inkongruenz zwischen (propagiertem) Anspruch, Aufgabe und Resultat (23,13; 23,15)

---

[674] Zur Identifikation des Sacharja ben Berechja vgl. Luz (1997), 373f und Becker (1998), 64f.

[675] Mit ταῦτα πάντα kann im Kontext nichts anderes gemeint sein, als die in den unmittelbar folgenden Versen erwähnte Zerstörung Jerusalems und seines Tempels. Vgl. dazu oben I / 1.1.2.9 und Repschinski (2000), 44f.

[676] Als Verfolger der Boten erscheinen vom unmittelbaren Kontext her in Vers 34 eindeutig die Pharisäer und Schriftgelehrten. In den folgenden Versen vollzieht sich nahezu unmerklich eine Verstrickung des Volkes in den Unheilskontext bis es in seiner Gesamtheit in Vers 36 das Gericht zu tragen hat.

[677] Vgl. dazu oben I / 1.1.2.3 und III / 2.2.1.6.

[678] Vgl. oben I / 1.1.2.12.

- Inkongruenz von genauer Erfüllung des Willens Gottes auf der einen und seiner Vernachlässigung auf der anderen Seite (23,23f; 23,25f)
- Inkongruenz von gerechtem äußeren Schein und ungerechtem inneren Sein (23,27f)

Zum Teil bereiten die ersten Verse des 23. Kapitels die Linie dieser Kritik schon vor. Matthäus verweist die Gemeinde und das Volk an die Worte der Pharisäer und Schriftgelehrten, warnt aber zugleich davor, so zu handeln wie sie, denn sie „reden und tun nicht" (23,3b) - ihr Reden und ihr Handeln ist inkongruent. Um der öffentlichen Darstellung willen tun sie, was sie tun (23,5), ihr Tun (Gebotserfüllung) verhält sich inkongruent zu den Motiven, die sie eigentlich verfolgen. Damit scheinen wesentliche Aspekte des Verhaltens, das schon in der griechischen Literatur mit dem Begriff ὑπόκρισις gekennzeichnet wird, implizit in den Versen 1-12 und explizit in den Wehrufen auf: Eine Handlung oder Rede auf der einen Seite verhält sich inkongruent zu einer Handlung oder Rede auf der anderen Seite. Nichts nötigt dazu, bei der Exegese der Wehrufe von dieser Grundbedeutung abzuweichen oder sie unter Berufung auf etwaige hebräische Äquivalente zu erweitern.[679] Was Matthäus also mit dem Vorwurf der Hypokrisis verbindet, ist allein eine Inkongruenz, die seinem Ideal der Ganzheit und des Ungeteiltseins (5,48) entgegengesetzt ist.

2.3.4 Zwischenergebnis

Welche Weichenstellungen für das Verständnis der für die Schwurhalacha relevanten Verse 23,16-22 werden nun, zusammenfassend gesagt, vom besprochenen Kontext vorgenommen?
1. Matthäus erklärt die halachische Weisung seines Gegenübers grundsätzlich für verbindlich. Sie ist als Tora Gottes zu tun.
2. Matthäus kritisiert sein Gegenüber indirekt (1-12) oder direkt (13ff) wegen des inkongruenten Verhaltens, das sich je unterschiedlich konkretisiert.
3. Mit diesem inkongruenten Verhalten haben die Pharisäer und Schriftgelehrten das Volk in der Vergangenheit in die Katastrophe geführt. Sie gefährden die ihrer Weisung Anvertrauten weiterhin (23,13.15) und haben sich bisher der Umkehr verweigert. Damit haben sie sich als gegenwärtige Führungselite diskreditiert. Eine solche empfiehlt Matthäus nun aus dem Kreis seiner Gemeinde. Sie soll dem einen Gott strukturell vollkommen entsprechen und gesandt vom einen Lehrer Gottes, mit seinem

---

[679] So auch jüngst Hoheisel (1995), 185.

Beistand und in seinem Namen Israel und die Völker[680] auf den Weg der Erfüllung des Willens Gottes weisen.

4. Die Maßstäbe und inhaltlichen Konkretionen, von denen her Matthäus seine Kritik und seine Weisung entwickelt, entsprechen denen, die auch in frührabbinischen Kreisen diskutiert wurden. Matthäus spiegelt diese Diskussionen und die daraus resultierenden Praktiken sehr genau wider, ohne sie in irgendeiner Weise lächerlich zu machen oder zu überzeichnen. Er spricht nicht aus einer ironischen Distanz, sondern ist kenntnisreich und engagiert im polemisch geführten Gespräch.

5. Die Pharisäer und Schriftgelehrten haben sich bisher der Umkehr hin zur ungeteilten Ganzheit vor Gott im Sinne des Matthäus verweigert, sie füllen - im Bild gesprochen - das einmal begonnene Maß der Schuld auf. Deshalb stehen sie aktuell unter dem Wehe, leben im Schlagschatten des kommenden Gerichts. Das ausgerufene Wehe hält sie aber nicht in diesem Status fest, sondern fordert sie zugleich implizit weiterhin zur Umkehr auf. Mit den Wehrufen bricht Matthäus das Gespräch nicht ab, er setzt es in äußerst polemischer Form um der Zukunft Israels willen fort.

2.4 Mt 23,16-22 im Kontext der Wehrede

Der dritte Wehruf der Pharisäerrede Mt 23 weist im Vergleich mit den übrigen sechs Wehrufen dieser Rede einige Besonderheiten auf. Nach dem alle Rufe einleitenden „Wehe euch" werden die sonst genannten Pharisäer und Schriftgelehrten unerwähnt gelassen. Statt dessen findet sich als Anrede ὁδηγοὶ τυφλοί - „blinde Führer". Diese blinden Führer[681] werden - wiederum eine Besonderheit dieses Spruches - nicht mit der Anklage ὑποκριταί „Heuchler" belegt. Um den besonderen Charakter dieses Textes in seinem Kontext zu verstehen, soll danach gefragt werden, welche Impulse diese Abweichungen für das Verständnis geben.

2.4.1 Die Titulatur „ὁδηγοὶ τυφλοί"

Matthäus verzichtet in Mt 23,16 auf die Anrede „γραμματεῖς καὶ Φαρισαῖοι ὑποκριταί". Statt dessen schreibt er „ὁδηγοὶ τυφλοί" - blinde Führer/Leiter. Die gleiche Titulatur findet sich später in Mt 23,24 als zusätzliche Charakterisierung der in Vers 23 genannten Schriftgelehrten

---

[680] Diese Zusammenstellung ergibt sich in Kapitel 23 durch die Adressatenangabe in 23,1: Während der ganzen Rede sind die Jünger als Exponenten der mt Gemeinde aus Juden und Heiden, aber auch die Volksmassen Israels anwesend. Nirgendwo wird diese Angabe zurückgenommen, Mt 23 ist keine reine Gemeinderede.

[681] Dass damit niemand anders als die Pharisäer und Schriftgelehrten gemeint sein kann, ergibt sich zum einen klar aus dem Kontext, aber auch aus Vers 24.25, wo die Pharisäer und Schriftgelehrten expressis verbis genannt und als (ὁδηγοὶ) τυφλοί qualifiziert werden.

und Pharisäer. In Mt 15,14 beschreibt Jesus mit diesen Worten seinen Jüngern gegenüber die Pharisäer, mit deren Reinheitshalacha er sich in den vorangegangenen Versen (15,1-11) auseinander gesetzt hatte. Matthäus lässt in 15,1f die Pharisäer und Schriftgelehrten mit der Frage an Jesus herantreten, aus welchem Grund seine Jünger sich bezüglich des Händewaschens vor dem Essen nicht an die von den Fragenden geteilte „Überlieferung der Alten" (παράδοσις τῶν πρεσβυτέρων) halten. Jesus antwortet wie schon in der Vorlage Mk 7 mit der Gegenfrage, die die Schriftgemäßheit der als pharisäisch gekennzeichneten Gelübdepraxis, wie sie in Vers 5 geschildert wird, in Frage stellt.[682] Jesus setzt sodann die Pharisäer und Schriftgelehrten nebst der inzwischen herbeigerufenen Menge über seine eigene „Reinheitshalacha" in Kenntnis. Zwischen Jesus bzw. seinen Jüngern auf der einen Seite und den Pharisäern und Schriftgelehrten auf der anderen Seite besteht eine *halachische Lehrdifferenz*: Gehen diese davon aus, dass das Händewaschen vor dem Essen unbedingt nötig sei, so lehren jene, dass das Essen mit ungewaschenen Händen den Menschen nicht verunreinigt. Im Kontext dieser Lehrdifferenz[683] hat die Rede von den blinden Führern ihren Ort. Die blinden ὁδηγοί sind diejenigen, die etwas anderes lehren als der mt Jesus, die die grundsätzlich gemeinsame Grundannahme[684] der Existenz von Rein und Unrein anders – nämlich „blind" - konkretisieren.

Bei der Besprechung des vierten Wehrufs Mt 23,23-24 zeigte sich, dass anders als in Mt 15 und 23,16ff zwar keine grundsätzliche Differenz in der Halacha vorausgesetzt wird, wohl aber eine in der Gewichtung der einzelnen Toragebote bzw. Halachot. Hier akzentuieren die Pharisäer und Schriftgelehrten, so wie Matthäus sie wahrnimmt, anders als der mt Jesus dies tut, was ihnen die Anrede „ὁδηγοὶ τυφλοί" einträgt.

Um eine Differenz in der Halacha geht es - wie wir sehen werden - auch in Mt 23,16. Diejenigen, die dort „blinde Führer" genannt werden, erklären manche Schwurformeln für verbindlich und andere für nicht bindend. Der mt Jesus entscheidet wiederum anders.

An allen drei Stellen, an denen im MtEv ὁδηγοί vorkommen, werden sie diejenigen charakterisiert, die den Gotteswillens für das praktische Leben auslegen. In Mt 15 geht es um die halachische Konkretisierung der Kategorie „rein und unrein", in Mt 23,16ff um die Formulierung von Eiden, in Mt 23,23f um βαρύτερα τοῦ νόμου. Die Tätigkeit dieser ὁδηγοί besteht ganz offensichtlich darin, den Gotteswillen mit den konkreten Verhältnissen des Alltags in Verbindung zu bringen. Sie tun dies - zumindest in der Wahrnehmung des Matthäus - mit dem Anspruch, dass

---

[682] Vgl. dazu II / 6.4.1 und III / 3.
[683] Zum matthäischen Ort in der innerjüdischen Diskussion um das Händewaschen vgl. unten IV / 2.2f.
[684] So richtig Karrer (1998), 265.

man ihnen in ihren Entscheidungen zu folgen hat. Handelt man anders, so ist dies zumindest eine Frage wert (15,1f). Die ὁδηγοί erscheinen als Personen mit einer gewissen Leitungskompetenz, einer Kompetenz, die im Zusammenhang mit ihrer lehrenden Tätigkeit steht. Beide Pole, leiten und lehren, sind auch im griechischen Wort ὁδηγός enthalten[685]. Die LXX gibt damit נחה, דרך (hi), הלך (hi), נהג, יצא (hi), ששא, חנה wieder - Verben, die leitendes, führendes und fürsorgendes Tun beschreiben.[686] In den Psalmen tritt neben den Aspekt des Leitens stärker der des Lehrens. So übersetzt ὁδηγέω an zwei Stellen direkt die Wurzel ירה (Ps 45,5; 86,11) und es steht an fünf Stellen mit anderen Verben des Lehrens (διδάσκω), Gesetzgebens (νομοτίθημι), Verstehenlassens (συνετίζω) parallel (Ps 25,5.9; 27,22; 119,35; 143,10).

Das NT übernimmt beide Nuancen von ὁδηγέω in seinen Wortschatz. Nach Apg 1,16 zeigt Judas denen den Weg, die Jesus verhaften wollen. Der Widder der Johannesoffenbarung knüpft an das fürsorglich leitende Handeln Gottes an Israel an, wenn er die mit den weißen Kleidern Bekleideten „weidet und leitet zu den Quellen des lebendigen Wassers" (Offb 7,17). Stärker an die Lehre denkt Apg 8,31: „Wie kann ich es verstehen, wenn mich niemand anleitet?". Paulus stellt in Röm 2,19 den ὁδηγός neben den παιδευτής und den διδάσκαλος, woraus klar ersichtlich wird, in welchem Sinn er ὁδηγός hier verstanden wissen will.[687] Der johanneische Geist der Wahrheit wird nach Joh 16,13 die Gemeinde in alle Wahrheit leiten, eine Aufgabe, die in Joh 14,26 als lehrendes Tun entfaltet wird.

Schlagen wir den Bogen zurück zum matthäischen Gebrauch des Begriffes, so bestätigt das aus den Quellen eruierte Bedeutungsspektrum des Wortes ὁδηγός die Beobachtung, dass Matthäus diesen Begriff dann gebraucht, wenn er auf die lehrende Tätigkeit der Pharisäer und Schriftge-

---

[685] Nach dem Handwörterbuch der griechischen Sprache von F.Passow, Bd. II/1,404 bedeutet ὁδηγέω „einen des Weges führen od. ihn auf dem Weg geleiten, [...] dah. Einem den Weg zeigen, ihm Wegweiser seyn" und abgeleitet davon „einen anleiten, unterweisen, unterrichten, belehren".

[686] In Erzählkontexten ist in der überwiegenden Mehrzahl der Fälle Gott Subjekt dieses leitenden Handelns. Er war es, der das Volk aus Ägypten heraus, durch die Wüste hindurch in das gelobte Land hinein geführt und geleitet hat (Ex 13,17; Num 24,8; Dtn 1.33; 2 Sam 7,23; Jer 2,6 u.ö.). Gott hat Abraham geführt (Jos 24,3), er leitet die Völker - auch ins Verderben (Hi 12,23). Feuerschein und Wolke leiten ebenfalls (Neh 9,12.19 (LXX 2.Esra 19,12.19). In den Psalmen ist der Befund auf der individuellen und überindividuellen Ebene nicht wesentlich anders.

[687] „Damit zielt das Rühmen auf die Autorität, die der Jude als Lehrer gegenüber dem Heiden gewinnt." (Wilckens (1987), 148). Unpolemischer urteilt Haacker (1999), 68 der vermutet, dass Paulus hier auf eine entsprechendes Selbstverständnis seines „fiktiven Gesprächspartners" reagiere.

lehrten bzw. den Inhalt dieser Lehre Bezug nimmt: Es geht um „guidance as teachers".[688]

Die Pharisäer und Schriftgelehrten nehmen ihre Leitungsfunktion wahr, indem sie lehren - allerdings sind sie nach Matthäus mit dem Makel der Blindheit behaftet. Es würde den komplexen Befund zu sehr vereinfachen, wollte man diese Charakterisierung verallgemeinern, so dass die Pharisäer immer und überall, in allem, was sie lehren mit Blindheit geschlagen seien. Matthäus wählt seine Polemik sehr bewusst und setzt sie gezielt in ganz bestimmten Zusammenhängen ein, nämlich da, wo er bezüglich der Halacha anderer Meinung ist als die Pharisäer und Schriftgelehrten. An diesen Punkten sind sie blind, weil sie nicht sehen, was sie nach Matthäus eigentlich sehen müssten.[689]

Die Metapher vom blinden Wegführer ist mit etwas anderem Wortlaut der paganen und jüdischen Antike nicht ungeläufig: Plato polemisiert im Rahmen seiner Abhandlung über den oligarchischen Staat, dessen Hauptmangel darin besteht, dass in jener Verfassung nicht die Tugend, sondern der Reichtum herrscht (rep. 550c und d; 551a), gegen die Menschen, die diesem Staat entsprechend disponiert sind und sich in ihrem Tun nicht an der Tugend, sondern am Streben nach Gewinn orientieren. Diese vertrauen sich so einem „blinden Chorführer" (τυφλὸν ἡγεμόνα τοῦ χοροῦ) an[690] (rep. 554b). Sicherlich nicht unbeeinflusst von dieser platonischen Tradition beschreibt Philo die Menschen, die in Armut lebend sich nicht mit den Reichtümern begnügen, die die Natur ihnen gewährt, sondern einem Reichtum der nichtigen Meinungen (κενῶν δοξῶν) nachjagen. Sie folgen einem defekten Führer und ziehen einen Blinden einem Sehenden vor (Virt 7). Auch lateinisch ist das Motiv vom blinden Führer belegt. Horaz benutzt es zur ironisierenden Selbstcharakterisierung, wenn er aus Freundschaft heraus belehrende Ratschläge in Angelegenheiten gibt, in denen er selber noch zu lernen hat, „wie wenn ein Blinder dir den Weg zeigen wollte" (ut si caecus iter monstrare velit) (epist. I,17.3f).

Stärker in den Zusammenhang des Lehrens stellt die rabbinische Literatur das Motiv des blinden Weisen. Es begegnet in der tannaitischen Literatur im Zusammenhang der Auslegung des biblischen Bestechungsver-

---

[688] Garland (1979), 136. Ihm ist zuzustimmen, wenn er schreibt: „The import of VV. 16-22 should also be viewed as directly related to the teaching activity of the scribes and Pharisees" (132).

[689] Vgl. auch 23,24 und 26.

[690] Nach der scholia vetera zur Stelle ist mit dem Blinden Pluto, der Gott des Reichtums gemeint. Von diesem erzählt eine von Hipponax, fr. 36 und Aristoph. Plut. 90 überlieferte Tradition, dass Zeus ihn geblendet habe, weshalb er seine Gaben denen überreicht, die sie am wenigsten verdient haben, während er an denen, die des Reichtums würdig sind, vorbeiläuft. Das Motiv vom blinden Reichtum findet sich bei Plat. leg. 631c wieder und wird des öfteren von Philo zitiert: Virt. 5; SpecLeg I,25.

botes Ex 23,8 („Du sollst dich nicht durch Geschenke bestechen lassen, denn Geschenke machen den Sehenden blind...") und Dtn 16,19 („...Geschenke machen die Weisen blind und verdrehen die Sache der Gerechten.").

כי השוחד יעור עיני חכמים בתורה. בתורה אתה אומר או אינו אלא עיני חכמים כשמועו
תלמוד לומר יעור עיני פקחים אלו פקחי הדעת שהן מטהרין ומטמאין מדעת עצמן

Denn Bestechungsgeld macht die Augen der Weisen in der Tora blind. Du sagst: In der Tora - aber sind damit nicht die Augen der Weisen ganz wörtlich gemeint? [Nein], es ist Lehre zu sagen: ...macht die Augen der Sehenden blind. Das sind die, die es mit der Erkenntnis genau nehmen, die nach eigener Erkenntnis für rein oder unrein erklären.

Die Mekhilta zu Ex 23,8 (Horovitz/Rabin 328) zitiert aus Dtn 16,19 und fügt zur Präzisierung des Begriffes „חכמים", „בתורה" - in der Tora" an. Es geht also um Toragelehrte, deren Urteilsvermögen durch Bestechungsgeld blind geworden ist. Strittig ist, ob Dtn 16,19 wörtlich verstanden werden will, also an eine wirkliche Blindheit denkt oder ob Blindheit in einem übertragenen Sinne zu interpretieren ist. Die Entscheidung fällt zugunsten der übertragenen Auslegung und zwar unter Berufung auf Ex 23,8.

Dieser Vers (bzw. der hier relevante Versteil) unterscheidet sich von der Fassung des Deuteronomiums dadurch, dass dieser עיני חכמים schreibt, wo bei jenem פקחים steht. Beide Begriffe können sich nach der rabbinischen Hermeneutik also gegenseitig erklären. Was aber bedeutet פקחים? Das Verb, von dem sich dieses Nomen ableitet, bedeutet in der hebräischen Bibel „öffnen" und zwar besonders der Augen.[691] Diese Bedeutung findet sich auch im rabbinischen Hebräisch, allerdings erweitert sich das Spektrum hin zur Wachsamkeit, Vorsicht („[to have the eyes open,] to guard, watch, care")[692] - das Nomen kann außerdem zur Bezeichnung des Verständigen und Klugen dienen („bright, smart, prudent")[693]. Im Sinne des vorsichtigen, genauen und verständigen Beobachtens haben die tannaitischen Gelehrten, denen wir diesen kleinen Midrasch verdanken, den fraglichen Ausdruck gedeutet. Die פקחים sind die פקחי הדעת, diejenigen, die es mit der Erkenntnis genau nehmen. Diese scharfsinnige Genauigkeit gehört nun zu den 15 charakteristischen Merkmalen des rabbinischen Gelehrten nach DEZ 3,16. Somit ist klar, dass für die tannaitischen Ausleger auch in Dtn 16,19 die Rabbinen gemeint sind.[694]

---

[691] Vgl. Gesenius, 655.

[692] Jastrow, 1208

[693] ebd.

[694] Die Herausgeber der Mekhilta, S. Horovitz und I. Rabin, weisen in ihrem Kommentar darauf hin, dass der Text der Mekhilta, der sich allerdings, wie sie selbst

Wie wirkt sich ihre Blindheit aus? Sie erklären aus eigenem Urteilsvermögen heraus (מדעת עצמן) Dinge für rein bzw. für unrein. Diese Wendung ist nicht leicht zu deuten, da sie in der gesamten tannaitischen Literatur nur noch einmal in abgewandelter Form begegnet.[695] Die amoräische Literatur kennt sie öfter.[696] Eine Handlung מדעת עצמן müsste demnach eine sein, die darauf verzichtet, die eigentlich zu berücksichtigenden Komponenten[697] in Betracht zu ziehen und die sich statt dessen nur an der eigenen Meinung bzw. dem eigenen Gutdünken orientiert. Dem Kontext nach geht es um eine halachische Entscheidung, solche treffen die als blind beschriebenen Weisen.

Eine interessante Strukturparallele zur matthäischen Rede von den ὁδηγοί τυφλοί tut sich auf. Denn auch ihre Entscheidungen vernachlässigen dem Verdikt des Matthäus nach den entscheidenden Aspekt des göttlichen Willens und verdanken sich menschlicher Willkür (Mt 15,3.6). Vor diesem Hintergrund erscheint Matthäus wiederum als Gelehrter, der sich bei seiner Kritik an Maßstäben orientiert, die sich auch in der rabbinischen Literatur finden. Wer eigenem Gutdünken heraus entscheidet, ist nach dem Urteil des Matthäus und der Tannaiten blind.

Noch an einer zweiten tannaitischen Stelle wird gegen die blinden Weisen polemisiert. Der kontextuelle Zusammenhang ist wiederum das Verbot Bestechungsgeld anzunehmen. Es handelt sich um SifDev §144 (Finkelstein, 199):

כי השוחד יעור עיני חכמים אומרים על טהור טמא ועל טמא טהור ויסלף דברי צדיקים
אומרים על אסור מותר ועל מותר אסור

Denn das Bestechungsgeld blendet die Augen der Weisen, so dass sie das Unreine rein nennen und das Reine unrein. Und verdreht die Worte der Gerechten, so dass sie zum Verbotenen erlaubt sagen und zum Erlaubten verboten.[698]

---

bemerken, in allen Drucken, Handschriften und Parallelen findet, nicht unproblematisch ist, weil der eigentlich verständliche Begriff חכמים durch den im Grunde weniger klaren פקחים erklärt wird. Es müsste umgekehrt sein. Sie schlagen daher einen korrigierten Text vor. Andererseits ist der Text in sich verständlich (gerade auch, wenn man DEZ 3,16 berücksichtigt) und als lectio difficilior sicherlich nicht zu ändern.

[695]   tBQ 10,13: In einem Besitzrechtsverfahren sagen Kinder aus, was ihr Vater ihnen gesagt hat, nicht das, was sie von sich selbst aus sagen könnten.

[696]   Der König im Gleichnis baut seinen Palast nicht מדעת עצמו, er konsultiert vielmehr einen Baumeister. Dieser baut wiederum nicht מדעת עצמו, sondern unter Berücksichtigung seiner Pläne. So hat Gott vor der Schöpfung die Tora eingesehen. (BerR 1,1). Ein Unterschied zwischen David und Esau ist, dass letzterer מדעת עצמו getötet hat, während David dies nur מדעת סנהדרין getan haben soll (BerR 63, 8). Nach ShemR 16,8 wollte Mose die zwölf Männer nicht מדעת עצמו auf den Weg schicken, er wartete, bis Gott aus jedem Stamm einen bestimmt hatte.

[697]   Nach den amoräischen Beispielen wäre an Gottes Tora oder seinen Ratschluss zu denken.

[698]   Zu diesem Midrasch findet sich eine wörtliche Parallele in der Mekhilta des Rabbi Shimon bar Yochai (Epstein/Malamad, 216).

Nach diesem leicht zugänglichen Text äußert sich die Blindheit der Weisen darin, dass sie falsche halachische Entscheidungen treffen, dass sie erlauben, was eigentlich verboten[699] ist, dass sie für rein erklären, was eigentlich unrein ist. Auch hier sind die Berührungen mit der matthäischen Kritik mit Händen zu greifen. Tituliert er diejenigen, mit denen er sich auseinander setzt, doch auch immer dort als blind, wo er ihre halachischen Entscheidungen für falsch hält, wie in Mt 23,16ff und Mt 15,1ff.

Wir sehen also, dass Matthäus mit Bedacht vorgeht, wenn er in Mt 23,16ff auf die Anrede Οὐαὶ ὑμῖν, γραμματεῖς καὶ Φαρισαῖοι ὑποκριταί verzichtet und statt dessen sein Gegenüber mit dem Epitheton ὁδηγοὶ τυφλοί belegt. Schon diese Anrede sendet deutliche Signale: Die Differenz zwischen ihm und den so Titulierten besteht hier in konkreten halachischen Lehrinhalten. Der bewusste Einsatz seiner Polemik weist ihn einmal mehr als jemanden aus, der Maßstäbe anlegt, die die frühe rabbinische Literatur ebenfalls kennt und benutzt. Der Eindruck, der sich uns bisher immer wieder aufgedrängt hat, bestätigt sich: Matthäus steht nicht nur, was den Inhalt der von ihm reflektierten Diskussionen anbelangt auf jüdischem Boden, sondern auch dort, wo er polemisch wird, verlässt er diesen Boden, der ihn mit seinen Gegnern verbindet, nicht.

2.4.2 Struktur und Geschichte von Mt 23,16-22

Neben der veränderten Anrede weist Vers 16 auch eine andere Fortsetzung als die anderen Wehrufe auf. Der übliche relativische Anschluss mit ὅτι bleibt aus. An seiner Stelle wird eine Beschreibung des *Redens* (nicht des *Tuns* wie in allen anderen Sprüchen) mit dem Anspruch auf wörtliche Wiedergabe gegeben (λέγοντες). Das entspricht genau unseren Beobachtungen zur veränderten Anrede, die ja schon ahnen lässt, dass es im Folgenden nicht das Tun, sondern das lehrende Reden ist, um dessentwillen die Angesprochenen unter dem Wehe stehen. Vers 16b zitiert dann eine Lehrentscheidung, der in Vers 17 eine Gegenrede in Form einer rhetorischen Frage gegenübergestellt wird. Vers 18 zitiert erneut, Vers 19 bietet analog zu Vers 17 die Gegenfrage.

Diesen Versen (16b-19) folgen drei ihrerseits parallel strukturierte Sätze, die die Stellungnahmen zu den zitierten Beispielen mit anderen Akzenten weiterführen.[700] Dabei greift der erste Satz (Vers 20) auf den zweiten Beispielsatz (Vers 18), der zweite Satz (Vers 21) auf den ersten Beispielsatz (Vers 16b) zurück. Somit ergibt sich ein chiastischer Aufbau der

---

[699] Im Hebräischen steht hier das Begriffspaar אסור und מותר , das uns bei der Besprechung von mNed 1 und 2 schon begegnet ist.
[700] Vgl. Gnilka (1988), 287.

Verse 16-21.[701] Der dritte Beispielsatz hat hingegen keinerlei Entsprechungen in den vorangegangenen Versen. Von seinem Inhalt her lässt er sich jedoch gewissermaßen als Zielpunkt der vom kleineren zum größeren fortschreitenden Dreiheit „Altar - Tempel - Himmel" beschreiben[702]. Somit ergibt sich folgende Struktur:

Einleitung	(16a) Οὐαὶ ὑμῖν, ὁδηγοὶ τυφλοὶ οἱ λέγοντες

A
    (16b) Ὃς ἂν ὁμόσῃ <u>ἐν τῷ ναῷ</u>, οὐδέν ἐστιν·
    ὃς δ' ἂν ὁμόσῃ ἐν τῷ χρυσῷ τοῦ ναοῦ ὀφείλει.

B
    (17) μωροὶ καὶ τυφλοί, τίς γὰρ μείζων ἐστίν,
    ὁ χρυσὸς ἢ ὁ ναὸς ὁ ἁγιάσας τὸν χρυσόν;

A'
    (18) καί, Ὃς ἂν ὁμόσῃ <u>ἐν τῷ θυσιαστηρίῳ</u>, οὐδέν ἐστιν·
    ὃς δ' ἂν ὁμόσῃ ἐν τῷ δώρῳ τῷ ἐπάνω αὐτοῦ ὀφείλει.

B'
    (19) τυφλοί, τί γὰρ μεῖζον, τὸ δῶρον ἢ τὸ θυσιαστήριον
    τὸ ἁγιάζον τὸ δῶρον;

C1
(zu A')
    (20) ὁ οὖν ὁμόσας <u>ἐν τῷ θυσιαστηρίῳ</u> ὀμνύει ἐν αὐτῷ
    καὶ ἐν πᾶσι τοῖς ἐπάνω αὐτοῦ·

C2
(zu A)
    (21) καὶ ὁ ὁμόσας <u>ἐν τῷ ναῷ</u> ὀμνύει ἐν αὐτῷ καὶ ἐν τῷ κατοικοῦντι αὐτόν·

C3
    (22) καὶ ὁ ὁμόσας ἐν τῷ οὐρανῷ ὀμνύει ἐν τῷ θρόνῳ τοῦ θεοῦ
    καὶ ἐν τῷ καθημένῳ ἐπάνω αὐτοῦ.

Lassen sich aus dem Aufbau dieser zweigliedrigen Einheit eventuell Rückschlüsse auf eine vormatthäische Geschichte dieser Perikope ziehen? Die Einheit 16-19 könnte grundsätzlich unabhängig von den folgenden Versen existiert haben, zumal die Verse 20-22 Merkmale aufweisen, die ansonsten als Kennzeichen matthäischer Redaktion gelten. Man verweist auf das Stilmittel des Parallelismus[703] wie auch auf die Vorliebe des Mt für triadische Strukturen.[704] Matthäisches Vorzugsvokabular fällt hingegen nicht auf. Vers 22 schließt zwar die Trias sinnvoll ab, doch stört er nicht nur den chiastischen Aufbau der gesamten Einheit,

---

[701] Vgl. Schlosser (1991), 287: „Dès lors il ne paraît pas artificiel de compter avec le chiasme comme princip organisateur".
[702] Vgl. dazu unten III / 2.4.3.2.
[703] Vgl. Luz (1992), 33.
[704] Vgl. Luz (1992), 20; Davies / Allison (1988), 86f.

sondern verdoppelt auch den schon in Vers 21 hergestellte Bezug zu Gott. Diesen Beobachtungen entsprechend werden in der Forschung zwei Entstehungsmodelle vorgeschlagen. Luz nimmt an, Vers 22 stelle eine matthäische Ergänzung zu einer „sehr sorgfältig durchformulierte(n) Disputation über verpflichtende Schwurformeln"[705] dar. Andere werten schon den Übergang von Vers 19 zu Vers 20 als Indiz für jeweils unterschiedlich verortetes Wachstum der Tradition. Bultmann hält die Verse 20-22 für „Gemeindebildung"[706], und für Freudenberg spricht nichts „gegen die Annahme, daß MtR diese Sätze aus den VV 16-19 heraus entwickelt hat"[707]. Auch Schlosser beurteilt 16-19 als Tradition, die Matthäus um die Verse 20-22 erweitert habe.[708] Nach Bultmann handelt es sich bei den Versen 16-19 sogar um authentisches Jesusgut. Er zählt es zu den „Kampfworten", die „Jesu Stellung zur jüdischen Frömmigkeit zum Ausdruck bringen".[709] Die „starken rhetorischen Fragen V. 17 und 19" enthalten alles, „was gesagt werden muß, und" bilden „eine viel kräftigere Zurückweisung der jüdischen Eidespraxis [...] als die etwas pedantischen Ausführungen V. 20-22".[710]
Natürlich verdankt sich die *so begründete* Rückführung auf den irdischen Jesus einer vorwiegend negativ gefärbten Verhältnisbestimmung von Jesus und Judentum. Dies ergibt sich allein schon aus der Wahl des Begriffs „Kampfwort". Versucht man sich von dieser negativen Voreinstellung freizumachen, dann wird in diesen Versen weniger gekämpft als vielmehr diskutiert, zumal die Einleitung (Vers 16) und die folgende Titulierung des Gegenübers als blind und töricht (Verse 17 und 19) sich matthäischer Redaktion verdankt.[711] Der irdische Jesus erschiene dann im halachischen Diskurs über die Geltung bestimmter Schwurformeln. Man kann fragen, wie sich das zu dem als möglicherweise jesuanisch herausgearbeiteten Kern des Schwurverbots von Mt 5,34 und 37 verhält, zumal sich dort die halachischen Konkretisierungen als wahrscheinlich späterer Zuwachs zu diesem Kern erwiesen.[712] Das Nebeneinander von halachischer Schwurdiskussion hier und Schwurverbot dort erscheint als Inkohärenz. Eine solche muss aber nach neuerem methodkritischen Bewusstsein nicht unbedingt als Argument gegen jesuanische Herkunft ins Feld geführt werden.[713] In jedem Fall wird man sich mit dieser et-

---

[705] Luz (1997), 326.
[706] Bultmann (1995), 142.
[707] Freudenberg (1972), 86.
[708] Vgl. Schlosser (1991), 290ff.
[709] Bultmann (1995), 158.
[710] Bultmann (1995), 142.
[711] Vgl. Luz (1992), 326; Schlosser (1991), 292.
[712] Vgl. III / 1.3.
[713] Vgl. Berger (1995), 19ff.

waigen Inkohärenz auf der Ebene des MtEv auseinander zu setzen haben.

Weiter führt vielleicht die Beobachtung, dass die kontroverse Diskussion von Schwurformeln in tannaitischen Texten häufiger zu finden ist als in anderen in dieser Arbeit untersuchten jüdischen Textkorpora. Das könnte als Indiz für eine spätere Entstehungszeit auch dieser Überlieferung gewertet werden.[714] Berücksichtigt man zusätzlich, dass die Entwicklung zu einem Beitrag zum halachischen Diskurs in Mt 5,33-37 wohl erst nachjesuanisch erfolgte, so wird man mit der Rückführung dieser Verse 23,16-19 auf den irischen Jesus eher vorsichtig sein.

Mit einiger Plausibilität lässt sich daher die Entwicklung dieser Perikope so nachzeichnen: Eine Grundstufe (16-19), deren jesuanische Herkunft bei aller Vorsicht etwas weniger wahrscheinlich scheint als ihre Entstehung im Kontext halachischer Diskussionen in frühtannaitischer Zeit, wird auf der Ebene der matthäischen Redaktion ergänzt um die Verse 20-22.[715] Matthäus gibt ihnen ferner ihre polemische Einleitung und Titulatur und damit auch ihren Ort in Mt 23,23ff.

2.4.3 Der Duktus von Mt 23,16-22

2.4.3.1 Mt 23,16b-19

Der mt Jesus reagiert auf konkrete halachische Entscheidungen, die feststellen, welche Formeln dazu geeignet sind, eine Aussage zu einem bindenden Sprechakt zu machen und welche nicht. Folgende Beispiele werden genannt:

A: „Wer beim Tempel[716] schwört, ist nicht (gebunden), wer aber beim Gold des Tempels schwört, ist gebunden." (Mt 23,16b)

A' „Wer beim Altar schwört, ist nicht (gebunden), wer aber bei dem, was auf dem Altar liegt, schwört, ist gebunden." (Mt 23,18)

Die beiden zitierten Beispiele stimmen darin überein, dass sie zwischen einer Gabe, die zum Tempel gebracht wird, und dem Tempel selbst bzw. einem sich dort befindlichen Gegenstand unterscheiden. Dies ist beim

---

[714]   Relativiert wird dieses Argument dadurch, dass rabbinischen Texten Diskussionen sozusagen als Strukturprinzip eignen. Insofern ist es fraglich, ob man allein aufgrund des Diskussionscharakters dieser Verse eine höhere Wahrscheinlichkeit für nachjesuanische Herkunft annehmen soll.

[715]   Ich halte es für wahrscheinlich, dass Vers 22 von Anfang an zur Einheit 20ff dazugehört hat. Dies legt sich von der tempeltheologischen Ausrichtung dieses Stücks her nahe. Vgl. dazu unten III / 2.4.3.2.

[716]   Der Schwur beim Tempel ist auch inschriftlich nachgewiesen, vgl. Alon (1977), 238.

zweiten Beispiel (A') ganz offensichtlich, bezieht sich die Differenzierung hier doch klar auf den Altar und die auf ihm liegende Gabe. Aber auch in Vers 16b ist - allein schon um der parallelen Aussagestruktur willen - diese Unterscheidung vorauszusetzen. Mit dem Gold des Tempels müssen dann die dem Tempel gestifteten Weihegaben gemeint sein.[717]

Eine solche Weihegabe in Gestalt eines goldenen Kranzes (χρυσοῦν στέφανον) bringt der Römer Sosius im Jerusalemer Tempel Gott dar (ἀναθεὶς τῷ θεῷ).[718] Sein Landsmann Crassus hingegen vergreift sich am Gold des Tempels zu Jerusalem (ἐν Ἱεροσολύμοις ναοῦ χρυσὸν) und am Tempelschatz.[719] Zum Gold des Tempels werden weiterhin alle goldenen Dekorationen des Tempels zu zählen sein, von denen Josephus (wenn auch sicher nicht ohne verklärende Tendenz) berichtet,[720] denn auch diese waren in der Antike nicht bloße Verzierungen, sondern ebenfalls Gaben an die Gottheit, der das Heiligtum geweiht war. Ausdrücklich als Weihegabe (ἀνάθεσις) gelten die von Agrippa dem Tempel geschenkten Ketten aus Gold und Eisen, von denen Josephus berichtet.[721] Auch der Tempelschatz ist hier zu nennen, der sich u.a. aus Geschenken an das Heiligtum (von einem solchen Votivgabe aus Gold[722] wird in mAr 5,1 erzählt) zusammensetzte. Die jährlich von allen religionsmündigen Juden - gleich, ob sie in Israel oder der Diaspora lebten - zu zahlende Tempelabgabe, die allerdings in Silberschekeln (nach tShek 2,4 z.T auch in Gold) entrichtet wurde, fiel ebenfalls dem Tempelschatz zu. Dieses Geld wurde als Gabe an das Heiligtum verstanden und so auch von römischer Seite unter besonderen Schutz gestellt. Wer sich an den ἱερὰ χρήματα vergriff, wurde als Tempelräuber (ἱερόσυλος) bestraft.[723] Dass der Tempelschatz in diesem Sinne auch jüdischerseits als Weihegabe verstanden wurde, ergibt sich auch aus seiner Bezeichnung als „Qorban", die sowohl Matthäus selbst (Mt 27,6) als auch Josephus Bell 2, 175 überliefert.

Die beiden Zitate legen demnach fest, dass ein Schwur unter Berufung auf den Tempel selbst oder einen Teil der Tempelanlage (z.B. den Altar), keine bindende Kraft habe, während ein Schwur unter Berufung auf eine Gabe, die man im Tempel oder auf dem Altar darbringt, den Sprecher

---

[717] Die Deutung dieses Begriffes bereitet der Exegese einige Schwierigkeiten. E. Lohmeyer (1956) sei für viele zitiert: „Was 'unter dem Gold des Tempels' (sic) zu verstehen sei, ist oft gefragt; man rät auf das Gold, das den Tempel schmückt, oder die goldenen Geräte oder auch den Goldschatz, den er bewahrt.. Besser ist es, nicht danach zu fragen." (344, Anm 1).

[718] Bell 1,357.

[719] Bell 1,179 - sprachlich ist dies die nächste Parallele zur matthäischen Formulierung - und Ant 14,105.

[720] Bell 5, 201ff. Weitere Belege nennt Busink (1980), 1094ff und 1148ff.

[721] Ant 19, 294.

[722] Vgl. Lieberman (1950), 170 dort weitere Hinweise.

[723] So die von Josephus zitierten römischen Dekrete Ant 16, 164ff. Ein römischer Kritiker dieser Praxis war Cic. Flacc. 66-69. Weiteres zum Tempelschatz bei S. Safrai, EJ 15, bes. 979ff.

verpflichte.[724] Der mt Jesus stellt diese konkrete Entscheidung in Frage.[725] Dabei bedient er sich zweier unterschiedlicher Argumentationsmuster, einem eher formal logischen und einem kultischen.

In einem ersten Argumentationsgang widerspricht Jesus mit dem bekannten Schluss vom Leichteren auf das Schwerere (קל וחומר) der Aussage, dass ein Schwur beim Tempel bzw. beim Altar nicht gültig sei, während der, der unter Berufung auf eine Opfer- bzw. Weihegabe abgelegt wird, bindenden Charakter habe. Der Tempel ist größer und bedeutsamer als eine Gabe, die man dort darbringt. Wenn nun ein Schwur bei einer Gabe verpflichtet, dann muss man dieser Logik entsprechend folgern, dass erst recht einer, der sich auf den Tempel oder den Altar beruft, den Sprecher bindet.

Der zweite Argumentationsgang bedient sich kultischer Kategorien. Er stellt die Frage, wovon sich die Heiligkeit, die eine Weihegabe zu einer verbindlichen Schwurformel machte, denn eigentlich ableitet. Dies ist - so der mt Jesus - der heilige Ort, der Tempel bzw. der Altar.[726] Mit der Auffassung, dass der Altar heilige, was auf ihm dargebracht wird, teilt dieser Vers eine der Grundüberzeugungen biblischer und jüdischer Opfertheologie: „Alles, was den Altar berührt, wird heilig" (כל הנגע במזבח יקדש), legt Ex 29,37 fest. Auch tannaitische Diskussionen setzen diesen Zusammenhang ganz unhinterfragt voraus: המזבח מקדש את הראוי לו" (Der Altar heiligt, was dazu geeignet ist; mZev 9,1). Diese Formulierung hat gegenüber dem biblischen Text bereits klargestellt, dass nur Dinge, die wirklich als Opfergabe tauglich sind, durch den Kontakt mit dem Alter in die Sphäre des Heiligen überführt werden.[727] Bei Gaben, die nicht geopfert, sondern in anderer Form dem Tempel übereignet werden, ist es der Tempel selbst, der diese heiligende Funktion übernimmt, wie Vers 17 voraussetzt.[728]

Beide Argumente führen zu dem gleichen Ergebnis: Wenn schon Schwurformeln gültig sind, die einen *geheiligten* Gegensand evozieren (wie die zitierten halachischen Entscheidungen in Vers 16 und 18 vor-

---

[724] Genau diese Unterscheidung begegnete uns bei der Besprechung der Diskussionen in Mischna Nedarim (weiteres dazu unten III / 4.2).

[725] Eine grundsätzliche Kritik an solchen Diskussionen wird entgegen weit verbreiteter Meinung nicht ersichtlich. Gegen z.B. Gnilka (1988), 287: „Jesus weist die kasuistischen Kautelen, mit denen Schwören angewendet werden, energisch zurück"; Luck (1993), 251: „Der Wehruf wendet sich also gegen eine Kasuistik, die dazu anleitet, sich durch Unterscheidungen dem Anspruch Gottes zu entziehen". Vgl. dagegen Schlosser (1991), 294 : „Il adopte un autre point de vue que ses interlocuteurs, il ne sort pas du système."

[726] Vgl. Schlosser (1991), 294.

[727] Ex 29,37 formuliert ganz uneingeschränkt „כל" und provoziert damit die Frage, ob wirklich alles geheiligt werden kann. Vgl. die Diskussion in Sifra zu Lev 6,2.

[728] Genau dieses Verständnis liegt den Diskussionen um den Ort der Zubereitung der Schaubrote (bMen 95a) zugrunde.

aussetzen), dann müssen nach den Regeln der Logik und denen des Opferkultes erst recht solche Schwurformeln bindenden Charakter haben, die einen ohnehin *heiligen* Gegenstand benennen.[729]

2.4.3.2 Mt 23,20-22

Mit Vers 19 ist der Diskussionsgang im Grunde beendet, mit dem Ergebnis, dass Schwurformeln, die sich auf etwas Heiliges beziehen (sei es nun Weihegabe oder ein heiliger Gegenstand bzw. Ort), gültig sind und bindenden Charakter haben. Vers 20 nimmt auf dieses Ergebnis Bezug, führt es jedoch in einer etwas anderen Richtung weiter, wobei die Anbindung an die vorangehenden Verse formal mit dem Stichwort „οὖν" deutlich gemacht wird. Wer beim Altar schwört, schwört beim Altar und zugleich bei allem, was auf ihm liegt. Von seinem Vokabular her ist dieser Vers noch ganz mit Vers 19 verbunden, von seiner Gedankenführung her entspricht er den Versen 21f, die danach fragen, was bei einer bestimmten Schwurformel zugleich mit gemeint ist. Damit nimmt dieser Vers in gewisser Weise eine Übergangsfunktion wahr und verzahnt so die beiden Teile der Perikope miteinander.[730]

Der Text schreitet nun vom Altar zur nächstgrößeren Einheit, dem Tempel fort: Wer beim Tempel schwört, schwört beim Tempel und zugleich bei dem, der dort wohnt, nämlich bei Gott selbst. Damit ist ein Grundgedanke jüdischer Tempeltheologie vorausgesetzt: Gott bzw. eine seiner Vergegenwärtigungsgestalten[731] wohnt in seinem Tempel (vgl. Ps 11,4; 68,6; Jos Bell 5,459; mMid 2,2). Der Tempel ist der Ort, an dem Gott gegenwärtig ist, deshalb beruft sich jeder, der sich auf den Tempel beruft, - konsequent zu Ende gedacht - zugleich auf Gott selbst. Von der irdischen Wohnstatt Gottes aus weitet sich in Vers 22 der Blick zu seiner himmlischen Wohnstatt. Dieser Vers fällt nicht aus der Argumentation heraus.[732] Er ergänzt sie lediglich vor dem Hintergrund biblisch - jüdischer Tempeltheologie ganz konsequent um einen zweiten dafür ebenso zentralen Gedanken, nämlich den, dass Gott im Himmel wohnt (vgl. Jes 66,1f; Ps 11,4; 103,19; 93,4). Beides darf man nicht gegeneinander ausspielen, es ist vielmehr genau dieses Ineinander von Gottes irdischer und himmlischer Wohnstatt, das zum Kernbestand der Tempeltheologie gehört: „The temple is the place where heaven and earth meet...".[733] „Mit dem Thron Jahwes ragt die himmlische Welt in das Heiligtum hinein,

---

[729] Dies entspricht genau dem Gefälle der Diskussion in mNed 1 und 2 (vgl. dazu unten III / 4.2).

[730] Vgl. Schlosser (1991), 289.

[731] Z.B. Gottes Name 1 Kön 8,29 oder eine Herrlichkeit Ps 26,8.

[732] So offenbar Luz (1997), 326: „V22 ist überschüssig" und Davies / Allison (1997), 293: The line seems like an afterthought".

[733] Mettinger (1982), 121.

mit dem im Heiligtum fußenden, in den Himmel aufragenden Got-
testhron ist der himmlische Bereich präsent".[734] Die Kategorie des Rau-
mes wird aufgehoben: „der königlich thronende 'Jahwe in der Höhe' ist
der [...] deus praesens"[735]. Die Erwähnung des schon aus 5,34 bekannten
Schwures beim Himmel ist also weder ein bloßer Nachklapp noch eine
Aufweichung der strengen kulttheologischen Argumentation der vorangehenden Verse, sondern deren notwendiges Komplement - erst damit ist
tempeltheologisch alles gesagt. Als Ergebnis der Argumentation bleibt,
dass also sowohl der Schwur bei Gottes irdischer als auch der bei seiner
himmlischen Wohnstatt letztlich nichts anderes ist, als ein Schwur bei
dem dort als König thronenden Gott[736] selbst.

2.4.3.3 Ergebnis

Für die Verse 16-22 ergibt sich damit ein klarer Duktus: Jede Schwurformel, die sich auf etwas Heiliges bezieht, sei es *geheiligt* wie eine Gabe oder ohnehin *heilig* wie der Tempel oder Altar, bezieht sich in letzter
Konsequenz auf Gott selbst[737], der heiligend in seiner irdisch - himmlischen Wohnstatt gegenwärtig ist. Die Schwüre in der ganzen Breite dieser Formeln sind deshalb unbedingt gültig. Weil die sog. „ὁδηγοὶ τυφλοί" anders lehren, stellt Matthäus sie unter das Wehe.[738] Mit ihrer halachischen Entscheidung haben sie sich in den Schatten des kommenden
Gerichts gestellt, nur wenn sie ihre Entscheidung revidieren, können sie
aus diesem Schatten heraustreten.
Der Aufweis des Gottesbezuges, der bei all diesen Schwurformeln gegeben ist, ist der eigentliche Erkenntnisfortschritt des zweiten Teils der Perikope gegenüber den Versen 16-19.[739] Zugleich wird damit eine Brücke
zur Diskussion in 5,33-37 geschlagen. Es wird nicht nur erneut die
Schwurformel „Himmel" besprochen, auch das Argumentationsmodell
von 5,33-37 begegnet wieder: Der mt Jesus rekurriert auf das tempeltheologisch verortete Denkmodell vom Königtum Gottes, um den Gottesbezug der besprochenen Formeln zu demonstrieren.

---

[734] Metzger (1970), 145.

[735] Spieckermann (1989), 184.

[736] Vgl. zu diesem Motiv die Studien von Brettler (1989) und Janowski (1989).

[737] Vgl. auch Schlosser (1991), 298: „Derrière les chauses saintes ou les lieux saints
il y a le Dieu saint et le Temple n'a d'importance qu'en tant qu'il est le Temple *de
Dieu*".

[738] Zum Charakter des Wehrufs vgl. oben III / 2.3.1.

[739] Vgl. Luz (1997), 328.

2.4.3.4 Mt 23,16-22 im Verhältnis zu Mt 5, 33-37

Mt 23,16-22 ist - wie wir sahen - vor allem von seiner kulttheologischen Argumentationsstruktur her mit Mt 5,33-37 verwandt. Hier wie dort wird der Gottesbezug bestimmter Ersatzformeln mit Hilfe des tempeltheologischen Modells vom Königtum Gottes demonstriert. In Mt 5 motiviert dieser Nachweis das absolute Schwurverbot. Denn gerade weil die dort diskutierten Ersatzformeln gültig sind, indem sie einen deutlichen Gottesbezug aufweisen, zeigt sich, dass die Heiligkeit Gottes nicht mit Ersatzformeln, sondern nur durch den Verzicht auf das Schwören überhaupt geschützt werden kann. Mt 23,16-22 begnügt sich hingegen mit der Diskussion bestimmter Schwurformeln und dem Nachweis ihrer Gültigkeit bzw. ihres Gottesbezuges. Ein Schwurverbot spricht der Abschnitt nicht aus.

Das veranlasst die Exegese zu der Frage nach dem Verhältnis der beiden Texte. Widerspricht Mt 23,16ff Mt 5,33ff?

„Es kann nicht verborgen bleiben, daß dieser kleine Exkurs über das Schwören im Widerspruch zur vierten Antithese der Bergpredigt steht, wo das Schwören verboten und absolute Wahrhaftigkeit gefordert wurde (5,33ff). Es läßt sich kaum bestreiten, daß die (judenchristliche) Gemeinde, in der der kleine Exkurs entstand, das Schwören praktizierte. Man hielt Jesu radikale Forderung nicht durch. Wie war es in den Gemeinden des Mt? Vermutlich ebenso."[740]

Dieses Urteil J. Gnilkas ist repräsentativ für die Beurteilung des Verhältnisses beider Texte zum Schwören im MtEv in einem Teil der Literatur. Mt 23,16ff „ist in das Judentum vor Jesus zurückgefallen"[741], wie E. Haenchen zur Stelle schreibt. Man kann demgegenüber jedoch fragen, ob eine Diskussion, wie Mt 23,26ff sie spiegelt, notwendigerweise eine bejahende Einstellung zum diskutierten Gegenstand voraussetzt. Man muss eine bestimmte Praxis nicht üben, um darüber diskutieren zu können. Das zeigen z.B. die ganze Traktate füllenden Diskussionen über nicht praktizierte Phänomene in der tannaitischen Literatur. So diskutiert man Details des Sota Rituals, obwohl man im gleichen Atemzug bekennt, dass dieses Ritual gar nicht mehr in Gebrauch ist, weil schon Rabban Jochanan ben Zakkai es der Überlieferung nach abgeschafft hat (mSot 9,9; tSot 14,1). Ähnlich verhält es sich mit der Todesstrafe, der lange Passagen im Traktat Sanhedrin gewidmet sind. Es kommt sogar vor, dass die Tannaiten in aller Ausführlichkeit Praktiken behandeln, die entschieden abgelehnt werden. Dies ist der Fall im Traktat Nedarim, der alle Einzelheiten des Gelübdewesens verhandelt, obwohl schon gleich zu

---

[740] Gnilka (1988), 288.
[741] Vgl. Haenchen (1966), 431; ders. (1980), 143. Einen Widerspruch konstatiert auch Filson (1960), 245; Minear (1971), 5f.

Beginn festgestellt wurde, dass diejenigen, die sich korrekt verhalten (כשרים), überhaupt keine Gelübde ablegen (mNed 1,1)[742]. Die Diskussion von Ersatzformeln in Mt 23,16-22 setzt also keineswegs voraus, dass man das Schwören praktiziert oder es gar bejaht.

Auf der Ebene des matthäischen Textes kann man noch Genaueres sagen: Wir beobachteten die verwandte Argumentationsstruktur in Mt 5,33ff und Mt 23,16ff (bes. in den Versen 21f). Darüber hinaus greift Mt 23,22 ausdrücklich eine in Mt 5,34b mit gleichem Ergebnis diskutierte Formel wieder auf. Leserinnen und Leser können daher kaum anders, als sich auf Mt 5,33ff zurückverwiesen zu sehen. Sie werden sich daran erinnern, dass das gleiche Argumentationsergebnis, das ihnen in 23,16-22 vorgeführt wird, in 5,33-37 das Schwurverbot als Konsequenz nach sich zog und darum hier den gleichen Schluss ziehen. Das Ergebnis der Diskussion in 23,16ff bestätigt und unterstützt die Argumentation, die zum Schutz der Heiligkeit Gottes allein das Schwurverbot für angemessen hält.[743]

Vor diesem Hintergrund ist die matthäische Kritik mehrfach motiviert: Zum einen ist es die aktuelle halachische Entscheidung bezüglich bestimmter Schwurformeln, die die Angeredeten als „ὁδηγοὶ τυφλοί" erscheinen lässt. Sie lehren hier eine Halacha, die nicht Gottes Willen folgt, den Matthäus in dem einen Lehrer Jesu konkret werden sieht, und daher - rabbinisch gesprochen - nur nach eigenem Gutdünken (מדעת עצמן) ergeht.

Darüber hinaus ergibt sich aus dem Bogen von Mt 23,16-22 zu Mt 5,33-37 ein weiteres Moment matthäischer Kritik an der Halacha seines Gegenübers: Die Konsequenz, die der mt Jesus in den Versen 21 und 22 zieht, weist zurück auf das absolute Schwurverbot, das nach Matthäus allein geeignet scheint, die Heiligkeit Gottes vor dem entweihenden Zugriff im Schwur zu schützen. Ersatzformeln vermögen dies nicht, weil ihnen - wie Matthäus auch hier wieder zeigt - eben doch ein Bezug zu Gott eigen ist. Wer sich dieses nicht geeigneten Mittels bedient und schwört, steht darum permanent in der Gefahr, Gott bzw. seinen Namen zu entheiligen und befindet sich darum unter dem Wehe: Wer mit diesen Konsequenzen lehrt und handelt, über dem lauert der Todesschatten des Gerichts.[744]

---

[742] Vgl. oben II / 6.5.

[743] Vgl. Bonnard (1970), 339; Gundry (1982), 463; Luz (1997), 329; Gielen (1998), 328.

[744] In dieser Einschätzung dürften sich die frühen Rabbinen und Matthäus durchaus einig gewesen sein, wenn wir uns die rabbinischen Warnungen vor der Entweihung des Gottesnamens als schwerster Sünde ins Gedächtnis rufen (vgl. II / 6.2.1).

Eine mögliche dritte Ebene matthäischer Kritik wird sichtbar, wenn man den Duktus dieser Perikope zur einschlägigen jüdischen Diskussion in Beziehung setzt.

Bevor wir jedoch diese Einordnung vornehmen, ist zunächst ergänzend auf der Ebene des matthäischen Textes nach den weiteren Schwurperikopen zu fragen.

3. Ausblick: Schwur und Eid in erzählenden Texten

Wie fügen sich die erzählenden Passagen im MtEv zur matthäischen Halacha des Schwurverbotes?

In drei Perikopen erzählt Matthäus von Menschen, die schwören. Dies ist zuerst Herodes, der nach 14,7 der Tochter der Herodias, deren Tanz ihm gut gefallen hat, mit einem Eid verspricht (μεθ' ὅρκου ὡμολόγησεν), ihr zu geben, was sie sich auch immer wünsche.[745] Sie verlangt das Haupt Johannes des Täufers. Herodes sieht sich gezwungen, dieses so bekräftigte Versprechen zu halten, wenngleich er „durch die Eide" betrübt war (λυπηθεὶς [...] διὰ τοὺς ὅρκους). Hier begegnet der schon aus anderen Texten bekannte Konflikt zwischen Eid und Ethik[746]: Der Eid bindet den, der ihn ablegt, auch wenn er damit dem eigentlich Gebotenen oder wie in diesem Fall auch nur seinem eigenen Willen zuwiderhandeln muss. Auf der Erzählebene des Evangeliums ist anderes wichtiger: Die Leserinnen und Leser kommen vom absoluten Schwurverbot aus Mt 5,33-37 her und wissen, dass jedes Wort, das über ein entschiedenes und ungeteiltes Ja hinausgeht, vom Bösen ist (5,37). Damit verstärkt sich das ohnehin negative Herodesbild des Evangeliums.

Der Vollständigkeit halber ist auch Mt 15,2-6 hier zu nennen. Hier ist zwar nicht vom Schwören die Rede, doch wendet sich Jesus hier quasi en passant[747] gegen die Gelübdepraxis der Pharisäer und Schriftgelehrten. Wie wir oben sahen, spiegelt dieser Text bzw. schon seine markinische Vorlage sehr präzise die zeitgenössischen Entwicklungen im Gelübdewesen wieder. Indem ein Mensch etwas von seinem Besitz im Blick auf andere Personen Gott übereignet, macht er diesen die Nutzung des „Geweihten" unmöglich (vgl. II / 6.4.1). Diese Praxis ist auch Philo (Hypothetika 7,5) bekannt, tannaitische Quellen spiegeln sie ebenfalls (z.B. mNed 4,1ff). Jesus sieht daraus im konkreten Fall einen Konflikt mit dem in der Tora verankerten Gebot der Elternehrung (Ex 20,12 u.a.) erwachsen: Die zutreffend zitierte[748] halachische Entscheidung seines Gegenübers widerspricht dem, was die Tora fordert, setzt das Wort Gottes außer Kraft (ἀκυρόω). Dass die Pharisäer und Schriftgelehrten das

---

[745] Luz (1990) weist zurecht darauf hin, dass im Erzählduktus des MtEv mit diesem Schwur die Bosheit des Herodes unterstrichen wird, denn „die Leser des Evangeliums wissen aus der Bergpredigt, was Gottes Wille in Bezug auf den Eid ist" (391).

[746] Vgl. Jdt 8,30; VitAd 20,3 u.ö. (vgl. II / 7.2).

[747] Zu Mt 15,1ff vgl. unten IV / 2 .

[748] Vgl. dazu oben II / 6.4.1.

Gelübde trotzdem für gültig erachten, konkretisiert einmal mehr ihre Inkongruenz (15,7).[749] Eine grundsätzliche Kritik am Geloben überhaupt, hören wir hier noch nicht. Sie ergibt sich erst, wenn man den Bogen von Mt 23,16ff zurück zu Mt 5,33ff in seinem jüdischen Kontext betrachtet (vgl. III / 4.2).

Negative Konnotationen verbinden sich deutlich mit der Beschwörung durch den Hohenpriester (26,63). Diese und Jesu Antwort darauf (26,64) haben der Forschung Anlass zu der Frage gegeben, ob Jesus – anders als er es in Mt 5,34ff fordert – selbst geschworen hat.[750] Bei den Worten des Hohenpriesters handelt es sich um eine unter Berufung auf den lebendigen Gott abgelegte Beschwörung.[751] Solche Beschwörungen begegnen im Sotaritual (Num 5,21), nach CD 9,12; 15,4 und mBQ 9,8 im Rahmen des Verfahrens zur Klärung von Eigentumsdelikten und beim Zeugnisschwur (mShevu 4,3). Alle diese Beschwörungen werden mit „Amen" beantwortet, der Beschworene nimmt den ihm angetragenen Eid damit auf sich.[752] Dies ist in Mt 26,64 nicht der Fall. Von daher spricht also nichts dafür, dass Jesus hier einen Eid geschworen hätte. Das Jesusbild des Evangelisten bleibt hier ganz konsequent: Der, dessen Halacha das Schwören untersagt, schwört auch selbst nicht.[753]

Mit ebensolcher Konsequenz gerät der Hohepriester mit seiner Beschwörung auf die Seite des Bösen, auf die nach Matthäus derjenige gehört, der sich eines Schwures oder einer Beschwörung bedient.

Dass ein Eid die Funktion hat, für die Wahrheit einer Aussage zu bürgen, ist uns ein aus den Quellen bekanntes Phänomen. In diesem Sinn schwört Petrus und versucht so die Mägde des Kaiphas davon zu überzeugen, dass er Jesus nicht kennt (26,72.74). Damit leistet er einen ein-

---

[749] Philo missbilligt diese Praxis ebenfalls aufs schärfste (SpecLeg 2,16-17). Nach SpecLeg 2,15 wäre es „Wahnsinn", das der Tora widersprechende Versprochene zu halten. Er kennt die Möglichkeit, dass nicht näher bezeichnete Instanzen neben den Priester solche Gelübde auflösen können. Ebenso verhält es sich bei den Tannaiten. Sie entscheiden, dass ein Gelübde, mit dem man verspricht, eine Gebot der Tora zu übertreten, gültig ist. Allerdings soll man um dessen Auflösung nachsuchen (mNed 2,2 und mNed 9).

[750] Vgl. Stählin (1962), 124ff. In der jüngeren Literatur spielt diese Frage keine Rolle mehr (vgl. z.B. Davies / Allison (1997), 527f.

[751] Vgl. mShevu 4,13 (vgl. II / 6.3).

[752] SifBam §15 (Horovitz, 20) legt allgemein fest, dass jede Beschwörung mit „Amen" zu beantworten sei.

[753] Fraglich ist allerdings, ob hier tatsächlich eine formale Beschwörung seitens des Hohenpriesters vorliegt, denn der hier vorgestellte Kontext passt zu keinem der sonst bekannten Kontexte für eine entsprechende Beschwörung. Allerdings begegnen in Tob 9,3f; 10,7 und TestHiob 8,2 Beschwörungen, mit denen man die Adressaten zu einem bestimmten Verhalten geradezu zwingen konnte, ohne dass diese mit Amen geantwortet hätten. Ein analoger Fall scheint hier vorzuliegen, denn der Hohepriester bringt Jesus, der bisher geschwiegen hatte, mit der Beschwörung zum Reden.

deutigen Meineid. Es entspricht der Jüngerdarstellung[754] des MtEv, dass diese oftmals hinter den Weisungen Jesu zurückbleiben. Dies gilt hier in doppelter Weise: Zum einen hält Petrus sich nicht an das absolute Schwurverbot, zum anderen entspricht seine Falschaussage nicht der Forderung nach ungeteilter Wahrhaftigkeit, die mit dem Schwurverbot positiv verbunden ist (5,37). Der Meineid Petri erhält vor dem Hintergrund der durchgängig negativen Bewertung des Meineides eine besondere Brisanz. Mit ihm stellt sich Petrus auf die Seite derer, die Gott verhasst sind (vgl. Sach 8,17), begeht er ein Verbrechen, das strenggenommen den Tod nach sich ziehen müsste (vgl. Philo, SpecLeg 2,252 [II / 4.3.1.2]), für das es nach tannaitischer Ansicht in diesem Leben keine Sühne mehr geben kann (MekhY zu Ex 20,7 [Horovitz/Rabin, 228] [II / 6.2.1]). Entsprechend verzweifelt reagiert Petrus (26,57) und verschwindet danach aus dem Erzählgang des Evangeliums.[755]

Diese Texte bereichern nicht nur unser Bild von den Kontexten und Funktionen des Eides, sie geben darüber hinaus wichtige Hinweise darauf, wie Matthäus das Schwören bewertet: Es ist vom Bösen. Umgekehrt nutzt er die in 5,33ff ergangene Halacha dazu, den Leserinnen und Lesern deutlich zu machen, wie bestimmte Gestalten der Erzählung zu charakterisieren sind. So verschärft er das negative Bild des Herodes und des Hohenpriesters und unterstreicht die dialektischen Züge im Petrus- und damit im Jüngerbild überhaupt: Petrus und die Jünger sind alles andere als reine Lichtgestalten. Dass sie dennoch nicht aus dem Kreis derer, die zu Jesus gehören, herausfallen, gehört zum Kern der seelsorgerlichen Botschaft des ersten Evangeliums.[756]

---

[754] Petrus erscheint hier wie auch sonst im MtEv als typischer Jünger: „An seiner Person macht Matthäus *christliches Verhalten* und *Fehlverhalten* deutlich" (Weiser (1993), 107).

[755] Namentlich wird er nicht mehr genannt, doch gehört er wohl zu den 11 Jüngern, die Zeugen der Ostererscheinung auf dem Berg werden (28,16).

[756] Diese wird u.a. auch an der Stellung des Vaterunsers mit der Bitte um Vergebung (6,12) sichtbar. In der Mitte der Bergpredigt mit ihrer halachischen Weisung wird auf die Möglichkeit und Notwendigkeit der Sündenvergebung hingewiesen (vgl. Luz (1992), 185). Rabbinisch entsprechen dem Gebete, die zur Liturgie des Versöhnungstages gehören (z.B. das אבינו מלכנו).

4. Auswertung: Die matthäischen Aussagen zu Schwur und Eid im Kontext der antiken jüdischen Diskussion

4.1 Mt 5,33-37

Die matthäischen Aussagen zu Schwur und Eid fügen sich bruchlos in die antike jüdische Diskussion über diesen Themenkomplex ein, und Matthäus erweist sich als kompetenter Teilnehmer an dieser Diskussion. Dies zeigt sich zunächst an seiner Besprechung der Ersatzformeln in Mt 5,34-36.

Die konkret genannten Formeln werden auch von anderen jüdischen Diskussionsteilnehmern in Erwägung gezogen. Der Schwur *„ beim Himmel"* ist nach dem Zeugnis der Quellen durchaus gebräuchlich[757]. Philo rät sogar ganz ausdrücklich dazu, bei der Ersatzformel „Himmel" zu schwören[758], weil man es so vermeiden könne, beim Schwören direkt auf Gott zuzugreifen. Die Tannaiten streiten darüber, ob „Himmel" als Ersatzformel taugt[759]. Diese Formel erfüllt zwar das eine der beiden Kriterien für Ersatzformeln[760], Gott selbst nicht in der Schwurformel zu nennen. Das zweite Kriterium, einen indirekten Bezug zu Gott herzustellen, erfüllt sie hingegen nicht eindeutig genug, wie die amoräischen Ausleger der Mischna meinen. Es ist nämlich nicht sicher, ob derjenige, der „beim Himmel" schwört, wirklich Gott und nicht etwa den Himmel im einfachen Sinne des Wortes meint.[761] In weiten Kreisen sieht man den notwendigen Gottesbezug durchaus gegeben und benutzt „Himmel" - nicht nur im Schwur - als Ersatzwort für Gott.[762] Matthäus entscheidet ganz in diesem Sinne, indem er den Gottesbezug dieser Formeln unter Rückgriff auf den Motivkreis vom Königtum Gottes aufweist.

---

[757] Vgl. tHul 2,24; ARN A 38,3; bTaan 18a (vgl. II / 6.3).

[758] Vgl. SpecLeg 2,5 und II / 4.3.4.4.

[759] Vgl. mShevu 4,13 (vgl. II / 6.3).

[760] Vgl. dazu II / 4.3.4.4 und 6.3.

[761] Vgl. die Diskussion in bShevu 35b (II / 6.3).

[762] Vgl. die rabbinische Wendung „שם שמים" (z.B. mSan 6,4; mAv 1,10; 4,4; MekhY zu Ex 20,7 (Horovitz/Rabin, 228); SifDev § 43 Finkelstein, 98 [als Varia Lectio]). Vom Schwören unter Anrufung des Himmels erzählen z.B. SifDev § 306 (Finkelstein, 342); § 354 (Finkelstein, 417). Weiteres zu dieser Gottesbezeichnung bei Urbach (1986), 56ff. Gerade Matthäus ist ein beredter Zeuge für die Verwendung dieses Ersatznamens, wenn er von der *Gottes*herrschaft als der Herrschaft der *Himmel* spricht (z.B. 3,2; 4,17; 5,3; 5,10).

Die Ersatzformel „*bei der Erde*" wird wiederum von Philo empfohlen (Vgl. SpecLeg 2,5)[763]. Die Gelehrten der Mischna kennen sie, lehnen sie aber ab (mShevu 4,13).[764] Die Argumentation, die man in amoräischen Kreisen für diese Ablehnung gefunden hat, ist die gleiche wie bei der zuerst genannten Ersatzformel: Der erforderliche Bezug zu Gott wird nicht mit hinreichender Eindeutigkeit hergestellt. Matthäus entscheidet wiederum anders.

Auch die Ersatzformel „*Jerusalem*" wird in tannaitischen Kreisen diskutiert (mNed 1,3).[765] In dieser Diskussion erscheint „Jerusalem" freilich als Gelübdeformel, weshalb der Argumentationsduktus ein anderer ist. Es kommt nicht darauf an, ob die Formel einen Bezug zu Gott hat, sondern darauf, ob sie tatsächlich einer Sache entspricht, die als Gabe gelobt werden kann. Rabbi Jehuda spricht sich gegen diese Formel aus: Wer bei Jerusalem gelobt, habe nichts gesagt. Die Mischna entscheidet anders und erklärt die Ersatzformel Jerusalem wie vorher Matthäus für gültig. Dass „Jerusalem" bei Matthäus als Schwurformel begegnet und als solche diskutiert wird, erklärt sich aus der nicht streng durchgehaltenen Unterscheidung von Gelübden und Eiden.[766] Matthäus setzt die begonnene Linie fort und zeigt auch hier wieder die Beziehung, die diese Formel zu Gott hat.

Die vierte Formel „*beim Haupt*" leitet über zu einem anderen Schwurmodell, das zwar wenig diskutiert wird, das aber nach Ausweis der Quellen sowohl im Judentum, als auch in dessen paganer Umwelt nicht unbekannt ist. Hier geht es nicht darum, Gott im Eid als Zeugen zu benennen, sondern eine Sicherheit einzusetzen, die als Unterpfand die Wahrheit des Gesagten garantiert. Der mt Jesus erkennt auch bei diesem Schwurmodell einen Bezug zu Gott und macht damit deutlich, dass das Ausweichen darauf am Grundproblem des Schwörens – dem potenziell entheiligenden Zugriff auf den heiligen Gott – nichts ändert.

Nicht allein, dass Matthäus solche Formeln zitiert und bespricht, die sich auch anderswo als gebräuchlich und diskutiert nachweisen lassen, auch seine Argumentation weist ihn als Kenner der Diskussion aus. Er weiß sehr genau, worauf es bei einer Ersatzformel ankommt, kennt die entscheidenden Kriterien, die auch Philo und später die Tannaiten an solche Formeln anlegen. Allein diese intime Kenntnis der Diskussion ermög-

---

[763] Vgl. II / 4.3.4.4.

[764] Diese Schwurformel ist anders als „beim Himmel" in erzählenden Texten der rabbinischen Literatur - soweit ich sehe - nicht isoliert gebräuchlich, sie begegnet allenfalls in Kombination mit Himmel. Vgl. Sifra zu Lev 19,16; EkhaR 4,2. Griechisch belegt ist sie z.B. bei Aristoph. Pax. 187 und Av 194.

[765] Vgl. II / 6.4.3.1.3.

[766] Vgl. Lieberman (1942), 117f: „...the introduction of a נדר - formula into formulas of שבועות did not invalidate the obligation, since the vow was considered as a substitute [...] for an oath" (vgl. II / 1.1.2).

licht es ihm, seinen eigenen Beitrag dazu zu leisten, indem er die den Ersatzformeln inhärente Problematik aufdeckt: Indem sie als gültige Ersatzformeln einen – wenn auch indirekten – Bezug zu Gott haben, schützen sie Gott eben nicht konsequent vor dem entweihenden Zugriff. Dies vermag allein der absolute Verzicht auf das Schwören. Dies lässt der mt Jesus um der Heiligkeit Gottes willen Halacha werden.

Das Interesse an der Heiligkeit Gottes und ihrem Schutz beim Schwören teilt Matthäus mit den Gliedern der Qumrangemeinde (bzw. den Essenern nach Philo und Josephus) und Philo vor ihm und den Tannaiten nach ihm.[767] Diese lassen das Interesse halachisch konkret werden, indem sie u.a. vorschlagen, Gott im Schwur nicht direkt zu benennen, sondern statt dessen Ersatzformeln zu gebrauchen. Die grundsätzliche Problematik dieser Ersatzformeln aufgezeigt zu haben, ist der genuine Beitrag des mt Jesus zu dieser Debatte um die Frage, wie das Schwören und der Schutz der Heiligkeit Gottes miteinander zu verbinden sind. Seine Antwort auf diese offene Frage lautet: Beides ist nicht miteinander zu vereinbaren.

Diese Konsequenz haben vor und nach Matthäus auch andere gezogen: Schon Sirach und Pseudo-Phokylides raten gänzlich vom Schwören ab.[768] Nach dem Zeugnis Philos und Josephus' sind daneben die Essener zu nennen[769]. Die Tannaiten wissen von Menschen, die es vorzogen, selbst auf den von der Schrift erlaubten Reinigungseid vor Gericht zu verzichten, mit allen negativen Konsequenzen, die das für sie hatte.[770] Philo selbst hält den Verzicht auf das Schwören für richtig und rät deshalb vehement davon ab. Zu einem absoluten Schwurverbot kann er sich wegen des damit der schwächeren Rechtspartei angetanen Unrechts nicht durchringen, doch bindet er den Schwur an quasi unerfüllbare Bedingungen.[771] Die Tannaiten sind es schließlich, die ein allgemeines

---

[767] Dies veranschlagt Luz (1992), 284 für den irdischen Jesus, nicht aber mehr für Matthäus: „Die Konkretionen in 34f zeigen, daß es ihm wie dem Judentum um die Heiligung von Gottes Namen und um Gottes Majestät geht. [...] es geht ihm um den Eid, weil hier der Name Gottes in Anspruch genommen wird [...] Darin steht Jesus in der Linie jüdischen Nachdenkens über den Eid". Die mt Gemeinde hat s.E. ein anderes Interesse: Durch die Antithesenform will sie andeuten, „daß das alttestamentliche Gottesrecht durch Jesu Verkündigung überholt wird" (285). Unsere bisherige Arbeit an diesem Text in seinem Kontext 5,17-48 führte zu einem anderen Ergebnis. Es geht nicht um ein Überholen des Gottesrechtes durch Jesus, sondern darum, wie Tora konkret zu (er)füllen ist, damit daraus eine dem Willen Gottes entsprechende Praxis erwächst. Dieses Interesse teilt Matthäus mit seinen Zeitgenossen - auch bei der Diskussion über den Eid.

[768] Vgl. II / 2.2.1; 2.2.5.

[769] Vgl. den Exkurs unter II / 3.3.

[770] Vgl. II / 6.2.3.

[771] Vgl. II / 4.3.4.2 und 4.3.4.5.

Schwurverbot im rabbinisch dominierten Judentum auf den Weg bringen.[772]

Der mt Jesus hat an dieser Entwicklung mit eigenen Akzenten Anteil,
indem er die Problematik aufdeckt, die den Ersatzformeln selbst inhärent
ist. Er (er)füllt Tora und Propheten mit ihrer Warnung vor dem Meineid
und falschem Schwur konkret so, dass das Interesse, das diese Warnung
motiviert, voll zur Geltung kommt. Für Mensch jüdischer und nichtjüdischer Herkunft nachvollziehbar untersagt er jeden Schwur und richtet
menschliche Rede an der ungeteilten Wahrhaftigkeit des heiligen Gottes
aus.

4.2 Mt 23,16-22

Die neutestamentliche Exegese hat schon früher darauf hingewiesen,
dass dieser Text eine deutliche Nähe zu rabbinischen Diskussionen aufweist: „Die rein jüdisch geprägte Auseinandersetzung hätte auch zwischen pharisäischen Schulen stattfinden können".[773] „This is just the kind
of debate that fills the pages of the Mishnah"[774]. Die zitierten Beispiele
in Vers 16b und 18 bieten formal „rabbinische Entscheidungen zu der
Frage: Wann bindet ein Eid?"[775]

Erkennt man einerseits die rabbinisch anmutende jüdische Grundstruktur
dieser Perikope, so besteht doch eine gewisse Unsicherheit darüber, welcher Ort innerhalb des halachischen Diskussionsspektrums ihr zuzuwei-
sen ist bzw. welches Thema dort eigentlich verhandelt wird. Entweder
verortet man Mt 23,16-22 innerhalb der Diskussion darum, welche Formulierungen einen *Eid* verbindlich machen - oder innerhalb der Diskussion darum, welche Formulierungen ein *Gelübde* zu einem bindenden
Gelübde machen. Je nach dem sucht man nach Parallelen in den tannaitischen Traktaten שבועות (Schwüre) oder נדרים (Gelübde). Entscheidet
man sich für die erste Option, dann fällt das Ergebnis zunächst negativ
aus. „Rabbinic literature does not contain evidence of the precise distinctions described by Matthew".[776] Wählt man die zweite Option, so

---

[772] Vgl. yShevu 6,5 (37a) und II / 6.2.4 Anm. 74.

[773] Gnilka (1988), 287.

[774] Newport (1995), 139. Er fährt fort: „On the one side of the debate are the scribes
and the Pharisees, who say that to swear by the temple, the altar, and perhaps the
heavans, does not make the oath binding, though to swear by the gold of the temple,
the gift upon the altar, and perhaps by the throne of God, does; and on the other side
is the author of Mt. 23.16-22, who questions the sufficiency of such teaching." (139).

[775] Luck (1993), 251.

[776] Gundry (1982), 462. Ähnlich urteilen Gaechter (1962), 738 („Diese Schwurformeln waren in der Zeit des zweiten Tempels ohne Zweifel im Gebrauch, wenn sie
auch aus dem später verfaßten rabbinischen Schrifttum nicht zu belegen sind.") Beare (1981), 454 („we know of nothing that bears upon the distinctions made here")
und Schnackenburg (1987), 225 („Tatsächlich gab es bei den Rabbinen solche Unter-

kann man auf auffällige Parallelen in den ersten Abschnitten des Traktates Nedarim in Mischna und Tosefta verweisen. Auf diese Parallelen greifen nun auch Exegeten zurück, die sich nicht für die zweite Option entscheiden.[777]

Bei der Besprechung der einschlägigen Passagen in jüdischen Texten ist uns wiederholt aufgefallen, dass Eide und Gelübde nicht immer streng voneinander unterschieden werden. Beide Sprechakte sind miteinander verwandt und werden unter der gleichen Überschrift behandelt[778]. Vor diesem Hintergrund verwundert es nicht weiter, wenn Matthäus zwar vom Schwören spricht, aber Formeln diskutiert, die in tannaitischen Texten als Gelübdeformeln gelten.

Es zeigte sich, dass der mt Jesus sowohl Formeln, die sich auf *geheiligte* Gegenstände, als auch solche, die sich auf *heilige* Dinge beziehen für gültig hält. Damit nimmt er vorweg, was Ergebnis der tannaitischen Diskussion in Mischna Nedarim ist: Wie wir sahen[779], erklärt die Mischna ebenfalls *beide* Formen für gültig, die Berufung auf etwas Geheiligtes oder etwas Heiliges: Wer eine geheiligte Gabe nennt (wie z.B. das Lamm, das Opferholz oder nicht (mehr) Profanes) hat „bei einer Sache gelobt, die in Jerusalem dargebracht wird"[780] und darum ein gültiges Gelübde im Sinne der eigentlichen Gelübdeformel „Qorban" abgelegt. Dies ist - so legt die Mischna fest - jedoch auch dann der Fall, wenn lediglich ein heiliger Gegenstand[781] genannt wird (wie z.B. der Altar, das Heiligtum oder Jerusalem selbst).[782] Die Quellen zeigen nun deutlich, dass diese Halacha nicht von vornherein feststand. Sie verdankt sich einem Diskussionsprozess, in dem Rabbi Jehuda als exponierte Gestalt erscheint.

Nach allem, was wir den Quellen entnehmen konnten, hält Rabbi Jehuda nur solche Ersatzformeln für gültig, die sich auf eine Gabe beziehen und

---

[777] So z.B. Gnilka (1988), 287; Schlatter (1929), 677. W. Grundmann (1968) umgeht das Problem in gewisser Weise, indem er vom „Gelöbnis" spricht, was eine Deutung sowohl im Sinne von „Eid" als auch im Sinne von „Gelübde" möglich macht. So kann er einerseits von „Eideskasuistik" sprechen (492) und andererseits auf mNed 1,1 verweisen. E. Lohmeyer (1956), 344 hingegen steht klar zur zweiten Option: „Von Gelübden sprechen die Sätze, nicht von Eiden". Entsprechend tendiert er dahin, das matthäische „ὀμνύναι eher als ein 'Geloben' aufzufassen" (344). Seine Argumentation berührt jedoch die Frage rabbinischer Parallelen nur ganz am Rande mit einem Verweis auf Billerbeck I 932.

[778] Vgl. II / 1.1.2 u.ö.

[779] Vgl. II / 6.5.

[780] So bNed 11a (vgl. II / 6.4.3.1.3).

[781] Wir konnten beobachten, dass der Jerusalemer Talmud versuchte, auch Formeln, die heilige Gegenstände zum Inhalt haben, als eigentlich auf geheiligte Gaben bezogen zu erklären. Dies gelang z.T. überhaupt nicht, z.T. nur mit Mühe.

[782] Vgl. II / 6.5.

damit sachlich der eigentlichen Formel „Qorban" entsprechen.[783] Diese Position berührt sich mit der, gegen die der mt Jesus sich wendet.

Vielleicht kann man aber noch einen Schritt weiter gehen und die Tatsache, dass Matthäus hier Formeln diskutiert, die als *Gelübdeformeln* gebräuchlich sind, noch weiter auswerten als dies bisher in der Forschung geschehen ist. Wie wir sahen, gab es bei den Tannaiten schon sehr früh[784] eine Tendenz, statt des Schwurs auf das Gelübde zurückzugreifen. Es galt als weniger gefährlich, weil anders als beim eigentlichen Schwur (auch bei Ersatzformeln) Gott selbst nicht involviert und damit die Gefahr der Profanierung nicht so stark gegeben war.[785] Matthäus hingegen zeigt im Fortgang von Vers 16 bis 22, dass auch bei wirklichen Gelübdeformeln ein Bezug zu Gott besteht, denn Gott ist es, der im Tempel heiligend gegenwärtig ist. Darum ist seine Heiligkeit letztlich auch dann betroffen, wenn Menschen versuchen, z.B. unter Berufung auf geheiligte Gaben einen verbindlichen Sprechakt in Kraft zu setzen.

Liest man Mt 23,16-22 im Zusammenhang mit dieser Entwicklung zum Gelübde als Schwurersatz, die in frühtannaitischer Zeit Gestalt gewinnt, dann hätte Matthäus hier mehr geleistet als lediglich die Gültigkeit auch solcher Formeln erwiesen, die sich auf den heiligen Tempel oder den Altar beziehen. Er hätte auch mehr getan, als seine Leserinnen und Leser aufgrund des in Vers 21f explizit gemachten Gottesbezugs an das Schwurverbot zu erinnern. Er hätte zugleich gezeigt, dass auch das Vermeiden des Schwörens durch das Ausweichen auf Gelübde kein probates Mittel ist, die Heiligkeit Gottes vor dem entweihenden Zugriff zu schützen, denn auch Gelübdeformeln halten Gott nicht aus dem verbindlichen Sprechakt heraus. Wer aus Sorge um die Heiligkeit Gottes statt des Schwurs das Gelübde wählt, hat nach Matthäus nichts gewonnen. Er ist der Gefahr der Entweihung Gottes oder seines Namens nicht entgangen. Darum erweist sich für Matthäus eine solche Halacha als Halacha „blinder Wegführer". Das wäre eine dritte Ebene der Kritik, die Matthäus in 23,16-22 anbringt. Die Gelehrten der Mischna kommen später zu einem ähnlichen Ergebnis, wie sich aus der negativen Beurteilung des Gelobens gleich zu Beginn von Mischna Nedarim ergibt.[786]

Matthäus erweist sich damit wie schon in Mt 5,33ff als sehr guter Kenner der Diskussionslage am Beginn der tannaitischen Epoche. Er kennt halachische Probleme und Entscheidungen, die *vor allem* in tannaiti-

---

[783] Des Weiteren legt er Wert darauf, dass nicht ein wirkliches Opfer gelobt, sondern eine religiös sanktionierte Verzichtserklärung ausgesprochen wird. Vgl. II / 6.4.3.1.3.
[784] Die tannaitische Tradition schreibt sie Rabban Gamliel dem Älteren zu (mGit 4,3).
[785] Vgl. II / 6.4.
[786] Vgl. mNed 1,1.

schen Kreisen diskutiert werden, und hört von Jesus dazu eine Position, die *im Rahmen dieser Kreise* möglich ist und sich später sogar durchsetzt: Wie Matthäus hält die Halacha der Mischna Formeln für gültig, die sich auf geheiligte Gaben oder heilige Gegenstände beziehen. Wie Matthäus kommt die Mischna zu dem Ergebnis, dass es nicht angemessen ist zu geloben oder zu schwören.[787] Matthäus nimmt also mit großem Sachverstand und überraschendem Weitblick an den Diskussionen der tannaitischen Welt teil. Er kennt die Argumente und weiß sie zu gebrauchen. Dabei ironisiert er nicht, noch führt er irgendetwas ad absurdum. Er partizipiert sehr ernsthaft am Gespräch über die Halacha Israels. Zwar führt er das Gespräch in polemischem Gewand, aber - so zeigt sich - er hat dieses Gespräch nicht abgebrochen.

Dies ergeben nicht allein die unmittelbar halachischen Beiträge, die Matthäus zur Diskussion um Schwur und Eid leistet, auch die Kontexte, in die sie jeweils im Evangelium eingebettet sind, sprechen eine Sprache, die den Ort des MtEv im Judentum deutlich erkennen lassen.[788]

Ergänzend sollen nun drei weitere halachische Diskussionsbereiche in den Blick genommen werden, zu denen sich im MtEv Material findet. Dies stellt bei der Analyse der matthäischen Schwurhalcha in ihrem jüdischen Kontext gewonnenen Ergebnisse auf eine breitere und damit für unsere Ausgangsfrage nach der innerjüdischen Verortung des MtEv entsprechend aussagekräftigere Basis.

---

[787] Vgl. II / 6.5.
[788] Vgl. dazu oben III / 1.1.4; 1.2.1.5; 1.2.3; 2.2.2.6.

IV
Vertiefung und Ergebnis

1. „Was verdrängt den Sabbat?" - Matthäus im halachischen Diskurs

Nahezu jeder Versuch, den Ort des MtEv im Verhältnis zum sich neu formierenden Judentum zu beschreiben, widmet der matthäischen Behandlung der Sabbatthematik eine gewisse Aufmerksamkeit. Zuweilen gilt sie geradezu als Prüfstein der Frage, inwieweit die mt Gemeinde der Tora Israels und damit dem Judentum treu war.[1] Liest man z.B. Mt 24,20 als Indiz dafür, dass die mt Gemeinde den Sabbat gehalten hat, so hätte man damit einen sehr konkreten Hinweis auf die Toraobservanz der mt Gemeinde.[2] Aber auch, wenn man diesem Vers nicht zu viel Gewicht beimessen möchte, bleibt genug aufschlussreiches Material zum Sabbat im MtEv.

Im Vergleich zum Befund im Markusevangelium fällt zunächst auf, dass Matthäus versucht, Sabbatverletzungen zu vermeiden. So lässt er Mk 1,21-28 aus und datiert die Heilung der Schwiegermutter des Petrus nicht auf einen Sabbat (Mt 8,14f vs. Mk 1,29ff).[3] Die Sabbatkonflikte (Mt 12,1-14) werden erst nach der Grundsatzerklärung Mt 5,17-20 erwähnt, so dass bei den Leserinnen und Lesern erst gar nicht erst der Verdacht aufkommen kann, der mt Jesus wolle die Sabbatgesetzgebung abschaffen – allenfalls Toraerfüllung zu konkreter Halacha steht zu erwarten.[4]

---

[1] So vor allem Yang (1997), 18 und 301.

[2] So z.B. mit freilich sehr unterschiedlichen Akzenten Hübner (1986), 127 und Saldarini (1994), 126f. Luz (1997), 428f gibt einen guten Überblick über die hinsichtlich dieses Verses vertretenen Positionen, sein eigener vorsichtig vorgetragener Lösungsvorschlag, dass Matthäus hier einen „vormt judenchristlichen Zusatz" stehen gelassen habe (429) ist insofern problematisch, als damit am redaktionellen Geschick des sonst so bewussten Redaktors Matthäus gezweifelt wird (vgl. dazu III / 2.2.2.1 u.ö.). In sich gelesen ist der Vers weniger problematisch als man gemeinhin meint: Ebenso wenig wie eine Flucht im Winter verboten oder diskussionswürdig ist, muss es für Matthäus eine am Sabbat sein. Eine Flucht im Winter ist jedoch auch im vorderen Orient ungleich schwieriger als zu anderen Jahreszeiten und so scheint Matthäus schlicht sagen zu wollen, dass er sich eine Flucht im Winter oder Sabbat schwieriger vorstellt, als z.B. eine am Werktag. Das mag nun durchaus damit zusammenhängen, dass in der Umwelt der mt Gemeinde die Regel, dass Verteidigung oder Flucht am Sabbat erlaubt sind, eben doch nicht so klar verbreitet war. Josephus bezeugt, dass es zu seiner Zeit dazu durchaus noch unterschiedliche Auffassungen gab (vgl. dazu unten IV / 1.2).

[3] Vgl. dazu McIver (1995), 233 und Mohrlang (1984), 9f.

[4] Vgl. dazu oben III / 1.2.1.

Die eben erwähnten Sabbatkonflikte aus Mk 2,23-3,6 in Mt 12,1-14 verdienen bei der Untersuchung der matthäischen Sabbathalacha natürlich
die größte Aufmerksamkeit. Ich orientiere mich im Folgenden vor allem
an den Veränderungen, die Matthäus an seiner Vorlage vornimmt und
frage danach, wie sich diese und der sich daraus ergebende Gesamtduktus der beiden Sabbatperikopen zum halachischen Diskurs im Judentum
verhalten.[5]

1.1 Besondere Akzente der matthäischen Sabbatperikopen

Schon zu Beginn des Abschnittes greift Matthäus ein. Er nennt anders
als Markus Jesus klar als Subjekt und öffnet damit in gewisser Weise eine Klammer, die in Vers 8 wieder geschlossen wird. Damit bekommt die
erste Perikope ein christologisches Gefälle.[6] Des Weiteren ergänzt Matthäus in Vers 1 das Motiv des Hungers. Damit schafft er zum einen eine
deutlichere Parallele zu 1 Sam 21 und stellt zum anderen klar: „Die Jünger haben das Sabbatgebot nicht mutwillig, sondern aus Not übertreten".[7] Das entschuldigt die Jünger und führt menschliche Bedürftigkeit
als Größe ein, die zuweilen mit der Sabbatruhe konkurrieren kann.[8]
Wie bereits bei Markus provoziert das Verhalten der Jünger die Pharisäer, anders als bei Markus fragen sie aber nicht nach der Sabbatpraxis der
Jesusgruppe, sie konstatieren schlicht, dass die Jünger etwas Unerlaubtes
tun.[9] Damit gibt Matthäus dem Ganzen einen wesentlich schärferen
Ton.[10]
Seiner Vorlage folgend rekurriert der mt Jesus auf die Schrift (1 Sam
21), und zeigt von daher auf, dass man unter gewissen Umständen etwas
eigentlich Verbotenes tun und dennoch unschuldig sein kann.[11] Damit
hat er im Grunde hinreichend auf die Anklage der Pharisäer reagiert.

---

[5] Die Einstellung des irdischen Jesus zum Sabbat untersuchen zwei hervorragende
Studien von Dietzfelbinger (1978), bes. 295ff und Schaller (1996), bes. 24ff.
[6] Vgl. Yang (1997), 167.
[7] Luz (1990), 230.
[8] Vgl. Saldarini (1994), 128f.
[9] Am ungezwungensten erklärt sich der Konflikt, wenn man annimmt, die Pharisäer
hätten das Tun der Jünger als Erntetätigkeit bewertet. Diese ist nach Ex 34,21 am
Sabbat untersagt (vgl. SpecLeg 2,66-70 und später mShab 7,2 und yShab 7,2 [9c]).
(So z.B. Luz (1990), 230 und Davies / Allsion (1994), 307. Der Vorschlag Saldarinis
(1994), 129 es gehe darum, dass die Jünger essen, was sie nicht am Vortage zuberei-
tet haben (vgl. Ex 16,22-30; CD 10,22 und Jub 50,9) verdient ebenfalls Beachtung.
So wie die Dinge liegen, können wir über den genauen Hintergrund des pharisäischen Protestes kaum mehr sagen.
[10] Vgl. Davies / Allison (1994), 306.
[11] Vgl. dazu unten IV / 1.2.

Durch die zusätzlichen Argumentationsgänge (12,5-7) und die Auslassung von Mk 2,27[12] ergibt sich in 12,5-8 folgender Duktus:
Die Priester entweihen beim Tempeldienst den Sabbat und sind unschuldig (das impliziert im Blick auf Vers 1, dass Jesus die Sabbatentweihung zugibt – und dennoch an der Unschuld der Jünger festhält). Größeres als der Tempel ist da, nämlich Jesus.[13] Daraus folgt dann in Vers 8: Wenn schon der Tempeldienst den Sabbat verdrängt, dann ist der, der größer ist, nämlich Jesus, erst recht Herr über den Sabbat und hat die Vollmacht, zu entscheiden, was den Sabbat verdrängt und was nicht.

Vers 7 ist eigentlich kein notwendiges Glied dieser Argumentationskette:[14] Unter Berufung auf Hos 6,6 wird Erbarmen (ἔλεος) als Wert herausgestellt, der vor Gott größeres Gewicht als der Tempelkult hat. Wenn nun, so folgert Matthäus, der Tempelkult den Sabbat verdrängt (12,5), um wieviel mehr dann das Erbarmen?

Schon mit Vers 5 wäre im Blick auf den konkreten Fall die Unschuld der Jünger erwiesen. Der christologische Exkurs und der Verweis auf Hos 6,6 untermauern dies noch,[15] führen aber zugleich in zwei Richtungen weiter:

---

[12] Diese Auslassung könnte ihren Grund u.a. auch darin haben, dass Matthäus diesen Vers als Freibrief zum laxen Umgang mit dem Sabbat lesen konnte (vgl. Saldarini (1994), 131).

[13] Luz (1990), 231 möchte zunächst offen lassen, was mit dem neutrischen „μεῖζον" in Vers 6 gemeint ist. Er vermutet, Vers 7 kläre dies: „Das, was größer ist als der Tempel, ist also die Barmherzigkeit, die in Jesu Auslegung des Willens Gottes das Größte geworden ist" (231). Dagegen sprechen m.E. folgende Beobachtungen: In Mt 12,41f wird ebenfalls neutrisch Jesus als der dargestellt, der größer ist als Jona oder Salomo (vgl. Karrer (1998), 189). Des Weiteren hat der ganze Abschnitt - wie oben angedeutet - ein christologisches Gefälle, so dass man auch hier nicht anders als christologisch interpretieren sollte. (vgl. Davies / Allison (1994), 314f; Saldarini (1994), 130). Einen Überblick über die Auslegungsmodelle zu diesem Vers gibt McIver (1995) 238f.

[14] Vgl. Davies / Allison (1994), 315.

[15] In der Forschung ist darüber gerätselt worden, warum Matthäus sich genötigt sah, gegenüber Markus hier noch Argumente zu ergänzen: Es ist aufgefallen, dass Vers 5 in gewisser Weise an rabbinische Argumentationsmuster erinnert, nämlich den rabbinischen Analogieschluss (גזרה שוה) (so z.B. Cohn (1929), 97). Dagegen hat der Einwand von Cohn-Sherbok (1979) stark gewirkt, der behauptet, Jesu Argumentation sei geradezu unrabbinisch, weil man nach rabbinischer Hermeneutik keine Halacha auf einer Aggada aufbauen könne (31-36). Luz (1990), 231; Davies / Allison (1994), 308 und Yang (1997), 173f greifen dieses Argument auf und setzen von daher die Argumentation Jesu von der der Rabbinen ab. Was jedoch schon Davies / Allison (1994), 308 vermuten, spricht Saldarini (1994), 270 in aller Deutlichkeit aus: „... he (Cohn-Sherbok, M.V.) is applying criteria from a later stage of Jewish legal and scholastic developement to the first century". Die Regeln auf die Cohn-Sherbok anspielt sind wesentlich jüngeren Datums. Im ersten Jahrhundert n.Chr. hätte es auch keine Autorität gegeben, die in der Lage gewesen wäre bestimmte Argumentationsmuster allgemein verbindlich zuzulassen bzw. auszuschließen. Wenn Matthäus also

Sie bringen erstens den gleichen Gedankengang mit unterschiedlichen Worten zur Sprache und markieren damit in aller Deutlichkeit das Thema, um das es hier geht: *Welches sind die Werte und Situationen, von denen her bzw. in denen der Sabbat entweiht werden darf?*
Zweitens spielen sie auf ein Thema an, das mit dem Sabbat nicht direkt zu tun hat, nämlich die Frage, was denn wichtiger ist als der Tempel bzw. der Tempelkult. In einer Zeit, die mit dem Verlust des Tempels leben lernen musste, stellt diese Frage zugleich eine Frage nach einem möglichen Ersatz für den Tempel dar. Damit nimmt Matthäus also zu zwei Fragen Stellung, die im sich neu formierenden Judentum von brennendem Interesse waren. Bevor wir darauf näher eingehen, seien zunächst die wesentlichen Punkte der folgenden Sabbatperikope (12,9-14) angesprochen:
In Vers 10 treten die Pharisäer anders als in Mk 3,2 mit einer Frage an Jesus heran: Ist es möglich am Sabbat zu heilen? Damit entsteht zum einen der Charakter eines Lehrgesprächs über Sabbathalacha.[16] Zum anderen wird die Frage, auf die oben schon angespielt und geantwortet wurde, an einem bestimmten Punkt konkret gestellt. Saldarini bemerkt zutreffend: „Matthew focuses the discussion on precise the point at issue in late first-century Judaism: what kinds of activity could override the Sabbath rest".[17] Die Tatsache, dass die Pharisäer nicht aus Interesse fragen, sondern um Jesus zu verklagen, unterstreicht erneut den Konflikt mit dem Gegenüber des MtEv.[18]
Vers 11 ergänzt wiederum einen Argumentationsgang und lässt die Ausführungen Jesu mit einer halachischen Schlussfolgerung enden: Es ist erlaubt, am Sabbat Gutes zu tun. Die Argumentationstechnik ist ein weiteres Mal ganz halachisch.[19] Das wird besonders deutlich, wenn man

---

Argumente ergänzt, dann nicht deshalb, weil er in 12,3f eine Schwäche hätte empfinden müssen.
[16] Vgl. Davies / Allison (1994), 317: „It [...] makes the Pharisees speak in the legal terminology of the rabbis".
[17] Saldarini (1994), 132.
[18] Ob die übrigen Nuancen des Wortes κατηγορέω bei Matthäus noch mitzuhören sind (nach Liddell-Scott, 927 sind dies: signify, indicate, prove, display, declare, assert, predicate, affirm),ist schwer zu entscheiden.
[19] Matthäus schließt vom Leichteren auf das Schwerere, vgl. Davies / Allison (1994), 319. Dass Yang (1997), 201 urteilt, die Argumentation sei hier geradezu antihalachisch („anti-halakhic"). Dieses Urteil verdankt sich seinen nicht unproblematischen Vorentscheidungen, vor deren Hintergrund eine halachische Argumentation dann in der Tat kaum noch möglich ist: Yang setzt ein mit einer Analyse von Mt 5,17-20, die folgenden Rahmen absteckt: 1. 5,17 lasse Jesus als den erscheinen, der die Zionstora bringe, auf die die Sinaitora vorausgewiesen habe. Jesus erfülle das Gesetz - insofern es Prophezeiung sei - und transzendiere es zugleich (110f). 2. Die Tora habe nur beschränkte Geltungsdauer, ihr Ende sei mit Jesus erstem Kommen inauguriert (114). 3. 5,19 warne davor, das Gesetz (in der in 5,17 beschriebenen Funktion) ganz abzulehnen. 4. Wichtiger noch als die Gefahr des Antinomismus sei

versucht, die matthäischen Ausführungen mit Beiträgen in Beziehung setzt, die in anderen jüdischen Kreisen vor und nach Matthäus zur Frage, was den Sabbat verdrängt, geleistet worden sind.

1.2 „Was verdrängt den Sabbat?" - Diskussionen im antiken Judentum

Die Sabbatweisungen der Tora beschränken sich darauf, sehr allgemein jegliche Arbeit am Sabbat zu untersagen (Ex 20,10; Dtn 5,14).[20] Was aber unter Arbeit (מלאכה) zu verstehen ist, wird biblisch nur an wenigen Stellen konkretisiert. Genannt werden z.b. die Zubereitung von Mahlzeiten (Ex 16,22-30); Ernten (Ex 34,21); Feueranzünden (Ex 35,2-3); Lastentragen (Jer 17,24.27); Handel (Neh 13,15ff).

Verschiedene Kreise im Judentum haben zu unterschiedlichen Zeiten versucht, im Interesse der Heiligung des Sabbats weitere Konkretionen vorzunehmen. Hier ist zunächst das Jubiläenbuch zu nennen, das wie schon die Tora die Entweihung des Sabbats durch Arbeit mit dem Tode bestrafen will (2,25; 50,8 vgl. Ex 31,14) und sodann einige solcher den Sabbat entweihender Arbeiten nennt (2,29.30; 50,8f.12f).

Größten Wert auf die Einhaltung des Sabbats legten nach Josephus (Bell 2,147) die Essener. Darin entspricht das Zeugnis des Josephus dem, das die Qumrantexte geben,[21] allen voran CD 10,14-11,38 und 12,3-6. Die Liste der dort verbotenen Arbeiten umfasst weit über zwanzig Glieder.[22]

Die Mischna setzt die Linie der Quellen fort, die versuchen, genau zu definieren, welche Tätigkeiten als Arbeit zu verstehen sind: In mShab 7,2 werden allein neununddreißig verbotene Tätigkeiten genannt.

Dieser kurze Überblick macht deutlich, dass die Frage, was eine am Sabbat verbotene Tätigkeit ist, spätestens im nachbiblischen Judentum über Jahrhunderte hinweg breit und kontrovers diskutiert worden ist.

---

die des Legalismus – ihr wehre Jesus, indem er zu einer qualitativ besseren Gerechtigkeit mahne (118 und 301). Von diesem Vorverständnis her (zur Kritik vgl. III / 1.2.1-1.2.1.5) folgert er dann: Weil Jesus als Herr des Sabbats das Heil bringt, ist es erlaubt am Sabbat Gutes zu tun. Diese Folgerung trägt mehr in den Text hinein, als sie ihm entnimmt.

[20] Natürlich werden auch positive Gebote gegeben, die sich auf Heiligung, Festfreude und den Opferkult beziehen. Diese Tendenz setzt sich im Judentum ebenfalls fort. Für Philo ist der Sabbat ein Tag der körperlichen Erholung und des Studiums der Philosophie (SpecLeg 1,61) – in „jüdischeren" Farben in Som 2,127 geschildert. Ähnliches weiß Josephus zu berichten (Ant 16,43; Ap 2,173ff) – und er ergänzt das Gebet (vgl. Weiss (1998), 366). Für Qumran vgl. Kahl (1998), 318. Weiteres zur konkreten Gestaltung des Sabbats im antiken Judentum findet sich bei McKay (1994), bes. 247ff.

[21] Vgl. zur Rolle des Sabbats in Qumran Kahl (1998), 318-324 und Yang (1997), 62ff.

[22] Die Rechtsprechung der Qumrangemeinde im Fall der Sabbatentweihung ist signifikant milder als die der Tora oder des Jubiläenbuchs (vgl. Kahl (1998), 322).

Dieses positive Interesse an einer praktischen Umsetzung des biblischen Arbeitsverbotes am Sabbat, provoziert jedoch zugleich die Frage, ob es Ausnahmesituationen gibt, in denen der Sabbat durch bestimmte Tätigkeiten entweiht werden darf. Diese Frage entzündete sich nach Ausweis der Quellen zumindest unter anderem an dem in Jub 50,12 bezeugten Verbot des Kriegführens am Sabbat.[23] Das 1. Makkabäerbuch berichtet vom tragischen Ende von ca. eintausend Juden, die sich zu Beginn des Makkabäeraufstandes weigerten, sich am Sabbat zu verteidigen (2,29-38; vgl. Josephus, Ant 12,274).[24] Mattathias und seine Anhänger erkennen den problematischen Aspekt dieser Sabbatreue um jeden Preis und erlauben daher Selbstverteidigung am Sabbat (1 Makk 2,40f).

Nun ist es nicht so, als sei damit ein für alle Mal entschieden, dass es erlaubt ist, bei Gefahr für Leib und Leben am Sabbat zu kämpfen.[25] Josephus ist ein sprechender Zeuge dafür, dass diese Debatte noch zu seinen Lebzeiten kontrovers geführt wurde. Für das 1. Jh. n. Chr. bezeugt er einmal die Bereitschaft zum Kämpfen am Sabbat (Ant 18,319-324), dann aber auch die Weigerung dies zu tun (Bell 2,457; 7,361f; Vita 161). Letzterer gilt Josephus' Sympathie (vgl. Ap 1,212).[26] Diesen Befund[27] kann man kaum anders auswerten, als dass die Frage der Selbstverteidigung am Sabbat zur Zeit des Josephus eben noch nicht abschließend beantwortet war.[28]

Das ändert sich in den tannaitischen Quellen, für die Selbstverteidigung eindeutig zu den Dingen gehört, die den Sabbat verdrängen (MekhY zu Ex 31,14 (Horovitz/Rabin, 342); tEr 4,5-8). Daneben werden genannt: Beschneidung (mShab 19,1.2; MekhY zu Ex 31,12f [Horovitz/Rabin, 340]); Tempelgottesdienst (tShab 15,16); Passa (mPes 6,1); heilige Schriften aus dem Feuer retten (mShab 16,1.3) und Leben retten (tShab 15,16).

Besonders das zuletzt genannte Motiv „פיקוח נפש", die Rettung aus Lebensgefahr, wird innerhalb der rabbinischen Literatur sehr ernst genommen und entsprechend diskutiert. Man fragt danach, was alles unter Lebensgefahr zu verstehen ist, wie eng oder weit die Gefährdung des Le-

---

[23] Vgl. Albeck (1930), 11.

[24] Ein früheres Beispiel für die Weigerung, am Sabbat zu kämpfen gibt Josephus in Ant 12,4 (vgl. Yang (1997), 70).

[25] Dies übersieht m.E. Luz (1997), 428, der diese Frage im 1. Jh. n. Chr. für längst entschieden hält.

[26] Vgl. dazu Weiss (1998), 377ff. Er schließt hieraus und aus der Kennzeichnung des Sabbatbruchs zur Selbstverteidigung als „παρανομεῖν" in Ant 18,323, dass diese Frage eben auch im 1. Jh. n. Chr. noch offen war: „If there had been a clear policy allowing fighting in self-defense, no Jew should have been charged of being a lawbreaker for doing it and there would have been no need to convince those with religious scruples to fight" (379).

[27] So auch gesehen von Yang (1997), 70f.

[28] Vgl. dazu auch Philo, Som 2,123ff.

bens gefasst werden soll. Dies haben verschiedene Rabbinen je unterschiedlich weit oder eng ausgelegt. Das Spektrum reicht von der Rettung aus offensichtlich akuter Lebensgefahr wie dem in Qumran und in den rabbinischen Quellen diskutierten Fall, dass ein Mensch oder ein Tier in einen Brunnen oder eine Grube fällt (CD 11,13-17a; 4Q265, fr. 2 1,4-8; bShab 128b; tShab 15,11-15)[29] über Geburtshilfe (mShab 18,3) bis hin zum Behandeln von Krankheiten wie Zahn- oder Halsschmerzen (mShab 14,4; mYom 8,6). Die allgemeine Frage, ob man am Sabbat heilen dürfe, war bekannt und wurde bis ins 2. Jh. hinein ebenso ausführlich wie kontrovers diskutiert (vgl. z.B. tShab 12,8-14[30]).[31]

Ein im Zusammenhang mit Mt 12,1-4 besonders interessanter Fall von Lebensgefahr verbindet sich mit 1 Sam 21. In der rabbinischen Überlieferung wird diese Episode nicht nur auf einen Sabbat datiert (bMen 95b/96a), der Hunger Davids wird darüber hinaus als lebensgefährliche Situation gewertet.[32]

Schon diese knappen Ausführungen lassen die Weite des Horizontes der Diskussionen erahnen, die im antiken Judentum durch die Jahrhunderte hindurch um die Frage geführt worden sind, was den Sabbat verdrängt. Wie ist nun vor diesem Hintergrund der spezifische Beitrag, den Matthäus zu dieser Diskussion leistet, zu bestimmen?

1.3 Der matthäische Beitrag zur Diskussion über die Frage, was den Sabbat verdrängt

1. Zunächst einmal fällt auf, dass Matthäus die ihm vorgegebene Überlieferung in 12,1 durch die Eintragung des Hungermotivs so verändert, dass sie der späteren rabbinischen Auslegung zu 1 Sam 21 genau entspricht. Damit verlagert Matthäus die folgende Argumentation auf eine

---

[29] Die Qumranhalacha entscheidet bei einem Tier, dass man es nicht herausholen darf, bei einem Menschen tut man dies – wenn auch nicht mit jedem Mittel, sondern nur mit der eigenen Kleidung, denn es ist verboten, am Sabbat Geräte zu tragen. Die rabbinische Literatur diskutiert bezüglich des Menschen überhaupt nicht mehr, d.h. er ist selbstverständlich mit allen Mitteln zu retten (vgl. tShab 15,11-15), bei Tieren gibt es noch Einschränkungen. Zur Motivation der strengeren Qumranhalacha, der es vor allem darum ging, ökonomisch motiviertes Handeln am Sabbat auszuschließen, vgl. Kahl (1998), 321ff.
[30] Vgl. dazu Lieberman (1962), 190ff.
[31] Ausdrücklich gestellt wird sie z.B. in TanchB Lekh lekha 20. Die Antwort lautet, bei Lebensgefahr ja, sonst nicht. Ein Fülle von exemplarischen Diskussionen, die diesem Prinzip folgen findet sich bei Bill I, 623-629. Daneben werden aber auch Antworten auf diese Frage sichtbar, die das Heilen erlauben. In tShab 15,15 werden heilende Maßnahmen auch dann erlaubt, wenn aktuell keine Lebensgefahr vorliegt, die es erlaubte, den Sabbat zu entweihen – es wird prophylaktisch geheilt – vielleicht könnte ja an einem anderen Sabbat einmal Lebensgefahr zu konstatieren sein. Ebenso entscheidet der Amoräer Rab in bAZ 28a.
[32] Vgl. dazu Kister (1990), 37f.

Ebene, auf der implizit vorausgesetzt wird, was sich in späteren rabbinischen Aussagen findet: Hunger – als eine Form von Lebensbedrohung – verdrängt den Sabbat. Deshalb war David trotz der Entweihung des Heiligtums (und des Sabbats!) unschuldig und so sind es auch die Jünger. Matthäus entschuldigt aber nicht nur die Jünger, er nimmt zugleich über die konkrete Situation hinaus Stellung zu der Frage, was den Sabbat verdrängt.

2. In der folgenden Argumentationskette, ist es zunächst der Tempelkult, der den Sabbat verdrängt. Diese Annahme teilen Matthäus und die tannaitische Tradition (tShab 15,16).

3. Vers 7 mit dem Rekurs auf Hos 6,6 führt von dieser Basis ausgehend weiter: Mehr noch als der Tempelkult verdrängt „ἔλεος" (Erbarmen) den Sabbat. Damit hat Matthäus das Spektrum der diskutierten Motive zur Sabbatentweihung um ein weiteres erweitert.

4. Mit der Formulierung der Frage „Darf man am Sabbat heilen?" (12,11) macht Matthäus bei aller Polemik zugleich deutlich, dass er die Diskussionslage im halachischen Diskurs kennt. Seine Argumentation ist dabei innerjüdisch kompatibel.[33] Seine Lösung ergeht in Form eines halachischen Lehrsatzes, der das in Vers 7 genannte Prinzip „ἔλεος" konkret auf das Handeln anwendet: Gutes tun verdrängt den Sabbat.[34] Für den aktuell zur Debatte stehenden Fall bedeutet das, dass es erlaubt ist, am Sabbat zu heilen. Entsprechendes geschieht in 12,13.

In Mt 12,1-14 leistet Matthäus einen Beitrag zur Beantwortung einer Frage, die schon vor dem ersten nachchristlichen Jahrhundert gestellt wurde und auch in den folgenden Jahrhunderten virulent blieb: Was setzt die Sabbatgebote außer Kraft? Matthäus tritt ein in einen offenen Diskurs um die Gestaltung der Halacha und nimmt an diesem kompetent

---

[33] Die Exegese ist oftmals bemüht zwischen Mt 12,11 und die jüdische Diskussion einen Keil zu treiben (z.B. Luz (1990), 238f; Yang (1997), 202). Sie übersieht dabei zum einen, dass in CD 11,13 und bShab 128b von einem „בהמה" die Rede ist. Mt 12,11 spricht hingegen von einem Schaf (πρόβατον), einem Tier also das traditionell zum Kleinvieh (צאן) gezählt wird. Ein Schaf kann man ohne weiteres *mit den Händen* ergreifen und aus der Grube ziehen. Bei größeren Tieren – und vornehmlich solche werden „בהמה" genannt – muss man dazu *Geräte* benutzen – und genau darum geht es in der Diskussion in bShab 128b wie schon in Qumran (vgl. CD 11,17). Zum anderen wird oft vergessen, dass über die Kompatibilität von Aussagen, nicht allein vorgetragenen Lösungen entscheiden. Diese können sich durchaus widersprechen (wenngleich Matthäus und die Rabbinen später beide um die Rettung des Tieres bemüht sind). Wichtiger sind die Fragen, um die es geht. Die Frage ist im konkreten Fall hier wie dort dieselbe: Was mache ich mit einem Tier, das am Sabbat in die Grube gefallen ist.

[34] Zu καλῶς ποιεῖν vgl. Davies /Allison (1994), 321. Es gibt in der LXX z.B. in 2 Chr 6,8 oder Jer 4,22 „יטב" bzw. „טוב" wieder. טוב und חסד (Hos 6,6) gehören schon in der biblischen Überlieferung zusammen (z.B. Jer 32,11; Ps 23,6; 86,5; 100,5 u.ö.) und explizieren sich gegenseitig (vgl. z.B. tSot 4,1).

und engagiert teil.[35] Er tut dies von der Autorität dessen her, der Herr über den Sabbat ist. Damit legt Matthäus offen, von wem her er auch sonst seine konkrete Halacha empfängt, nämlich von dem, der die Tora zur aktuellen Weisung erfüllt (5,17), vom einen Lehrer Gottes (23,10).[36] In der innerjüdischen Diskussionslage im 1. Jh. n. Chr. hat die christologische Argumentation in 12,5-8 - besonders der Vers 6 - weitergehende Relevanz. Sie sei im Folgenden kurz angesprochen.

1.4. Mt 12,6 und die Frage nach einem Ersatz für den verlorenen Tempel

Mt 12,1-8 weist wie oben ausgeführt eine besondere christologische Komponente auf. Diese lenkt die Lektüre von Vers 6 ebenfalls in christologische Bahnen: Das, was größer ist als der Tempel ist für Matthäus Jesus. U. Luz hat – bei anderer Interpretation dieses Verses – darauf hingewiesen, dass die frühen Rabbinen ausgehend von Hos 6,6 strukturell vergleichbar argumentiert haben, um in den Taten der Barmherzigkeit einen Ersatz für den verlorenen Tempel zu finden.[37] Bei aller Ähnlichkeit konstatiert Luz dennoch einen fundamentalen Unterschied zwischen der Argumentation der Rabbinen und der des MtEv: „Für Matthäus ist allerdings die Barmherzigkeit nicht nur ein Ersatz für den nach 70 nicht mehr möglichen Opferkult, sondern ein echtes *Mehr*."[38] In dieser komparativen Formulierung liegt für Luz offenbar die Differenz zu ansonsten vergleichbaren rabbinischen Gedanken.[39]

Wir haben an verschiedenen Stellen dieser Arbeit gesehen, dass sich Matthäus sehr konkret an der im sich neu formierenden Judentum geführten Diskussion darüber beteiligt, was an die Stelle des zerstörten Tempels treten kann.[40] Dies lässt sich hier erneut zeigen. B.Z. Rosenfeld hat die rabbinische Diskussion dieser Frage jüngst umfassend aufgearbeitet.[41] Demnach habe man in rabbinischen Kreisen schon sehr bald

---

[35] So richtig Saldarini (1994), 126 und 134. Vgl. auch Kahl (1998), 330f.
[36] Saldarini (1994), 131 zieht in Erwägung, ob Matthäus in 12,8 nicht vielleicht Lev 23,3 auf Jesus übertrage. Dort wird der Sabbat als Eigentum Gottes beschrieben. Bei Matthäus würde Jesus dann dieses göttliche Eigentumsrecht wahrnehmen, Jesu Herrschaft über den Sabbat würde eingezeichnet in die Sabbatherrschaft Gottes. Es ergäbe sich die gleiche Struktur wie bei der Übertragung des Gottesprädikates „Lehrer" auf Jesus (vgl. III / 2.2.2.4). Sprachlich ist Lev 23,3 nicht sehr nahe an Mt 12,8, weshalb ich hier eher vorsichtig wäre. Inhaltlich fügte sich dieser Gedanke jedoch ganz hervorragend ein in die theonome Christologie des ersten Evangeliums.
[37] Vgl. Luz (1990), 231.
[38] Ebd. (Hervorhebung im Original). Von unserer Lektüre her, wäre die Barmherzigkeit durch Jesus zu ersetzen.
[39] Vgl. Luz (1990), 231 (Anm. 41).
[40] Vgl. z.B. III / 2.3.3.3.
[41] Vgl. Rosenfeld (1997), 464.

damit begonnen, die Rabbinen und ihr Tun als Ersatz für den Tempel auszuweisen[42], „in order to justify and enhance their claim to absolute and exclusive authority in the religious realm, mainly the area of Torah and Torah interpretation".[43] Neben eher theoretischen Vergleichen werden dabei ganz praktische Konsequenzen propagiert – etwa die Wallfahrt zu großen Rabbinen, die an die Stelle der Wallfahrt zum Heiligtum treten kann (z.B. tPar 7,4).[44]

Dabei lassen es die Quellen nicht immer nur bei einer Gleichsetzung von Tempel und Rabbinen bewenden, auch komparative Formulierungen finden sich, die die Rabbinen als etwas erscheinen lassen, das *besser* ist als der Tempel:

והלא דברים קל וחומר ומה אבנים שאינן לא רואות ולא שומעות ולא מדברות על [...]
שמטילות כפרה בין ישראל לאביהם שבשמים אמר הכתוב לא תניף עליהן ברזל בני תורה שהן
כפרה לעולם על אחת כמה וכמה שלא ליגע בהן אחד מכל המזיקין כולן

[...] Und kann man hier nicht einen Schluss vom Leichteren auf das Schwerere anstellen? Wenn die Schrift schon von den Steinen, die nicht sehen, nicht hören und nicht sprechen, weil sie Sühne legen zwischen Israel und ihrem Vater im Himmel, gesagt hat: du sollst über sie kein Eisen schwingen (Dtn 27,5) um wie viel mehr ist es dann so, dass nichts von den schädlichen Kräften an die Söhne der Tora kommen soll, die Sühne für die Welt sind? (tBQ 7,2)

Der genaue Kontext dieser Zeilen muss uns hier nicht interessieren. Nur soviel ist wichtig: Der Text vergleicht die Steine des Altars mit den Söhnen der Tora, d.h. mit den Rabbinen[45] - beide haben sühnende Kraft. Darin sind die Rabbinen dem Tempel gleichgestellt. Aber der Wirkungsbereich ihrer Sühne unterscheidet sich von der des Tempelkultes: Der Tempel sühnte nämlich ausschließlich für Israel, die Söhne der Tora darüber hinaus für die ganze Welt. Die Rabbinen weisen also ein *Mehr* gegenüber dem Tempel auf. Entsprechend ist der Tempel das Leichtere und sie sind das Schwerere im *a fortiori* Schluss.

Ebenfalls höher als der Tempelkult werden die Rabbinen in der folgenden Überlieferung gewichtet:

שלשה כתרים הם כתר תורה וכתר כהונה וכתר מלכות [...] ואם תאמר מי גדול משניהם
היה ר'שמעון בן אלעזר אומר גדול הממליך או המלך הוי אומר הממליך העושה שרים או
העושה שררה הוי אומר העושה שרים כל עצמן של שני כתרים אין באים אלא מכחה של תורה

Drei Kronen gibt es: Die Krone der Tora, die Krone des Priestertums und die Krone des Königtums. [...] Und wenn du fragst: Welche ist die größere von beiden - dann pflegte Rabbi Shimon ben Elasar zu sagen: Ist der, der den König zum König macht

---

[42] Alternative Vorschläge für das, was den Tempel ersetzt sammelt Rosenfeld (1997), 438.

[43] Rosenfeld (1997), 439.

[44] Weiteres Rosenfeld (1997), 450ff.

[45] Vgl. dazu Rosenfeld (1997), 440: בני תורה sind eine sehr alte Selbstbezeichnung der Rabbinen.

größer oder der König? Sage: Der, der den König zum König macht. Der, der die Minister ernennt oder die, die als Minister tätig ist? Sage: Der, der die Minister ernennt. Die Kraft der beiden Kronen kommt allein aus der Kraft der Tora. (SifBam § 119 [Horovitz, 144])

Das Bild von den drei Kronen wurde in der rabbinischen Geschichtsschreibung nach der Tempelzerstörung entwickelt, um das Verhältnis von Tempelkult, Königtum und Toragelehrsamkeit zu bestimmen - diese Verhältnisbestimmung fällt eindeutig zugunsten der Tora aus: Die Krone der Tora ist die größte unter ihnen. Die Tora vertreten nun die Rabbinen und damit sind sie den Bereichen Königtum und Tempelkult eindeutig vorgeordnet. Mit solchen komparativen Bildern versuchten die frühen Rabbinen, wie S. Cohen ausgehend von dem eben zitierten Text gründlich untersucht hat, ihren Führungsanspruch in der neuen Situation durchzusetzen.[46] Sie selbst und das, was sie verwalten[47], sind größer und bedeutender als der Tempel.

Verglichen mit diesen Überlieferungen, lässt sich Mt 12,6 als Versuch lesen, dem Führungsanspruch der matthäischen Gruppe und des mt Jesus in der neuen tempellosen Situation Nachdruck zu verleihen. Er vermag - besser noch als der untergegangene Tempel - die Gegenwart Gottes bei seinem Volk zu garantieren.[48] Mit der Nuancierung, dass die so vermittelte Art der Gottesgegenwart größer ist als die im Tempel angesiedelte, steht Matthäus nicht allein; das behaupten auch seine Konkurrenten, die wie er um die Herzen des Volkes Israel und um seine Zukunft ringen.[49]

In den Sabbatperikopen Mt 12,1-14 erscheint Matthäus nach allem, was wir gesehen haben, wiederum im halachischen Diskurs. Von Jesus her trägt er eine prägnante Antwort auf die innerjüdisch diskutierte Frage vor, was den Sabbat verdrängt: Das Tun der Barmherzigkeit verdrängt den Sabbat.

Mit der christologischen Zuspitzung der ihm vorgegebenen Überlieferung bereichert er nicht nur die hohe Christologie seines Evangeliums, er leistet dadurch auch einen Beitrag zu der nach 70 geführten Diskussion

---

[46] Vgl. Cohen (1990), 82 und 138.

[47] Rosenfeld (1997) sammelt eine Reihe von Quellen, die die Bedeutsamkeit der Tora und des Torastudiums gegenüber dem Tempel herausstreichen.

[48] Das ist die große Klammer um das MtEv von 1,23 bis 28,20. Vgl. Yang (1997), 181.

[49] Vgl. neben den oben genannten Texten bBer 32b: Mit der Zerstörung des Tempels ist die eiserne Wand (חומת ברזל) weggefallen, die das Volk von seinem Gott getrennt hat. Jetzt ist unmittelbarere Gottesbegegnung möglich - u.a. im Studium der Tora, das die Rabbinen vermitteln.

darum, was an der Stelle des verlorengegangenen Tempels nun Gottesgegenwart und Gottesbegegnung ermöglichen kann.[50]

---

[50] Dass seine Art der Argumentation der seines Gegenübers so sehr ähnelt, macht
zugleich den scharfen Ton der Auseinandersetzung deutlich (vgl. dazu oben I /
1.1.4).

2. Das Händewaschen vor dem Essen - Matthäus im halachischen Diskurs

„Die Feststellung, daß Unreinheit nicht von außen an den Menschen herangetragen werde, hebt die Voraussetzung der gesamten Reinheitsgesetzgebung auf und trifft damit die Mosetora überhaupt."[1] - „... we do not find in Mt 15 an abolition of OT purity laws".[2] Diese beiden Zitate markieren die Pole zwischen denen sich die Forschung zu Mt 15,1-20 bis heute bewegt. Auf der einen Seite sieht man in dieser Perikope Jesus im radikalen Gegensatz zur Tora, auf der anderen Seite hört man eine mehr oder weniger vorsichtige Kritik an bestimmten Aspekten zeitgenössischer Entwicklungen und Gewichtungen in der Halacha.[3]

Um das besondere Profil der matthäischen Erörterung sichtbar zu machen, sollen auch hier wieder zunächst kurz die wesentlichen Änderungen genannt werden, die Matthäus an seiner markinischen Vorlage vornimmt. Danach skizziere ich die Diskussion der angesprochenen halachischen Fragestellung im antiken Judentum. In einem dritten Schritt wird eine Verhältnisbestimmung des matthäischen Beitrages zur Frage nach dem Waschen der Hände vor dem Essen zur innerjüdischen Diskussion versucht.

---

[1] Käsemann (1960a), 238.

[2] Davies / Allison (1994), 517.

[3] Loader (1997), 215 hat die zwischen diesen beiden Polen angesiedelten Forschungspositionen zusammengestellt: „The question is: does Matthew imply that Jesus is abrogating all purity laws with regard to food...? [...] Or is his argument, that it is more important to focus on ethical attitude and behaviour than on such concerns with ritual purity?". Mit einigen Ergänzungen ergibt sich folgende Übersicht:

Jesus hebt die Reinheitstora auf	*Jesus hebt die Reinheitstora nicht auf*
Strecker (1966)	Hummel (1963)
Banks (1975)	Barth (1975)
Meier (1979)	Vouga (1988)
Broer (1980)	Luz (1990)
Menninger (1994)	Saldarini (1994)
	Davies / Allison (1994)
	Overman (1996)

2.1 Besondere Akzente der matthäischen Perikope

Von der Fragestellung dieser Arbeit her darf auch hier wieder auf eine intensive Exegese der markinischen Fassung und ihrer Vorgeschichte verzichtet werden. Ich beschränke mich also darauf, die wesentlichen Akzente zu benennen, die Mt 15,1-10 gegenüber Mk 7,1-23 auszeichnen.[4]

Dabei fällt zunächst ganz allgemein auf, dass Matthäus einige Umstellungen vorgenommen und damit den Argumentationsgang des Textes gestrafft hat.[5] Auffällig ist weiterhin die Auslassung des Versteils „Damit erklärte er alle Speisen für rein" aus Mk 7,19 und die Hinzufügung des Schlußsatzes Mt 15,20. Beides entschärft nicht nur die radikale Tendenz der Markusvorlage, sondern trägt auch dazu bei, die gesamte Perikope auf die eingangs (Mt 15,2) gestellte Frage nach dem Händewaschen vor dem Essen zu konzentrieren. Die Änderungen in Mt 15,11 haben die gleiche Funktion:

Mt 15,11: οὐ τὸ εἰσερχόμενον εἰς τὸ στόμα κοινοῖ τὸν ἄνθρωπον,	Mk 7,15: οὐδέν ἐστιν ἔξωθεν τοῦ ἀνθρώπου εἰσπορευόμενον εἰς αὐτὸν ὃ δύναται κοινῶσαι αὐτόν·
ἀλλὰ τὸ ἐκπορευόμενον ἐκ τοῦ στόματος τοῦτο κοινοῖ τὸν ἄνθρωπον.	ἀλλὰ τὰ ἐκ τοῦ ἀνθρώπου ἐκπορευόμενά ἐστιν τὰ κοινοῦντα τὸν ἄνθρωπον.

Matthäus äußert sich hier weniger grundsätzlich als Markus und passt seine Überlieferung der Ausgangsfrage an: Es geht speziell um das, was

---

[4] Auf einige Untersuchungen der vormatthäischen Fassungen dieser Perikope sei wenigstens verwiesen: Booth (1986); Bockmuehl (1996) und Loader (1997). Detaillierte synoptische Vergleiche finden sich bei Käsemann (1960a); Barth (1975); und in den Kommentaren (vor allem (Luz (1990)). Generell neigt die Forschung dazu, einen jesuanischen Kernbestand der Perikope - vor allem Mk 7,15 - anzunehmen (vgl. z.B. Becker (1996), 381ff). Zugleich nimmt in neueren Darstellungen die Tendenz zu, mit je unterschiedlichen Tendenzen, Jesus hier nicht mehr im radikalen Konflikt mit der Reinheitstora bzw. dem Judentum überhaupt zu verorten. So sieht Becker - ausdrücklich gegen Käsemann (1960a), 207; Schrage (1989), 71 u.a. - Jesus nicht „die Voraussetzungen des gesamten antiken Kultwesens" aufheben (387). Er versteht Jesu Diktum vor dem Hintergrund, dass in der „endzeitlichen Situation" keine „aussermenschliche Kreatur [...] das Zusammenkommen von Gott und Mensch noch verhindern kann" (387) als „relativierende Umwertung der Reinheitstora" (387). Bockmuehl (1996), 273 sieht Jesus als Wandercharismatiker, der sich der *reinigenden und heiligenden* Nähe Gottes bewußt war. Jesus „does *not* abolish purity laws" (272) er nehme lediglich eine „*re-orientation* of the halakhic concept of purity, calling for a balance of moral and ceremonial responsibility" (272; Hervorhebungen im Original) vor. Vgl. auch Luz (1990), 424 und Karrer (1998), 264.

[5] Vgl. Barth (1975), 81.

durch den Mund in den Menschen hineingeht, also das Essen.[6] Entsprechend heißt es in der Erklärung dieses Satzes vor dem kleinen Kreis der Jünger:

Mt 15,17f: οὐ νοεῖτε ὅτι πᾶν τὸ εἰσπορευόμενον εἰς τὸ στόμα	Mk 7,18f: [...] οὐ νοεῖτε ὅτι πᾶν τὸ ἔξωθεν εἰσπορευόμενον εἰς τὸν ἄνθρωπον οὐ δύναται αὐτὸν κοινῶσαι,
εἰς τὴν κοιλίαν χωρεῖ καὶ εἰς ἀφεδρῶνα ἐκβάλλεται; τὰ δὲ ἐκπορευόμενα ἐκ τοῦ στόματος ἐκ τῆς καρδίας ἐξέρχεται, κἀκεῖνα κοινοῖ τὸν ἄνθρωπον.	ὅτι οὐκ εἰσπορεύεται αὐτοῦ εἰς τὴν καρδίαν ἀλλ' εἰς τὴν κοιλίαν, καὶ εἰς τὸν ἀφεδρῶνα ἐκπορεύεται; [...]

Matthäus behält seine einmal vorgenommene Zuspitzung bei, lässt darüber hinaus aber nicht nur die absolute markinische Formulierung „οὐ δύναται αὐτὸν κοινῶσαι" weg, sondern bleibt auch hinter seiner eigenen Vorgabe in Vers 11 zurück: Hieß es dort noch, dass nicht das, was zum Munde des Menschen hinein geht, verunreinigt, so läßt Mt diesen Schluß jetzt aus, beschreibt lediglich den biologisch normalen Weg der Nahrung (vgl. TestHiob 38,3) und akzentuiert abschließend, dass das, was aus dem Herzen kommt, verunreinigende Qualität hat.

Offensichtlich scheut Matthäus davor zurück, die bei ihm immer noch angelegte Aushebelung der Halachot von reinen und unreinen Speisen[7] zu Ende zu denken. Statt diese Konsequenz bis zum Schluß auszuziehen, unterstreicht er, was ihm positiv am Herzen liegt, nämlich die Reinheit dessen, was aus dem Herzen kommt.[8] Damit vermeidet Matthäus den Konflikt mit zwei wichtigen halachischen Bereichen der Tora, nämlich einmal mit der Vorstellung, dass es Dinge gibt, die den Menschen von außen verunreinigen können und zum anderen mit der Unterscheidung von unreinen und reinen Speisen. Was bleibt - und das wird am Schluß extra noch einmal betont - ist die Ablehnung der Vorstellung, dass *das Essen mit ungewaschenen Händen* verunreinigende Qualität habe. Diese Vorstellung wird als eine der pharisäischen Tradition zugeschriebene

---

[6] Vgl. Saldarini (1994), 135. Anders als der Markustext kann Matthäus z.B. nicht so gelesen werden, als schlösse er die verunreinigende Kraft von Ausflüssen („zab" vgl. Harrington (1993a), 215ff) aus.
[7] Vgl. dazu Luz (1990), 424.
[8] Dies beobachtet sehr präzise Saldarini (1994), 139: „He tones it (die Konsequenz von Vers 11, M.V.) down, but the implication that food is not determinative or important remains, and this implication is broader than handwashing. Matthew responds to this uncomfortable situation by distinguishing three things: handwashing (which he rejects), food purity (which he does not deny, contrary to Mark), and moral rectitude (which he emphasizes). [...] By not fully interpreting the Jesus saying, Matthew qualifies it so, that biblical laws are protected and affirmed".

Neuerung gekennzeichnet und als nicht bindend abgelehnt.[9] Fragen wir nun nach der Entwicklung dieser Vorstellung im antiken Judentum und nach den Stellungnahmen, die dazu existieren.

2.2 Das Händewaschen und die Unreinheit der Hände im antiken Judentum

Aus der Zeit des zweiten Tempels gibt es - abgesehen von Mk 7,1ff - keine direkten Zeugnisse für die Praxis, vor dem Essen die Hände zu waschen.[10] Sie stellt eine Neuerung gegenüber der schriftlichen Tora dar. Überhaupt ist der Gedanke, dass Hände für sich genommen rein oder unrein sein können, in den Reinheitsgesetzen der Bibel so nicht belegt. Dort erstreckt sich Reinheit oder Unreinheit immer auf den ganzen Menschen und nicht nur auf ein Glied seines Körpers.[11]
Die Einführung dieser neuen Kategorie in das System von rein und unrein verbindet sich nach einer tannaitischen Tradition aus bShab 14b mit Hillel und Schammai:

שמאי והלל גזרו טומאה על הידים
Schammai und Hillel beschlossen Unreinheit hinsichtlich der Hände.

Welche Motivation zu dieser Neuerung geführt hat, ist völlig unklar.[12] Auch ist nicht leicht zu bestimmen, welcher Umfang ihr überhaupt beizumessen ist. In der Parallelüberlieferung aus yShab 1,4 (3d) heißt es:

הלל ושמאי גזרו על טהרת הידים
Hillel und Schammai fassten den Beschluss hinsichtlich der Reinheit der Hände.

Allein schon diese augenscheinlich widersprüchliche Überlieferungslage (Unreinheit hier - Reinheit da), macht es unwahrscheinlich, dass die Tradition den Beschluss Hillels und Schammais so aufgefasst hat, als hätten die beiden Hände einfach für unrein erklärt. Auch weitere Diskussionen in der Mischna würden dann unverständlich.[13] Die Entscheidung Hillels und Schammais erklärt sich am einfachsten so, dass sie die Kategorien

---

[9] Mt verschärft auch hier die Auseinandersetzung mit seiner aktuellen Konkurrenzgruppe und versucht, den Führungsanspruch der von ihm als blind wahrgenommenen Führer zu delegitimieren (vgl. dazu III / 2.4.1).
[10] Arist 305-306 erwähnt das Händewaschen im Kontext des Gebetes als allgemein jüdische Praxis, ebenso Sib 591-595 (nach mehreren Handschriften).
[11] Vgl. Albeck, Teharot, 473; Booth (1986), 162.
[12] Vgl. Aderet (1990), 212. Allenfalls lässt sie sich mit dem pharisäischen Anliegen, Heiligkeit in den Alltag zu übertragen, in Verbindung bringen.
[13] So z.B. die Bestimmung, dass heilige Schriften die Hände verunreinigen (mYad 3,2). Was an sich schon unrein ist, kann nicht mehr verunreinigt werden. Vgl. Albeck, Teharot, 605.

von rein (so der Jeruschalmi) und unrein (so der Babylonische Talmud) auf die Hände angewendet und diese so für *verunreinigungsfähig* erklärt haben.[14]
Gegenüber der biblischen Überlieferung neu ist auch die Art, wie Hände in den Status der Reinheit überführt werden können. Zu den Reinigungshandlungen der biblischen Tradition gehört das Untertauchen des ganzen Körpers[15] - nicht aber das Waschen der Hände.[16]
Nach dem Zeugnis der rabbinischen Quellen ist das Institut der durch Händewaschen zu beseitigenden Unreinheit der Hände also zur Zeit des zweiten Tempels grundgelegt worden. Die meisten Halachot zu diesem Thema stammen jedoch aus der Zeit nach der Zerstörung des Tempels und werden Gelehrten aus der Generation von Javne und Uscha zugeschrieben.[17] Dabei wird eine doppelte Tendenz sichtbar: Auf der einen Seite werden die Halachot hinsichtlich der Unreinheit der Hände verschärft, auf der anderen Seite werden die Halachot hinsichtlich ihrer Reinigung erleichtert.[18] Die Erinnerung an die erste Tendenz verbindet sich mit dem Namen eines Tannaiten der zweiten Generation, Rabbi Elasar ben Arach, einem Schüler Jochanan ben Zakkais. Dieser erwähnt bei der Exegese von Lev 15,11:

מיכן סמכו חכמים לטהרת ידים מן התורה

Von diesem Schriftvers aus verankerten die Weisen die Reinheit der Hände in der Tora. (Sifra Zu Lev 15,11).

Was auf den ersten Blick lediglich wie eine Erinnerung an den Versuch, ein nichtbiblisches Institut in der Bibel zu verankern, aussieht, hat halachisch verschärfende Konsequenzen, wie die Amoräer Abbaije und Raba erklären (bHul 106a): Der Aussätzige, von dem in Lev 15,1 die Rede ist, überträgt seine Unreinheit auf andere, wenn er sie berührt, ohne sich die Hände gewaschen zu haben. Er selbst wird allein durch das Tauchbad rein und nicht durch das Händewaschen - also will der Schriftvers etwas anderes lehren, nämlich: „אחר שלא שטף טמא..." (...auch jeder andere, der [die Hände] nicht abgespült hat, ist unrein).

---

[14] Booth (1986), 173 datiert diesen Vorgang in das Jahr 10 n. Chr.
[15] Vgl. Harrington (1993a), 33
[16] Dies wird zwar in Ex 30,17ff erwähnt, doch sind es dort ohnehin schon reine Priester, die sich vor dem Betreten des Heiligtums in ihrem ohnehin schon reinen Status noch einmal Hände und Füße waschen. In Lev 15,11 ist vom Händewaschen des Aussätzigen die Rede. Doch überführt dieses ihn nicht in das Stadium der Reinheit. Dtn 21,6 nennt das Waschen der Hände, spricht aber nicht von einer kultischen Verunreinigung, die damit beseitigt würde.
[17] Vgl. Aderet (1990), 214.
[18] Man muß - was das Wasser und die Gefäße zum Reinigen anbelangt - keine große Vorsicht walten lassen, so dass jeder an jedem Ort und zu jeder Zeit die Hände reinigen kann (vgl. Aderet (1990), 219ff).

Das, was die amoräische Tradition hier ausführt, hat schon bei solchen Tannaiten Wirkung gezeigt, die Hände ganz allgemein für unrein erklären (mToh 7,8).[19] Wenn Hände per se unrein sind, dann muß man sie, so folgert man in der tannaitischen Tradition, vor heiligen Tätigkeiten waschen. Zu diese heiligen Tätigkeiten gehören: Essen, Tora studieren und Beten.[20]

Torastudium und Gebet entwickeln sich in der tannaitischen Zeit - wie wir oben sahen (III / 2.2.2.1) - zu einem Ersatz für den Tempelkult. Dass man Mahlzeiten im Tempel nur im Zustand der Reinheit essen darf, versteht sich von selbst[21] - wie aber ist es mit dem profanen Essen? Hier verweist die Tradition auf eine Diskussion zwischen den Schulen Hillels und Schammais, in der den Hilleliten der Satz zugeschrieben wird: „אין נטילת ידים לחולין" (Vor dem Essen profaner Speisen wäscht man sich die Hände nicht).[22] Die hillelitische Position hat sich in dieser Frage nicht durchgesetzt, so dass es als Gebot gilt, die Hände vor dem Essen zu waschen.[23]

Diese Entwicklung hin zu einer Verschärfung der Halachot über das Händewaschen begründet A. Aderet mit dem Verlust des Tempels: „Die Zerstörung des Tempels, die Abschaffung der Sühnerituale und der damit verbundenen Reinheit führten zu einer Aufwertung des Händewaschens und der Vorsicht vor der Unreinheit der Hände. Darin lag die Möglichkeit einer Heiligung, die an jedem Ort zu jederzeit von jedem in Israel vorgenommen werden konnte.“[24] Damit setze sich in der tannaitischen Zeit fort, was zuvor Anliegen der pharisäischen Bewegung gewesen sei, nämlich die Heiligkeit des Tempels in die Alltagswelt zu übertragen.

So geradlinig, wie hier in aller Kürze geschildert, ist die Entwicklung jedoch nicht verlaufen. Es haben sich innerhalb der rabbinischen Traditionen Spuren eines gewissen Widerstandes gegen die Einführung dieser Reinheitskategorie und der damit verbundenen Halachot erhalten.

Den der Schule Hillels zugeschriebenen Satz, der die Notwendigkeit des Händewaschens vor dem profanen Essen in Frage stellt, haben wir schon

---

[19] Vgl. dazu Aderet (1990), 218.

[20] Vgl. Aderet (1990), 225ff.

[21] Vgl. z.B. Harrington (1993a), 2 und Aderet (1990), 173.

[22] So die handschriftliche Überlieferung in tBer 6,3 (Zählung Lieberman 5,21). Vgl. dazu Albeck, Teharot, 606 und Lieberman (1955), 92. Auch die Diskussion zwischen den Schulen Hillels und Schammais in mBer 8,2 ist vor dem Hintergrund der Tatsache zu verstehen, dass die Hilleliten das Händewaschen vor dem Essen eigentlich für unnötig gehalten haben (vgl. Saldarini (1994), 136: The disputes over handwashing show that it was a debated issue, and the fact that rabbinic schools are differentiated according to their position [...] argues for its neuralgic importance in later Judaism...“).

[23] Vgl. Albeck, Teharot, 473.

[24] Aderet (1990), 215.

zur Kenntnis genommen (vgl. tBer 6,3). Auf grundsätzlichere Kritik reagieren folgende Überlieferungen:

ואת מי נדו,אלעזר בן חנוך שפקפק בטהרת ידים.

Und wen taten sie in den Bann? Elasar ben Chanoch, denn er zog die Unreinheit der Hände in Zweifel. (mEd 5,6)

Leider begegnet Elasar (oder Elieser) ben Chanoch nur in dieser Überlieferung und ihren Parallelen, so dass wir über ihn und seine Lebenszeit nicht mehr erfahren können. Diese kurze Episode ist Teil einer Mischna, die darüber streitet, ob Aqiba ben Mahalel unter den Bann gestellt worden ist oder nicht. Dieser Aqiba war in der Generation vor der Tempelzerstörung für seine Weisheit berühmt.[25] Wenn man mit Lipschütz z. St. davon ausgeht, dass *zu einem bestimmten Zeitpunkt* nicht jener Aqiba, sondern eben Elasar ben Chanoch gebannt wurde, dann hätte man einen Anhaltspunkt für die zeitliche Einordnung dieser Tradition. Nur soviel ist sicher: Die tannaitische Tradition erinnert sich daran, dass *einer aus ihren Kreisen*[26] die Verunreinigungsfähigkeit der Hände überhaupt in Frage gestellt hat. Das ist ein deutlicher Hinweis darauf, dass diese Neuerung innerhalb des tannaitischen oder vortannaitischen Judentums nicht unumstritten war. Einen weiteren Hinweis in diese Richtung gibt folgende Überlieferung:

בא חבירו וישב כנגדו אף בזה יש בו מקרא ואין בו משנה אמרתי לו בני רחיצת ידים מן התורה
אמר לי רבי לא נאמרה לנו מהר סיני אמרתי לו בני דברים הרבה יש לנו וחמורין הן ולא צרך
הכתוב לאמרן [...] ולמדנו רחיצת ידים מן התורה ממשה ואהרן ובניו שנאמר וידבר ה' וגו'
ועשית כיור נחשת [וגו'] ורחצו ממנו משה וגו' בבואם אל אהל מועד וגו' אבל בישראל מהו
אומר והתקדשתם והייתם קדושים מיכן היה רבן גמליאל אוכל חולין בטהרה אמרו לא
לכהנים בלבד ניתנה קדושה אלא לכהנים וללוים ולישראל וכולן שנאמר וידבר ה' וגו' דבר אל
עדת בני ישראל ואמרת אליהם קדושים וגו'מיכן אמרו כל המזלזל ברחיצת ידים סימן רע לו
עליו הוא אומר והיה כשמעו את דברי האלה וגו' לא יאבה ה' סלוח לו וגו' הא למדת שכל
המבעט בנטילת ידים סימן רע לו:

Da kam sein Genosse und setzte sich ihm gegenüber. Auch er verstand etwas von der Schrift aber nichts von der Mischna. Ich sagte zu ihm: Mein Sohn, das Händewaschen hat Anhalt an der Tora. Er sagte zu mir: Rabbi, davon ist uns vom Sinai aber nichts gesagt worden. Ich sagte zu ihm: Mein Sohn, viele und gewichtige Dinge haben wir, von denen die Schrift nicht sprechen muss. [...] Und wir haben das in der Tora grundgelegte Händewaschen von Mose, Aaron und seinen Söhnen gelernt, wie es heißt: Und der Herr redete mit Mose ... und du sollst ein Kupferbecken machen ... und daraus sollen sich waschen Mose ... wenn sie in das Zelt der Begegnung kommen... (Ex 30,17-20). Was aber sagt [die Schrift] von Israel? Ihr sollt euch heiligen

---

[25] Vgl. Margalioth (1987), 724.

[26] Dass es sich dabei um einen Vorgang gehandelt hat, den die Tradition als Vorgang innerhalb der eigenen Reihen begriffen hat, ergibt sich aus der Strafe des Banns. Diese wurde nämlich in tannaitischer Zeit ausschließlich gegen tannaitische Gelehrte angewandt (vgl. Leibson (1978/79), 179ff).

und heilig sein (Lev 11,44). Deshalb aß Rabban Gamliel profane Speisen in Reinheit. Sie sagten: Ist Heiligkeit nicht nur für die Priester bestimmt? Heiligkeit ist für Priester, Leviten und ganz Israel gegeben, wie es heißt: Und der Herr redete mit Mose ... Sprich zur Gemeinde der Kinder Israels und sag zu ihnen: Heilig ... (Lev 19,1f). Daraus folgerte man, dass jeder, der das Händewaschen verachtet unter einem schlechten Stern steht. Und sie [die Schrift] sagt: Und es wird sein, wenn ihr die Worte des Fluchs hört ... einem solchen Mann wird der Herr nicht vergeben ... (Dtn 29,18f) - daraus lernst du, dass jeder, der gegen das Händewaschen rebelliert unter einem schlechten Stern steht. (SER, Friedmann, 72)

Dieser Text aus dem wahrscheinlich amoräischen Seder Elijahu Rabba[27] gehört zu einer ganzen Reihe von Gesprächen, die der Prophet Elia der Überlieferung nach mit Menschen geführt hat, die zwar einiges von der Schrift, jedoch nichts von der nebenbiblischen Tradition verstehen. Elias Gesprächspartner widerspricht der Behauptung, das Händewaschen sei schon in der Tora grundgelegt, mit dem Hinweis, dass in der Sinaioffenbarung davon nichts gesagt werde. Elia reagiert mit zwei Erwiderungen: Die erste weist darauf hin, dass in der Halacha vieles als verbindlich gilt, was so nicht in der Schrift zu finden ist, die zweite versucht, das Händewaschen „exegetisch" aus der Tora abzuleiten. Dies geschieht zunächst anhand von Ex 30,17-20, wo in Vers 19 Aaron und seinen Söhnen das Waschen der Hände (und Füße) geboten wird. Dieses allein für Priester geltende Gebot wird dann - zugespitzt auf das Händewaschen vor jedem Essen - auf alle Glieder des Volkes Israel ausgeweitet. Dazu wird auf das Denkmodell vom heiligen Gottesvolk rekurriert, das Heiligkeit über den Kreis der Priester auf das ganze Volk ausweitet und damit die Übertragung priesterlicher Gebote auf Laien rechtfertigt.

Die Ausführlichkeit der Begründung macht deutlich, dass hinsichtlich dieser Frage ein entsprechender Begründungsbedarf besteht. Dabei konnte man Infragestellungen der Verunreinigungsfähigkeit der Hände wegen mangelnder biblischer Begründung auf drei Weisen begegnen. Einmal mit dem Verweis auf analoge Fälle, in denen rabbinische Autorität zu Israels Wohl[28] über das biblisch Vorgegebene heraus Halacha setzt, die dann verbindlichen Charakter hat. Darüber hinaus konnte man versuchen, eben doch eine biblische Begründung zu finden.[29] Und schließlich konnte man vor der Infragestellung schlicht warnen und sie unter einen „schlechten Stern" stellen.

In diesem Text wird argumentatives Material zusammengestellt, mit dem man sich in einer realen Diskussion behaupten kann. Das läßt darauf schließen, dass solche Diskussionen auch in frühamoräischer Zeit noch

---

[27] Vgl. dazu Stemberger (1992), 332f.
[28] Der Text begründet dies ausdrücklich in dem von mir nicht zitierten Teil: „um Israels Lohn zu vermehren".
[29] Vgl. Booth (1986), 158

zu führen waren.[30] Der sehr freundliche und unpolemische Ton deutet darauf hin, dass sie nicht mit anderen Gruppen, sondern innerhalb des eigenen Zirkels oder des eigenen Einflussbereiches vonstatten gingen.[31] Die halachische Neuerung von der Verunreinigungsfähigkeit der Hände und der damit verbundenen Notwendigkeit, vor jedem Essen die Hände zu waschen, war also - so kann man abschließend folgern - *innerhalb* der rabbinischen Welt durchaus nicht selbstverständlich akzeptiert. Anfragen kamen vor und wurden in der Diskussion beantwortet.[32]

---

[30] In diese Richtung weisen auch die Warnungen in bSot 4b: „Wer das Händewaschen vernachlässigt, wird aus der Welt gerissen" und ebd.: „Wenn jemand Brot mit unreinen Händen isst, so ist es ebenso, als würde er unreines Brot essen...".

[31] Gegenüber Außenstehenden könnte man z.B. nicht mit rabbinischer Autorität argumentieren. Auch die anderen Erzählungen im Kontext atmen den Ton eines freundlichen „Insider" Gesprächs. Elias Gegenüber offenbart sogar ausdrücklich seine Liebe zu Israel und der Tora (Friedmann, 71).

[32] Nicht nur gegenüber der hier besprochenen Neuerung des Händewaschens gab es kritische Stimmen. Es gab darüber hinaus weitergehende Infragestellungen des Systems von rein und unrein überhaupt bzw. der immensen Bedeutung, die man ihm zugeschrieben hat. Ersteres belegt die bekannte Erzählung von Rabban Jochanan ben Zakkai: „Ein Heide fragte Rabban Johannan ben Zakkai: „Die Dinge, die ihr tut, sehen wie Zauberei aus: Ihr bringt eine Kuh, verbrennt sie, zerstoßt sie und sammelt ihre Asche. Wenn sich einer von euch an einem Toten verunreinigt, dann besprengt ihr ihn mit zwei oder drei Tropfen und sagt (sing.): ‚Du bist rein.'„ Da sagte er zu ihm: „Hast du in deinem Leben noch nie gesehen, wie ein Geist, der einem den Verstand verwirrt, von einem Menschen Besitz ergreift?" Er antwortete: „Nein." „Und du hast auch nicht gesehen, was man mit ihm macht?" „[Doch], man bringt Wurzeln, und läßt sie unter ihm in Rauch aufgehen und bespritzt ihn mit Wasser, dann flieht der Geist." „Deine Ohren hören nicht, was dein Mund spricht - so verhält es sich nämlich auch mit dem Geist der Unreinheit, wie geschrieben steht: ‚...und auch die Propheten und den Geist der Unreinheit will ich aus dem Land treiben (Sach 13,2)'„. Als er [der Heide] gegangen war sagten seine Schüler: „Rabbi, diesen hast du mit dem Rohr fortgetrieben - was aber antwortest du uns?" Er sagte zu ihnen: „Der Tote verunreinigt nicht und das Wasser reinigt nicht - es handelt sich vielmehr um ein Dekret des Ortes [=Gottes]. Der Heilige, gelobt sei er, sprach: ‚Ein Gesetz habe ich gesetzt und ein Dekret habe ich dekretiert, und du bist nicht befugt, mein Dekret zu übertreten.'„ (PesR 14). Jochanan ben Zakkai gibt hier seinen Schülern gegenüber ganz offen zu, dass an dem ganzen System von rein und unrein sachlich überhaupt nichts dran ist. Eine solche radikale Kritik ist offenbar ebensowenig als anstößig empfunden worden, wie das offensichtliche Unverständnis der Schüler ben Zakkais diesem System gegenüber. Dass die Entscheidung trotzdem für die Beibehaltung dieses Systems fällt, liegt allein in der Treue zum Wort Gottes begründet. Noch weitergehend ist die in PRK 4 (Mandelbaum, 54f) aufgezählte Reihe der Widersinnigkeiten in der Reinheitshalacha - die Lösung ist die gleiche, die Jochanan ben Zakkai zugeschrieben wird. Die Tosefta kritisiert die Rabbinen dafür, dass sie es mit der Reinheit so genau nehmen, dass dabei der Aspekt des menschlichen Miteinanders vernachlässigt wird: „Die Unreinheit eines Messers wird in Israel schwerer genommen als Mord" (tYom 1,12). Vgl. dazu Harrington (1993a), 35.

2.3   Der matthäische Beitrag zur Diskussion über die Notwendigkeit des Händewaschens vor dem Essen

Wie ist der matthäische Beitrag in der dargestellten Entwicklung zu verorten? 1. Zunächst fällt auf, dass Matthäus mit seiner Zuspitzung auf die Frage, ob Essen mit ungewaschenen Händen verunreinigende Qualität hat, die ihm vorgegebene Überlieferung sehr präzise in die Diskussionslage *seiner Zeit* einfügt. Denn eben diese Frage war es, die in den Jahrzehnten nach der Zerstörung des Tempels an Bedeutung gewann (IV / 2.2). Matthäus bearbeitet seine markinische Vorlage genau in der Weise, dass sie zu dieser aktuellen Fragestellung etwas zu sagen hat. Matthäus beantwortet sie freilich anders als Teile seines Gegenübers im sich neu formierenden Judentum: *Das Essen mit ungewaschenen Händen verunreinigt den Menschen nicht. Damit bezweifelt Matthäus zugleich die verunreinigende Wirkung unreiner Hände und damit diese Neuerung überhaupt.* Wie wir schon bei der Behandlung der Schwurhalacha sehen konnten, besteht hinsichtlich einer aktuellen halachischen Frage eine Lehrdifferenz zwischen Matthäus und seinem aktuellen Gegenüber, das er mit Blindheit geschlagen sieht, weil es anders entscheidet, als er selbst.

2. Seine Antwort bleibt dabei ganz im Rahmen dessen, was in der innerjüdischen Diskussion möglich und üblich war. Denn mit seiner Ablehnung dieses biblisch nicht verankerten Instituts steht Matthäus nicht allein. Andere - durchweg als „Insider" wahrgenommene - Gelehrte beziehen eben diese Position: Die Vertreter der Schule Hillels, die die Notwendigkeit des Händewaschens vor dem Essen bestreiten (tBer 6,2), Elasar ben Chanoch, der die Vorstellung von der Verunreinigungsfähigkeit der Hände überhaupt in Zweifel zieht (mEd 5,6) und nicht zuletzt das anonyme Gegenüber Elias und schließlich die ebenfalls anonym bleibenden Zeitgenossen der Amoräer, die diese zum Ernstnehmen dieser Neuerung mahnten (SER, Friedmann, 72). *Innerhalb* der rabbinischen Welt war das Händewaschen und die Verunreinigungsfähigkeit der Hände umstritten.

Selbst die von Matthäus schon abgeschwächte aber immer noch auffallende Stellungnahme in Vers 11 fällt aus dem Rahmen der innerjüdischen Diskussion nicht heraus. Kein geringerer als Jochanan ben Zakkai äußert sich sogar direkt biblisch begründeten Vorstellungen gegenüber mit gleicher Radikalität: „Der Tote verunreinigt nicht und das Wasser reinigt nicht..." (PesR 14).[33] Dessen Entscheidung, die Reinheitshalachot trotzdem zu beachten, entspricht die matthäische Weigerung, die in der

---

[33]   Ein Toter gilt in der Bibel und danach im Judentum überhaupt als „Vater der Unreinheit" (vgl. Harrington (1993a), 141ff [bes. 149]).

markinischen Vorlage angelegte Aufhebung dieser Halacha zu vollziehen.[34]

3. Auch die positive Weisung zum Achten auf die primär ethisch definierte Reinheit hat ihren Ort im jüdischen Referenzrahmen, ebenso wie die implizit oder explizit geäußerte Kritik (vgl. 23,25) an einer entgegengesetzten Gewichtung, die kultische Reinheit der Ethik überzuordnen scheint. Eine solche teilt Matthäus mit Texten wie tYom 1,12. Die Vorstellung ethischer Unreinheit ist schon biblisch belegt und wird in Quellen aus der Zeit des zweiten Tempels weiterentwickelt.[35]

Besonders griechischsprachige Quellen vertreten dieses Konzept, wie z.B. der Aristeasbrief, der den Menschen unrein nennt, der böses über andere sagt (166) und positiv die Reinheit der Seele (ψυχῆς καθαρότης) als höchste Form der Gottesverehrung propagiert (234). Auch Philo kann zuweilen kultische Reinheitsvorstellungen der Bibel ins Ethische übertragen: „ἀκάθαρτος γὰρ κυρίως ὁ ἄδικος καὶ ἀσεβής..." (In der Hauptsache unrein ist der Ungerechte und Unfromme...) (SpecLeg 3,209).[36]

Aber auch hebräisch erhaltene Quellen kennen ethisch qualifizierte Unreinheit, so z.B. die Tempelrolle, die der Pervertierung des Rechtes verunreinigende Kraft zuschreibt (11QT 51,14). Der tannaitische Midrasch Sifra zu Lev 19,15 behauptet in der gleichen Linie, dass ein Richter, der das Recht beugt, das Land verunreinigt.

Vor diesem Hintergrund wird die matthäische Liste der verunreinigenden Dinge, die aus dem Herzen kommen (15,19), in besonderer Weise sprechend, denn die meisten ihrer einzelnen Bestandteile gelten auch in anderen jüdischen Quellen als verunreinigend.[37]

Fassen wir die Ergebnisse zusammen, so erscheint Matthäus auch hier wieder im *halachischen Diskurs*. An diesem nimmt er kenntnisreich und engagiert teil und lehrt so Halacha zu einer nach der Zerstörung des Tempels ebenso wichtigen wie kontrovers diskutierten Frage, nämlich, wie Reinheit und Heiligkeit in der neuen Situation zu bestimmen und zu leben sind. Matthäus nimmt dabei seine von Jesus hergeleitete Antwort - im Kontrast zu der seines Gegenübers - als sachgemäß, nämlich dem Willen Gottes entsprechend wahr und empfiehlt damit Jesus als den einen Lehrer, der Israel auf den Weg des Gotteswillens weist.

---

[34] Vgl. oben IV / 2.1.
[35] Vgl. Klawans (1998), 392ff dort zahlreiche biblische und jüdische Belege.
[36] Vgl. Klawans (1997),7.
[37] „διαλογισμοὶ πονηροί" (vgl. Philo, SpecLeg 1,257) „φόνοι" (vgl. Num 35,33f); „μοιχεῖαι, πορνεῖαι" (als Formen illegitimer Sexualität vgl. Jub 7,21f; 33,7.18-20) „ψευδομαρτυρίαι" (als Beitrag zu pervertierter Rechtsprechung vgl. 11QT 51,14). Vorrangig orientiert Matthäus sich an den 10 Geboten (vgl. Luz (1990), 426).

3. Scheidungsgründe - Matthäus im halachischen Diskurs

Das sicherlich bekannteste Beispiel dafür, dass Matthäus sich in den halachischen Diskurs seiner Zeit begibt, ist seine Überarbeitung des markinischen Streitgespräches über die Ehescheidung (Mt 19,3ff). Exemplarisch für den Konsens, der in der Forschung zu diesem Text herrscht, sei hier R. Bultmann zitiert: „Übrigens hat Mt, der m. E. über schriftgelehrte Bildung verfügte, wieder formal ausgezeichnet korrigiert, indem er 19,3 κατὰ πᾶσαν αἰτίαν einfügte..." mit der Folge, dass „sich die Debatte bei Mt um die zwischen den Schulen Hillels und Schammais diskutierte Frage nach dem hinreichenden Grund der Scheidung" bewegt.[1]

3.1 Besondere Akzente der matthäische Perikope

Die wesentlichen Änderungen, die Matthäus an seiner Vorlage vornimmt, sind neben dem konfliktverschärfenden Zusatz „πειράζοντες" (19,3) und der Umstellung von Mk 10,4f, die dazu beiträgt, den Eindruck zu vermeiden, Jesus wende sich gegen die Tora[2], die Ergänzungen in den Versen 3 und 9 und die Auslassung von Mk 10,12.

Diese Änderungen nehmen sich in der Tat wie „Korrekturen" aus, die Matthäus vornehmen musste, um seine Vorlage in den Diskurs über die Halacha Israels einzubringen:

Mk 10,12 setzt voraus, dass eine Frau in der Lage war, aktiv die Scheidung von ihrem Mann zu betreiben. Diese Praxis widerspricht dem Befund in der Bibel ebenso wie dem in späteren jüdischen Quellen. „Sie entspricht Rechtsverhältnissen, die mit der palästinisch-jüdischen Rechtsauffassung von der Ehe nicht in Einklang zu bringen sind, sich aber mit dem griechisch-römischen und jüdisch-ägyptischen Scheidungsrecht vereinbaren lassen."[3] Indem Matthäus diesen Vers auslässt, passt er seine Vorlage an die in seiner Umwelt übliche Praxis an, nach der allein

---

[1] Bultmann (1995), 26. Dieses Urteil teilen neben Barth (1975), 26 und Hübner (1986), 51 mit Unterschieden im Detail nahezu sämtliche Exegeten.
[2] Vgl. Loader (1997), 225.
[3] Gnilka (1989), 75. Die Quellen, die Gnilka im Anschluss an E. Bammel (1970) für jüdisch-ägyptisches Eheverständnis beibringt, sind Elephantinepapyri (zitiert und ausgewertet bei Bammel (1970), 97).

der Mann sich von seiner Frau[4] scheiden kann, indem er ihr einen Scheidebrief aushändigt.[5]

Besonders gewichtig ist die Verschiebung, die Mt 19,3 gegenüber Mk 10,2 vornimmt. Bei Markus fragen die Pharisäer nach der Legitimität der Scheidung überhaupt[6], bei Matthäus geht es hingegen darum, *aus welchem Grund* eine Scheidung vollzogen werden kann oder soll – oder präziser, ob ein Mann sich *aus jedem (beliebigen) Grund* von seiner Frau scheiden darf.[7] Den nach Matthäus einzig legitimen Grund nennen die sog. Ausnahmeklauseln, die sich in 19,9 und 5,32 finden: Nur wegen „πορνεία" kann ein Mann sich von seiner Frau scheiden. Fragen wir nun nach dem Ort, den Matthäus mit diesen Änderungen in der jüdischen Diskussion einnimmt.

---

[4] Vgl. Luz (1997), 91 (bes. Anm. 6). Ausgehend von Josephus Ant 15,259; 18,136; 20,142f ist gefragt worden, ob es nicht doch ein Scheidungsrecht der jüdischen Frau gegeben habe, wie es im hellenistischen Recht existierte (vgl. dazu Tomson (1990), 108f). Josephus berichtet davon, dass Frauen aus der Familie des Herodes sich von ihren Ehegatten getrennt haben. Diese Texte belegen allerdings nicht, dass diese Frauen das *Recht* dazu hatten, im Gegenteil Josephus betont ausdrücklich, dass diese Praxis vom jüdischen Gesetz nicht gedeckt ist.

[5] Zum Formular des Scheidebriefes vgl. Correns (1991), 21ff.

[6] Auch die Frage, ob Scheidung überhaupt legitim sei, könnte innerhalb des Judentums diskutiert worden sein, wenn man die in der Forschung oft herangezogenen Texte aus Qumran CD 4,19-5,5 und 11QT 57,17-19 nicht allein als Ablehnung der Polygamie sondern als Verbot der Ehescheidung (verstanden als rechtlich geregelte Aufhebung der Ehe mit der *Ermöglichung von Wiederverheiratung* [so definiert bei Tomson (1990), 112: „legal termination of the marriage bond which allows the woman to remarry"]) liest. Ob diese Texte wirklich im Sinne eines Scheidungsverbotes zu lesen sind, ist allerdings sehr zweifelhaft (vgl. Holmén (1998), 407f und Brewer (1998), 579). Sie reden eindeutig von Polygamie und nichts zwingt dazu, sie als Texte zu lesen, die darüber hinaus Scheidung und Wiederverheiratung verwerfen - zumal andere Qumrantexte die Scheidung ganz selbstverständlich voraussetzen (11QT 54,4-5; CD 13,15-18). Ebenso urteilt Brin (1997), 234 und 244.

[7] Dass die Frage nach Scheidungsgründen im 1. Jh. n. Chr. virulent war, vermag ein Blick auf Philo und Josephus zu belegen: Josephus schreibt in seiner Paraphrase von Dtn 24,1ff in Ant 4,253: „Wer aber von seiner Frau geschieden werden will – aus welchem Grund auch immer (solche aber gibt es für die Menschen viele)..." (γυναικὸς δὲ τῆς συνοικούσης βουλόμενος διαζευχθῆναι καθ' ἁσδηποτοῦν αἰτίας, πολλαὶ δ' ἂν τοῖς ἀνθρώποις τοιαῦται γίγνοιντο...). Bei Philo (SpecLeg 3,30) lesen wir im gleichen Zusammenhang „...wenn eine Frau von ihrem Mann geschieden ist – aus welchem Anlass auch immer..." (ἐὰν δέ [...] ἀνδρὸς ἀπαλλαγεῖσα γυνὴ καθ' ἣν ἂν τύχῃ πρόφασιν). Beide ergänzen unabhängig voneinander Anspielungen auf Scheidungsgründe – und beide tun dies bei der Auslegung von Dtn 24,1ff. Damit wird sichtbar, wie selbstverständlich diese Frage im 1. Jh. n. Chr. sozusagen auf der Tagesordnung stand.

3.2 Scheidungsgründe im antiken Judentum

Die Mehrheit der Exegeten geht wie schon Bultmann davon aus, dass Matthäus mit diesen Änderungen in einer Diskussion zwischen den Schulen Hillels und Schammais Stellung bezieht.[8] Nach mGit 9,10 differieren die beiden Schulen in der Frage, was einen legitimen Scheidungsgrund darstellt:

בית שמאי אומרים, לא יגרש אדם את אשתו אלא אם כן מצא בה ערות , שנאמר כי מצא בה
ערות .בית הלל אומרים, אפלו הקדיחה תבשילו, שנאמר כי מצא בה דבר.

Die Schule Schammais sagt: Man darf sich von seiner Frau nur scheiden lassen, wenn man an ihr Schändliches gefunden hat, denn es steht geschrieben: Weil er an ihr etwas Schändliches gefunden hat.
Die Schule Hillels sagt: Auch wenn sie sein Essen anbrennen ließ, denn es steht geschrieben: Weil er an ihr etwas gefunden hat.

Die beiden Schulen rekurrieren auf Dtn 24,1, betonen dabei jedoch jeweils einen anderen Aspekt. Die Hilleliten akzentuieren das „דבר" (etwas) – und weiten damit den Kreis möglicher Scheidungsgründe ins Unendliche aus. Für die Schammaiten trägt das Element „ערות" (Schändliches) den Ton.[9] Sie akzeptieren daher nur einen einzigen legitimen Scheidungsgrund: der Mann muß an seiner Frau „ערות" bzw. „ערות דבר" gefunden haben.[10] Worum es sich bei diesem hier der Gießener Mischna folgend mit „Schändliches" übersetzten Sachverhalt handelt, ist nicht leicht auszumachen. In der rabbinischen Überlieferung trägt ערוה in jedem Fall die Bedeutung: „sexual abuse and unchaste behaviour"[11], so dass zu lesen wäre: Für die Schule Schammais ist einzig sexuell anstößiges oder illegitimes Verhalten der Ehefrau ein Scheidungsgrund.
Dieser Auffassung scheint nun die des mt Jesus genau zu entsprechen, ja die in 5,32 gewählte Formulierung „λόγου πορνείας" nimmt sich geradezu als Übersetzung des „ערות דבר" aus Dtn 24,1 aus.[12] Der genaue Gehalt von „πορνεία" ist nun allerdings ebenso schwer zu bestimmen wie der von „ערוה".[13] In der LXX ist „πορνεία" Äquivalent für Derivate des hebr. „זנה" (huren), das Bedeutungsspektrum erweitert sich jedoch in der jüdischen Literatur und bezeichnet nun u.a. Ehebruch (Sir 23,23), Inzest

---

[8] Vgl. z.B. Tomson (1990), 110; Neudecker (1994), 384; Saldarini (1994), 150; Davies / Allsion (1997), 5.
[9] Die zu diesem Text vorhandenen Parallelüberlieferungen bespricht Neudecker (1994), 362ff.
[10] Zur Textüberlieferung vgl. Correns (1991), 156f.
[11] Tomson (1990), 110; vgl. Janzen (2000), 73.
[12] Die LXX übersetzt allerdings „ἄσχημον πρᾶγμα".
[13] Vgl. Haacker (1971), 33: „...weil die Vokabel πορνεία mehr eine Wertung als eine präzise Vorstellung ausspricht". Janzen (2000), 69ff bespricht die in der Forschung vorgeschlagenen Alternativen.

(TestRub 1,6) Homosexualität (Sib 3,764) und nicht näher bestimmte sexuelle Vergehen (AscJes 2,5).[14] Der von M. Bockmuehl für Matthäus vorgeschlagenen Definition „*any* kind of obviously unlawful sexual relationship"[15] dürfte vor dem Hintergrund dieses breiten Bedeutungsspektrums zuzustimmen sein.[16]

Bei allen verbleibenden Unsicherheiten hinsichtlich der genauen Begrifflichkeit bringen die sog. Ausnahmeklauseln die Scheidungshalacha des mt Jesus deutlich in die Nähe der schammaitischen Scheidungshalacha. Matthäus beteiligt sich damit am halachischen Diskurs zwischen den Schulen, er greift eine hillelitisch[17] formulierte Frage auf und führt sie einer schammaitischen Lösung zu.

Als Alternative zu dieser sehr plastischen Einordnung des Matthäus in den halachischen Diskurs ist von verschiedenen Exegeten[18] der Vorschlag gemacht worden, Matthäus ergänze die Ausnahmeklauseln, um die ihm überkommene Überlieferung an das jüdische *Scheidungsgebot im Falle von Ehebruch* anzugleichen. Fragen wir nach den Quellen für diese Halacha: M. Bockmuehl nennt aus den rabbinischen Texten u.a. mNed 11,12; mSota 5,1; bSan 41a.[19]

Nach mNed 11,12 ist der Mann, dessen Frau zu ihm gesagt hat: „טמאה אני לך," (Ich bin unrein für dich), verpflichtet, ihr den Scheidebrief auszustellen und sie aus der Ehe zu entlassen. Die Gemara im babylonischen Talmud (bNed 91a) möchte diese Halacha auf die Frau eines Priesters einschränken. Sie werde durch Vergewaltigung für ihren Mann unrein. Ch. Albeck vermutet jedoch (mit Bezug auf 2 Sam 20,3; Jub 33,3-9), dass in der älteren Halacha[20] diese Regelung auch für nichtpriesterliche Ehen galt.

Nicht allein vergewaltigte Frauen sind für ihren Mann unrein mit der Folge, dass er hinfort keinen sexuellen Umgang mehr mit ihr haben darf (und sie laut mNed 11,12 aus der Ehe entlassen muss). Nach mSot 5,1 gilt das auch für die Frau, die des Ehebruchs verdächtigt wird. Sie ist unrein, bis durch das Ordal ihre Unschuld bewiesen ist. Dies gilt nach bSan 41a für verheiratete Frauen, aber auch schon für Verlobte.

In der tannaitischen Exegese zu Dtn 24,4, einem Text der festlegt, dass eine geschiedene Frau, die wieder geheiratet hat, nach dem Tod ihres zweiten Mannes nicht zum ersten zurückkehren darf, weil sie für diesen unrein geworden ist, wird dieses Gebot

---

[14]   Vgl. Hauck / Schulz (1959), 587.

[15]   Bockmuehl (1989), 295.

[16]   Vgl. Haacker (1971), 34 spricht von einer „*Handlungsweise* [...], die – bei bestehender Ehe – zur Scheidung Anlaß geben könnte".

[17]   Das „κατὰ πᾶσαν αἰτίαν" in 19,3 entspricht nicht nur den Formulierungen Philos und Josephus' (vgl. oben Anm. 7.), sondern auch genau der Position der Schule Hillels.

[18]   Z.B. Nembach (1970); Bockmuehl (1989); Luz (1997), 98f.

[19]   Vgl. Bockmuehl (1989), 292.

[20]   Dass es sich um eine solche handelt, zeigt die Einleitung „בראשונה," (vgl. Albeck, Nashim, 369). In der späteren Halacha ist eine vergewaltigte Frau für ihren Ehemann nicht unrein (bYev 56b). Vgl. zum Ganzen auch Albeck (1930), 29.

auch auf die „Ehebruchsverdächtige, die sich verborgen hat" (סוטה שנסתרה)[21] übertragen (SifDev § 27 [Finkelstein, 291]).

Diese Quellen erwecken *zusammengenommen* den Eindruck[22], als habe es eine Halacha gegeben, nach der ein Mann sich von seiner Frau hätte trennen müssen, wenn sie sexuellen Verkehr außerhalb ihrer Ehe gehabt hätte. Einige Quellen aus der Zeit des zweiten Tempels scheinen diesen Eindruck zu bestätigen: Nach TestRub, 3,10-15 musste Jakob den sexuellen Umgang mit Bilha unterlassen, nachdem sein Sohn Ruben mit ihr geschlafen hatte. Philo, Abr 98 bezieht sich auf Gen 12,18ff: Abrahams Ehe sei durch das Vorhaben des Pharao, mit Sara zu schlafen, in der Gefahr gewesen, zerstört zu werden (κινδυνεύσαντα διαφθαρῆναι τὸν γάμον). Das hat Gott verhindert. M. Bockmuehl hat darüber hinaus auf 1QapGen 20,15 hingewiesen, wo Abraham Gott bittet, dass der Pharao „in dieser Nacht nicht die Kraft habe, meine Frau von mir weg zu verunreinigen" (אל ישלט בליליא דן לטמיא אנתתי מני).[23] Hätte Gott dieser Bitte nicht entsprochen, dann wäre Sara für Abraham unrein geworden und – so würde man von Philo her ergänzen - die Ehe wäre damit zerstört gewesen.

Vermögen diese Quellen ein *Scheidungsgebot* zu belegen? Sie belegen mit hinreichender Deutlichkeit, dass schon in vorrabbinischer Zeit eine Halacha existierte, nach der der außereheliche Geschlechtsverkehr einer verheirateten Frau diese für ihren Ehemann verunreinigte und sexuelle Beziehungen zwischen den Ehepartnern damit unmöglich machte. Nach mNed 11,12 ist in einem solchen Fall (der Unreinheit der Frau für ihren Mann) der Mann verpflichtet, der Frau einen Scheidebrief auszuhändigen und die Ehe damit zu beenden. Ähnlich scheint es Philo gesehen zu haben, der entsprechend den „γάμος" überhaupt in Gefahr sah. Ein ausdrückliche *Scheidungsgebot* ergibt sich – soweit ich sehe – aber nur, wenn mNed 11,12 zum Generalschlüssel für alle anderen genannten Fälle macht – ob dies zwingend ist, darf bezweifelt werden.[24]

3.3 Der matthäische Beitrag zur innerjüdischen Diskussion über legitime Scheidungsgründe

Von diesem Ergebnis her halte ich es für weniger wahrscheinlich, dass Matthäus seine Ausnahmeklausen mit Blick auf ein mögliches Scheidungsgebot ergänzt.[25] Zwangloser ergibt sich m. E. ein Bezug auf die

---

[21] Übersetzung Bietenhard (1984), 620. Das Wort „verborgen" sei nach bYev 11b ein Euphemismus für „die sich verborgen und verunreinigt hat" aus Num 5,13 – so Bietenhard (1984), 620, Anm. 51.
[22] Wenn man mSot 5,1 im Licht von mNed 11,12 liest.
[23] Bockmuehl (1989), 293.
[24] U. Nembach (1970), 164 nennt für ein Scheidungsgebot ausschließlich amoräische Belege. Der von ihm zitierte tannaitische Text mKet 7,6 klärt lediglich, welche Frauen bei einer Scheidung nicht den im Brautvertrag festgesetzten Preis ausgezahlt bekommen. Aber auch die von Nembach genannten Quellen müssen nicht im Sinne eines Scheidungsgebotes gelesen werden. Schereschewsky (EJ 6) spricht konsequent von einem Recht des Mannes, die Scheidung zu verlangen, nicht aber von einer Pflicht dazu (129f).
[25] *Theologisch* ist diese Lösung jedoch äußerst reizvoll: Matthäus unternähme, wie K. Haacker (1971) vermutet, „den Versuch, zwei Forderungen Gottes miteinander in Einklang zu bringen - das Verbot der Scheidung und das Gebot der Heiligung - und für den Fall der Pflichtenkollision eine Priorität aufzustellen" (35). Das Verbot der

Diskussionen um die Frage nach legitimen Scheidungsgründen, wie sie im 1. Jh. n. Chr. virulent war und nach dem Zeugnis der rabbinischen Texte zwischen den Schulen Hillels und Schammais kontrovers erörtert wurde.

Dabei ist allerdings zu bemerken, dass die beiden Alternativen nicht so scharf von einander getrennt sein müssen, wie ich sie hier gezeichnet habe. Matthäus könnte sich gezwungen gesehen haben, einen vom Scheidungsverbot Jesu her aufbrechenden Pflichtenkonflikt zwischen eben diesem Scheidungsverbot und dem Gebot zur Wahrung der Reinheit und Heiligkeit im eheliche Umgang zu lösen. Deshalb ergänzt er πορνεία als einzig legitimen Scheidungsgrund und nimmt damit *zugleich* Stellung in der Diskussion zwischen den Schulen Hilles und Schammais. So oder so passt Matthäus die ihm vorliegende Überlieferung an den halachischen Diskurs seiner Zeit an.[26]

Die unter 3.2 zuletzt vorgestellten Texte werfen allerdings ganz unabhängig davon, wie man ihre Aussagekraft im Blick auf die matthäischen Ausnahmeklausen beurteilt, ein interessantes Licht auf einen anderen matthäischen Text, nämlich Mt 1,19f. Als Josef von der Schwangerschaft seiner Verlobten erfahren hat, sieht er sich als Gerechter (δίκαιος) außerstande, mit ihr die Ehe einzugehen. Der Engel, der ihm im Traum erscheint, ermutigt ihn: „μὴ φοβηθῇς παραλαβεῖν Μαριὰμ τὴν γυναῖκά σου". Offenbar also gab es für Josef Grund, sich davor zu fürchten, die eheliche Verbindung mit einer Frau einzugehen, die nach menschlichem Ermessen mit einem anderen Mann sexuell verkehrt hat, obwohl sie verlobt war. Diese Furcht des ausdrücklich als gerecht bezeichneten Josef erklärt sich von den genannten Texten her: Maria war durch den – anzunehmenden – Umgang mit einem anderen Mann für Josef unrein geworden. Dennoch mit ihr zu schlafen wäre ein Verstoß gegen Gottes Gebot gewesen.[27] Josef bleibt nach Lage der Dinge nur die Lösung der Beziehung.

Auch in dieser kleinen Episode erweist sich Matthäus als jemand, der sich auf der Höhe des halachischen Diskurses seiner Zeit befindet.

Scheidung hört er von Jesu, dem Lehrer des aktuellen Gotteswillens. Um das Gebot der Heiligung - das sexuellen Umgang mit einer Frau, die der πορνεία zu beschuldigen ist, verbietet, weiß er aus seiner jüdischen Tradition.

[26] Dies veranschlagt auch Nembach (1970), 169: „...nur eine Reduzierung der verschiedenen Fälle der gebotenen Ehescheidung allein auf den wegen Ehebruchs [...] bleibt im Rahmen der jüdischen Rechtsordnung".

[27] So Davies / Allison (1988), 205 (Anm. 25); Bockmuehl (1989), 292. Zur Auslegungsgeschichte vgl. Luz (1992), 103f.

4. Ergebnis und Ausblick

1. Diese Arbeit unternimmt den Versuch einer Ortsbestimmung des MtEv im Verhältnis zu dem sich nach der Zerstörung des Tempels neu formierenden Judentum. Sie fragt danach, ob sich das MtEv einer Gruppe verdankt, die aus dem Judentum und seinen Traditionen kommend dem Judentum den Rücken gekehrt hat, oder ob diese Gruppe mit ihrem Evangelium noch ganz innerhalb des pluriformen Judentums steht und auf ihre Weise an der Neugestaltung jüdischer Existenz am Ende des ersten Jahrhunderts teilnimmt.

Ein breiter Strom der Forschung entscheidet sich für die erste Option. Zwölf Argumente von unterschiedlichem Gewicht werden dort für eine Verortung des Evangeliums außerhalb des Judentums angeführt. Die vorliegende Arbeit setzt damit ein, diese Argumente auf ihre Stichhaltigkeit hin zu prüfen und kommt zu dem Ergebnis, dass sie alle nicht zwingend für einen Bruch zwischen der mt Gemeinde und ihrem jüdischen Umfeld sprechen. Die Textbeobachtungen, die ihnen zugrunde liegen, deuten vielmehr auf Differenzierungen und Konflikte innerhalb des vielgestaltigen Judentums hin.

Dies gilt umso mehr, als die neuere Betrachtung der Entstehungsprozesse des sich formierenden Judentums und des frühen Christentums es nicht angeraten erscheinen lässt, die Grenze zwischen Juden- und Christentum in den ersten beiden Jahrhunderten allzu scharf zu ziehen: Ein „normatives Judentum" oder ein „Synagogenverband", von dem Matthäus sich hätte trennen können, ist in den letzten Jahrzehnten des ersten Jahrhunderts noch nicht in Sicht.

Von daher legt es sich nahe, mit einigen vornehmlich im angelsächsischen Raum beheimateten Arbeiten das MtEv, dessen judenchristliche Verfasserschaft kaum mehr in Frage gestellt wird, als Buch zu lesen, das seinen Ort ganz *innerhalb* des Judentums hat und das auf Fragen und Probleme reagiert, die sich im Zuge der durch die Tempelzerstörung notwendig gewordenen Neuorientierung jüdischen Lebens stellen.

Ein ganz wesentlicher Prüfstein der Textgemäßheit einer solchen Lektüre ist das Feld der Halacha. Halacha - verstanden als Ringen um die Gestaltung jüdischen Lebens in all seinen Bereichen nach dem Willen und der Weisung Gottes - war und ist ein Charakteristikum jüdischer Existenz, und so ergeben sich die Konturen des jüdischen Profils des ersten Evangeliums zu einem großen Teil aus seinem Umgang mit der Halacha. Da die Fülle der halachischen Fragestellungen, auf die das Evangelium reagiert, und das korrespondierende jüdische Quellenmaterial zur Begrenzung nötigen, konzentriere ich meine Untersuchung auf einen in der Forschung bisher weniger intensiv behandelten halachischen Themenkomplex: die Diskussion um das Schwören. Dieses Thema ist Matthäus immerhin so wichtig, dass er gleich zweimal in ganz zentralen Kontexten darauf zu sprechen kommt. Kurze Einblicke in andere halachische Bereiche dienen dazu, die Ergebnisse, die anhand der detaillierten Untersuchung des Ortes der matthäischen Stellungnahmen zu Schwur und Eid im halachischen Diskurs der Jahrhunderte um die Zeitenwende herum gewonnen wurden, auf eine breitere Basis zu stellen.

2. Die Untersuchung der matthäischen Schwurhalacha im Kontext der antiken jüdischen Diskussion über Schwur und Eid lässt erkennen, wie sehr Matthäus mit der zeitgenössischen Problem- und Diskussionslage vertraut ist. Zu dieser nimmt er Stellung und formuliert im Namen Jesu Halacha. Er nutzt seine Kenntnis nicht - wie vielfach angenommen - dazu, sich vom halachischen Diskurs ironisch zu distanzieren. Vielmehr beteiligt er sich engagiert und ernsthaft daran. Mit den anderen Teilnehmern an diesem Diskurs verbindet ihn nicht nur das Wissen um die Fragestellungen und Lösungsansätze, sondern auch der Wille zur praktischen Gestaltung der Halacha im Interesse einer Lebensführung, die Gottes Weisung entspricht.

Dieses Ergebnis bestätigen die knappen Einblicke in die Diskussion anderer halachischer Problembereiche: So arbeitet Matthäus in Mt 12 seine Vorlage so um, dass sich daraus eine halachische Stellungnahme zu der auch in anderen Bereichen des Judentums diskutierten Frage nach dem, was den Sabbat verdrängt, ergibt. Im Konzert der in Erwägung gezogenen Motive, die eine Übertretung des Sabbatgebotes rechtfertigen bzw. nahe legen – sie reichen von der Rettung menschlichen Lebens aus akuter Lebensgefahr bis hin zur Heilung oder Linderung ungefährlicher Beschwerden –, bringt Matthäus Jesu Halacha zu Gehör: Von Jesus, dem Herrn über den Sabbat her findet das Sabbatgebot seine Grenze am Maßstab der Barmherzigkeit, so dass jede menschliche Notlage den Sabbat verdrängt.

In Mt 15 beteiligt sich Matthäus an der kontroversen Diskussion über die Frage, ob das Essen mit ungewaschenen Händen den Menschen verunreinigt. Er verneint dies – wie manche Stimmen im tannaitischen Judentum auch. Zugleich streicht er die sehr grundsätzliche markinische Kritik an der Unterscheidung reiner und unreiner Speisen. Diese Unterscheidung stellt er nicht in Frage, wenngleich auch das innerjüdisch möglich wäre. Positiv verlagert er den Schwerpunkt auf eine aus jüdischen Quellen bekannte vornehmlich ethisch definierte Reinheit.

Die matthäischen Eingriffe an der Vorlage von Mt 19 passen diese Überlieferung in die Diskussion um legitime Scheidungsgründe ein, die zwischen den Schulen Hillels und Schammais geführt wurde und auch bei anderen jüdischen Autoren Spuren hinterlassen hat. Die Halacha, die Matthäus hier ergehen lässt, sieht Scheidung nur dann vor, wenn der Frau illegitimes Sexualverhalten vorzuwerfen ist. Damit kommt sie in der Nähe schammaitischer Halacha zu stehen.

Diese drei Beispiele, zu denen es jeweils synoptische Parallelen gibt, vor deren Hintergrund das Interesse der matthäischen Redaktion umso klarer zu erheben ist, lassen erkennen, dass Matthäus seine Vorgaben so bearbeitet, dass sie sich sehr präzise in den halachischen Diskurs einfügen. Das unterstreicht das bisher gewonnene Bild vom Evangelisten als einem ausgezeichnet informierten Zeitgenossen dieses Diskurses. Des Weiteren leistet Matthäus mit seiner Bearbeitung einen produktiven Beitrag zu diesem Diskurs, indem er selbst in Jesu Namen Halacha formuliert. Dies geschieht in einer Weise, die sich ganz im Rahmen auch sonst diskutierter Lösungsansätze bewegt.

Der bei der Besprechung der Schwurhalacha gewonnene Eindruck erhärtet sich damit: *Matthäus nimmt kenntnisreich und engagiert am halachischen Diskurs teil und beteiligt sich an der Suche nach einer Halacha, die Leben nach dem Willen und der Weisung Gottes ermöglicht.*

3. Diese Beobachtungen, die das MtEv und seine Halacha ganz innerhalb des antiken Judentums verorten, werden ergänzt durch die Ergebnisse der Analyse der jeweiligen Kontexte, in die Matthäus seine Beiträge zur Diskussion um Schwur und Eid stellt. So verlassen weder Form noch Inhalt der *Kommentarworte* den Rahmen dessen, was in den einzelnen Gruppen des antiken Judentums üblich und möglich war. In diesen Texten erscheint der mt Jesus als jemand, der - wie andere vor und nach ihm - Vorgaben rezipierter Tora zu konkreter Halacha aktualisiert: Im Interesse des Lebensschutzes, um das es dem Tötungsverbot positiv geht, sind schon Zorn und verbale Aggression zu unterlassen (5,21-26). Zum Schutz der ehelichen Gemeinschaft, soll schon der begehrliche Blick auf andere Frauen vermieden werden – auch verbietet sich von daher ein allzu liberaler Umgang mit den Scheidungsregeln aus Dtn 24,1ff (5,27-32). Versuchte das biblische Talionsgesetz rächende Gewalttaten weitestgehend einzuschränken, so aktualisiert der mt Jesus dieses Interesse, indem er zum völligen Gewaltverzicht und zu einer Feindesliebe aufruft, die sich ganz an Gottes Verhalten orientiert (5,38-42.43-47).

Dass es bei der Wahrung des Anliegens, um das es der jeweiligen Toravorgabe geht, dazu kommen kann, dass bestimmte Handlungsmöglichkeiten ausgeschlossen werden, die die Tora eigentlich bereitstellt bzw. nach bestimmter Interpretation bereitstellen könnte, ist ebenfalls aus anderen Bereichen des antiken Judentums bekannt und kollidiert nicht mit der Grundsatzerklärung, die der mt Jesus in 5,17-20.48 gibt. Diese Grundsatzerklärung beschreibt theoretisch, was die Kommentarworte praktisch entfalten: Der mt Jesus hebt die Tora nicht auf, sie bleibt gültig und ist vollständig zu tun. Er (er)füllt sie zu konkreter halachischer Weisung. Wer diese umsetzt, bei dem ist Gerechtigkeit in ausreichendem Maße vorhanden, da er sich in seinem Verhalten kongruent und ungeteilt an Gott selbst orientiert.

Auch die Analyse der *Rede gegen die Schriftgelehrten und Pharisäer* ließ nichts erkennen, was den Eindruck erwecken könnte, Matthäus habe den jüdischen Referenzrahmen verlassen. Im 23. Kapitel des MtEv überwiegt zwar die Kritik an der aktuellen Konkurrenzgruppe. Eine solche Kritik an anderen Gruppen ist im antiken Judentum jedoch alles andere als ungewöhnlich. Darüber hinaus verdankt sich die matthäische Kritik ganz innerjüdischen Maßstäben. Das gilt für den Vorwurf der Inkongruenz von Reden und Tun, äußerem Anschein und innerer Disposition, Motivation und Tat, der mit der Anrede „ὑποκριταί" auf den Begriff gebracht wird. Es gilt auch für die Kritik am Ringen um öffentliche Anerkennung und positiv für die Mahnung zu Geschwisterlichkeit und dienender Demut.

Der Vergleich mit anderen jüdischen Texten ergibt, dass der mt Jesus weder mit seiner Kritik noch mit seiner Weisung im antiken Judentum alleine steht. Das, was er fordert – z.B. die Übereinstimmung von Reden bzw. Lehren und Tun – fordern auch andere, wobei jeweils eine signifikante Nähe zu tannaitischen Traditionen auffällt.

Letztere lassen aber auch erkennen, dass sich der dort dominierende Aufruf zu einer Kongruenz von Wort und Tat einem längeren Diskussionsprozess verdankt, der im Gefolge der Tempelzerstörung geführt wird. In dieser Situation werden unterschiedliche Vorschläge zur Beantwortung der Frage unterbreitet, was den Tempelkult und seine sühnende Kraft zu ersetzen vermag.[1] Innerhalb der tannaitischen Kreise nennt man neben dem Gebet und den sog. Taten der Barmherzigkeit das Studium der Tora und das daraus erwachsende Erlassen halachischer Weisung. Umstritten ist zunächst, was wichtiger zu nehmen ist. Einige legen den Akzent ganz auf das Lehren und vernachlässigen das Tun, andere verfahren umgekehrt. Später einigt man sich auf den Grundsatz, dass das eine nicht ohne das andere sein dürfe. Vor dem Hintergrund dieser Debatte erscheint die matthäische Kritik mit ihrer Betonung der Kongruenz von Lehre und Praxis als Beitrag zu einem noch offenen Diskurs - als Beitrag, der den späteren Konsens in gewisser Weise vorwegnimmt.

---

[1] Eine matthäische Stellungnahme zu dieser Frage findet sich in Mt 12 (IV / 1.4).

Die Untersuchung der einzelnen Wehrufe verstärkte das Bild vom Evangelisten als einem Juden, der über Diskussionen und Praktiken seiner Zeit sehr genau informiert ist und diese keinesfalls aus ironischer Distanz betrachtete. So spiegelt sich in diesen Versen z.B. die Attraktivität, die jüdisches Leben in der Antike für viele Heiden hatte und eine Offenheit im Judentum, die nicht nur für Matthäus den Anschein aktiver Mission erweckt (23,15). Es finden sich Spuren von Diskussionen über das, was in der Tora wesentlich ist und Reflexe zeitgenössischer Zehntpraxis (23,23). Matthäus weiß Bescheid über die Möglichkeit die Innen- und Außenseite von Gefäßen unabhängig voneinander für rein bzw. unrein zu erklären (23,25) und kennt die sepulchralarchitektonischen Gegebenheiten seiner Zeit sehr genau (23,27.29ff). Schließlich beteiligt er sich an dem vielstimmigen Frageprozess, der nach Ursachen für die Zerstörung des Tempels forscht (23,34-24,2).

Die Ergebnisse der Untersuchung der Kontexte der matthäische Schwurhalacha fügen sich bruchlos zu dem an den halachischen Beispielen selbst erarbeiteten Befund: *Das Denken des Matthäus hat seinen Ort ganz im Judentum und versteht sich als Beitrag zu einem offenen innerjüdischen Diskussionsprozess.*

4. Matthäus formuliert Halacha im Namen und im Auftrag Jesu (18,18; 28,20). Jesus ist es, der für ihn Tora zur halachischen Weisung (er)füllt, er ist der *eine* Lehrer, der das Lehren des *einen* Gottes vollzieht (23,8-10) und der darum in seinen Worten den Willen Gottes selbst zur Sprache bringt (7,21; 28,20). Matthäus sieht Jesus in seinem Lehren ganz theonom bestimmt. Dieser Zug hoher Christologie, wie sie für das ganze MtEv typisch ist, speist sich wiederum vollständig aus jüdischen Quellen. Schon vor Matthäus ist das Gottesprädikat „Lehrer" auf Menschen übertragen worden, so dass diese Gottes Lehren mit ihren Worten entfalten. Neben und nach Matthäus vollzieht sich selbiges in tannaitischen Kreisen, wo ähnlich hoch von rabbinischen Gestalten gedacht wird: Dort ist es z.B. Rabbi Meir, der das Gottesprädikat „Lehrer" aus Jes 30,20 erhält. Rabbi Aqiba zeichnet die Ehrfurcht vor den Rabbinen ein in die Gottesfurcht, und die Lehren der Schulen Hillels und Schammais gelten – auch wenn sie einander widersprechen – als Worte des lebendigen Gottes selbst.

Für Matthäus ist mit Jesus Größeres als der Tempel anwesend (12,6). Einen vergleichbaren Anspruch formulieren die tannaitischen Gelehrten, die sich selbst nicht nur als gleichwertigen Ersatz für den zerstörten Tempel sehen, sondern sogar ein Mehr an Gottesnähe zu vermitteln beanspruchen.

An den in dieser Arbeit untersuchten christologischen Schlüsselstellen ließ sich immer wieder zeigen, dass der hohen, theonomen Christologie des MtEv, auf tannaitischer Seite vergleichbare Hoheitsansprüche im Blick auf die Rabbinen gegenüberstehen. Auch in dieser Hinsicht befindet sich Matthäus also ganz auf jüdischem Boden.

5. Was sich vergleichender Betrachtung als analog darstellt, wird von Matthäus selbst jedoch ganz anders beurteilt: Für Matthäus besteht ein Unterschied zwischen dem Lehren seines aktuellen Gegenübers und Jesu Lehren: Jesus lehrt als jemand, der Vollmacht ($\dot{\epsilon}\xi\text{ou}\sigma\acute{\iota}\alpha$) hat und unterscheidet sich dadurch von den Schriftgelehrten (7,29). Entsprechend schärft Matthäus ein, dass es eben nur dieser Eine ist, der als Lehrer dem einen Gott entspricht. Von diesem Einen her – und an seiner Vollmacht partizipierend (vgl. 9,8; 10,1; 28,20) – entwirft Matthäus seine Halacha und leistet damit einen Beitrag zum halachischen Diskurs im Judentum. Diese matthäische *Exklusivität* führt zum Konflikt mit seinem Gegenüber, das zwar ähnliche Ansprüche formuliert, dies aber nicht mit gleicher Ausschließlichkeit tut. Die tannaitischen Kreise sind offen für mehrere Lehrer des einen Gottes. Sie erheben in zunehmendem Maße Pluralität zum Strukturprinzip. Damit versuchen sie, das Parteienwesen im Judentum zu überwinden, das aus ihrer Sicht zur Zerstörung des Tempels geführt hat. Sie sind bemüht - wenn auch nicht ohne Machtkämpfe und Verwerfungen - in den Jahren und Jahrzehnten nach der Tempelzerstörung das Judentum so zu gestalten, dass daran alle, die auf exklusive Ansprüche verzichten, gleichermaßen partizipieren können. Matthäus hingegen versucht zur gleichen Zeit in der gleichen Situation das Judentum im Namen Jesu und mit exklusiver Konzentration auf seine Weisung zu formen.

Diese Differenz ist der Kern des Konfliktes zwischen der matthäischen Gruppe und ihrem aktuellen Gegenüber. Er ist dafür verantwortlich, dass bei aller Nähe zu den frühen Tannaim eine deutliche – und von der Gemeinde schmerzhaft erlittene (10,17.23; 23,34) – Distanz bleibt, auf die Matthäus mit scharfer Polemik reagiert.

Matthäus lebt ganz in dieser Ambivalenz aus Nähe und Distanz. Er lebt in einer offenen Situation. Das zeigt sich sehr deutlich daran, dass er die exklusive Orientierung an Jesus, dem einen Lehrer Gottes, nicht streng durchhält, sondern seine Leserinnen und Leser in Fragen der Halacha auch an die Exponenten seines konkurrierenden Gegenübers verweist (23,2f). Trotz aller Kritik spricht Matthäus ihnen zu, dass sie in der Tradition Moses den Gotteswillen lehren und dass sie den Zugang zur Königsherrschaft der Himmel verwalten (23,13). Überhaupt ist seine Darstellung seiner aktuellen Konkurrenten keineswegs nur negativ bestimmt: Auch wenn Matthäus ihre Praxis kritisiert, räumt er implizit ein, dass sie Gerechtigkeit vorzuweisen haben (5,20) und dass sie im Besitz der Basileia sind (21,43: nur wenn sie diese aktuell besitzen, kann sie ih-

nen in der Zukunft genommen werden). Ja, selbst bei der schärfsten Polemik gibt Matthäus seine Konkurrenten nicht auf: Das Wehe, das er
über sie ruft, weil er sie mit der von ihm als inkongruent wahrgenommenen Praxis und punktuell falscher halachischer Akzentuierung im
Schlagschatten des kommenden Gerichts gefangen sieht, stellt nicht nur
den für Matthäus beklagenswerten Istzustand fest, sondern reizt – wie
sich bei der Analyse der Form der Wehrufe zeigte – vielmehr zur Umkehr.

Diese vielfach wahrgenommenen Spannungen auf der Ebene des Evangeliums spiegeln die Ambivalenz von Nähe und Distanz, die in der Kollision exklusiver und pluraler Autoritätsansprüche begründet ist. In der
offenen Diskussionslage im vielgestaltigen Judentum, das sich nach der
Zerstörung des Tempels neu formiert, ist eine solche Ambivalenz Ausdruck eines innerjüdischen Wettbewerbs. Erst wesentlich später, als sich
die beiden unterschiedlichen Modelle – Konzentration auf den einen
Lehrer bzw. Pluriformität im Sinne eines „we agree to disagree" (Cohen)
– weiter verfestigt hatten, musste dies zu einem Auseinandergehen der
Wege führen. Das können wir für Matthäus selbst allerdings noch nicht
voraussetzen. *Er ringt im Judentum um die Gestaltung des Judentums in
einer neuen - noch offenen - Situation.*

6. Wie sich an den redaktionellen Rahmungen (5,1; 19,2; 23,1) zeigen
lässt, formuliert Matthäus seine Halacha nicht allein im Blick auf die aus
Juden und Menschen aus der Völkerwelt bestehende Gemeinde, sondern
beansprucht von Jesus her das ganze Volk Israel. Diese in 10,5ff deutlich
akzentuierte Ausrichtung wird durch den sog. Missionsbefehl (28,18-20)
nicht aufgehoben. Hier nimmt Matthäus lediglich den Ausschluss der
Heiden aus der Sendung der Jünger zurück, nicht aber deren Sendung an
das Volk Israel. Dies sieht Matthäus in seiner unmittelbaren Vergangenheit wie in der Gegenwart akut gefährdet durch die Gruppe, mit der die
mt Gemeinde aktuell konkurriert: Unter ihrer Leitung hat sich das Volk
an Jesu Tod verschuldet und als Folge dieser Schuld, die ihre Vorgeschichte und Fortsetzung in der Verfolgung anderer Gottesboten hat
(23,34ff), die Zerstörung des Jerusalemer Tempels erleben und erleiden
müssen. Vertraut das Volk weiterhin diesen Instanzen, dann läuft es nach
Matthäus Gefahr, die Schuldverstrickung der Vergangenheit fortzusetzen
- mit unweigerlich negativen Folgen (z.B. 15,14). *Darum ringt Matthäus
mit diesen Führungsinstanzen um das Volk, an dessen positiver Zukunft
er unmittelbar interessiert ist (z.B. 23,39). Der Jude Matthäus hat also
das Judentum nicht aufgegeben.*

7. Ich schließe mit einem Ausblick. Anliegen dieser Arbeit war es, den
„Neigungswinkel des Daseins" unter dem das MtEv entstanden ist, et-

was genauer zu ermessen. Dabei zeigte sich, dass dieses Evangelium, das im Verlauf seiner Wirkungsgeschichte wie kein anderes zum Evangelium der Kirche geworden ist, als durch und durch jüdisches Buch konzipiert ist und als Buch gelesen werden will, dem an der Gestaltung der Zukunft Israels nach der Zerstörung des Tempels gelegen ist. Zu diesem Zweck tritt Matthäus in den halachischen Diskurs ein und erteilt im Namen und Auftrag Jesu halachische Weisung für das Volk Israel und die Menschen aus der Völkerwelt, die er durch die Weisung Jesu in den Raum der Halacha für Israel stellt. Von diesem Ort her spricht sich das Evangelium uns Heutigen zu, deren Dasein unter einem *„Neigungswinkel"* steht, der sich von dem des MtEv in vielerlei Hinsicht unterscheidet.

Diese Differenz gilt es wahr- und ernstzunehmen: Anders als Matthäus gehen wir heute auf einem Weg, der kein jüdischer Weg mehr ist. Die Wege von Judentum und Christentum haben sich getrennt, und es ist eine Folge dieser Trennung, dass wir als Christinnen und Christen das halachische Denken, das Matthäus so meisterlich beherrschte und das ihm so wichtig war, verlernt und aufgegeben haben. Als Kirche aus den Völkern hören wir heute nicht mehr die Weisung derer, die auf der „Kathedra des Mose" (Mt 23,2) sitzen. Die sehr konkrete jüdische Halacha des mt Jesus ist uns zur Quelle abstrakter ethischer Prinzipien geworden. Lebte Matthäus noch jenseits der Alternative „extra oder intra muros", so führen wir das Gespräch mit Israel heute über Mauern hinweg. Damit sind uns die Türen des halachischen Diskurses im Judentum verschlossen.

Aus dieser Differenz der *„Neigungswinkel"* ergeben sich m.E. zwei Kernfragen, die ich kurz ansprechen möchte: 1. Wie können wir den in dieser Arbeit beleuchteten Teil des matthäischen Erbes in der Kirche heute rezipieren? 2. Wie können wir als Christinnen und Christen aus der Völkerwelt das positive Interesse des MtEv am Volk Israel heute unter völlig veränderten Bedingungen wahrnehmen?

Zum Ersten: Deutlich ist, dass wir nach dem Auseinandergehen der Wege von Judentum und Christentum nicht mehr am halachischen Diskurs Israels teilnehmen können. Um aber große Teile unserer Bibel überhaupt zu verstehen, sind wir auf die Kenntnis dieses Diskurses angewiesen. Von daher bleibt das Hören und Fragen im Gespräch mit den Traditionen des Judentums bis heute *um der Schrift willen*, der wir als Kirche Jesu Christi verpflichtet sind, eine wesentliche Aufgabe.
Hören und fragen können wir auch bei Erörterung ethischer Fragen der Gegenwart. Wir können die, die heute auf der „Kathedra des Moses" sitzen und die gleichen Fragen bedenken, hören. Ein Gespräch mit dem Ju-

dentum in all seinen Gestalten kann gerade auch in der Ethik neue und weiterführende Horizonte eröffnen.

Des Weiteren können wir im Hören und Fragen selbst wieder halachisches Denken lernen und - von Matthäus her ist die Kirche dazu bevollmächtigt - im Raum der Gemeinde üben. Halacha fragt *konkret* nach einer dem Glauben entsprechenden Lebensgestaltung in allen Lebensbereichen und sie gibt *konkrete* Antworten auf *konkret* gestellte Fragen. Sie entsteht im *Diskurs* und hat die ganz *alltäglichen* Gegebenheiten im Blick. Halacha reagiert *flexibel* auf sich wandelnde Realitäten, ohne dabei beliebig und anbiedernd zu werden. Sie befragt die *Schrift* und nimmt sie ernst, ohne biblizistisch zu sein. Sie weiß um die *Freiheit*, sich um der Orientierung an der Schrift willen zuweilen anders entscheiden zu können, als die Schrift es vorgibt. Der Versuch eines halachischen Umgangs mit Fragen der Lebensgestaltung im Raum der Kirche lohnt.

Zum Zweiten: Der Schluss des MtEv spielt eine wichtige Rolle bei der mancherorts geführten Diskussion um eine christliche Mission an Israel.[2] Auch in dieser Frage gilt es, die Differenz der „*Neigungswinkel*" wahrzunehmen und auszuhalten: Matthäus trat seinerzeit in den halachischen Diskurs ein, weil er positiv am Weg und am Geschick Israels interessiert war. Würden wir diesem Interesse wirklich gerecht, wenn wir als Christinnen und Christen aus den Völkern - wie die jüdisch lebende Gemeinde des MtEv vor 1900 Jahren - versuchten, Jüdinnen und Juden zur Orientierung an der Halacha des mt Jesus zu bringen?

Ich deute das Problem kurz an: Wie schon festgestellt, leben wir nicht nach der Halacha, die der mt Jesus innerhalb des Judentums auch im Blick auf Menschen aus der Völkerwelt lehrt. Kirchliche Existenz heute ist keine jüdische Existenz. Einen missionarischen Anspruch an das Judentum unter Berufung auf Matthäus aufrecht zu erhalten ohne selbst wie Matthäus jüdisch zu leben, stellt sich gerade von Matthäus her als Inkongruenz von Lehre und Leben da. Über solche Inkongruenzen ruft das Evangelium sein Wehe!

Eine heidenchristliche Israelmission in der Gegenwart kann m.E. nicht vom MtEv her begründet werden, ohne die Differenz der „*Neigungswinkel*" in unzulässiger Weise zu verwischen.

Als heidenchristlichen Erbinnen und Erben des Juden Matthäus ist es uns aufgegeben, im Sinne des MtEv positiv an Israel interessiert zu sein. Wir

---

[2] So bleibt für P. Stuhlmacher (1999),129f Israel gerade wegen der in 28,19f ergehenden universalen Sendung an *alle* Völker (Juden und Heiden) im Gesichtskreis der missionarischen Kirche. Der Ratsvorsitzende der EKD Präses Kock betont im Bericht des Rates der EKD auf der 4. Tagung der 9. Synode der EKD im November 1999 dagegen pointiert: „Die Beauftragung der Kirche zu Mission richtet sich nicht an Israel, sondern nach Mt 28 an die ‚Völker'. Damit ist nicht Israel gemeint, damit ist Israel auch nicht mitgemeint."

können aber dieses Interesse nicht mehr so wahrnehmen, wie die mt Gemeinde das konnte und musste. Was uns bleibt, ist das Gespräch mit denen, mit denen wir nicht mehr auf dem gleichen Weg gehen. Dieses Gespräch können wir führen im Vertrauen darauf, dass Gott die Juden nicht aufgegeben hat und nicht aufgeben wird. In diesem Vertrauen können wir voller Achtung vor dem Weg unseres Gesprächspartners auf unserem Weg gehen, bis wir den begrüßen werden, „der da kommt, im Namen des Herrn".

Literatur

1. Quellen
1.1 Bibel
Aland, K. u.a. (ed.), Novum Testamentum Graece post Eberhard et Erwin Nestle, Stuttgart [27]1993
Elliger, K. / Rudolph, W. (ed.), Biblia Hebraica Stuttgartensia, Stuttgart [2]1984
Rahlfs, A. (ed.), Septuaginta. Id est Vetus Testamentum graece iuxta LXX interpretes, Stuttgart 1979
Die Bibel nach der Übersetzung Martin Luthers, herausgegeben von der Evangelischen Kirche in Deutschland und vom Bund der Kirchen in der DDR, Stuttgart 1985
Die Bibel. Altes und Neues Testament, Einheitsübersetzung, herausgegeben im Auftrage der Bischöfe Deutschlands, Österreichs und der Schweiz u.a., Stuttgart 1980
Gute Nachricht Bibel. Altes und Neues Testament, Stuttgart 1997
Ginsburger, M. (ed.), Pseudo-Jonathan (Thargum Jonathan ben Usiel zum Pentateuch), Nachdruck Jerusalem 1974
Qafiah, J. (ed.), Targum Onkelos, in: Katzenellenbogen, M.L. (ed.), Chumash Torat Chaim, Vol. 1 – 7, Jerusalem 1986ff

1.2 Apokryphen und Pseudepigraphen
äthHen:	Isaac, E., 1 (Ethiopic Apocalypse of) Enoch, in: Charlesworth, J.H. (ed.), The Old Testament Pseudepigrapha, Vol. 1: Apocalyptic Literature and Testaments, New York u.a. 1983, 5-89
	Uhlig, S., Das Äthiopische Henochbuch, JSHRZ V/6, Gütersloh 1984
Arist:	Meisner, N., Aristeasbrief, JSHRZ II/1, Gütersloh 1973
	Shutt, R.J.H., Letter of Aristeas, in: Charlesworth, J.H. (ed.), The Old Testament Pseudepigrapha, Vol. 2: Expansions of the ‚Old Testament' and Legends, Wisdom and Philosophical Literature, Prayers, Psalms, and Odes, Fragments of Lost Judeo-Hellenistic Works, New York u.a. 1985, 7-34
AscJes:	Knibb, M.A., Martyrdom and Ascension of Isaiah, in: Charlesworth, J.H. (ed.), The Old Testament Pseudepigrapha, Vol. 2: Expansions of the ‚Old Testament' and Legends, Wisdom and Philosophical Literature, Prayers, Psalms, and Odes, Fragments of Lost Judeo-Hellenistic Works, New York u.a. 1985 , 143-176
De Jona:	Siegert, F., Drei hellenistisch-jüdische Predigten. Ps.-Philon, „Über Jona", „Über Simson" und „Über die Gottesbezeichnung ‚wohltätig verzehrendes Feuer'", I. Übersetzung aus dem Aramäischen und sprachliche Erläuterungen, WUNT 20, Tübingen 1980
4 Esra:	Schreiner, J., Das 4. Buch Esra, JSHRZ V/4, Gütersloh 1981
	Metzger, B.M., The Fourth Book of Ezra, in: Charlesworth, J.H. (ed.), The Old Testament Pseudepigrapha, Vol. 1: Apocalyptic Literature and Testaments, New York u.a. 1983, 517-559
grBar:	Hage, W., Die griechische Baruch-Apokalypse, JSHRZ V/1, Gütersloh 1974
	Gaylord, H.E., 3 (Greek Apokalypse of) Baruch, in: Charlesworth, J.H. (ed.), The Old Testament Pseudepigrapha, Vol. 1: Apocalyptic Literature and Testaments, New York u.a. 1983, 653-679
JosAs:	Burchard, C., Joseph und Asenath, JSHRZ II/4, Gütersloh 1983
	Burchard, C., Joseph und Asenath, in: Charlesworth, J.H. (ed.), The Old Testament Pseudepigrapha, Vol. 2: Expansions of the ‚Old Testament' and

	Legends, Wisdom and Philosophical Literature, Prayers, Psalms, and Odes, Fragments of Lost Judeo-Hellenistic Works, New York u.a. 1985 , 177-247
Jub:	Berger, K., Das Buch der Jubiläen, JSHRZ II/3, Gütersloh 1981
	Wintermute, O.S., Jubilees, in: Charlesworth, J.H. (ed.), The Old Testament Pseudepigrapha, Vol. 2: Expansions of the ‚Old Testament' and Legends, Wisdom and Philosophical Literature, Prayers, Psalms, and Odes, Fragments of Lost Judeo-Hellenistic Works, New York u.a. 1985, 35-142
Jdt:	Zenger, E., Das Buch Judith, JSHRZ I/6, Gütersloh 1981
LibAnt:	Dietzfelbinger, C., Pseudo-Philo: Antiquitates Biblicae, JSHRZ II/2, Gütersloh 1975
	Harrington, D.J., Pseude-Philo, in: Charlesworth, J.H. (ed.), The Old Testament Pseudepigrapha, Vol. 2: Expansions of the ‚Old Testament' and Legends, Wisdom and Philosophical Literature, Prayers, Psalms, and Odes, Fragments of Lost Judeo-Hellenistic Works, New York u.a. 1985, 297-377
4 Makk:	Klauck, H-J., 4. Makkabäerbuch, JSHRZ II/6, Gütersloh 1989
	Anderson, H., 4 Maccabees, in: Charlesworth, J.H. (ed.), The Old Testament Pseudepigrapha, Vol. 2: Expansions of the ‚Old Testament' and Legends, Wisdom and Philosophical Literature, Prayers, Psalms, and Odes, Fragments of Lost Judeo-Hellenistic Works, New York u.a. 1985, 531-564

Paralipomena
Jeremiou:	Schaller, B., Paralipomena Jeremiou, JSHRZ I/8, Gütersloh 1998

Pseudo-
Phocylides:	Walter, N., Pseudepigraphische jüdisch-hellenistische Dichtung: Pseudo-Phokylides [...]., JSHRZ IV/3, Gütersloh 1983
	Guarracino, V. (ed.), Lirici Greci, Milano 1991
	Lincke, K.F.A., Samaria und seine Propheten. Ein religionsgeschichtlicher Versuch. Mit einer Textbeilage: Die Weisheitslehre des Phokylides, Griechisch und Deutsch, Tübingen / Leipzig 1903
	van der Horst, P.W., The Sentences of Pseudo - Phokylides, in: Charlesworth, J.H. (ed.), The Old Testament Pseudepigrapha, Vol. 2: Expansions of the ‚Old Testament' and Legends, Wisdom and Philosophical Literature, Prayers, Psalms, and Odes, Fragments of Lost Judeo-Hellenistic Works, New York u.a. 1985 , 565-582
PsSal:	Holm-Nielsen, S., Die Psalmen Salomos, JSHRZ IV/2, Gütersoh 1977
	Wright, R.B., Psalms of Solomon, in: Charlesworth, J.H. (ed.), The Old Testament Pseudepigrapha, Vol. 2: Expansions of the ‚Old Testament' and Legends, Wisdom and Philosophical Literature, Prayers, Psalms, and Odes, Fragments of Lost Judeo-Hellenistic Works, New York u.a. 1985, 639-670

Sib:	Merkel, H., Sibyllinen, JSHRZ V/8, Gütersloh 1998
	Collins, J.J., Sibylline Oracles, in: Charlesworth, J.H. (ed.), The Old Testament Pseudepigrapha, Vol. 1: Apocalyptic Literature and Testaments, New York u.a. 1983 , 317-472
Sir:	Sauer, G., Jesus Sirach, JSHRZ III/15, Gütersloh 1981
	Beentjes, P.C., The Book of Ben Sira in Hebrew. A Text Edition of all Extant Hebrew Manuscripts and a Synopsis of all Parallel Bes Sira Texts, VT.S 68, Leiden 1997
slHen:	Andersen, F.I., 2 (Slavonic Apocalypse of) Enoch, in: Charlesworth, J.H. (ed.), The Old Testament Pseudepigrapha, Vol. 1: Apocalyptic Literature and Testaments, New York u.a. 1983, 91-213
	Böttrich, C., Das slavische Henochbuch, JSHRZ V/7, Gütersloh 1995
TestAbr:	Sanders, E.P., Testament of Abraham, in: Charlesworth, J.H. (ed.), The Old Testament Pseudepigrapha, Vol. 1: Apocalyptic Literature and Testaments, New York u.a. 1983, 871-902
TestHiob:	Schaller, B., Das Testament Hiobs, JSHRZ III/3, Gütersloh 1979

	Spittler, R.P., Testament of Job, in: Charlesworth, J.H. (ed.), The Old Testament Pseudepigrapha, Vol. 1: Apocalyptic Literature and Testaments, New York u.a. 1983, 829-868
TextXII:	Becker, J., Die Testamente der zwölf Patriarchen, JSHRZ III/1, Gütersloh 1974
	Kee, H.C., Testaments of the Twelve Patriarchs, in: Charlesworth, J.H. (ed.), The Old Testament Pseudepigrapha, Vol. 1: Apocalyptic Literature and Testaments, New York u.a. 1983, 775-828
Tob:	Ego, B., Das Buch Tobit, JSHRZ II/6, Gütersloh 1999
VitAd/ ApkMos:	Merk, O. / Meiser, M., Das Leben Adams und Evas, JSHRZ II/5, Gütersloh 1998
	Johnson, M.D., Life of Adam and Eve, in: Charlesworth, J.H. (ed.), The Old Testament Pseudepigrapha, Vol. 2: Expansions of the ‚Old Testament' and Legends, Wisdom and Philosophical Literature, Prayers, Psalms, and Odes, Fragments of Lost Judeo-Hellenistic Works, New York u.a. 1985, 249-295
Vita Prophetarum:	Schwemer, A.M., Vitae Prophetarum, JSHRZ I/7, Gütersloh 1997
	Hare, D.R.A., The Lives of the Prophets, in: Charlesworth, J.H. (ed.), The Old Testament Pseudepigrapha, Vol. 2: Expansions of the ‚Old Testament' and Legends, Wisdom and Philosophical Literature, Prayers, Psalms, and Odes, Fragments of Lost Judeo-Hellenistic Works, New York u.a. 1985, 379-399
Weish:	Georgi, D., Die Weisheit Salomos, JSHRZ II/4, Gütersloh 1980

1.3 Qumran

CD:	Broshi, M. (ed.), The Damascus Document Reconsidered, Jerusalem 1992
	Schechter, S., Documents of Jewish Sectaries, Volume I, Fragments of a Zadokite Work [...], Cambridge 1910
	Rabin, Ch., The Zadokite Documents, I. The Admonition, II. The Laws, Oxford ²1958
DJD:	Barthélemy, D./ Milik, J.T. (ed.), Qumran Cave 1, DJD I, Oxford 1955
	J. M. Allegro, J.M. (ed.), Qumran Cave 4.I (4Q158-4Q186), DJD V, Oxford 1968
	de Vaux, R. / Milik, J.T. (ed.), Qumrân grotte 4.II, DJD VI, Oxford,1977
	Baillet, M. (ed.), Qumrân grotte 4.III (4Q482-4Q520), DJD VII, Oxford 1982
	Qimron, E. / Strugnell, J. (ed.), Qumran Cave 4.V. Miqsat Ma'ase ha-Torah, DJD X, Oxford 1994
	Baumgarten, J.M (ed.), Qumran Cave 4.XIII. The Damascus Document (4Q266-273), DJD XVIII, Oxford 1996.
	Elgvin, T. (ed.), Qumran Cave 4.XV: Sapiential Texts, Part 1, DJD XX, Oxford 1997
	Cotton, H.M. / Yardeni, A. (ed.), Aramaic, Hebrew, and Greek Documentary Texts from Nahal Hever and Other Sites, with an Appendix Containing Alleged Qumran Texts (The Seiy l Collection II), DJD XXVII, Oxford 1997
1QapGen:	Avigad, N. / Yadin, Y. (ed.), A Genesis Apocryphon. A Scroll from the Wilderness of Judea [...], Jerusalem 1956
11QT:	Qimron, E. (ed.), The Temple Scroll. A Critical Edition with Extensove Reconstructions, Beer Sheva / Jerusalem 1996
	Yadin, Y., The Temple Scroll, Three Volumes and Supplement, Jerusalem 1983

Übersetzungen:
Charlesworth, J.H. u.a. (ed.), The Dead Sea Scrolls. Hebrew, Aramaic and Greek Texts with an English Translation, Vol. 1 Rule of the Community and related Documents, Tübingen u.a. 1994
Charlesworth, J.H. u.a. (ed.), The Dead Sea Scrolls. Hebrew, Aramaic and Greek Texts with an English Translation, Vol. 4A Pseudepigraphic and Non-Masoretic Psalms and Prayers Rule of the Community and related Documents, Tübingen u.a. 1997
García Martinez, F., The Dead Sea Scrolls Translated. The Qumran Texts in English, Leiden u.a. 1994
Lohse, E., Die Texte aus Qumran. Hebräisch und deutsch mit masoretischer Punktation, Übersetzung, Einführung und Anmerkungen, München ⁴1986
Maier, J., Die Qumran-Essener: Die Texte vom Toten Meer, Band I: Die Texte der Höhlen 1-3 und 5-11, UTB 1862, München / Basel 1995 (1995a)
Maier, J., Die Qumran-Essener: Die Texte vom Toten Meer, Band II: Die Texte des Höhle 4, UTB 1863, Müchen / Basel 1995 (1995b)
Maier, J., Die Qumran-Essener: Die Texte vom Toten Meer, Band III: Einführung, Zeitrechnung, Register und Bibliographie, UTB 1916, München / Basel 1996 (1996a)

1.4 Philo
Cohn, L. / Wendland, P. (ed.), Philonis Alexandri Opera Quae Supersunt, Vol. 1-7, Berlin 1894ff
Cohn, L. u. a. (ed.), Die Werke Philos von Alexandrien in deutscher Übersetzung, 7 Bände, Breslau 1909ff
Colson, F.H. u.a. (ed.), Philo, Vol. 1 - 10, LCL, Cambridge / London 1929ff
Marcus, R., Philo Supplement I und II, LCL, Cambridge / London 1953

1.5 Josephus
Biese, B. (ed.), Flavii Iosephi opera, Vol. 1 - 4, Berlin 1887ff
Michel, O. / Bauernfeind, O. (ed.), Flavius Josephus, De Bello Judaico – Der jüdische Krieg. Zweisprachige Ausgabe der sieben Bücher, 3 Bände, Darmstadt 1959ff
Clementz, H., Flavius Josephus, Jüdische Altertümer, Wiesbaden ⁸1969
Clementz, H., Flavius Josephus, Kleinere Schriften, Wiesbaden 1993

1.6 Rabbinisches Judentum
1.6.1 tannaitische Literatur

MekhSh:	Epstein, J.N. / Melamed, E.Z. (ed.), Mekhilta d'Rabbi Simon b. Jochai [...], Jerusalem 1955
MekhY:	Horovitz, H.S. / Rabin, I.A. (ed.), Mechilta d'Rabbi Ismael, Nachdruck Jerusalem 1970
Midrasch Tannaim:	Hoffmann, D. (ed.), Midrasch Tannaim zum Deuteronomium, Nachdruck Jerusalem 1984
Mischna:	Albeck, Ch. (ed.), Shisha Sidre HaMischna, 6 Bde., Jerusalem / Tel Aviv 1988
	Beer, G. (ed.), Faksimile-Ausgabe des Mischnacodex Kaufmann A 50 [...], Veröffentlichungen der Alexander Kohut-Gedächtnisstiftung, Nachdruck Jerusalem 1959/60
	Correns, D. (ed.), Gittin Scheidebriefe, Die Mischna, III. Seder: Naschim, 5. Traktat: Gittin, Berlin / New York 1991
	Neusner, J., A History of the Mishnaic Law of Women. Part Three, Nedarim, Nazir, Translation and Explanation, SJLA 33, Leiden 1980
	Petuchowski, M. (ed.), Mischnajot. Die sechs Ordnungen der Mischna [...], Teil III Ordnung Naschim, Basel ³1968
	Rabinovitz, M.D. (ed.), Sefer HaMeor, Vol. 2, Masekhet Avot, Tel Aviv 1948/49

SifBam:	Horovitz, H.S. (ed.), Siphre d'be Rab. Fasciculis primus: Siphre ad Numeros adjectio Siphre zutta, Leipzig 1917
SifDev:	Finkelstein, L. (ed.), Siphre d'be Rab. Fasciculus alter: Siphre ad Deuteronomium, Berlin 1939
	Bietenhard, H. (ed.), Der Tannaitische Midrasch Sifre Deuteronomium übersetzt und erklärt, JudChr 8, Bern u.a. 1984
Sifra:	Finkelstein, L. (ed.), Sifra on Leviticus according to the Vatican Manuscript Assemani 66 [...], Vol. 1 - 3, New York 1983
	Winter, J., Sifra. Halachischer Midrasch zu Leviticus übersetzt von J. Winter, Schriften der Gesellschaft zur Förderung der Wissenschaft des Judentums 42, Breslau 1938
Tosefta:	Lieberman, S. (ed.), The Tosefta [...], The Order of Mo'ed, New York 1962
	Lieberman, S. (ed.), The Tosefta according to Codex Vienna [...], The Order of Zera'im, New York 1955
	Lieberman, S.(ed.), The Tosefta according to Codex Vienna [...], The Order of Nashim, New York 1967
	Zuckermandel, M.S. (ed.), Tosephta Based on the Erfurt and Vienna Codices [...], Nachdruck Jerusalem 1970

1.6.2 amoräische Literatur

ARN:	Schechter, S. (ed.), Aboth de Rabbi Nathan [...], London u.a. 1887
Babylonischer Talmud:	Talmud Bavli, ed. Romm Wilna, Nachdruck Jerusalem 1981
	Rabinovicz, R. (ed.), Diqduqe Soferim. Variae Lectionaes in Mischnam et in Talmud Babylonicum, Nachdruck in 12 Bänden New York 1960
	Goldschmidt, L. (ed.), Der babylonische Talmud [...], 12 Bände, Darmstadt 1996
BemR:	Midrasch Rabba Al Chumsche Tora we Chamesch Megillot, ed. Wilna, Nachdruck Jerusalem o.J.
BerR:	Theodor, J., / Albeck, Ch. (ed.), Midrash Bereshit Rabba. Critical Edition with Notes and Commentary, Nachdruck Jerusalem 1996
DER / DEZ:	Loopik, M. van (ed.), The Ways of the Sages and the Way of the World. The Minor Tractates of the Babylonian Talmud: Derekh Eretz Rabbah, Derekh Eretz Zuta, Pereq ha-Shalom [...], Translated on the basis of the manuscripts and provided with a commentary, TSAJ 26, Tübingen 1991
EkhaR:	Buber, S. (ed.), Midrasch Echa Rabbati [...], Wilna 1899
	Midrasch Rabba Al Chumsche Tora we Chamesch Megillot, ed. Wilna, Nachdruck Jerusalem o.J.
Jerusalemer Talmud:	Talmud Yerushalmi, ed. Krotoschin, Nachdruck Jerusalem 1967/68
	Wewers, G.A., Makkot – Geißelung. Shevuot – Schwüre, in: Hengel, M. (ed.), Übersetzung des Talmud Yerushalmi, Band 4,5/6, Tübingen 1983
Kalla / Kalla Rabbati:	Higger, M. (ed.), Massekot Kallah, New York 1936
LeqT:	Buber, S. (ed.), Midrasch Lekach Tov, Nachdruck Jerusalem 1985/86
MHG Dev:	Fisch, S. (ed.), Midrasch Haggadol on the Pentateuch. Deuteronomy, Jerusalem 1972
PesR:	Friedmann, M. (ed.), Pesikta Rabbati. Midrasch für den Fest-Cyklus und die ausgezeichneten Sabbathe, Nachdruck Tel Aviv 1963
PRE:	Horovitz, M. H. (ed.), Pirke de Rabbi Elieser, Jerusalem 1972/73
PRK:	Mandelbaum, B., (ed.), Pesikta de Rav Kahana [...], New York ²1987 (hebr.)
	Buber, S. (ed.), Pesikta de Rab Kahana, Lyck 1868
QohR:	Midrasch Rabba Al Chumsche Tora we Chamesch Megillot, ed. Wilna, Nachdruck Jerusalem o.J.
SER:	Friedmann, M. (ed.), Seder Eliahu rabba [...], Wien 1902

ShemR:	Shinan, A. (ed.), Midrash Shemot Rabbah, Chapters I-XIV [...], Jerusalem 1984
	Midrasch Rabba Al Chumsche Tora we Chamesch Megillot, ed. Wilna, Nachdruck Jerusalem o.J.
ShirR:	Dunsqi, Sh. (ed.), Midrash Rabba Shir HaShirim, Jerusalem / Tel Aviv 1980
SOR:	Ratner, D. (ed.), Midrasch Seder Olam, Nachdruck Jerusalem 1988
Tanch:	Midrasch Tanchuma, Vol. 1 - 2, Jerusalem 1989/90
TanchB:	Buber, S. (ed.), Midrasch Tanchuma HaQadum WeHaJaschan, Vol. 1 - 2, Nachdruck Jerusalem 1964
WaR:	Margulies, M. (ed.), Midrash Wayyikra Rabbah. A Critical Edition [...], 5 Bände, Jerusalem 1953ff
	Midrasch Rabba Al Chumsche Tora we Chamesch Megillot, ed. Wilna, Nachdruck Jerusalem o.J.
Yalq:	Hyman, D. u. a. (ed.), Jalkut Schimoni al ha-Tora le Rabbenu Schimon ha-Darschan, Vol. 1 - 9, Jerusalem 1973ff

1.6.3 Traditionelle Kommentare und Traditionsliteratur
Abraham Haskuni: abgedruckt in: Katzenellenbogen, M.L. (ed.), Chumash Torat Chaim, 7 Bände, Jerusalem 1986ff
Abraham Ibn Esra: abgedruckt in: Katzenellenbogen, M.L. (ed.), Chumash Torat Chaim, 7 Bände, Jerusalem 1986ff
Israel ben Gedalja Lipschütz: Kommentar zur Mischna, zitiert nach: Computerized Torah Library
Jom Tov Lipmann Heller: Kommentar zur Mischna, zitiert nach: Computerized Torah Library
Maimonides: Mischne Tora, zitiert nach: Computerized Torah Library
    Qafiaḥ, J. (ed.), Mischna im Perusch Rabbenu Mosche ben Maimon, Maqor we-Targum, Vol. 1 - 7, Jerusalem 1963ff
Nachmanides: abgedruckt in: Katzenellenbogen, M.L. (ed.), Chumash Torat Chaim, 7 Bände, Jerusalem 1986ff
Obadja von Bertinoro: Kommentar zur Mischna, zitiert nach: Computerized Torah Library
Saadia Gaon: abgedruckt in: Katzenellenbogen, M.L. (ed.), Chumash Torat Chaim, 7 Bände, Jerusalem 1986ff

1.6.4 Jüdische Gebetsliteratur
Tal, S. (ed.), Sidur Rinat Israel, Nusach Ashkneas, Jerusalem 1983
Tal, S. (ed.). Machsor Rinat Israel le Yom Kippur, Nusach Ashkenas, Jerusalem 1982

1.7 Klassische griechische und römische Literatur
Achilleus
Tatius:	Vilborg, E. (ed.), Achilles Tatius, Leucippe and Clitophon, Vol. 1 -2, Stockholm u.a. 1955
Aischines:	Martin, V. / de Bude, G. (ed.), Eschine, Discours, Vol. 1 - 2, Nachdruck Paris 1962
Aischylos:	Page, D.L. (ed.), Aeschyli septem quae supersunt tragoedias, Oxford 1972
Ammonius:	Busse, A. (ed), Ammonius in Aristotelis de interpretatione commentarius, Commentaria in Aristotelem Graeca 4.5, Berlin 1897
Anthologia Graeca:	Beckby, H. (ed.), Anthologia Graeca, Griechisch – Deutsch, 4 Bände, München 1957f
Antiphon:	Maidment, K.J. (ed.), Minor Attic Orators, Vol. 1, Antiphon, Andocides, LCL, Cambridge Mass. / London 1960
Apollonius Rhodius:	Seaton, R.C. (ed.), Apollonius Rhodius, The Argonautica, LCL, Cambridge / London 1988

Apuleius: Bingenheimer, M., Lucius Apuleius von Madaura, Der Schutzgeist des Sokrates, Frankfurt 1993

Aristophanes: Hall, F.W. / Geldart, W.M. (ed.), Aristophanis Comoediae, Vol. 1 - 2, Oxford ²1906f

Aristoteles: Gohlke, P. (ed.), Aristoteles, Die Lehrschriften, Band 4 und 12, Paderborn 1959

Archilochus: West, M.L. (ed.), Iambi et elegi Graeci, Vol. 1, Oxford 1971

Athenaeus: Kaibel, G. (ed.) Athenaei Naucratitae deipnosophistarum libri XV, Vol. 1 - 3, Leipzig 1887ff

Cassius Dio: Boissevain, U.P. (ed.), Cassii Dionis Cocceiani historiarum Romanarum quae supersunt, Vol. 1 - 3, Berlin 1895-1901

Chrysipp: von Arnim, J. (ed.), Fragmenta logica et physica, Stoicorum veterum fragmenta, Vol. 2, Leipzig 1903

Cicero: Blank-Sabmeister, U. (ed.), M. Tullius Cicero, De natura deorum. Über das Wesen der Götter, lateinisch / deutsch, Stuttgart 1995
Fuhrmann, M. (ed.), Marcus Tullius Cicero, Sämtliche Reden, 7 Bände, Zürich / München 1970ff
Orellius, J.C. (ed.), M. Tullii Ciceronis opera quae supersunt omnia, Vol. 1 - 7, Zürich 1826ff

Demosthenes: S.H. Butcher, S.H. / Rennie, W. (ed.), Demosthenis orationes, Vol. 1 - 3, Oxford 1903ff

Diodorus Siculus: Vogel, F. / Fischer, K.T. (ed.) post Bekker, I. et Dindorf, L., Diodori bibliotheca historica, 5 Vol. 1 - 5, Leipzig ³1888ff

Diogenes Laertios: Long, H.S. (ed.), Diogenis Laertii Vitae philosophorum, Oxford ²1966

Dionysius von Hallicarnassos: Jacoby, K. (ed.), Dionysii Halicarnasei antiquitatum Romanarum quae supersunt, Vol. 1 - 4, Nachdruck Stuttgart 1967

Epiktet: Nickel, R. (ed.), Epiktet. Teles. Musonius, Ausgewählte Schriften. Griechisch Deutsch, Darmstadt 1994
Oldfather, W.A. (ed.), Epictetus, The Discourses as Reported by Arrian, The Manual and Fragments, Vol. 1 - 2, LCL, Cambridge Mass. / London 1956ff

Eudoxus: Blass,F. (ed.), Eudoxi ars astronomica qualis in charta Aegyptiaca superest, Kiel 1887

Euripides: Seeck, G.A. (ed.), Euripides, griechisch-deutsch, übersetzt von E. Boschor, München / Zürich 1972ff

Gellius: Rusca, L. (ed.), Aulo Gellio, Notti Attiche, Milano 1992

Hecataeus von Abderita: Jacoby, F. (ed.), Die Fragmente der griechischen Historiker, Dritter Teil. Geschichte von Städten und Völkern A, Nachdruck Leiden 1954, 11-64

Herodian: Stavenhagen, K. (ed.), Herodiani ab excessu divi Marci libri octo, Leipzig 1922

Herodot: Dietsch, H.R. (ed.), Herodoti Historiarum Libri IX, Vol. 1 – 2, Leipzig 1894ff

Hippokrates: Capelle, W. (ed.), Hippokrates. Fünf auserlesene Schriften, Zürich 1955
Littre, E. (ed.), Oeuvres completes d'Hippocrate, Vol. 4 et 6, Nachdruck Amsterdam 1962

Hipponax: West, M.L. (ed.) Iambi et elegi Graeci, Vol. 1, Oxford 1971

Homer Hymnen: Weiher, A., (ed.), Homerische Hymnen griechisch und deutsch, München 1951

Homer: Rupé, H. (ed.), Homers Ilias, griechisch und deutsch in zwei Bänden, aufgrund der Übersetzungen von J.H. Voß verdeutscht, Leipzig o.J.

            Weiß, E.R. (ed.), Homers Odyssee, griechisch und deutsch, Deutsch von J.H. Voß, Leipzig o.J.

Horaz: Schönberger, O. (ed.), Horaz, Satiren und Episteln. Lateinisch und deutsch, Schriften und Quellen der Alten Welt 33, Berlin 1991

Iamblich: Klein, U. (ed.) post Deubner, L., Iamblichi de vita Pythagorica liber, Nachdruck Stuttgart 1975

Isaeus: Roussel, P. (ed.), Isee, Discours, Paris ²1960

Isocrates: Norlin, G. u.a. (ed.), Isocrates, Vol. 1 - 3, LCL, Cambridge, Mass. / London 1954

Juvenal: Ramsay, G.G. (ed.), Juvenal and Persius, LCL 91, Cambridge / London 1993

Kallimachus: Pfeiffer, R. (ed.), Callimachus, Vol. 2, Oxford 1953

Lukian: MacLeod, M.D. (ed.), Luciani opera, Vol. 1 - 4, Oxford 1972ff

Lykurg: Conomis, N.C. (ed.) post Scheibe, C. / Blass, F., Lycurgi oratio in Leocratem, Leipzig 1970

Lysias: Thalheim, T. (ed.), Lysiae orationes, Leipzig 1913

Marc Aurel: Nickel, R. (ed.), Marc Aurel, Wege zu sich selbst [...]. Griechisch – deutsch, München / Zürich 1990

Martial: Lindsay, W.M. (ed.), M. Val. Martialis Epigrammata, Oxford ²1929

Menander: Meineke, A. (ed.), Fragmenta comicorum Graecorum, Vol. 4, Nachdruck Berlin 1970

Ovid: Willige, W. (ed.), Publius Ovidius Naso, Briefe aus der Verbannung, Tristia, Epistulae ex Ponto. Lateinisch und deutsch, Damstadt 1995
            Häuptli, B.W. (ed.), Publius Ovidius Naso, Liebesbriefe, Heroides – Epistlae. Lateinisch – deutsch, Darmstadt 1995

Philostrat: Conybeare, F.C. (ed.), Philostratus, The Life of Apollonius of Tyana [...], Vol. 1 - 2, LCL, Cambridge, Mass. / London 1989

Pindar: Dönt, E. (ed.), Pindar, Oden, griechisch / deutsch, Stuttgart 1986

Plato: Eigler, G. (ed.), Platon, Werke in acht Bänden griechisch und deutsch, Darmstadt 1990

Plinius: Kasten, H., (ed.), Gaius Plinius Caecilius Secundus, Briefe, Epistularum Libri Decem, Lateinisch-deutsch, Darmstadt 1995

Plutarch: Babbit, F.C. u.a. (ed.), Plutarch's moralia, Vol. 1 - 11, LCL, Cambridge Mass. / London 1927ff
            Ziegler, K., Plutarchi vitae parallelae, Vol. 1 - 6, Leipzig 1964ff

Polyainos: Woelfflin, E. / Melber, J. (ed.), Polyaeni strategematon libri VIII, Nachdruck Stuttgart 1970

Polybios: Buettner-Wobst, T. (ed.), Polybii historiae, Vol. 1 - 4, Leipzig 1889ff

Scholia vetera
zu Aristophanes: Dubner, F. (ed.), Scholia Graeca in Aristophanem, Nachdruck Hildesheim 1969

Scholia vetera
zu Pindar: Drachmann, A.B. (ed.), Scholia vetera in Pindari carmina, Vol. 1 - 3, Nachdruck Amsterdam 1966ff

Scholia vetera
zu Plato: Greene,W.C. (ed.), Scholia Platonica, Haverford 1938

Seneca: Rosenbach, M. (ed.), L. Annaeus Seneca, Philosophische Schriften, Lateinisch und deutsch, 5 Bände, Darmstadt 1980ff

Simplicius: Hadaut, I., Simplicius Commentaire sur le Manuel d' Épictète, Philosophia Antiqua LXVI, Leiden 1996

Sophokles: Lloyd-Jones, H. / Wilson, N.G. (ed.), Sophoclis fabulae, Oxford 1990

Stobaios: Wachsmuth, C. / Hense, O. (ed.), Ioannis Stobaei anthologium, Vol. 1 - 5, Nachruck Berlin 1958

Suda: Adler,A. (ed.), Suidae lexicon, Vol. 1 - 4, Lexicographi Graeci 1.1-1.4,
                  Leipzig 1928ff
Sueton: Wittstock, A. (ed.), Sueton, Kaiserbiographien. Lateinisch und deutsch,
                  Schriften und Quellen der Alten Welt 39, Berlin 1993
SVF: von Arnim, J. (ed.), Stiocorum veretum fragmenta, Vol. 1 – 4, Nachdruck
                  Stuttgart 1964
Tacitus: Heubner, H. (ed.), Cornelii Taciti Libri qui supersunt [...], 2 Teile in 5
                  Bänden, Stuttgart 1978ff
                  Vretska, H., P. Cornelius Tacitus, Historien, lateinisch / deutsch, Stuttgart
                  1984
Teles: Nickel, R. (ed.), Epiktet. Teles. Musonius, Ausgewählte Schriften.
                  Griechisch Deutsch, Darmstadt 1994
Theokrit: Gow, A.S.F. (ed.), Bucolici Graeci, Oxford 1958
Thukydides: Hude, K. (ed.), Thucydides Historiae, Vol. 1 - 2, Leipzig 1860f
Valerius
Maximus: Faranda, R. (ed.), Detti e fatti memorabili di Valerio Massimo, Turin 1971
Vergil: Götte, J. (ed.), Vergil – Aeneis. Lateinisch-deutsch, Darmstadt 1994
Xenophon: Marchant, E.C. (ed.), Xenophontis opera omnia, Vol. 1 - 2, Oxford ²1971

1.8 Inschriften und Papyri
CIJ: Frey, J.-B., Corpus Inscriptionum Judaicarum [...], Vol. I Europe, Rom 1936
                  Frey, J.-B., Corpus Inscriptionum Judaicarum [...], Vol. II Asie – Afrique,
                  Rom 1952
OGIS: Dittenberger, W., Orientis Graeci inscriptiones selectae, Vol. 1 - 2, Leipzig
                  1903ff
Syll³: Dittenberger, W., Sylloge Inscritionum Graecarum, Vol. 1, Leipzig ³1915
CPJ: Tscherikover, V. / Fuks, A. u.a. (ed.), Corpus Papyrorum Judaicarum, Vol. 1
                  - 2, Jerusalem / Cambridge 1957ff
                  Tscherikover, V / Fuks, A. u. a. (ed.), Corpus Papyrorum Judaicarum, Vol.
                  3, Jerusalem / Cambridge 1964
PKöln: Gronewald, M. u. a. (ed.), Kölner Papyri (PKöln) Band 8, Papyrologica
                  Coloniensia VII/8, Opladen 1997
                  Gronewald, M. u. a. (ed.), Kölner Papyri (PKöln) Band 5, Papyrologica
                  Coloniensia VII, Opladen 1985
P.Polit.Iud: Cowey, J.M.S. / Maresch, K. (ed.), Urkunden des Politeuma der Juden von
                  Herakleopolis (144/3 - 133/2 v. Chr.) (P.Polit.Iud), Papyri aus den
                  Sammlungen von Heidelberg, Köln, München und Wien, Papyrologica
                  Coloniensia XXIX, Wiesbaden 2001
BGU: Ägyptische (Griechische) Urkunden aus den kaiserlichen (ab Band 6
                  staatlichen) Museen zu Berlin, 13 Bände, Berlin 1895ff
PYadin: Lewis, N. u. a. (ed.), The Documents from the Bar Kokhba Period in the
                  Cave of Letters. Greek Papyri, Jerusalem 1989

1.9 Alte Kirche
Epiphanius: Holl, K. (ed.), Epiphanius, Erster Band, Ancoratus und Panarion, GCS 1,
                  Leipzig 1915
Justin: Rauschen, G. (Übers.), Die beiden Apologien Justins des Märtyrers, BKV
                  12, Kempten / München 1913
Pseudo
Clementinen: Rehm, B., Die Pseudoklementinen I: Homilien, GCS 42, Berlin / Leipzig
                  1953
Tertullian: Kroymann, A., Q.S.Fl. Terulliani Adversus Marcionem, in: CCL I/1,
                  Turnhout 1954, 441-726
Chrysostomos: Baur, C. (Übers.), Des Heiligen Kirchenlehrers Johannes Chrysostomus [...]

Kommentar zum Evangelium des Hl. Matthäus, BKV 27, Kempten / München o.J.

Clemens von
Alexandrien: Stählin, O. (Übers.), Des Clemens von Alexandria ausgewählte Schriften aus dem Griechischen übersetzt: Des Clemens von Alexandrien Teppiche wissenschaftlicher Darlegungen entsprechend der wahren Philosophie, BKV 17, Kempten / München 1936
Didache: Wengst, K. (ed.), Didache (Apostellehre) [...], Schriften des Urchristentums Zweiter Teil, Darmstadt 1984

1.10 Mittelalter und Reformationszeit
Thomas von
Aquin: Christmann, H.M. (ed.), Die deutsche Thomas Ausgabe, vollständige und ungekürzte deutsch-lateinische Ausgabe der Summa Theologica, Band 14, 1955
Luther: Martin Luthes Werke. Kritische Gesamtausgabe 47, Weimar 1912
     Martin Luthers Werke. Kritische Gesamtausgabe 32, Weimar 1906
Calvin: Baum, G. u. a. (ed.), Ioannis Calvini Opera Quae Supersunt Omnia, Vol. XLV, Braunschweig 1891
     Goebel, S., Johannes Calvins Auslegung der heiligen Schrift in deutscher Übersetzung, Band 8, Evangelienharmonie, Neukirchen o.J.
     Weber, O., Johannes Calvin, Unterricht in der christlichen Religion. Istititio Christianae Religionis [...], Neukirchen-Vluyn [5]1988
     Link, C. (Bearb.), Antwort an Kardinal Sadolet (1539), in: Busch, E., u.a. (ed.), Calvin-Studienausgabe, Band 1 Reformatorische Anfänge Teilband 1/2, Neukirchen-Vluyn 1994, 337-429
     Freudenberg, M. (Bearb.), Streitschrift gegen die Artikel der Sorbonne (1544), in: Busch, E., u.a. (ed.), Calvin-Studienausgabe, Band 3 Reformatorische Kontroversen, Neukirchen-Vluyn 1999, 1-105

2. Hilfsmittel
2.1 Wörterbücher
Aland, B. / Aland, K. (ed.), Griechisch-deutsches Wörterbuch zu den Schriften des Neuen Testaments und der frühchristlichen Literatur von Walter Bauer, Berlin / Bew York [6]1988
Passow, F., Handwörterbuch der griechischen Sprache. Neu bearbeitet von V.C.R. Rost und F. Palm, 3 Bände, Leipzig 1841ff
Georges, K.E., Lateinisch-deutsches Handwörterbuch aus den Quellen zusammengetragen [...], 2 Bände, Nachdruck Darmstadt 1998
Liddell, H.G. / Scott, R. u. a., A Greek-English Lexicon. With a Revised Supplement, Oxford 1996
Jastrow, M., A Dictionary of the Targumim, the Talmud Babli and Yerushalmi, and the Midrashic Literature, Nachdruck Jerusalem o.J.
Levy, J., Wörterbuch über die Talmudim und Midraschim [...], 4 Bände, Nachdruck Darmstadt 1964
Gesenius, W., Hebräisches und aramäisches Wörterbuch über das Alte Testament, Berlin u.a. [17]1962

2.2 Grammatik
Blass, F. / Debrunner, A., Grammatik des neutestamentlichen Griechisch. Bearbeitet von Friedrich Rehkopf, Göttingen [15]1979
Dalman, G., Grammatik des jüdisch-palästinischen Aramäisch, Leipzig 1894
Segal, M.H., A Grammar of Mishnaic Hebrew, Nachdruck Oxford 1980

2.3 Konkordanzen und computergestützte Hilfsprogramme
Insititute of NT Textual Research & the Computer Center of Münster University (ed.),
Concordance to the Novum Testamentum Graece of Nestle-Aland, 26th edition, and to the
Greek New Testament, 3rd edition, Berlin / New York ³1987
Computerized Torah Library, Jerusalem 1996
Universitiy of California (ed.), Thesaurus Linguae Graecae, TLG CD-ROM
The Packard Humanities Institute (ed.), Thesaurus Linguae Latinae, CD-ROM # 5
The Packard Humanities Institute (ed.), Demonstration CD ROM # 6, Contents 1.
Inscriptions, 2. Papyri, 3. Coptic Texts
Dumont, D.J. / Smith, R.M., Musaios 1.0d, 1992
Denis, A.-M. (ed.), Concordance Greque des Pseudépigraphes d'Acien Testament.
Concordance, Corpus des textes, Indices, Louvain 1987
Hatch, E. / Redpath, H.A., A concordance to the Septuagint and the other Greek versions of
the Old Testament (including the Apocryphal Books), Vol. 1 - 2, Nachdruck Graz 1954

3. Sekundärliteratur

Aderet, A., From Destruction to Restauration [...], Jerusalem 1990 (hebr.)
Aguirre, R., La Communidad de Mateo y el Judaísmo, EstB 51 (1993), 233-249
Albeck, Ch., Das Buch der Jubiläen und die Halacha. Siebenundvierzigster Bericht der
Hochschule für die Wissenschaft des Judentums in Berlin (Zweiter Teil), Berlin 1930
Albeck, Ch., Einführung in die Mischna, SJ 6, Berlin / New York 1971
Alexander, P.S., „The Parting of the Ways" from the Perspective of Rabbinic Judaism, in:
Dunn, J.D.G. (ed.), Jews and Christians. The Parting of the Ways A.D. 70 to 135, WUNT 66,
Tübingen 1992, 1-25
Alexander, P.S., Rabbinic Judaism and the New Testament, ZNW 74 (1983), 237-246
Alexander, P.S., The Redaction History of Serekh Ha-Yahad, RdQ 17 (1996), 437-456
Allan, W.C., A Critical and Exegetical Commentary on the Gospel According to Matthew,
ICC, Edinburgh 1907
Alon, G., Jews, Judaism and the Classical World, Jerusalem 1977
Avigad, N., Bullae and Seals from a Post-Exilic Judean Archive, Qedem 4, Jerusalem 1976
Bacher, W., Die exegetische Terminologie der jüdischen Traditionsliteratur, 2 Teile, Leipzig
1899ff
Baker, W.R., Personal Speech-Ethics in the Epistle of James, WUNT II/68, Tübingen 1995
Bamberger, B.J., Proselytism in the Talmudic Period, New York 1939
Bammel, E., Markus 10,11f und das jüdische Eherecht, ZNW 61 (1970), 95-101
Banks, R., Jesus and The Law in the Synoptic Tradition, MSSNTS 28, Cambridge 1975
Bar Ilan, M., Writing in Ancient Israel and Early Judaism: Scribes and Books in the Late
Second Commonwealth and Rabbinic Period, in: Mulder, M.J. / Sysling, H. (ed.), Mikra.
Text, Translation, Reading and Interpretation of the Hebrew Bible in Ancient Judaism and
Early Christianity, CRI II/1, Assen 1988, 21-38
Barth, G., Art. ὀλιγπιστία, ας, ἡ oligopistia Kleinglaube, EWNT 2 (1981), 1237-1238
Barth, G., Das Gesetzesverständnis des Evangelisten Matthäus, in: Bornkamm, G. u. a.,
Überlieferung und Auslegung im Matthäusevangelium, WMANT 1, Neukirchen-Vluyn
⁷1975, 54-154
Barth, K., Die protestantische Theologie im 19. Jahrhundert. Ihre Vorgeschichte und ihre
Geschichte, Zürich ⁴1981
Bauernfeind, O., Art. νήφω κτλ., ThWNT 4 (1942), 935-940
Baumgarten, A.I., Rabbinic Literature as a Scource for the History of Jewish Sectarianism in
the Second Temple Period, Dead Sea Discoveries 2 (1995), 14-57
Baumgarten, A.I., *Korban* and the Pharisaic *Paradosis*, JANES 16/17 (1984/85) (E.
Bickerman Memorial Volume), 5-17
Baumgarten, A.I., On the Legitimacy of Herod and his Sons as Kings of Israel, in: Gafni, I.
u. a. (ed.), Jews and Judaism in the Second Temple, Mishna and Talmud Period, FS S.Safrai,
Jerusalem 1993, 31-37 (hebr.)

Baumgarten, A.I., The Flourishing of Jewish Sects in the Maccabean Era: An Interpretation, Supplements to JSJ 55, Leiden u.a. 1997

Baumgarten, J.M., The Exclusion of „Netinim" and Proselytes in 4Q Florilegium, RdQ 8 (1972), 88-96

Baur, F.C., Kritische Untersuchungen über die kanonischen Evangelien, ihr Verhältnis zueinander, ihren Charakter und Ursprung, Tübingen 1847

Baur, F.C., Vorlesungen über die neutestamentliche Theologie, herausgegeben von F.F. Baur, Leipzig 1864

Beall, T.S., Josephus' Descriptions of the Essenes Illustrated by the Dead Sea Scrolls, MSSNTS 58, Cambridge 1988

Beare, F.W., The Gospel according to Matthew, Oxford 1981

Becker, H.-J., Die Zerstörung Jerusalems bei Matthäus und den Rabbinen, NTS 44 (1998), 59-73

Becker, H.-J., Auf der Kathedra des Mose. Rabbinisch-theologisches Denken und antirabbinische Polemik in Matthäus 23,1-12, ANTZ 4, Berlin 1990

Becker, J., Jesus von Nazareth, Berlin / New York 1996

Belkin, S., Philo and the Oral Law. The Philonic Interpretation of Biblical Law in Relation to the Palestinian Halakah, HSS 11, Cambridge, Mass. 1940

Ben-David, A., Talmudische Ökonomie. Die Wirtschaft des jüdischen Palästina zur Zeit der Mischna und des Talmud, Band 1, Hildesheim / New York 1974

Benovitz, M., Kol Nidre. Studies in the Developement of Rabbinic Votive Institutions, BJSt 315, Atlanta 1998

Benovitz, M., The Prohibitive Vow in the Second Temple and Tannaitic Literature: Its Origin and Meaning, Tarb. (1995), 203-228 (hebr.)

Benovitz, M., Transferred Sugyot in the Palestinian Talmud: The Case of Nedarim 3:2 and Shevuot 3:8, PAAJR 59 (1993), 11-57

Ben Sasson, H.H., Art. Kiddush Hashem and Hillul Hashem, EJ 10, 977-986

Berger, K., Jesus als Pharisäer und frühe Christen als Pharisäer, NT 30 (1988), 231-262

Berger, K., Wer war Jesus wirklich?, Stuttgart 1995

Bergmeier, R., Die Essenerberichte des Flavius Josephus. Quellenstudien zu den Essenertexten im Werk des jüdischen Historiographen, Kampen 1993

Bernhard, J., Torah et culte du temple, MSR 54 (1997), 37-71

Bethge, H. (ed.), Eid, Gewissen, Treuepflicht, Frankfurt 1965

Betz, H.D., Nachfolge und Nachahmung Christi im Neuen Testament, BHTh 37, Tübingen 1967

Betz, H.D., The Sermon on the Mount. A Commentary on the Sermon on the Mount, including the Sermon on the Plain, Minneapolis 1995

Betz, O., Offenbarung und Schriftforschung in der Qumransekte, WUNT 6, Tübingen 1960

Bickerman, E.J., The Jews in the Greek Age, Cambridge, Mass. 1988

Bilde, P., The Essenes in Philo and Josephus, in: Cryer, F.H. / Thompson, T.L. (ed.), Qumran between the Old and New Testaments, JSOT.S 290, Sheffield 1998, 32-68

Blasche, S. / Thiel, C., Art. Antithese, EPhW 1 (1980), 136-137

Blühdorn, J.-G., Art. Gewissen I, TRE 13 (1984), 192-213

Bockmuehl, M., Halakhah and Ethics in the Jesus Tradition, in: Barcley, J. / Sweet, J. (ed.), Early Christian Thought in its Jewish Context, FS M.D. Hooker, Cambridge 1996, 264-278

Bockmuehl, M., Matthew 5,32; 19,9 in the Light of Prerabbinic Halakah, NTS 35 (1989), 291-295

Bockmuehl, M., Revelation and Mystery in Ancient Judaism and Pauline Christianity, WUNT II/36, Tübingen 1990

Boecker, H. J., Recht und Gesetz im Alten Testament und im Alten Orient, Neukirchen-Vluyn ²1984

Boecker, H. J., Redeformen des Rechtslebens im Alten Testament, WMANT 14, Neukirchen-Vluyn ²1970

Böckler, A., Gott als Vater im Alten Testament. Traditionsgeschichtliche Untersuchungen zur Entstehung und Entwicklung eines Gottesbildes, Gütersloh 2000

Böhl, F., Das rabbinische Verständnis des Handelns in der Nachahmung Gottes, Zeitschrift für Missionswissenschaft und Religionswissenschaft 58 (1974), 134-141

Böhl, F., Gebotserschwerung und Rechtsverzicht als ethisch-religiöse Normen in der rabbinischen Literatur, FJS 1, Freiburg 1971

Bonhöffer, A., Die Ethik Epictets, Stuttgart 1894

Bonnard, P., L' Évangelie selon Saint Matthieu, CNT(N) 1, Geneve ²1970

Booth, R.P., Jesus an the Laws of Purity. Tradition History and Legal History in Mark 7, JSNT.S 13, Sheffield 1986

Borgen, P., Philo of Alexandria an Exegete for his Time, NT.S 86, Leiden u.a. 1997

Bornkamm, G., Die Binde- und Lösegewalt in der Kirche des Matthäus, in: Ders., Geschichte und Glaube II (Gesammelte Aufsätze Band IV), BEvTh 53, München 1971, 37-50

Bornkamm, G., Enderwartung und Kirche im Matthäusevangelium, in: Bornkamm, G. u. a., Überlieferung und Auslegung im Matthäusevangelium, WMANT 1, Neukirchen-Vluyn ⁷1975, 13-53

Bovon, F., Das Evangelium nach Lukas, 1. Teilband Lk 1,1-9,50, EKK III / 1, Neukirchen-Vluyn u.a. 1989

Boyarin, D., Martyrdom and the Making of Christianity and Judaism, Journal of Early Christian Studies 6 (1998), 577-627

Brettler, M.Z., God is King. Understanding an Israelite Metaphor, JSOT.S 76, Sheffield 1989

Breuer, Y., Rabbi is Greater than Rav [...], Tarb. 66 (1996), 41-59 (hebr.)

Brewer, D.I., Nomological Exegesis in Qumran „Divorce" Texts, RdQ 18 (1998), 561-579

Brin, G., Divorce at Qumran, in: Bernstein, M. u.a. (ed.), Legal Texts and Legal Issues. Proceedings of the Second Meeting of the International Organization for Qumran Studies Cambridge 1995, Published in Honour of Joseph M. Baumgarten, StTDJ 23, Leiden u.a. 1997, 231-244

Broer, I., Antijudaism in Matthew's Gospel, ThD 43 (1996), 335-338

Broer, I., Das Ius Talonis im Neuen Testament, NTS 40 (1994), 1-21

Broer, I., Das Verhältnis von Judentum und Christentum im Matthäus-Evangelium, FDV 1994, Münster 1995

Broer, I., Freiheit vom Gesetz und Radikalisierung des Gesetzes, SBS 98, Stuttgart 1980

Broer, I., Einleitung in das Neue Testament, Band 1. Die synoptischen Evangelien, die Apostelgeschichte und die johanneische Literatur, NEB, Würzburg 1998, 99-125

Brongers, H.A., Die Wendung bᵉšēm jhwh im Alten Testament, ZNW 77 (1965), 1-19

Brooks, S.H., Matthew's Community. The Evidence of his special Sayings Material, JSNT.S 16, Sheffield 1987

Broorer, S., The Promise of the Land as Oath. A Key to the Formation of the Pentateuch, BZAW 205, Berlin / New York 1992

Brown, S., The Matthean Community and the Gentile Mission, NT 22 (1980), 193-221

Büchler, A., Studies in Sin and Atonement in the Rabbinic Literature of the First Century, Nachdruck New York 1967

Bultmann, R., Art. εὐλαβής κτλ., ThWNT 2 (1935), 749-751

Bultmann, R., Die Geschichte der synoptischen Tradition, FRLANT 29, Göttingen ¹⁰1995

Bultmann, R., Jesus, Die Unsterblichen [...], Band 1, Berlin 1926

Bultmann, R., Theologie des Neuen Testaments, UTB 630, Tübingen ⁹1984

Burkhardt, H., Die Inspiration heiliger Schriften bei Philo von Alexandrien, Gießen / Basel ²1992

Busink, Th. A., Der Tempel von Jerusalem, Von Salomo bis Herodes, 2. Band, von Ezechiel bis Middot, Leiden 1980

Byrskog, S., Jesus the Only Teacher. Didactic Authority and Transmission in Ancient Israel, Ancient Judaism and the Matthean Community, CB.NT 24, Stockholm 1994

Byrskog, S., Matthew 5,17-18 [...], RB 104 (1997), 557-571

Cansdale, L., Qumran and the Essenes. A Re-evaluation of the Evidence, TSAJ 60, Tübingen 1997

Carabine, D., The Unknown God. Negative Theology in the Platonic Tradition: Plato to Eriugena, LThPM 19, Louvain 1995

Cardellino, L., Il Repuido per causa di proneia, BeO 39 (1997), 183-190

Carter, W., Some Contemporary Scholarship on the Sermon on the Mount, Currents in Research: Biblical Studies 4 (1996), 183-215

Cartledge, T.W., Vows in the Hebrew Bible and the Ancient Near East, JSOT.S 147, Sheffield 1992

Charlesworth, J.H., Jesus and the Dead Sea Scrolls, New York 1992

Chernick, M. / Levine, A.-J., The Halakha of Jesus according to Matthew, JES 26 (1989), 530-535

Chilton, B., Forgiving at and Swearing by the Temple, in: Ders., Judaic Approaches to the Gospels, University of South Florida international studies in formative Christianity and Judaism 2, Atlanta 1994, 111-122

Clark, K.S.L., The Gospel according to Saint Matthew, The Student's J.B., London 1974

Clark, K.W., The Gentile Bias in Matthew, JBL 66 (1947), 165-172

Cohen, B., Jewish and Roman Law. A Comparative Study, Vol. 1 - 2, New York 1966

Cohen, M., Les substitutes du culte du Temple après 70, MSR 54 (1997), 21-36

Cohen, N.G., Philo and Midrash, Jdm 44 (1995), 196-207

Cohen, N.G., Philo Judaeus. His Universe of Discourse, BEAT 24, Frankfurt u.a. 1995 (1995a)

Cohen, S., The Three Crowns. Structures of Communal Politics in Early Rabbinic Jewry, Cambridge 1990

Cohen, S.J.D., The Destruction. From Scripture to Midrash, Prooftexts 2 (1982), 18-39

Cohen, S.J.D., The Significance of Yavneh. Pharisees, Rabbis, and the End of Jewish Sectarianism, HUCA 55 (1984), 28-53

Cohn, H.H., Art. Flogging, EJ 6, 1348-1351

Cohn, S.S., The Place of Jesus in the Religious Life of his Day, JBL 48 (1929), 82-108

Cohn-Sherbok, D.M., An Analysis of Jesus' Arguments concerning the Plucking of Grain on the Sabbath, JSNT 2 (1979), 31-41

Cuvillier, E., Matthieu et le Judaisme: chronique d'une rapture annoncée, FoiVie 92 (1993), 41-54

Dalman, G., Jesus - Jeschua, Leipzig 1922

Daube, D., The New Testament and Rabbinic Judaism, Jordan Lectures in Comparative Religion, London 1956

Dautzenberg, G., Art. Eid IV. Neues Testament, TRE 9 (1982), 379-382

Dautzenberg, G., Ist das Schwurverbot Mt 5,33-37, Jak 5,12 ein Beispiel für die Torakritik Jesu? BZ.NF 25 (1981) 47-66

Dautzenberg, G., Mt 5,43c und die antike Tradition der jüdischen Misanthropie, in: Schenke, L. (ed.), Studien zum Matthäusevangelium, FS R. Pesch, Stuttgart 1988, 47-77

David, A., Art. Lipschutz, Israel ben Gedaljah, EJ 11, 293-294

David, A., Art. Bertinoro, Obadjah Ben Abraham Yare, EJ 4, 698-699

Davies, W.C. / Allison, D.C., The Gospel According to Matthew I, Matthew I-VII, ICC, Edinburgh 1988

Davies, W.C. / Allison, D.C., The Gospel According to Matthew II, Matthew VIII-XVIII, ICC, Edinburgh 1994

Davies, W.C. / Allison, D.C., The Gospel According to Matthew III, Matthew XIX-XXVIII, ICC, Edinburgh 1997

Davies, W.D., Christian Origins and Judaism, Philadelphia 1962

Davies, W.D., The Setting of the Sermon on the Mount, Cambridge 1966

Deines, R., Die Abwehr des Fremden in den Texten aus Qumran. Zum Verstädis der Fremdenfeindlichkeit in der Qumrangemeinde, in: Feldmeier, R. / Heckel, U. (ed.), Die Heiden. Juden, Christen und das Problem der Fremden, WUNT 70, Tübingen 1994, 59-91

Deines, R., Die Pharisäer. Ihr Verständnis im Spiegel der christlichen und jüdischen Forschung seit Wellhausen und Graetz, WUNT 101, Tübingen 1997

Del Verme, M., Le decime giudaiche negli scritti di Flavio Giuseppe e nel Nouvo Testamento, Revista Biblica (Roma) 39,2 (1991) 175-191

Del Verme, M., La „prima decima" nel giudaismo del secondo Tempio, Henoch 9 (1987) 5-38

Delling, G., Art. πλήρης κτλ., ThWNT 6 (1959), 283-309

Deutsch, C., Christians and Jews in the First Century. The Gospel of Matthew, Thought 67 (1992), 399-408

Dietzfelbinger, C., Vom Sinn der Sabbatheilungen Jesu, EvTh 38 (1978), 281-298

Dimant, D., Mikra in the Apokrypha and Pseudepigrapha: in: Mulder, M.J. / Sysling, H. (ed.), Mikra. Text, Translation, Reading and Interpretation of the Hebrew Bible in Ancient Judaism and Early Christianity, CRI II/1, Assen 1988, 379-419

Dobbeler, A. van, Die Restitution Israels und die Bekehrung der Heiden. Das Verhältnis von Mt 10,5b.6 und Mt 28,18-20 unter dem Aspekt der Komplementarität. Erwägungen zum Standort des Matthäusevangeliums, ZNW 91 (2000), 18-44

Dobschütz, E. von, Matthäus als Rabbi und Katechet, ZNW 27 (1928), 338-348, wieder abgedruckt in: *Lange, J.* (ed.), Das Matthäusevangelium, WdF 525, Darmstadt 1980, 52-64

Dommershausen, W., Art. חלל *ḥll*, ThWAT 2 (1977), 972-981

Döpp, H.-M., Die Deutung der Zerstörung Jerusalems und des zweiten Tempels im Jahre 70 in den ersten drei Jahrhunderten n. Chr., TANZ 24, Tübingen 1998

Dreyer, O., Untersuchungen zum Begriff des Gottgeziemenden in der Antike. Mit besonderer Berücksichtigung Philons von Alexandrien, Spudasmata 24, Hildesheim / New York 1970

Dschulnigg, P., Die Zerstörung des Tempels in den synoptischen Evangelien, in: Lauer, S. / Ernst, H. (ed.), Tempelkult und Tempelzerstörung (70 n. Chr.), FS C. Thoma, JudChr 15, Bern u.a. 1995, 167-187

Duhm, B., Das Buch Jesaja, HAT III/1, Göttingen 1914

Duling, D., Against Oaths, Forum 6/2 (1990), 1-45

Duling, D., Do Not Swear by Jerusalem Because it is the City of the Great King, JBL 110 (1991), 291-309

Dumais, M., Le sermon sur la montagne. État de la recherche, Interpretation, Bibliographie, Paris 1995

Durham, J., Exodus, Word Biblical Commentary 3, Waco 1987

Ehrhardt, A., Parakatatheke, ZSRG.R 75 (1958), 32-90

Ehrman, A.Z., Art. Sotah, EJ 15, 170-172

Elgvin, T., The Reconstruction of Sapiential Work A, RdQ 16 (1995), 549-580

Elon, M., Jewish Law. History, Scources, Principles, Philadelphia / Jerusalem 1994

Else, F., Υποκριτής, WSt 72 (1959), 75-107

Engel, H., Das Buch der Weisheit, Neuer Stuttgarter Kommentar Altes Testament 16, Stuttgart 1998 (1998a)

Engel, H., Das Buch Judit, in: Zenger, E. u.a., Einleitung in das Alte Testament, KStTh 1,1, Stuttgart u.a. ³1998, 256-266 (1998b)

Engel, H., Die Bücher der Makkabäer, in: Zenger, E. u.a., Einleitung in das Alte Testament, KStTh 1,1, Stuttgart u.a. ³1998, 275-290 (1998c)

Epstein, J.N., Introduction to Tannaitic Literature. Mishna, Tosephta and Halakhic Midrashim, Jerusalem / Tel Aviv 1957 (hebr.)

Fabry, H.-J., Art. קרבן *qŏrbān*, ThWAT 7 (1993), 166-171

Fabry, H.-J., Der Text und seine Geschichte, in: Zenger, E. u.a., Einleitung in das Alte Testament, KStTh 1,1, Stuttgart u.a. ³1998, 36-65

Falk, H., A Reply to Reviews by Chernick and Levine of Sigal's The Halakhah of Jesus of Nazareth According to the Gospel of Matthew, JES 27 (1990) 347-354

Falk, H., Jesus the Pharisee. A New Look on the Jewishness of Jesus, New York 1985

Falk, Z.W., Introduction to Jewish Law of the Second Commonwealth, Vol.1, AGJU 11, Leiden 1972

Feldman, L.H., Use, Authority and Exegesis of Mikra in the Writings of Josephus, in: Mulder, M.J. / Sysling, H. (ed.), Mikra. Text, Translation, Reading and Interpretation of the Hebrew Bible in Ancient Judaism and Early Christianity, CRI II/1, Assen 1988, 455-518

Feldman, L.H., Josephus and Modern Scholarship (1937-1980), ed. W. Haase, Berlin / New York 1983

Feldman, L.H., The Identity of Pollio, the Pharisee, in Josephus, JQR 49 (1958/59), 53-62

Feldman, L.H., Jewish Proselytism, in: Attridge, H.W. / Hata, G. (ed.), Eusebius, Christianity and Judaism. StPB 42, Leiden u.a. 1992, 372-408

Fenton, J.C., The Gospel of St Matthew, Harmondsworth 1963

Fiedler, P., Das Matthäusevangelium und „die Pharisäer", in: Mayer, C. u. a. (ed.), Nach den Anfängen fragen, FS G. Dautzenberg, GSTR 8, Gießen 1994, 199-218

Filson, F.V., A Commentary on the Gospel According to St. Matthew, London 1960

Finkel, A., The Pharisees and the Teacher of Nazareth. A Study of their Background, their Halachic and Midrashic Teachings, the Similarities and Differences, AGJU 4, Leiden 1964

Fitzmyer, J., The Aramaic Corban Inscription from Jebel hallet et-Turi and Mark 7,11, JBL 78 (1959), 60-65

Flusser, D., Pharisäer, Sadduzäer und Essener im Pescher Nahum, in: Grözinger, K.E. u.a. (ed.), Qumran, WdF 160, Darmstadt 1981, 121-166

Foerster, G., A Survey of Ancient Diaspora Synagogues, in: Levine, L.I. (ed.), Ancient Synagogues Revealed, Jerusalem 1981, 164-171

Fraenkel, Y., Darkhe HaAggadah VeHaMidrasch, Jerusalem 1991 (hebr.)

France, R.T., The Gospel according to Matthew: an introduction and commentary, TNTC, Leicester 1985

Frankel, Z., Über den Einfluss der palästinischen Exegese auf die alexandrinische Hermeneutik, Leipzig 1851

Frankemölle, H., „Pharisäismus" in Judentum und Kirche. Zur Tradition und Redaktion in Matthäus 23, in: Ders., Biblische Handlungsanweisungen. Beispiele pragmatischer Exegese, Mainz 1983, 133-190

Frankemölle, H., Der Brief des Jakobus, ÖTBK 17/1-2, Gütersloh 1994 (1994a)

Frankemölle, H., Die matthäische Kirche als Gemeinschaft des Glaubens. Prolegomena zu einer bundestheologischen Ekklesiologie, in: Kampling, R. / Söding, Th. (ed.), Ekklesiologie des Neuen Testaments, FS K. Kertelge, Freiburg u.a. 1996, 85-132

Frankemölle, H., Die sogenannten Antithesen des Matthäus (Mt 5,21ff). Hebt Matthäus für Christen das „Alte" Testament auf? Von der Macht der Vorurteile, in: Ders. (ed.), Die Bibel: das bekannte Buch - das fremde Buch, Paderborn 1994, 61-92 (1994b)

Frankemölle, H., Jahwebund und Kirche Christi, NTA (Neue Folge) 10, Münster 1974

Frankemölle, H., Matthäus: Kommentar 1, Düsseldorf 1994

Frankemölle, H., Matthäus: Kommentar 2, Düsseldorf ²1997

Freudenberg, J., Die synoptische Weherede. Tradition und Redaktion in Mt 23 par, Diss. (masch.) Münster 1972

Funkenstein, A., Jewish History among Thorns, Zion 60 (1995), 335 – 347 (hebr.)

Gaechter, P., Das Matthäusevangelium, Innsbruck u.a. 1962

Garland, D., Reading Matthew. A Literary and Theological Commentary on the First Gospel, New York 1993

Garland, D.E., The Intention of Matthew 23, NT.S 52, Leiden 1979

Garlington, D., Oath-Taking in the Community of the New Age (Matthew 5:33-37), Trinity Journal 16 (1995), 139-170

Gerleman, G., / Rudolph, E., Art. שׁרד *drš* fragen nach, THAT 1 (1984), 460-467

Gerleman, G., Art. שׁלם *šlm* genug haben, THAT 2 (1984), 919-935

Gielen, M., Der Konflikt Jesu mit den religiösen und politischen Autoritäten seines Volkes im Spiegel der matthäischen Jesusgeschichte, BBB 115, Bodenheim 1998

Giesen, G., Die Wurzel „schwören". Eine semasiologische Studie zum Eid im Alten Testament, BBB 56, Königstein, Ts. / Bonn 1981

Giesen, H., Christliches Handeln: Eine redaktionskritische Untersuchung zum δικαιοσύνη-Begriff im Matthäus-Evangelium, EHS.T 181, Frankfurt 1982

Gilbert, M., La critique des dieux dans le Livre de la Sagesse (Sg 13-15), AnBib 53, Rom 1973

Gnilka, J., Das Evangelium nach Markus (Mk 8,27-16,20), EKK II/2, Neukirchen-Vluyn u.a. ³1989

Gnilka, J., Das Matthäusevangelium, I. Teil Kommentar zu Kap. 1,1-13,58, HThK I/1, Freiburg u.a. 1986

Gnilka, J., Das Matthäusevangelium, II. Teil Kommentar zu Kap. 14,1-28,20 und Einleitungsfragen, HThK I/2, Freiburg u.a. 1988

Gnilka, J., Jesus von Nazareth. Botschaft und Geschichte, Freiburg u.a. 1993

Goldenberg, D., Halahka in Josephus and in Tannaitic Literature. A Comparative Study, Diss. (masch.), Philadelphia 1978

Goldenberg, R., Early Rabbinic Explanations of the Destruction of Jerusalem, JJS 33 (1982), 517-525

Goodblatt, D., The Monarchic Principle. Jewish Self-Government in Antiquity, TSAJ 38, Tübingen 1994

Goodman, M., Jewish Proselytizing in the First Century, in: Lieu, T. u. a. (ed.), The Jews among Pagans and Christians in the Roman Empire, London / New York 1992, 53-78

Goodman, M., Mission and Conversion. Proselytizing in the Religious History of the Roman Empire, Oxford 1994

Goodman, M., Proselytising in Rabbinic Judaism, JJS 40 (1989), 175-185

Goodman, M., State and Society in Roman Galilee, A.D. 132-212, Totowa 1983

Goodman, M., Texts, Scribes and Power in Roman Judea, in: Bowman, A.K. / Woolf, G. (ed.), Literacy and Power in the Ancient World, Cambridge 1994, 99-108 (1994a)

Goodman, M., The Essenes According to the Classical Sources, Sheffield 1989

Goulder, M.D., Midrash and Lection in Matthew, London 1974

Grabbe, L.L., Wisdom of Solomon, Guides to Apocrypha and Pseudepigrapha, Sheffield 1997

Graetz, H., Geschichte der Juden von den ältesten Zeiten bis auf die Gegenwart [...], Band 4: Geschichte der Juden vom Untergang des jüdischen Staates bis zum Abschluß des Talmud, Leipzig ³1893

Gräßer, E., An die Hebräer (Hebr 7,1-10,18), EKK XVII/2, Neukirchen-Vluyn u.a. 1993

Greenberg, M., Jewish Bible Exegesis. An Introduction, The Biblical Encyclopedia Library I, Jerusalem 1983 (hebr.)

Groß, H., Tobit - Judit, NEB 19, Würzburg 1987

Grünwaldt, K., Art. σάρξ *[sarx]* Fleisch, TBLNT I (1997), 470-477

Grundmann, W., Art. ταπεινός κτλ., ThWNT 8 (1969), 1-27

Grundmann, W., Das Evangelium nach Matthäus, ThHK 1, Berlin 1968

Guelich, R.A., The Antitheses of Matthew V.21-48: Traditional and/or Redactional?, NTS 22 (1975-76), 444-457

Guelich, R.A., The Sermon on the Mount. A Foundation for Understanding, Waco 1982

Gundry, R.H., A Responsive Evaluation of the Social History of the Matthean Community in Roman Syria, in: Balch, D.L. (ed.), Social History of the Matthean Community [...], Minneapolis 1991, 62-67

Gundry, R.H., Matthew, a Commentary on his literary and theological art, Grand Rapids 1982

Guttmann, A., Rabbinic Judaism in the Making, Detroit 1970

Haacker, K., Der Brief des Paulus an die Römer, ThHK 6, Leipzig 1999

Haacker, K., Ehescheidung und Wiederverheiratung im Neuen Testament, ThQ 151 (1971), 28-38

Haacker, K., Feindesliebe kontra Nächstenliebe? Bemerkungen zu einer verbreiteten Gegenüberstellung von Christentum und Judentum, in: Matheus, F. (ed.), Dieses Volk schuf ich, daß es meinen Ruhm verkünde, FS D. Vetter, Duisburg 1992, 47-51

Haacker, K., Paulus. Der Werdegang eines Apostels, SBS 171, Stuttgart 1997

Haacker, K., Sein Blut über uns, KuI 1 (1986), 47-50

Haacker, K., Stammt das Vater-Unser also doch von Jesus? – Eine Antwort an Ulrich Mell, ThBeitr 28 (1997), 291-295 (1997a)

Haacker, K., Stammt das Vater-Unser nicht von Jesus?, ThBeitr 27 (1996), 176-182

Haenchen, E., Der Weg Jesu. Eine Erklärung des Markusevangeliums und der kanonischen Parallelen, STö II,6, Berlin 1966

Haenchen, E., Matthäus 23, ZThK 48 (1965), 38-63; wieder abgedruckt in: Lange, J. (ed.), Das Matthäusevangelium, WdF 525, Darmstadt 1980, 134-163

Hagner, D. A., Balancing the Old and the New. The Law of Moses in Matthew and Paul, Interp. 51 (1997), 20-30

Hagner, D.A., Matthew 1-13, Word Biblical Commentary 33A, Dallas 1993

Hagner, D.A., Matthew 14-28, Word Biblical Commentary 33B, Dallas 1995

Hahn, F., Christologische Hoheitstitel. Ihre Geschichte im frühen Christentum, UTB 1837, Göttingen ⁵1995

Hahn, H.C. / Karrer, M., Art. Gewissen, TBLNT I (1997), 774-781

Halevy, I., Dorot Ha-Rischonim 1-3, (Vol. 1 - 5), Nachdruck Jerusalem 1967 (hebr.)

Halperin, D., The faces of the Chariot. Early Jewish Responses to Ezekiel's Vision, TSAJ 16, Tübingen 1988

Hanhart, R., Dodekapropheton 7.1, Sacharja 1,1-8,23, BK XIV / 7.1, Neukirchen-Vluyn 1998

Hanson, K.C., How Honorable! How Shameful!. A Cultural Analysis of Matthew's Makarisms and Reproaches, in: Matthews, V.H. u. a. (ed.), Honor and Shame in the World of the Bible, Semeia 68 (1996), 81-111

Haran, M., Art. נדר, Enzyklopedia HaMikrait 5 (1968), 786-790 (hebr.)

Haraguchi, T., The Prohibition of Oath-Taking in the Gospel of Matthew, Diss. (masch.), Chicago 1991

Hare, D.R.A., The Theme of Jewish Persecution of Christians in the Gospel According to St. Matthew, Cambridge 1967

Harnack, A. von, Marcion. Das Evangelium vom unbekannten Gott. Eine Monographie zur Geschichte der Grundlegung der katholischen Kirche, Nachdruck Darmstadt 1960

Harrington, D.J., Matthew as a Jewish Book, PrPe 7 (1993), 240-244

Harrington, D.J., The Gospel of Matthew, Sacra Pagina, Collegeville 1991

Harrington, H.-K., The Impurity Systems of Qumran and the Rabbis. SBL.DS 143, Atlanta 1993 (1993a)

Hauck, F. / Kasch, W., Art. πλοῦτος κτλ., ThWNT 6 (1959), 318-330

Hauck, F. / Schulz, S., Art. πόρνη κτλ., ThWNT 6 (1959), 579-595

Hayes, Ch., The Abrogation of Tora Law. Rabbinic Taqqanah and Praetorian Edict, in: Schäfer, P. (ed.), The Talmud Yerushalmi and Graeco-Roman Culture I, TSAJ 71, Tübingen 1998, 643-674

Heinemann, I., Philons griechische und jüdische Bildung. Kulturvergleichende Untersuchungen zu Philons Darstellung der jüdischen Gesetze, Nachdruck Darmstadt 1962

Heinemann, J., Aggadah and its Development, Jerusalem 1974 (hebr.)

Held, H.J., Matthäus als Interpret der Wundergeschichten, in: Bornkamm, G. u. a., Überlieferung und Auslegung im Matthäusevangelium, WMANT 1, Neukirchen-Vluyn ⁷1975, 155-287

Hempel, C., The Law of the Damascus Document. Sources, Tradition and Redaction, StTDJ 29, Leiden 1998

Hendrickx, H., Matthew's Community, Theology Annual 12 (1990/91), 141-153

Hengel, M. / Deines, R., E. P. Sanders' „Common Judaism", Jesus, and the Pharisees. Review Article of *Jewish Law from Jesus to the Mishnah* and *Judaism: Practice and Belief* by E.P. Sanders, JThS 46 (1995), 1-70

Hengel, M., Der vorchristliche Paulus, in: Hengel, M. / Heckel, U. (ed.), Paulus und das antike Judentum, WUNT 58, Tübingen 1991, 177-293

Hengel, M., Judentum und Hellenismus. Studien zu ihrer Begegnung unter besonderer Berücksichtigung Palästinas bis zur Mitte des 2. Jh.s. v. Chr, WUNT 10, Tübingen ³1988

Hengel, M., Zur matthäischen Bergpredigt und ihrem jüdischen Hintergrund, ThR 52 (1987), 327-400

Herman, M., Tithe as Gift: The Institution in the Pentateuch and in the Light of Mauss's Presentation Theory, San Francisco 1991

Herrmann, P., Der römische Kaisereid. Untersuchungen zu seiner Herkunft und Entwicklung, Hypomnemata 20, Göttingen 1968

Hezser, C., The Social Structure of the Rabbinic Movement, TSAJ 66, Tübingen 1997

Hill, D., The Gospel of Matthew, NCeB, London 1972

Hinske, N., Art. Antithetik, HWP 1 (1971), 416-418

Hirzel, R., Der Eid. Ein Beitrag zu seiner Geschichte, Leipzig 1902

Hofmann, J.Chr.K. von, Die heilige Schrift neuen Testaments zusammenhängend untersucht. Zweiten Theils dritte Abteilung. Der Zweite Brief Pauli an die Korinther, Nördlingen ²1877

Hoheisel, K., Schauspielerei und Heuchelei in antiken Beurteilungen, in: Kippenberg, H.G. / Stroumsa, G.G. (ed.), Secrecy and Concealment. Studies in the History of Mediterranean and Near Eastern Religions, Numen Book Series 65, Leiden u.a. 1995, 177-190

Holmén, T., Divorce in CD 4,20-5,2 and 11QT 57,17-18. Some Remarks on the Pertinence of the Question, RdQ 18 (1998), 397-408

Holtzmann, H.J., Die Synoptiker, HNT 1, Tübingen u.a. 1901

Holtzmann, H.J., Lehrbuch der Neutestamentlichen Theologie, Erster Band, SThL, Freiburg und Leipzig 1897

Hommel, H., Das Wort Karban und seine Verwandten. in: Ders. (ed.), Wege zu Aischylus, Band 1, WdF 87, Darmstadt 1974, 368-389

Hoppe, R., Vollkommenheit bei Matthäus als theologische Aussage, in: Oberlinner, L. / Fiedler, P. (ed.), Salz der Erde - Licht der Welt. Exegetische Studien zum Matthäusevangelium, FS A.Vögtle, Stuttgart 1991, 141-164

Horn, F.W., Die synoptischen Einlaßsprüche, ZNW 87 (1996), 187-203

Horovitz, J., Art. Heller, Yom Tov Lipmann Ben Nathan HaLevi, EJ 8, 311-314

Horsley, R.H., Archaeology, History and Society in Galilee. The Social Context of Jesus and the Rabbis,Valley Forge 1996

Horst, F., Der Eid im Alten Testament, EvTh 17 (1957), 366-384

Hübner, H., Art. πληρόω *plēroō* erfüllen, zur Geltung bringen, verwirklichen, EWNT 3, 256-262

Hübner, H., Das Gesetz in der synoptischen Tradition. Studien zur These einer progressiven Qumranisierung und Judaisierung innerhalb der synoptischen Tradition, Göttingen ²1986

Hummel, R., Die Auseinandersetzung zwischen Kirche und Judentum im Matthäusevangelium, BEvTh 33, München 1963

Ilan, Z., Synagogues in Galilee and Golan, Ariel 52, Jerusalem 1987 (hebr.)

Ingelaere, J.-C., Universalisme et particularisme dans l'Évangelie de Matthieu. Matthieu et le Judaisme, RHPhR 75 (1995), 45-59

Isaac, B., Tax Collection in Roman Arabia: A New Interpretation of the Evidence from the Babatha Archive, Mediterranean Historical Review 9 (1994), 256-266

Ito, A., The Question of the Authenticity of the Ban on Swearing (Matthew 5,33-37), JSNT 43 (1991), 5-13

Jacob, B., Das erste Buch der Tora Genesis, Berlin 1934

Janowski, B., Das Königtum Gottes in den Psalmen. Bemerkungen zu einem neuen Gesamtentwurf, ZThK 86 (1989), 389-454

Janzen, D., The Meaning of *Porneia* in Matthew 5.32 and 19.9: An Approach From the Study of Ancient Near Eastern Culture, JSNT 80 (2000), 66-80

Jenni, E., Art. הוי *hōj* wehe, THAT 1 (1984), 474-477

Jeremias, J., Heiligengräber in Jesu Umwelt (Mt. 23,29; Lk. 11,47). Eine Untersuchung zur Volksreligion der Zeit Jesu, Göttingen 1958

Jeremias, J., Jerusalem zur Zeit Jesu. Kulturgeschichtliche Untersuchungen zur neutestamentlichen Zeitgeschichte, II. Die sozialen Verhältnisse, B. Hoch und Niedrig, Göttingen ²1958 (1958a)

Jeremias, J., Neutestamentliche Theologie, Teil 1: Die Verkündigung Jesu, Gütersloh 1971

Jones, J.W., The Law and Legal Theory of the Greeks. An Introduction, Oxford 1956

Joüon, P., ΥΠΟΚΡΙΤΗΣ dans L'Évangile et Hébreu Ḥânéf, RSR 20 (1939), 312-316

Kahl, W., Ist es erlaubt, am Sabbat Leben zu retten oder zu töten? (Marc. 3:4). Lebensbewahrung am Sabbat im Kontext der Schriften vom Toten Meer und der Mischna, NT 40 (1998), 313-335

Kähler, C., Kirchenleitung und Kirchenzucht nach Matthäus 18, in: Kertelge, K. (ed.), Christus bezeugen, FS W. Trilling, Leipzig 1989, 136-146

Kaiser, O., Das Buch des Propheten Jesaja. Kapitel 1-12, ATD 17, Göttingen ⁵1981

Kampen, J., The Sectarian Form of the Antitheses within the Social World of the Matthean Community, Dead Sea Discoveries 1 (1994), 338-363

Kaplan, Z., Art. Judah bar Ilai, EJ 10, 337-339

Karrer, M., Christliche Gemeinde und Israel. Beobachtungen zur Logienquelle, in: Mommer, P. u. a. (ed.), Gottes Recht als Lebensbaum, FS H.J. Boecker, Neukirchen-Vluyn 1993, 145-163

Karrer, M., Der lehrende Jesus - Neutestamentliche Erwägungen, ZNW 83 (1992), 1-20

Karrer, M., Fülle Gottes und der Zeiten. Zur neutestamentlichen Christologie, in: Bsteh, A. (ed.), Christlicher Glaube in der Begegnung mit dem Islam. Studien zur Religionstheologie 2, Mödling 1996, 139-162

Karrer, M., Jesus Christus im Neuen Testament, GNT 11, Göttingen 1998

Karrer, M., Rezension zu: Baker, W.R., Personal Speech-Ethics in the Epistle of James, WUNT II/68, Tübingen 1995, ThLZ 121 (1996), 828-831

Kascher, R., The Interpretation of Scripture in Rabbinic Literature, in: Mulder, M.J. / Sysling, H. (ed.), Mikra. Text, Translation, Reading and Interpretation of the Hebrew Bible in Ancient Judaism and Early Christianity, CRI II/1, Assen 1988, 547-594

Käsemann, E., Das Problem des historischen Jesus, in: Ders., Exegetische Versuche und Besinnungen I, Göttingen ²1960, 187-214

Käsemann, E., Die Anfänge christlicher Theologie, in: Ders., Exegetische Versuche und Besinnungen II, Göttingen 1964, 82-104

Käsemann, E., Matthäus 15,1-14*, in: Ders., Exegetische Versuche und Besinnungen I, Göttingen ²1960, 237-241 (1960a)

Keller, C.A., Art. נדר *ndr* geloben, THAT 2 (1984), 39-43 (1984a)

Keller, C.A., Art. שבע *šbʿ* ni. schwören, THAT 2 (1984), 855-863 (1984b)

Kellermann, D., Art. Heiligkeit II. Altes Testament, TRE 14 (1985), 497-703

Kilpatrick, G.G., The Origins of the Gospel According to Saint Matthew, Oxford 1946

Kingsbury, J.D., Conclusion: Analysis of a Conversation, in: Balch, D.L. (ed.), Social History of the Matthean Community [...], Minneapolis 1991, 159-269

Kippenberg, H.G., Erstrebenswertes Prestige oder falscher Schein? Das öffentliche Ansehen des Gerechten in jüdisch-frühchristlichen Auseinandersetzungen, in: Kippenberg, H.G. / Stroumsa, G.G. (ed.), Secrecy and Concealment. Studies in the History of Mediterranean and Near Eastern Religions, Numen Book Series 65, Leiden u.a. 1995, 203-224

Kister, M., Plucking Grain on the Sabbath and Christian-Jewish Polemic, in: Lowe, M. (ed.), The New Testament and Jewish Christian Dialogue, FS D. Flusser, Imm. 24/25 (1990), 35-51

Kittel, G., Die Probleme des palästinischen Spätjudentums und das Urchristentum, BWANT 1, Stuttgart 1926

Klauck, H.J., Ein Richter im eigenen Innern. Das Gewissen bei Philo von Alexandrien, in: Ders., Alte Welt und neuer Glaube, NTOA 29, Freiburg / Göttingen 1994, 38-58

Klauck, H.J., Gütergemeinschaft in der klassischen Antike, in Qumran und im Neuen Testament, RdQ 11 (1982), 47-79

Klawans, J., Idolatry, Incest, and Impurity: Moral Defilement in Ancient Judaism, JSJ 29 (1998), 391-415

Klawans, J., The Impurity of Immorality in Ancient Judaism, JJS 48 (1997), 1-16

Klinghardt, M., Gemeinschaftsmahl und Mahlgemeinschaft, Soziologie und Liturgie frühchristlicher Mahlfeiern, TANZ 13, Tübingen / Basel 1996

Klingmüller, F., Art. Sacramentum, PRE 2. Reihe 2. Halbband (1920), 1667-1674

Kloner, A., Burial Caves with Wall Paintings from the First Century CE in Jerusalem and Judea, in: Singer, I. (ed.), Graves and Burial Practices in Israel in the Ancient Period, Jerusalem 1994, 165-172 (hebr.)

Klostermann, E., Matthäus, unter Mitwirkung von H. Gressmann, HNT 2, Tübingen 1909

Kock, M., Bericht des Rates der Evangelischen Kirche in Deutschland: Unsere Zeit in Gottes Händen. Jesus Christus spricht: „Gehet hin in alles Welt! – Siehe, ich bin bei euch alle Tage bis an der Welt Ende (Mat 28,20), Tischvorlage, herausgegeben vom Büro der Synode Drucksache I/1 (unveröffentlicht)

Kollmann, B., Erwägungen zur Reichweite des Schwurverbots Jesu (Mt 5,34), ZNW 92 (2001), 20-32

Kollmann, B., Das Schwurverbot Mt 5,33-37 / Jak 5,12 im Spiegel antiker Eidkritik, BZ.NF 40 (1996), 179-193

Kottsieper, I., Art. שבע, šāba‘, ThWAT 7 (1993), 974-1000

Kremers, H., Judenmission heute? Von der Judenmission zur brüderlichen Solidarität und zum ökumenischen Dialog, Neukirchen 1979

Kretzer, A., Art. πονηρός *ponēros* mühselig, elend; schlecht, unbrauchbar; böse, boshaft, lasterhaft, EWNT III (1983), 321-324

Kreuzer, S., „So wahr ich lebe...". Schwurformel und Gottesschwur in der prophetischen Verkündigung, in: Mommer, P. u. a. (ed.), Gottes Recht als Lebensbaum, FS H.J. Boecker, Neukirchen-Vluyn 1993, 179-196

Kreuzer, S., Der lebendige Gott. Bedeutung, Herkunft und Entwicklung einer alttestamentlichen Gottesbezeichnung, BWANT 116, Stuttgart u.a. 1983

Kreuzer, S., Rezension zu: Broorer, S., The Promise of the Land as Oath. A Key to the Formation of the Pentateuch, BZAW 205, Berlin / New York 1992, ThLZ 121 (1996), 433-435

Krupp, M., The Tosefta Manuscripts, in: Safrai, S. (ed.), The Literature of the Sages. First Part: Oral Tora, Halakha, Mishna, Tosefta, Talmud, External Tractates, CRI II/3,1, Assen 1987, 252-262

Künzel, G., Studien zum Gemeindeverständnis des Matthäus-Evangeliums, CThM A 10, Stuttgart 1978

Kunkel, W., Art. quaestio, PRE 24, 47. Halbband (1963), 720-786

Kutsch, E., Eure Rede aber sei ja, ja, nein, nein, EvTh 20 (1960), 206-218

Kvalbein, H., Hat Matthäus die Juden aufgegeben? Bemerkungen zu Ulrich Luz' Matthäus Deutung, ThBeitr 29 (1998), 301-314

Lachs, S.T., On Matthew 23:27-28, HThR 68 (1975), 385-388

Langer, G., Von Gott erwählt – Jerusalem. Die Rezeption von Dtn 12 im frühen Judentum, ÖBS 8, Klosterneuburg 1989

Lapide, P., Die Bergpredigt. Utopie oder Programm?, Mainz 1982

Lauha, A., Kohelet, BK XIX, Neukirchen-Vluyn 1978

Légasse, S., L' antijudaisme dans l'Évangile selon Matthieu, in: Didier, M., u.a. (ed.), Rédaction et théologie, Gembloux 1972, 417-428

Lehmann, M.R., Biblical Oaths, ZAW 81 (1969), 74-92

Leibson, G., Ban and Excommunication in the Eyes of the Tannaim and Amoraim, Annual of the Institute for Research in Jewish law 6-7 (1979-80), 177-202 (hebr.)

Lenhard, P. / von der Osten-Sacken, P., Rabbi Akiva. Texte und Interpretationen zum rabbinischen Judentum und Neuen Testament, ANTZ 1, Berlin 1987

Lesky, A., Hypokrites, in: Studi in onore di U.E. Paoli, Firenze 1955, 469-476

Levine, L.I., The Rabbinic Class of Roman Palestine in Late Antiquity, Jersualem u.a. 1989

Levison, J.R., The Exonoration of Eve in the Apocalypsis of Moses 15-30, JSJ 20 (1989), 135-150

Levy, L.W., Treason against God. A History of the Offence of Blasphemy, New York 1981

Lieberman, S., Greek in Jewish Palestine, New York 1942

Lieberman, S., Hellenism in Jewish Palestine, New York 1950

Lieberman, S., Tosefta Ki-Fshutah. A Comprehensive Commentary on the Tosefta, Part 7 Order Nashim, New York 1967 (hebr.)

Lieberman, S., Tosefta Ki-Fshutah. A Comprehensive Commentary on the Tosefta, Part 3 Order Mo'ed, New York 1962 (hebr.)

Lieberman, S., Tosefta Ki-fshutah. A Comprehensive Commentary on the Tosefta, Part 1 Order Zera'im, New York 1955 (hebr.)

Limbeck, M., Das Gesetz im Alten und Neuen Testament, Darmstadt 1997

Limbeck, M., Die nichts bewegen wollen! Zum Gesetzesverständnis des Evangelisten Matthäus, ThQ 168 (1988), 299-320

Limbeck, M., Matthäus-Evangelium, SKK.NT (Neue Folge) 1, Stuttgart 1986

Lindlars, B., Imitation of God and Imitation of Christ, Theol 76 (1973), 394-402

Loader, W. R. G., Jesus' Attitude towards the Law. A Study of the Gospels, WUNT II/ 97, Tübingen 1997

Loewenstamm, S.D., Art. שבועה Shevua, Enzyklopedia HaMikrait 7 (1976), 479-491 (hebr.)

Lohmeyer, E., Das Evangelium des Matthäus. Nachgelassene Ausarbeitungen und Entwürfe zur Übersetzung und Erklärung von Ernst Lohmeyer. Für den Druck erarbeitet und herausgegeben von W. Schmauch, KEK Sonderband, Göttingen 1956

Lohse, E., „Ich aber sage euch", in: Ders. (ed.), Der Ruf Jesu und die Antwort der Gemeinde, FS J. Jeremias, Göttingen 1970, 189-203

Luck, U., Das Evangelium nach Matthäus, ZBK 1, Zürich 1993

Luomanen, P., Entering the Kingdom of Heaven. A Study on the Structure of Matthew's View of Salvation, WUNT II/101, Tübingen 1998

Luz, U., Das Evangelium nach Matthäus (Mt 1-7), EKK I/1, Neukirchen-Vluyn u.a.³1992

Luz, U., Das Evangelium nach Matthäus (Mt 8-17), EKK I/2, Neukirchen-Vluyn u.a. 1990

Luz, U., Das Evangelium nach Matthäus (Mt 18-25), EKK I/3, Neukirchen-Vluyn u.a. 1997

Luz, U., Der Antijudaismus im Matthäusevangelium als historisches und theologisches Problem. Eine Skizze, EvTh 53 (1993), 310-327 (1993b)

Luz, U., Die „Wehe" über die Pharisäer, Annex. Die Beilage der reformierten Presse 12 (1997), 6-9 (1997a)

Luz, U., Die Jesusgeschichte des Matthäus, Neukirchen 1993 (1993a)

Luz, U., Eine thetische Skizze der matthäischen Christologie, in: Breytenbach, C. / Paulsen, H. (ed.), Anfänge der Christologie, FS F. Hahn, Göttingen 1991, 221-235

Maccoby, H., Talmudic Light on the New Testament, Journal of Progressive Judaism 10 (1998), 15-27

Maccoby, H., The Law about Liquids: A Rejoinder, JSNT 67 (1997), 115-122

Maccoby, H., The Washing of Cups, JSNT 14 (1982), 3-15

Maier, J., Der Lehrer der Gerechtigkeit, FDV 1995, Münster 1996 (1996b)

Maier, J., Geschichte des Judentums im Altertum, Wissenschaftliche Buchgesellschaft-Forum 33, Darmstadt 1989

Maier, J., Weitere Stücke zum Nahumkommentar aus der Höhle 4 von Qumran, Jud 18 (1962), 215-250

Manns, F., Une Approche Juive du Nouveau Testament, Initiations Bibliques, Paris 1998

Margalioth, M., Encyclopedia of Talmudic and Geonic Literature [...], Tel Aviv 1987 (hebr.)

Marguerat, D., Le judgement dans l'évangile de Matthieu, Genève 1981

Martin-Achard, R., Art. גור gūr als Fremdling weilen, THAT 1 (1984), 409-412

Mason, S., Flavius Josephus on the Pharisees, StPB 39, Leiden 1991

Mason, S., Pharisaic Dominance Before 70 CE and the Gospels' Hypocrisy Charge (Matt 23:2-3), HThR 83 (1990), 363-381

McIver, R.K., The Sabbath in the Gospel of Matthew: A Paradigm for Understanding the Law in Matthew?, AUSS 33 (1995), 231-243

McKay, H.A., Sabbath & Synagogue. The Question of Sabbath Worship in Ancient Judaism, Religions in the Graeco-Roman World 122, Leiden 1994

McKnight, S., A Light among the Gentiles. Jewish Missionary Activity in the Second Temple Period, Minneapolis 1991

McNeile, A.H., The Gospel According to Matthew, London 1938

Meeks, W.A., „Am I a Jew?". Johannine Christianity and Judaism, in: Neusner, J. (ed.), Christianity, Judaism and Other Graeco-Roman Cults, FS M. Smith, Part One: New Testament, SJLA 12, Leiden 1975, 163-186

Meier, J.P., Law and History in Matthew's Gospel. A Redactional Study of Mt 5.17-48, AnBib 71, Rom 1976

Meier, J.P., The Vision of Matthew, New York 1979

Mell, U., Das Vater-Unser als Gebet der Synagoge – eine Antwort an Klaus Haacker, ThBeitr 28 (1997), 283-290

Mell, U., Gehört das Vater-Unser zur authentischen Jesustradition? (Mt 6,9-13; Lk 11,2-4), BThZ 2/11 (1994), 148-180

Mendelson, A., Philos Jewish Identity, BJSt 161, Atlanta 1988

Menninger, R.E., Israel and the Church in the Gospel of Matthew, AmUSt.TR 162, New York u.a. 1994

Meshorer, Y., Ancient Jewish Coinage, Volume II: Herod the Great through Bar Cochba, New York 1982

Mettinger, T.N.D., YHWH SABAOTH - The Heavenly King on the Cherubim Throne, in: Ishida, T. (ed.), Studies in the Period of David and Salomon and other Essays, Tokyo 1982, 109-138

Metzger, M., Himmlische und irdische Wohnstadt Jahwes, UF 2 (1970), 139-158

Milikowsky, Ch., Reaction to Schiffman's Sectarian Law, RdQ 12 (1986), 237-249

Minear, P., Yes or No: The Demand for Honesty in the Early Church, NT 13 (1971), 1-13

Mohrlang, R., Matthew and Paul, Cambridge 1984

Mommsen, Th., Römisches Staatsrecht, 3 Bände, Nachdruck Basel ³1952

Montefiore, C.G., The Synoptic Gospels, Vol. 2, London ²1927

Montes-Peral, L.A., Akataleptos Theos. Der unfaßbare Gott, ALGHJ 16, Leiden u.a. 1987

Moo, D.J., Jesus and the Authority of the Mosaic Law, JSNT 20 (1984), 3-49

Moore, C.A., Judith, AncB 40, Garden City/New York 1985

Mora, V., Le Refus d'Israel. Matthieu 27,25, Paris 1986

Müller, K., Beobachtungen zum Verhältnis von Tora und Halacha in frühjüdischen Quellen, in: Broer, I. (ed.), Jesus und das jüdische Gesetz, Stuttgart u.a. 1992, 105-134

Müller, K., Gesetz und Gesetzeserfüllung im Frühjudentum, in: Kertelge, K. (ed.), Das Gesetz im Neuen Testament, QD 108, Freiburg u.a. 1986, 11-27

Müller, K., Zur Datierung rabbinischer Aussagen, in: Merklein, H. (ed.), Neues Testament und Ethik, FS R. Schnackenburg, Freiburg u.a. 1989, 551-588

Müller, M., The Theological Interpretation of the Figure of Jesus in the Gospel of Matthew. Some Principal Features in Matthean Christology, NTS 45 (1999), 157-173

Mußner, F., Traktat über die Juden, München 1979

Naveh, J., On Sherd and Papyrus. Aramaic and Hebrew Inscriptions from the Second Temple, Mishnaic and Talmudic Periods, Jerusalem 1992 (hebr.)

Nembach, U., Ehescheidung nach alttestamentlichem und jüdischem Recht, ThZ 26 (1970), 161-171

Nepper-Christiansen, P., Das Matthäusevangelium – ein judenchristliches Evangelium? AThD 1, Arhus 1958

Neudecker, R., Das ‚Ehescheidungsgesetz' von Dtn 24,1-4 nach altjüdischer Auslegung, Bib. 75 (1994), 350-387

Neusner, J., Are There Really Tannaitic Parallels to the Gospels? A Refutation of Morton Smith, SFSHJ 80, Atlanta 1993

Neusner, J., Das pharisäische und talmudische Judentum, TSAJ 4, Tübingen 1984

Neusner, J., First Cleanse the Inside. The Halakhic Background of a Controversy-Saying, NTS 22 (1975/76), 486-495

Neusner, J., From Politics to Piety. The Emergence of Pharisaic Judaism, New York ²1979

Neusner, J., Introduction to Rabbinic Literature, New York 1994

Neusner, J., Josephus' Pharisees: A Complete Repertoire, in: Feldman, L.H. / Hata, G. (ed.), Josephus, Judaism and Christianity, Leiden 1987, 274-292 (1987a)

Neusner, J., Judaic Law from Jesus to the Mishna: A Systematic Reply to Professor E.P. Sanders, SFSHJ 84, Atlanta 1993 (1993a)

Neusner, J., Oral Tradition in Judaism. The Case of the Mishnah (The Albert Bates Lord Studies in Oral Tradition Vol.1), GRLH 764, New York u.a. 1987

Neusner, J., Religious Authority in Jusaism. Modern and Classical Modes, Interp. 39 (1985), 373-387

Neusner, J., The Rabbinic Traditions about the Pharisees Before 70, Part I The Masters, Leiden 1971

Neusner, J., The Rabbinic Traditions about the Pharisees Before 70, Part II The Houses, Leiden 1971

Neusner, J., The Rabbinic Traditions about the Pharisees Before 70, Part III Conclusions, Leiden 1971

Newport, K.G.C., A Note on the „Seat of Moses" (Matthew 23,2), AUSS 28 (1990), 53-58

Newport, K.G.C., The Sources and *Sitz im Leben* of Matthew 23, JSNT.S 117, Sheffield 1995

Niebuhr, K.-W., Gesetz und Paränese. Katechismusartige Weisungsreihen in der frühjüdischen Literatur, WUNT II/28, Tübingen 1987

Noethlichs, K.L., Das Judentum und der römische Staat. Minderheitenpolitik im antiken Rom, Darmstadt 1996

Oepke, A., Art. μεσίτης κτλ., ThWNT 4 (1942), 602-629

Oppenheimer, A., Hafrashat Maaser Rischon ba-Meziut she-le-achar Churban ha-Bayit-ha-sheni, Sinai 83 (1978), 267-287 (hebr.)

Oppenheimer, A., The Separation of the first Tithe during the Second Temple Period, in: Melamed, E. Z. (ed.), Benjamin De Vries Memorial Volume. Studies Presented by Collegues and Pupils, Jerusalem 1968, 70-83

Orton, D., The Understanding Scribe. Matthew and the Apocalyptical Ideal, JSNT.S 25, Sheffield 1989

Overman, J.A., Matthew's Gospel and Formative Judaism. The Social World of the Matthean Community, Minneapolis 1990

Overman, J.A., Church and Community in Crisis. The Gospel According to Matthew, New Testament in Context, Valley Forge 1996

Patzer, H., Rezension zu: Zucchelli, B., ΥΠΟΚΡΙΤΗΣ. Origine e storia del termine, Studi grammatichi e linguistici 3, Brescia 1963, Gn. 42 (1970), 641-652

Pedersen, J., Der Eid bei den Semiten in seinem Verhältnis zu verwandten Erscheinungen sowie die Stellung des Eides im Islam, Straßburg 1914

Perani, M., L' interpretazione della Bibbia presso i Rabbi, Revista Biblica (Roma) 45 (1997), 329-346

Plescia, J., The Oath and Perjury in Ancient Greece, Tallahassee 1970

Poirier, J.C., Why did the Pharisees Wash their Hands?, JJS 47 (1996), 217-233

Powell, M.A., Do and Keep What Moses Says (Matthew 23,2-7), JBL 114 (1995), 419-435

Premstaller, V.M., ‚Gericht' und ‚Strafe' im Buch der Weisheit. Alttestamentliche Vorstellungen und griechisch-hellenistische Terminologie, St. Georgen 1996

Prijs, L., Jüdische Tradition in der Septuaginta, Leiden 1948

Qimron, E., Further Observations on the Laws of Oaths in the Damascus Document 15, JQR 85 (1994), 251-257

Qimron, E., שבועת הבנים in the Damascus Convenant 15,1-2, JQR 81 (1990), 115-118

Rabinovitz, M.D., Sefer HaMeor, Tel Aviv 1948/49 (hebr.)

Rahmani, L.Y., Stone Synagogue Chairs. Their Identification, Use and Significance, IEJ 40 (1990), 192-214

Räisänen, H., Zionstora und biblische Theologie. Zu einer Tübinger Theorie, in: Ders., The Tora and Christ. Essays in German and English on the Problem of the Law in Early Christianity [...], SESJ 45, Helsinki 1986, 337-365

Reale, G. / Radice, R., Filone di Alessandria, La Filosofia Mosaica [...], Milano 1987

Rehn, A., Vomunt ut edant, edunt ut vomant. Beobachtungen zur Epikurpolemik in der römischen Literatur, in: Feldmaier, R. / Heckel, U. (ed.), Die Heiden, Juden, Christen und das Problem des Fremden, WUNT 70, Tübingen 1994, 381-399

Reiterer, V.F., Review of Recent Research on the Book of Ben Sira (1980-1996), in: Beentjes, P.C. (ed.), The Book of Ben Sira in Modern Research. Proceedings of the First International Ben Sira Conference 28-31 July 1996 Soesterberg, Netherlands, BZAW 255, Berlin / New York 1997, 23-60

Repschinski, B., The Controversy Stories in the Gospel of Matthew. Their Redaction, Form and Relevance for the Relationship Between the Matthean Community and Formative Judaism, FRLANT 189, Göttingen 2000

Rivkin, E., Scribes, Pharisees, Lawyers, Hypocrites: A Study in Synonymity, HUCA 49 (1978), 135-142

Rokeach, D., HaGiur HaJehudi Beet HaAtika Lehalacha Ulemaaseh, Beit Mikra 40 (1994/95), 135-152 (hebr.)

Rokeach, D., HaHalacha beaspeklaria shel hameziut, Kivunim 33 (1987), 25-57 (hebr.)

Roloff, J., Der erste Brief an Timotheus, EKK XV, Neukirchen-Vluyn u.a. 1988

Roloff, J., Die Kirche im Neuen Testament, GNT 10, Göttingen 1993

Rösel, M., Übersetzung als Vollendung der Auslegung. Studien zur Genesis – Septuaginta, BZAW 223, Berlin / New York 1994

Rosen, K., Jesu Geburtsdatum, der Census des Quirinius und eine jüdische Steuererklärung aus dem Jahr 127 n.C., JAC 38 (1995), 5-15

Rosenberg, S., Suggestions of Vows, in: Beer, M. (ed.), Studies in Halakha and Jewish Thought presented to Rabbi Prof. Menachem Emanuel Rackman on his 80th Anniversary, Tel Aviv 1994, 193-217 (hebr.)

Rosenfeld, B.Z., Sage and Temple in Rabbinic Thought After the Destruction of the Second Temple, JSJ 28 (1997), 437-464

Rosenfeld, B.Z., The Changing Significance of the Name ‚Yavne' in Rabbinic Tradition, in: Gafni, I. u. a. (ed.), Jews and Judaism in the Second Temple, Mishna and Talmud Period, FS S. Safrai, Jerusalem 1993, 149-164 (hebr.)

Rothkoff, A., Art. Prosbul, EJ 13, 1181-1182

Russell, E. A., The Image of the Jew in Matthew's Gospel, PIBA 12 (1989), 37-57

Sacchi, P., Art. Henochgestalt / Henochliteratur, TRE 15 (1986), 42-54

Safrai, Ch., „Halacha hebt Tora auf", in: Denker, J. u.a. (ed.), Hören und Lernen in der Schule des Namens. Mit der Tradition zum Aufbruch, FS B. Klappert, Neukirchen 1999, 54-73 (1999b)

Safrai, Ch., Die Halacha, in: Brumlik, M. u.a. (ed.), Die Menora. Ein Gang durch die Geschichte Israels. Eine Medienmappe für Schule und Gemeinde, Erev-Rav-Hefte Israelitisch denken lernen Nr. 5, Knesebeck 1999, 192-197 (1999a)

Safrai, S., Art. Temple - Ritual, EJ 15, 969-984

Safrai, S., HaAlija LeRegel min HaTefuzot BiJemei Bait Sheni, in: Ders., In Times of Temple and Mishnah. Studies in Jewish History, Jerusalem 1994, 61-66 (hebr.) (1994b)

Safrai, S., HaHachraa KeVeit Hillel BeYavne, in: Ders., In Times of Temple and Mishnah. Studies in Jewish History, Jerusalem 1994, 382-405 (hebr.) (1994a)

Safrai, S., Halakha, in: Ders. (ed.), The Literature of the Sages. First Part: Oral Tora, Halakha, Mishna, Tosefta, Talmud, External Tractates, CRI II/3,1, Assen 1987, 121-209 (1987b)

Safrai, S., Jewish Self-Government, in: Safrai, S. / Stern, M. (ed.), The Jewish People in the First Century, Volume 1, CRI I/1, Assen 1974, 377-419

Safrai, S., Oral Tora, in: Ders. (ed.), The Literature of the Sages. First Part: Oral Tora, Halakha, Mishna, Tosefta, Talmud, External Tractates, CRI II/3,1, Assen 1987, 35-119 (1987a)

Safrai, S., Psule Edut, in: Ders., In Times of Temple and Mishnah. Studies in Jewish History, Jerusalem 1994, 540-547 (hebr.) (1994c)

Safrai, S., Talmudic Literature as a Historical Scource for the Second Temple Period, Mishkan 17-18 (1992/93), 121-137

Safrai, S., The Temple, in: Safrai, S. / Stern, M. (ed.), The Jewish People in the First Century, Volume 2, CRI I/2, Assen 1987, 865-907 (1987c)

Sagi, A., / Zohar, Z., Conversion to Judaism and the Meaning of Jewish Identity. A Study of Halakhic Sources from the Talmud to the Present Time, Jerusalem 1994 (hebr.)

Sagi, A., Models of Authority and the Duty of Obedience in Halakhic Literature, AJS Review 20 (1995), 1-24

Saldarini, A.J., Boundaries and Polemics in the Gospel of Matthew, Biblical Interpretation 3 (1995), 239-265

Saldarini, A.J., Pharisees, Scribes and Sadducees. A Sociological Approach, Edinburgh 1989

Saldarini, A.J., Understanding Matthew's Vitriol, BiRev 13 (1997), 32-39+45 (1997a)

Saldarini, A.J., Comparing Traditions: New Testament and Rabbinic Literature, Bulletin for Biblical Research 7 (1997), 195-203

Saldarini, A.J., Matthew's Christian Jewish Community, Chicago Studies in the History of Judaism, Chicago 1994

Saldarini, A.J., Varieties of Rabbinic Response to the Destruction of the Temple, SBL.SP 21 (1982), 437-458

Samet, M., Conversion in the First centuries C.E., in: Gafni, I. u. a. (ed.), Jews and Judaism in the Second Temple, Mishna and Talmud Period. Studies in Honor of Shmuel Safrai, Jerusalem 1993, 316-343 (hebr.)

Samet, M., On Conversion to Judaism, in: Falk, Z. (ed.), Gevuroth Haromah. Jewish Studies offered at the 80th birthday of Rabbi Moses Cyrus Weiler, Jerusalem 1987, 293-308 (hebr.)

Sand, A., Das Evangelium nach Matthäus, RNT 1, Regensburg 1986

Sanders, E.P., Jewish Law from Jesus to the Mishnah, London 1990

Sanders, E.P., Judaism. Practice & Belief 63 BCE - 66 CE, London 1992

Sandmel, S., Parallelomania, JBL 81 (1962), 1-13

Schabert, J., Exodus, NEB, Würzburg 1989

Schäfer, P., Research into Rabbinic Literature: An Attempt to define the Status Questionis, JJS 37 (1986), 139-152

Schäfer, P., Das „Dogma" von der mündlichen Tora im rabbinischen Judentum, in: Ders., Studien zur Geschichte und Theologie des rabbinischen Judentums, AGJU 15, Leiden 1978, 153-197 (1978a)

Schäfer, P., Der vorrabbinische Pharisäismus, in: Hengel, M. / Heckel, U. (ed.), Paulus und das antike Judentum, WUNT 58, Tübingen 1991, 125-175

Schäfer, P., Die Torah der messianischen Zeit, in: Ders., Studien zur Geschichte und Theologie des rabbinischen Judentums, AGJU 15, Leiden 1978, 198-213

Schalit, A., Untersuchungen zur Assumptio Mosis, ALGHJ 17, Leiden 1989

Schalit, A., König Herodes. Der Mann und sein Werk, SJ 4, Berlin 1969

Schaller, B., 4000 Essener - 6000 Pharisäer. Zum Hintergrund antiker Zahlenangaben, in: Kollmann, B. u.a. (ed.), Antikes Judentum und frühes Christentum, FS H. Stegemann, BZNW 97, Berlin / New York 1999, 172-182

Schaller, B., Jesus und der Sabbat, FDV 1992, Münster 1994

Schams, C., Jewish Scribes in the Second-Temple Period, JSOT.S 291, Sheffield 1998

Schaper, J., The Jerusalem Temple as an Instrument of the Achaemenid Fiscal Administration, VT 45 (1995), 528-39

Schereschewsky, B.-Z., Art. Divorce, EJ 6, 122-137

Scheuermann, G., Gemeinde im Umbruch. Eine sozialgeschichtliche Studie zum Matthäusevangelium, fzb 77, Würzburg 1996

Schiffman, J. (=L.H.), Law, Custom and Messianism in the Dead Sea Sect, Jerusalem 1993 (hebr.)

Schiffman, L.H., Reclaiming the Dead Sea Scrolls. The History of Judaism, the Background of Christianity, the Lost Library of Qumran, Philadelphia / Jerusalem 1994

Schiffman, L.H., Sectarian Law in the Dead Sea Scrolls: Courts, Testimony and the Penal Code, BJSt 33, Chico 1983

Schiffman, L.H., The Halakhah at Qumran, SJLA 16, Leiden 1975

Schiffman, L.H., The Law of Vows and Oaths (Num 30,3-16) in the Zadokite Fragments and the Temple Scroll, RdQ 15 (1991), 199-214

Schlatter, A., Die Theologie des Judentums nach dem Bericht des Josefus, BFChTh.M 26, Gütersloh 1932

Schlatter, A., Der Evangelist Matthäus. Seine Sprache, sein Ziel, seine Selbständigkeit, Stuttgart 1959

Schlatter, A., Erläuterungen zum Neuen Testament. Erster Band. Die Evangelien und die Apostelgeschichte, Calw / Stuttgart 1908

Schlier, H., Art. κεφαλή κτλ., ThWNT 3 (1938), 672-682

Schlosser, J., Des Chauses sacrées au Dieu vivant (Mt 23,16-22), in: Oberlinner, L. / Fiedler, P. (ed.), Salz der Erde - Licht der Welt. Exegetische Studien zum Matthäusevangelium, FS A.Vögtle, Stuttgart 1991, 285-298

Schlüter, M., Auf welche Weise wurde die Mischna geschrieben?, TSMJ 9, Tübingen 1993

Schmid, J., Das Evangelium nach Matthäus, RNT 1, Regensburg [4]1959

Schnackenburg, R., Matthäusevangelium, NEB 1.2, Würzburg 1987

Schneider, J., Art. ὀμνύω , ThWNT 5 (1954), 177-185

Schneider., K., Art. Ὑποκριτής, PRE Suppl. 8 (1956), 187-232

Schnelle, U., Einleitung in das Neue Testament, UTB 1830, Göttingen [3]1999

Schniewind, J., Das Evangelium nach Matthäus, NTD 2, Göttingen [8]1956

Scholtissek, K., Die Vollmacht Jesu. Traditions- und redaktionsgeschichtliche Analysen zu einem Leitmotiv markinischer Christologie, NTA.NF 25, Münster 1992

Schrage, W., Ethik des Neuen Testaments, GNT 4, Göttingen [5]1989

Schrenk, G., Art. δίκη κτλ., ThWNT 2 (1935), 180-229

Schröder, B., Die „väterlichen Gesetze". Flavius Josephus als Vermittler von Halachah an Griechen und Römer, TSAJ 53, Tübingen 1996

Schroer, S., Das Buch der Weisheit, in: Zenger, E. u.a., Einleitung in das Alte Testament, KStTh 1,1, Stuttgart u.a. [3]1998, 352-362

Schuller, E.M., Non-Canonical Psalms from Qumran. A Pseudepigraphic Collection, HSS 28, Atlanta 1986

Schulz, F., Classical Roman Law, Oxford 1951

Schürer, E. u.a. (ed.), The History of the Jewish People in the Age of Jesus Christ (175 B.C. – A.D. 135), Volume II, Edinburgh 1979

Schürer, E., Geschichte des jüdischen Volkes im Zeitalter Jesu Christi, Zweiter Band: Die inneren Zustände, Leipzig [4]1907

Schürmann, H., Die Redekomposition wider „dieses Geschlecht" und seine Führung in der Redenquelle (vgl. Mt 23,1-39 par Lk 11,37-54). Bestand - Akoluthie - Kompositionsformen, SNTU A11 (1986), 33-81

Schwartz, D.R., „Scribes and Pharisees, Hypocrites": Who are the „Scribes" in the New Testament?, in: Ders., Studies in the Jewish Background of Christianity, WUNT 60, Tübingen 1992, 89-101

Schwartz, S., Josephus and Judean Politics, CSCT 18, Leiden u.a. 1990

Schwarz, G., ἰῶτα ἐν ἢ μία κεραία (Matthäus 5,18), ZNW 66 (1975), 268-269

Schweizer, E., Matthäus und seine Gemeinde, SBS 71, Stuttgart 1974

Schweizer,E., Das Evangelium nach Matthäus, NTD 2, Göttingen [2]1976

Seebass, H., Art. Eid II. Altes Testament, TRE 9 (1982), 376f

Seebass, H., Noch einmal zum Depositenrecht Ex 22,6-14, in: Mommer, P. u. a. (ed.), Gottes Recht als Lebensbaum, FS H.J. Boecker, Neukirchen-Vluyn 1993, 21-31

Segal, A.F., Matthew`s Jewish Voice, in: Balch, D.L. (ed.), Social History of the Matthean Community [...] Minneapolis 1991, 3-37

Shemesh, A. / Werman, C., Hidden Things and Their Revelation, RdQ 18 (1998), 409-427

Shemesh, A., Rebuke, Warning and the Obligation to Testify, Tarb. 66 (1997), 149-168

Shinan, A., The Embroidered Targum. The Aggadah in Targum Pseudo-Jonathan of the Pentateuch, Jerusalem 1992 (hebr.)

Siegert, F., Early Jewish Interpretation in a Hellenistic Style, in: Saebo, M. (ed.), Hebrew Bible / Old Testament, Volume I: From the beginning to the Middle Ages (Until 1300), Part 1: Antiquity, Göttingen 1996, 130-198

Siegert, F., Gottesfürchtige und Sympatisanten, JSJ 4 (1973), 109-164

Sigal, P., The Halakhah of Jesus of Nazareth According to the Gospel of Matthew, Lanham u.a. 1986

Sim, D.C., The Gospel of Matthew and the Gentiles, JSNT 57 (1995), 14-48

Sim, D.C., The Gospel of Matthew and Christian Judaism. The History and Social Setting of the Matthean Community, Studies of the New Testament and its World, Edinburgh 1998

Smith, M., Palestinian Judaism in the First Century, in: Davies, M. (ed.), Israel. Its Role in Civilisation, New York 1956, 67-81

Smith, R.H., Matthew's Message for Insiders. Charisma and Commandment in a First-century Community, Interp. 46 (1992), 229-239

Snodgrass, K.R., Matthew's Understanding of the Law, Interp. 46 (1992), 368-378

Söllner, A., Einführung in die römische Rechtsgeschichte, München ²1980

Spieckermann, H., Heilsgegenwart. Eine Theologie der Psalmen, FRLANT 148, Göttingen 1989

Spilsbury, P., God and Israel in Josephus: A Patron-Client Relationship, in: Mason, S. (ed.), Understanding Josephus, JSPE.S 32, Sheffield 1998, 172-191

Stählin, G., Zum Gebrauch der Beteuerungsformeln im Neuen Testament, NT 5 (1962), 115-143

Stanton, G.N., Matthew's Gospel in Recent Scholarship, in: Ders., The Interpretation of Matthew, Studies in New Testament Interpretation, Edinburgh ²1995, 1-26

Stanton, G.N., Revisiting Matthew's Communities, HTS 52 (1996), 376-394

Stanton, G.N., The Communities of Matthew, Interp. 46 (1992), 379-391

Steck, O.H., Israel und das gewaltsame Geschick der Propheten. Untersuchung zur Überlieferung des deuteronomistischen Geschichtsbildes im Alten Testament, Spätjudentum und Urchristentum, WMANT 23, Neukirchen-Vluyn 1967

Stegemann, H., Die Essener, Qumran, Johannes der Täufer und Jesus, Freiburg u.a. 1993

Stegner, W.R., Breaking Away. The Conflict with Formative Judaism, BR 40 (1995), 7-36

Steinwenter, A., Art. Iusiurandum, PRE 19 (1918), 1253-1260

Stemberger, G., Einleitung in Talmud und Midrasch, München ⁸1992

Stemberger, G., Pharisäer, Sadduzäer, Essener, SBS 144, Stuttgart 1991

Stemberger, G., Qumran, die Pharisäer und das Rabbinat, in: Kollmann, B. u.a. (ed.), Antikes Judentum und frühes Christentum, FS H. Stegemann, BZNW 97, Berlin / New York 1999, 210-224

Stern, M., Greek and Latin Authors on Jews and Judaism, Vol. 1: From Herodotus to Plutarch, Jerusalem 1974

Stoessl, F., Art. Hypokrites, KP 2 (1967), 1281-1282

Strack, H.L. / Billerbeck, P., Das Evangelium nach Matthäus erläutert aus Talmud und Midrasch, Kommentar zum Neuen Testament aus Talmud und Midrasch I, München ⁴1965

Strecker, G., Der Weg der Gerechtigkeit. Untersuchung zur Theologie des Matthäus, FRLANT 82, Göttingen ²1966

Strecker, G., Die Antithesen der Bergpredigt (Mt 5,21-48 par), ZNW 69 (1978), 36-72

Stuhlmacher, P., Zur missionsgeschichtlichen Bedeutung von Mt 28,16-20, EvTh 59 (1999), 108-130

Stuhlmann, R., Art. πληρόω, TBLNT 1 (1997), 573-581

Suggs, M., The Antitheses as Redactional Products, in: Strecker, G. (ed.), Jesus Christus in Historie und Theologie, FS H. Conzelmann, Tübingen 1975, 433-444

Suggs, M., Wisdom, Christology and Law in Matthew's Gospel, Cambridge 1970

Sussman, Y., The History of Halakhah and the Dead Sea Scrolls, Tarb. 59 (1989/90), 11-76 (hebr.)

Taeger, J.-W., Der grundsätzliche oder ungrundsätzliche Unterschied. Anmerkungen zur gegenwärtigen Debatte um das Gesetzesverständnis Jesu, in: Broer, I. (ed.), Jesus und das jüdische Gesetz, Stuttgart u.a. 1992, 13-35

Theissen, G. / Winter, D., Die Kriterienfrage in der Jesusforschung. Vom Differenzkriterium zum Plausibilitätskriterium, NTOA 34, Freiburg / Göttingen 1997

Thielicke, H., Glauben und Denken in der Neuzeit. Die großen Systeme der Theologie und Religionsphilosophie, Tübingen [2]1988

Thomas, J., Der jüdische Phokylides. Formgeschichtliche Zugänge zu Pseudo-Phokylides und Vergleich mit der neutestamentlichen Paränese, NTOA 23, Freiburg / Göttingen 1992

Tilborg, S. van, The Jewish Leaders in Matthew, Leiden 1972

Tomson, P., Paul and the Jewish Law. Halakha in the Letters of the Apostle to the Gentiles, CRI III/1, Assen 1990

Trilling, W., Das wahre Israel, STANT 10, München [3]1964

Urbach, E.E., The Halakhah, its Sources and Developement, Jerusalem 1986 (hebr.)

Urbach, E.E., The Sages. Their Concepts and Beliefs, Jerusalem 1986 (hebr.)

VanderKam, J.C., Einführung in die Qumranforschung. Geschichte und Bedeutung der Schriften vom Toten Meer, UTB 1998, Göttingen 1998

Vieweger, D., Vom „Fremdling" zum „Proselyt". Zur sakralrechtlichen Definition des גר im späten 5. Jahrhundert v. Chr., in: Vieweger, D. / Waschke, E.-J. (ed.), Von Gott reden. Beiträge zur Theologie und Exegese des Alten Testaments, FS S. Wagner, Neukirchen-Vluyn 1995, 271-284

Vivian, A., Rotolo del Tempio, TVOA.G 1, Brescia 1990

Viviano, B.T., Social World and Community Leadership: The Case of Matthew 23,1-12,34, JSNT 39 (1990), 3-21

Viviano, B.T., The Pharisees in Matthew 23, BiTod 27 (1989), 338-344

Vögtle, A., Das Neue Testament und die Zukunft des Kosmos, KBANT, Düsseldorf 1970

Vollenweider, S., Freiheit als neue Schöpfung. Eine Untersuchung zu Eleutheria bei Paulus und in seiner Umwelt, FRLANT 147, Göttingen 1989

Vouga, F., Jésus et la Loi selon la Tradition synoptique, Le Monde de la Bible, Genève 1988

Vries, B. de, Toldot Ha Halacha Ha Talmudit, Tel Aviv 1962 (hebr.)

Wagner, S., Art. דרש *dāraš*, ThWAT 2 (1977), 313-329

Walter, N., Zum Kirchenverständnis des Matthäus, in: Walter, N., Preparatio Evangelica, herausgegeben von Wilk, F. / Kraus, W., WUNT 98, Tübingen 1997, 118-143

Wander, B., Gottesfürchtige und Sympathisanten. Studien zum heidnischen Umfeld von Diasporasynagogen, WUNT 104, Tübingen 1998

Wanke, G., „אוי und הוי", ZAW 78 (1966), 215-218

Ward, A.M., The Gospel according to St Matthew, London 1961

Wasserberg, G., Aus Israels Mitte – Heil für die Welt. Eine narrativ-exegetische Studie zur Theologie des Lukas, BZNW 92, Berlin / New York 1998

Weeber, K.-W., Alltag im alten Rom, Düsseldorf [3]1997

Weinfeld, M., The Charge of Hypocrisy, in: Lowe, M. (ed.), The New Testament and Christian-Jewish Dialogue, FS D. Flusser, Imm. 24/25 (1990), 52-58

Weiser, A., Die Apostelgeschichte, Kapitel 1-12, ÖTBK 5/1, Gütersloh 1981

Weiss, B., Das Matthäus-Evangelium, KEK 1,1, Göttingen [8]1890

Weiss, B., Die vier Evangelien im berichtigten Text mit kurzer Erklärung zum Handgebrauch bei der Schriftlektüre, Leipzig 1902

Weiss, H., The Sabbath in the Writings of Josephus, JSJ 29 (1998), 363-390

Weiß, H.-F., Art. Pharisäer, TRE 26 (1996), 473-481

Weiß, H.-F., Art. Sadduzäer, TRE 29 (1998), 589-594

Weiß, J., Die Schriften des Neuen Testaments neu übersetzt und für die Gegenwart erklärt. Erster Band. Die drei ältesten Evangelien. Die Apostelgeschichte, Göttingen [2]1907

Wendel, A., Das israelitisch-jüdische Gelübde, Berlin 1931

Wengst, K., Christliche Identitätsbildung im Gegenüber und im Gegensatz zum Judentum zwischen 70 und 135 d.Zt., KuI 13 (1998), 99-105

Wengst, K., Bedrängte Gemeinde und verherrlichter Christus. Ein Versuch über das Johannesevangelium, München 1990

Wengst, K., Demut - Solidarität der Gedemütigten. Wandlungen eines Begriffs und seines sozialen Bezugs in griechisch-römischer, alttestamentlich-jüdischer und urchristlicher Tradition, München 1987

Wengst, K., Jesus zwischen Juden und Christen, Stuttgart u.a. 1999

Wenham, D., 2 Corinthians 1:17,18: Echo of a Domenical Logion, NT 28 (1986), 271-279

Westerholm, S., Jesus and Scribal Authority, CB.NT 10, Lund 1978

Wettstein, J., Novum Testamentum Graecum, Vol. 2, Amsterdam 1752

Wick, P., Volkspredigt contra Gemeinderegel? Matthäus 5-7 im Vergleich zu Matthäus 18, KuI 13 (1998), 138-153.

Wiefel, W., Das Evangelium nach Matthäus, ThHK 1, Leipzig 1998

Wiesen, Zu Matth 5,17-20, ZNW 3 (1902), 336-352 (Vorname nicht angegeben)

Wilckens, U. / Kehl, A. / Hoheisel, K., Art. Heuchelei, RAC 14 (1988), 1205-1231

Wilckens, U., Art. ὑποκρίνομαι κτλ., ThWNT 8 (1969), 558-571

Wilckens, U., Der Brief an die Römer, 1. Teilband Röm 1-5, EKK VI/1, Neukirchen-Vluyn u. a. ²1987

Wild, R.A., „Be Imitators of God": Discipleship in the Letter to the Ephesians, in: Segovia, F.F. (ed.), Discipleship in the New Testament, Philadelphia 1985, 127-143

Williams, D.S., The Date of Ecclesiasticus, VT 44 (1994), 563-566

Windisch, H., Der Sinn der Bergpredigt, UNT 16, Leipzig ²1937

Winston, D., Philo's Conception of the Divine Nature, in: Goodman, L.E. (ed.), Neoplatonism and Jewish Thought, Studies in Neoplatonism Ancient and Modern 7, Albany 1992, 21-42

Wolff, H.J., Römisches Provinzialrecht in der Provinz Arabia (Rechtspolitik als Instrument der Beherrschung), in: Temporini, H. (ed.), Pincipat, Dreizehnter Band, Recht (Normen, Verbreitung, Materialien), ANRW II/13, Berlin / New York 1980, 763-806

Wolter, M., Was heißet nu Gottes Reich?, ZNW 86 (1995), 5-19

Worth, R.H., The Sermon on the Mount, New York 1997

Wouters, A., „...wer den Willen meines Vaters tut". Eine Untersuchung zum Verständnis vom Handeln im Matthäusevangelium, BU 23, Regensburg 1992

Yang, Y.-E., Jesus and the Sabbath in Matthew's Gospel, JSNT.S 139, Sheffield 1997

Young, F., Note on 2 Corinthias 1:17b, JThS 37 (1986), 404-415

Zahn, Th., Das Evangelium des Matthäus, KNT 1, Leipzig u.a. ⁴1922

Ziebarth, E., Art. Eid, PRE 10 (1905), 2076-2083

Zucchelli, B., ΥΠΟΚΡΙΤΗΣ. Origine e storia del termine, Studi grammatichi e linguistici 3, Brescia 1963

Zumstein, J., Proximité et rupture avec le judaïsme rabbinique, LV 36 (1987), 5-19

4. Sonstiges

Auden, W.H., Collected Poems edited by E. Mendelson

Brockhaus Enzyklopädie in vierundzwanzig Bänden, Band 6 Ds-Ew und erster Nachtrag, Mannheim ¹⁹1988

Cancik, H. / Schneider, H. (ed.), Der Neue Pauly. Enzyklopädie der Antike, Band 1 (1996), XII-XLVII

Celan, P., Gesammelte Werke in fünf Bänden, Dritter Band Gedichte III Prosa, Reden, herausgegeben von B. Allemann u.a., Frankfurt 1986

Dante, Die göttliche Komödie. Vollständige Ausgabe mit fünfzig Zeichnungen von Botticelli, deutsch von F. Freiherrn von Falkenhausen, Frankfurt 1974

de Winter, L., Zionocco, Zürich 1998

Der Große Duden. Etymologie. Herkunftswörterbuch der deutschen Sprache bearbeitet von G. Drosdowski; P. Grebe, Mannheim 1963

Fichte, J.G., Grundriß des Eigentümlichen der Wissenschaftslehre in Rücksicht auf das theoretische Vermögen, Ausgewählte Werke in 6 Bänden, heraugegeben von F. Medicus, Band 1 Darmstadt 1962, 521-603

Hegel, G.W.F., Differenzen des Fichte'schen und Schelling'schen Systems der Philosophie, in: Buchner, H. / Pöggeler, O. (ed.), Jenaer kritische Schriften, Gesammelte Werke 4, Hamburg 1968, 3-92

Kant, I., Kritik der reinen Vernunft 2, Werkausgabe Band IV herausgegeben von W. Weischedel, Frankfurt 1974

Rilke, R.M., Gesammelte Gedichte, Frankfurt 1962

Schwertner, S.M., IATG² Internationales Abkürzungsverzeichnis für Theologie und Grenzgebiete, Berlin / New York ²1992

Shakespeare, W., The Complete Works, The Cambridge Text established by J.D. Wilson, Cambridge 1966

Stellenregister (in Auswahl)

Altes Testament

Exodus

13,16	314
15,2	252
20,7	134
20,10	385
20,13	221
20,15	107; 221
20,16	103
21,24	221
22,6ff	48; 135; 147
22,8ff	66; 108
22,9f	47
23,8	355
29,37	362
30,17ff	396
30,19	400
34,6	168
34,21	385
35,2f	385

Levitikus

5,1	80; 149
5,4	147
5,20-26	85
5,21ff	48; 66; 105
11,20	343
11,41	343
13,7	344
13,13	344
13,17	344
15,11	396
19,2	251
19,11f	50; 109; 222
19,18	221
27,30	342

Numeri

5,5-8	85
5,12ff	153
5,19ff	48
5,21	80
15,38ff	314
30,3	86; 222
30,40	89

Deuteronomium

5,14	385
6,4	316
6,8	314
6,13	166
10,20	166
11,13	21
11,22	253
12,26	86
14,22f	342
16,19	355
17,14-20	119
19,9	306
20,5	286
23,22f	86; 222
23,34	89
24,1ff	221; 405
28,15ff	83
29,20	83
31,1	67

Richter

20f	136

1 Samuel

4,7f	324
21	382

1 Könige

6,12	306
13,30	324

1 Chronik

1 Chr 24,6	285
1 Chr 27,32	285

2 Chronik
2 Chr 26,11	285
2 Chr 34,13	285

Esra
1,46 (1. Esra)	261
4,8	285
7,2	285

Nehemia
8,1f	285
8,13	285
13,13	285
13,15ff	385

Hiob
22,2 (LXX)	317
34,30	336
36,13	336
36,22	317

Psalmen
48,3	258; 265
49,14	261
50,14	222
94,10ff	317
95,3	258
118,2	616
120,5	324

Kohelet
8,2f (LXX)	50

Jesaja
1,2	67
5,8-24	324
6,5	324
30,20	317
66,1	264; 363

Jeremia
17,24ff	385
22,18	324

Ezechiel
18,19	306
34,2ff	303

Dodekapropheton
Hos 6,6	244; 310; 343; 383; 389
Joel 3,5	253
Mi 6,8	343
Hab 2,6-19	324
Sach 5,3	261
Sach 8,17	50; 222
Sach 9,9	4

Zwischentestamentliche Literatur

Henoch
1 Hen 12,4	285
1 Hen 13,4	285
1 Hen 92,1	285
1 Hen 103,5	325
1 Hen 94,9	325
1 Hen 98,10	325
slHen 49,1f	269f

1 Makkabäer
2,29ff	386
5,42	286
7,18	70

2 Makkabäer
5,25	336

6,21	336
15,10	70

2 Baruch
29,3	21
39,7ff	21

4 Makkabäer
6,15ff	336

4 Esra
13	21

Aristeasbrief
159	314
166	403

Neues Testament

1 Korinther			*Jakobus*	
1,20	288		5,12	256ff
11	266			
			Offenbarung	
2. Korinther			7,17	353
1,17ff	271ff			

Qumran

1QS			*4Q 416*	
1,9-11	221		2,4,7-10	89f
2,24	322			
5,1-11	93		*4Q 417*	
5,7-10	77f		1,1,1	81
5,9	77			
5,25	322		*4Q 511*	
7,18-19	77		63,3,1	325
9,21f	221		*4Q265*	
10,19-20	221		2,1,4ff	387
1QapGen			*4QMMT*	
20,15	408		C 7f	297
1QH			*4QpNah*	
10,17	317		1,2	294
			1,2ff	24
1QM			1,7	294
10,2	317		2,2	294
			2,2ff	24
4QEnGiants[a]			2,4	294
8,4	285		3,3	294
			3,6	294
4QGiants[b]				
II,14f	286		*11Q05*	
			27,2ff	286
4Q 179				
1,1,4	325		*11QT*	
			53,9-54,5	86f
4Q 256			57,17-19	405
1,1,6	77f			
			5Q	
4Q 258			12,1-4	79ff
1,1,12	78f			
			CD	
4Q 378			2,14-16	221
6,1,7	325		4,19-5,5	405
			6,11f	6
			9,10	81; 120; 135

Josephus

Rabbinische Literatur

Halachische Midraschim

Pagane Literatur

Teles
fr. 2   332

Val. Max.
1,3,3   340

Xen. mem
1,1,18   52

Papyri und Inschriften

OGIS 229,60f   141
OGIS 532,8ff   141
P.Polit.Iud 12,10   57f
P.Polit.Iud 3,28f   57f
P.Polit.Iud 9,7f   57f
PYadin 16   58